K-IFRS · 일반기업회계기준 중요 용어 총망라

(주)영화조세통람

최신개정
10판

세무회계용어사전

편집부 편저

(주)영화조세통람

머리말

모든 산업은 각 분야별로 전문용어(terminology)가 있습니다. 이중 특히, 세무·회계분야는 광범위할 뿐만 아니라 까다롭고 어려운 용어가 많아 해당업계의 종사자나 전문적으로 연구하는 사람이 아니면 이해하기가 쉽지 않습니다. 또한, 세무·회계분야의 전문용어는 정치, 경제, 사회의 변천과정을 거치며 계속해서 생성-변화-소멸하기 때문에 정확한 용어의 의미를 이해하는 것은 관련 사안의 해석이나 문제해결에 있어 가장 중요하다고 할 수 있습니다.

이제 고유의 전문영역에서 우리의 일상생활에 이르기까지 세무·회계분야는 점차 그 영향력이 확대되어 가는데 반해, 아직도 용어의 선택과 사용에 있어 많은 오류를 범하고 있는 것이 사실입니다. 이와 같은 용어사용상 혼란의 원인은 무엇보다 세무·회계분야에서 사용되는 많은 용어들을 정확하게 인식하지 못하거나, 용어 정의에 대한 정확한 지침의 존재를 모르는 경우에서 비롯된다고 볼 수 있습니다.

본 용어사전은 1992년 출간된 이후 개정판을 거듭하면서 국내의 유일한 세무&회계 용어사전으로서 독자 여러분의 많은 사랑을 받아왔습니다.

이번 개정 10판에서는 개정 9판 이후 제·개정된 관련 규정의 내용과 그동안 수렴한 독자의견을 반영하여 보다 쉽게 용어를 찾고, 그 의미를 이해할 수 있도록 하는데 역점을 두었습니다.

이번 개정 10판의 특징은 다음과 같습니다.

첫째, 유용한 세무·회계 용어 길잡이가 되도록 기본이론을 토대로 정확한 용어해설에 주력하였고, 2011년부터 정부가 추진해오고 있는 '조세법령 새로

쓰기' 사업에 따라 변화되는 법령체계 및 용어표현을 최대한 수렴하여 독자들이 좀 더 명확하고 알기 쉽게 세법에 접근할 수 있도록 하였습니다.

둘째, 최근까지 개정된 조세법령 및 관련 법령의 용어와 기업회계기준의 용어(한국채택국제회계기준 및 일반기업회계기준 포함)를 충실히 반영하였습니다. 특히, 국세와 지방세에서 동일하게 사용하는 용어는 그 의미의 차이를 비교하여 설명하였습니다.

셋째, 용어의 영문표기는 국제적 정의에 부합하고, 실제 통용되는 실무용어에 가장 근접하도록 법제처, 국세청을 포함한 공인된 매체와 여러 전문가들의 의견을 반영하여 대폭 수정하였습니다.

넷째, 공·사기업체 종사자, 세무공무원, 공인회계사·세무사 시험 및 각종 자격시험의 수험생을 비롯한 전문지식이 없는 일반대중도 쉽게 이해할 수 있도록 세심한 주의를 기울였으며, 대학 및 학원 등 강의교재의 참고서로 활용될 수 있도록 내용구성에 충실하였습니다.

이번 개정 10판 내용 중 고쳐야 할 부분에 대한 지적과 함께 좋은 의견을 보내 주시기 바라며, 보내주신 모든 의견들은 앞으로 나올 새로운 개정판을 보다 충실하게 만드는데 소중히 사용될 것입니다.

끝으로 이번 용어사전이 발간될 수 있도록 수고한 본사 출판팀 여러분의 노고에 심심한 감사의 말씀을 드립니다.

편저 대표 서 동 혁

법령약어

국기법…국세기본법
국기령…국세기본법시행령
국기칙…국세기본법시행규칙
국기통…국세기본법기본통칙

소　법…소득세법
소　령…소득세법시행령
소　칙…소득세법시행규칙
소　통…소득세법기본통칙

조특법…조세특례제한법
조특령…조세특례제한법시행령
조특칙…조세특례제한법시행규칙

국징법…국세징수법
국징령…국세징수법시행령
국징칙…국세징수법시행규칙

법　법…법인세법
법　령…법인세법시행령
법　칙…법인세법시행규칙
법　통…법인세법기본통칙

부　법…부가가치세법
부　령…부가가치세법시행령
부　칙…부가가치세법시행규칙
부　통…부가가치세법기본통칙

상증법…상속세및증여세법
상증령…상속세및증여세법시행령
상증칙…상속세및증여세법시행규칙
상증통…상속세및증여세법기본통칙

개소법…개별소비세법
개소령…개별소비세법시행령
개소칙…개별소비세법시행규칙
개소통…개별소비세법기본통칙

지기법…지방세기본법
지징법…지방세징수법
지　법…지방세법
지특법…지방세특례제한법

인　법…인지세법
인　령…인지세법시행령
인　통…인지세법기본통칙

농특법…농어촌특별세법
농특령…농어촌특별세법시행령

주　법…주세법
주　령…주세법시행령
주　칙…주세법시행규칙
주　통…주세법기본통칙

증　법…증권거래세법
증　령…증권거래세법시행령
증　칙…증권거래세법시행규칙

절　법…조세범처벌절차법
절　령…조세범처벌절차법시행령

처　법…조세범처벌법

교통법…교통·에너지·환경세법
교통령…교통·에너지·환경세법
　　　　시행령
교통칙…교통·에너지·환경세법
　　　　시행규칙

K-IFRS…한국채택국제회계기준
일반기준…일반기업회계기준

교　법…교육세법
교　령…교육세법시행령

형소법…형사소송법
행소법…행정소송법
민소법…민사소송법
외투법…외국인투자촉진법

국조법…국제조세조정에관한법률
국조령…국제조세조정에관한법률
　　　　시행령
국조칙…국제조세조정에관한법률
　　　　시행규칙

부명법…부동산실권리자명의등기에
　　　　관한법률
부명령…부동산실권리자명의등기에
　　　　관한법률시행령
부명칙…부동산실권리자명의등기에
　　　　관한법률시행규칙

실명법…금융실명거래및비밀보장에
　　　　관한법률
개발법…개발이익환수에관한법률
부등법…부동산등기법
종부법…종합부동산세법

일러두기

1. 항목을 가나다순으로
   배열하였으며, 표제어는 한글 · 漢文 · 영어순으로 병기하였습니다.

2. ✐ 아이콘 다음의 용어는 표제어의 동의어이거나 관련 용어이므로 해당
   항목을 참조하십시오.

3. **참조조문** 의 법령약어는 조, 항, 호의 순으로 배열하였습니다.

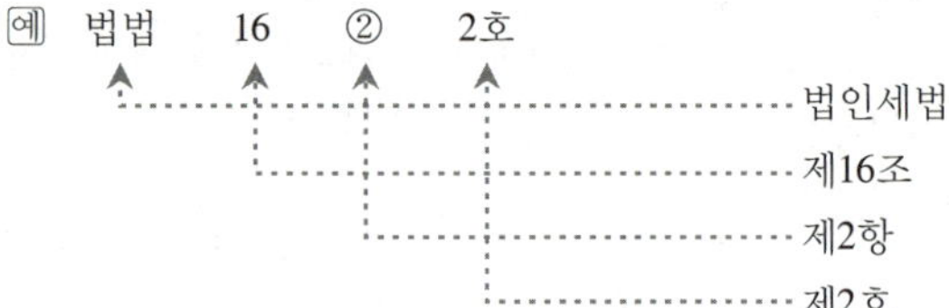

가결산(假決算; interim settlement of accounts)

정규적인 회계기간 말에 행하는 본결산과 달리 회계기간 도중에 가마감으로 행하는 결산을 가결산이라 한다. 중간예납의무가 있는 내국법인이 직전 사업연도의 법인세액이 없거나 해당 중간예납기간 만료일까지 법인세액이 확정되지 아니한 경우와 분할신설법인 및 분할합병의 상대방법인의 분할 후 최초의 사업연도의 경우에 가결산에 의해 해당 중간예납기간을 1사업연도로 보아 중간예납세액을 계산하여 납부하여야 한다.

참조조문 법법 63의 2 ②

가계정(假計定; suspense account)

거래가 발생하여 재산의 변화는 있었으나 귀속될 계정과목이 불명확하다든 가, 계정과목은 확정되었으나 금액이 불명확한 경우에 그 계정과목이나 금액이 확정될 때까지 잠정적으로 회계처리하는 계정을 말한다. 따라서 가계정은 귀속계정이나 금액이 확정되면 소멸되는 성질을 가지고 있으며 가지급금(假支給金), 가수금(假受金), 미결산(未決算) 등의 계정이 가계정에 속한다.

가공이익(架空利益; profits on paper)

사실상의 이익이 아니라 회계장부상으로만 발생되는 이익을 말한다. 예를 들면 회사가 감가상각을 행할 때 정상적인 감가상각비보다 적게 계상하면 그만큼 이익이 크게 계산되어 가공이익이 발생하게 되는데 그 원인에는 자산·수익의 과대계상, 부채·비용의 과소계상 등이 있다.

가등기(假登記; temporary registration)

본등기(本登記)의 순위(順位)보전을 위하여 하는 예비등기를 말한다. 가등기는 부동산물권·임차권의 설정, 이전, 변경, 소멸의 청구권을 보전하려 할 때 또는 그 청구권이 시기부(時期附), 조건부(條件附)이거나 장래에 확정될 것일 때 그 본등기의 순위보전을 위하여 하는 것이다. 가등기의 효력은 후에 본등기가 행하여지면 "본등기의 순위는 가등기의 순위에 따른다(부등법 91)."고 함으로써 본등기의 순위를 보전하는 효력이 있다.

가사관련비(家事關聯費; expense related to household affairs)

소득세법상의 개념으로 거주자가 가사와 관련하여 지출한 비용, 즉 개인적인 생계비 및 가사비용을 말한다. 이는 사업과 관련이 없는 것으로서 소득처분적 성질을 가지므로 소득금액 계산시 필요경비로 보지 않는다. 거주자의 가사에 관련된 것으로 확인되는 때 또는 사업용 자산의 합계액이 부채의 합계액에 미달하는 경우의 초과인출금에 상당하는 부채의 지급이자는 가사관련비에 해당한다.

(참조조문) 소법 33 ① 5호, 소령 61 ①, 소칙 27

가산법(加算法; additional method)

부가가치를 계산할 때 임금, 지대(임차료), 이자, 이윤 등 부가가치를 구성하는 항목을 더하여 계산하는 것을 말한다. 이에 반하여 매출액에서 외부구입가치를 공제하여 부가가치를 계산하는 방법은 공제법이라 한다.

가산세(加算稅; additional tax)

세법에서 규정하는 의무의 성실한 이행을 확보하기 위하여 세법에 따라 산출한 세액(本稅)에 가산하여 징수하는 금액을 말한다(국기법 2 4호, 지기법 52). 가산세는 협력의무 위반에 대한 행정벌적(行政罰的) 성격을 그 본질로 한다고 보는 것이 통설이다.

그러나 세금의 형식으로 부과되기 때문에 조세벌(租稅罰)과는 구별되며, 동일한 의무위반에 대하여 가산세와 조세벌이 중복적으로 과징되어도 이는 이 중처벌이 아니라고 본다. 요컨대 가산세는 각 가산세의 부과를 규정하고 있는 세법에 의해 징수되는 세금에 부가하여 징수되기 때문이다.

참조조문 국기법 2 4호, 법법 75~75의 9, 소법 81, 부법 60

가설재(假設材; temporary resources)

도급공사의 시공과정상 공사를 위하여 보조적 또는 임시적으로 설치·사용되고 당해 공사완료 후 해체 또는 철거되는 모든 자재를 말한다.

가속상각(加速償却; accelerated depreciation)

고정자산에 투자된 금액을 조기에 회수하기 위하여 특정고정자산에 대한 감가상각을 통상의 감가상각보다 짧은 기간에 행하는 것을 말한다.

가수금(假受金; suspense receipts)

실제 현금의 수입은 있었지만 거래의 내용이 불분명하거나 거래가 완전히 종결되지 않아 계정과목이나 금액이 미확정인 경우에 현금의 수입을 일시적인 채무로 표시하는 계정과목을 말한다. 이와 같은 계정은 일시적 성격을 갖는 계정과목이기 때문에 늦어도 결산기말까지는 그 내역을 명확히 조사하여 확정된 계정과목으로 대체시켜 주어야 한다.

가압류(假押留; provisional attachment)

금전채권이나 금전으로 환산할 수 있는 채권에 대하여 장래에 실시할 강제집행이 불능(不能)이 되거나 현저히 곤란할 염려가 있는 경우에 미리 채무자의 현재 재산을 압류하여 확보함으로써 강제집행이 가능한 상태를 유지하도록 함을 목적으로 하는 절차를 말한다. 따라서 금전채권 이외의 채권에 관하여 집행보전을 목적으로 하는 절차인 가처분(假處分)과는 구별된다. 그러므로 채권자가 아무리 명백한 금전채권을 가지고 있더라도 특정담보가 없는 한 채무자의 일반재산에 대한 장차의 집행은 불안전한 상태에 있게 된다

(예 : 채무자가 재산의 처분, 은닉, 도망, 주거부정, 빈번한 이사 등). 가압류는 이러한 사태에 대비하여 채권의 집행이 언제라도 가능한 상태에 두기 위하여 법원의 명령으로 행하여지는 집행보전절차이다.

참조조문 국징법 35

가업상속(家業相續; succession to a family occupation)

상속개시일 현재 거주자(피상속인)의 사망으로 인해 상속이 개시되는 경우 피상속인이 계속해서 영위한 사업에 사용한 재산을 상속인이 상속받은 경우를 말한다.

상속세및증여세법은 이러한 가업상속에 대하여 중소기업 및 중견기업의 경우 기업의 기술 및 경영노하우의 효율적 전수·활용을 통한 경쟁력 확보를 위해 원활한 가업승계를 지원하기 위해 가업상속공제로 일정한 세제혜택을 주고 있다. 이때 가업상속은 중소기업 또는 규모의 확대 등으로 중소기업에 해당하지 않게 된 기업(상속이 개시되는 사업연도의 직전 사업연도 매출액이 3천억원 이상인 기업 및 상호출자제한기업집단 내 기업은 제외)으로서 피상속인이 10년 이상 계속하여 경영한 기업의 상속을 말한다. 상속세및증여세법상 가업상속공제의 요건으로는 최대주주 요건, 피상속인 요건, 상속인 요건이 있다. 최대주주요건은 피상속인과 그의 특수관계인의 주식 등을 합하여 해당 기업의 발행주식총수의 50%(한국거래소 상장법인은 30%) 이상을 계속하여 보유하는 경우이다. 피상속인 요건으로는 피상속인이 가업의 영위기간 중 ㉠ 50% 이상의 기간, ㉡ 10년 이상의 기간, ㉢ 상속개시일로부터 소급하여 10년 중 5년 이상의 기간 중 어느 하나에 해당하는 기간 대표이사(개인사업자는 대표자)로 재직한 경우이어야 한다. 마지막으로 상속인 요건으로는 상속인이 ㉠ 상속개시일 현재 18세 이상, ㉡ 상속개시일 전에 2년 이상 직접 가업에 종사, ㉢ 상속인 1명이 해당 가업의 전부를 상속, ㉣ 상속세과세표준 신고기한까지 임원으로 취임하고, 상속세 신고기한으로부터 2년 이내에 대표이사로 취임하는 요건을 모두 갖춘 경우로 한다. 공제금액은 다음 각 목의 구분에 따른 금액을 한도로 하는 가업상속 재산가액에 상당하는 금액이다.

가. 피상속인이 10년 이상 20년 미만 계속하여 경영한 경우 : 200억원

나. 피상속인이 20년 이상 30년 미만 계속하여 경영한 경우 : 300억원

다. 피상속인이 30년 이상 계속하여 경영한 경우 : 500억원

(참조조문) 상증법 18 ② 1호, 상증령 15

가중처벌(加重處罰; additional penalty)

일정한 범죄에 대하여 법으로 정해 놓은 형(刑) 이상으로 형을 가중하여 처벌하는 것을 말한다.

현행 법률 중 가중처벌에 관한 규정을 두고 있는 것은 형법, 특정범죄가중처벌등에관한법률 등이다.

세무공무원이 형법 중 공무원의 직무에 관한 죄를 범하였을 경우에는 그 죄에 정한 형의 장기의 2분의 1까지를 가중하여 처벌할 수 있다.

(참조조문) 형법 135

가중평균법(加重平均法; weighted average cost formula)

가중평균법은 기초 재고자산과 회계기간 중에 매입 또는 생산된 재고자산의 원가를 가중평균하여 재고항목의 단위원가를 결정하는 방법이다. 기업의 상황에 따라 주기적으로 계산하거나 매입 또는 생산할 때마다 계산할 수 있으며, 총평균법, 이동평균법 등이 있다.

(참조조문) K-IFRS 1002호 27, 일반기준 7장 7.13

가중평균차입이자율(加重平均借入利子率; weighted average borrowing rate of interest)

지주회사가 대여시점 현재 각각의 차입금 잔액에 차입당시의 각각의 이자율을 곱한 금액의 합계액을 해당 차입금 잔액의 총액으로 나눈 이자율을 말한다. 이 경우 산출된 비율과 대여금리가 해당 대여시점 현재 자금을 차입한 법인의 각각의 차입금 잔액(특수관계인으로부터의 차입금은 제외)에 차입 당시

의 각각의 이자율을 곱한 금액의 합계액을 해당 차입금 잔액의 총액으로 나
눈 비율보다 높은 때에는 해당 사업연도의 가중평균차입이자율이 없는 것으
로 본다.

참조조문 법령 89 ③, 법칙 43

가지급금(假支給金; suspense payments)

실제 현금의 지출은 있었지만 거래의 내용이 불분명하거나 거래가 완전히
종결되지 않아 계정과목이나 금액이 미확정인 경우에 그 지출액에 대해 일
시적인 채권으로 표시하는 과목을 말한다. 따라서 이 채권계정(債權計定)은
일시적인 성격을 갖는 계정과목이기 때문에 결산기말까지는 그 내역을 명확
히 조사하여 확정된 계정과목으로 대체시켜 주어야 한다.

세무상 가지급금이라 함은 명칭 여하에 불구하고 당해 법인의 업무와 관련
이 없는 자금의 대여액을 말하며 지급이자손금불산입, 가지급금에 대한 인
정이자 등의 불이익이 따른다.

참조조문 법법 28 ① 4호, 법령 53, 법칙 28 · 44

가지급금인정이자(假支給金認定利子; suspense payment deemed interest)

인정이자계산의 대상이 되는 가지급금이란 ① 그 대여상대방이 특수관계자
등이어야 하며, ② 대여이자율이 가중평균차입이자율 또는 당좌대출이자율
(4.6%)보다 저율 또는 무상이어야 한다.

가지급금 인정이자는 해당 가지급금적수에 인정이자율을 곱한 금액으로 한다.

가지급금인정이자 = 가지급금적수 × 인정이자율

이때, 인정이자를 계산할 때 적용할 인정이자율이란 법인이 선택한 가중평
균차입이자율 또는 당좌대출이자율 중 하나가 되며, 가지급금 적수 산정시
동일인에 대하여 가지급금과 가수금이 함께 있는 경우에는 이를 상계한 금
액으로 계산한다. 다만, 가수금에 대하여 별도로 상환기간 및 이자율 등에
관한 약정이 있어 가지급금과 상계할 수 없는 경우에는 이를 상계하지 아니

하고 인정이자를 계산한다.

가지급금인정이자에 상당하는 금액은 각 귀속자에 따라 출자자(출자임원 제외)인 경우 배당, 사용인(임원 포함)인 경우 상여, 법인 또는 사업을 영위한 개인의 경우 기타사외유출, 그 밖의 개인인 경우에는 기타소득으로 각각 소득처분하게 된다.

참조조문 법법 52, 법령 88, 법칙 43 ②, 법통 67-106

가처분(假處分; provisional disposition)

금전채권(金錢債權) 이외의 채권에 대하여 집행보전(執行保全)을 목적으로 하는 절차를 말한다. 채권자가 채무자에 대하여 가지는 권리를 현실적으로 실현하기 위해서는 많은 시간이 소요되고 그 사이 채무자가 다툼의 대상이 되는 물건의 멸실이나 처분 등으로 사실적인 변경 또는 법률적인 변경이 발생할 수 있다. 일반적으로 이를 대비하여 다툼의 대상이 되는 물건이나 지위에 대하여 임시로 잠정적인 법률관계를 형성시켜 채권자의 손해를 사전에 예방하는 목적으로 가처분 절차를 취하며, 세법에서는 효과적으로 체납세액을 징수하기 위한 방편으로 사용한다. 따라서 금전채권이나 금전으로 환산할 수 있는 채권에 대하여 집행보전을 목적으로 하는 가압류(假押留)와는 구별된다.

참조조문 국징법 35, 민사집행법 300

가처분소득(可處分所得; disposable income)

개인이 자기 의사에 따라 자유롭게 소비 또는 저축으로 처분할 수 있는 소득을 말한다. 또한 가처분소득은 개인의 소득에서 그 소득에 부과되는 조세를 빼고 정부로부터 받는 보조금이 있으면 그 금액을 합산하여 계산한다.

각 사업연도의 소득(各 事業年度의 所得; income of each business year)

한 과세기간의 과세표준계산의 기준이 되는 개념으로서 그 사업연도에 속하는 익금(益金)의 총액에서 손금(損金)의 총액을 뺀 금액을 말한다. 실무적으로는 기업회계상 당기순이익을 기초로 세법에 따라 세무조정(익금산입, 익금불산입, 손금산입, 손금불산입)하여 계산한다.

참조조문 법법 14 ①

각하(却下; rejection)

국가기관에 대한 행정상 또는 사법상의 신청에 대해 신청의 요건이 불비한 것을 이유로 내용심리를 거치지 않고 신청 자체를 거부하는 것을 말한다. 국세기본법 또는 지방세기본법에 의해 불복청구를 함에 있어 그 형식요건이 갖추어져 있지 않으면 심의기관 또는 의결기관의 심의나 의결을 거치지 않고 바로 각하결정을 하게 된다.

참조조문 국기법 65 ①, 지기법 96 ①

간이과세(簡易課稅; simplicity taxation)

주로 소액으로 거래하는 영세사업자에게 세금계산서의 발행, 발급의무를 강제하기에는 현실적으로 무리가 있으며, 영세사업자들이 주로 최종소비자를 공급상대방으로 하기 때문에 전단계세액공제법에 의한 신고납부대상에서 제외하여도 부가가치세의 본질을 훼손하지 아니한다고 보아 영수증을 발급하도록 하는 특례제도로서 매출액에 업종별부가가치율을 적용하여 납부세액을 계산하는 방법이다.

간이과세배제업종인 광업, 제조업, 도매업, 부동산매매업, 개별소비세 과세 유흥장소경영사업(특별시, 광역시, 특별자치시, 행정시 및 시 지역과 국세청장 고시 지역 소재사업자), 부동산임대업(특별시, 광역시, 특별자치시, 행정시 및 시 지역에 소재하는 국세청장이 정하는 규모 이상 임대), 변호사업, 공인회계사업, 세무사업 등 특정 사업서비스업을 제외한 사업을 영위하는 자로서 직전 1역년의 부가가치세를 포함한 공급대가가 4천800만원 미만인 개인사업자를 간이과세자라 한다.

참조조문 부법 61, 부령 109

간이세액표(簡易稅額表; withholding income tax table)

매월분 근로소득 및 연금소득에 대한 소득세를 원천징수할 때 적용하는 세액표를 말한다. 원천징수의 편의를 위해 소득세법시행령으로 규정된 것으로서 기본공제를 한 소득금액의 크기에 따라 원천징수해야 할 세액을 정해 놓고 있다.

참조조문 소법 134 ① · 143의 2, 소령 189 · 194 · 201의 5

간이세율(簡易稅率; simplified tax rate)

수입물품에는 관세 이외에도 임시수입부가세와 개별소비세, 주세, 부가가치세와 같은 내국세가 부과된다.

따라서 여행자휴대품이나 우편물과 같은 소액물품에 대해서까지 정상적인 과세방식을 적용하면 그 절차가 매우 복잡해지기 때문에 이러한 특정물품에는 간이세율을 적용하여 각종 세금을 일괄징수한다. 즉 간이세율은 수입물품에 대한 관세뿐만 아니라 개별소비세, 부가가치세와 같이 물품의 수입시에 적용되는 각종 조세를 모두 감안하여 산정된 세율이다. 그러므로 관세법에 따라 간이세율을 적용하는 물품에 대해서는 개별소비세가 부과되지 않는다.

참조조문 관세법 81, 개소법 2

간접상각(間接償却; indirect depreciation method)

감가상각의 기장방법 중의 하나로 감가상각비를 회계처리함에 있어 당해 고정자산의 원가를 직접 차감하지 않고 감가상각누계액이라는 평가계정을 사용하는 방법이다. 차변에 비용으로서 감가상각비를 계상하고 대변에 평가계정으로서 감가상각누계액으로 동액을 계상하여 건물 · 비품 등 자산계정은 감액하지 않고 당초의 취득원가를 그대로 기입하는 총액주의에 따른다.

참조조문 법령 25, 일반기준 10장 10.47

간접세(間接稅; indirect tax)

세금을 납부할 의무가 있는 납세의무자와 세금을 최종적으로 부담할 담세자가 일치하지 않는 조세를 말하는데, 대부분의 물세(物稅)는 간접세에 속한다. 대표적인 간접세로는 부가가치세(附加價値稅)가 있는데, 부가가치세의 납세의무자인 사업자는 제조·판매하는 상품의 가격에 부가가치세를 포함시켜 소비자로부터 거래징수하므로 실제적인 세금부담은 소비자가 하게 되는 것이다.

간접소비세(間接消費稅; indirect consumption tax)

재화의 소비행위를 과세대상으로 하여 부과하는 조세로서 조세전가과정에 의해 담세자와 납세의무자가 다른 조세이며 소비세 또는 내국상품세라고 한다. 다시 말해서 국내에서 생산되는 재화, 즉 주류·연초·석유류·사탕·소맥분·직물 등의 소비에 대하여 과세하는 것이다. 우리나라의 간접소비세에는 주세·개별소비세·관세 등이 있다.

간접외국납부세액(間接外國納付稅額; indirect foreign tax)

내국법인의 자회사에 외국정부로부터 부과된 법인의 소득 등을 과세표준으로 하여 과세된 세액 등(가산세 제외)을 말한다.

내국법인은 각 사업연도의 금액에서 외국자회사로부터 받는 이익의 배당이나 잉여금의 분배액에 포함되어 있는 간접외국납부세액을 법인세법에 따라 공제 가능하다.

간접외국납부세액 공제액은 내국법인의 의결권 있는 지분율 25%(해외자원개발사업 경영 외국법인 5%) 이상을 배당확정일 현재 6개월 이상 계속 보유하는 것을 요건으로 하여 다음과 같이 계산된다.

$$\text{외국자회사의 해당 사업연도 법인세액} \times \frac{\text{수입배당금}}{\text{외국자회사의 해당 사업연도 소득금액} - \text{외국자회사의 해당 사업연도 법인세액}}$$

참조조문 법법 57, 법령 94

간주(看做; deemed, regarded)

본질이 다른 것을 일정한 법률적 취급에 있어 동일한 효과를 부여하는 것을 말한다. '간주한다', '의제한다', '본다'는 모두 같은 의미이다. '간주한다'고 할 때에는 반증이 있어도 법률적 효과를 소멸시킬 수 없으나, '추정한다'고 할 때에는 반증이 있는 경우 추정된 사실에 대한 법률적 효과가 소멸된다.

간주공급(看做供給＝擬制供給, 供給擬制; deemed supply)

사실상 재화의 공급에 해당하는 것은 아니나 일정한 요건에 해당하는 거래들을 세법상 재화의 공급으로 간주하는 것을 말한다. 부가가치세법은 재화의 공급을 과세대상으로 하고 있는데, 사업자가 판매용으로 구입한 재화를 자기가 소비하는 경우와 같이 사실상의 재화공급은 아니나 부가가치세를 과세하는 것이 과세형평에 맞는 경우에 이를 재화의 공급으로 간주하여 부가가치세를 과세하고 있다.

현 부가가치세법상 간주공급의 유형에는 자가공급, 개인적공급, 사업상 증여, 폐업시 잔존재화가 있으며, 용역의 자가공급 또는 무상공급은 그 거래사실을 포착하기가 어렵기 때문에 과세대상에서 제외하고 있으나, 사업자가 특수관계인에게 사업용 부동산의 임대용역을 무상 제공하는 경우에는 용역의 공급으로 본다.

참조조문 부법 10 ①~⑥·12 ②

간주원가(看做原價; deemed cost)

특정일자에 원가나 감가상각 후 원가의 대용치로 사용되는 금액이며, 기업이 특정일자에 자산이나 부채를 최초로 인식하였으며 간주원가를 취득원가와 동일한 것으로 가정하여 후속적으로 감가상각하거나 상각한다.

간주임대료(看做賃貸料; deemed rent)

사업자가 부동산임대용역을 제공하고 월정임대료와는 별도로 전세금 또는 임대보증금을 받는 경우에 전세금 등에 일정한 이율을 곱하여 계산한 금액을 말하며 과세표준 및 소득금액에 포함된다. 이는 월정임대료만을 수령하는 자와의 세부담의 공평을 기하기 위한 제도이다. 현행 조세특례제한법·소득세법·부가가치세법은 모두 간주임대료에 관한 규정을 두고 있으나 그 적용범위와 산출방법은 각각 차이가 있다.

부가가치세법상 간주임대료의 계산식을 예시하면 다음과 같다.

$$\text{과세표준} = \left[\begin{array}{c}\text{해당 기간의 전세금}\\\text{또는 임대보증금}\end{array}\right] \times \left[\begin{array}{c}\text{과세대상}\\\text{기간의 일수}\end{array}\right] \times \left[\frac{\text{계약기간 1년의}~\text{정기예금 이자율}}{365(\text{윤년의 경우 }366)}\right]$$

참조조문 부령 65 ①, 소법 25 ①, 조특법 138, 조특령 132, 조특칙 59

간편장부대상자(簡便帳簿對象者; the subject of simple ledger)

사업자는 소득금액을 계산할 수 있도록 증명서류 등을 비치하고 그 사업에 관한 모든 거래사실이 객관적으로 파악될 수 있도록 복식부기에 의하여 장부에 기록·관리하여야 하는데, 이를 '복식부기의무자'라 한다. 그러나 대통령령이 정하는 일정규모 미만의 사업자가 간편장부를 갖춰 놓고 그 사업에 관한 거래사실을 성실히 기재한 경우에는 장부를 비치, 기록한 것으로 보는데, 이때 해당 과세기간 신규개업자나 직전 과세기간 수입금액이 일정규모 미만인 사업자를 '간편장부대상자'라 한다.

참조조문 소법 160 ②·③, 소령 208 ⑤

감가상각(減價償却; depreciation)

고정자산은 토지와 같은 특수한 자산을 제외하고는 시간의 흐름에 따라 사용·진부화 등 여러 가지 원인으로 인하여 그 물리적·경제적 가치가 점차 감소되어간다. 따라서 정확한 기간손익을 산출하기 위해서는 고정자산의 취득원가 중에서 당기에 가치가 감소되어 비용화된 부분과 가치가 남아 있어 미래에 효익(效益)을 제공할 수 있는 부분을 구분하는 절차가 필요한데, 이러한 회계절차를 감가상각이라고 한다. 요컨대 감가상각이란 유형자산의 원가를 체계적이고 합리적인 방법으로 각 회계기간에 배분하는 과정이라고 할 수 있다. 즉 유형자산의 사용으로 말미암아 창출되는 수익에 그 원가를 대응시키는 '수익비용 대응의 원칙'에 따른 것이다.

참조조문 법법 23, 법령 24~34, 소령 62~73의 2, K-IFRS 1016호 43~62, 일반기준 10장 10.32~10.40

감가상각누계액(減價償却累計額; accumulated depreciation)

간접법에 의해 감가상각을 하는 경우 감가상각비의 상대계정으로 계상되는 금액이 감가상각누계액이며 개별자산별로 매 사업연도에 감가상각비로 계상된 금액이 누적되어 표시된다. 또한 재무상태표에 고정자산의 평가계정(차감계정)으로 표시되어 고정자산의 원가 중 비용화된 부분을 나타낸다.

참조조문 법령 25, 소령 62 ④

감가상각방법(減價償却方法; depreciation method)

기업회계에서는 자산의 감가상각을 정액법, 체감잔액법, 생산량비례법 등 합리적인 방법에 의한다고 규정하고 있으나, 세법에서는 다음에 열거하는 항목별로 하나의 감가상각방법만을 선택하여 계속 적용하도록 하고 있다.

① 건축물과 무형자산(광업권·개발비·사용수익기부자산가액·주파수이용권 및 공항시설관리권·항만시설관리권 제외) : 정액법

② 유형자산(건축물 및 광업용 유형자산 제외) : 정률법 또는 정액법

③ 광업권(해저광물자원개발법에 의한 채취권 포함) : 생산량비례법 또는 정액법

④ 광업용 유형자산 : 생산량비례법, 정률법 또는 정액법

⑤ 개발비 : 20년 이내의 신고내용연수 동안 월할상각

⑥ 사용수익기부자산가액 : 사용수익기간 동안 균등상각

⑦ 주파수이용권 및 공항시설관리권, 항만시설관리권 : 사용기간에 따라 균등상각

법인은 감가상각방법을 선택하여 납세지관할세무서장에게 신고하여야 하며, 무신고시에는 상기 ①의 자산은 정액법, ②의 자산은 정률법, ③·④의 자산은 생산량비례법을 적용하여야 하며, ⑤의 자산은 5년 동안 균등상각, ⑥·⑦의 자산은 위 방법에 따라 상각하여야 한다. 감가상각방법의 변경승인을

얻고자 할 때에는 그 변경할 상각방법을 적용하고자 하는 최초 사업연도의 종료일까지 기획재정부령이 정하는 감가상각방법변경신청서를 납세지관할 세무서장에게 신청하여 승인을 얻어야 한다.

참조조문 법령 26 · 27, K - IFRS 1016호 62, 일반기준 10장 10.40

감가상각범위액(減價償却範圍額; allowable limit for depreciation)

세법상 감가상각비는 기업이 계상한 금액대로 인정되는 것이 아니고, 세법의 규정에 따라 계산된 금액만큼만 각 사업연도의 손금 또는 필요경비로 인정된다. 이와 같이 세법상 인정되는 각 사업연도의 감가상각의 한도액을 감가상각범위액이라고 한다.

참조조문 법법 23 ①, 소령 62 ①

감가상각부인액(減價償却否認額; over - depreciation)

사업자가 손금 및 필요경비로 계상한 감가상각비 중 세법에서 정한 상각범위액을 초과한 경우 과세소득 계산시에 상각범위초과액을 손금으로 인정받지 못하는 것으로서 그 상각범위액을 초과하는 부분의 금액을 감가상각부인액이라고 하며, 이는 세무조정을 통해 손금불산입 유보처리된다.

참조조문 법령 32, 소령 62 ⑤

감가상각시부인(減價償却是否認; depreciation adjustment)

과세소득을 계산함에 있어 손금 또는 필요경비로 인정되는 감가상각비는 회사계상액대로 인정되는 것이 아니고 세법에 따라 계산된 범위 내의 금액만 인정된다. 이와 같이 세법상 상각범위액을 기준으로 상각부인액 내지 시인부족액을 계산하는 절차를 감가상각시부인이라고 한다.

참조조문 법령 32, 소령 62

감가상각시인부족액(減價償却是認不足額; under - depreciation)

법인이 장부에 계상한 감가상각비가 세법상 정한 상각범위액에 미달하는 경우에 그 미달하는 금액을 말한다. 감가상각시인부족액은 세무조정을 통해 손금에 산입할 수 없으며, 감가상각시인부족액이 발생한 사업연도에는 회사 계상액만큼만 세법상 감가상각비로 인정된다. 단, 전년도 이전에 발생한 상각부인액 범위 내에서는 시인부족액을 손금산입 유보처리할 수 있다.

참조조문 법령 32, 소령 62

감가상각의 요소(減價償却의 要素; element of depreciation)

감가상각은 감가상각자산의 가액을 내용연수(耐用年數)에 걸쳐 합리적인 방법으로 배분하는 과정이다. 여기서 각 사업연도의 감가상각비를 계산하기 위해서는 취득원가, 잔존가액 및 내용연수 등이 확정되어야 하는데, 이를 감가상각의 요소라 한다.

참조조문 법령 26, 소령 62

감가상각의 의제(減價償却의 擬制; deemed depreciation)

감가상각에 관하여는 일반적으로 임의상각제도가 인정되지만 특정한 조세감면을 적용받는 법인에 대하여는 감면기간동안 개별 자산에 대한 감가상각비가 상각범위액이 되도록 감가상각비를 손금에 산입해야 하는데 이를 감가상각의제라 한다(다만, 국제회계기준을 적용하는 법인의 경우 국제회계기준 도입법인의 신고조정 특례규정에 따라 개별 자산에 대한 감가상각비를 추가로 손금에 산입할 수 있다). 이처럼 감가상각의제를 적용하는 이유는 이미 감면을 적용받고 있는 법인이 다른 법인과 마찬가지로 임의상각을 허용하는 경우 조세혜택이 증가하는 것을 억제하기 위한 것이다.

참조조문 법령 30, 소령 68

감가상각한도초과액(減價償却限度超過額; over-depreciation)

✎ 감가상각부인액 참조

감면(減免; reduction and exemption)

특정한 정책목적을 달성하기 위한 수단이나 과세기술상의 이유로 과세하여

야 할 일정한 세액을 경감하여 주거나 면제해 주는 것을 조세의 감면이라고
한다. 감면의 방법에는 비과세, 세액면제, 세액감면, 세액공제, 소득공제, 준
비금설정 인정 등이 있다.

참조조문 소법 12, 법법 51·59

감모상각(減耗償却; depletion)

소모성자산의 가치감소분을 비용화시키는 것을 의미하며 이는 감모자산의
취득원가를 수익과 비용의 적절한 대응을 위해 자산의 내용연수에 걸쳐 체
계적이고 합리적인 방법으로 배분하는 과정이다.

감모자산(減耗資産; wasting assets)

감모자산이란 광산·석유·가스 등과 같은 천연자원으로 채굴에 의하여 물
리적으로 소비되고 고갈되어가는 자원을 가리킨다. 감모자산은 ① 광업자원,
② 석유·천연가스, ③ 목재자원으로 이루어져 있지만, 특수한 농장이나 어
업권 등이 포함되는 경우도 있고, 이용에 의하여 감가(減價)가 생길 뿐만 아
니라 고갈되면 대체불능(代替不能)한 자산임을 특색으로 하고 있다.

감사(監事; auditor)

법인의 내부에서 재산상태나 이사의 업무집행상태가 적정한가를 심사·감독
하는 기관이다. 상법상 주식회사의 감사는 회계감사와 업무감사를 임무로 하
며, 유한회사의 감사는 임의기관으로서 회계감사와 업무감사를 할 수 있다.

참조조문 상법 409~415의 2·568~570

감사(監査; audit)

인증대상에 대해 공인회계사가 적극적인 확신을 제공하는 업무를 감사라 지
칭한다. 이러한 감사의 종류로 수행하는 주체에 따라 외부감사, 내부감사로
구분되고, 목적 즉, 인증대상에 따라서는 재무제표의 신뢰성을 검증하는 재
무제표감사, 업무의 효율성과 효과성을 검증하는 업무감사, 법규나 규정의
이행여부를 검증하는 이행감사로 구분된다. 일반적으로 외부 공인회계사가

수행하는 인증업무 중 역사적 재무정보에 대한 적극적인 확신을 제공하는 감사 즉, 재무제표 감사를 회계감사라 칭한다.

감사원(監査院; Board of Audit and Inspection)

감사원은 국가의 세입·세출의 결산, 국가 및 법률에 정한 단체의 회계검사와 행정기관 및 공무원의 직무에 관한 감찰을 하기 위하여 설치한 헌법기관이다(헌법 97). 감사원은 대통령소속하에 두며, 원장을 포함한 5인 이상 11인 이하의 감사위원으로 구성한다(헌법 98). 국세기본법 또는 세법에 따른 처분으로서 위법 또는 부당한 처분을 받거나 필요한 처분을 받지 못함으로 인하여 권리나 이익을 침해당한 자는 감사원법에 의하여 심사청구를 할 수 있다.

참조조문 국기법 55 ⑤, 감사원법 43

감사테이프(監査테이프; tape for audit recording)

금전등록기를 사용하여 계산서를 발행하는 경우 금전등록기 내부에는 감사테이프가 들어 있어 사업자가 발행하는 금전등록기계산서와 동일한 내용이 기록된다. 따라서 금전등록기계산서를 발급한 사업자가 감사테이프를 보관한 경우 그 감사테이프는 장부로서의 효력을 가지며 해당 사업자는 장부에의 기록을 이행한 것으로 본다.

참조조문 부법 36 ④

감자(減資; reduction of capital stock)

일단 납입되어 확정된 자본은 감소시킬 수 없는 것이 원칙이나, 특별한 경우에는 예외적으로 자본의 감소를 행할 수 있는데 이를 감자(減資)라 한다. 우리 상법도 자본금의 감소를 원칙적으로 금지시키되, 예외적으로 자본금의 감소(減少)시에는 정관변경(定款變更)의 특별결의를 거치게 하는 등 엄격한 제한을 가하고 있다. 감자는 유상감자와 무상감자로 구분할 수 있는데, 유상감자(有償減資)는 감소된 주금액(株金額)을 주주에게 환급해 주는 실질상의 감자이고, 무상감자(無償減資)는 주금액을 주주에게 반환하지 않고 주주의 손실부담하에 행하는 감자이다.

참조조문 상법 438 · 439

감자차손(減資差損; loss from capital reduction)

감자액이 결손보전액(무상감자시) 또는 주식매입액(유상감자시)보다 적은 경우에 생기는 마이너스 잉여금이다. 예를 들어 회사가 5,000원의 가치를 지닌 주식을 6,000원에 구입하여 이를 소각하는 방법으로 감자를 실시하면 이 감자로 인해 회사는 주당 1,000원의 감자차손이 발생한다.

감자차익(減資差益; gain of retirement of capital stock)

자본감소의 경우로서 그 감소액이 주식의 소각, 주금(株金)의 반환에 든 금액과 결손의 보전(補塡)에 충당한 금액을 초과한 경우의 그 초과금액을 말한다. 예를 들어 결손보전을 위해 200만원의 자본을 감소시켰으나 결손보전액은 180만원인 경우 20만원의 감자차익이 발생한다. 당해 감자차익은 법인의 각 사업연도의 소득금액 계산에 있어서 익금에 산입하지 아니한다.

참조조문 법법 17 ① 4호

감정가격(鑑定價格; appraised value)

동산 · 부동산 기타 자산의 경제적 가치를 판정하여 그 결과를 표시한 화폐가액을 말한다. 통상적인 시장에서 정상적인 거래가 이루어지는 경우 성립될 가능성이 가장 높다고 인정되는 적정가격을 기준으로 공신력 있는 감정기관이 평가한 가액을 말하며, 재산에 대한 시가를 산정하는 데 있어서 기준이 되기도 한다.

참조조문 상증법 60 ②, 상증령 49 ①, 법령 89 ②, 소령 98 ③

감정기관(鑑定機關; appraisal organization)

타인의 의뢰에 의하여 일정한 보수를 받고 동산 · 부동산 기타 재산의 감정을 업으로 하는 기관을 말한다. 그 예로 감정평가및감정평가사에관한법률에 의한 감정평가법인을 들 수 있다.

참조조문 상증령 49 ①, 법령 89 ②

감정평가수수료(鑑定評價手數料; appraisal and assessment fee)
상속·증여세의 신고를 목적으로 상속·증여재산을 감정기관이 평가함에
따라 수수료를 지급한 경우 이를 감정평가수수료라 한다. 상속세및증여세법
에서는 감정평가수수료를 과세표준에서 공제하여 납세자의 세부담을 덜어
주도록 하였다. 부동산에 대한 감정평가법인의 평가에 따른 수수료 및 서
화·골동품 등 예술적 가치가 있는 유형재산 평가에 대한 감정수수료는 500
만원까지, 평가심의위원회에서 의뢰한 신용평가전문기관의 비상장주식 평가
수수료는 평가대상 법인의 수 및 평가를 의뢰한 신용평가 전문기관의 수별
로 각각 1천만원을 한도로 공제할 수 있다.

참조조문 상증법 25 ① 2호, 상증령 20의 3

감채기금(減債基金; bond sinking fund)
사채(社債)의 상환에는 일시에 거액의 자금이 필요하게 되는데, 상환자금의
마련에 아무런 대비 없이 있다가 일시에 거액의 자금이 외부로 유출되면 기
업의 운전자본이 타격을 받게 된다. 이에 대비하기 위한 사채상환자금(社債
償還資金)으로서 매기 일정액의 예금·유가증권 또는 금전신탁 등의 형태로
영업자금과 구별해서 적립해 놓은 특정자산을 감채기금이라 한다.

강제적립금(强制積立金; legal reserve)
✎ 적립금 참조

강제집행(强制執行; compulsory execution)
확정판결이나 공정증서(公正證書) 등의 채무명의(債務名義)를 가지고 채권자
가 국가기관에 그 집행을 신청하면 국가는 채무자의 의사에 반하여 강제적
으로 청구권을 실현시켜 주는 절차를 강제집행이라고 한다. 강제집행은 사

법상(私法上)의 청구권실현을 목적으로 하는 것이므로 형법상의 벌금이나 과료 또는 공법상의 청구권에 의한 강제집행은 여기서 말하는 강제집행과는 구별된다. 국세기본법상 납세자에게 강제집행사유가 있는 때에는 납기 전이라도 이미 납세의무가 확정된 국세는 이를 징수할 수 있다.

참조조문 국기법 35 ① 2호, 국징법 14 ① 3호

강제징수(强制徵收; forcible execution)

국가 또는 지방공공단체에 대하여 부담하는 공법상의 금전급부의무를 이행하지 아니하는 경우에 행정청이 법원의 판결을 필요로 하지 아니하고 강제적으로 그 의무가 이행된 것과 같은 결과를 실현하는 작용을 말한다. 체납자에 대한 국세징수법상 체납처분은 그 한 예이다.

참조조문 국징법 24~87

강제환가(强制換價; compulsory conversion into money)

조세가 체납된 경우에는 체납조세를 징수하기 위한 체납처분이 집행된다. 체납처분의 절차는 재산의 압류, 압류재산의 매각, 매각대금의 배분으로 구성되는데, 이 중 압류재산을 매각하는 처분을 강제환가라고 한다.

참조조문 국징법 61~79

강행규정(强行規定; imperative provision)

당사자의 의사(意思) 여하에 불구하고 강제적으로 적용되는 규정을 강행규정 또는 강행법규라 하며, 이에 대하여 당사자의 의사에 의하여 그 적용을 배제할 수 있는 규정을 임의규정(任意規定) 또는 임의법규(任意法規)라고 한다. 강행규정과 임의규정의 구별은 법문(法文)의 표현 및 기타 법규가 가지고 있는 가치 등을 고려해서 각 규정에 대하여 구체적으로 판단하는 수밖에 없다. 즉 강행법규를 위반한 법률행위는 공공질서에 반하므로 무효이다.

✎ 임의규정 참조

개량비(改良費; improvement expense)

고정자산의 개량을 위한 지출을 말하는데 고정자산의 가치를 증가하게 하든가 고정자산의 내용연수를 연장시키도록 하는 지출은 자본적지출로서 고정자산의 취득가액에 추가계상되고, 그 이외는 수익적지출로서 당기비용으로 계상된다.

실무적으로는 자본적지출과 수익적지출을 구분하는 것이 곤란한 경우가 많으므로 일정한 기준을 만들어서 이에 따라 처리하는 것이 바람직하다.

세법에서도 수익적지출과 자본적지출을 예시에 의하여 판단의 기준을 표시하고 있다.

참조조문 K-IFRS 1016호 12~14, 일반기준 10장 10.14~10.16, 법령 31 ②, 소령 55

개발부담금(開發負擔金; charge for development)

국가 또는 지방자치단체로부터 허가·인가·면허 등을 받아 택지개발사업·공업단지조성사업 등 각종 개발사업을 시행하는 사업자가 개발이익환수에관한법률에 따라 정부에 납부하는 부담금을 말한다. 개발부담금이 토지의 원가를 구성하는 것인지 당기비용으로 처리해야 하는 것인지에 관하여 실무상 의문이 제기되고 있으나, 원칙적으로 당해 토지의 원가에 산입한다고 해석하고 있다.

참조조문 법인세법집행기준 40-71-12, 개발법 2 4호·13

개발비(開發費; development expenses)

상업적인 생산 또는 사용 전에 재료·장치·제품·공정·시스템 또는 용역을 창출하거나 현저히 개선하기 위한 계획 또는 설계를 위하여 연구결과 또는 관련 지식을 적용하는 데 발생하는 비용으로서 당해 법인이 개발비로 계상한 것(산업기술연구조합육성법에 의한 산업기술연구조합의 조합원이 동 조합에 연구개발 및 연구시설취득 등을 위하여 지출하는 금액을 포함)을 말한다.

기업회계에서는 다음의 조건을 모두 충족하는 경우에만 무형자산으로 인식하고, 그 외의 경우에는 발생한 기간의 비용으로 인식한다.

① 무형자산을 사용 또는 판매하기 위해 그 자산을 완성시킬 수 있는 기술적 실현가능성을 제시할 수 있다.

② 무형자산을 완성해 그것을 사용하거나 판매하려는 기업의 의도가 있다.

③ 완성된 무형자산을 사용하거나 판매할 수 있는 기업의 능력을 제시할 수 있다.

④ 무형자산이 어떻게 미래경제적효익을 창출할 것인가를 보여줄 수 있다.

⑤ 무형자산의 개발을 완료하고 그것을 판매 또는 사용하는 데 필요한 기술적·금전적 자원을 충분히 확보하고 있다는 사실을 제시할 수 있다.

⑥ 개발단계에서 발생한 무형자산 관련 지출을 신뢰성 있게 구분하여 측정할 수 있다.

현행 세법에서는 개발비를 무형자산으로 취급하며, 관련 제품의 판매 또는 사용이 가능한 시점부터 20년 이내의 기간 내에서 연단위로 신고한 내용연수에 따라 매 사업연도별 경과월수에 비례하여 상각한다. 단, 무신고시는 5년 동안 매년 균등액을 상각한다.

참조조문 K-IFRS 1038호 57~59, 일반기준 11장 11.20, 법령 24·26

개별법(個別法; specific identification method)

개개의 상품 또는 제품에 대하여 개별적인 원가를 부여하는 원가계산방법이다. 동일한 종류의 상품이라 하더라도 취득시점에 따라 원가가 서로 다른 경우에는 취득원가별로 상품을 저장 또는 보관하였다가 매출되는 상품의 원가를 개별적으로 확인하여 장부상에 기록함으로써 매출원가와 기말재고액을 결정하는 방법으로, 재고자산의 종류가 많고 수입·인도(受入·引渡)거래가 빈번한 상품의 경우에는 거의 적용이 불가능한 방법이라 할 수 있다. 다만, 골동품·미술작품 또는 귀금속 등과 같은 고가품(高價品)에 대하여는 실질적인 물량흐름과 원가흐름이 일치하므로 적절하다 할 것이다.

참조조문 법령 74 ① 1호·75 ① 1호, K-IFRS 1002호 24

개별상각(個別償却; item depreciation)

감가상각은 대부분 개별자산 단위로 행하여지는 것이 보통이지만, 경우에 따라서는 복수자산(複數資産) 그룹을 단일률(單一率)에 의하여 감가상각할 수도 있다. 개개의 고정자산을 단위로 감가상각하는 방법을 개별상각이라 하고, 복수자산 그룹을 단위로 하는 감가상각방법을 총합상각(總合償却)이라 한다. 개별상각과 총합상각의 차이점은 고정자산의 처분시에도 나타나는데, 개별상각법에 있어서는 자산의 처분시에 미상각잔액과 처분가액의 차이가 처분손익(處分損益)으로 계산되지만, 총합상각법에 있어서는 처분손익이 따로 계상되지 않고 감가상각누계액계정에 흡수되어 버린다.

개별소비세(個別消費稅; special consumption tax)

특정의 재화만을 과세대상으로 삼는 간접소비세를 개별소비세라 한다. 개별소비세는 사치성 소비의 억제 및 재정수입의 확보를 위하여 과세되며, 우리나라 세법에서는 개별소비세법상 개별소비세(종전 특별소비세)와 주세법상 주세가 과세되고 있다. 종전 특별소비세는 부가가치세의 역진성(逆進性)을 완화하고 사치성물품의 소비를 억제할 목적으로 도입하였으나, 경제성장과 소득수준 향상에 따라 과세대상을 축소하고 그 세율을 인하하여 왔고, 자동차·유류 등 사회적 비용을 유발하는 품목 위주로 과세할 필요가 있어 2007. 12.31. 법률을 개정하여 특별소비세법에서 개별소비세법으로 법률 명칭을 변경하였다. 개별소비세법상 개별소비세는 특정의 과세물품을 판매장에서 판매하거나 제조장으로부터 반출하는 때와 수입신고를 한 때, 그리고 과세장소에서 입장행위 및 과세유흥장소에서의 유흥음식행위를 한 때에 부과한다.

개업비(開業費; initial cost of business)

회사설립일로부터 영업개시일까지 개업준비과정에서 발생하는 일체의 비용을 말한다. 즉 회사설립 후 개업에 이르는 동안 발생한 모든 비용을 말하는데, 토지·건물 등의 임차료, 광고선전비, 통신교통비, 사무용품대, 사용인급료, 전기·수도·가스료 등이 포함된다. 기업회계 및 세법에서는 개업비를 당기비용으로 처리하여야 한다.

참조조문 K-IFRS 1038호 69, 일반기준 11장 실11.17

개업일(開業日; open date for business)

사업을 처음 시작하는 날을 뜻한다. 세법에서는 제조업의 경우에는 제조장별로 재화의 제조를 개시하는 날, 광업의 경우에는 사업장별로 광물의 채취·채광을 개시하는 날, 기타 사업의 경우에는 재화 또는 용역의 공급을 개시하는 날을 개업일로 규정하고 있다.

참조조문 부칙 3

개인적공급(個人的供給; supply for personal purpose)

부가가치세법상 사업자가 자기생산·취득재화에 해당하는 자기의 과세사업과 관련하여 생산하거나 취득한 재화, 매입세액이 공제된 재화, 사업양도로 취득한 매입세액을 공제받은 재화를 사업과 직접적인 관계없이 사용·소비하는 것을 말한다. 개인적인 목적이나 그 밖의 다른 목적을 위하여 본인, 사용인 또는 그 밖의 자가 사용·소비하는 것으로서, 사업자가 그 대가를 받지 않거나 시가보다 낮은 대가를 받는 경우 재화의 공급으로 본다. 이 경우 사업자가 실비변상적이거나 복리후생적인 목적으로 그 사용인에게 대가를 받지 아니하거나 시가보다 낮은 대가를 받고 제공하는 것으로서 ① 사업을 위해 착용하는 작업복, 작업모 및 작업화를 제공하는 경우 ② 직장 연예 및 직장 문화와 관련된 재화를 제공하는 경우 ③ 경조사와 관련된 재화로서 사용인 1명당 연간 10만원 이하의 재화를 제공하는 경우는 재화의 공급으로 보지 아니한다.

소득세법상 거주자가 재고자산 또는 임목을 가사용으로 소비하거나 이를 종업원 또는 타인에게 지급한 경우에도 이를 소비하거나 지급하였을 때의 가액에 해당하는 금액은 그 소비하거나 지급한 날이 속하는 과세기간의 사업소득금액·기타소득금액을 계산할 때 총수입금액에 산입한다.

참조조문 부법 10 ④, 소법 25 ②

개인종합자산관리계좌(個人綜合資産管理計座; Individual Savings Account)
개인종합자산관리계좌(ISA)는 하나의 통장으로 예·적금, 예탁금, 금융기관
(은행·우체국·한국산업은행·중소기업은행·증권금융회사·종합금융회사·상호저
축은행·농협·수협·신협)에의 예치금, 환매조건부채권 또는 증권, 펀드, 파생
결합증권(ELS 등), 부동산투자회사주식(REITs) 등 파생상품투자가 가능한 통
합계좌를 말한다.
저금리시대 종합적자산관리를 통한 근로자·자영업자·농어민의 재산형성
을 위해 2016년에 도입되었으며, 계좌에서 발생하는 손익을 통산하고 만기
인출시 세제혜택 부여 및 소득수준에 따라 비과세금액 차등화의 혜택을 주
고 있다. 납입한도는 연 2천만원이며, 5년의 의무가입기간이 있고 2021.12.31.
까지로 가입적용기한을 두고 있다.

참조조문 조특법 91의 18, 조특령 93의 4

개체(改替; betterments and replacements)
사업용 고정자산을 보다 성능이 좋은 제품으로 바꾸거나 성능향상을 위해
고치는 것을 말한다.

갱신(更新; renewal)
계약의 존속기간이 만료한 때에 그 계약을 다시 계속하거나 비용을 새로이
수정하는 것을 말하며, 이때 지불한 계약갱신의 대가를 갱신료라 한다.

참조조문 부법 8 ⑨, 부령 16

거래과세(去來課稅; taxation on transaction)
재화 또는 용역의 거래에 대해 과세함에 있어 재화·용역의 모든 거래단계
에 과세하는 과세방법을 말한다. 따라서 거래과세방법으로 과세할 경우 거

래단계가 많을수록 세수입이 커지게 된다.

거래단계(去來段階; stage of transaction)

재화가 생산되어 최종소비자에게 이전되기까지의 각 단계를 말한다. 일반적으로 생산된 재화는 도매상, 소매상을 거쳐 최종소비자에게 이전되는데, 생산자로부터 도매상에게 이전되는 단계, 도매상에서 소매상에게 이전되는 단계, 소매상에서 소비자에게 이전되는 각 단계를 거래단계라고 한다.

거래명세서(去來明細書; specification on transaction)

공급한 자와 공급받은 자의 인적사항·거래일자·거래내용·공급가액·세액·비고 등이 기재된 명세서를 말한다. 판매목적으로 다른 사업장에 재화를 반출하는 경우 세금계산서를 발급해야 하는데, 제조장과 직매장 등 2 이상의 사업장을 가진 사업자가 제조장에서 생산한 재화를 직매장 등에서 전담하여 판매함에 있어서 총괄납부승인을 받은 사업자의 경우 제조장에서 직매장 등으로 거래명세서를 발급할 수 있다.

참조조문 부통 32 - 69 - 4

거래세(去來稅; tax of transaction)

거래세란 상품의 매매거래·금융업·운수업 등의 영업거래, 음식점·여관 등의 용역거래 등 유형·무형의 각종 재화의 거래에 대하여 거래금액을 과세표준으로 하여 판매자에게 부과하는 조세를 말하며, 매출세·일반거래세·거래고세라고도 한다.

거래시기(去來時期; time of transaction, tax point)

부가가치세법상 어느 특정한 거래사실이 어느 과세기간에 귀속되는 것인가의 시간적 범위를 결정하는 기준을 말한다. 납세의무자의 입장에서는 납세의무발생시기, 과세관청의 입장에서는 과세권을 행사할 수 있는 시기의 기준으로서 재화 또는 용역의 공급시기를 말한다. 이러한 거래시기를 법인세법상은 귀속시기, 소득세법상은 수입시기라 한다.

참조조문 부법 15~17, 부령 28~30, 법법 40, 소령 45~50의 2

거래장소(去來場所; transaction place)

재화 또는 용역이 공급되는 장소를 말하는데, 부가가치세의 납세의무가 발생되는 장소가 될 뿐만 아니라 세금계산서 또는 영수증의 발급장소이기도 하다. 재화가 공급되는 장소는 ① 재화의 이동이 필요한 경우에는 재화의 이동이 시작되는 장소, ② 재화의 이동이 필요하지 아니한 경우에는 재화가 공급되는 시기에 재화가 있는 장소이며, 용역(用役)이 공급되는 장소로는 ① 역무(役務)가 제공되거나 시설물 또는 권리가 사용되는 장소, ② 국내외에 걸쳐 용역이 제공되는 국제운송의 경우에 사업자가 비거주자 또는 외국법인인 경우에는 여객이 탑승하거나 화물이 적재되는 장소이다.

참조조문 부법 19 · 20

거래징수(去來徵收; charging in transaction)

사업자가 재화 또는 용역을 공급하는 경우에는 그 공급을 받는 자로부터 세금을 징수하는 것을 말한다. 부가가치세는 거래징수의 방법으로 징수되는 대표적인 조세이다. 그러나 영세율(零稅率)에 해당하거나 면세(免稅)에 해당하는 재화 또는 용역을 공급할 때에는 부가가치세를 거래징수할 수 없다.

참조조문 부법 31

거소(居所; residence)

주소지 외의 장소 중 상당기간에 걸쳐 거주하는 장소로서 주소(住所)와 같이 밀접한 일반적 생활관계가 형성하지 아니하는 장소를 말한다. 민법에서는 주소를 알 수 없을 때 및 국내에 주소가 없을 때에는 각 거소를 주소로 본다고 규정하고 있다(민법 19 · 20). 소득세법은 국내에 주소가 없는 자라 하더라도 183일 이상 거소를 둔 경우에는 거주자로 보고 있다.

참조조문 소법 1의 2, 소령 2 ②

거주자(居住者; resident)

국내에 주소를 두거나 국내에 183일 이상 거소를 둔 개인을 말한다. 소득세법은 납세의무의 범위를 정함에 있어 거주자와 비거주자를 달리 취급하고 있으며 거주자는 전세계소득에 대해 납세의무를 부담하는 무제한납세의무자에 해당한다. 거주자는 내국인과는 다른 개념으로 외국인이라 할지라도 국내에 주소를 두거나 183일 이상 거소를 둔 경우에는 거주자에 해당한다.

참조조문 소법 1의 2 ① 1호

거주지주의(居住地主義; residence principle)

조세의 세원에 귀속하는 자가 반드시 과세능력을 가진 해당 단체의 주민임을 요하는 것을 말한다. 부동산 또는 유체동산의 소유 또는 취득·이용 등의 사실을 세원으로 할 경우 그 재산의 소유자가 거주하는 해당 단체(국가 또는 지방자치단체)가 과세하는 제도이다.

거증책임(擧證責任; burden of proof)

다툼에 있어 법원 등은 일정한 법률관계의 존부를 판단하게 된다. 이때 어떤 사실의 존부가 명확히 증명되지 아니하면 어느 당사자 일방에게 불리한 판단을 하게 되며, 불리한 판단을 당하는 당사자 일방은 자신에게 불리한 판단을 피하기 위하여 자신이 주장하는 사실의 존재를 적극적으로 증명하여야 하는데 이를 거증책임 또는 입증책임이라고 한다. 세법에 있어서 세무서의 과세처분에 대하여 과세요건사실 존재의 입증책임은 원칙적으로 과세관청이 부담하게 된다.

건설계약(建設契約; construction contract)

✎ 건설형 공사계약 참조

건설업(建設業; construction industry)

토목·건축 및 이에 부수되는 공사를 시공하는 산업을 말한다. 세법은 건설업의 범위를 건축건설업, 토목건설업, 전문직별 공사업(미장공사업, 목공사업, 도장공사업 등) 및 주택신축판매업으로 규정하고 있으나 건설산업기본법에 의한 건설업의 범위는 이와는 다소 차이가 있다.

건설업에서 발생하는 소득은 소득세법상 사업소득으로 구분되므로 개인이 주택신축판매업자로서 주택을 신축하여 판매하는 경우에는 양도소득세가 아닌 종합소득세가 부과된다.

참조조문 소법 19 ① 6호, 법법 4 ③ 1호, 부령 3 ① 1호

건설자금이자(建設資金利子; interest related to loan for construction)

세법에 의하면 그 명목 여하에 불구하고 사업용 고정자산의 매입·제작·건설(기존 고정자산의 증설·개량은 제외)에 소요되는 차입금의 이자 또는 이와 유사한 성질의 지출금을 건설자금이자라 하며 해당 고정자산의 원가로 계상된다.

참조조문 법법 28 ① 3호, 법령 52, 소법 33 ① 10호, 소령 75

건설중인자산(建設中인資産; construction in progress)

유형자산을 건설에 의해 취득하게 될 때 건설을 개시한 날부터 건설이 준공되기까지 지출된 모든 재료비·노무비 및 경비를 처리하는 미결산계정을 말한다. 건설중인자산에는 건설을 위해 지출한 도급금액 또는 취득한 기계 등을 포함하며, 준공완료시 적절한 유형고정자산으로 계정대체한다.

참조조문 일반기준 10장 10.46

건설형 공사계약(建設型 工事契約; construction contract)

단일자산의 건설공사를 위해서 체결될 수 있으며, 설계, 기술, 기능 또는 그 최종적 목적이나 용도에 있어서 밀접하게 상호 관련되거나 상호의존적인 복수자산의 건설공사를 위해서도 체결될 수 있다. 이러한 건설형 공사계약의

예로는 제련소, 기타 복잡한 생산설비나 기계장치의 건설형 공사계약이 있다.

참조조문 일반기준 16장 2절 16.22, K-IFRS 1011호 3~4

결산(決算; sattlement of accounts)

기업이 회계기간말에 계정의 기록을 계산·정리하여 그 기간의 영업실적을 명백히 하기 위하여 순손익을 계산함과 동시에 그 시점의 기업의 재무상태를 명백히 하기 위하여 자산·부채 및 자본금액을 계산하는 것을 말한다.

결산재무제표(決算財務諸表; closing financial statements)

결산기에 작성되는 기업의 경영성과 또는 재무상태에 대한 계산결과를 표시하는 계산서류를 일괄하여 말한다.

결산조정(決算調整; closing adjustment)

법인세법상 익금·손금을 인정받는 방법에는 장부상에 수익 또는 비용으로 계상함으로써 익금·손금을 인정받는 경우와 장부상에 익금·손금을 계상하지 않았더라도 세무조정을 통해 익금·손금을 인정받는 방법이 있다. 이때 법인이 전자와 같이 장부상에 계상하고 결산에 반영함으로써 익금·손금으로 인정받는 방법을 결산조정이라 한다.

결산확정일(決算確定日; settlement date of final account)

상법 또는 기업회계기준에 의하여 작성한 각종 재무제표에 대해 정기주주총회의 승인을 얻은 날을 말한다.

결손금(缺損金; deficit)

기업의 경영활동결과 순자산(純資産)이 오히려 감소하는 경우에 그 감소분을 누적하여 기록한 금액을 말하며 소유주의 입장에서 자본의 감소액이다. 그러나 자본금이나 자본잉여금을 직접 감소시키지 아니하고 별도의 과목과 부(負)의 수치로 표시한다. 그 이유는 손익거래에서 발생한 것이므로 납입자본과의 구분을 명확히 하여 정보의 유용성을 증대시킴으로써 회사채권자를 보호할 수 있기 때문이다. 따라서 결손금은 나중에 이익이 발생할 때 우선적으로 상계하여야 하며, 결손금과 상계하지 않고서는 이익을 배당 등으로 사외 유출할 수는 없다.

세법상 손금이 익금을 초과하는 것을 의미하는 세법상 결손금은 일정요건을 충족하는 경우 법인세과세표준 또는 소득금액에서 공제할 수 있다.

(**참조조문**) 법법 13 ① · 14 ②, 법령 10, 소법 45

결손금의 소급공제(缺損金의 遡及控除; carryback of deficit)

전년도에 이익이 발생해 세금을 납부한 법인 또는 사업자가 해당 연도에 결손이 발생하면 전년도에 납부했던 세액을 환급받을 수 있도록 하는 제도이다. 세법은 중소기업이 각 과세연도에 결손금이 발생한 경우 그 결손금에 대하여 직전 과세연도의 소득에 대하여 과세된 소득세액 또는 법인세액을 한도로 환급신청을 할 수 있도록 규정하고 있다. 다만, 환급신청은 당해 중소기업이 법인세 또는 소득세의 신고기한 내에 결손금이 발생한 과세연도의 그 직전 과세연도의 소득에 대한 과세표준 및 세액을 각각 신고한 경우에 한한다.

(**참조조문**) 법법 72, 법령 110, 소법 85의 2, 소령 149의 2

결손금의 이월공제(缺損金의 移越控除; carryover of deficit)

법인의 각 사업연도의 개시일 전 10년 이내에 개시한 사업연도에서 발생한 결손금이 있는 경우 해당 결손금에 해당하는 금액을 그 이후의 각 사업연도의 과세표준을 계산할 때 공제하는 것이다.

(**참조조문**) 법법 13 ① 1호, 법령 10, 소법 45 ③~⑥, 소령 101

결손금처리계산서(缺損金處理計算書; statement of disposition of deficit)

미처리결손금의 처리내용을 밝히는 재무제표이다. 이익잉여금처분계산서 또는 결손금처리계산서의 명칭은 실질적인 이익잉여금의 처분행위가 있었느냐에 따라 구분된다. 예컨대, 당기말 미처리결손금이 있었더라도 임의적립금을 이입하여 이를 보전하고 남는 이익잉여금이 있어 처분하였다면 이익잉여금처분계산서로 하여야 한다. 그러나 당기말 미처리결손금을 전부 보전하지 못하거나 전부 보전하고도 이익잉여금의 처분사항이 없는 경우에는 결손금처리계산서로 한다.

참조조문 K-IFRS 1001호 한138.1, 일반기준 2장 2.89

결손금통산(缺損金通算; sum total of the amount of deficit)

소득세는 개인의 생애소득을 1역년(曆年) 단위로 구획하여 산정하는 기간과 세제도라 할 수 있는데, 여기에는 매년 소득금액이 일정한 사람과 소득금액의 변동이 심한 사람과의 세부담에 차이가 발생한다는 모순이 존재한다. 이를 시정 또는 완화하기 위해 현행 소득세법은 결손금에 대해 이월공제와 소급공제제도를 두고 있다. 이때의 결손금을 계산함에 있어서 각 소득별로 또는 다른 소득으로 이월하여 결손금을 산출해내는 과정을 통산이라 한다.

동일한 소득별로 통산하는 것을 내부적 통산이라 하는데, 즉 복수의 사업장을 가지고 있는 납세의무자는 부동산임대업·사업소득별로 소득금액과 결손금을 서로 통산해야 한다.

여기서 소득별로 통산한 결손금 중 사업소득에서 생긴 결손금은 다시 다른 종합소득금액과 통산하여야 한다. 이 경우 근로소득, 연금소득, 기타소득, 이자소득, 배당소득금액에서 순차로 공제한다. 이와 같이 사업소득에서 발생한 결손금을 다른 종합소득에서 공제하는 것을 외부적 통산이라고 한다.

한편, 이자소득·배당소득·근로소득·연금소득·퇴직소득의 경우에는 결손금이 생길 수 없다. 기타소득의 경우에는 결손금이 생길 수 있으나 현행 소득세법에 규정이 없다. 양도소득의 결손금은 양도소득 자체 내에서 통산하며 다른 소득과는 통산하지 않고 통산 후 남은 결손금은 이월되지 않고 소멸하며, 부동산임대업의 결손금은 외부적 통산은 허용되지 않고, 내부적 통산이 결손인 경우 다음 연도로 이월시킨다.

참조조문 소법 45 ①·102

결손보전(缺損補塡; set‒off losses)

재무제표상의 결손금을 감소시키거나 소멸시키는 것을 말한다. 경영활동의 결과로 결손이 생긴 경우에는 이익준비금과 자본준비금을 이사회 결의 또는 주주총회 결의로 자본에 전입할 수 있다. 이들 법정준비금은 자본금의 결손보전에 충당하는 경우 외에는 처분하지 못한다.

참조조문 상법 460

결손처분(缺損處分; deficits disposal)

구체적으로 확정된 조세채권이 일정한 사유의 발생 또는 존재로 징수할 수 없다고 인정되는 경우에 그 납세의무를 소멸시키는 징세관서의 처분을 말한다. 지방세징수법은 다음의 사유 중 하나에 해당하는 때에는 지방자치단체의 장은 결손처분에 의하여 납세의무를 소멸시킬 수 있다고 규정하고 있다. 즉 ① 체납처분이 종결되고 체납액에 충당된 배분금액이 그 체납액보다 적을 때, ② 체납처분을 중지하였을 때, ③ 지방세징수권의 소멸시효가 완성되었을 때, ④ 체납자가 행방불명이거나 재산이 없다는 것이 판명된 경우, ⑤ 채무자회생및파산에관한법률 제251조에 따라 체납한 회사가 납부의무를 면제받게 된 경우 등이다.

결손처분에 의해 조세채권은 일단 만족하지 못하고 소멸한다. 그러나 지방자치단체의 장은 결손처분을 한 후 압류할 수 있는 다른 재산을 발견하였을 때에는 지체없이 그 처분을 취소하고 체납처분을 하여야 한다.

참조조문 지징법 106, 지징령 94

결정(決定; determination)

납세의무를 확정하는 행정관청의 처분으로서 세법상 과세표준과 세액을 정부가 확정하는 절차를 뜻한다. 주로 정부부과과세제도의 세목인 상속세 및 증여세 등에서 채택되며, 신고납세제도하의 세목 중 납세의무자 스스로 과세표준과 세액의 신고가 없는 경우 정부가 개입하여 그 과세표준과 세액을 확정하는 절차를 말한다.

참조조문 국기법 44, 법법 66 · 97, 소법 80 · 114, 상증법 76

결정세액(決定稅額; determinated tax amount)
산출세액에서 세액공제액과 감면세액을 공제한 금액을 말한다. 결정세액이
라는 용어에 대한 세법상의 규정은 소득세법에 결정세액의 계산절차를 명시
하고 있을 뿐 타 세법에는 규정된 바 없으나, 일반적으로 소득세법의 규정과
같은 의미로 이해되고 있다.

참조조문 소법 15

결정소득금액(決定所得金額; determinated taxable income)
실액방법 및 추계방법에 의하여 각각의 납세자에 대한 과세권자가 결정한
소득금액을 말한다.

결정통지(決定通知; notice of determination)
행정관청이 자기의 권한에 속하는 사항에 대하여 의사를 결정하거나 사실을
확인 · 판단한 경우에 그 내용을 상대방에게 알리는 것을 말한다.

참조조문 소법 83, 법법 70

결제옵션(決濟옵션; settlement option)
여러 가지 결제방법(예 : 현금 차액결제 또는 현금과 주식의 교환) 중 발행자나
보유자가 결제방법을 선택할 수 있는 파생금융상품으로 금융자산이나 금융
부채로 계상된다.

참조조문 K - IFRS 1032호 26

결합재무제표(結合財務諸表; combined financial statements)
대기업집단의 실질적인 경영상태를 한눈에 볼 수 있도록 작성하는 재무제표
로서 당해 기업집단에 소속된 국내회사의 직전 사업연도말 자산총액의 합계

액이 2조원 이상인 기업집단 및 그 소속회사가 작성해야 하며, 모든 국내계 열사들의 매출액과 손익, 자본금과 자산, 부채 및 내부거래 사정을 일목요연 하게 작성해야 한다.

과거의 연결재무제표는 지배회사와 종속기업의 지분율만을 감안하여 작성 하였으나, 결합재무제표는 회사간의 출자지분비율만으로 작성대상을 선정한 것이 아니라 실질적인 지배력을 기준으로 삼고 있다. 결합재무제표는 결합 대차대조표와 결합손익계산서 그리고 결합현금흐름표로 구성된다.

경감세율(輕減稅率; reduced tax rate)
통상 적용되는 세율을 일정한 경우에 낮추어서 적용하는 세율이다.

경과규정(經過規定; transition rule)
법령의 제정·개폐가 있는 경우에 종전의 규정과 새 규정의 적용관계 등 구 법(舊法)에서 신법(新法)으로 이행하는 데 따르는 여러 가지 조치의 규정을 말하며 경과조치라고도 한다. 이러한 경과규정은 법령·규칙 등을 제정·개 정·폐지하는 경우에 폐지·변경·신설되는 법령 등의 규정내용을 적용함 에 있어 그 범위·한계·기간 등을 명확히 하여 법령 등의 개정·폐지·신 설에 따른 적용상의 혼란을 방지하기 위한 과도적 규정을 말한다.

경락(競落; auctioning)
부동산의 경매절차에 있어서 법원이 최고가경매인(最高價競買人)에게 경매부 동산의 소유권을 취득시키는 처분을 경락허가결정이라고 한다. 경락허가결 정이 선고되면 경락인은 경락부동산의 소유권 및 과실(果實) 그 밖의 이익을 취득하며, 동시에 대금의 지급의무를 부담하고, 부동산 위에 존재하고 있던 유치권(留置權)을 인수하나 저당권은 소멸한다.

경로우대공제(敬老優待控除; senior incentive deduction)
종합소득이 있는 거주자에게 기본공제대상자 중 70세 이상인 자(敬老優待者)

가 있는 경우에는 그 거주자의 해당 연도의 종합소득금액에서 경로우대자 1명에 대하여 연 100만원을 공제하는 것을 말한다.

(참조조문) 소법 51 ① 1호

경매(競賣; auction)

넓은 의미로는 매수희망자가 여러 명일 때 값을 제일 많이 부르는 사람에게 매도(賣渡)하는 것을 말하고, 좁은 의미로는 경매를 청구할 권리가 있는 자의 신청에 의해 집행법원 또는 집행관(執行官)이 동산이나 부동산을 위와 같은 방법으로 매도하는 것을 말한다. 경매를 하는 경우 매도인은 다수의 매수희망자를 집합시켜 구술로 매수신청을 하게 하고 최고가격으로 매수신청을 하는 자에게 경매물건을 매도하게 된다.

또한 국가기관에서 행하는 경매를 공매(公賣)라고 한다. 부가가치세법에서는 경매에 의하여 재화를 인도 또는 양도하는 것을 재화의 공급으로 보나, 국세징수법에 따른 공매, 민사집행법에 따른 경매는 재화의 공급으로 보지 않는다.

(참조조문) 국징법 67, 부령 18 ① 4호 · ③

경업금지의무(競業禁止義務; prohibition of competitive transaction)

특정상인의 영업을 보호하기 위하여 그 상인과 일정한 관계가 있는 자(상업사용인 · 영업양도인)에게 그의 영업과 경쟁적 성질을 띠는 행위를 하는 것을 금지시키는 일정한 부작위의무를 말한다. 상법상의 경업금지의무에는 상법의 규정 또는 그 해석에서 생기는 것과 당사자간의 계약에서 생기는 것이 있는데, 전자는 상업사용인 · 대리상 · 영업양도인의 경업금지의무와 합명회사와 합자회사의 무한책임사원 및 주식회사와 유한회사의 이사가 부담하는 경업금지의무 등이 있으며, 후자에는 영업양도계약당사자의 특약이나, 영업주와 사용인간의 경업거래금지계약 같은 것이 있다. 경업금지에 관한 각 규정은 단순한 금지규정에 불과하므로 이에 위반하여 경업거래행위를 한 경우에도 그 자체의 효력에는 영향이 없다.

 상법 397

경영성과(經營成果; management performance)

재무제표의 목적은 광범위한 정보이용자의 경제적 의사결정에 유용한 기업의 재무상태, 경영성과와 재무상태 변동에 관한 정보를 제공하는 것으로서 회계기간 동안 기업실체의 운영으로 발생한 손익으로 기업가치와 배당의 원천이 된다. 경영성과를 나타내는 재무제표는 포괄손익계산서이다.

 K-IFRS 1001호 9, 81~105

경정(更正; reassessment)

납세의무자가 신고한 내용 또는 과세관청이 결정한 내용에 오류가 있을 때 세무서장 또는 지방국세청장이 이를 시정하기 위하여 행하는 행정처분을 말한다.

 법법 66 ②, 부법 57, 소법 80, 국기법 44

경정청구권(更正請求權; claim of reassessment)

법정신고기한 내에 과세표준신고서를 제출한 자는 법에 정한 사유에 해당하는 사항이 있는 경우 법정신고기한 경과 후 5년 내에 최초신고 및 수정신고한 국세의 과세표준 및 세액 등의 결정 또는 경정을 관할세무서장에게 청구할 수 있는데, 이를 결정 또는 경정의 청구라고 한다. 즉 과세관청의 경정·재경정권에 대응하는 조세채무자의 경정청구권인 것이다. 이러한 결정 또는 경정의 청구를 받은 세무서장은 그 청구를 받은 날로부터 2개월 이내에 과세표준 및 세액을 결정 또는 경정하거나 결정 또는 경정하여야 할 이유가 없다는 뜻을 그 경정청구자에게 통지하여야 한다.

경정청구에는 과세표준신고서 등에 기재한 과세표준 및 세액 등의 과다계상으로 납세의무자에게 불이익이 발생한 경우 이를 시정하기 위한 경정청구(통상의 경정청구), 매각계약의 무효판결 등 당초 신고시에는 예측하기 어려웠던 법정된 후발적 경정사유가 발생한 경우 납세자의 권리보호 측면에서 그 사유가 발생한 것을 안 날부터 3개월 이내에 경정청구를 할 수 있는 경정청구(후발적 사유에 의한 경정청구)가 있다.

참조조문 국기법 45의 2, 국기령 25의 2·25의 3

경조금(慶弔金; expenditure for congratulations and condolences)

경사스러운 일을 축하하고, 흉사를 조문하기 위한 축하금·기념품·부의금 등과 기타 이와 유사한 금품(金品)을 말한다. 소득세법상 사업자가 그 종업원에게 지급한 경조금 중 사회통념상 타당하다고 인정되는 범위 내의 금액은 이를 지급받은 자의 근로소득으로 보지 아니하며 당해 사업자의 소득금액계산에 있어서 필요경비에 산입한다. 또한 2009년 관련 세법을 개정하여 접대비 명목으로 지출하는 경조사비에 대하여는 증빙수취가 곤란하고 경조사비의 현실성을 감안하여 기존 10만원에서 20만원으로 증빙요건을 완화하였다.

참조조문 법령 41 ①, 소령 83 ②, 소칙 10 ①·24 ②, 부령 19의 2

계산서(計算書; bill, invoice)

사업자가 사업상으로 재화와 역무를 제공하고 상호간에 거래내역을 명확히 하기 위해 작성하는 서면을 말한다. 일반적으로 부가가치세과세사업자가 발행하는 것은 세금계산서, 부가가치세면세사업자가 소득세법 또는 법인세법에 의해 발행하는 것을 계산서라고 한다.

참조조문 소법 163, 법법 121, 부법 32~35

계속기록법(繼續記錄法; perpetual inventory system)

재고자산의 수량을 결정하는 방법 중의 하나로서 재고자산의 입고 및 출고 상황을 계속적으로 장부에 기록하여 그 기록된 내용에 의해 일정시점의 재고자산을 파악하는 방법이다. 재고자산의 통제에 필요한 적시성(適時性) 있는 정보를 제공할 수 있는 이점이 있으나, 작업이 번거롭다는 것이 단점으로 지적되고 있다.

계속기업(繼續企業; going concern)

재무제표는 일정한 가정하에서 작성되며, 계속기업의 가정은 그러한 기본가정 중 하나이다. 계속기업의 가정이란 기업실체는 그 목적과 의무를 이행하기에 충분할 정도로 장기간 존속한다고 가정하는 것을 말한다. 즉 기업실체는 그 경영활동을 청산하거나 중대하게 축소시킬 의도가 없을 뿐 아니라 청산이 요구되는 상황도 없다고 가정된다. 그러나 기업실체의 중요한 경영활동이 축소되거나 기업실체를 청산시킬 의도나 상황이 존재하여 계속기업을 가정하기 어려운 경우에는 계속기업을 가정한 회계처리방법과는 다른 방법이 적용되어야 하며, 이때 적용된 회계처리방법은 적절히 공시되어야 한다.

참조조문 K-IFRS 개념체계 4.1, 일반기준 2장 2.5

계속성(繼續性; consistency)

재무제표의 기간별 비교가능성을 제고하기 위하여 재무제표항목의 표시와 분류는 다음의 경우를 제외하고는 매기 동일하여야 한다는 것을 말한다.

① 기업회계기준에 의하여 재무제표항목의 표시와 분류의 변경이 요구되는 경우
② 사업결합 또는 사업중단 등에 의해 영업의 내용이 유의적으로 변경된 경우
③ 재무제표항목의 표시와 분류를 변경함으로써 기업의 재무정보를 더욱 적절하게 전달할 수 있는 경우

참조조문 K-IFRS 1001호 45~46, 일반기준 2장 2.13

계약수익(契約收益; contract revenue)

건설계약, 정액계약, 원가보상계약에 있어서 제공할 재화 또는 용역의 대가로 수령할 금액이다. 최초에 합의된 계약금액과 공사내용의 변경이나 보상금 또는 장려금의 지급에 따라 추가될 수익으로 귀결될 가능성이 매우 높고 신뢰성 있는 측정이 가능한 금액으로 구성된다.

참조조문 K-IFRS 1011호 11~15, 일반기준 16장 2절 16.28~31

계약원가(契約原價; contract cost)

계약과 관련하여 직접 또는 간접으로 발생된 비용으로서 계약수익에 대응되는 원가이다.

계약원가는 특정계약에 직접 관련된 원가, 특정계약에 개별적으로 관련되지는 않으나 여러 계약에 배분될 수 있는 공통계약원가, 계약조건에 따라 발주자에게 청구할 수 있는 기타 계약원가로 구성되어 있다.

참조조문 K-IFRS 1011호 16~21, 일반기준 16장 2절 16.32~16.38

고가매입(高價買入; expensive purchase)

자산을 시가보다 높은 가액으로 매입하는 것을 말한다. 법인 또는 개인사업자가 친족·사용인 등과 같이 특수관계가 있는 자로부터 자산을 고가매입한 경우에는 손금 또는 필요경비로 계산한 시가초과분상당액(시가와 거래가액의 차액이 3억원 이상이거나 시가의 100분의 5에 상당하는 금액 이상인 경우)은 손금불산입 또는 필요경비불산입으로 처분된다(부당행위계산부인). 또한 개인이 특수관계자로부터 자산을 고가매입한 경우에는 그 시가초과분상당액(시가와 거래가액의 차액이 3억원 이상이거나 100분의 30 이상 차이가 있는 경우)을 특수관계자에게 증여한 것으로 보아 증여세를 부과한다. 그리고 법인이 특수관계가 없는 자에게 정당한 사유없이 자산을 정상가격(시가에 시가의 100분의 30을 가산한 범위의 가액)보다 높은 가격으로 매입한 경우에는 그 차액 중 실질적으로 증여한 것으로 인정되는 금액은 기부금으로 본다.

참조조문 법령 35·88 ①, 소령 98 ②, 상증법 35, 상증령 26 ②

고가주택(高價住宅; high-grade house)

주택 및 이에 부수되는 토지의 양도당시의 실지거래가액의 합계액[1주택 및 이에 부수되는 토지의 일부를 양도하거나 일부가 타인 소유인 경우에는 실지거래가액합계액에 양도하는 부분(타인소유분을 포함)의 면적이 전체주택면적에서 차지하는 비율을 나누어 계산한 금액을 말함]이 9억원을 초과하는 주택을 말한다. 단독주택으로 보는 다가구주택의 경우에는 그 전체를 하나의 주택으로 보아 고가

주택을 판단한다. 또한 고가주택에 해당하는 경우에는 1세대1주택이더라도 9억원 초과분에 대하여 양도소득세가 부과된다. 당해 주택 또는 이에 부수되는 토지가 그 보유기간이 다르거나 미등기양도자산에 해당하거나 일부만 양도하는 때에는 9억원에 당해 주택 또는 이에 부수되는 토지의 양도가액이 그 주택과 이에 부수되는 토지의 양도가액의 합계액에서 차지하는 비율을 곱하여 안분계산한다.

참조조문 소법 89 ① 3호, 소령 156

고급오락장(高級娛樂場; high-class amusement place)

지방세법상의 개념으로서 도박장, 유흥주점영업장, 특수목욕장 등의 건축물과 그 부속토지를 말하며, 고급오락장용 부동산은 사치성재산으로 분류되어 취득세 및 재산세가 중과세된다.

참조조문 지법 13 ⑤ 4호 · 111 ① 2호, 지령 34 5호

고발(告發; complaint)

일반적으로 고발이란 범죄자 및 고소권자 이외의 제3자가 수사기관에 범죄사실을 신고하여 범죄자의 소추를 구하는 의사표시이다. 조세범처벌법은 범칙행위에 대하여 국세청장·세무서장 또는 세무공무원의 고발을 기다려 논한다고 규정하여 원칙적으로 조세범에 있어서는 고발이 소송조건임을 규정하고 있다. 즉 세무공무원의 고발이 공소제기의 유효요건인 것이다. 다만, 조세범처벌법에 따른 범칙행위에 대해서는 국세청장, 지방국세청장 또는 관할세무서장의 고발이 없으면 검사는 공소를 제기할 수 없다.

참조조문 처법 21

고소(告訴; accusation)

범죄의 피해자, 그의 법정대리인 기타 일정한 자(고소권자 : 형소법 223)가 범죄사실을 수사기관에 신고하여 범인의 소추를 구하는 의사를 표시하는 것을 말한다. 고소가 있었다고 해서 반드시 검사는 기소하여야 하는 것은 아니고

수사를 촉진하는 데 불과하다. 더욱이 친고죄(親告罪)에 있어서는 고소가 없으면 검사는 기소할 수 없고 따라서 심리도 할 수 없다.

고시(告示; notice)

행정기관이 국민 일반에게 널리 알리기 위하여 일정한 사항을 공고하는 일종의 공고(公告)형식이다. 따라서 국세청장이 조세부담에 관련된 사항을 공시하여 조세행정에 적용되도록 공고하는 것도 고시이다. 예컨대 소득세법상 소득금액의 추계결정 또는 경정을 하는 경우에 적용되는 기준경비율·단순경비율의 고시도 이에 해당한다.

참조조문 소령 143

고시가격(告示價格; fixed price)

국가 기타 행정기관이 공정가격 등을 국민 일반에게 널리 알리기 위하여 고시한 가격이다.

고용계약(雇傭契約; contract of employment)

당사자의 일방(勞務者)이 상대방(使用者)에 대하여 노무를 제공할 것을 약정하고, 상대방이 이에 대하여 일정한 보수를 지급할 것을 약정함으로써 성립하는 유상쌍무계약이다. 민법에서는 고용을 대등·독립한 당사자간의 계약으로 규정하고 있으며 계약의 자유가 보장되고 있지만, 자본주의 사회에서는 필연적으로 노동자의 지위가 불리하므로 이에 대한 자주적인 노동운동의 발전과 국가정책으로 근로기준법을 제정하기에 이르렀으며, 고용에 관한 특별법이라고 할 수 있는 근로기준법은 거의 모든 고용관계에 대해서 민법상의 고용에 관한 규정에 많은 수정을 가하고 있다.

참조조문 민법 655~663

고용창출투자세액공제(雇用創出稅額控除)

제조업 등을 영위하는 내국법인이 2017.12.31.까지 사업용 자산 등을 새로 취득하기 위하여 투자(중고품 및 금융리스 외의 리스투자와 수도권과밀억제권역 내의 투자는 제외)하는 금액에 대하여 상시근로자수가 감소하지 않은 경우 일정률(대기업은 0~4%, 중견기업은 1~8%, 중소기업은 3~10%)을 세액공제하는 제도를 말한다.

참조조문 조특법 26, 조특령 23

고유목적사업(固有目的事業; essential business)

법인의 설립목적이 되는 사업을 말한다. 영리법인은 영리를 목적으로 설립된 법인이므로 영리사업을 고유목적사업으로 할 수 있으나, 비영리법인은 영리 외의 것을 고유목적으로 하여 설립되는 법인이다. 따라서 비영리법인의 고유목적사업은 학술·종교·자선·사교 등이 된다. 비영리법인이 당해 고정자산처분일 현재 3년 이상 계속하여 법령 또는 정관에 규정된 고유목적사업에 직접 사용한 경우 해당 고정자산의 처분으로 인한 수입에 대하여 법인세를 과세하지 아니한다.

참조조문 법법 4 ③ 5호, 법령 3 ②

고유목적사업준비금(固有目的事業準備金; reserve fund for essential business)

비영리내국법인이 고유목적사업이나 지정기부금에 지출하기 위해 일정한 한도 내에서 손금으로 계상한 준비금을 말한다. 준비금의 설정대상소득은 이자소득과 증권투자신탁수익의 분배금, 사회복지사업으로서 회원 등에게 대출한 융자금에서 발생한 이자금액과 기타의 수익사업에서 발생한 소득에 일정률을 곱한 금액으로 한다.

참조조문 법법 29, 법령 56

고유번호(固有番號; identification number)

부가가치세의 납세의무가 없는 자에 대하여 세적관리(稅籍管理) 및 원천징수업무 또는 과세자료수집업무를 효율적으로 처리하기 위하여 부여하는 사업자등록번호에 준하는 납세번호이다.

참조조문 부령 12 ②

고정비(固定費; fixed cost)

일정한 기간 동안 조업도(操業度)의 변동에 관계없이 항상 일정액으로 발생하는 원가로서 고정자산의 감가상각비·경영자의 급료·보험료·지대·제세공과 등이 이에 속한다. 이와 같은 고정비는 엄격히 말하여 일정한 기간 내에 일정한 조업도의 범위 내에서만 고정적이며 관련 범위 내에서 그 발생액은 항상 일정하기 때문에 조업도가 증가하면 할수록 단위당 원가(고정비부담액)는 점점 체감하게 된다. 대량생산의 경영구조하에서 '규모의 경제'(economy of scale)가 있다고 하는 것은 생산량이 증가할수록 생산량단위당 부담되는 고정비의 크기가 감소하기 때문이다.

고정사업장(固定事業場; permanent establishment)

사업의 전부 또는 일부를 행하는 고정된 장소를 말하며, 외국법인이나 비거주자의 경우 국내에 고정사업장이 있느냐 없느냐에 따라 과세방법에 차이가 있다. 일반적으로 국제간의 조세협약에서는 고정사업장이라 하고 국내법에서는 국내사업장이라 한다.

참조조문 법법 94, 소법 120

고지세액(告知稅額; tax amount of notice)

세무서장 등이 과세표준에 세율을 적용하여 산출한 세액에서 가산세를 가산하고 감면세액과 기납부(旣納付)한 세액 등의 공제될 세액을 차감한 후 납세자가 납부할 세액으로서 과세관청이 고지하는 세액을 말한다.

참조조문 국징법 9

골프회원권(골프會員權; right of golf membership)

골프장경영자와의 회원가입계약에 따라 골프회원증에 의하여 골프장 및 그 부대시설을 우선적으로 사용하거나 또는 요금할인, 기타 서비스의 제공을 청구할 수 있는 권리이다. 지방세법상 골프회원권의 취득에 대해서는 취득세를 부과하고 있으며 양도할 경우에는 양도소득세가 과세된다.

참조조문 지법 7 ① · 12 ① 7호, 소법 94 ① 4호

공고(公告; public announcement)

어떤 사항을 널리 일반인에게 알리는 일이다. 공고를 하여야 할 경우는 공·사법에 걸쳐 상당히 많다. 그 목적은 이해관계인이 다수 또는 불특정한 때에 이들에 대하여 권리주장이나 신고의 기회를 주기 위한 경우가 많기 때문이다. 공고의 방법은 관보 또는 신문지상(또는 특정신문)에 게재함이 일반적이다. 국세징수법상 공매시 또는 공매취소시에 필요사항과 기간 등을 규정하고 있는 것 등이 그 예이다.

참조조문 국기법 11, 국징법 67

공공단체(公共團體; public entity)

국가로부터 특별한 존립목적을 부여받고 설립된 법인으로서 공법인(公法人) 또는 자치단체(自治團體)라고도 한다. 공공단체는 국가와는 별개의 인격자라는 점에서 국가기관과 구별된다. 국가에 의하여 부여된 자기의 목적을 가지고 있으며, 자기의 사무를 자기의 기관을 통하여 집행한다는 의미에서 공공단체의 행위를 자치행정이라 하고 공공단체를 자치단체라 한다.

공공단체는 국가로부터 그 목적이 부여되고 그 범위 내에서 행정권을 부여받은 단체이므로 그 목적이 법률에 의하여 정하여지고 설립은 국가의 의사에 의하며, 해산의 자유는 없고, 일정한 범위 내에서 국가적 공권이 부여되어 있으며 국가의 특별한 보호·감독을 받는 등 특색을 갖고 있다. 공공단체는 그 조직에 의하여 지방자치단체, 공공조합, 영조물법인(營造物法人) 등으로 나누어진다.

공공법인(公共法人; public corporation)

공공성이 강한 사업을 행하는 법인으로서 이익을 특정인에게 분배하지 아니

하고, 자본은 정부나 지방공공단체로부터 출연받는 것을 그 특징으로 하고 있다(韓國銀行 등 特殊法人).

공공보조금(公共補助金; public subsidy)
공공단체가 사인(私人)에 대하여 산업의 육성이나 사회공공사업의 조성 등 행정상의 목적을 위하여 교부하는 현금을 말하며, 장려금 또는 교부금이라고도 한다.

공공사업비(公共事業費; expenditure for public works)
국가 또는 지방자치단체의 세출예산 가운데서 공공적인 사회시설을 확충하는 등 사회자본의 증설을 위하여 충당하는 재원을 일괄하여 말한다.

공공요금(公共料金; public utility charges)
국가가 독점적으로 생산·운영하는 재화나 서비스의 가격이다. 예를 들면 철도요금, 전기요금, 우편요금 등이 있다. 공공요금은 국가에 의해 일방적으로 결정되며, 일반적으로 국민의 경제생활과 밀접한 연관성이 있다.

공공재(公共財; public goods)
국방, 경찰, 소방 등의 재화와 같이 특정의 소비자에게만 팔 수 없고, 경쟁적 시장을 통하여 충분하게 공급될 수 없으므로 집단적으로 공급되어야 하는 재화를 말하며, 이에 대하여 소비자에게 개별적으로 팔 수 있는 재화를 사유재라고 한다. 공공재는 비경합성과 비배제성의 특성을 가진다. 비경합성이란 소비자가 늘어도 이전 소비하던 소비자들의 소비량이 줄지 않는 것으로 소비자들끼리 경합되지 않음을 의미한다. 비배제성은 소비자가 소비행위에 대해 대가를 지불하지 않더라도 소비를 배제할 수 없는 것을 의미한다.

공과금(公課金; duty)
국가 또는 공공단체에 의하여 국민 또는 공공단체의 구성원에게 강제적으로 부과되는 공적부담을 총칭하여 말한다.

국세기본법상 공과금은 국세징수법에서 규정하는 체납처분의 예에 따라 징수할 수 있는 채권 중 국세, 관세, 임시수입부가세, 지방세와 이에 관계되는 체납처분비를 제외한 것을 말한다.

참조조문 국기법 2 8호, 법법 21

공급가액(供給價額; value of supply)

✎ 공급대가 참조

공급대가(供給對價; amount of supply)

재화나 용역을 제공하고 지급받은 대가이다. 공급가액과 유사한 개념이나 부가가치세법은 공급가액과 공급대가를 구분하여 사용하고 있다. 즉 공급가액이란 부가가치세액을 포함하지 않은 순수한 재화 또는 용역의 교환가치만을 말하는 것으로 일반과세사업자의 과세표준이 되는 금액이다.

그러나 공급대가란 재화 또는 용역의 교환가치와 그에 따른 부가가치세액을 포함한 금액으로서 간이과세자는 공급대가를 과세표준으로 하여 부가가치세액을 계산한다.

참조조문 부법 29 · 61 ①

공급시기(供給時期; time of supply)

✎ 거래시기 참조

공급장소(供給場所; supply place)

✎ 거래장소 참조

공동경비의 손금불산입(共同經費의 損金不算入; non‑inclusion of joint expenses)

법인이 해당 법인 외의 자와 동일한 조직 또는 사업 등을 공동으로 운영하거나 영위함에 따라 발생되거나 지출된 손비를 공동경비라 하며 이러한 공동경비 중에서 출자총액 중 해당 법인이 출자한 금액의 비율 또는 모든 법인 등의 직전 사업연도의 매출액 총액에서 해당 법인의 매출액이 차지하는 비율 또는 약정한 비율 등을 초과하는 금액은 법인의 소득금액을 계산할 때 손금에 산입하지 아니한다.

참조조문 법령 48

공동면허(共同免許; common license)

주류제조업자들이 공동으로 주류를 제조하기 위하여 이미 주류제조의 면허를 받은 자가 개별적인 면허를 취소하고, 그 취소자의 연명으로 주류제조업을 공동으로 경영하기 위해 받는 면허를 말한다. 공동면허는 주세보전상 필요가 없다고 인정될 때는 당초의 개별면허로 환원될 것을 조건으로 주어진다.

참조조문 주법 6 ④, 주령 7

공동사업(共同事業; a joint enterprise)

민법상의 조합계약에 의하여 2인 이상의 거주자가 서로 출자하여 부동산임대소득 또는 사업소득이 발생하는 사업을 공동으로 경영하는 것을 말한다. 여기에서의 공동사업에는 민법상의 조합계약에 따라 영위하는 사업은 물론이고 공동사업자 등으로 보는 법인격 없는 단체가 영위하는 사업까지 포함한다. 소득세법상 공동사업장에 대한 소득금액 계산에 있어서는 당해 공동사업장을 1거주자로 본다.

참조조문 소법 43

공동사업자의 소득세부과(共同事業者의 所得稅賦課; levying income tax on a place of joint businessmen)

과세상 공동사업에 의한 소득안분이 계약상 출자비율 및 손익분배의 규정에 명시되고, 출자비율의 소득내용이 소정장부 등에 기록 계산되어 그 지분소득이 각 공동사업자에게의 귀속이 분명한 경우 실액조사가 가능하고 세법 소정의 규정에 의한 신고서류를 소정기한 내에 신고한 경우에 각자의 출자비율에 의한 지분의 소득별로 과세하게 된다. 소득세법은 국세기본법상 공유자 및 공동사업자의 연대납세의무에 관한 규정의 예외로서 부동산임대소득 및 사업소득 등이 있는 거주자가 자산을 공유 또는 합유하거나 공동으로 사업을 경영하는 경우 연대납세의무가 없으며, 그 지분 또는 손익분배의 비율에 의하여 분배되었거나 분배될 소득금액에 따라 각 거주자별로 소득세납세의무를 지우도록 규정하고 있다.

참조조문 소법 2 · 43 · 87, 소령 150

공동사업합산과세(共同事業合算課稅; the adding up taxation of a joint undertaking)
공동사업자 중에 거주자 1인과 생계를 같이하는 동거가족으로서 배우자, 직계존속 및 직계비속과 그 배우자 그리고 형제자매와 그 배우자가 포함되어 있는 경우에는 당해 특수관계자의 소득금액은 원칙적으로 그 지분 또는 손익분배의 비율 등을 기준으로 개별과세하나, 명의분산 등 조세회피목적으로 공동사업 영위시는 지분 또는 손익분배의 비율이 큰 공동사업자의 소득금액으로 보아 합산과세하는데 이를 공동사업합산과세라 한다.

참조조문 소법 43 ③, 소령 100

공동상속(共同相續; joint inheritance)
수인의 상속인이 공동으로 상속하는 상속형태로서 단독상속에 대비되는 개념이다. 개정 민법에 있어서의 상속은 재산상속에 국한되며 재산상속은 상속 동순위자가 2인 이상인 경우 공동상속을 하는 것이 일반적이다.

공동소유(共同所有; joint ownership)
민법에서 하나의 물건을 2인 이상의 다수인이 공동으로 소유하는 것을 말한다. 공동소유의 형태는 당사자의 약정(約定)에 따라 여러 가지가 있을 수 있겠으나, 보통 공유(共有) · 합유(合有) · 총유(總有)로 분류하고 있다. 공유의 경우에 각 공유자는 자기의 지분을 자유로이 처분할 수 있다. 그러나 합유의 경우에는 각자에게 지분권은 있으나 다른 합유자의 승인없이 자기의 지분을 처분할 수 없다. 또한 총유의 경우에는 지분별 처분이 불가능하고 전체로서만 처분할 수 있는 것이다.

공동약정(共同約定; joint arrangement)

둘 이상의 당사자가 공동지배력을 보유하는 약정이다. 공동약정은 공동영업 이거나 공동 기업이다. 공동약정은 다음과 같은 특징이 있다. ① 당사자들이 계약상 약정에 구속된다. ② 계약상 약정은 둘 이상의 당사자들에게 약정의 공동지배력을 부여한다. 여기에서 '공동지배력'은 약정의 지배력에 대한 합의된 공유인데, 관련활동에 대한 결정에 지배력을 공유하는 당사자들 전체의 동의가 요구될 때에만 존재한다. 공동 약정은 기업 자신이 관여된 공동약정의 권리와 의무에 따라 공동영업이나 공동기업으로 분류한다.

> **참조조문** K-IFRS 1111호 4~19

공동자산(共同資産; corporate assets)

검토대상 현금창출단위와 그 밖의 현금창출단위의 미래현금흐름에 모두 이바지하는 자산으로서 본사 또는 부문의 건물, 전산설비 및 연구소와 같이 기업이나 부문 전체의 공용자산을 포함한다. 단, 영업권은 제외한다. 공동자산은 다른 자산이나 자산집단과 독립적으로 현금유입을 창출하지 못하며 그 장부금액을 검토대상이 되는 하나의 현금창출단위에 전부 귀속시킬 수 없다는 특성이 있다.

> **참조조문** K-IFRS 1036호 6·100~103, 일반기준 20장 20.14

공동지배(共同支配; joint control)

계약상 합의에 의하여 경제활동에 대한 지배력을 공유하는 것이다.
경제활동에 관련된 전략적 재무정책과 영업정책에 관한 의사결정에 지배력을 공유하고 있는 당사자(참여자) 전체의 동의가 필요할 때에만 존재한다.

> **참조조문** K-IFRS 1028호 2·1111호 7~13, 일반기준 9장 9.3

공동지배기업(共同支配企業; jointly controlled entity)

공동지배기업은 법인, 파트너십 또는 각 참여자가 지분을 소유하는 기타 형태의 기업으로 설립된 조인트벤처이다. 공동지배기업은 참여자 사이의 계약상 합의사항을 통하여 경제활동에 대한 공동지배가 성립된다는 것을 제외하고는 다른 기업과 동일하게 운영된다.

참조조문 K-IFRS 1111호 24~25, 일반기준 9장 9.9

공동지배사업(共同支配事業; jointly controlled business)

여러 사람이 참여하여 경제활동에 대한 지배를 공유하는데, 이를 운영하기 위해 법인, 파트너십이나 그 밖의 실체 또는 참여자와 분리된 별개의 재무적 조직 등으로 설립되지 아니하고 참여자의 자산과 그 밖의 자원을 사용하여 운영된다. 공동지배사업의 예를 들면 둘 이상의 참여자가 항공기와 같은 특정한 생산물을 공동으로 제조·판매·공급하기 위하여 참여자들의 영업·자원·기술 등을 결합하는 경우가 있으며, 각 참여자는 제조공정의 각기 다른 부분을 담당한다. 또한 각 참여자는 자신의 원가를 부담하고 항공기 판매수익을 분배받는데, 이러한 분배는 계약상 합의에 의하여 결정된다. 조인트벤처의 합의에는 통상 공동생산제품의 판매로 발생한 수익과 공통적으로 발생한 비용을 참여자간에 분배하는 방법에 대한 조항이 있다.

참조조문 K-IFRS 1111호, 일반기준 9장 9.5~9.6

공동지배자산(共同支配資産; jointly controlled asset)

참여자를 위하여 효익의 획득에 사용되는 자산으로 조인트벤처의 목적으로 출자되거나 취득되고 조인트벤처의 목적에 사용되는 하나 이상의 자산을 참여자가 공동지배하고 흔히 공동소유하는 경우를 포함한다.

참조조문 K-IFRS 1111호, 일반기준 9장 9.7~9.8

공매(公賣; public auction)

국가기관이 체납처분에 따른 압류재산을 환가처분하는 방법으로써, 매각재산에 대하여 불특정다수인의 매수희망자로 하여금 자유경쟁을 통하여 형성되는 최고가격을 매각가격으로 정하여 매수인이 될 자를 결정하는 매각절차이며 입찰(入札)과 경매(競賣)가 있다.

참조조문 국징법 61~73

공매보증금(公賣保證金; deposit for public auction)

공매재산의 매수신청자가 매수의무를 이행하지 아니하였을 경우에 그 책임을 추궁하고 공매처분진행의 차질을 예방하기 위하여 각 매수희망자로 하여금 매수신청시에 납부하게 하는 금액을 말한다. 현행법상 공매에 참가하는 자는 입찰가액 또는 매수가격의 10% 이상을 공매보증금으로 납부하여야 한다.

참조조문 국징법 65

공매참가의 제한(公賣參加의 制限; restriction of participating auction)

세무서장은 공매에 있어서 ① 입찰을 하고자 하는 자의 공매참가, 최고가격 입찰자의 결정 또는 매수인의 매수대금 납부를 방해한 사실, ② 공매에 있어서 부당하게 가격을 떨어뜨릴 목적으로 담합한 사실, ③ 허위명의로 매수신청을 한 사실에 해당한다고 인정되는 자에 대하여는 그 사실이 있은 날로부터 2년간 공매장소에의 출입을 제한하거나 입찰에 참가시키지 아니할 수 있고 그 사실이 있은 후 2년이 경과하지 아니한 자를 사용인 기타 종업원으로 사용하는 자 또는 이러한 자를 입찰의 대리인으로 하는 자에 대해서도 공매참가를 제한할 수 있다.

참조조문 국징법 72

공사부담금(工事負擔金; customers' donation)

전기·가스나 열·전화 등의 공익사업에 대한 신규설비를 건설할 때, 해당 사업시설의 수요자 또는 편익을 받는 자가 해당 설비비의 전부 또는 일부를 사업시행자에게 제공하는 자금 또는 자재의 화폐환산액을 칭한다. 기업회계기준서는 공사부담금 등은 취득자산에서 뺀 형식으로 기재하고 해당 자산의 내용연수에 걸쳐 감가상각비와 상계하며, 해당 자산을 처분하는 경우에는 그 잔액을 해당 자산의 처분손익에 반영하도록 규정하고 있다.

한편, 법인세법은 전기사업 등을 하는 내국법인이 그 사업에 필요한 시설을 하기 위하여 전기·가스나 열 등의 수요자 또는 그 시설에 의하여 편익을 받는 자로부터 그 시설을 구성하는 사업용자산을 제공받는 경우 또는 금전 등을 제공받아 해당 시설을 구성하는 사업용자산의 취득에 사용하거나 사업용자산을 취득하고 이에 대한 공사부담금을 사후에 제공받은 경우에는 그 사업연도의 소득금액 계산에 있어서 그 자산의 가액을 손금에 산입할 수 있도록 규정하고 있다.

참조조문 법법 37, 법령 65

공사수익(工事收益; income on construction jobs)

도급공사에서 발생되는 수익이다.

공사수익은 최초에 합의된 계약금액과 건설공사내용의 변경이나 보상금 또는 장려금의 지급에 따라 추가될 수익 중 발생가능성이 매우 높고 신뢰성 있는 측정이 가능한 금액으로 구성된다.

참조조문 일반기준 16장 2절 16.28~16.31

공사완성기준(工事完成基準; completed construct basis)

공사가 완성되기 전에는 수익을 전혀 인식하지 않다가 완성된 시점에서 수익 전액을 인식하는 도급공사의 수익인식기준이다. 여기서 완성된 시점을 통상적으로 도급계약상의 모든 의무를 완료하였거나 실질적으로 완료한 때로 본다. 현행 세법에서는 장·단기도급공사를 불문하고 진행기준으로 손익을 인식하되 작업진행률을 계산할 수 없는 장부 등이 충분하지 않는 경우 또는 K-IFRS를 적용하는 유동화전문회사 등이 수행하는 예약매출의 경우 인도기준을 적용하도록 한다. 중소기업이 수행하는 계약기간 1년 미만인 단기도급공사 등의 경우 신고조정을 통해 인도기준(용역제공의 경우에는 완성기준)을 적용할 수 있다.

참조조문 법령 69

공사원가(工事原價; construction cost)

공사와 관련하여 직접 또는 간접으로 발생된 비용으로서 공사수익에 대응되는 원가를 말한다.

공사원가는 특정공사에 관련된 공사직접원가, 특정공사에 개별적으로 관련되지는 않으나 여러 공사활동에 배분될 수 있는 공통공사원가, 계약조건에 따라 발주자에게 청구할 수 있는 기타 특정공사원가로 구성되어 있다.

참조조문 일반기준 16장 2절 16.32~16.38

공사진행기준(工事進行基準; percentage of completion basis)

공사계약의 체결로부터 완성·인도에 이르기까지 장기간이 필요한 선박·건물·교량·댐·도로 등의 도급공사에 대한 수익을 계산함에 있어 각 손익계산기간의 공사진행비율에 따라 공사수익을 인식하고 동 공사수익에 대응하여 실제로 발생한 비용을 공사원가로 계상하는 수익인식방법이다.

기업회계에서는 도급공사에 대해 장단기를 불문하고 공사진행기준에 의해 수익과 비용을 인식하도록 하고 있으며, 진행률 등을 합리적으로 추정할 수 없거나 수입금액의 회수가능성이 크지 않을 경우에는 발생원가의 범위 내에서 회수가능한 금액을 수익으로 인식하고 발생원가 전액을 비용으로 인식하도록 규정하고 있다. 한편 세법에서는 공사 계약에 관하여 진행기준을 원칙으로 한다.

참조조문 일반기준 16장 2절 16.39~16.52, 법령 69

공사채(公社債; bond and debenture)

공기업(대한주택공사, 한국도로공사 등)에서 고유사업을 위한 경비를 충당하기 위해서 발행한 채권으로서 국채에 준하는 채권을 명시한다. 또는 공채 및 사채를 총칭하는 의미로서 사용되기도 한다.

공소(公訴; public prosecution)

검사가 특정한 형사사건에 관하여 그 형벌권의 존부(存否)와 그 범위를 확정하기 위하여 법원에 대하여 재판을 구하는 의사표시이다. 공소의 제기는 수사의 종결을 의미함과 동시에 공판절차의 개시를 의미한다.

공소시효(公訴時效; prosecution prescription)

어떤 범죄에 대하여 일정한 기간이 경과한 때에는 공소를 제기할 수 없는 것을 말한다. 이 점에서 형을 선고하고 그 판결이 확정된 사건에 관한 형의 시효(刑의 時效)와는 다르다. 공소시효의 기간은 범죄의 경중에 따라 장단이 있으며, 공소가 제기된 범죄는 판결의 확정이 없이 공소를 제기한 때로부터 25년을 경과하면 공소시효가 완성된 것으로 간주된다. 시효는 당해 사건에 대하여 공소가 제기된 때에는 그 진행이 정지되고, 범인이 형사처분을 면할 목적으로 국외에 거주하는 경우에도 그 기간 동안 공소시효는 정지된다.

참조조문 형소법 249 · 253, 처법 22

공시(公示; public announcement)

물권(物權)은 배타성을 가지는 독점적 지배권이기 때문에 제3자가 식별할 수 있는 수단을 강구하지 않으면 일반인에게 불측의 손해를 주어 거래안전을 해치게 된다. 여기서 물권의 귀속과 그의 내용, 즉 물권의 현상을 외부에서 식별할 수 있는 일정한 표상 · 표지(表象 · 表識)에 의하여 공시하는 것이 필요하게 된다. 따라서 세법에서는 공시제도(公示制度)와 공시방법(公示方法) 등을 정하고 있다. 일반적으로 부동산물권에 관하여는 등기(登記), 동산물권에 관하여는 점유(占有)를 공시방법으로 인정하고 있다. 또한 수목(樹木)의 집단, 미분리의 과실(過失) 등에 관하여 관습적으로 성립한 '명인방법(明認方法)'이 공시방법으로 인정되고 있다.
회계에서는 기업의 재무정보를 정보이용자에게 적절히 제공하기 위하여 주기적으로 요건에 따라 금융감독원 전자공시시스템(DART)에 공시한다.

공시송달(公示送達; conveyance by public announcement)

법률의 규정에 의하여 발송하는 서류가 송달을 받아야 할 자의 주소나 거소 등이 불분명한 경우 등으로 정상적인 서류의 송달이 불가능할 때에 일정한 요건과 형식을 갖추어 국세정보통신망, 세무서의 게시판이나 그 밖의 적절한 장소, 해당 서류의 송달장소를 관할하는 시·군·구의 홈페이지, 게시판이나 그 밖의 적절한 장소에 게시하거나, 관보 또는 일간신문 등에 게재함으로써 해당 서류가 송달된 것과 같은 효력을 발생시키는 송달제도이다.

참조조문 국기법 11, 지기법 33

공시지가(公示地價; land value by public announcement)

부동산가격공시에관한법률에 의해 국토교통부가 매년 1월 1일을 기준으로 조사·평가하여 공시하는 표준지의 단위면적(㎡)당 가격을 말한다.

공시지가는 대표성을 지닌 전국의 45만 필지의 표준지를 대상으로 2인 이상의 감정평가기관이 산정한 땅값으로 이를 기준으로 비교표에 의해 산출하는 약 2천5백만 필지의 땅값을 개별공시지가라 부른다. 공시지가는 토지시장의 지가정보를 제공하고 일반적인 토지거래의 지표가 되며, 국가·지방자치단체 등의 기관이 업무와 관련하여 지가를 산정하거나 감정평가업자가 개별적으로 토지를 감정평가하는 경우에 그 기준이 되며, 양도소득세, 상속·증여세, 취득세, 재산세, 개발부담금 등의 과세표준산정에 이용된다.

참조조문 소법 99 ①, 상증법 61 ① 1호, 지법 4 ①

공업소유권(工業所有權; industrial property)

✎ 산업재산권 참조

공유(共有; joint ownership)

하나의 물건이 지분에 의하여 수인(數人)의 소유로 된 것을 말한다. 공동소유자간에 아무런 인적 결합관계 내지 단체적 통제가 없고, 목적물에 대한 각 공유자의 지배권능은 서로 완전히 자유·독립적이며, 다만 목적물이 동일하기 때문에 그 행사에 제약을 받고 있다. 각자가 가지는 지배권능은 '지분(持分)'이라고 불리우며, 그 처분은 자유이지만 언제든지 공동소유관계를 해소해서 각자의 단독소유로 전환할 수 있는 대단히 개인주의적인 공동소유형태이다.

(참조조문) 국기법 25 ①, 소법 43 ②

✎ 공동소유 참조

공유물(共有物; common property)

공유의 대상인 물건을 말한다. 세법상 공유물에 관계되는 국세·가산금과 체납처분비는 공유자 또는 공동사업자가 연대하여 납세의무를 진다.

(참조조문) 국기법 25 ①

✎ 공동소유 참조

공유지분(共有持分; joint‐owership portion)

공유물에 대한 각 공유자의 권리, 즉 소유비율을 말한다. 공유지분은 각 공유자간의 합의 또는 법률의 규정에 의해 정해진다. 그러나 그 지분이 분명하지 아니한 경우에는 민법은 각 공유자의 지분은 균등한 것으로 추정한다(민법 262 ②). 지분은 소유권의 수량적 일부분이지만 하나의 소유권과 같은 성질을 가지고 있으므로 목적물을 사용·수익·처분하는 권능을 가지게 된다. 즉 각 공유자는 공유물 전부를 지분의 비율로 사용·수익할 수 있다. 다만, 공유자 전원의 동의가 없는 한 1인의 공유자는 그 목적물을 자유로이 처분하는 것이 허용되지 않는다.

공익사업용 토지(公益事業用 土地; land for public work)

공익사업에 사용되는 토지로서 예컨대 도로·항만 등의 건설에 사용되는 토지를 말한다. 조세특례제한법에 의하면 공익사업을위한토지등의취득및보상에관한법률이 적용되는 등 일정한 공익사업용 토지를 공익사업시행자에게 양도하는 경우 그 양도소득세에 대하여는 일정률의 세액을 감면해 준다.

(참조조문) 조특법 77, 조특령 72

공익성기부금(公益性寄附金; public contribution)

대가없이 증여되는 금전 또는 금품의 가치를 기부금이라 하고, 그 중 사회복지·문화·예술·교육·종교·자선·학술 등 공익을 목적으로 하는 단체에 대한 기부금을 말한다.

세법은 공익성기부금을 지정기부금이라 하여 그 범위를 구체적으로 규정하고 있다.

사업자가 공익성기부금, 즉 지정기부금에 해당하는 기부금을 지출한 경우에는 일정범위 내에서 손금 또는 필요경비에 산입된다.

(참조조문) 법법 24 ①, 법령 39, 소법 34, 소령 80

공익신탁(公益信託; trust for public benefit)

공익신탁법에 따른 공익신탁으로서 종교·자선·학술 또는 그 밖의 공익을 목적으로 하는 신탁을 말한다. 상속재산 중 피상속인 또는 상속인이 다음의 요건을 충족한 공익신탁을 통하여 공익법인 등에 출연하는 재산의 가액은 상속세과세가액에 산입하지 아니한다.

1. 공익신탁의 수익자가 상속세및증여세법시행령 제12조에 규정된 공익법인 등이거나 그 공익법인 등의 수혜자일 것
2. 공익신탁의 만기일까지 신탁계약이 중도해지되거나 취소되지 아니할 것
3. 공익신탁의 중도해지 또는 종료시 잔여신탁재산이 국가·지방자치단체 및 다른 공익신탁에 귀속될 것

(참조조문) 상증법 17, 상증령 14

공인회계사(公認會計士; certified public accountant)

공인회계사는 타인의 위촉에 의하여 회계에 관한 감사·감정·증명·계산·정리·입안 또는 법인설립 등에 관한 회계 및 세무대리 등에 부대되는 업무를 그 직무로 한다.

공인회계사는 타인이 위촉 또는 일정한 법률에 의하여 인증대상에 대해 준

거기준에 따라 평가나 측정한 결과를 인증대상업무 책임자가 아닌 다른 의도된 이용자의 신뢰수준을 향상시키기 위하여 결론을 표명하는 업무인 인증업무와, 인증업무로 분류되지 않는 제반 서비스를 의미하는 관련서비스업무를 그 직무로 한다. 감사나 검토는 인증업무에 포함되고 이 외의 합의된 절차수행업무나 재무정보 작성업무 등의 제반업무가 관련서비스업무에 포함된다.

참조조문 공인회계사법 2

공인회계사법(公認會計士法; Certified Accountant Law)

공인회계사제도를 확립함으로써 국민의 권익보호와 기업의 건전한 경영 및 국가경제의 발전에 이바지함을 목적으로 하는 공인회계사법은 제1장 총칙, 제2장 시험, 제3장 등록 및 개업, 제4장 권리와 의무, 제5장 회계법인, 제5장의 2 외국공인회계사 및 외국회계법인, 제6장 한국공인회계사회, 제7장 징계, 제8장 보칙, 제8장의 2 과징금의 부과 및 징수, 제9장 벌칙으로 이루어져 있다.

공장입지기준면적(工場立地基準面積)

산업집적활성화및공장설립에관한법률에 따르면 산업통상자원부장관은 관계 중앙행정기관의 장과 협의하여 제조업의 업종별로 공장용지 대 공장건축물의 면적비율을 고시하도록 되어 있다. 따라서 각 공장의 건축물연면적을 이와 같이 고시된 율로 나누어 계산된 공장용지의 면적을 공장입지기준면적이라 한다. 공장입지기준면적은 세법상 공장용지의 비업무용 부동산, 비업무용 토지 또는 유휴토지 해당 여부를 판정하는 기준으로 이용된다.

참조조문 산업집적활성화및공장설립에관한법률 8, 조특령 56, 조특칙 23

공장재단(工場財團; factory foundation)

공장과 그 부속토지, 공장 내에 설치된 기계·공작물 등을 하나의 부동산으로 간주하는 개념이다. 따라서 공장재단을 구성하는 물건은 따로 분리하여 처분할 수 없다. 공장재단을 구성하여 담보를 제공할 때 개개의 재산별로 담보제공하는 것보다 담보력이 강화된다는 데 그 의의가 있다.

참조조문 국징법 45, 국기법 29 7호

공정가치(公定價値; fair value)

측정일에 시장참여자 사이의 정상거래에서 자산을 매도하면서 수취하거나 부채를 이전하면서 지급하게 될 가격이다. 즉, 공정가치는 시장에 근거한 측정치이며 사용가치 등 기업 특유의 측정치와는 그 성격 면에서 다르다 볼 수 있다. 이러한 공정가치를 측정하는 목적은 현행 시장 상황에서 측정일에 시장참여자 사이에 자산을 매도하거나 부채를 이전하는 정상거래가 일어나는 경우의 가격(즉, 자산을 보유하거나 부채를 부담하는 시장참여자의 관점에서 측정일의 유출가격)을 추정하는 것이다.

참조조문 K-IFRS 1113호 9

공정가치위험회피회계(公定價値危險回避會計; fair value hedge accounting)

특정위험에 기인하고 당기손익에 영향을 줄 수 있는 것으로서 인식된 자산이나 부채 또는 미인식된 확정계약의 전체 또는 일부의 공정가치 변동에 대한 위험회피를 재무제표에 반영하는 것이다. 공정가치위험회피의 예를 들면 이자율 변동으로 인한 고정금리부 채무상품의 공정가치 변동위험을 회피하는 경우 등이다. 인식된 자산을 취득하거나 부채를 상환하거나 미인식된 확정계약이 발생하는 미래의 시점에 위험회피수단이 되는 파생상품의 손익을 인식하는 것을 통해서 현재시점에 거래금액(예 : 자산의 취득원가)을 고정시킬 수 있다.

참조조문 K-IFRS 1039호 89~94, 일반기준 6장 3절 6.67~6.71

공제대상배우자(控除對象配偶者; qualified spouse for deduction)

소득자의 소득세과세표준을 계산할 때 배우자공제를 받을 수 있는 배우자를 말한다. 공제대상배우자가 되기 위하여는 연간소득금액이 없거나 연간 소득금액의 합계액이 100만원 이하이어야 한다.

참조조문 소법 50 ① 2호

공제법(控除法; subtraction method)

✎ 가산법 참조

공제사업(共濟事業; mutual‒aid project)

특정단체의 조합원들간에 상부상조를 목적으로 주무부장관의 인가에 의해 조합원들이 일정액을 각출하여 기금을 마련하고, 특정조건을 충족시키는 조합원에게 일정금액을 지급하는 것으로서 사적(私的)인 보험제도라 할 수 있다.

공증(公證; authentication)

공증이란 준법률행위적 행정행위에 속하며 국가나 공공단체와 같은 단체가 직권에 의해 특정사실 또는 법률관계의 존재를 공적으로 증명하는 행위를 말한다. 공증된 사실 또는 문서에 대하여는 반증이 없는 한 공증된 대로 공적인 증거력이 확보되며, 법률이 정하는 바에 따라 여러 가지 법적 효과가 발생한다.

공채(公債; public debts, public bonds)

국가나 지방공공단체가 재정자금을 조달하기 위해 발생시키는 금전채무를 말한다. 원칙적으로 공채증권이 발행되는데, 국가 등은 공채증권을 매각함으로써 자금을 조달한다. 그리고 공채증권의 상환기간이 경과하면 공채를 회수하고 대금을 지급함으로써 공채를 상환한다.

공채이자(公債利子; interest on public bonds)

발행된 공채에 대하여 지불되는 이자를 말하며 공채도 일종의 차입금이므로 일정한 이자가 지급된다. 이자율은 공채의 상환기간, 발행가격 등 발행조건에 따라 달라진다.

공탁(供託; deposit)

법령의 규정에 의하여 금전·유가증권·기타의 물품을 공탁소(은행 또는 창고업자)에 맡기는 것이다. 공탁을 하는 이유에는 채무를 갚으려고 하나 채권자가 이를 거부하거나 혹은 채권자를 알 수 없는 경우, 상대방에 대한 손해배상을 담보하기 위하여 하는 경우, 타인의 물건을 보관하기 위하여 하는 경우 등이 있다. 공탁의 절차는 공탁법에 정해져 있다. 국세기본법상 금전이나 유가증권을 납세담보로 제공하려는 자는 이를 공탁하고 그 공탁수령증을 세무서장에게 제출하여야 한다.

참조조문 민법 353·487·589, 상법 67·803, 국기법 31 ①

공통매입세액(共通買入稅額; common input tax)

부가가치세과세사업과 면세사업을 함께 영위하는 사업자가 매입한 재화의 매입세액 중 과세사업과 면세사업에 공통으로 사용되어 실지귀속을 구분할 수 없는 부가가치세매입세액을 말한다. 예를 들어 출판업(면세사업)과 발행책자를 통한 광고사업(과세사업)을 함께 영위하는 사업자가 인쇄용역비를 지급한 경우, 인쇄용역에 대한 매입세액은 공통매입세액이 되는 것이다. 겸업사업자의 경우 과세사업에 관련된 매입세액만 공제받을 수 있는 것이므로 공통매입세액의 안분계산이 필요하다.

참조조문 부령 81 ①

공통손금(共通損金; common loss)

✎ 공통손익 참조

공통손익(共通損益; common gain or loss)

비영리법인이 비영리사업과 수익사업을 함께 영위하는 경우 또는 일반사업자가 감면대상사업과 기타사업을 함께 영위하는 경우, 비영리사업에 귀속되는지 수익사업에 귀속되는지 불분명한 손익 또는 감면사업에 귀속되는지 기타사업에 귀속되는지 불분명한 손익을 말한다. 공통손익은 사업별 총수입금

액비율·개별필요경비 등 일정한 기준에 의해 안분계산하여 각 사업의 손익
으로 귀속시킨다.

참조조문 법법 113, 법칙 75~77

공통익금(共通益金; common gain)

✎ 공통손익 참조

공통필요경비(共通必要經費; common necessary expense)
사업소득이 있는 사업자로서 감면되는 사업과 기타의 사업을 겸영하는 경우
에 어느 특정 소득별로 구분할 수 없는 공통수입금액에 대응되는 필요경비
를 말한다. 필요경비는 소득별로 구분하여 경리하여야 하는바 이와 같이 귀
속이 불분명한 공통필요경비는 각 소득별 총수입금액비율 또는 개별필요경
비비율 등에 따라 안분계산한다.

참조조문 소령 119·209

공평과세

✎ 과세의 공평 참조

공포(公布; promulgation)
이미 확정된 법률·조약·명령·예산 따위를 정부 및 국민이 알고 따르도록
의무를 지우기 위하여 고시(告示)하는 것을 말한다. 법률의 공포는 관보에 게
재함으로써 행하며, 공포일은 관보에 게재된 날이다. 법령(法令)은 공포됨으
로써 그 효력이 발생하는 것이 원칙이다. 그러나 시행일을 별도로 정한 경우
에는 그 시행일로부터 제정된 법률의 효력이 생긴다.

공항시설관리권(空港施設管理權; management right of airport facilities)
국토교통부장관은 공항시설을 유지·관리하고 그 공항시설을 사용하거나
이용하는 자로부터 사용료를 징수할 수 있는 권리를 설정할 수 있는데 이를
공항시설관리권이라 한다.

현행 세법에서는 공항시설관리권을 무형자산으로 취급하며, 주무관청에서 고시하거나 주무관청에 등록한 기간 내에서 사용기간에 따라 균등액을 상각한다.

참조조문 항공법 105의 2, 법령 24 ① 2호 아목

과거근무원가(過去勤務原價; past service cost)

퇴직급여나 기타장기종업원급여를 새로 도입하거나 변경함에 따라 과거 종업원 근무용역에 대한 확정급여채무의 현재가치가 증가하는 경우 그 증가액이다. 과거근무원가는 정(+)의 금액(급여가 새로 생기거나 증가하는 경우)이 될 수도 있고 부(-)의 금액(기존 급여가 감액되는 경우)이 될 수도 있다.

참조조문 K-IFRS 1019호 99~112

과대평가(過大評價; overestimation)

자산의 평가에 있어서 자산가액을 실제보다도 과대하게 평가하는 것을 말한다. 과대평가인가 아닌가의 판정기준이 되는 가액은 일반적으로 공정·타당하다고 인정되는 회계원칙 또는 법규정에 따라서 산정되는 금액을 의미하는 경우와 평가시점의 시가를 의미하는 경우가 있다. 전자에 대한 과대평가는 자산의 수증이 되고 이익이 과대계상된다. 후자에 대한 과대평가는 회계원칙에 준거한 처리를 하여도 생기는 것이고, 예컨대 가격하락시에 원가주의를 고집하고 있으면 물적자산에 대하여 과대평가가 될 수 있다. 자산의 과대평가는 가공자산이나 가공이익이 계상되는 것으로 회계상 문제가 생기게 되므로 이를 배제하여야 할 것이다.

과료(科料; a police fine)

2천원 이상 5만원 미만으로 과해지는 재산형으로서 5만원 이상으로 과해지는 벌금과 함께 형벌의 일종이다. 따라서 법령의 위반에 대하여 과해지는 금전벌의 일종인 과태료와는 구분된다.

참조조문 형법 47, 법법 21 3호, 소법 33 ① 2호

과료(過料; penalty)

✎ 과태료 참조

과밀억제권역(過密抑制圈域; overpopulated constraint district)

수도권의 질서있는 정비와 균형있는 발전을 기할 목적으로 수도권 안에서의 인구 및 산업의 적정배치를 위해 수도권을 과밀억제권역·성장관리권역·자연보전권역으로 구분하고 있다. 과밀억제권역은 인구 및 산업이 과도하게 집중되었거나 집중될 우려가 있어 그 이전 또는 정비가 필요한 지역을 말하고, 성장관리권역은 과밀억제권역으로부터 이전하는 인구 및 산업을 계획적으로 유치하고 산업의 입지와 도시의 개발을 적정하게 관리할 필요가 있는 지역을, 자연보전권역은 한강수계의 수질 및 녹지 등 자연환경의 보전이 필요한 지역을 말한다(수도권정비계획법 제6조).

세법상 과밀억제권역 안에서 본점 또는 주사무소를 설치하여 사업을 영위하는 법인에 대하여 취득세 등을 중과세하거나 당해 법인이 과밀억제권역 내 본점 등을 매각하고 대도시 외로 이전하는 경우 지방세감면 등 세제혜택을 부여하고 있다.

참조조문 지법 13, 지특법 79, 조특법 63의 2 · 130

과세가격(課稅價格; taxable value)

어떤 조세의 과세표준이 당해 조세의 과세물건의 특정가격인 경우에 그 과세표준을 과세가격이라고 한다. 관세의 경우 과세가격이란 관세를 부과하기 위한 수입물품의 과세표준이 되는 가격을 말한다. 현행법상 우리나라는 수입자가 실제로 지불한 거래가격을 기초로 하여 운임·보험료 등을 포함한 가격을 관세의 과세가격으로 하고 있다.

참조조문 부법 29 ②

과세가액(課稅價額; taxable value)

상속세 또는 증여세가 과세될 과세물건의 가액을 말하는 것으로, 상속세과세가액은 상속으로 취득한 총재산가액에 비과세재산가액(국가에 대한 유증 등), 과세가액불산입액(공익목적 출연재산가액 등), 과세가액공제액(공과금, 장례비, 채무)을 차감한 금액에 상속개시일 전 10년 이내에 상속인에게 증여한 증여재산의 가액과 5년 이내에 상속인 외의 자에게 증여한 증여재산의 가액을 합산하여 계산한다(공제금액은 상속재산가액을 한도로 함). 또한 증여세과세가액은 증여 받을 당시의 증여재산가액에서 비과세재산가액(국가로부터 증여받은 재산 등), 과세가액불산입액(공익목적 출연재산가액 등), 부담부증여시 채무인수액을 차감하고 증여일 전 동일인으로부터 10년간 증여 받은 재산가액의 합계액이 1000만원 이상인 경우 그 금액을 가산하여 계산한다.

참조조문 상증법 13 · 47, 상증령 9 · 10 · 11

과세객체(課稅客體; object of taxation)

과세의 대상이 되는 것을 과세객체라 하고 과세물건이라고도 한다. 조세채권 · 채무의 성립을 위하여 필요한 물적 요건으로서, 담세력이 있는 것으로 추측되어 조세에 관한 법규가 정하는 일정한 물건 · 행위 또는 사실을 말한다.

과세거래(課稅去來; taxable transaction)

부가가치세과세대상인 거래, 즉 부가가치세가 과세되는 재화의 공급, 용역의 공급 및 재화의 수입을 말한다.

참조조문 부법 9~14

과세권(課稅權; right of taxation)

국가 또는 지방자치단체가 법에 근거하여 국민으로부터 조세를 부과 · 징수하는 권리를 말한다. 헌법은 모든 국민은 법률이 정하는 바에 따라 납세의무를 진다고 규정하여(헌법 38), 국가의 과세권과 국민의 납세의무를 함께 규정하고 있다.

과세권자(課稅權者; taxation subject)

✑ 과세주체 참조

과세기간(課稅期間; taxation period)

각 조세의 과세표준을 계산하게 되는 시간적 단위를 말한다. 따라서 과세기간은 소득세·법인세·부가가치세 등과 같이 일정한 기간 동안의 소득 또는 거래에 과세되는 세목에 대하여 정하여져 있으며, 구체적으로 각 세법에 규정되어 있다. 소득세법상 과세기간은 매년 1월 1일부터 12월 31일까지가 원칙이고, 법인세법상 과세기간은 사업연도이며, 사업연도는 법령 또는 정관 등에서 정하는 1회계기간으로 하는 것이 원칙이다. 그리고 부가가치세법에서는 1월 1일부터 6월 30일까지를 제1기 과세기간으로, 7월 1일부터 12월 31일까지를 제2기 과세기간으로 규정하고 있다.

참조조문 소법 5, 부법 5, 법법 6

과세기준일(課稅基準日; the basic date for taxation)

재산세의 경우 일정한 날을 기준으로 하여 당해 재산의 소유자에게 과세하는데 이 날을 과세기준일이라 하며, 이때 납세의무가 성립한다. 재산세의 과세기준일은 매년 6월 1일이다.

참조조문 지법 114

과세단위(課稅單位; unit of assessment)

각 조세의 과세표준을 계산할 때 과세표준을 합산하게 되는 단위이다. 예를 들어 부가가치세는 각 사업장별로 과세하므로 사업장이 과세단위가 된다. 또한 소득세는 각 개인별로 소득을 합산하여 과세하므로 원칙적으로 각 개인이 소득세의 과세단위가 된다.

과세대상(課稅對象; object of taxation)

과세요건을 충족시키기 위한 물적 요소로서 각 세법은 고유의 과세대상을 가지고 있다. 예를 들면 소득세의 과세대상은 개인의 소득, 법인세의 과세대상은 법인의 소득, 그리고 부가가치세의 과세대상은 재화·용역의 공급 및 재화의 수입이다. 과세객체, 과세물건 등은 과세대상과 유사한 개념이다.

참조조문 부법 4, 법법 4, 소법 3

과세문서(課稅文書; taxable document)

인지세법이 과세대상으로 삼고 있는 문서를 말한다. 인지세는 재산권의 창설·이전·변경·소멸 또는 재산권에 관한 추인이나 승인을 증명하는 서류를 작성하는 경우에 과세된다.

참조조문 인법 3

과세물건(課稅物件; object of taxation)

✎ 과세대상 참조

과세물품(課稅物品; taxable commodity)

개별소비세가 부과되는 물품을 말한다. 개별소비세법은 과세물품을 5호로 구분하여 과세대상과 세율을 열거하고 있다.

참조조문 개소법 1 ②, 교통법 2 ①

과세사업(課稅事業; taxable operations)

부가가치세가 과세되는 재화 또는 용역을 공급하는 사업으로 면세사업에 대응되는 개념이다. 영세율이 적용되는 사업도 0%의 세율로 과세되는 사업이므로 과세사업의 범위에 속한다. 과세사업자는 재화 또는 용역의 공급시에 부가가치세를 거래징수하여 세법에 정한 기한 내에 이를 신고납부하여야 한다. 과세사업자는 그 과세유형에 따라 일반과세자와 간이과세자로 구분된다.

과세소득(課稅所得; taxable income)

과세권자가 조세를 부과할 수 있는 소득을 의미한다. 이는 과세의 근거가 되는 법률이 다른 개인과 법인 간에는 물론 개인에 있어서도 거주자와 비거주자가, 법인에 있어서도 영리법인과 비영리법인 및 외국법이 각각 다르게 규정되어 있다. 현행 소득세법상 과세소득은 이자소득, 배당소득, 사업소득, 근로소득, 연금소득, 기타소득의 6개의 종합소득이 있고 이러한 종합소득 이외의 소득으로는 퇴직, 양도 등의 소득세가 부과된다. 법인세는 각 사업연도의 소득과 토지 등 양도소득, 청산소득 등의 소득에 대하여 부과된다. 과세소득의 범위에 대해서는 소득원천설과 순자산증가설의 개념이 있는데, 현행 소득세법은 과세소득에 대하여 소득의 원천과 소득의 내용을 한정적으로 열거하는 소득원천설의 입장에 입각하고 있으나 일부 순자산증가설을 가미하고 있으며, 이자·배당소득은 포괄주의 과세방식을 채택하고 있다. 이에 반해 법인세법은 원칙적으로 순자산증가설의 입장을 채택하여 법인세법상 열거된 소득은 예시적이라 볼 수 있다.

참조조문 소법 3, 법법 4

과세연도(課稅年度; tax year)

조세특례제한법상의 용어로서 법인세법상 사업연도, 소득세법상 과세기간과 동일한 의미이다.

참조조문 조특법 2 ① 2호

✎ 사업연도, 과세기간 참조

과세요건(課稅要件; tax requisition)

국가가 과세권을 행사하기 위해 꼭 필요한 몇 가지 요소이다. 납세의무자·과세대상·과세표준 및 세율 등을 과세요건이라 하며, 이 과세요건에 해당하는 내용은 반드시 법률에서 규정하여야 한다.

과세요건명확주의(課稅要件明確主義)

과세당국의 자유재량을 배제하기 위한 원칙이다. 현대국가의 조세법률관계에 있어서 개개의 납세의무자는 과세권자인 행정부에 비하여 열세한 위치에 있는 것이 사실이므로 추상적이고 불명확하게 규정된 과세요건을 과세당국이 자의적으로 해석하여 납세자에게 불이익이 돌아가는 경우 조세법률주의는 그 존재 의미를 상실하게 될 것이다. 과세요건명확주의는 과세요건이나 조세의 부과징수절차 등을 법률로 정하는 경우에 그 규정을 가능한 한 명확하고 상세하게 정함으로써 과세당국이 그 법을 자의적으로 또는 자유재량에 의하여 해석·적용하는 것을 방지하여야 한다는 원칙이다.

과세요건법정주의(課稅要件法定主義)

헌법 제59조에 근거를 두고 있으며, 납세자, 과세물건과 그 귀속, 과세표준, 세율 등 납세의무를 성립시키고 변경·소멸시키는 조세실체법적 사항과 조세의 부과·징수절차에 관한 조세절차법적 사항은 물론 조세의 환급·불복·벌칙 등에 관한 조세구제와 처벌에 관한 사항은 모두 국민의 대표기관인 국회가 제정한 법률에 규정되어야 한다는 원칙이다.

과세유형(課稅類型; type of taxation)

부가가치세를 과세하는 방법을 말한다. 부가가치세과세유형에는 일반과세하는 경우와 간이과세를 적용하는 경우가 있어 각 과세자간에 부가가치세액을 계산하는 방법이 서로 다르다. 간이과세는 일반적으로 소규모 영세사업자들에게 부가가치세를 과세하는 방법으로 이용된다.

과세유형전환(課稅類型轉換; transfer in type of taxation)

부가가치세 일반과세자가 간이과세자로 변경되거나 간이과세자가 일반과세자로 변경되는 것을 말한다. 개인사업자의 경우 직전 연도 수입금액의 크기에 따라 과세유형이 변경될 수 있다.

참조조문 부법 61·62·70, 부령 109·110

과세유흥장소(課稅遊興場所; taxable merrymaking place)

개별소비세법은 특정한 장소에서 유흥음식행위를 하는 경우 개별소비세를 과세하는데, 이러한 특정장소를 말한다. 현행 개별소비세법상 과세유흥장소는 카바레, 나이트클럽, 요정, 외국인전용유흥음식점 등이 있다.

참조조문 개소법 1 ④ · ⑪ · 6 ②

과세의 공평(課稅의 公平; equity of taxation)

조세의 부담이 모든 국민에게 공평하게 지워져야 한다는 조세이념이다. 여기서 조세부담이 공평하다는 것은 모든 국민이 똑같은 금액의 세금을 내야 한다는 것과는 다른 개념이다. 과세의 공평은 수평적 공평과 수직적 공평으로 구분되는데, 수평적 공평이란 소득의 종류가 다른 동일한 소득수준의 국민들간에 세금부담이 공평해야 한다는 것이고, 수직적 공평이란 서로 다른 소득수준의 국민들간에 세금부담이 공평하게 배분되어야 한다는 것이다.

✐ 수직적 공평 참조, 수평적 공평 참조

과세자료(課稅資料; document for taxation)

직 · 간접으로 과세의 근거가 되는 모든 자료를 통칭하여 말한다. 예를 들면 세금계산서, 원천징수영수증, 등기신청서류, 지급명세서, 계약서부본 등이 이에 속한다.

과세장소(課稅場所; taxable place)

특정한 장소에 입장하는 행위에 대하여는 개별소비세가 과세되는데, 이 경우의 특정장소를 말한다.

현행 개별소비세법상 과세장소에는 경마장, 경륜장, 경정장, 투전기를 설치한 장소, 골프장, 카지노가 있다.

참조조문 개소법 1 ③

과세전적부심사(課稅前適否審査; review system of the legality before taxation)

세무관서는 세무조사결과에 대해 서면통지하거나 과세할 내용을 미리 납세자에게 알려주고 그 통지내용에 따른 과세가 적법한지의 여부에 관해 납세자는 그 통지를 받은 날로부터 30일 이내에 과세적부심을 청구하도록 하여 과세처분 전단계에서 납세자의 권리를 공정하고 신속하게 보호·구제하기 위한 제도이다.

다만, 납기 전 징수의 사유가 있거나 수시부과의 사유가 있는 경우, 조세범 칙사건을 조사하는 경우, 세무조사결과통지 및 과세예고통지를 하는 날부터 국세부과제척기간의 만료일까지의 기간이 3월 이하인 경우 및 조세조약을 체결한 상대국이 상호합의절차의 개시를 요청한 경우에는 과세전적부심사 청구대상에 해당하지 않는다.

참조조문 국기법 81의 15, 지기법 88

과세주체(課稅主體; taxation subject)

조세를 부과할 수 있는 권한을 가지고 있는 자, 즉 과세권자를 말한다. 국세의 경우 국가가 과세주체가 되며, 지방세의 경우에는 지방자치단체가 과세주체가 된다.

과세처분(課稅處分; taxation)

납세의무자에게 납세의무를 확정시키는 행정처분이다.

과세처분의 무효(課稅處分의 無效; invalidity of taxation)

과세처분에 중대한 하자가 있어 과세관청의 의사와 관계없이 과세처분의 효력이 발생되지 않는 것을 말한다. 과세처분의 무효는 처음부터 과세처분의 효력이 발생하지 않는다는 점에서 과세처분의 취소와 차이가 있다.

과세처분의 취소(課稅處分의 取消; annulment of taxation)

과세처분당시에는 하자가 없는 처분으로 그 처분의 효력이 있었으나, 더 이상 과세처분의 효력을 지속시킬 수 없는 사유가 발생한 경우, 과세관청 스스로 또는 감독기관이나 법원 등이 과세처분의 효력을 무효화시키는 것이다. 그러나 과세처분 취소의 효력은 과세처분시점으로 거슬러 올라가 발생한다.

과세처분의 하자(課稅處分의 瑕疵; flaw on taxation)

과세처분의 효력을 발생시킬 수 없는 잘못을 말한다. 예를 들면 과세권 없는 자의 과세처분, 납세고지절차를 밟지 않은 독촉, 요식행위를 갖추지 아니한 과세처분 등이다. 과세처분에 하자가 있는 경우 그 과세처분은 무효이거나 또는 취소의 사유가 된다.

과세최저한(課稅最低限; tax threshold)

과세가 되는 최저한도액이다. 예를 들어 소득세법상 기타소득금액이 매건마다 5만원 이하인 때는 소득세가 과세되지 아니하는데, 이 경우 5만원의 기타소득금액을 과세최저한이라고 한다. 또한 상속세 및 증여세의 과세표준이 50만원 미만인 때에는 과세하지 않는다.

참조조문 소법 84, 상증법 25 · 55

과세표준(課稅標準; assessment standard tax base)

과세물건을 세액을 계산하기 위해 가격, 수량, 중량, 용적 등으로 수치화한 것으로 각 세목의 세액 계산의 기준이 된다. 이는 각 세법이 정하는 바에 따라 계산된다. 따라서 과세표준에 세율을 곱하면 산출세액이 계산된다. 과세표준의 계산방법은 세목에 따라 다른데, 예를 들면 소득세는 각 개인의 연간 소득금액을 기초로 하여 과세표준을 계산하고, 부가가치세는 과세기간 동안의 사업자의 공급가액을 기초로 하여 계산한다.

참조조문 부법 29, 법법 13 · 77 · 91, 소법 14

과세표준신고기한(課稅標準申告期限; due date of tax base return)

세법에 의해 과세표준신고서를 제출해야 하는 기한으로 각 세법에 구체적으로 규정되어 있다. 과세표준신고서는 그 기한 내에 제출해야만 적법한 신고로서의 효력이 있다. 과세표준신고기한이 공휴일 · 토요일 또는 근로자의 날인 때는 그 다음날이 신고기한이 된다.

그리고 천재 · 지변 기타 사유로 법정신고기한 내에 과세표준신고를 할 수 없다고 인정하는 때에는 정부직권 또는 신청에 의해 그 신고기한을 연장할 수도 있으며, 이때는 연장된 기한이 신고기한이 된다.

참조조문 국기법 5·6, 소법 70 ①, 법법 60, 부법 48~50

과세표준신장률(課稅標準伸張率; expansion rate of tax base)

어느 과세기간의 과세표준이 직전 과세기간의 과세표준에 비하여 증가된 정도를 말하며, 일반적으로 외형신장률 또는 매출신장률이라고도 한다.

과세표준신장률은 세무행정상 개별사업자의 납세성실도를 판단하는 기준으로 활용되며, 업종별·산업별 외형신장률은 조세정책 등 국가재정정책 수립의 기초자료로 활용되기도 한다.

과세표준안분계산(課稅標準按分計算; apportionment of tax base)

과세사업에 사용되던 재화를 공급하는 경우에는 부가가치세가 과세되지만, 면세사업에 사용되던 재화를 공급하는 경우에는 부가가치세가 과세되지 않는다.

따라서 과세사업과 면세사업을 함께 영위하는 사업자가 과세사업과 면세사업에 공통으로 사용하던 재화를 공급하는 경우에는 그 재화의 공급가액 중 과세사업에 관련된 부분, 즉 과세되는 부분을 계산할 필요가 생기는데 이러한 과세되는 공급가액의 계산절차를 과세표준안분계산이라고 한다.

직전 과세기간의 공급가액, 사용면적비율 등이 과세표준안분계산의 기준으로 사용된다.

참조조문 부령 63·64

과세표준확정신고(課稅標準確定申告; Tax returns)

소득세의 납세의무가 있는 자는 자기의 소득세과세표준과 세액을 스스로 과세관청에게 신고하여야 한다. 즉 종합소득금액·퇴직소득금액 또는 양도소득금액이 있는 거주자는 그 종합소득과세표준·퇴직소득과세표준 또는 양도소득금액을 그 과세기간의 다음 연도 5월 1일부터 5월 31일까지 납세지관할세무서장에게 신고하여야 한다. 이를 종합소득 등 과세표준확정신고라고 한다.

과세기간의 종료에 따라 자동적으로 성립한 소득세의 추상적 납세의무는 납세의무자의 과세표준신고행위 또는 과세관청의 과세처분과 같은 확정절차를 거침으로써 비로소 구체적 납세의무로 바뀌게 된다. 그러므로 소득세과세표준확정신고가 소득세의 확정과 어떤 관계에 있는지가 문제이다.

소득세는 신고납세제도를 채택하고 있기 때문에 확정신고에 의하여 종합소득세 등의 납세의무가 구체적으로 확정된다. 즉 종합소득세 등의 경우에는 확정신고가 종합소득세 등의 납세의무를 확정짓는 원칙적인 수단인 것이다. 납세신고는 사인(私人)인 납세의무자가 공법관계에서 하는 행위로서 당해 행위에 의하여 납세의무의 확정이라는 공법적 효과가 발생하는 사인의 공법행위이다. 그리고 납세신고는 과세관청의 과세처분과 마찬가지로 납세의무자가 추상적으로 성립하고 있는 그 자신의 납세의무를 스스로 확정하는 조세확정행위이다.

참조조문 소법 70~74 · 110

과소신고가산세(過少申告加算稅; penal tax on underestimation of income)
납세의무자가 자기의 과세표준을 실제보다 적게 신고함으로써 부담하게 되는 가산세이다. 현행법상 과소신고가산세가 적용되는 세목은 소득세, 법인세, 상속세 및 증여세, 부가가치세 등이 있다.

참조조문 국기법 47의 3

과소자본세제(過少資本稅制; insufficient capital tax system)
국외특수관계가 있는 기업간에 있어 일정규모 이상의 차입금이자를 지급하는 경우 이를 배당으로 간주하여 과세하는 제도를 말하는데, 국내 자회사를 지배하는 국외지배주주에 대한 차입금 또는 국외지배주주의 지급보증(담보의 제공 등 실질적으로 지급을 보증하는 경우 포함)에 의하여 제3자로부터 차입한 금액이 그 출자자본금의 2배를 초과하는 경우에는 그 초과분에 대한 차입금 이자를 손비처리하지 않고 배당과 기타사외유출로 각각 소득처분한다.

참조조문 국조법 14, 국조령 24~28

과실(果實; profits)

물건으로부터 생기는 수익을 말하고, 과실을 생기게 하는 물건을 원물(元物)이라고 한다. 과실은 물건으로부터 생기는 이익이므로 권리의 과실(예 : 주식의 배당금, 특허권의 사용료 등)은 과실이 아니다. 과실에는 천연과실(天然果實)과 법정과실(法定果實)이 있다. 천연과실이란 물건의 용법에 의하여 수취하는 산출물로서 과실의 열매, 우유, 가축의 새끼 등이 이에 해당하며 그 원물로부터 분리하는 때에 이를 수취할 권리자에게 속한다(민법 102 ①). 또한 법정과실은 물건의 사용대가로 받는 금전 기타의 물건을 말하는데, 이자·임대료 등이 이에 속한다. 법정과실은 수취할 권리의 존속기간 일수의 비율로 취득한다(민법 102 ②).

참조조문 국징법 36

과실(過失; negligence)

부주의로 인하여 어떤 사실이나 결과의 발생을 인식하지 못하거나 예견하지 못한 심리상태를 말하며, 고의(故意)와 더불어 법률상의 책임조건(責任條件)이 된다.

이때 부주의의 정도는 보통인의 정상적 주의력을 기준으로 하여 일반적·객관적으로 판단되어야 한다. 과실로 인한 범죄는 법률에 특별한 규정이 있는 경우를 제외하고는 처벌되지 않는다.

과실은 주의태만의 정도에 따라서 경과실(輕過失)과 중과실(重過失)로 구분할 수 있는데 중과실은 구체적으로 사회통념상 주의의무의 중대한 태만을 의미한다. 한편, 소득세법은 업무와 관련하여 고의 또는 중대한 과실로 타인의 권리를 침해함으로써 지급되는 손해배상금(損害賠償金)을 필요경비불산입사항으로 열거하고 있다.

참조조문 소법 33 ① 15호

✎ 고의(故意) 참조

과오납(過誤納; overpayment)

과납(過納)과 오납(誤納)으로 구분할 수 있는데, 과납이란 납부해야 할 세금을 초과하여 납부한 것을 말하고, 오납이란 착오에 의해 납세의무 없는 세금을 납부한 것을 말한다. 과오납에 의해 납부된 세금을 과오납금이라 하며, 환급(還給)의 대상이 된다.

참조조문 국기법 51

과오납금(過誤納金; erroneous payment)

✎ 과오납 참조

과점주주(寡占株主; oligopolistic stockholders)

특정주주를 기준으로 그 주주 및 그 주주의 친족이나 그 밖의 특수관계에 있는 자가 가지고 있는 주식의 비율이, 그 주식을 발행한 법인의 총발행주식수의 50%를 초과하는 경우 그 주주를 말한다. 과점주주 등 일정한 자에 대하여는 세법상 여러 가지 규제를 하고 있는데, 예를 들면 법인이 납부해야 할 세액(국세·지방세)에 대해 제2차납세의무를 지며, 지방세법에서는 법인소유의 취득세과세대상물건에 대해 과점주주로서 취득세납세의무를 규정하고 있다.

참조조문 국기법 39, 국기령 20, 지기법 46, 지기령 24, 지법 7 ⑤, 지령 11

과징금(課徵金; penalty)

벌금·과료·과태료 등을 총칭하는 용어로, 넓은 의미로 국가가 국민에게 사법권 또는 행정권에 의해 부담시키는 조세 이외의 금전적 급부를 말한다.

과태료(過怠料; A negligence fine)

공법상의 의무이행, 질서의 유지 등을 위하여 위반자에게 과하는 금전벌(金錢罰)의 하나이며 형벌이 아니라는 점에서 과료(科料)나 벌금과 차이가 있다.

참조조문 법법 21 3호, 소법 33 ① 2호

관계기업(關係企業; associate)

파트너십과 같이 법인격이 없는 실체를 포함한 기업으로 투자자가 당해 기업에 대하여 중대한 영향력이 있는 기업이며, 종속기업이 아니며 조인트벤처 투자지분도 아니다. 관계기업의 주식은 지분법을 적용하여 평가하며, 종전의 지분법적용피투자회사이다. **K-IFRS**에서는 관계기업을 투자자가 유의적인 영향력을 보유하는 기업이라 정의내리고 있다.

참조조문 K-IFRS 1028호 3, 일반기준 8장 8.7

관리회계(管理會計; managerial accounting)

회계는 하나의 전문화된 정보제도이며, 회계의 목적은 경영자, 주식투자자, 채권투자자, 세무당국, 정부규제기관, 노동조합 등과 같은 외부이해관계자집단과 기업 내부의 경영자집단의 의사결정에 필요한 정보를 제공하는 것이다. 즉 그 조직의 과거, 현재 또는 미래의 영업·재무·투자활동에 관한 정보를 제공하는 것이다. 전통적으로 회계학은 조직과 정보이용자집단간의 관계를 기준으로 재무회계와 관리회계로 구분되어 왔다. 재무회계는 일반목적의 재무제표와 관련되며, 기업 외부의 이해관계자집단을 대상으로 하는 데 반하여 관리회계는 특정목적의 재무제표와 관련되며, 기업 내부의 경영자들의 의사결정에 필요한 정보를 제공한다. 따라서 재무회계담당자는 외부의 재무제표이용자들의 특정한 이용목적을 알 수 없기 때문에 일반목적의 재무제표를 작성하고 있으나, 관리회계담당자는 내부의 정보이용자, 즉 경영자들과 직접적으로 의사소통을 할 수 있으므로 의사결정자의 특정한 요구에 적합한 내부보고서를 작성한다. 이러한 내부보고서는 의사결정자가 관리할 수

있는 요소에 초점을 두고 작성되어야 하므로 관리회계보고서는 일반목적의
재무제표와는 달리 특정회계기준에 따를 필요가 없고 기업마다 경영관리의
필요성에 따라 임의적으로 작성된다.

관보(官報; official gazette)

국가의 기관지로서 국가에서 국민에게 알리고자 하는 사항을 모아 발행한
다. 관보에는 각종 법령의 제정 및 개정내용, 고시, 국가기관의 인사이동 등
이 실리게 된다. 우리나라 최초의 관보는 조선왕조의 조보(朝報)로부터 시작
되었다. 국세기본법상 공시송달의 사유에 해당하는 경우 과세관청은 서류의
요지를 관보에 게재하여 송달한다.

참조조문 국기법 11 ②

관세(關稅; tariff, customs duties)

수입물품에 대해 관세법에 의해 부과되는 조세이다. 초창기에는 일종의 수
수료 성격으로 징수되던 것이 차츰 발전하여 현대에는 경제정책을 위한 수
단으로 이용되고 있다.

관세법(關稅法; customs law)

관세부과의 근거가 되는 법률을 말한다. 관세법은 1949년 11월 23일 법률 제
67호로 제정되었으며, 수입물품에 대하여는 관세뿐만 아니라 부가가치세, 개
별소비세 등의 과세기준까지도 규정하고 있다.

관세사(關稅士; customs house broker)

통관업무, 관세대리신고납부 등 세관업무를 전문적으로 취급하는 전문직업
인이며 화주 또는 납세의무자의 의뢰를 받아 업무를 대행하게 된다.

관세율(關稅率; tariff rate)

관세의 세액을 결정하기 위해 과세표준에 대하여 적용되는 비율을 말한다.
조약 등 특별한 규정이 없으면 관세율표에 정해진 세율에 의하며, 이를 국정

세율이라 한다.

🖉 관세율표 참조

관세율표(關稅率表; tariff tax table)

관세법 별표로 규정된 수입물품의 품목별 관세율을 하나의 표로 묶어놓은 것을 말한다. 관세율은 품목별로 기본세율과 잠정세율이 규정되어 있다. 현재 세계적으로 통용되는 상품분류방식은 SITC방식과 CCCN방식이 있는데, 우리나라는 CCCN방식을 채택하여 상품분류를 하고 있다.

참조조문 관세법 49

관세환급제도(關稅還給制度; customs refund system)

관세환급이란 수입시 부담한 관세를 특정요건에 해당하는 경우 되돌려주는 것이다.

관세법에 의한 관세환급과 수출용원재료에대한관세등환급에관한특례법에 의한 관세환급으로 구분된다. 이 중 수출용원재료에대한관세등환급에관한특례법에 의하면 수입물품이 수출용 원재료로 사용되는 경우에는 수입시에 부담한 관세·임시수입부가세·개별소비세 등을 보다 간편한 절차에 의해 환급해 주도록 규정되어 있으며 수출과 외화획득을 지원하기 위한 정책 중 하나이다.

참조조문 관세법 46, 수출용원재료에대한관세등환급에관한특례법 7

관습법(慣習法; common law)

입법기관에 의해 법률로 제정된 것이 아니라 오랜 생활을 통해 관습적으로 인식되어 법률과 같은 효력을 갖는 사회규범이다. 복잡한 현대사회에서 모든 현상을 성문화된 법률로 규정할 수는 없으므로 관습법과 같은 불문법이 법률적 효력을 발생시킨다. 그러나 형법에서는 관습법이 인정되지 않으며, 민법·상법과 같은 민사법 분야에서만 관습법이 인정된다.

참조조문 민법 1·185, 상법 1

관할(管轄; jurisdiction, competence)

사회가 복잡해지고 인구가 많아짐에 따라 어느 한 관청에서 사무를 모두 처리할 수가 없게 되었다. 이에 따라 국가기관이 직권으로 지역 또는 사항에 따라 국가사무를 배분하는데, 이와 같은 배분범위를 관할이라고 한다.

관할세무서(管轄稅務署; competent tax office)

국세에 관한 사무를 처리할 수 있는 권한을 가지고 있는 세무서를 일컫는다. 관할세무서는 '지방세무행정기관의 명칭·위치 및 관할구역에 관한 규정'에 의해 정해진다.

참조조문 국기법 43·44, 법법 12

관허사업(官許事業; licensed business)

사업을 하기 위해 반드시 행정관청의 허가를 받아야 하는 사업을 말한다. 예를 들면 건설업, 숙박업, 유흥음식점업, 식품제조가공업 등이 이에 속한다. 납세자가 정당한 사유없이 국세나 지방세를 체납하면 관허사업을 하는 데 일정한 제한을 받는다.

참조조문 국징법 7, 국징령 9, 지징법 7

광고선전비(廣告宣傳費; advertising expense)

광고선전비라 함은 법인 또는 개인의 사업과 관련된 재화 또는 용역 등의 판매, 공급의 촉진을 위하여 불특정다수인에게 광고선전을 목적으로 지출하는 비용을 말하며, 간접적으로 상품이나 제품의 판매촉진의 효과를 달성하기 위한 기업이미지 제고 목적의 광고 및 홍보를 포함한다.

법인 또는 개인이 지출하는 광고선전 목적으로 기증한 물품의 구입비용[특정인에게 기증한 물품(개당 1만원 이하는 제외)의 경우에는 연간 3만원 이내의 금액으로 한정]은 손금에 산입한다.

2 이상의 법인이 공동으로 광고를 하는 경우로서 다음의 일정한 배분기준에 따라 법인간에 배분할 것을 적용하여 공동경비를 분담할 수 있다.

① 국외 공동 광고선전비 : 수출금액
② 국내 공동 광고선전비 : 기업회계기준에 따른 매출액 중 국내 매출액
따라서 공동으로 광고선전활동을 함으로써 발생한 공동 광고선전비 중 상기
분담금액을 초과하는 금액은 당해 법인의 소득금액계산에 있어서 손금에 산
입하지 아니한다.

참조조문 법령 19 · 48, 법칙 25, 법통 15 – 11···4

광구(鑛區; mine concession, mine lot)

광물의 채굴이 허가된 구역이다. 광업권을 등록할 때는 광업권에 대한 일정
한 광구가 정해진다.

참조조문 상증법 5, 부령 8 ①

광업(鑛業; mining)

지하 · 지표 및 해저에서 유용광산을 탐광하고 이를 채광 · 선광 · 제련하는
일체의 산업을 말한다. 한국표준산업분류에서는 광업을 연료용 광물 · 광업
(석탄광업 · 원유 및 천연가스 채취업), 금속광업, 기타광업(토사석채취업 · 소금채
취업 등)으로 구분하고 있으며 이는 세법에서도 준용된다.
광업법은 광물 중 특히 중요한 광물을 법정광물(예 : 금 · 은 · 동)로 규정하고
국가로부터 광업권을 취득하지 않고는 법정광물을 시굴 또는 채굴할 수 없
도록 규제하고 있다.

참조조문 부령 8 ①

광업권(鑛業權; mining right)

일정 광구에서 광물을 채굴할 수 있도록 등록된 권리이다. 시굴권(試掘權)과
채굴권(採掘權)으로 구분되며, 일종의 물권(物權)에 해당된다. 광업권은 자기
가 창설한 경우 시굴에 소요된 제 경비를 그 자산가치로 하며, 다른 사람으
로부터 유상취득한 경우에는 취득가액에 추가로 소요된 비용을 합산한 금액
을 자산가액으로 한다.

참조조문 상증법 5 ①, 상증령 59 ⑥, 법령 26 ①

광업재단(鑛業財團; mining foundation)

광업권과 광업을 위해 사용하는 설비 등을 하나의 재산으로 등록하여 하나의 부동산으로 보는 것이며, 광업재단에 속해 있는 자산은 개별적으로 처분할 수 없으나 납세담보로 제공될 수 있다.

참조조문 국징법 49, 국기법 29 7호

교부금(交付金; grant)

국가나 지방자치단체가 어떤 특정목적을 위해 교부하는 금전을 말한다. 교부금에는 납세조합에 교부하는 교부금과 같이 어떤 사무를 위임하고, 그 경비충당을 위해 지출하는 교부금과 지방소득세와 같이 재정지원을 위한 교부금 그리고 관세정보를 제공한 자에게 지불하는 교부금과 같이 행정목적의 달성을 위해 지출하는 교부금이 있다.

참조조문 소법 169, 지법 103의 17 ③, 지령 100의 9

교부송달(交付送達; personal service)

서류송달의 한 방법으로 행정기관의 소속공무원이 송달해야 할 장소 또는 다른 장소(송달을 받아야 할 자가 송달받기를 거부하지 아니하는 경우에 한함)에서 송달을 받아야 할 자에게 직접 서류를 내어주는 것이다.

참조조문 국기법 10 ③

교부청구(交付請求; request for share distribution)

체납자의 재산에 대하여 다른 기관이 공·사채권(公·社債權)의 강제환가절차가 개시된 경우에 동일재산에 대한 중복압류(重複押留)를 피하고, 당해 재산의 환가대금 중에서 조세채권징수의 목적을 달성하기 위하여 관계집행기관에 그 배당을 요구하는 강제징수절차를 말한다. 교부청구에 관한 규정은 국세징수법에 정하여져 있으며, 국세와 지방세 및 관세의 강제징수절차에 공통적으로 적용된다.

참조조문 국징법 19 · 56 · 60 · 80 · 81, 국징령 62

교육비공제(敎育費控除; school expense tax credit)

근로소득이 있는 거주자가 그 거주자와 기본공제대상자(연령제한 없음)인 배우자 · 직계비속 · 형제자매 · 입양자 및 위탁아동을 위하여 해당 과세기간에 대통령령으로 정하는 교육비를 지급한 경우 근로자 본인은 전액, 대학생인 경우에는 1명당 연 900만원, 초등학교 취학 전 아동과 초 · 중 · 고등학생인 경우에는 1명당 연 300만원을 한도로 한 금액의 100분의 15에 해당하는 금액을 해당 과세기간의 종합소득 산출세액에서 공제한다. 다만, 소득세 또는 증여세가 비과세되는 대통령령으로 정하는 교육비는 공제하지 않는다. 교육비세액공제를 받을 수 있는 교육기관의 범위는 ① 유아교육법, 초 · 중등교육법, 고등교육법 및 특별법에 따른 학교, ② 평생교육법에 따른 전공대학의 명칭을 사용할 수 있는 평생교육시설 및 원격대학 형태의 평생교육시설, 학점인정 등에 관한 법률 및 독학에 의한 학위취득에 관한 법률에 따른 교육과정 중 대통령령으로 정하는 교육과정, ③ 대통령령으로 정하는 국외교육기관, ④ 초등학교 취학 전 아동을 위하여 영유아보육법에 따른 어린이집, 학원의 설립 · 운영 및 과외교습에 관한 법률에 따른 학원 또는 대통령령으로 정하는 체육시설 등이다. 또한 근로자가 직업능력개발훈련을 위하여 지급한 수강료 및 기본공제대상자인 장애인(소득제한 없음)을 위하여 지급하는 특수교육비 등도 교육비세액공제의 범위에 포함된다.

참조조문 소법 59의 4 ③, 소령 118의 6

교육세(敎育稅; education tax)

조세수입의 전부 또는 그 일부를 국가 및 지방자치단체의 주요 사업 중의 하나인 교육서비스활동을 수행하는 데 필요한 경비조달을 목적으로 국민으로부터 징수하는 목적세(目的稅)이다. 우리나라에서는 교육의 질적 향상을 도모하기 위하여 필요한 교육재정의 확충에 소요되는 재원을 확보함을 목적으로 제정된 교육세법(1981.12.5., 법률 제3459호)이 시행되고 있다.

참조조문 교법 1

교육용역(教育用役; educational service)
교육은 개인의 성장 및 발전을 제고하는 교수활동이며, 이러한 용역의 공급을 말한다. 부가가치세법에 의하면 이러한 교육용역 중 대통령령이 정하는 것(주무관청의 허가 또는 인가를 받거나 주무관청에 등록 또는 신고된 학교·학원·강습소·훈련원·교습소 또는 그 밖의 비영리단체나 청소년활동진흥법에 따른 청소년수련시설에서 학생·수강생·훈련생·교습생 또는 청강생에게 지식·기술 등을 가르치는 것)은 면세된다.

참조조문 부법 26 ① 6호, 부령 36

교제비(交際費; entertainment and social expenses)
⌀ 접대비 참조

교통·에너지·환경세(交通·에너지·環境稅; transportation, energy, environ-ment tax)
도로 및 도시철도 등 교통시설의 확충에 소요되는 재원을 확보하기 위한 것이다.
교통·에너지·환경세의 과세대상은 휘발유 및 경유와 유사 대체유류로서 그 물품을 제조하여 반출하거나 보세구역으로부터 반출하는 자 등이 납세의무를 진다.

참조조문 교통법 1~3

교환계약(交換契約; barter contract)
당사자 쌍방이 금전 이외의 재산권을 상호 이전할 것을 약정함으로써 그 효력이 생기는 계약이다. 당사자의 한 쪽이 목적물과 함께 금전(補充金 또는 補

足金)을 지급할 것을 약정한 때에는 그 금전에 대하여는 매매대금에 관한 규정을 준용하며, 기타에 관해서도 일종의 유상쌍무계약(有償雙務契約)으로 일반적으로 매매에 관한 규정이 준용된다.

부가가치세법에서는 교환계약에 의하여 재화를 인도 또는 양도하는 경우에는 재화의 공급으로서 과세대상에 해당되는 것으로 규정하고 있으며, 소득세법 및 법인세법에서도 매매의 경우와 동일하게 유상으로 그 소유권이 이전되는 양도로 보아 부동산 등의 교환을 양도소득세 등의 과세대상으로 하고 있다.

참조조문 부령 18 ① 3호, 소법 88 1호

교환사채(交換社債; exchangeable bond)

상장회사가 자신이 소유하고 있는 상장주식과 교환을 청구할 수 있는 권리를 부여하여 발행한 사채이다. 채권자는 권리행사기간 내에, 사전에 약정된 교환조건에 따라 특정주식과의 교환을 발행회사에 청구할 수 있다. 권리청구시 추가적인 자금유입이 없다는 점에서 신주인수권부사채와 다르며, 자본금의 증가가 수반되지 않는다는 점에서 전환사채와 다르다.

구매확인서(購買確認書; confirmation of purchase)

내국신용장에 의하지 아니하고 국내에서 외화획득용 원료 또는 물품을 공급하는 경우에 외국환은행의 장이 내국신용장에 준하여 발급하는 것이다. 내국신용장은 개설의뢰인의 화환신용장을 근거로 하여 발급되지만 구매확인서는 수출업자의 신청에 의하여 수출신용장, 수출계약서, 외화매입증명서, 군납계약서, 내국신용장, 구매확인서 등을 근거로 하여 발급된다. 이는 화환신용장의 결여로 수출지원금융의 융자대상에서 제외되는 데에서 오는 불이익을 보완하기 위한 것이다. 구매확인서에 의한 공급실적은 내국신용장에 의하여 공급한 것과 동일한 것으로 보아 수출업자에 대한 수출실적으로 인정되며, 부가가치세에 있어서도 영세율의 적용대상으로 규정하고 있다.

참조조문 부법 21 ② 3호, 부령 31 ② 1호

구분경리(區分經理; seperate accounting)
구분하여야 할 사업 또는 수입별로 자산과 부채 및 익금과 손금을 법인의
장부상 각각 독립된 계정과목에 의하여 구분기장 하는 것을 말한다.
이는 세법상 특정사업소득에 대하여만 납세의무를 부여하거나 특정사업소
득에 대하여만 소득공제·세액감면·준비금손금산입 등 조세감면혜택을 부
여하는 경우에 해당 사업소득과 기타 사업소득을 구분하여 경리한다.

참조조문 소법 161, 법법 113, 부법 71 ②

구상권(求償權; right of indemnity)
타인을 위하여 재산상의 이익을 부여한 자가 그 타인에 대해서 가지는 상환
청구권이다. 연대채무자의 1인이 채무를 변제하였을 경우에 다른 채무자에
게, 보증인·물상(物上)보증인이 채무를 변제한 경우에 주채무자(主債務者)에
게, 저당부동산의 제3취득자가 저당권자에게 변제한 경우에는 채무자에게
각각 반환을 청구할 수 있는 경우가 그 예이다.
현행 세법상 구상권이 발생하는 경우는 공유물·공동사업에 대한 연대납세
의무, 상속인에 대한 연대납세의무, 주세법상(酒稅法上) 납세보증인이 납세보
증채무를 이행한 경우, 국세기본법상 납세보증인이 채무를 이행하는 경우
등이다.

구상무역(求償貿易; compensation trade)
바터무역(barter trade)이라고도 하며, 수출입물품의 대금을 그에 상응하는 수
입 또는 수출로 상계(相計)하는 국제무역거래방식의 수출입을 말한다. 즉 두
나라 사이에 협정을 맺어 일정기간 서로 수출을 균등하게 하여 무역차액을
영(零)으로 만들어 결제자금이 필요없게 하는 무역이다.
법인세법상 구상무역방법에 의하여 수출한 물품의 판매금액은 선수출후수
입의 경우에는 그 수출과 연계하여 수입할 물품의 외화표시가액을 수출한

물품의 선적을 완료한 날 현재의 당해 거래와 관련된 거래은행의 대고객외국환매입률(對顧客外國換買入率)에 의하여 계산한 금액으로 하고, 선수입후수출의 경우에는 수입한 물품의 외화표시가액을 통관절차가 완료된 날 현재의 당해 거래와 관련된 거래은행의 대고객외국환매입률에 의하여 계산한 금액으로 한다.

참조조문 법칙 40

구상채권상각충당금(求償債權償却充當金)

구상권자가 구상권을 행사할 때에는 그에 대한 구상채권이 발생하게 된다. 구상권자는 법률에 의해 신용보증사업을 영위하는 내국법인 중 대통령령에 의한 특정법인에 한해 충당금을 설정하고, 구상채권상각충당금조정명세서를 납세지관할세무서장에게 제출하여 각 사업연도에 손금으로 인정받을 수 있다.

참조조문 법법 35, 법령 63

구조조정(構造調整; restructuring)

경영자의 계획과 통제에 따라 사업의 범위 또는 사업수행방식을 중요하게 변화시키는 일련의 절차를 말한다. 구조조정의 정의에 해당할 수 있는 사건의 예는 다음과 같다.

① 일부 사업의 매각 또는 폐쇄
② 특정 국가 또는 특정 지역에 소재하는 사업체를 폐쇄하거나 다른 나라 또는 다른 지역으로 이전하는 경우
③ 특정 경영진 계층을 조직에서 없애는 등과 같은 조직구조의 변경
④ 영업의 성격과 목적에 중대한 변화를 초래하는 근본적인 사업구조조정

참조조문 K-IFRS 1037호 10 · 70~83

국가공동상속설(國家共同相續說; theory on coinheritance of nation)

국가는 일부의 상속권을 보유하고 있으므로 상속이 개시되어 재산이 이전될

때에는 국가도 일부를 상속받아야 한다는 설이다.

국경세조정(國境稅調整; border tax adjustment)

GATT 조약 제16조에 의하면 수출보조금은 위법으로 되어 있지만 간접세의 환급은 그 제한이 없는 것으로 되어 있다. 간접세는 재화의 수출시에 면제 내지 환급되고, 동종의 재화가 외국에서 수입되는 때에는 국내의 간접세에 대응하는 수입평형세가 과세된다. 이러한 수출환급세와 수입평형세를 중심으로 한 조작을 국경세조정이라 한다. 부가가치세법상 영세율제도는 국경세조정이 그 근본취지이다.

참조조문 부법 21~25

국고보조금(國庫補助金; government subsidy)

산업정책적 견지에서 기업설비의 근대화, 시험연구의 촉진, 기술의 개발 및 향상, 재해복구 등의 목적을 위하여 보조금관리에관한법률 또는 지방재정법에 의한 보조금으로서 국가가 무상으로 교부하는 금액이다.

기업회계상으로는 국고보조금 중 고정자산을 취득한 경우에는 이를 취득원가 또는 취득원가를 대체하는 다른 금액에서 차감하는 형식으로 표시하고 그 자산의 내용연수에 걸쳐 상각금액과 상계하며 그 자산을 처분하는 경우에는 그 잔액을 처분손익에 반영한다. 법인세법 또는 소득세법은 국고보조금을 익금(益金) 등으로 보나, 동 국고보조금으로 사업용 자산을 취득한 경우에는 동 금액을 일시상각충당금 또는 압축기장충당금으로 손금(損金) 등에 산입할 수 있도록 하고 있다.

참조조문 소법 32, 법법 36, K-IFRS 1020호, 일반기준 17장

국내원천소득(國內源泉所得; domestic source income)

소득의 발생지가 국내인 소득이며, 거주자 및 내국법인은 국내원천소득뿐만 아니라 국외원천소득에 대하여 소득세 또는 법인세의 납세의무를 지지만, 비거주자 또는 외국법인은 국내원천소득에 대해서만 소득세 또는 법인세의

납세의무를 진다.

참조조문 소법 119, 소령 179, 법법 3·92·93, 법령 138의 5

국민주택(國民住宅; citizen's house)

주택법상 국민주택이란 국민주택기금에 의한 자금을 지원받아 건설되거나 개량하는 주택으로서 1호 또는 1세대당 주거전용면적이 85㎡(약 25.7평) 이하인 단독주택·아파트·연립주택 등의 상시주거용 서민주택이다. 심각한 주택난을 완화하기 위한 주택정책에서 비롯된 것으로서 일반대중에 있어서 가장 보편적이고 표준적인 모델로 삼을 수 있는 주택이라고 할 수 있다. 국민주택의 건설을 촉진하기 위하여 조세특례제한법에서는 건설산업기본법, 전기공사업법, 소방시설공사업법, 정보통신공사업법, 주택법, 하수도법 및 가축분뇨의관리및이용에관한법률 등의 법률에 의하여 등록을 한 자가 공급하는 국민주택의 건설용역에 대하여 부가가치세를 면제하는 조세특례규정을 두고 있다.

참조조문 조특법 106 ① 4호, 조특령 51의 2 ③·106 ④

국민주택건설용지(國民住宅建設用地; building plot for citizen's house)

주택법에 의한 국민주택규모(세대당 주거전용면적 85㎡) 이하의 아파트·연립주택 및 단독주택을 건설하기 위한 토지이다.

국방헌금(國防獻金; contribution of national defense)

국토방위에 소요될 자금에 충당하도록 개인이나 법인이 국가에 무상으로 제공하는 금전적 급부를 말한다. 법인세법과 소득세법에 의하면 내국법인 또는 거주자가 각 사업연도에 국방헌금과 국군장병위문금품으로 지출한 기부금은 법정기부금으로 보아 손금에 산입하도록 하고 있다.

참조조문 법법 24 ②, 소법 34 ②

국세(國稅; national tax)

국가가 경비에 충당하기 위하여 국민에게 부과·징수하는 조세, 즉 과세권 (課稅權)의 주체가 국가인 조세를 말한다. 따라서 지방자치단체가 과세권의 주체가 되는 지방세에 대응하는 개념이다. 국세의 종류는 내국세(內國稅)와 관세(關稅)로 대별되나, 국세기본법상 국세는 내국세만을 의미한다.

참조조문 국기법 2 1호

국세기본법(國稅基本法; The Basic Law for National Taxes)

국세에 관한 기본적인 사항 및 공통적인 사항과 위법 또는 부당한 국세처분 에 대한 불복절차를 규정함으로써 국세에 관한 법률관계를 확실하게 하고, 과세의 공정을 도모하며, 국민의 납세의무의 원활한 이행에 기여함을 목적 으로 하는 법률이다.

국세기본법이 제정되기 이전에는 국세에 관한 공통적이고 기본적인 사항들 이 각 세법에 규정되어 그 내용이 서로 중복·상충되어 세법해석의 통일적 인 기준이 없었으므로 내국세(內國稅)에 관한 기본법으로서 국세기본법을 제 정하게 된 것이다. 국세기본법은 총칙, 국세부과와 세법적용, 납세의무, 국세 와 일반채권과의 관계, 과세, 국세환급금과 국세환급가산금, 심사와 심판, 납 세자의 권리, 보칙으로 구성되어 있다. 과거에는 위법 또는 부당한 국세처분 에 대한 불복절차는 국세심사청구법에서 정하였으나, 국세기본법에 흡수 폐 지되었다.

참조조문 국기법 1

국세부과원칙(國稅賦課原則; principle to levy on national tax)

국가가 과세권(課稅權)의 행사, 즉 조세채권(租稅債權)을 확정시키는 과정에서 준수되어야 할 원칙이다. 국세를 부과하는 경우에는 과세관청이 우위에 있 어 납세자의 재산권이 부당히 침해될 우려가 있으므로 국세기본법은 실질과 세(實質課稅)의 원칙, 신의성실(信義誠實)의 원칙, 근거과세(根據課稅)의 원칙,

조세감면의 사후관리를 국세부과의 원칙으로 정하고 있다.

참조조문 국기법 14~17

국세심사위원회(國稅審査委員會; Review Committee for National Tax Appeal)
국세심사청구사항을 심의하는 심의기관으로 국세청에 설치되어 있고, 위원
장 1인과 일정수의 위원으로 이를 구성한다. 심사청구는 국세심사위원회의
심의를 거쳐 국세청장이 결정한다고 규정하고 있으므로 국세심사위원회는
필요적 심의기관(必要的 審議機關)이다. 국세심사위원회의 회의는 위원장을
포함한 재적위원 과반수의 출석으로 개의하고, 출석위원 과반수의 찬성으로
의결한다.

참조조문 국기법 64, 국기령 53

국세심사청구제도(國稅審査請求制度; system of national tax appeal)
국세기본법 또는 세법에 의한 처분으로서 위법 또는 부당한 처분을 받거나
필요한 처분을 받지 못함으로써 권리 또는 이익의 침해를 당한 자가 그 처
분의 취소 또는 변경이나 필요한 처분을 청구하는 행정상 쟁송절차로서 행
정소송의 권리청구수단이 된다. 국세기본법이 정하는 바에 따라 이의신청,
심사청구, 심판청구절차를 거친다. 또한 이에 불복한 자는 행정소송을 제기
할 수 있다.

참조조문 국기법 55

국세우선징수권(國稅優先徵收權; priority of national taxes)
국세채권(國稅債權)과 다른 공과금(公課金) 및 기타 채권(其他 債權)이 동시에
납세자의 재산에서 강제징수절차에 의하여 징수되는 경우에 국세채권을 다
른 공과금(公課金) 및 기타 채권에 우선하여 징수하는 것을 말한다.
국세채권에 우선권을 부여하는 이유는 국세는 국가존립의 경제적 기초이며,
활동을 위한 비용으로서 공공성과 공익성을 가지기 때문이다. 그러나 국세
우선징수권은 채권자평등권(債權者平等權)에 반하고 거래의 안전을 해치므로

강제집행 등에 소요된 비용, 임차인의 소액보증금, 임금채권, 법정기일 전에 담보된 채권 등의 경우에는 국세우선징수권에 대한 예외를 인정하고 있다.

참조조문 국기법 35~37

국세징수권소멸시효(國稅徵收權消滅時效; extinctive prescription of national tax collection)

구체적으로 확정된 국세의 조세채권을 실현하기 위하여 납세자에게 그 이행을 청구하는 권리를 국세징수권이라 하는데, 일정기간 그 권리를 행사하지 않으면 권리의 불행사라고 하는 사실 상태가 일정기간 계속되어 그 권리가 소멸되고 이로 인해 납부의무도 소멸되는 것을 국세징수권의 소멸시효라고 한다. 현행 국세기본법상 5억원 이상의 국세는 징수권을 행사할 수 있는 날로부터 10년, 5억원 미만의 국세는 5년간 행사하지 아니하면 소멸시효가 완성된다.

참조조문 국기법 27 · 28

국세징수법(國稅徵收法; The National Tax Collection Law)

국세의 원활한 징수를 목적으로 국세징수에 필요한 사항을 규정한 법률이다. 국세징수법은 많은 공법상의 금전납부의무의 불이행에 준용되고 있으므로 공법상 채권의 강제집행의 일반법(一般法)이라고 할 수 있다. 국세의 징수를 신속·확실하게 하기 위하여 과세관청에 자력집행력(自力執行力)·사해행위취소(詐害行爲取消)의 청구권 등의 권한을 부여하는 한편, 사법질서를 존중하여 국민의 재산권을 보호하고 집행공무원의 권리남용을 규제하는 역할도 한다.

참조조문 국징법 1

국세징수의 예(國稅徵收의 例; applying correspondingly to national tax collection)

조세 또는 공과금을 징수하기 위한 법규에서 사용되는 용어로서 조세공과금을 징수하는 경우에 당해 법에 특별히 규정된 것을 제외하고는 국세징수법에 의한 징수절차를 준용한다.

국세징수절차는 납세고지(納稅告知)를 하고, 납세고지에 의한 납부기한 내에 납부하지 아니하면 독촉(督促)을 하며, 독촉을 받고도 납부기한 내에 납부하지 아니하면 압류(押留)를 하고 압류된 재산을 강제로 매각하여 납부할 세액에 충당한다.

국세청(國稅廳; National Tax Service)

내국세(內國稅)의 부과·감면 및 징수와 국유재산의 관리에 관한 사무를 관장하게 하기 위하여 기획재정부장관 소속하에 설치한 중앙행정기관을 말한다. 국세청에는 청장 1인과 차장 1인을 두되, 청장은 정무직(政務職)으로 하고, 차장은 고위공무원단에 속하는 일반직 공무원으로 한다.

국세청장(國稅廳長; commissioner)

국세청장은 정부조직법 제27조 제4항의 규정에 의하여 기획재정부장관 소속하에 둔 중앙행정관청이며 내국세의 부과·감면·징수에 관한 사무를 관장하는 집행관청이다. 국세청장 아래 1인의 차장과 보조기관으로서 공보담당관·기획관리관·전산정보관리관·국제조세관리관·감사관·납세지원국장·법무심사국장·개인납세국장·법인납세국장·조사국장·총무과장·지방국세청장 및 세무서장을 두어 국세에 관한 업무를 지역별로 관장하게 하고 있으며, 전화세무상담센터·국세공무원교육원과 국세청기술연구소를 두고 있다. 국세청장은 넓은 의미에서는 세법에서 규정한 세무공무원이다.

[참조조문] 국기법 2 17호

국세체납정리위원회(國稅滯納整理委員會; national tax nonpayment readjust‑ment committee)

국세의 체납정리에 관한 주요사항을 심의하기 위하여 각 지방국세청과 지방세무관서직제에 규정된 1급지 세무서에 설치하고 있는 국세체납정리의 심의기관으로 그 설치와 운영에 관하여는 국세징수법에 규정하고 있다.

[참조조문] 국징법 87, 국징령 84~94

국세체납처분(國稅滯納處分; disposition for failure in tax payment)

국세징수법에 의거한 국세의 강제집행절차이다. 체납처분절차는 국세가 납기까지 완납되지 아니하면 독촉과 최고(催告)를 행하고, 납세의무자가 이를 이행하지 아니하면 체납자의 재산을 압류한다. 압류물건은 통화를 제외하고는 원칙적으로 공매에 의하여 환가하며, 환가대금은 우선 체납처분비에 충당한 다음 법정순위에 따라 국세 및 기타의 채권에 배분하고, 잔여가 있으면 체납자에게 환부한다.

참조조문 국징법 24~87

국세체납처분기관(國稅滯納處分機關; disposition system for failure in tax payment)

국세채권에 대하여 납세자가 납세의무를 이행하지 아니하는 경우에 그 국세채권의 강제실현을 위하여 납세자와 기타 제3자의 재산을 압류·환가·배분하는 기관이다.

참조조문 국기법 2 17호

국세환급가산금(國稅還給加算金; additional dues on tax refund)

국세환급금을 충당 또는 환급할 경우에 그 국세환급금에 가산되는 법정이자상당액을 말한다. 이는 납세자가 국세를 체납한 경우에 가산하여 징수하는 가산금으로 형평을 이루기 위하여 환급금에 대하여 법정이자상당액을 국가가 변상하는 제도이다.

현행 국세환급가산금의 이율은 은행법에 의한 은행업의 인가를 받은 금융회사 등으로서 서울특별시에 본점을 둔 금융회사 등의 1년만기 정기예금이자율의 평균을 감안하여 국세청장이 정하여 고시하는 이자율로 한다.

참조조문 국기법 52

국세환급금(國稅還給金; additional dues on tax refund)

납세자가 국세 및 체납처분비로서 정부에 납부한 금액 중 과오납부(過誤納付)

한 금액이나 세법에 의하여 환급받아야 할 환급세액(還給稅額)으로 국가가 법률상 원인없이 수취한 금액이므로 그 본질은 민법상의 부당이득(不當利得)에 해당한다. 따라서 납세자는 당연히 환급받을 권리를 가지며 국가는 당연히 반환하여야 할 의무를 진다.

현행 국세기본법상 국세환급금은 체납된 국세 및 체납처분비가 있는 경우와 납세고지에 의해 납부하는 국세로서 납기전징수사유에 해당하는 경우에는 이에 충당하여야 하며, 납세자에게 납세고지에 의해 납부하는 국세(납기전징수사유에 해당하는 경우는 제외한다)와 세법에 의해 자진납부하는 국세가 있는 경우 납세자가 그 충당에 동의하는 경우에는 충당할 수 있으며, 충당 후 잔여액은 환급하여야 한다.

참조조문 국기법 51

국세환급금통지서(國稅還給金通知書; tax refund remittance notice)

세무서장이 국세환급금 등을 환급하거나 계좌이체함에 따라 한국은행 또는 체신관서에 국세환급금의 지급을 요구한 경우에는 지급금액·지급이유·수령방법·지급장소·지급요구일 그밖에 필요한 사항을 명시한 서류를 송부하는바, 이를 국세환급금통지서라 한다.

참조조문 국기령 36·37

국외사업장(國外事業場; foreign establishment)

국외에 소재하는 사업장을 말한다. 사업장이란 사업소(事業所)와 동일한 개념으로 사용되며, 일반적으로 재화의 생산 또는 용역의 제공이 사업으로 행해지는 물리적 장소라고 정의할 수 있다. 국외사업장은 기업의 해외지점·사무소·영업소·출장소 등의 형태로 존재하고 있다.

국외원천소득(國外源泉所得; foreign source income)

소득의 발생지가 국외에 있는 소득으로 소득세법에서 정하는 거주자 또는 법인세법에서 정하는 내국법인에 대해서는 그 소득의 원천이 국내에 있는가 국외에 있는가를 불문하고 모든 소득이 과세의 대상이 되지만, 비거주자 또는 외국법인의 국외원천소득은 소득세 또는 법인세의 과세대상이 되지 않는다.

국제관습법(國際慣習法; customary international law)

국제사회에서 일반적으로 행하여지고 있는 관행(慣行)을 국제관습이라 하고 이 관행을 준수하는 것이 의무적이라고 인정할 수 있을 정도의 법적 신념(法的 信念)이 확립될 때 국제관습법이 된다. 통일적 입법기관이 없는 현 국제사회에서 국제사회 전반에 걸쳐 타당한 이른바 보편국제법(普遍國際法)은 거의 국제관습법규의 형태를 취하고 있는 점을 고려할 때 아직도 관습법은 국제법의 중심적 역할을 하고 있다.

국제법(國際法; international law)

국제관계를 규율하는 법으로 원칙적으로 국가와 국가간의 관계를 대상으로 하나, 최근에는 국제기구 또는 조약상 권리·의무가 부여되어 있는 개인이나 단체도 국제법에 의하여 직접 규율을 받는 경우가 많다. 성문국제법(成文國際法)인 조약과 불문(不文)의 국제관습법이 있으며, 종전에는 후자가 차지하는 비율이 컸으나, 최근에는 차츰 성문화(成文化)가 추진됨에 따라 입법조약(立法條約)도 증가추세에 있다. 국제재판소에서는 이외에도 법의 일반원칙도 재판기준이 되는바, 이것을 국제법의 법원(法源)으로 볼 것인가 아닌가에 따라 설이 나누어져 있으며 국제법을 국제공법(國際公法)이라고도 한다.

국제이중과세(國際二重課稅; international double taxation)

이중과세란 동일한 소득원(所得源)에 대하여 중복하여 과세권이 행사되는 것을 말한다. 동일소득에 대하여 소득세와 주민세를 동시에 부과하는 경우, 법인원천소득(法人源泉所得)에 대해서 법인세와 소득세를 동시에 부과하는 경우 또는 해외의 자본이나 소득에 대하여 국내와 외국에서 이중으로 과세하는 경우 등이 이중과세에 해당한다.

국제이중과세의 발생은 국가간의 무역이나 자본거래가 확대됨에 따라 동일세원(同一稅源)이 국내외에서 다양한 형태로 나타나고, 각국이 과세권을 행사함에 있어서 상이한 원칙에 입각하기 때문이다. 이와 같은 이중과세는 형평성을 저해할 뿐만 아니라 자본의 자유로운 이동을 통한 국제경제활동에 장애요인으로 작용하므로 이를 해결하기 위하여 각국은 자국(自國) 세법에 의하여 국외원천소득에 대하여 조세를 면제하거나 외국납부세액을 산출세액에서 공제하거나 손금에 산입하는 법적 장치를 마련하고, 이해당사국간에 이중과세방지조약을 체결하게 되었다.

참조조문 법법 57, 소법 57·118의 6, 상증법 29

국제입찰하도급납품업(國際入札下都給納品業; international tender sub con‐tract supply)

국제경쟁입찰방식에 의하여 재화를 직접 공급하는 국제입찰납품업자로부터 납품하여야 할 재화의 전부 또는 일부를 주문받아 이를 완성시켜 당해 국제입찰납품업자에게 제공하는 사업이다.

국제조세조정에관한법률(國際租稅調整에관한法律; The Law for the Coordi‐nation of International Tax Affairs)

국제거래에 관한 조세의 조정 및 국가간의 조세행정 협조에 관한 사항을 규정하는 법률이며, 주된 목적은 국가간의 이중과세 및 조세회피를 방지하고 원활한 조세협력의 도모에 있다.

참조조문 국조법 1

국채(國債; national bond)

예산상의 세입부족을 보충하기 위하여 국가가 발행하는 공채이다. 국채를 모집하기 위해서는 미리 국회의 의결을 얻어야 하며 무기명국채증권을 발행하는 것이 일반적이나, 채권자의 청구에 의하여 국채등록부에 등록할 수 있다.

군납면제(軍納免除; tax exemption for supply of goods the military)

주한외국군에 납품하기 위하여 판매장에서 판매하거나 제조장이나 보세구역에서 반출하는 과세물품 또는 주류에 대하여 개별소비세 또는 주세를 부과하지 않는 제도를 말한다. 또한 우리나라의 군(軍)이 직영하는 매점에서 군인·군무원과 태극·을지무공훈장 수훈자에게 판매하는 국내제조물품에 대하여 개별소비세와 주세를 부담시키지 않는 것과 외국에 주둔하는 국군부대에 납품하는 주류에 대하여 주세(酒稅)를 부과하지 않는 것도 군납면제에 해당한다.

> **참조조문** 조특법 114, 조특령 113, 개소법 15, 주법 31

권리구제제도(權利救濟制度; remedy for violation of private right)

국민이 위법 또는 부당한 행정처분(行政處分)에 의하여 자기의 권리 또는 이익을 침해당하였을 경우 행정심판법 등에 의해 그 시정을 요구하여 구제를 받는 제도이다. 국세처분(國稅處分)에 대하여는 행정심판법은 적용되지 아니하고 국세기본법 또는 지방세기본법에 의한 권리구제제도인 이의신청·심사청구·심판청구 및 과세전적부심사제 등에 의하여 그 구제를 받거나 감사원법에 의한 감사원심사청구에 의하여 그 구제를 받을 수 있다.

> **참조조문** 국기법 55~81의 19, 지기법 76~100

권리금(權利金; premium)

점포의 장소적 이점(利點)이나 영업허가권의 대가로서 수수되는 금전과 같이 어떤 권리를 양수(讓受)하는 대가로서 수수되는 금전을 말한다. 국가로부터 특정영업허가를 받은 자가 그 영업을 할 수 있는 권리를 타인에게 양도하는 경우 또는 타인의 물건을 임차하고 있는 자가 그 사실적 이익을 타인에게 양도하는 경우에 그 대가로서 권리금이 수수되기도 하나, 권리금은 그 양도되는 권리 또는 이익의 종류가 다양하기 때문에 법률적 성질을 일률적으로 논하기는 어렵다.

소득세법상 거주자가 사업소득이 발생하는 점포를 임차하여 점포임차인으로서의 지위를 양도함으로써 얻는 경제적 이익과 행정관청으로부터 인·허가(認·許可)를 받음으로써 얻는 경제적 이익은 기타소득에 포함되어 개인소득세가 과세된다.

참조조문 소령 144 ②

권리능력(權利能力; capacity of enjoyment of rights)

권리를 향유하고 의무를 부담하는 자를 권리의 주체(主體 : 권리의무의 주체)라고 하며, 권리의 주체가 되는 것은 자연인과 법률이 인정한 법인이다. 이와 같이 권리의무의 주체가 될 수 있는 지위 또는 자격을 권리능력이라 한다. 자연인(自然人)은 출생과 동시에 당연히 권리능력을 가지며, 사망과 동시에 권리능력은 소멸한다(실종선고에 의하여도 권리능력은 소멸한 것으로 봄). 법인(法人)은 관청의 허가를 얻어 등기를 함으로써 권리·의무의 주체가 된다. 태아(胎兒)는 아직 출생하지 않았으므로 권리능력이 없는 것이 원칙이므로, 이 원칙을 관철하면 법률관계는 명료해지나 구체적 타당성을 결하는 경우가 있게 되므로 우리 민법은 중요한 법률관계에 관한 사항을 개별적으로 열거하여 태아의 권리능력을 예외적으로 인정하고 있다(예 : 불법행위에 기한 손해배상의 청구, 법정상속, 유증 등의 경우). 또한 외국인의 권리능력에 대하여는 국가정책상 특별법에 의하여 권리의 향유가 금지 또는 제한되는 수가 있다.
권리능력은 유효한 법률행위를 할 수 있는 능력인 '행위능력(行爲能力)'과는 구별된다(행위능력을 가지지 못한 자를 '무능력자'라고 함).

권리의무확정주의(權利義務確定主義; settlement principle of claims and obli－gations)

각 사업연도나 과세기간의 소득을 그 사업연도 등의 기간 동안에 수취할 권리가 확정된 수익과 그 기간에 지급하여야 할 의무가 확정된 비용을 비교함으로써 수익과 비용을 인식·파악한다는 기준이다. 즉 순자산증감의 원인이 되는 사실을 금전의 수수(授受) 여부에 불구하고 수취할 권리와 지급할 의무가 확정된 시점에서 손익을 인식·파악하려는 것이 권리의무확정주의이다. 이와 같은 권리의무확정주의는 현행 소득세법과 법인세법상 총수입금액(익금)과 필요경비(손금)의 인식기준으로 채택되어 있다.

참조조문 법법 40, 소법 39

권리주체(權利主體; subject of rights)

어떤 행위를 하거나 이익을 받을 수 있도록 법에 의하여 인정되는 힘인 권리를 부여받는 개인 또는 법인이다. 이와 같이 권리와 의무의 주체가 될 수 있는 지위 또는 자격을 권리능력(權利能力)이라 한다.

권리주체인 자연인은 출생으로 권리능력을 취득하고 사망으로 권리능력을 상실하므로 생존하는 동안에는 권리주체가 되며, 법인(法人)은 법률의 규정에 의하여 적법하게 성립한 때에 권리능력을 갖는다. 권리의 주체는 동시에 의무(義務)의 주체도 된다.

참조조문 법법 2, 소법 1의 2

권리증(權利證; certificate of title)

등기소에서 교부하는 등기완료의 증명서로서 등기를 신청할 때에 등기원인(登記原因)을 증명하는 서면 또는 신청서의 부본에 등기필의 취지 기타 일정한 사항을 기재하고 등기소인(登記所印)을 압인하여 등기권리자에게 교부하는 서류이며, 등기필증(登記畢證) 또는 등기권리증(登記權利證)이라고도 한다. 권리증은 단순한 증명서에 불과하지만 실제로는 이것에 등기의 위임장을 붙여서 부동산거래가 행하여지는 경우도 있고, 등기를 신청할 때에는 등기의무자의 권리에 관한 등기필증을 제출하지 않으면 안된다.

권리취득(權利取得; acquisition of right)

권리가 특정한 주체와 법률적으로 결합하는 것을 말한다. 즉 특정한 법률상의 인격자가 새로 특정한 권리주체가 되는 것을 말하는데, 이에는 원시취득과 승계취득이 있다.

원시취득(原始取得)이란 어떤 권리가 타인의 권리에 기함이 없이 특정인에게 새로 발생하는 것으로 선점(先占), 습득(拾得), 선의취득(善意取得)이나 인격권·신분권 등 가족권(家族權)의 취득이 그 예이다. 승계취득(承繼取得)은 어떤 권리가 타인의 권리에 기하여 특정인에게 승계적으로 발생하는 것으로 매매·상속 등에 의한 취득이 그 예이다.

귀속(歸屬; attribution)

과세대상이 되는 소득을 특정의 납세의무자에게 결부시키는 것을 말한다. 그러므로 납세의무자는 자기에게 귀속하는 과세소득에 대해 납세의무를 지게 된다. 세법상 소득의 귀속에 대해 명의(名義) 또는 형식(形式)과 그 실질(實質)이 다른 경우에는 그 명의 또는 형식에 불구하고 실질적·경제적으로 귀속 여부를 관찰하여 사실상 경제적 이익을 향유하는 자의 소득에 과세하는 제도를 채택하고 있는데 이를 소득귀속자에 대한 실질과세원칙이라 한다.

참조조문 국기법 14 ①

귀속소득(歸屬所得; imputed income)

자기의 재산 내지 노동에서 얻어지는 소득, 즉 자기의 재산 이용 및 자가노동에서 얻어지는 경제적 이익을 말한다. 귀속소득의 예로는 귀속집세, 귀속지대(歸屬地代) 및 귀속임금(歸屬賃金) 등을 들 수가 있다.

귀속소득자의 담세력(擔稅力)을 증가시키는 점에서 이론상으로는 소득을 구성한다고 보아야 하나, 그 범위가 불명확하고 소득의 파악 및 평가가 곤란하기 때문에 과세의 대상에서 제외되는 것이 통례이다.

참조조문 법령 94 ⑧

귀속시기(歸屬時期; imputed time)

수익과 비용이 인식되는 시기를 말한다. 세법상 총수입금액(또는 益金)과 필요경비(또는 損金)는 어느 시점에서 이를 인식하는가에 따라 각 연도의 소득이 달라지고 조세부담의 시기가 달라진다. 기업회계기준에서는 수익은 실현주의에 의하여, 비용은 수익·비용대응원칙에 의하여 인식하고 있다. 세법상에서는 권리의무확정주의에 의하여 손익(損益)의 귀속시기를 결정한다.

참조조문 법법 40, 소법 39

귀속주의(歸屬主義; attributable income principle)

비거주자 또는 외국법인의 사업소득과세에 있어서 국내의 고정사업장을 가지고 있는 경우에도 국내의 모든 소득을 종합하여 과세하지 아니하고, 오로지 국내사업장에 귀속되는 소득만 합산하여 과세하는 것을 말한다.

귀속주의에 의하면 국내사업장이 관련되지 아니한 본점 직거래에 의한 소득이나 본점 직접투자에 의한 이자·배당소득 등은 국내사업장 소득에 합산되지 아니하므로 총괄주의(總括主義)와 대비된다. 총괄주의는 국내에 고정사업장을 가진 경우 국내사업장에 관련없는 이자·배당소득이나 본점 직거래분도 합산하여 과세하는 것을 말한다.

귀착(歸着; incidence)

조세는 법률상의 납세의무자에게 부과되더라도 그 부담은 시장(市場)의 가격조정과정을 통해 직접 또는 간접적으로 타인에게 이전되는 경우가 있는데 이것을 조세의 전가(轉嫁)라 한다. 이러한 조세의 전가과정을 통하여 조세의 부담이 최종납세자(담세자)에게 귀속되는 것을 귀착이라고 한다. 예를 들어 부가가치세법에서의 납세의무자는 공급자이지만 조세가 전가되어 실질적 납세의무자, 즉 담세자는 최종소비자가 되어 조세가 귀착되게 된다.

균등분(均等分; on per capita rate)

개인 및 법인에 대해 소득금액의 다소에 관계없이 균등액으로 부과하는 주민세를 말하며 일반적으로 부담분임(負擔分任)의 취지에 기초한 것으로 해석되고 있다.

현행 지방세법은 시·군 내에 주소를 둔 개인과 사업소를 둔 법인(법인세과

세대상인 법인격 없는 사단·재단 및 단체), 일정규모 이상 사업소를 둔 개인에
게 균등분주민세를 부과하도록 하고 있다.

참조조문 지법 74 1호·75·78·79

균등상각법(均等償却法; straight line method)

상각대상자산에 관한 상각액을 당해 상각기간 내의 매기에 균등액씩 배분하
는 상각방법이다. 균등상각의 예로서는 사용수익기부자산가액·주파수이용
권 및 공항시설관리권, 항만시설관리권의 상각이 있다.

참조조문 법령 26 ① 7호·8호

균형예산(均衡豫算; balanced budget)

세입과 세출의 균형이 맞고 적자가 없는 예산을 말한다. 특히 재정에 중점을
두는 경우를 균형재정, 예산에 중점을 두는 경우를 균형예산이라고 한다. 따
라서 균형예산을 엄밀히 해석하면 모든 세출이 조세 외의 경상적인 세입에
서 조달되어 있고, 차입금 혹은 공채(公債)에 의해 보충되어 있지 않은 예산
이라 할 수 있다.

근거과세(根據課稅; documentary taxation)

납세의무자가 장부와 이에 관계되는 증거자료에 의하여 과세요건을 확정하
여야 한다는 원칙이다. 국세기본법은 국세부과의 원칙의 하나로 근거과세의
원칙을 채택하고 있다. 근거과세원칙에 의하면 추계과세(推計課稅)는 원칙적
으로 금지되며, 추계과세를 할 수밖에 없는 부득이한 사유가 있는 경우에 한
하여 추계과세가 허용된다.

참조조문 국기법 16

근로소득(勤勞所得; wage and salary income)

고용계약 또는 이와 유사한 계약에 의하여 비독립적으로 근로용역을 제공하
고 받는 급여 기타 이와 유사한 성질의 금품을 총칭한다. 현행 소득세법은

근로소득을 종합소득에 합산하여 과세한다. 그러나 일용근로자의 급여는 예외적으로 분리과세되고, 근로소득에 대하여 원천징수의무가 부여되고 있으며, 매년 연말정산을 하도록 강제하고 있다.

참조조문 소법 20, 소령 38

근로소득간이세액표(勤勞所得簡易稅額表; withholding income tax table)

✎ 간이세액표 참고

근로소득공제(勤勞所得控除; earned deduction of necessary expenses)

근로소득은 실제 소요된 필요경비를 확인하는 것이 어렵기 때문에 실액공제를 허용하지 않고 당해 근로소득을 얻기 위하여 통상 소요되리라고 예상되는 표준적인 금액을 공제하는 필요경비의 표준공제만을 허용하는데 이것을 근로소득공제라 한다.

일용근로자 외의 근로소득이 있는 자가 2인 이상으로부터 급여를 받는 경우 그 급여액의 합계액에 대한 근로소득공제액을 주된 근무지의 급여액에서 공제하며 주된 근무지의 급여액이 근로소득공제액에 미달하는 때에는 그 급여액을 초과하는 부분의 근로소득공제액은 종된 근무지의 급여액에서 공제한다. 소득세법상 현행 근로소득공제의 방법은 다음과 같다.

① 근로소득이 있는 거주자에 대해서는 해당 과세기간에 받는 총급여액에서 다음의 금액을 공제한다.

총급여액	공제액
500만원 이하	총급여액의 100분의 70
500만원 초과 1천500만원 이하	350만원＋(500만원을 초과하는 금액의 100분의 40)
1천500만원 초과 4천500만원 이하	750만원＋(1천500만원을 초과하는 금액의 100분의 15)
4천500만원 초과	1천200만원＋(4천500만원을 초과하는 금액의 100분의 5)

1억원 이하	
1억원 초과	1천475만원＋(1억원을 초과하는 금액의 100분의 2)

② 일용근로자에 대한 공제액은 1일 15만원으로 한다.

참조조문) 소법 47, 소령 104

근로소득세액공제(勤勞所得稅額控除; employment income tax credit)

근로소득에 대하여 적용되는 세액공제이다. 근로소득세액공제는 근로소득에 대해서만 적용되고 별도의 신청없이 적용된다는 점에서 근로소득공제와 유사하지만, 근로소득세액공제가 세액을 계산한 이후의 공제임에 반하여 근로소득공제는 근로소득금액 계산시 직접 뺀다는 점에서 구별된다.

소득세법상 현행 근로소득세액공제의 방법은 다음과 같다.

① 근로소득이 있는 거주자에 대해서는 그 근로소득에 대한 종합소득산출세액에서 다음의 금액을 공제한다.

근로소득에 대한 종합소득 산출세액	공제액
130만원 이하	산출세액의 100분의 55
130만원 초과	71만5천원＋(130만원을 초과하는 금액의 100분의 30)

② 공제세액이 다음의 구분에 따른 금액을 초과하는 경우에 그 초과하는 금액은 없는 것으로 한다.

총급여액	한 도
3천300만원 이하	74만원
3천300만원 초과 7천만원 이하	74만원－[(총급여액－3천300만원)×8/1000] 다만, 위 금액이 66만원보다 적은 경우 66만원
7천만원 초과	66만원－[(총급여액－7천만원)×1/2] 다만, 위 금액이 50만원보다 적은 경우 50만원

③ 일용근로자의 근로소득에 대해서 원천징수를 하는 경우에는 해당 근로소

득에 대한 산출세액의 100분의 55에 해당하는 금액을 그 산출세액에서 공제한다.

참조조문 소법 59

근로소득지급명세서(勤勞所得支給明細書; earned income payment record)

국내에서 근로소득을 지급하는 자가 그 지급내용을 일정한 법정서식에 기재하여 과세자료로서 정부에 제출하는 서류를 말한다. 근로소득지급명세서는 소득세법과 법인세법에서 정부에 제출하도록 규정하고 있으며, 소득세법시행규칙에서 그 서식을 정하고 있다. 기재사항을 보면 징수의무자의 인적사항, 소득자의 인적사항, 근무처별 소득명세·소득공제·세액공제 및 납부세액, 그리고 불명시에 처리하는 난으로 구성되어 있다.

2019년부터 근로자에 대해 근로장려금 반기지급 제도가 시행됨에 따라 반기소득에 대한 근로소득간이지급명세서제출 제도가 신설되었다. 상용근로소득, 원천징수대상 사업소득을 지급하는 자가 소득자의 인적사항, 지급액 등을 게재하여 지급일이 속하는 반기의 마지막 달의 다음달 10일까지 제출해야 한다.

일반적으로 지급명세서는 근로소득을 지급하는 경우에 작성·제출하는 근로소득지급명세서와 이자·배당·연금·자유직업, 기타소득 등의 지급시에 작성·제출하는 지급명세서를 포함한다. 이는 세금계산서 또는 계산서의 제출 등과 같이 모든 지급소득에 대하여 과세자료를 제출하게 함으로써 근거과세(根據課稅)를 구현하기 위한 세제상의 장치라고 할 수 있다.

참조조문 소법 164 ① · 164의 3, 소령 213 ① · 214~216의 2, 소칙 100 26호

근로소득지급시기의제(勤勞所得支給時期擬制; imputed time of payment of earned income)

소득세 등의 원천징수의무는 소득의 귀속연도나 수입시기와는 직접 관계없이 현실적으로 소득금액을 지급하는 때에 발생하게 되므로 소득금액의 미지

급상태에서는 원칙적으로 원천징수할 수 없다. 그러나 원천징수세액의 적기 확보 등 과세의 편의상 실제로 지급하지 아니한 경우에도 그 소득금액을 지급한 것으로 보아 원천징수하도록 하고 있는데, 이를 지급시기의제(支給時期擬制)라고 한다.

현행 소득세법상 근로소득을 지급하여야 할 원천징수의무자가 1월부터 11월까지의 급여액을 해당 과세기간의 12월 31일까지 지급하지 아니한 경우에는 12월 31일에 지급한 것으로 보며, 12월분 급여액을 다음 연도 2월 말일까지 지급하지 아니한 경우에는 그 급여액을 2월 말일에 지급한 것으로 본다. 또한 이익처분에 의한 상여금은 그 처분결정일로부터 3개월이 되는 날까지 지급하지 아니한 경우에는 그 3개월이 되는 날에 지급한 것으로 보나, 그 처분이 11월 1일부터 12월 31일까지의 사이에 결정된 경우에 다음 연도 2월 말일까지 지급하지 아니한 경우에는 2월 말일에 지급한 것으로 본다. 법인세법에 의하여 처분되는 상여(賞與)는 법인세신고기일 또는 소득금액변동통지서를 받은 날에 지급된 것으로 본다.

참조조문 소법 135, 소령 192

근로장려금(勤勞奬勵金; Earned Income Subsidy)

근로장려세제에 의해 결정된 세액공제 또는 환급금이다.

✎ 근로장려세제 참조

근로장려세제(勤勞奬勵稅制; Earned Income Tax Credit)

근로연계형 소득지원을 통하여 근로빈곤층의 근로유인을 제고하고 실질소득을 지원하여 일을 통한 빈곤탈출을 지원하기 위해 2008년부터 도입된 제도이다. 가구의 총소득(근로·사업·이자·배당·부동산임대·연금·기타소득을 합산)이 총소득기준금액 미만(2,000~3,600만원)이어야 하고, 가구원이 소유하고 있는 재산의 합계액은 2억원 미만이어야 한다.

참조조문 조특법 100의 2~100의 13

근속연수(勤續年數; continuous service year)

근로소득을 얻는 근로자가 당해 근로소득을 지급하는 사업장에서 계속하여 근로를 제공한 기간의 연수를 말하며, 퇴직소득공제 또는 퇴직소득산출세액을 계산하는 기준이 된다. 근속연수는 퇴직소득의 지급자가 경영하는 기업에서 계속하여 근무한 기간에 따라 계산하게 되며, 근무한 실제의 연수에 의한다. 또한 장기근속이나 휴직(타처에 근무하기 위한 것은 제외) 중의 기간도 계속하여 근무한 기간으로 간주한다. 법인의 임원 퇴직급여 한도 계산시 근속연수는 월수로 계산하되 1개월 미만의 기간은 절사하지만, 소득세법상 근속연수 계산시에는 1년 미만의 기간이 있는 경우에 이를 1년으로 본다.

참조조문 법령 44 ④ 2호, 법칙 22 ⑤, 소법 55 ②

근저당(根抵當; fixed collateral)

계속적인 거래관계로부터 생기는 다수의 불특정의 채무를 장래의 결산기에 일정한 한도액까지 담보하기 위하여 현재에 설정하는 저당권(抵當權)을 말한다. 이것은 장래의 채권을 위한 저당권임에는 틀림이 없으나, 장래의 특정한 채권의 담보가 아니라 '증감·변동하는 일단(一團)의' '불특정'한 채무를 일정한 한도까지 담보하는 목적을 가진 점에 그 특이성이 있다.

근저당제도는 계속적인 거래관계에서 그때그때마다 저당권을 설정하는 절차의 번거로움을 피하기 위해서 은행과 상인 사이에 널리 관행(慣行)으로 이루어져 온 것이며, 그 유효성에 관해서는 구민법(舊民法)시대에 논란이 있어 왔고 판례도 한때 이의 무효를 선언한 바 있으나, 우리 민법은 저당권의 부종성(附從性)을 완화하면서 이를 명문으로 인정하게 된 것이다.

참조조문 민법 357

금반언의 원칙(禁反言의 原則; principle of estoppel)

금반언(禁反言)은 원래 자본주의경제의 발전에 따라서 거래안전의 요청상 먼저 영미법에서 'estoppel의 법리'로서 발전된 것이 독일법에 수용되어 '선행행위(先行行爲)와 모순되는 행위의 금지'로 불리우게 되었다. 이것이 우리 법에서는 신의성실의 원칙(信義則)의 한 발현형태로 나타나고 있는데 이미 표명한 자기의 언동(言動)에 대하여 이와 모순되는 행위를 할 수 없다는 것이다. 사실에 반하는 외관(外觀)을 제3자에게 표시한 자는 그 외관을 믿고 행위를 한 선의(善意)의 제3자에 대하여 외관이 사실에 반한다는 것을 주장할 수 없다고 하는 법리(法理)로서 결국 모순된 선행행위(先行行爲)를 한 자는 그에 대한 책임을 부담하여야 한다는 의미이다.

우리의 판례도 "공매(公賣)로 인한 매득금 중에서 체납세금과 체납처분비용으로 충당한 잔여액을 환불청구하여 이를 수령한 사실이 있는 부동산소유자들이 그 후 다시 공매처분의 무효를 들고 나옴은 금반언 및 신의성실의 원칙에 위반된다."고 판시(判示)함으로써 정면으로 이 원칙을 인정하고 있다. 국세기본법은 금반언의 원칙과 같은 내용인 신의성실원칙(信義誠實原則)에 대한 명문규정을 두고 있다.

참조조문 국기법 15

금융리스(金融리스; financing lease)

리스자산의 소유에 따른 대부분의 위험과 효익이 리스이용자에게 이전되는 리스이나 법적소유권은 이전될 수도 있고 이전되지 않을 수도 있다.

기업회계기준에서는 다음 중 하나를 충족시키면 금융리스로 분류하도록 예시하고 있다(실질적 계약해지금지조건은 분류의 전제가 아님).

① 리스기간 종료시 또는 그 이전에 리스자산의 소유권이 리스이용자에게 이전되는 경우

② 리스실행일 현재 리스이용자가 염가매수선택권을 가지고 있고, 이를 행사할 것이 확실시 되는 경우

③ 리스자산의 소유권이 이전되지 않을지라도 리스기간이 리스자산 내용연수의 상당부분을 차지하는 경우

④ 리스실행일 현재 최소리스료를 내재이자율로 할인한 현재가치가 리스자

　산 공정가치의 대부분을 차지하는 경우

⑤ 리스이용자만이 중요한 변경 없이 사용할 수 있는 특수한 용도의 리스자
　산인 경우

참조조문 K - IFRS 1116호 부록A, 일반기준 13장 13.6, 법령 24 ⑤, 소령 62 ③

금융부채(金融負債; financial liability)

금융부채는 다음의 부채를 말한다.

① 거래상대방에게 현금 등 금융자산을 인도하기로 한 계약상 의무 또는 잠
　재적으로 불리한 조건으로 거래상대방과 금융자산이나 금융부채를 교환
　하기로 한 계약상 의무

② 자기지분상품으로 결제하거나 결제할 수 있는 계약으로서 인도할 지분상
　품의 수량이 확정되지 않은 비파생상품

③ 자기지분상품으로 결제하거나 결제할 수 있는 계약으로서 확정수량의 지
　분상품에 대하여 확정금액의 현금 등 금융자산을 교환하여 결제하는 방법
　이 아닌 방법으로 결제될 파생상품. 이 경우에 자기지분상품을 미래에 수
　취하거나 인도하기 위한 계약 자체는 자기지분상품에 해당하지 않는다.

참조조문 K - IFRS 1032호 11

금융상품(金融商品; financial instruments)

기업회계기준상의 계정과목으로서 금융기관이 취급하는 정기예금·정기적
금·사용이 제한되어 있는 예금 및 기타 정형화된 상품 등으로 단기적 자금
운용목적으로 소유하거나 기한이 1년 내에 도래하는 단기금융상품과 단기금
융상품에 속하지 아니하는 정기예금 등의 장기금융상품으로 구분된다. K -
IFRS에서는 금융상품을 거래상대방에게 금융자산을 발생시키고 동시에 다
른 거래상대방에게 금융부채나 지분상품을 발생시키는 모든 종류의 계약으
로 정의하고 당기손익인식금융자산 또는 당기손익인식금융부채, 만기보유금
융자산, 대여금 및 수취채권, 매도가능금융자산으로 구분하고 있다.

참조조문 K-IFRS 1032호 11

금융소득종합과세(金融所得綜合課稅; aggregate taxation on financing income)
낮은 세율로 분리과세하던 이자소득과 배당소득을 종합소득에 합산하여 과세하는 것으로 금융소득 등의 불로소득에도 누진세율을 적용하여 공평과세를 실현하기 위한 제도이다. 당초 금융소득종합과세는 1996년부터 실시되었으나 1997년말에 발생한 금융·외환위기로 그 실시를 전면 유보하였다가 2001년에 다시 실시하여 당연종합과세소득 등에 누진세율을 적용하여 종합과세하였으나, 2004년에는 금융소득당연종합과세제도를 폐지하고 과세제도를 간소화하였다. 현재는 조건부 금융소득이 2천만원 이하인 경우 분리과세로, 2천만원 초과한 경우 종합과세 및 분리과세 중 큰 금액으로 과세한다.

참조조문 소법 14 ③ 6호·62

금융실명거래및비밀보장에관한법률(金融實名去來및秘密保障에관한法律; law of real name financial transaction)
실지명의(實地名義)에 의한 금융거래를 실시하고 그 비밀을 보장하여 금융거래의 정상화를 기함으로써 경제정의를 실현하고 국민경제의 건전한 발전을 도모하기 위하여 1997년 12월 31일 제정된 법률이다.

금융자산(金融資産; financial assets)
개인이나 기업 또는 국민경제가 보유하는 자산(資産) 중 토지·건물·원료·반제품·완성품 등의 실물자산(實物資産)에 대비되는 자산인 예금·현금·유가증권·대출금·보험·신탁·기업간의 신용 등의 자산을 가리킨다. 이들을 국내신용자산이라고 하며, 금융 및 대외채권 등의 대외금융자산에 대비된다. 이러한 금융자산은 어떤 사람에게는 자산이 되지만 다른 사람에게는 부채가 되기 때문에 사회 전체로서는 상계되어 부(富)를 형성하지 못한다.
K-IFRS에서의 금융자산은 현금, 다른 기업의 지분상품, 거래상대방에게서 현금 등 금융자산을 수취할 계약상 권리나 잠재적으로 유리한 조건으로 거

래상대방과 금융자산이나 금융부채를 교환하기로 한 계약상 권리 중 하나에 해당하는 계약상 권리, 기업 자신의 지분상품으로 결제되거나 결제될 수 있는 수취할 자기지분상품의 수량이 변동가능한 비파생상품이나 확정 수량의 자기지분상품에 대하여 확정 금액의 현금 등 금융자산을 교환하여 결제하는 방법이 아닌 방법으로 결제되거나 결제될 수 있는 파생상품을 의미한다.

참조조문 K-IFRS 1032호 11

금융자산소득(金融資産所得; income of financial assets)

금융자산에서 생기는 소득, 즉 이자·할인액 또는 배당 등을 말한다. 금융실명거래및비밀보장에관한법률에 의하면 금융기관이 취급하는 예금·적금·부금·계금·신탁재산·주식·채권·수익증권·출자지분 및 어음 등을 금융자산이라 하고, 이에서 발생하는 이자·할인액 또는 배당을 금융자산소득이라 한다. 또한 실명거래(實名去來)를 촉진하기 위하여 실명거래에 의하지 아니한 금융자산소득에 대한 소득세는 실명에 의한 금융자산소득보다 높은 세율을 적용하도록 하고 있다.

참조조문 소법 46·129 ② 2호, 실명법 5

금융재산상속공제(金融財産相續控除; deduction of financial hereditary property)

상속이 개시되는 경우로서 상속개시일 현재 상속재산가액 중 금융재산이 있는 경우에는 금융재산가액 중 일정한 금액(2억원을 초과하는 경우에는 2억원을 한도)을 상속세과세가액에서 공제하는데 이를 금융재산상속공제라 한다. 금융재산은 은닉이 불가능하여 세원탈루 등의 우려가 없으므로 금융재산을 통한 상속을 유도하기 위하여 이러한 공제제도를 두는 것이다.

참조조문 상증법 22

금융지주회사(金融持株會社; financial holding company)

주식(지분을 포함)의 소유를 통하여 금융업을 영위하는 회사(금융기관) 또는 금융업의 영위와 밀접한 관련이 있는 회사를 대통령령이 정하는 기준에 의하여 지배하는 것을 주된 사업으로 하며, 1 이상의 금융기관을 지배하는 회사로서 금융지주회사법에 의하여 금융위원회의 인가를 받은 회사이다. 금융위원회의 인가를 받은 경우 당해 금융지주회사는 독점규제및공정거래에관한법률에 의하여 공정거래위원회에 신고를 한 것으로 본다.

비금융회사를 자회사로 거느릴 수 없으며, 금융지주회사를 설립하면 각 계열사간 원활한 협력체제를 구축할 수 있는 효과가 있다. 또한 대외신인도를 높여 영업력을 높일 수 있을 뿐만 아니라 합병 등 대형화에도 빠르게 대응할 수 있다는 장점이 있다.

참조조문 금융지주회사법 2·3, 독점규제및공정거래에관한법률 8, 법법 18의 2

금전등록기(金錢登錄機; cash register)

재화·용역공급의 현금거래내용을 표시·합산하여 기록하는 기계로 매 거래의 매출금액을 표시하여 고객에게 영수증을 교부하고 1건마다의 매출금액과 1일의 매출액을 산출·기록한다. 또한 상품별·매장별 등의 매출금액을 집계·기록하는 등의 기능을 가지며, 조작은 레버에 의한 수동식이나 전동식 및 수동·전동병용식이 있다.

소매업 등을 영위하는 사업자는 금전등록기를 설치하여 공급대가를 기재한 계산서를 교부할 수 있는데, 사업자가 공급받는 자의 등록번호와 부가가치세액을 별도로 기재하고 사업자 또는 그 사용인이 서명·날인한 계산서를 발급하고 감사테이프를 보관한 때에는 영수증을 교부하고 기장을 한 것으로 보며 금전등록기를 설치한 자에 대하여는 현금수입을 기준으로 부가가치세를 부과할 수 있다.

참조조문 부법 36 ④, 부령 73 ⑧, 개소법 23의 3, 개소령 36의 2

금지금(金地金; ingot gold observing regular from and degree of purity)

금괴(덩어리)·골드바 등 원재료상태로서 순도가 99.5% 이상인 금을 말하며 원칙적으로 부가가치세과세대상으로 분류되어 왔으나, 금시장 양성화 방안의 일환으로 일정요건의 금지금에 대하여 부가가치세를 면세하는 특례제도를 도입하였다. 이러한 부가가치세가 면제되는 금지금을 면세금지금이라 한다.

참조조문 조특법 106의 3

급료 · 임금(給料 · 賃金; salaries and wages)

고용계약에 의거하여 노무(勞務) 또는 역무(役務)를 제공하고 취득하는 대가이다. 일반적으로는 공장노동자의 역무의 대가를 임금이라고 하고, 그 이외의 경우를 급료라 하며, 급료와 임금을 합하여 급여(給與)라 하는 것이 통례이다. 급료 · 임금의 수급자는 개인에 제한하지만, 지급자는 개인이건 법인이건 불문한다. 지급이 금전으로 이루어진 것을 금전급여(金錢給與), 물건 또는 경제적 이익으로 이루어진 것을 현물급여(現物給與)라 한다.

급여채권의 압류제한(給與債權의 押留制限; restriction on seizure of salaries)

급료 · 연금 · 임금 · 봉급 · 상여금 · 세비 · 퇴직금 및 퇴직연금 등의 급여채권에 대하여는 급여생활자의 생활의 근원이라는 관점에서 그 총액의 일정액에 대해 압류가 금지되어 있다. 현행 국세징수법은 급료 · 연금 · 임금 · 봉급 · 상여금 · 세비 · 퇴직금 · 퇴직연금 기타 이와 유사한 급여에 대하여는 그 총액의 2분의 1에 해당하는 금액은 압류할 수 없다고 규정하고 있다.

참조조문 국징법 33

기각(棄却; rejection)

민사소송법상 기각이란 청구(請求)의 내용이 이유없다고 하여 종국적 재판(終局的 裁判)에서 배척하는 것이다. 국세기본법에 있어서 기각결정은 이의신청 · 심사청구 · 심판청구에 대하여 결정기관이 신청인의 불복(不服)을 받아들이지 않고 처분청의 처분을 정당하다고 인정하여 신청의 대상이 된 처분(處分)을 유지시키는 결정(決定)을 말한다.

참조조문 국기법 65 ① 2호

기간(期間; period)

일정한 시점에서 다른 시점까지 계속하는 시간의 구분을 말한다. 지금으로부터 1년이라든가 5개월 또는 30일이라고 하는 것과 같이 시간의 경과를 내용으로 하므로 10월 5일에 지급한다는 것처럼 일정한 시점을 의미하는 기일(期日)과는 다른 의미이다. 기간은 시효(時效)나 연령과 같이 법률상 여러 가지 효과가 주어지므로 민법에 일반적인 계산방법을 정하고, 법령이나 재판상의 처분 또는 타법률에 특별한 규정이 없는 경우에는 이에 따르도록 하였다. 민법의 기간에 관한 규정은 특별한 규정이 없는 한 사법관계뿐만 아니라 공법관계에도 적용된다.

민법상 기간의 계산방법으로는 자연적(自然的) 계산방법과 역법적(曆法的) 계산방법이 있다. 전자는 순간에서 순간까지 세밀하게 계산하는 방법이고, 후자는 역(曆)에 따라 일·주·월·년을 가지고 계산하는 방법이다. 민법은 원칙적으로 역법적 계산방법에 따르고 있으나 기간을 시·분·초로 정하는 경우에는 자연적 계산방법에 따르도록 하고 있다.

기간을 일·주·월·년을 가지고 정한 때에는 초일(初日)은 산입하지 아니하고 그 다음날로부터 기산하는바, 이를 초일불산입(初日不算入)의 원칙이라 한다. 다만, 예외적으로 기간이 오전 0시부터 시작된 경우와 연령계산시에는 초일도 산입한다. 일(日)의 경우에는 당해 말일을 만료점으로 하고, 주·월·년의 경우에는 역(曆)에 따라 계산하여 최후의 기산일의 해당일의 전일을 만료점으로 한다. 월(月) 또는 년(年)으로 기간을 정한 경우에 최종의 월에 해당일이 없는 때에는 그 월의 말일로 기간이 만료된다.

조세법상의 기간의 계산에 있어서도 국세기본법 또는 세법에 특별한 규정이 있는 경우를 제외하고는 민법(民法)에 의한다.

참조조문 국기법 4, 민법 155~161

기간세(期間稅; period tax)

과세의 시기나 기간을 정하여 일정시점에 과세되는 조세를 말하며 수시세

(隨時稅)에 대응하는 개념이다. 소득세·법인세 등이 기간세의 예인데, 이는 조세의 납세의무가 각 세법이 정하고 있는 기간이 종료되었을 때에 성립하도록 규정되어 있기 때문이다.

기간손익계산(期間損益計算; periodical accounting of profit and loss)

기업이 일정기간 동안 활동한 결과 얼마만큼의 성과를 올렸는가를 계산하는 것이다. 일반적으로 기업은 계속기업(繼續企業)을 전제로 무한히 계속되므로 기업이 청산하는 시점에서 손익을 계산하는 것은 기업 자체 또는 이해관계자에게 자기의 재정상태 및 경영성과 등을 적절하게 제공하는 것으로 볼 수 없다. 이에 따라 인위적으로 구분한 회계기간을 중심으로 그 기간의 수익과 비용을 대응시켜 이익을 계산하는바, 이를 기간손익계산이라 한다.

참조조문 법법 6 ①

기계장치(機械裝置; machinery and equipment)

기계장치에는 동력을 이용해서 원재료를 물리적으로 가공하기 위한 공작장치, 작업기계 등의 기계류·원재료를 화학적으로 가공하기 위한 화학장치, 냉동장치 등의 장치류 및 컨베이어, 호이스트, 기중기 등 반송설비, 그 외의 부속설비가 포함된다. 기계장치의 취득원가에는 운송, 설치, 시운전 등의 매입부대비용이 가산된다. 기계와 장치는 구분이 곤란하기 때문에 일반적으로 1개의 용어로서 사용되고 있다.

세법상 기계장치는 사업용 고정자산(事業用固定資産)으로 분류되어 내용연수에 따라 감가상각하여야 한다.

참조조문 법법 23, 법령 24

기관투자자(機關投資者; institutional investor)

투자자란 증권발행시장에서 최종적으로 증권을 취득하고, 이것을 다시 증권유통시장에서 매각하고자 하는 자를 말하는데 형태상으로 분류할 경우에는 개인투자자와 기관투자자로 대별된다. 개인투자자(個人投資者)가 개인의 자격으로 증권투자를 하는 투자자인 데 반하여, 기관투자자는 법인형태(法人形態)를 취하고 있는 기관으로서의 투자자를 말한다. 기관투자자에는 은행, 보험회사, 증권회사, 투자신탁회사, 기금을 관리·운용하는 법인, 공제사업을 영위하는 법인 등이 포함된다. 따라서 투자지식이나 자본력(資本力)은 개인보다 우세하며, 사회적 자본의 원천으로서의 경제적 기능이나 증권시장에 대한 영향력도 크다.

참조조문 법법 18의 2·18의 3, 법령 17의 3 ⑨

기능통화(機能通貨; functional currency)

영업활동이 이루어지는 주된 경제환경의 통화이다. 기능통화 이외의 다른 통화는 외화라고 하며, 표시통화는 재무제표를 표시할 때 사용하는 통화를 말한다.

참조조문 K-IFRS 1021호 8

기대가치(期待價値; expected value)

충당부채로 인식하여야 하는 금액과 관련된 불확실성은 상황에 따라 판단한다. 측정하고자 하는 수치가 다수의 항목과 관련되는 경우에 당해 수치를 모든 가능한 결과와 그와 관련된 확률을 가중평균하여 추정하는 통계적 추정방법을 '기대가치'라고 하며, 충당부채 설정시 사용된다.

참조조문 K-IFRS 1037호 39

기말재고자산(期末在庫資産; ending inventory assets)

기업의 정상적인 영업활동과정에서 판매목적이나 생산목적으로 보유하는 재화를 재고자산이라 하는데 상품·제품·재공품·반제품·원재료·저장품 등이 있다. 이와 같은 재고자산의 기말잔액을 화폐로 표시한 것을 기말재고자산이라 하며, 차기 회계기간으로 이월되어 기초재고자산(期初在庫資産)이 된다.

참조조문 법령 73 1호

기본공제(基本控除; basic deduction)

종합소득과세표준의 계산에 있어서 특별한 절차없이 종합소득금액에서 일정한 금액을 공제하는 것으로 종합소득공제의 일종이다.

현행 소득세법상 기본공제는 종합소득이 있는 거주자에 대하여 본인과 일정요건을 충족한 배우자 및 부양가족수에 1인당 연 150만원을 곱하여 계산한 금액을 종합소득금액에서 공제하고 있다.

참조조문 소법 50

기본주당이익(基本株當利益; basic earnings per share)

지배회사의 보통주에 귀속되는 특정 회계기간의 당기순손익(분자)을 그 기간에 유통된 보통주식수를 가중평균한 주식수(분모)로 나눈 것이다. 기본주당이익 정보의 목적은 회계기간의 경영성과에 대한 지배기업의 보통주 1주당 지분의 측정치를 제공하는 것이다.

참조조문 K-IFRS 1033호 9~11

기본통칙(基本通則; general rule)

예규·통첩(例規·通牒)의 일종으로 상급행정관청이 행정의 통일을 도모하기 위하여 하부기관의 직무운영에 관한 세부적 사항이나 법령해석 등을 구체적 또는 개별적으로 시달하는 것을 말한다.

국세행정에 있어서는 국세청장이 기획재정부장관의 승인을 얻어 세법의 운용방침과 해석을 각 세법마다 조문순서대로 제정하였는데, 이를 기본통칙이라 한다. 하급행정청은 기본통칙에 따라 세법을 해석·운용하고 있으므로 그 효력은 실질적으로 법령(法令)과 다름이 없으나, 대외적으로는 그 효력을 주장할 수 없고, 사법부의 판결에 있어서는 구속력을 갖지 못한다.

기부금(寄附金; contribution)

사업과 직접 관련없이 특수관계 없는 자에게 무상으로 지출하는 재산적 증여(贈與)의 가액을 말한다. 사업과 직접 관련없이 지출한다는 점에서 업무와 관련하여 지출하는 접대비와 다르며, 자발적으로 지출한다는 점에서 공과금(公課金)과 다르다.

기부금은 수익창출에 기여하지 못하는 지출이나 기업이 경제활동을 하여 얻은 부(富)를 사회에 환원하는 데 그 의의가 있으므로 법인세법이나 소득세법에서는 법정기부금, 조세특례제한법상에서는 지정기부금 및 비지정기부금으로 구분한다. 법정기부금과 지정기부금은 일정한도 내에서 손금(개인사업자인 경우에는 필요경비)으로 용인하며, 비지정기부금은 전액 손금불산입하도록 규정하고 있다.

참조조문 법법 24, 소법 34, 소령 79, 조특법 72

기부금영수증불성실발급가산세(寄附金領收證不誠實發給加算稅; additional tax on insincere issuance of receipts for contribution)

기부금을 필요경비 또는 손금에 산입하거나, 기부금세액공제를 받기 위하여 필요한 기부금영수증을 발급하는 거주자 또는 비거주자가 기부금영수증을 사실과 다르게 적어 발급하거나 기부자별 발급명세를 작성·보관하지 아니한 경우에는 가산세를 부여하는데 이를 기부금영수증불성실발급가산세라 한다. 이 가산세는 기부법인별 발급내역을 작성·보관하지 아니한 금액의 0.2%(의무불이행), 사실과 다른 금액의 2%(허위기부금영수증발급)로 부과된다.

참조조문 법법 75의 4, 소법 81 ⑫ · 160의 3 ①

기부금의 범위(寄附金의 範圍; scope of contribution)

법인세법상 기부금액은 기부금·갹출금·위로금 기타 명목 여하에 불구하고, 법인이 금전 기타 자산 또는 경제적 이익을 무상으로 제공한 경우의 가액을 말한다. 다만, 광고선전비, 견본품과 교제비, 접대비 및 복리후생비에 해당하는 것은 기부금에서 제외된다.

법인이 특수관계 없는 자에게 정당한 사유없이 자산을 정상가액(시가에 시가의 30%를 가감한 범위 내의 금액)보다 낮은 가액으로 양도하거나 높은 가액으로 양수함으로써 실질적으로 증여한 것으로 인정되는 금액도 기부금에 포함된다. 한편, 비영리법인이 수익사업에 속하는 자산을 수익사업 이외의 사업을 위해 지출한 금액도 그 수익사업의 기부금으로 간주된다.

참조조문 법법 24 ①, 법령 35·36, 소법 34 ①, 소령 79·80

기부금세액공제(寄附金稅額控除; tax credit of donation)

거주자(사업소득만 있는 자는 제외)가 해당 과세기간에 지급한 기부금이 있는 경우 다음 각 호의 기부금을 합한 금액에서 사업소득금액을 계산할 때 필요경비에 산입한 기부금을 뺀 금액의 100분의 15(해당 금액이 1천만원을 초과하는 경우 그 초과분에 대해서는 100분의 30)에 해당하는 금액을 해당 과세기간의 합산과세되는 종합소득산출세액에서 공제한다. 이 경우 제1호의 기부금과 제2호의 기부금이 함께 있으면 제1호의 기부금을 먼저 공제한다.

1. 법정기부금
2. 지정기부금. 이 경우 지정기부금의 한도액은 다음 각 목의 구분에 따른다.
   가. 종교단체에 기부한 금액이 있는 경우
   　　한도액=[종합소득금액(이자소득 및 배당소득은 제외)에서 법정기부금을 뺀 금액]×100분의 10+[소득금액의 100분의 20과 종교단체 외에 지급한 금액 중 적은 금액]
   나. 가목 외의 경우
   　　한도액=소득금액의 100분의 30

참조조문 소법 59의 4 ④, 소령 118의 7

기부채납(寄附採納; contributed acceptance)

국가 또는 지방자치단체가 무상으로 재산을 받아들이는 것을 말한다. 이 경우 기부(寄附)는 민법상의 증여와 같은 것이며, 채납(採納)은 승낙에 해당되므로 기부채납된 재산은 국유재산이 된다.

세법상으로는 기부채납이란 용어는 사용하지 아니하고 기부금이라는 용어만 사용하며, 국가 또는 지방자치단체에 사업자가 기부한 재산의 가액은 법인의 각사업연도소득금액 계산상 또는 개인의 사업소득·부동산임대소득 계산상 소득금액에서 이월결손금을 공제한 금액을 한도로 손금으로 용인된다.

참조조문 소법 34 ③

기소(起訴; indictment)

검사가 특정형사사건에 관하여 법원에 대하여 심판을 청구하는 의사표시이다. 공소(公訴)의 제기와 같은 뜻으로 공소는 검사만이 제기할 수 있는바, 이를 검사의 기소독점주의(起訴獨占主義)라 한다. 검사는 수사결과 기소함에 충분한 범죄의 객관적 혐의가 있고 소송조건을 구비하였다고 하여 반드시 기소하여야 하는 것은 아니다. 즉 검사는 기소·불기소에 대한 재량권을 가지고 있는바, 이를 기소편의주의(起訴便宜主義)라 한다. 공소를 제기함에는 공소장을 관할법원에 제출하여야 한다.

기속력(羈束力; restriction ability)

소송법상 재판은 법원의 확정적인 판단으로서 존중되어야 하고, 법원이 행한 재판을 자유로이 취소하거나 변경하는 것은 허용되지 않으며, 그 재판의 내용에 구속되는 것이 원칙인데, 이를 재판의 기속력이라 한다. 기속력은 기판력(旣判力)과 비슷하나, 그 재판을 한 법원만을 구속하는 효력을 가지는데 비해, 기판력은 그 내용의 판단이 장래 동일사건에 대하여 소송이 계속(係屬)된 경우에 법원 및 당사자를 일반적으로 구속하는 것이므로 구별되어야 한다.

국세기본법상 국세심판청구에 대한 결정은 관계행정청을 기속한다고 규정하고 있는데 이는 심판청구에 대한 결정(決定)이 있으면 해당 행정청은 결정의 취지에 따라 즉시 필요한 처분을 하여야 한다는 것이다.

참조조문 국기법 80

기수시기(旣遂時期; consummated time)
기수란 범죄의 구성요건이 완전히 성립되어 실현되는 것으로 범죄의 실행에 착수하여 그 행위를 종료함으로써 일정한 결과를 발생시켜 완성하는 것을 말한다. 기수시기란 범죄의 구성요건이 완전히 실현되는 때를 말하는 시간적 개념이다. 범행을 착수하기 전에 준비만을 하는 행위를 예비행위(豫備行爲)라 하며, 실행착수(實行着手)는 하였으나 일정한 결과를 완성하지 못한 것을 미수(未遂)라 한다. 형법은 기수범(旣遂犯)의 처벌을 원칙으로 하고, 미수범은 특별한 규정이 있는 경우에 한하여 처벌한다. 관세법(關稅犯)은 금지품 수출입죄·관세포탈죄·무면허수출입죄·밀수품취득죄의 미수범을 처벌하도록 특별한 규정을 두고 있으므로 그 이외의 범죄에 대하여는 기수범만을 처벌한다.

조세범처벌법상 범칙행위(犯則行爲)의 기수시기는 부과과세제도와 신고납세제도로 나누어져 있다. 부과과세제도의 세목인 상속세 및 증여세·부당이득세는 해당 세목의 과세표준을 정부가 결정하거나 조사결정한 후 그 납부기한이 지난 때가 기수시기가 되며, 다만 납세의무자가 조세를 포탈할 목적으로 세법에 따른 과세표준을 신고하지 아니함으로써 해당 세목의 과세표준을 정부가 결정하거나 조사결정할 수 없는 경우에는 해당 세목의 신고기한이 지난 때가 기수시기가 된다. 신고납세제도의 세목은 그 신고·납부기한이 지난 때가 기수시기가 된다.

기수시기는 공소시효(公訴時效)의 기산점이 되며, 미수범처벌의 경우를 제외하고는 기수시기가 경과하지 아니하면 처벌할 수 없다.

참조조문 처법 3 ⑤

기술연구단체(技術研究團體; technical research corporation)

특정연구기관육성법 제2조에 게기하는 특정연구기관을 말한다. 기술연구단체가 공급하는 재화 및 용역에 대하여는 부가가치세를 면세하는 한편, 기술연구단체가 부가가치세의 면세를 포기할 수도 있다.

참조조문) 부법 26 ① 18호, 부령 45·57

기업결합(企業結合; combination of enterprise)

어느 한 회사가 다른 회사의 순자산 및 영업활동을 지배하거나 통합함으로써 별도의 독립된 둘 이상의 회사가 하나의 경제적 실체가 되는 것을 말한다. 각 기업이 경쟁을 제한하거나 배제하여 시장의 지배를 강화하고 경영을 합리화하여 기업을 유지, 발전시키기 위해 몇 개의 기업이 모여 더욱 큰 경제단위로 결합하는 것으로서 다음과 같은 형태가 있다.

① 수평적 결합 : 동종 또는 유사기업이 경쟁제한, 시장지배를 위해 생산량, 판매량, 판매가격 등에 관해 협정, 합병하는 횡단적 결합

② 수직적 결합 : 생산공정상 관계가 있는 이종기업이 비용의 절약과 경영합리화를 위해 결합하는 종단적 결합

③ 자본적 결합 : 기업집중이라고도 하며 기업의 업종에 관계없이 자금의 장기대여와 증권대위를 통해 다른 기업에 대한 지배력을 강화하기 위한 경영의 다각화

기업결합은 거래의 실질에 따라 매수와 지분통합으로 구분할 수 있으며, 매수란 한 회사(즉 매수회사)가 다른 회사(즉 피매수회사)의 순자산 및 영업활동을 지배하게 되는 경우 그 대가로 자산의 이전, 채무의 부담 또는 주식을 발행하는 형태의 기업결합이고, 지분통합이란 결합에 참여하는 회사(결합참여회사라 함) 중 어느 일방도 매수회사가 되지 아니하고 각 결합참여회사의 주주들이 결합참여회사들의 자산 및 영업활동에 대한 지배력을 결합하여 그 결합된 실체에 내재된 위험과 효익을 지속적으로 상호 분담하는 형태의 기업결합이다.

기업구조조정(企業構造調整; corporate restructuring)

기업의 기존 사업구조나 조직구조의 기능 또는 효율을 보다 효과적으로 높이고자 실시하는 구조개혁작업을 말한다. 기업에서의 개혁작업을 사업구조조정 또는 기업구조조정이라고 하며, 이 같은 사업구조조정을 추진하는 경영절차기법을 비즈니스 리스트럭처링(business restructuring)이라고 한다. 사업구조조정은 부실기업이나 비능률적인 조직을 미래지향적인 사업구조로 개편하는 데 주목적이 있다. 성장성이 희박한 사업분야의 축소 내지 폐쇄, 중복성을 띤 사업의 통폐합, 기구·인원의 감축, 부동산 등 소유자산의 매각처분 방법은 수동적 리스트럭처링기법이고, 국내외의 유망기업과 제휴하여 새로운 기술을 개발시킨다거나 전략적으로 다른 사업분야와 공동사업을 추진하는 방법 등은 적극적 리스트럭처링기법이다.

기업인수합병(企業引受合倂; merger and acquisition; M&A)

기업의 외적 성장을 위한 발전전략으로 특정기업이 다른 기업의 경영권을 인수할 목적으로 소유지분을 확보하는 제반과정으로 기업합병과 한 기업이 다른 하나의 자산 또는 주식의 취득을 통해 경영권을 획득하는 기업인수가 결합된 개념이며 기본적으로 주식확보를 통해 이뤄진다.

기업인수합병에는 거래성격에 따라 목표기업의 경영층과의 합의에 의해 이뤄지는 우호적 인수합병과 그 반대로 경영층이 반대하는 가운데 주주들을 대상으로 이뤄지는 적대적 인수합병이 있다.

기업합병(企業合倂; merger)

2 이상의 기업이 상법의 규정에 따라 신설합병(新設合倂) 또는 흡수합병(吸收合倂)의 방법으로 하나의 기업이 되는 것이다. 법인이 합병하면 당사회사의 일부 또는 전부가 해산하고, 법인의 자산과 부채가 청산절차 없이 포괄적으로 신설법인 또는 존속법인(存續法人)에 이전된다. 법인세법에서는 합병평가차익상당액의 손금산입, 합병시 이월결손금의 승계, 합병시의 자산·부채의

승계 등의 규정을 두고 있다.

참조조문 상법 174, 법법 44·45, 법령 80·81·85

기업회계기준(企業會計基準; financial accounting standards)
기업이 회계처리를 할 때 준수하여야 할 기준으로서 기업회계의 실무에서 관습으로 발달한 것으로부터 일반적으로 공정타당하다고 인정된 회계원칙 (GAAP; Generally Accepted Accounting Principles)을 논리적으로 요약·체계화한 것이다.

우리나라는 1958년에 처음으로 기업회계원칙을 제정하였으며, 1981년 기업회계원칙·재무제표규칙·상장법인등의회계처리에관한규정·상장법인등의 재무제표에관한규칙 등의 제 원칙 및 법규를 통합하고 일원화하여 기업회계기준을 제정하였다. 기업회계기준은 증권관리위원회가 1982년부터 업무를 담당하였으며, 1998년부터는 금융감독위원회로 이양되었다. 그리고 금융감독위원회는 2000년부터 민간회계기준제정기구인 한국회계연구원에 기업회계기준 제정업무를 위탁하였다. 이에 따라 한국회계연구원에서는 기업회계기준의 제정업무를 수행하고 있다. 현행 기업회계기준체계는 한국채택국제회계기준, 일반기업회계기준 등을 가지고 있다. 기업회계기준의 목적은 주식회사의외부감사에관한법률에 의하여 동법의 적용을 받는 회사의 회계와 감사인의 감사의 통일성과 객관성을 부여하기 위하여 회계처리 및 보고에 관한 기준을 정하기 위한 것이다.

법인세법에서는 내국법인의 각 사업연도의 소득금액을 계산할 때 그 법인이 익금과 손금의 귀속사업연도와 자산·부채의 취득 및 평가에 관하여 일반적으로 공정·타당하다고 인정되는 기업회계를 적용하거나 관행을 계속적으로 적용하여 온 경우에는 법인세법 및 조세특례제한법에서 달리 규정하고 있는 경우를 제외하고는 당해 기업회계의 기준 또는 관행에 따르도록 하고 있다.

참조조문 법법 43, 법령 79

기여분(寄與分; contribution part)

공동상속인(共同相續人) 중에서 피상속인(被相續人)의 재산의 유지 또는 증가에 관하여 특별히 기여하였거나 피상속인을 특별히 부양한 자가 있는 경우 이를 상속분(相續分)의 산정에 관하여 고려하는 제도이다. 이는 공동상속인 사이의 실질적 공평을 기하려는 제도로서 피상속인이 상속개시당시에 가지고 있던 재산의 가액에서 기여상속인(寄與相續人)의 기여분을 공제한 것을 상속재산으로 보고 상속분(相續分)을 산정하여 여기에 기여분을 더한 금액을 기여상속인(寄與相續人)의 상속분으로 하는 것이다.

기장(記帳; book-keeping)

기업의 활동에 따라 자산·부채·자본의 변화를 가져오는 경제적 사건을 일정한 장부에 기록·계산·정리하는 것을 말한다.

세법에서는 기업의 거래나 행위에 대하여 그 세목(稅目)에 대한 과세대상의 파악과 계산에 필요한 사항을 일정한 장부에 기재하여 비치하도록 규정하고 있으며, 당해 연도 신규개시사업자나 직전 연도 수입금액이 일정규모 미만인 사업자가 매출액 등 수입이나 경비지출 또는 고정자산의 증감에 관한 사항을 기재할 수 있는 간편장부를 비치하고 그 사업에 관한 거래사실을 성실히 기재한 경우에는 장부의 비치, 기장의무를 이행한 것으로 보도록 규정하고 있는데, 이처럼 일정규모 이하의 사업자를 간편장부대상자라 하고 그 외의 자를 복식부기의무자라 한다.

참조조문 소법 160, 법법 112, 부법 71

기장세액공제(記帳稅額控除; register tax credit)

소득세법상 일정규모 이상 사업자는 복식부기의무자로서 장부를 기초로 작성한 재무제표를 확정신고시 제출하지 아니하면 신고가 없는 것으로 보아 가산세가 부과되지만 일정규모 미만 사업자는 재무제표를 제출하지 아니하여도 가산세가 적용되지 아니한다. 이는 기장능력이 부족한 영세사업자에게 기장을 강제하기 곤란하다는 것을 고려한 것이나 성실하게 기장하는 사업자와의 형평을 해치게 된다. 이에 따라 일정규모 미만 사업자의 성실기장을 유도하기 위해 당해 사업자가 간편장부를 비치하고 그 사업에 관한 거래사실을 성실히 기재하는 경우에는 산출세액에서 일정한 세액을 공제하도록 하고 있는데 이를 기장세액공제제도라 한다.

참조조문 소법 56의 2, 소령 116의 3

기준경비율(基準經費率; basic expense rate)

과세관청이 소득금액을 추계조사결정하는 경우 적용하는 표준적인 필요경비의 비율이다. 소득세 및 법인세의 과세표준과 세액의 결정은 고도의 전문성이 요구될 뿐만 아니라 대량성·반복성을 지니고 있기 때문에 취급을 전국적으로 통일할 필요성이 있어 기준경비율을 정하여 두는 것이다. 2002년 귀속분부터는 수입금액에 기준경비율(신규사업자 및 수입금액이 일정금액에 미달하는 자는 단순경비율)을 곱한 금액을 수입금액에서 차감하여 추계소득금액을 산정하게 된다. 이러한 기준경비율은 국세청장이 규모와 업황에 있어서 평균적인 기업에 대하여 업종과 기업의 특성에 따라 조사한 표준적인 비율을 참작하여 기준경비율심의회의 심의를 거쳐 결정한다.

참조조문 소법 80, 소령 143·145

🖉 추계결정 참조

기준내용연수(基準耐用年數; standard durable years)

사업용 고정자산의 내용연수는 기준내용연수제도를 기준으로 하여 사업자가 일정한 범위 안에서 신축적으로 책정할 수 있도록 하고 있다. 즉 사업용 고정자산에 대한 내용연수는 법인세법시행규칙 별표에서 자산의 종류 및 업종의 구분에 관하여 일률적으로 정하여 놓고 있는데 이를 기준내용연수라 한다. 예를 들면 차량운반구의 기준내용연수는 5년, 봉제의복 및 모피제품 제조업의 업종별 자산의 기준내용연수는 8년이다.

법인세법에서는 기준내용연수에 그 기준내용연수의 상하 **25/100**(수정내용연수는 50/100 가감)에 상당하는 연수를 가감하여 법인세법시행규칙 별표가 정하는 내용연수범위 안에서 사업자가 선택하여 납세지관할세무서장에게 신고한 내용연수를 적용하도록 하고 있다. 사업자는 내용연수범위 안에서 적용할 내용연수를 책정하여 신고할 수 있으나 만일 신고기한 내에 신고하지 아니한 경우에는 기준내용연수를 적용하게 된다.

한편, 사업자가 자산별·업종별로 적용할 신고내용연수 또는 기준내용연수는 그 후의 연도에 있어서도 계속하여 적용하여야 한다.

참조조문 법령 28 ① 2호 · 29 ①, 소령 63

기준시가(基準時價; standard market price)

토지는 부동산가격공시에관한법률에 의한 개별공시지가, 건물·오피스텔 및 상업용 건물은 건물의 신축가격·구조·용도·위치·신축연도 등을 참작하여 매년 1회 이상 국세청장이 산정·고시하는 가액, 주택의 경우에는 부동산가격공시에관한법률에 의한 개별주택가격 및 공동주택가격, 기타 토지·건물 외의 자산은 대통령령이 지정한 방법에 의해 고시된 가액을 말하고, 이는 양도소득세의 과세표준 계산에 있어 취득가액과 양도가액으로 보는 기준금액을 말한다.

참조조문 소법 96 · 99, 부령 64

기준조사(基準調査; standard survey)

부가가치세의 행정상 성실신고납부의 유도 및 동업자권형 유지를 위한 기초자료로서 활용하기 위하여 기장이 성실하고 권형조사의 기준이 될 수 있는 사업자를 선정하여 일정한 사항을 조사하는 것을 말한다.

이러한 기준조사는 기장에 의하여 실지조사를 원칙으로 하고 입회조사를 병행하거나 영업효율을 조사하여 기준금액인 과세표준의 산정에 활용할 수 있으며, 기준조사가 곤란한 경우에는 탐문조사나 기장에 의하여 성실신고한 동일업황(業況)의 다른 동업자와의 권형 또는 비용의 관련 비율·상품회전율·매매총이익률 등에 의해서 기준금액을 산정할 수도 있다.

기준환율(基準換率; the basic exchange rate)

외국환은행이 고객과 원화와 미달러화를 매매할 때 기준이 되는 환율을 말하며 시장평균율이라고도 한다. 금융결제원의 자금중개실을 경유하여 외국환은행간에 거래되는 원화의 대미 달러화 현물환율과 거래액을 가중평균하여 산출한다.

참조조문 부령 59, 법령 76, 소령 97, 외국환거래법 5

기증자(寄贈者; donor)

재산을 무상으로 수증자에게 주는 자를 말하며, 증여자라고도 한다.

기초가액(基礎價額; basic price)

감가상각액 또는 감가상각률의 산정에 있어서 그 기준이 되는 금액을 말한다. 감가상각 계산시 기초가액은 일반적으로 취득원가에 의한다. 즉 건물·기계장치·공구·기구·비품, 기타의 유형고정자산의 감가상각은 그 취득에 소요된 실제의 원가인 실제취득원가를, 자가생산(自家生產)의 유형고정자산의 경우에는 제작에 소요된 실제의 원가인 실제제작원가를 기초가액으로 한다. 세법에서 감가상각계산방법 중 정률법(定率法)에서는 감가상각자산의 취득가액에서 이미 상각액으로 세법상 손금에 산입한 금액을 공제한 잔액(미상각잔액)을 기초가액으로 하며, 정액법·생산량비례법(定額法·生產量比例法)에서는 감가상각자산의 취득가액에서 잔존가액을 공제한 잔액을 기초가액으로 하고 있다.

기초공제(基礎控除; basic deduction)

세액계산에 있어서 특별한 절차를 거치지 않고 과세표준액에서 공제되는 금액으로 일정액으로 정해져 있는 것을 말한다. 현행 세법상 기초공제로는 상속세과세가액에서 2억원을 공제해 주는 상속세기초공제를 들 수 있다.

（참조조문） 상증법 18

기타소득(其他所得; income of others)

이자소득·배당소득·사업소득·근로소득·연금소득·퇴직소득·양도소득
이외에 일시적·비반복적으로 발생하는 소득을 말한다. 소득세법은 기타소
득을 열거·규정하고 있다.

（참조조문） 소법 21, 소령 41

기타포괄손익누계액(其他包括損益累計額; accumulated other comprehensive
income)

기타포괄손익이란 기업실체가 일정기간 동안 소유주와의 자본거래를 제외
한 모든 거래나 사건에서 인식한 자본의 변동액으로서 당기순이익에 기타포
괄손익을 가감하여 산출한 포괄손익의 내용을 주석으로 기재한다. 여기서
기타포괄손익의 항목은 법인세비용을 차감한 순액으로 표시하는데 매도가
능증권평가손익, 해외사업환산손익, 현금흐름위험회피 파생상품평가손익 등
의 과목이 있으며 재무상태표일 현재 이러한 기타포괄손익의 잔액을 기타포
괄손익누계액의 계정과목으로 재무상태표상 자본항목에 포함한다.

（참조조문） 일반기준 2장 2.32

기한(期限; due date, deadline)

법률행위의 효력이 발생하는 시기(始期) 또는 효력이 소멸하는 종기(終期)가
정하여져 있는 것을 말한다.

시기나 종기가 도래하는 것은 장래의 사실이지만, 그것이 도래하는 것은 확
정적이므로 이 점에서 성취 여부가 불확실한 조건(條件)과 다르다. 또한 그
도래시기가 확정되어 있는 확정기한(確定期限)이 있는가 하면 시기가 확정되
어 있지 아니한 불확정기한(不確定期限)도 있다. 민법은 기한의 이익(期限利益)
은 채무자에게 있는 것으로 추정하고 있으며 기한의 이익은 포기할 수 있으

나, 이에 의하여 상대방의 이익을 해하지는 못한다.

세법의 기한으로는 신고·신청·청구·서류의 제출·통지·납부·징수기한이 있다. 국세기본법 또는 세법이 규정하는 신고·신청·청구·그 밖의 서류의 제출·통지·납부·징수에 관한 기한이 공휴일·토요일이거나 근로자의날제정에관한법률에 따른 근로자의 날이면 그 다음날을 기한으로 하고 있다. 또한 천재·지변 등으로 세법상의 신고·신청·청구 기타 서류의 제출·통지·납부나 징수를 정해진 기한까지 할 수 없다고 인정되는 경우에도 기한연장의 특례가 인정된다.

참조조문) 국기법 5, 민법 152~154

기한내신고(期限內申告; tax return within due date)

신고납세방식에 의한 국세의 납세자는 국세에 관한 법률이 정하는 바에 따라 납세신고서를 법정신고기한까지 제출하지 않으면 안된다. 이와 같이 납세신고서를 법정기한까지 제출하는 것을 기한내신고라 한다.

기한후신고(期限後申告; tax return after due date)

납세의무자는 세법에서 정하는 법정신고기한 내에 과세표준신고서를 제출하여야 하나, 법정신고기한이 경과한 후에도 과세표준신고서를 제출할 수 있으며 이를 기한후신고라 한다. 법정신고기한 내에 과세표준신고서를 제출하지 않은 자로서 납부하여야 할 세액이 있는 자는 관할세무서장이 세법에 의하여 당해 국세의 과세표준과 세액을 결정하여 통지하기 전까지 기한후과세표준신고서를 제출할 수 있으며 기한후과세표준신고서를 제출한 자는 그 과세표준신고액에 상당하는 세액과 세법에서 정하는 가산세를 기한후신고와 동시에 납부하여야 한다. 이러한 기한후신고에는 납세의무를 확정하는 효력이 없으므로 기한후과세표준신고서를 제출하고 해당 세액을 납부한 경우에도 관할세무서장은 당해 국세의 과세표준과 세액을 결정하여야 한다. 결정 후 후발적사유가 있는 경우에는 경정청구가 가능하다.

참조조문) 국기법 45의 3

ㄴ

낙찰(落札; successful bid)

공사도급·물건의 매매 등의 계약을 체결함에 있어 경쟁매매에 의하는 경우에 한 쪽 당사자가 입찰에 의하여 다른 당사자를 결정하는 것을 말한다. 다수의 희망자로부터 희망가격 등을 서면으로 제출하게 하여 그 중에서 가장 유리한 내용, 즉 판매의 경우는 최고가격, 매입의 경우는 최저가격 또는 예정가격에 가장 가까운 가격을 기재하여 제출한 자를 선택하여 계약의 당사자로 결정한다. 문서에 의하여 의사표시를 하므로 타인의 내용을 알지 못하여 비밀이 유지되고 계약의 공정을 기할 수 있다. 조달사업에관한법률상 정부·공공기관·공공단체가 매매·임차·도급, 기타 계약을 하는 경우에는 이 방법에 의하는 것을 원칙으로 하고 있다. 세법에서도 압류재산의 매각, 장치기간 경과물품의 매각, 몰수품 등의 처분에 있어 이 방법을 적용하는 것을 원칙으로 하고 있다.

참조조문 국징법 73

납기(納期; time for payment)

조세를 납부하는 기간을 말하며 납기의 말일인 납부기한(納付期限)과는 구별된다.

납기전징수(納期前徵收; collection before payment due date)

납세자에게 특별한 사유가 있어서 납부기한까지 기다려서는 국세징수가 곤란하다고 인정되는 경우에는 기한의 이익(期限利益)을 박탈하고 납부기한 전에 조세를 징수하는 징수의 특례제도이며 국세징수법과 지방세기본법에 규정을 두고 있다. 이 경우 납세자는 정상적인 납부기한까지의 기한의 이익을 상실하며, 지정된 납부기한까지 완납하지 아니하면 과세관청은 독촉이나 최고(催告)를 생략하고 체납처분을 집행할 수 있다.

참조조문 국징법 14, 국징령 20, 지징법 22, 개발법 19

납기전징수의 고지(納期前徵收의 告知; notice of collection before payment due date)

납기 전에 징수의 고지를 하는 것을 말하며, 지방세 또는 공과금의 체납으로 체납처분된 때의 고지서에는 납기 전에 징수 또는 납부기한 변경의 뜻을 부기하여야 한다. 다만, 이미 납부 또는 납입의 고지를 하였거나 납부 또는 납입의 고지를 요하지 아니하는 경우에는 납부 또는 납입기한을 변경하는 뜻을 기재한 문서(전자문서를 포함)로써 하여야 한다. 이 규정은 제2차납세의무자에게도 준용되는 것이다.

참조조문 지징법 22 ②

납부(納付; tax payment)

납세자의 납부의무의 내용이 되는 급부(給付)를 실현하고, 그 의무를 소멸하는 행위이다. 채무의 변제에 해당하는 조세채무의 이행을 세법에서는 조세의 납부 또는 납입(納入)이라 한다. 납세의무는 통상 납부로서 소멸되는바, 국세의 납부는 금전에 의하는 것이 원칙이나 예외적으로 물납(物納)에 의하여 부동산이나 유가증권에 의하여 납부하는 경우도 있다. 또한 국세의 납부는 과세표준의 신고와 동시에 세액을 자진납부하는 경우와 결정(決定)·경정(更正) 또는 재경정(再更正)에 의하여 고지납부하는 경우 등 2가지가 있다.

납부기한(納付期限; due date for payment, deadline)

국가 또는 지방자치단체 등에 대하여 납부 또는 납입하여야 할 금전 등의 채무이행기한을 말한다. 납부기한은 납부할 최종일을 의미하나, 납기(納期)는 납부할 기간을 의미한다. 또한 납부기한은 세금을 실제로 납부한 날인 납부일(納付日)과는 다르며 법정납부기한(法定納付期限)과 지정납부기한(指定納付期限)으로 나누어지는데, 전자는 세법에서 규정하고 있는 신고와 동시에 납부하여야 할 기한을 말하고, 후자는 납세고지서 또는 납부통지서에 기재하는 경우의 납부기한을 말한다.

납부기한의 연장(納付期限의 延長; extension of due date for payment)
조세를 납부하여야 하는 기한을 연장하는 것으로서 국세기본법 또는 세법에 규정하는 납부기한이 공휴일이거나 근로자의 날인 경우 또는 정전, 통신상의 장애, 프로그램의 오류 등 국세정보통신망의 가동이 정지되어 전자신고 또는 전자납부를 할 수 없게 되는 경우에는 그 다음날을 납부기한으로 하며, 천재·지변 등으로 정하여진 기한까지 납부를 할 수 없다고 인정되는 경우에도 납부기한이 연장된다. 또한 납세고지서가 지연송달된 경우에도 납부기한이 연장된다.

참조조문 국기법 6~7

납부불이행(納付不履行; nonfulfillment of payment)
납세자가 세법이 규정하는 바에 따라 납부하여야 할 조세를 납부기한까지 납부하지 아니하는 것을 말한다.
국세징수법에서는 납세자로서 국세를 납부기한까지 납부하지 아니한 자를 체납자(滯納者)라 정의하고 있다.
납세자가 납부기한까지 납부하지 아니한 국세에 대하여는 각 세법이 규정하는 가산세(加算稅)를 부과하게 되며, 체납이 된 경우에는 과세관청은 국세징수법의 체납처분절차에 따라 체납처분을 집행하게 된다.

참조조문 국징법 3

납부서(納付書; payment paper)
조세를 납부하여야 할 납세자가 세법이 정하는 바에 따라 신고납부하는 경우에 조세의 수납기관에 납부하는 서식을 말한다. 즉, 납세고지에 의한 경우 이외의 조세납부시에 그 국세의 과세기간, 세목(稅目), 세액 및 납세자의 인적사항을 납부서에 기재하여 제출하여야 한다.

참조조문 국징법 8, 지령 100의 5

납부세액(納付稅額; amount of tax payment)

일반적으로는 세법이 정하고 있는 바에 의하여 해당 세목(稅目)의 과세표준의 신고와 함께 정부에 납부하여야 할 세액을 말한다.

법인세 또는 소득세의 경우는 총결정세액 등에서 기납부세액을 차감한 금액이 납부세액이 되나, 부가가치세의 경우에는 매출세액에서 매입세액을 차감한 금액이 납부세액이 된다.

참조조문 부법 37, 법법 64

납부세액·환급세액의 재계산(納付稅額·還給稅額의 再計算; recalculate of tax amount of payment and return)

부가가치세과세사업과 부가가치세면세사업을 겸영하는 사업자가 양 사업에 공통으로 사용되는 감가상각자산을 구입하여 공통매입세액을 안분계산하여 매입세액을 공제받은 후 그 후의 과세기간에 면세공급가액의 비율이 증감되는 경우에 납부세액 또는 환급세액을 정산하는 절차이다.

이와 같은 납부·환급세액의 재계산제도(再計算制度)는 과세사업과 면세사업을 겸영하는 사업자의 공통매입세액을 사후에 정산함으로써 과세의 형평을 도모하는 것을 그 목적으로 한다.

참조조문 부법 41, 부령 83

납부지연가산세(納付遲延加算稅; additional tax to payment defer)

납세의무자(연대납세의무자, 납세자를 갈음하여 납부할 의무가 생긴 제2차 납세의무자 및 보증인을 포함)가 국세기본법 및 세법에 따른 납부기한까지 국세(인지세 제외)의 납부(중간예납·예정신고납부·중간신고납부를 포함)를 하지 아니하거나 납부하여야 할 세액보다 적게 납부하거나 환급받아야 할 세액보다 많이 환급받은 경우에는 법소정금액을 가산세로서 부과한다.

참조조문 국기법 47의 4

납부최고서(納付催告書; notification paper on payment)

제2차납세의무자 또는 보증인이 납부통지서를 받고 납부기한까지 납부하지 아니하는 경우에 그 이행을 구하기 위한 서면으로서 납부기한을 발부일로부터 20일 내로 한다.

참조조문 국징법 23

납부통지(納付通知; notice of payment)

확정된 국세채권을 제2차납세의무자 또는 납세보증인으로부터 납부기한까지 징수하기 위하여 그 이행을 청구하는 것이다. 본래의 납세자의 재산에 대하여 체납처분을 집행하여도 징수하여야 할 국세·가산금·체납처분비에 부족되는 경우에 그 부족되는 금액을 제2차납세의무자 또는 납세보증인으로부터 징수하고자 할 때에는 세무서장은 제2차납세의무자 또는 납세보증인에게 징수하고자 하는 체납액의 과세기간·세목·세액 및 그 산출근거·납부기한·납부장소와 제2차납세의무자로부터 징수할 금액 및 그 산출근거 그밖에 필요한 사항을 기재한 납부통지서에 의하여 고지하여야 한다. 이 경우 납세자에게 그 뜻을 통지하여야 한다.

참조조문 국징법 12

납세고지(納稅告知; a tax notice)

확정된 조세채권을 납부기한까지 징수하기 위하여 세입징수관(세무서장·세관장·지방자치단체의 장)이 납세자에게 그 금전급부의무의 이행을 청구하는 행위로서 일종의 재정하명(財政下命)이다. 납세의 고지는 과세권자가 납세자에게 그 조세의 과세연도·세목·세액 및 그 산출근거·납부기한과 납부장소를 명시한 고지서로서 행하여야 한다.

참조조문 국징법 9

납세고지서(納稅告知書; tax papers)

조세의 납부를 명령하는 문서이며, 세입징수관(세무서장·시장·군수 등)이 과세연도·세목·세액 및 그 산출근거·납부기한과 납부장소를 명시하여 이를 납세의무자에 대하여 발행하는바, 이 납세고지서의 발부에 의하여 구체적으로 납세의무가 확정된다. 납세의무자는 이 납세고지서에 의한 과세내용에 이의가 있을 때에는 일정한 기간 내에 이의신청·심사청구 등을 청구할 수 있다.

참조조문 국징법 9

납세관리인(納稅管理人; tax manager, tax payment administrator)

납세자가 국내에 주소 또는 거소를 두지 아니한 때에 그 납세에 관한 사항을 처리하기 위하여 선임한 자를 말한다. 납세자는 법소정의 경우에 납세관리인을 선임하여 세무관서에 신고하여야 하며, 세무서장은 납세관리인이 부적당하다고 인정될 때에는 기한을 정하여 그 변경을 요구할 수 있다.

참조조문 국기법 82, 법령 137 ⑤, 부법 73

납세담보(納稅擔保; security for tax payment)

조세채권을 보전하기 위하여 국가가 제공받는 공법상 담보(公法上 擔保)이며, 조세채권불이행에 대비하여 채무의 변제를 확보하기 위하여 과세관청이 제공받는 수단으로 인적담보와 물적담보로 나누어진다. 인적담보(人的擔保)는 납세자 이외의 타인의 납세보증서를 제공받는 것으로서 타인의 재산에까지 조세징수의 우선순위를 확보하는 것이고, 물적담보(物的擔保)는 납세자 또는 제3자의 담보목적물을 제공받아 조세채권을 보전하는 것이다. 납세담보절차에 관하여는 국세기본법, 주세법, 지방세법 등에 규정이 있다.

참조조문 국기법 29~34, 주법 36, 지법 64, 개소법 10 ④·⑤, 개소령 17, 국징법 18·85의 2

납세병마개(納稅병마개; bottle cap of tax payment)

국세청장은 주세보전을 위하여 필요하다고 인정되면 출고하는 주류의 용기에 납세 또는 면세사실을 증명하는 표지("납세증명표지"라고 함)를 하게 할 수 있다. 주류제조자가 납세 또는 면세사실을 증명하는 병마개를 사용하는 때에는 납세증지를 첨부한 것으로 보는데 이때의 병마개를 납세병마개라 한다.

참조조문 주법 44, 주령 57

납세보전(納稅保全; tax perpetuation)

납세의무의 이행을 확보하기 위한 법률상 또는 행정상 조치를 말한다. 납세보전을 위하여는 납세의무의 이행기한 경과 전이라도 납세보전에 관한 조치를 할 수 있으며, 세법은 기한 내 납세의무를 이행하지 않은 경우의 납세보전을 위한 규정을 두고 있다.

납세의무이행확보를 위한 납세보전조치로는 납세완납증명서 등의 제출, 납세관리인, 납세의무의 승계, 연대납세의무, 납세담보, 조세와 일반채권의 경합시 조세의 우선, 제2차납세의무, 양도담보권자의 물적납세의무, 상속인의 납세의무, 관허사업의 제한, 납기전징수, 보세구역, 보세운송, 수입면허, 체납처분, 사해행위취소 등이 있다.

납세보전제도(納稅保全制度; tax perpetuation system)

조세의 완전한 징수를 보장하기 위하여 직접징수절차 이외의 간접적인 조치로서 과세권자가 취하는 법률상 또는 행정상 제도를 총칭하며, 국세기본법·국세징수법·관세법·지방세법 등의 법률과 국세징수사무처리규정에 행정규제제도를 규정하고 있다.

납세보증보험(納稅保證保險; guarantee insurance of tax payment)

채무자인 납세자의 납세의무불이행에 의하여 채권자인 국가가 입게 되는 손해를 보전하는 보험으로서 채무자를 보험계약자로 하고, 채권자를 피보험자로 하는 보험의 일종이다.

국세기본법에서는 납세담보물로서 납세보증보험증권(納稅保證保險證券)을 인정하고 이를 납세담보로 제공하고자 하는 경우에는 담보할 국세의 100분의 110 이상의 가액에 상당하는 보험증권을 담보로서 세무서장에게 제공하여야 하며, 그 보험기간이 납세담보를 필요로 하는 기간에 30일 이상을 더한 것이어야 한다. 납세보증보험증권을 납세담보로 제공받은 세무서장은 국세·가산금·체납처분비가 담보의 기간 내에 납부되지 아니한 때에는 당해 납세보증보험사업자에게 보험금지급의 청구를 하며, 당해 사업자는 보험금을 지급하여야 한다.

참조조문 국기법 29 4호·30 3호·31 ②, 국기령 14 ①·⑤

납세보증서(納稅保證書; written guarantee of tax payment)

세법에 의하여 제공하는 납세자의 납세의무에 대한 담보의 하나로서 세무서장이 확실하다고 인정하는 보증인의 보증서를 말한다. 납세담보(納稅擔保)로서의 납세보증서는 담보할 국세의 100분의 120 이상의 가액에 상당하는 가액의 보증서를 세무서장에게 제출하여야 한다.

참조조문 국기법 29 5호·30 4호·31 ②, 국기령 14 ①

납세보증인(納稅保證人; guarantee of tax payment)

국세기본법에 의한 납세담보로 납세보증서를 제공하며, 납세자의 납세의무에 대하여 보증채무를 부담하는 자이다. 유효한 납세보증서를 발급할 수 있는 납세보증인의 자격은 은행법에 따른 은행, 신용보증기금법에 따른 신용보증기금, 그리고 보증채무를 이행할 수 있는 능력이 충분하다고 인정되는 자이다. 납세자의 납세의무를 보증하는 점에서 민사상의 보증채무(保證債務)와 그 성격이 비슷하다. 납세보증서를 제공받은 국세·가산금과 체납처분비가 기한 내에 납부되지 아니한 경우 세무서장은 국세징수법에 따라 납세보증인으로부터 징수한다.

참조조문 국기법 29 5호·30 4호·31 ②·32 ②

납세의무(納稅義務; liability to taxation)

국가의 통치활동과 지방자치단체의 유지에 필요한 경비를 충당하기 위하여 국민이 조세를 납부할 의무를 말한다.

헌법 제38조는 "모든 국민은 법률이 정하는 바에 의하여 납세의 의무를 진다."라고 규정하고 있다. 여기서 납세란 국세·지방세 등 조세뿐만 아니라 그 명칭 여하를 불문하고 보상없이 국가가 부과하는 일체의 경제적 부담을 말하며, 수수료나 사용료는 포함되지 않는다.

납세의무의 성립(納稅義務의 成立; realization of tax obligation)

납세의무는 조세법이 정하는 과세요건의 충족에 따라 법률상 당연히 조세채권채무관계가 성립되고, 조세채권자는 납세자에 대해 추상적으로 조세라 하는 금전급부청구권을 취득하며, 상대방인 납세자는 이에 대응하여 이를 납부하는 의무를 지게 된다. 그러나 이것은 추상적인 조세채무가 성립되는 것뿐이고, 구체적인 납세의무에 관련된 금액이 결정되는 확정(確定)과는 구별된다.

참조조문 국기법 21, 지기법 34

납세의무(납부의무)의 소멸(納稅義務의 消滅; extinction of tax obligation)

성립 또는 확정된 납세의무는 여러 가지 사유로 소멸되며, 그 사유는 다음과 같다.

① 납부·충당되거나 부과가 취소된 때
② 제척기간 내에 국세가 부과되지 않고 그 기간이 끝난 때
③ 국세징수권의 소멸시효가 완성된 때

참조조문 국기법 26

납세의무의 승계(納稅義務의 承繼; succession of tax obligation)

일정한 사유로 인하여 본래의 납세자로부터 다른 자에게로 납세의무가 이전되는 것을 말한다. 이것은 본래의 납세의무가 소멸하고 권리·의무의 포괄승계가 일어나는 법인합병이나 상속의 경우에 조세의 납부책임도 의무의 하

나로서 승계시키고자 하는 것인데, 이러한 승계는 당사자의 의사에 관계없이 법정요건의 충족에 의해 강행적으로 이루어지며, 법정요건이 충족되면 국세기본법에 의해 별도의 지정조치 없이 당연승계되는 것이다.

참조조문 국기법 23 · 24

납세의무의 확정(納稅義務의 確定; establishment of tax obligation)
성립된 추상적 납세의무의 내용을 구체적으로 확정하는 것으로 과세요건인 사실을 파악하여 관계법령을 적용하고 과세표준 및 세액을 산출함으로써 당사자가 인식할 수가 있게 되는데 이를 납세의무의 확정이라 한다.

조세에는 특정의 절차를 요하지 않고 납세의무의 성립과 동시에 확정되는 것과 일정한 확정절차(確定節次)를 필요로 하는 것이 있다. 전자의 경우는 인지세, 원천징수하는 법인세 또는 소득세, 납세조합이 징수하는 소득세, 중간예납하는 법인세(세법에 따라 정부가 조사·결정하는 경우 제외) 등이 있고, 후자의 경우는 그 확인 주체에 따라 자기부과방식인 신고납세제도와 정부부과방식인 부과과세제도가 있다.

참조조문 국기법 22, 국기령 10의 2

납세의무자(納稅義務者; tax payment obligor)
조세법률관계에 있어서 조세채무를 부담하는 자를 말하며 조세채무자라고도 한다. 납세의무자는 법률상 납세의무를 이행하여야 할 자이므로 실제상의 담세자(擔稅者)와는 구별되는데 양자는 일치되는 경우도 있고, 조세의 부담이 전가되어 양자가 일치하지 않는 경우도 있다. 또한 납세의무자의 부재시 납세의무에 관한 모든 사무를 처리하는 납세관리인(納稅管理人)과도 구별되며, 징수의 위임을 받은 징수의무자(徵收義務者)와도 구별된다.

참조조문 국기법 2 9호

납세자(納稅者; taxpayer)
조세채권에 있어서의 부과징수권자인 국가 및 지방자치단체에 직접 조세를 납부하는 자를 총칭한다. 즉 조세에 관한 법률의 규정에 의해 조세를 납부할 의무가 있는 자(납세의무자) 및 원천징수 등에 의해 조세를 징수납부하여야 하는 자(원천징수의무자)를 말한다. 국세기본법상 제2차납세의무자 및 국세의 보증인도 납세자의 범위에 포함된다.

참조조문 국기법 2 10호

납세자권리헌장(納稅者權利憲章; the right charter of taxpayer)

납세자의 권리보호를 목적으로 제정된 것으로 세무조사권남용 금지, 세무조사에 있어서 조력을 받을 권리, 납세자의 성실성 추정 및 세무조사의 사전통지와 연기신청, 세무조사에 있어서의 결과통지, 비밀유지, 정보의 제공 등에 관한 내용을 담고 있다. 세무공무원은 조세범처벌절차법의 규정에 의한 범칙사건에 대한 조사를 하는 경우나 법인세의 결정 또는 경정을 위한 조사 등 부과처분을 위한 실지조사를 하는 경우 그리고 사업자등록증을 교부하는 경우에 납세자권리헌장이 수록된 문서를 납세자에게 내주어야 한다.

세무공무원은 세무조사를 시작할 때 조사원증을 납세자 또는 관련인에게 제시한 후 납세자권리헌장을 교부하고 그 요지를 직접 낭독해 주어야 하며, 조사사유, 조사기간, 권리구제 절차 등을 설명해야 한다.

참조조문 국기법 81의 2

납세자보호관(納稅者保護官; taxpayer advocate)

납세 관련 고충민원의 처리, 세무상담, 납세자권리헌장의 준수 및 이행 여부 심사, 지방세 관련 제도개선에 관한 의견표명 등 납세자의 권익보호를 위한 업무를 전담하여 수행하는 자를 말한다. 납세자보호관제도는 납세자의 권리가 침해되었거나 침해될 우려가 있는 경우에 전문가의 조력을 받을 수 없는 경우 신속하게 납세자의 고충을 해결하여 납세자의 실질적인 권리보호를 위하여 지방자치단체의 장은 조례가 정하는 바에 따라 납세자보호관을 배치할 수 있도록 2005년 12월 31일 지방세법에 신설하였으며, 2010년 3월 31일 지방세기본법으로 이관되었다.

참조조문 지기법 77

납세조합(納稅租合; association of tax payment)

소득세법상의 농·수·축산물판매업자, 노점상인 등과 같은 영세한 사업자가 조합을 조직하고 당해 조합이 그 조합원의 소득세를 원천징수하여 납부함으로써 징세비의 절약과 세수확보에 기여하고 납세편의를 도모하기 위하여 조직된 단체이다. 납세조합은 납세관리와 납세에 관한 계몽선전을 위한 업무만을 목적으로 하며, 납세조합을 결성하고자 할 때에는 일정 수 이상의 조합원을 확보하고 기타 납세관리에 적합한 요건을 갖추어 관할세무서장을 거쳐 지방국세청장의 승인을 얻어야 한다. 또한 그 조합원의 소득세를 매월 징수하여 세무서에 납부하며, 납세조합을 결성하여 소득세를 납부함에 있어서는 납세조합세액공제를 받게 된다.

참조조문 소법 149~153, 소령 204~206

납세조합불납가산세(納稅租合不納加算稅; additional tax to insincerity of tax payment association)

납세조합이 그 조합원에 대한 소득세기 매월 징수하여 기한까지 납부(납입)하지 아니하였거나 미달하게 납부하였을 때에는 그 매월 납부하지 아니한 세액 또는 미달하게 납부한 세액의 일정률에 상당하는 금액을 더하여 납부 또는 징수하도록 규정하고 있는데, 이를 납세조합불납가산세라 한다. 현행 국세기본법에서는 원천징수납부와 대리납부와 함께 납세조합이 매월 징수한 소득세를 기한 내에 납부하지 아니하였거나 미달하게 납부한 때에는 납부하지 아니한 세액 또는 과소납부분 세액의 100분의 10에 상당하는 금액을 한도로 다음의 금액을 가산세로 정하고 있다.

① 납부하지 아니한 세액 또는 과소납부분 세액에 100분의 3에 상당하는 금액

② 납부하지 아니한 세액 또는 과소납부분 세액×납부기한의 다음 날부터 자진납부일 또는 납세고지일까지의 기간×이자율의 두 금액을 합한 금액

지방세기본법상 납세조합이 그 조합원으로부터 개인지방소득세를 특별징수하여 이를 납입하지 아니한 때에도 가산세를 부과한다.

참조조문 국기법 47의 5, 지기법 56

납세증명서(納稅證明書; certificate of tax payment)

조세징수를 확보하기 위한 납세보전제도로서 납세자가 법령이 정하는 특정행위시에 제출하는 납세에 관한 사실을 증명하는 문서를 말한다. 이러한 증명의 제출제도는 간접적으로 조세의 징수를 강제하게 하므로 납세보전제도(納稅保全制度) 중의 하나이며, 국세징수법과 지방세법에 각각 납세증명서 등의 제출에 관한 규정을 하고 있다.
국세의 경우 1996년 12월 31일 국세징수법 개정에 의하여 납세완납증명·미과세증명·징수유예증명이 납세증명으로 통합되었다.

참조조문 국징법 5·6, 지법 132, 국징령 2·4~7

납세증지(納稅證紙; tax payment stamp)

국세청장은 납세보전을 위하여 필요하다고 인정할 때에는 과세물품 또는 주류의 용기에 납세 또는 면세의 사실을 표시한 증지를 첨부하도록 그 제조자에게 명령할 수가 있는데, 이 경우의 '납세 또는 면세사실을 증명하는 증지'를 납세증지라고 한다. 주류제조업자가 납세 또는 면세사실을 증명하는 병마개(납세병마개라고 함) 또는 증표(납세증표라 함)를 사용하는 때에는 납세증지를 첨부한 것으로 본다. 면세의 사실을 표시한 증지를 면세증지(免稅證紙)라고 지칭하는 경우도 있으나, 일반적으로 납세증지라고 하면 면세증지도 포함되는 개념이다.

참조조문 주령 57, 주칙 9

납세지(納稅地; place for tax payment)

납세자와 국가·지방자치단체간의 법률관계의 이행장소를 결정하는 장소적 기준을 말한다. 납세지는 납세자의 신고, 신청, 청구 및 납부 등의 행위의 상대방이 되는 과세관청을 결정할 때의 기준이 된다. 소득세는 주소지, 법인세는 본점 또는 주된 사무소의 소재지(국내에 본점 또는 주사무소가 소재하지 아니하는 경우 사업의 실질적 관리장소의 소재지)가 납세지가 되며, 부가가치세는 사업장소재지가 납세지가 된다.

참조조문 법법 9, 법령 7~9, 소법 6~10, 소령 5~7, 부법 6, 농특법 6, 증법 4

납세지도교부금(納稅指導交付金; grant of tax payment guidance)
세무공무원은 세무업무를 집행함에 있어서 필요한 경우 국가기관, 지방자치단체 또는 그 소속공무원에게 협조를 요청할 수 있다. 그리고 정부는 납세지도를 담당하는 단체에 그 납세지도 경비의 전부 또는 일부를 교부금으로 지급할 수 있으며 이를 납세지도교부금(교부금)이라고도 한다.

교부금을 지급받고자 하는 단체는 국세청장에게 신청서를 제출하여야 하며, 신청을 받은 국세청장은 사업의 적정성·실현가능성 및 그 효과 등을 고려하여 해당 연도 2월 말까지 그 지급 여부를 결정하여야 한다.

납세지도단체가 교부금을 다른 용도에 사용하거나 교부금의 지급조건에 위반한 경우에는 교부금지급결정의 전부 또는 일부를 취소하거나, 이미 지급된 교부금의 반환을 명하여야 한다.

참조조문 국기법 84, 국기령 65의 2

납세지변경신고(納稅地變更申告; amendment return of place for tax payment)
납세지가 변경된 경우에 법소정기간 내에 이를 관할세무서장에게 신고하는 것을 말한다. 현행 법인세법 및 소득세법상 납세지변경신고는 그 변경된 날로부터 15일 이내에 그 변경 후의 납세지관할세무서장에게 신고하여야 한다.

참조조문 소법 10, 법법 11

납액조서(納額調書; record of the amount of one's taxes)
국세징수법 제8조의 규정에 의하여 세무서장이 위탁징수기관(委託徵收機關)인 시장·군수 등에게 납액통지서(納額通知書) 또는 감액통지서(減額通知書)를 발부할 때에 첨부하여 통보하는 위탁징수대상 납세자의 1인별 명세서를 말한다. 납액조서는 세목별·연도기분별로 작성하고, 그 기재내용은 세액의 산출근거와 고지세액 및 사업의 종류, 납세자의 주소·성명을 기재함과 아울러 국세청장이 한 처분이거나 감사원법에 의한 시정요구에 의한 처분인 경우에는 그 뜻을 부기하여야 한다.

참조조문 국징법 8

납입관리자(納入管理者; payment manager)

납입관리자는 관할구역의 인구 등을 고려하여 대통령령으로 정하는 도지사를 뜻한다. 특별징수의무자는 징수한 지방소비세를 다음 달 20일까지 납입관리자에게 일정한 징수명세서와 함께 납입하여야 한다. 납입관리자는 납입된 지방소비세를 지역별 소비지출 및 취득세 감소분 등을 고려하여 일정한 안분기준 및 안분방식에 따라 기간내에 지방자치단체의 장 및 시·도 교육감에게 납입하여야한다.

참조조문 지법 71, 지령 73

납품서(納品書; invoice)

상품 등을 납품할 때에 발행되며, 품명·수량·규격·가격 등 납품되는 상품 등의 명세를 표시한 서류이다. 납품전표, 납입전표 또는 송장(送狀)이라고도 한다.

내국법인(內國法人; domestic corporation)

대한민국 국내법에 의하여 설립되고 대한민국 국내에 주소를 가진 법인을 말한다. 내국법인과 외국법인의 구별표준에 관하여는 주소지설(住所地說)·준거법설(準據法說)·설립지설(設立地說)·설립자의 국적표준설(國籍標準說) 등 학설이 나누어져 있으나, 국내에 주소가 있거나 국내법에 준거하여 설립된 법인을 국내법인이라고 하는 것이 통설이다.

법인세법은 본점, 주사무소 또는 사업의 실질적 관리장소가 국내에 있는 법인을 내국법인으로 규정하고 내국법인에 대하여는 소득발생지와 관계없이 전세계소득(全世界所得 : global income)에 대하여 법인세를 부과한다.

참조조문 법법 2 1호

내국세(內國稅; internal tax)

국내에 있는 과세물건에 대하여 부과하는 조세이며, 국세 중에서 관세(關稅)를 제외한 것을 총칭한다. 내국세의 부과징수사무는 국세청·지방국세청·세무서가, 관세의 경우는 관세청·세관이 각각 관장한다. 내국세를 국내에서 과세되는 조세라 할 경우 지방세·방위세·교육세도 포함하는 개념이나 지방자치단체의 재정조달을 위하여 부과하는 지방세는 제외하는 것이 일반적인 분류방법이며 세입의 관·항·목 분류에 의한 세입항목으로 분류할 경우에는 내국세·방위세·교육세로 구분하여 목적세인 방위세·교육세는 내국세에 포함하지 않는다.

내국신용장(內國信用狀; local letter of credit; local L/C)

사업자가 국내에서 수출용 원자재, 수출용 완제품 또는 수출재화임가공용역을 공급받으려는 경우에 해당 사업자의 신청에 따라 외국환은행의 장이 재화나 용역의 공급시기가 속하는 과세기간이 끝난 후 25일 이내에 개설하는 신용장을 말한다.

내국신용장개설의뢰인은 국내조달 물품의 대금을 사전에 지급할 필요 없이 외국환은행의 신용 및 융자로 대신할 수 있으며, 국내의 원료공급업자는 대금회수에 대한 은행보증 및 무역금융의 활용 이외에 세제면에서도 원신용장에 의한 수출업자와 같이 부가가치세법의 규정에 의하여 영세율(零稅率)을 적용받게 된다.

참조조문 부법 21 ② 3호, 부칙 21 1호

내국인(內國人; a native, resident)

일반적으로 내국인이라 함은 대한민국의 국적을 가진 자를 의미하므로 외국인, 즉 무국적자를 포함한 대한민국국적을 가지지 않은 자에 대한 반대개념으로 사용하고 있다. 그러나 세법상의 내국인이라 할 경우에는 소득세법 제1조의 2의 거주자 또는 법인세법 제2조의 내국법인을 말한다. 여기에서 거주자라 함은 국내에 주소를 두거나 1년 이상 거소를 둔 개인을 말하고, 내국법인은 국내에 본점 또는 주사무소 또는 사업의 실질적 관리장소를 둔 법인을 말한다. 따라서 거주자는 국적(國籍)과 일치하는 개념은 아니다.

참조조문 법법 2 1호, 소법 1의 2 ① 1호

내부감사(內部監査; internal audit)

기업 외부의 감사전문가가 행하는 외부감사와는 달리 경영조직 내에 있는 감사담당자가 자기 기업의 내부통제조직을 조사·평가하고 조직 내부의 각 단위의 효율성을 측정하고 회계기록 및 기타 경영에 관한 모든 기록을 감사하는 것을 말한다.

내부감사의 범위와 목적은 회사의 규모와 조직구조, 경영자의 요구에 따라 크게 달라진다. 일반적으로 내부감사업무의 범위와 목적에는 다음과 같은 사항이 포함된다.

① 재무정보와 경영정보의 조사
② 회계제도와 내부통제제도의 검토
③ 위험관리의 검토
④ 기업지배 달성의 검토
⑤ 경영자의 정책·지시사항·기타 내부요구사항, 법률·규정·기타 외부요구사항 등의 준수 여부 검토
⑥ 회사의 비재무적 통제를 포함한 경영의 효율성, 효과성 및 경제성의 검토

내부거래(內部去來; internal transaction)

외부거래에 대한 상대적 개념으로 기업 내에서 재화 등의 이동에 의한 거래를 말한다. 외부거래에 의하여 획득된 재화와 용역이 기업 내부에서 소비되

거나 이동되거나 새로운 재화에 전환되거나 하는 거래는 모두 내부거래이며 독립회계단위간의 거래(본점지점간 거래 등)나 원가계산, 감가상각거래 등으로 기업의 자유의사에 따라 행해지는 거래이다.

내부거래에 의하여 발생하는 손익에는 내부미실현손익과 내부대체손익(內部對替損益)이 있다. 내부미실현손익은 지분법평가시 또는 연결실체의 손익계산시 손익에서 제외된다.

내부미실현손익(內部未實現損益; unrealized gain or loss on intercompany tra-nsactions)

본점·지점·사업부 등 기업체 내부에 있어서의 독립된 회계실체 상호간의 내부거래로부터 생긴 손익으로서 개별 회계상으로는 관련손익이 이미 보고되었으나 연결실체의 관점으로서는 아직 실현되지 않은 손익을 말하며, 본점·지점간의 내부판매에서 인도상품의 원가에 일정한 이익을 붙인 가격으로 대체하는 경우가 있다. 이러한 내부가격을 사용하는 것은 판매가격을 기초로 하는 기록이 관리목적에 유효하고 각 부문의 성과측정에 필요하기 때문이다. 이와 같은 내부거래로 발생한 내부손익은 미실현손익(未實現損益)의 일종이므로 지분법의 적용 또는 연결재무제표 작성시 결산일 현재 외부에 판매되지 않고 남아 있는 재고자산에 대한 미실현손익은 이를 제거하여 손익계산을 하여야 한다.

내부적으로 창출한 무형자산(內部的으로 創出한 無形資産; Internally ge-nerated intangible asset)

외부구입이 아니라 자가제작 또는 개발 등으로 기업이 지배하고 있는 물리적 실체는 없지만 식별가능한 비화폐성자산이다. 내부적으로 창출한 무형자산이 인식기준을 충족하는지를 평가하기 위하여 무형자산의 창출과정을 연구단계와 개발단계로 구분한다. '연구'와 '개발'은 따로 정의되어 있으며, 연구단계에 대한 지출은 발생시점에서 비용으로 인식하지만, 개발단계에서 사용된 비용만을 개발비(무형자산)로 인식할 수 있다.

참조조문 K-IFRS 1038호 51~67, 일반기준 11장 11.17~11.22

내부적으로 창출한 영업권(內部的으로 創出한 營業權; Internally generated goodwill)

개별적으로 식별하여 별도로 인식하는 것이 불가능한 자산에서 발생하는 미래경제적효익이 내부적으로 창출된 것으로, 취득원가를 신뢰성 있게 측정할 수 없고 기업이 통제하고 있는 식별가능한 자원이 아니기 때문에 자산으로 인식하지 않는다.

참조조문 K-IFRS 1038호 48~50, 일반기준 11장 11.16

내용연수(耐用年數; service life)

고정자산이 수익획득과정에서 사용될 것으로 기대되는 기간을 말하며 법인세법시행규칙 별표에 자산별·업종별로 법정되어 있는데, 이를 기준내용연수(基準耐用年數)라 한다. 기준내용연수는 세법상 상각범위액을 계산하는 경우에 적용할 상각률(償却率)을 구하는 데 사용된다.

참조조문 법령 28·29·29의 2

내재이자율(內在利子率; implicit interest rate)

리스실행일 현재 리스제공자가 수령하는 최소리스료와 무보증잔존가치의 합계액을 리스자산의 공정가치 및 리스제공자의 리스개설직접원가의 합계액과 일치시키는 할인율을 말한다.

참조조문 일반기준 13장

내재파생상품(內在派生商品; embedded derivative)

파생상품이 아닌 주계약을 포함하는 복합상품의 구성요소이며, 복합상품의 현금흐름 중 일부를 독립적인 파생상품의 경우와 유사하게 변동시키는 금융상품이다. 내재파생상품은 내재파생상품이 포함되지 않았을 경우에 발생할 현금흐름의 전부나 일부를 이자율, 금융상품가격, 일반상품가격, 환율, 물가지수, 신용등급, 신용지수 및 기타 변수에 따라 변경시킨다. 이때 당해 변수가 비금융변수인 경우는 계약의 당사자에게 특정되지 아니하여야 한다. 만일 특정 금융상품에 부가되어 있더라도 계약상 당해 금융상품과는 독립적으로 양도할 수 있거나 당해 금융상품과는 다른 거래상대방이 있는 파생상품은 내재파생상품이 아니며 별도의 금융상품이다.

참조조문 K - IFRS 1039호 10~13, 일반기준 6장 3절 6.41~6.47

노무출자사원(勞務出資社員; employee of labor investment)

합명회사 또는 합자회사의 사원 중 회사를 위하여 노무(勞務)를 출자의 목적물로 제공한 사원을 말한다. 노무의 제공은 정신적이든 육체적이든 또는 계속적이든 일시적이든 무방하다. 따라서 회사의 목적사업(目的事業)에 관계가 있는 특수한 지식·기술이 있는 사람이 입사하여 경영을 담당하는 경우에 인정되는 것으로서 특별히 조합계약이나 정관에 그 취지를 기재하여 노무출자에 대한 이익배당이나 잔여재산분배기준과 출자의 가액 또는 평가의 기준을 정하여야 한다. 법인세법상 합명회사나 합자회사의 노무출자사원에게 지급한 보수는 이익처분에 의한 상여로 규정하여 일반 사용인의 급료와는 달리 손금에 산입되지 아니한다.

참조조문 법법 26, 법령 43 ①

농가부업적인 축산의 범위(農家副業的인 畜産의 範圍; scope of livestock as by - job of farmhouse)

소득세법에서 비과세소득으로 인정하는 농가부업적인 축산소득의 범위를 판정하는 기준으로서 소득세법시행령 별표에 규정된 가축별 사육두수를 말한다.

참조조문 소법 12 2호, 소령 9 ① 1호

농어가부업소득(農漁家副業所得; sideline income of farm and fish house)

소득세법에서 비과세소득으로 인정하는 소득으로서 농·어민이 부업으로 경영하는 축산·고공품 제조·민박·음식물 판매·특산물 제조·전통차 제조·어로·양어 및 그밖에 이와 유사한 활동에서 발생한 소득을 말한다. 축산부업인 경우에는 법소정규모 이내이면 금액의 제한없이 전액 비과세하나, 그 이외의 부업소득은 소득금액 연 3천만원 이하를 한도로 비과세한다. 이러한 농어가부업은 부가가치세법상 독립된 사업으로 보지 않으므로 부가가치세가 과세되지 아니한다.

참조조문 소법 12 2호, 소령 9 ①

농어촌소득원개발사업(農漁村所得源開發事業; agriculture and fishery income development business)

농어촌소득구조의 고도화와 농어촌경제의 균형있는 발전을 위하여 산업입지및개발에관한법률에 따른 농공단지 또는 농어촌발전특별조치법에 의한 특산단지에서 영위하는 공업 및 서비스산업을 말한다. 농공지구 또는 특산단지는 농어촌지역에의 공업유치와 육성 또는 부존자원 및 유휴노동력을 효율적으로 활용하기 위하여 대통령령이 정하는 지역이다.

참조조문 조특법 64 ① 1호

농어촌특별세(農漁村特別稅; special tax for rural development)

UR협상 타결 및 WTO체제 출범에 따른 농어업의 경쟁력강화와 농어촌산업 기반시설의 확충 및 농어촌지역개발사업을 위하여 필요한 재원을 확보할 목적으로 제정된 한시적 법률로서 부가세(sur-tax)적 성격을 갖는다.

농어촌특별세의 납세의무자는 다음과 같다.

1. 소득세·법인세·관세·취득세 또는 등록에 대한 등록면허세의 감면을 받는 자
2. 개별소비세 납세의무자 중 일정한 자
3. 증권거래소 및 장외중개회사에서 양도되는 주권을 대체결제하는 회사
4. 취득세 또는 레저세의 납세의무자

5. 종합부동산세의 납세의무자

참조조문 농특법 3

농지(農地; farmland, agricultural land)

경작의 목적에 공하여진 토지를 말하나, 그의 범위에 대하여는 각 법령에 따라 차이가 있다.

농지법에서 농지라 함은 전·답·과수원 기타 그 법적 지목 여하에 불구하고 실제 토지현상이 농작물의 경작 또는 다년성식물 재배로 이용되는 토지 및 그 토지의 개량시설의 부지와 고정식온실·버섯재배사 등 농업생산에 필요한 일정시설의 부지를 말한다.

헌법은 농지의 소작제도를 금지하되, 농업생산성의 제고와 농지의 합리적 이용을 위하여 불가피할 경우에 임대차 및 위탁경영을 법률이 정하는 바에 의하여 인정하고 있다.

조세특례제한법상 양도할 때까지 8년 이상 직접 경작한 토지로서 농업소득세의 과세대상이 되는 토지 중 대통령령이 정하는 토지의 양도로 인하여 발생하는 소득에 대하여는 양도소득세의 100%를 감면한다.

참조조문 조특법 69, 조특령 66

농지교환·분합(農地交換·分合; exchange of agricultural land)

교환이란 당사자 쌍방이 금전 이외의 재산권을 상호 이전할 것을 약정하는 계약을 말한다. 그리고 분합이란 토지 등에 관한 권리의 분할과 합병을 말하는데, 토지의 분할은 지적공부에 등록된 1필지를 2필지 이상으로 나누어서 등록하는 것이고, 합병은 2필지 이상의 토지를 1필지로 합하여 등록하는 것을 말한다. 여러 농가가 농지를 여러 곳에 분산소유하고 있는 경우에 농지의 합리적인 관리를 위하여 하는 행정처분이며, 현행 소득세법상 일정한 요건을 구비할 경우 양도소득세를 비과세하고 있다.

참조조문 소법 89 ① 2호, 소령 153 ①

누적기간(累積期間; accumulated period)

한 회계연도보다 짧은 기간을 기준으로 하는 중간재무보고를 할 때 당해 중간기간과 당해 중간기간을 포함하여 당해 회계연도 전체 기간에 대한 재무제표를 직전 회계연도의 동일기간과 비교하는 형식으로 보고하는데 이때 중간기간을 포함한 회계연도만큼의 기간을 말한다.

참조조문 K–IFRS 1034호 20

누적유급휴가(累積有給休暇; accumulating compensated absences)

기업은 연차휴가, 병가, 단기장애휴가, 출산·육아휴가, 배심원참여 및 병역 등과 같은 여러 가지 이유로 생기는 종업원의 휴가에 대하여 보상할 수 있다. 이러한 유급휴가는 누적유급휴가와 비누적유급휴가로 구분한다.

당기에 사용되지 않은 경우 이월되어 차기 이후에 사용될 수 있다면 누적유급휴가이며, 이월되지 않고 소멸된다면 비누적유급휴가에 해당한다.

참조조문 K–IFRS 1019호 13∼17

누적효과(累積效果; accumulation effect)

면세제도는 면세적용단계의 부가가치에 대하여 과세하지 않음으로써 최종소비자의 세부담을 경감하기 위한 제도이다. 그러나 중간거래단계에 면세가 적용되고 최종거래단계에 다시 부가가치세가 과세되는 경우에는 면세로 인해 경감된 세액뿐만 아니라 면세의 전단계의 부가가치세에 대한 세액이 추가로 과세됨으로써 오히려 중복과세되는 현상이 발생하는데 이를 누적효과라 한다. 이러한 누적효과는 전단계세액공제법 체계에서 벗어난 제도가 거래중간단계에 들어오게 되면 발생하게 되는 효과로 결국 최종소비자가 부담할 부가가치세액이 증가하게 되는 부작용을 낳게 되는데 그 발생원인은 비단 중간단계에서의 면세제도뿐만 아니라 간이과세제도 또는 매입세액공제를 허용하지 않는 거래에서도 발생한다.

이에 현행 부가가치세법은 다음과 같은 제도로서 누적효과를 제거하고 있다.

① 면세포기제도

② 간이과세포기제도

③ 납부세액계산시 매입세액공제제도

④ 의제매입세액공제와 재활용폐자원 매입세액공제 특례

⑤ 재고매입세액공제

참조조문 부법 28 · 38 · 42 · 44, 조특법 108

누진세율(累進稅率; progressive tax rate)

과세표준금액이 증가함에 따라서 적용되는 세율이 높아지는 세율구조이다. 누진세율은 과세표준이 증가함에 따라 단순히 고율의 세율을 적용하는 단순누진세율(單純累進稅率)과 과세표준을 단계적으로 구분해서 위의 단계로 진행함에 따라 순차적으로 고율의 세율을 적용하는 초과누진세율(超過累進稅率)로 나누어진다. 누진세율을 채용하고 있는 대표적인 조세로는 소득세 · 법인세 · 상속세 및 증여세가 있다. 누진세율구조를 채용하고 있는 조세는 소득재분배기능과 경기안정기능을 갖는다.

ㄷ

다가구주택(多家口住宅; multi‑family house)

여러 가구가 한 건물에 거주할 수 있도록 국토교통부장관이 정하는 다가구용 단독주택의 건축기준에 의하여 건축허가를 받아 건축한 주택을 말하며, 다가구주택은 한 가구가 독립하여 거주할 수 있도록 구획된 부분을 각각 하나의 주택으로 본다. 다만, 해당 다가구주택을 구획된 부분별로 분양하지 아니하고 하나의 매매단위로 하여 양도하는 경우에는 그 전체를 하나의 주택으로 본다.

참조조문 소령 155 ⑮, 조특칙 20

다국적기업(多國籍企業; multinational enterprise)

국적이 다른 회사가 모여서 형성하고 있는 기업그룹을 말하며, 그룹 전체의 공통된 전략하에서 2개국 이상의 국가에서 활동하는 기업집단을 총칭하는 개념이다. 따라서 다국적기업의 본부는 본점과 지점, 모회사와 자회사를 통괄하여 관리하며, 각국의 경제정세·법령 등을 고려하여 경영전략을 수립한다. 다국적기업 전체의 조세부담을 최소화하는 것도 경영전략에 포함되며, 이를 국제조세전략(國際租稅戰略)이라 한다. 특히 다국적기업 내의 기업간에 재화 또는 용역을 공급하는 경우에 적용되는 이전가격(移轉價格)을 조작하거나 세금피난처(稅金避難處 : tax haven)나 저세율국(低稅率國)을 이용하여 조세회피를 하므로 이를 규제하기 위하여 국제조세조정에관한법률과 법인세법에 이전가격세제에 관한 규정을 두고 있다.

참조조문 국조법 1

다단계거래세(多段階去來稅; multiple - stage transaction tax)

생산 및 분배에 이르는 모든 거래단계에서 각 단계별 외형금액 또는 수입금액을 과세표준으로 하여 과세되는 유통세(流通稅)를 말한다.

현행 부가가치세는 모든 거래단계에 과세된다는 점에서 다단계거래세라 할 수 있으나, 거래외형이 아닌 부가가치를 과세표준으로 하는 점에서 차이가 있다.

다단계매출세(多段階賣出稅; multiple - stage sales tax)

모든 단계의 유형·무형의 재화의 영업거래에 대하여 거래액을 과세표준으로 하여 비례세율에 의해서 과세되는 조세를 말한다. 분류상 유통세(流通稅)에 속하지만 그 부담과 효과는 소비세(消費稅)와 유사하다. 최근에는 다단계매출세를 소비세에 유사한 조세로 취급하고 있으며, 특히 일반소비세와 동등한 것으로 생각하는 견해도 많다. 개념상 다단계매출세에 대응하는 것으로는 단단계매출세(單段階賣出稅)가 있다.

단기금융상품(短期金融商品; Short - term financial Instruments)

K - IFRS에서 단기금융상품 중 자산항목은 단기매매금융자산, 부채항목은 단기매매금융부채로 분류된다. 단기매매는 일반적으로 매입과 매도가 적극적이고 빈번하게 이루어지는 것을 말하며, 단기매매금융상품은 일반적으로 단기간 내의 매매차익을 얻기 위하여 취득한 금융상품을 말한다. 일반기업회계기준에서는 일반적으로 단기매매증권으로 분류된다. 재무상태표에서 유동자산(부채)의 항목으로 표시된다.

> **참조조문** K-IFRS 1039호 AG14, 일반기준 6장 2절 6.27

단기매매증권(短期賣買證券; held for trading)

✎ 단기금융상품 참조

> **참조조문** K - IFRS 1039호 AG14, 일반기준 6장 2절 6.27

단기손해보험(短期損害保險; short-term insurance against loss)
계약기간이 1년 미만인 손해보험을 말하며 상법상 인보험(人保險)에 대치되는 개념으로서 보험사고로 인한 실손해(實損害)를 보상할 것을 목적으로 하는 보험을 뜻한다. 반면, 인보험은 사람의 생명·신체에 관하여 생기는 사고를 보험사고로 하는 보험이다. 상법상 손해보험은 화재보험·운송보험·해상보험·책임보험 등으로 구분된다. 법인세법상 보험사업을 영위하는 내국법인은 단기손해보험에 의한 보유보험료의 합계액에 금융위원회가 정하는 보험종목별 적립기준율을 곱하여 계산한 금액의 범위 안에서 비상위험준비금(非常危險準備金)을 설정하여 손금에 산입할 수 있다. 단, 동 준비금의 누적액은 해당 사업연도의 단기손해보험에 의한 경과보험료의 합계액의 100분의 50(자동차보험의 경우에는 100분의 40)을 한도로 한다.

참조조문) 법법 31, 법령 58 ① · ②

단기재상속에 대한 세액공제(短期財相續에 대한 稅額控除; tax credit of short-term succession)
상속이 개시되어 상속세가 부과된 후 10년 이내 상속인이나 수유자의 사망으로 다시 상속이 개시되는 경우에는 전의 상속세가 부과된 상속재산 중 재상속분에 대한 전의 상속세상당액을 상속세산출세액에서 공제하는 것을 말한다. 이는 단기간 내에 상속이 재개됨으로써 동일한 상속재산에 대하여 상속세를 중복하여 부과하는 결과를 초래하므로 이를 공제하여 세부담공평에 기여하기 위한 제도이다.

참조조문) 상증법 30

단기종업원급여(短期從業員給與; short term employee benefits)
종업원이 관련 근무용역을 제공하는 연차보고기간 이후 12개월 이전에 전부 결제될 것으로 예상되는 종업원급여(해고급여 제외)를 말한다.

참조조문) K-IFRS 1019호 8, 일반기준 25장 25.7

단수처리(端數處理; treatment of a fraction)

과세표준의 신고 및 세액의 납부와 관련하여 과세표준금액 또는 세액의 계산상 단수(端數)가 생겼을 경우 이의 처리방법을 뜻하며, 넓게는 국고금단수계산법에 의한 국고금의 단수계산과 주세법에 의한 주류 수량의 단수처리를 의미한다.

국고금단수계산법(國庫金端數計算法)에 의하면 국고의 수입금 또는 지급금에 대하여는 10원 미만의 단수는 계산하지 아니하며, 과세표준액의 산정에 대하여는 1원 미만의 단수는 계산하지 아니한다. 주세법상(酒稅法上) 주류의 수량을 검정함에 있어서도 매 용기당 수량에 리터 단위 미만의 단수가 생길 때에는 이를 계산하지 아니한다.

> **참조조문** 주칙 10, 국고금관리법시행령 109의 2

단순가공식료품(單純加工食料品; simple processed foodstuffs)

자연에서 생산된 식료품을 본래의 성상을 변화시키거나 경제적 가치를 증식시키는 작업을 가함이 없이 단순히 식용·운반·저장 등의 편의를 위하여 일시적인 관입·병입 등의 포장과 같은 원시가공을 한 식료품을 말한다. 따라서 일정한 제조시설을 갖추고 판매목적으로 독립된 거래단위로 관입·병입 기타 이와 유사한 형태로 포장하여 판매하는 경우 단순가공식료품에 해당하지 아니한다. 부가가치세법은 단순가공식료품을 미가공식료품의 범위에 포함시켜 이들의 공급에 대해서는 부가가치세를 면제하도록 규정하고 있다.

> **참조조문** 부령 34, 부칙 24

단순경비율(單純經費率; simple expense rate)

✐ 기준경비율 참조

단순정액세율(單純定額稅率; simple fixed amount tax rate)

인지세법상(印紙稅法上) 과세문서인 증서·장부·통장별로 1통마다 세액이 정해져 있는 것과 같이 과세대상에 대한 세액이 일정액으로 정해져 있는 경우의 세율을 말한다. 단순정액세율이 적용되는 경우에는 작성하는 문서 통수마다 해당 인지세를 납부하게 된다.

참조조문 인법 3

담배소비세(담배消費稅; tobacco consumption tax)

담배소비세는 1989년부터 지방세로 창설되어 시·군의 독립세로서 과세하게 되었다. 1984년초에 농민의 세부담경감을 위하여 농업소득세 기초공제를 대폭 인상함에 따른 지방자치단체의 재정수입이 격감하게 되는 것을 보전하기 위하여 국가수입이던 전매익금 중에서 담배판매세로 과세하여 오다가 지방자치시대를 대비한 지방자치단체의 재원확충목적으로 전매익금 중 담배에 대한 모든 부분을 담배소비세로 흡수하여 운용되고 있다.

담배소비세는 제조담배의 개비수 또는 중량으로 과세되는 종량세이다.

참조조문 지법 47~64

담보(擔保; security)

채무불이행에 대비하여 채권자에게 제공되어 채무의 변제를 확보하는 수단을 말한다. 이러한 담보는 물적담보와 인적담보로 대별되며, 물적담보(物的擔保)로는 저당권·질권·양도담보를 들 수 있고, 인적담보(人的擔保)로는 보증채무·연대채무를 들 수 있다.

조세법상 일정한 경우에는 조세채권을 보전하기 위하여 담보를 제공받는데, 이를 납세담보(納稅擔保)라 하며 국세기본법·지방세법과 주세법에 규정되어 있다.

참조조문 국기법 29~34, 주법 36, 지기법 65~70, 지법 64

담보가등기(擔保假登記; provisional registration of security)

채권담보의 목적으로 하는 가등기를 말한다. 가등기(假登記)란 부동산물권 또는 부동산임차권의 변동을 목적으로 하는 청구권을 보전하려고 하는 경우와 이들 청구권이 정지조건부이거나 기타 장래에 있어서 확정될 것인 경우에 본등기(本登記)의 순서확보를 위하여 하는 등기이나 채권담보용으로 사용하는 것이 대부분이며, 이외에 체납처분회피용으로도 활용되고 있다. 가등기담보라는 용어는 이와 같이 가등기가 담보용으로 사용됨에 따라 판례(判例)에서 인정되었으며, 이에 따라 가등기담보등에관한법률이 제정되어 '담보가등기'를 법률로 정하게 된 것이다. 채권자가 담보계약에 의하여 담보가등기를 하면 담보계약에 따라 담보권을 실행하여 목적부동산을 취득할 수 있다.

참조조문 국기법 35 ②

✐ 가등기 참조

담보보전(擔保保全; mortgages preservation, average clause)

채무자가 그 채무를 이행하지 아니할 경우 채권자에게 제공되어 채권의 변제를 확보할 수단이 되는 담보를 보호하여 안전한 채권확보를 가능하게 하는 것을 말한다. 국세기본법에 담보의 종류를 규정한 것과 담보제공의 범위를 규정한 것은 담보보전을 위한 내용이 된다. 또한 각 세법의 규정에 의하여 납세의 담보를 제공하도록 명령한 경우 그 명령한 내용에 부합하지 아니한 담보의 제공이나 이미 제공한 담보가 일정사유로 담보로서 적당하지 아니한 때에는 담보의 추가제공을 명령하거나 그 담보를 조건으로 한 처분을 취소하게 된다.

국세징수법 및 지방세기본법의 규정에 의한 징수유예나 국세징수법에 의한 체납처분유예를 할 때에는 납세담보의 제공을 요구할 수 있으며 담보보전에 필요한 명령에 응하지 아니한 때에는 징수유예 또는 체납처분유예를 취소하고 유예된 국세·지방세 또는 체납액을 일시에 징수할 수 있다.

참조조문 국징법 18, 지법 64, 국기법 32

담보부어음(擔保附어음; mortgage bill)

어음상의 권리에 담보가 제공되어 있는 것으로서 무담보(無擔保)어음에 대비된다. 어음은 담보의 제공없이 발행되는 것이 보통이나 화환(貨換)어음의 경우와 같이 선하증권·화물상환증 등이 어음채권의 담보로 제공되는 경우가 있는데 담보부어음이라 한다. 담보로는 부동산·상품·유가증권·예금증서 등이 제공되는 것이 보통이다. 담보부어음이 부도가 난 경우에는 제공된 담보를 처분하여 채무에 충당하게 되므로 담보는 환금성(換金性)을 고려하여 예금증서·국채·사채·상품·부동산 등의 순서로 채택하는 것이 통례이다.

담보재산의 평가(擔保財産의 評價; valuation of mortgage property)

상속재산에 대한 평가는 상속개시당시의 시가(時價)에 의하여 평가하는 것이 원칙이며, 시가를 산정하기 어려운 때에는 보충적 평가방법에 의하여 평가를 한다. 그러나 상속재산 중에 담보로 제공된 재산가액이 포함되어 있는 경우에 그 담보제공된 재산가액의 평가는 시가와 상속세및증여세법에 정해진 평가방법에 의한 금액과 비교하여 큰 금액을 그 재산의 가액으로 한다. 조세채권을 보전하기 위한 납세담보의 경우 그 가액의 평가는 시가·보증액 등 가액에 의하도록 국세기본법에 규정하고 있다.

참조조문 국기법 30, 상증법 66, 상증령 63

담세력(擔稅力; taxable capacity, tax-bearing capacity)

납세의무자가 개인적으로 어느 정도의 조세를 부담할 수 있는가 하는 경제적인 능력을 가리킨다. 납세의무자의 조세부담이 각각의 담세력에 상응해야 된다고 하는 것이 일반적으로 말하는 응능부담(應能負擔)의 원칙이며, 이 원칙을 기초로 해서 과세를 행하는 것을 응능과세(應能課稅)라고 한다. 한편, 담세력의 측정문제가 제기될 수 있는데, 이는 납세자의 전반적인 후생수준을 측정할 수 있을 만큼 포괄적이어야 하며, 세액확정을 위해 수량화될 수 있어야 한다는 점에서 지극히 어려운 일이라 하겠다. 그리하여 대부분의 국가는 담세력의 지표로 소득, 소비, 자산 등을 이용하는데, 이들 지표들은 불완전하지만 이용가능한 대안들이기 때문이다.

담세자(擔稅者; tax-bearer, tax payer)

조세의 최종적 그리고 실질적인 부담자를 의미한다. 예를 들면 부가가치세·개별소비세·주세 등과 같이 처음부터 조세상당액이 전가되는 것이 예정되어 있는 소비세에 있어서는 그 조세를 부담하는 자가 최종소비자라고 할 수 있다.

담합행위(談合行爲; act of collusion)

경매(競賣)·입찰(入札)의 경쟁에 참가하는 자가 상호 통모하여 그 중의 특정한 자를 낙찰자 내지 경락자로 하게 하기 위하여 기타의 자는 일정한 가격 이하 또는 이상으로 입찰 또는 호가(呼價)하지 않을 것을 협정하는 것이다. 국세징수법에 의하여 압류한 재산을 공매하는 경우에 부당하게 가격을 떨어뜨릴 목적으로 담합한 사실이 있는 자에 대하여는 그 사실이 있은 후 2년간 공매장소에의 출입을 제한하거나 입찰에 참가시키지 아니할 수 있다.

참조조문 국징법 72 2호

당사자소송(當事者訴訟; lawsuit of the person concerned)

행정법상 당사자소송이란 대등하게 대립하고 있는 당사자 사이에 있어서의 공법상 권리관계에 관한 소송을 가리키며, 항고소송에 대립하는 개념이다. 항고소송(抗告訴訟)이 행정청의 공권력의 행사·불행사 등을 직접적인 불복 대상으로 하는 데 비하여 당사자소송은 행정청의 공권력의 행사·불행사의 결과로 생긴 법률관계에 관하여 다투는 소송을 포함하여 기타 서로 대등하게 대립된 당사자간의 공법상 법률관계(公法上 法律關係)에 관한 소송이므로 그 성질상 오히려 민사소송에 가깝다고 할 수 있다.

당좌대출이자율(當座貸越利子率; interest rate of overdrawn account)

금융기관의 당좌대출이자율을 감안하여 국세청장이 정하는 이자율로서 금전의 대여에 대한 가지급금인정이자의 계산시에는 일반적인 시가산정기준에 불구하고 당좌대출이자율을 시가로 한다.

참조조문 법령 89 ③, 법칙 43 ③

대고객환율(對顧客換率; exchange rate toward a customer)

은행이 수출입업자 등 일반고객과 거래를 할 때 적용되는 환율이다. 대고객환율에는 전신환매매율, 일람출급환어음매매율, 기한부어음매매율, 수입어음결제율, 현찰매매율 등이 있는데 그 기준이 되는 환율을 기준환율이라고 한다. 법인세법상 외화자산·부채의 평가와 부가가치세법상 공급대가를 공급시기 이후에 외국통화 또는 외국환의 상태로 보유하거나 지급받는 때에는 기준환율을 적용한다.

참조조문 법령 76 ①, 부령 59

대금업(貸金業; money lender)

불특정다수인을 상대로 이자수익(利子收益)을 얻을 목적으로 대금(貸金)을 하는 사업활동을 말한다. 소득세법상 대금업(貸金業)의 이익은 사업소득에 해당하나, 비영업대금(非營業貸金)의 이익은 이자소득에 해당한다.

금전대여로 인한 소득이 비영업대금의 이익인지 아니면 사업소득인지 여부는 금전대여행위가 사업에 해당하는지 여부에 달려 있고, 사업 해당 여부는 금전거래행위의 영리성·계속성·반복성의 유무, 거래기간의 장단, 대여액과 이자액의 다과(多寡) 등 제반 사정을 고려하여 판단하여야 한다.

참조조문 소법 16 ① 11호

대도시(大都市; global city)

대도시라 함은 다음 각호의 어느 하나에 해당하는 지역을 말한다.

1. 수도권정비계획법 제6조 제1항 제1호에 따른 과밀억제권역, 즉 인구와 산업이 지나치게 집중되었거나 집중될 우려가 있어 이전하거나 정비할 필요가 있는 지역
2. 부산광역시(기장군 제외)·대구광역시(달성군 제외)·광주광역시·대전광역시 및 울산광역시의 관할구역(산업입지및개발에관한법률에 의하여 지정된 산업단지 제외).

참조조문 조특법 2 10호, 조특령 56 ②, 지특법 79

대리납부(代理納付; payment by proxy)

부가가치세법상의 제도로서 국내사업장이 없는 비거주자나 외국법인으로부터 용역을 공급받고 그 대가를 지급하는 경우에 용역을 공급받는 자(공급받은 그 용역을 과세사업에 제공하는 경우를 제외)가 용역의 공급자를 대신하여 부가가치세를 징수하여 납부하는 제도이다. 이는 통관절차를 거치지 않아 거래사실의 포착이 어렵고, 비거주자 등의 용역공급자들의 성실한 납세의무이행을 기대하기 어려운 점을 감안하여 국내용역거래와의 과세형평을 기하기 위한 취지이다.

납부하지 않았거나 과소납부한 경우에는 납부하지 않은 세액 또는 과소납부분 세액의 100분의 10에 상당하는 금액을 한도로 하여 다음 각 호의 금액을 합한 금액을 가산세로 한다.

1. 납부하지 아니한 세액 또는 과소납부분 세액의 100분의 3에 상당하는 금액
2. 납부하지 아니한 세액 또는 과소납부분 세액×납부기한의 다음 날부터 자진납부일 또는 납세고지일까지의 기간×100,000분의 25

참조조문 부법 52, 국기법 47의 5 ①, 국기령 27의 4

대물변제(代物辨濟; payment in substitutes)

채무자가 부담하고 있는 본래의 급부(給付)에 갈음하여 다른 급부를 현실적으로 함으로써 채권을 소멸시키는 채권자와 변제자간의 계약을 말한다. 변제와 동일한 효력을 가지지만 계약(契約)인 점에서 이와는 다르다. 요물·유상계약(要物·有償契約)이므로 대물변제로서 급부된 물건에 하자가 있더라도 소멸한 채권이 당연히 부활되지는 않으며 하자없는 물건의 급부를 청구하지도 못한다. 오직 채권자는 매도인(賣渡人)의 담보책임에 관한 규정의 준용에 의하여 보호될 뿐이다.

대변계정(貸邊計定; credit account)

분개 및 계정장부에서 차변계정(借邊計定)에 상대되는 것으로서 계정계좌의 오른편을 말하며, 흔히 貸 또는 Cr.이란 약자로 표시한다. 분개의 경우에 대

변계정의 기입원인은 자산의 감소, 부채의 증가, 자본의 증가, 수익의 발생, 비용의 소멸이다.

대손금(貸損金; bad debts)

거래처의 파산·행방불명 등의 특정사유로 채권이 회수불능하게 된 경우의 회수불능채권을 말한다. 기업회계에서는 채권의 회수불능에 대하여는 기업의 판단에 의하나, 법인세법은 대손처리에 대한 자의성을 배제하기 위하여 대손요건을 법정화하고 있다.

참조조문 법법 19의 2, 법령 19의 2, 소령 55 ① 16호, 부법 45

대손세액공제(貸損稅額控除; bad debts tax credits)

사업자가 부가가치세가 과세되는 재화 또는 용역을 공급하는 경우 공급을 받는 자의 파산·강제집행이나 그밖에 이와 유사한 사유로 인하여 그 재화 또는 용역의 공급에 대한 외상매출금이나 그 밖의 매출채권(부가가치세를 포함한 것)의 전부 또는 일부가 대손되어 회수할 수 없는 경우에는 대손금액에 10/110을 곱하여 계산한 금액을 그 대손이 확정된 날이 속하는 과세기간의 매출세액에서 뺄 수 있는데, 이를 대손세액공제라 한다.

따라서 대손세액공제는 거래징수하지 못한 부가가치세를 당해 사업자의 매출세액에서 차감할 수 있도록 함으로써 기업의 자금부담을 다소 완화해 주자는 데 그 의의를 두고 있으며, 그 범위는 사업자가 부가가치세가 과세되는 재화 또는 용역을 공급한 후 그 공급일부터 5년이 경과된 날이 속하는 과세기간에 대한 확정신고기한까지 확정되는 대손세액으로 한다.

참조조문 부법 45, 부령 87

대손충당금(貸損充當金; allowance for bad debts)

매출채권·대여금·기타 이에 준하는 채권에 대한 차감적 평가계정으로서 미래에 발생할 대손(貸損)에 대비하여 설정하는 충당금이다. 기업회계기준에서는 기말에 채권에 대하여 개별적으로 대손추산액(貸損推算額)을 산출하는 방법 또는 과거의 대손경험률(貸損經驗率)에 의하여 산출하는 방법 등 일정한 방법으로 산출한 대손추산액과 회수가 불가능한 채권에 대하여 대손충당금을 설정하고 그 후 대손이 발생하면 대손충당금과 상계(相計)하고, 부족하면 그 부족액을 대손상각(貸損償却)으로 계상하도록 하고 있다.

세법에서는 대손추산(貸損推算)의 자의성을 배제하기 위하여 법인은 기말의 외상매출금·대여금 또는 미수금 그 밖에 이에 준하는 채권의 장부가액의 합계액에 대하여 개인은 사업관련채권의 합계액에 대하여 100분의 1에 상당하는 금액과 대손충당금설정대상채권금액에 대손실적률을 곱하여 계산한 금액 중 큰 금액을 한도로 하는 대손충당금을 손금(또는 필요경비)으로 인정한다.

참조조문 법법 34, 법령 61, 소법 28

대습상속(代襲相續; substitute of succession)

추정상속인(被代襲人)이 상속개시 전에 사망 또는 상속결격사유로 인하여 상속권을 상실한 경우에 그의 직계비속이 그에 갈음하여 상속하는 것을 말하며, 취지는 사망 또는 상속결격사유가 있는 추정상속인(推定相續人)의 가족의 생계유지를 보호하려는 데 있다.

상속의 제1순위자인 직계비속, 제3순위자인 형제자매가 상속개시 전에 사망하거나 결격자가 된 경우에 그 직계비속이 있으면 대습상속을 인정한다. 또한 상속개시 전에 사망 또는 결격된 자의 배우자도 모든 경우에 대습상속인과 동 순위로 공동상속인이 되고 그 대습상속인이 없는 때에는 단독상속인이 된다. 대습상속인이 수인(數人) 있는 경우에는 본위상속에 있어서의 순위에 의하고, 대습상속에 있어서의 상속분은 사망 또는 결격된 자의 상속분의 한도에서 본위상속에 있어서의 상속분에 의하여 정하여진다.

참조조문 민법 1001·1003 ②, 상증법 27

대여(貸與; loan)

임대차·사용대차·소비대차 등의 계약에 의하여 당사자 일방이 금전 기타의 물건 또는 유가증권을 상대방에게 교부하여 소비 또는 사용·수익하게 하고, 일정한 시기에 반환할 것을 약속하는 것을 말한다.

소득세법상 대여로 인한 이익은 사업소득, 기타소득에 규정하여 과세하고 있다.

참조조문 소법 21

대여금(貸與金; loan)

금전을 대여한 경우에 회계처리하는 계정이다. 대여금은 대여기간에 따라 장기대여금과 단기대여금으로 구분된다. 장기대여금(長期貸與金)은 보고기간 종료일로부터 1년 이후에 회수되는 것으로 비유동자산 중 투자자산의 과목으로 표시하며, 단기대여금(短期貸與金)은 유동자산의 과목으로 표시한다.

대여금 및 수취채권(貸與金 및 受取債券; loans and receivables)

지급금액이 확정되었거나 결정가능하며 활성시장에서 가격이 공시되지 않는 비파생금융자산이다. 다만, 다음의 금융자산은 제외한다.

① 즉시 또는 단기간 내에 매각할 의도가 있는 금융자산(이 경우 단기매매로 분류함)과 최초 인식시점에 당기손익인식항목으로 지정한 금융자산

② 최초 인식시점에 매도가능금융자산으로 지정한 금융자산

③ 채무자의 신용악화를 제외한 다른 이유 때문에 최초 투자액의 대부분을 회수하지 못할 수도 있는 금융자산. 이 경우에는 매도가능금융자산으로 분류하여야 한다.

대여금 및 수취채권이 아닌 다른 종류의 자산으로 구성된 자산집합(예 : 뮤추얼펀드나 유사한 펀드)에 대한 지분은 대여금 및 수취채권으로 분류하지 아니한다.

참조조문 K - IFRS 1039호 9

대위변제(代位辨濟; subrogation, subrogated performance)

제3자 또는 공동채무자(연대채무자·보증인·불가분채무자 등)의 한 사람이 채

무자를 위하여 변제를 하면 그 변제자는 채무자 또는 다른 공동채무자에 대하여 구상권(求償權)을 취득하게 되고, 그 구상권의 범위 내에서 종래 채권자가 가지고 있었던 채권에 관한 제 권리(諸 權利)가 법률상 당연히 변제자에게 이전하는데, 이것을 변제자의 대위(代位) 또는 대위변제라고 한다.

대위변제는 변제를 한 제3자 또는 공동채무자의 구상권의 실현을 확보하기 위한 제도로서 조세법에서는 특별히 규정하고 있는 바 없다. 다만, 국세기본법상 연대납세의무자·제2차납세의무자·보증인·양도담보권자는 본래의 납세자의 국세채권에 대한 대위변제자가 된다고 볼 수 있다.

참조조문 국기법 25·25의 2·29·42

대체거래시스템(對替去來시스템; alternative trading system)

유가증권시장이나 코스닥시장과 같은 기존 증권거래소를 통하지 않고 별도로 주식을 사고팔 수 있는 시스템이다. 시장 규제와 상장 기능은 없고 주식거래만 할 수 있다. 빠른 거래 체결 속도, 낮은 수수료 체계가 가장 큰 장점이다. 장외 전자거래시장, 사설 온라인 증권거래소 등도 여기에 해당된다. 대체거래로 인해 주식을 매매할 경우 조세특례제한법 104조의 4에 따라 양도소득으로 보아 거래세를 부과한다. 세율은 증권거래세의 세율인 1,000분의 5로 한다.

참조조문 조특법 104의 4, 자본시장과금융투자업에관한법률 8의 2 ⑤, 소법 94 ①

대표공동사업자(代表共同事業者; representative joint enterpriser)

출자공동사업자 외의 자로서 공동사업자들 중에서 선임된 자를 말하며, 선임되어 있지 아니한 경우에는 손익분배비율이 가장 큰 거주자를 말한다. 손익분배비율이 같은 자가 2인 이상인 경우에는 사업장 소재지 관할세무서장이 결정하는 자로 한다.

소득세법상 공동사업자는 사업자등록 및 감가상각방법이나 재고자산평가방법을 대표공동사업자의 주소지를 관할하는 세무서장에게 신고하여야 한다.

참조조문 소법 87, 소령 150

대행수출(代行輸出; agency export)

대외무역법에 의하여 무역업의 허가를 받지 못하여 수출할 물품을 자신의 명의로 수출할 수 없는 경우에 다른 수출업자의 명의를 빌어 수출하는 것을 말한다. 무역은 국내거래와는 달리 외국과의 물품거래를 하는 것이어서 대외적인 공신력과 거래상의 질서를 유지하기 위하여 대외무역법이 요구하는 일정한 조건을 구비한 자만이 수출입업을 영위할 수 있도록 제한하고 있다. 대행수출의 경우에 수출대행자는 수출대행수수료를 수입금액으로 계상하고 세금계산서를 교부하여야 한다. 한편, 수출대행의뢰자는 수출물품의 대가로 받은 외환증서나 원화금액을 수입금액으로 계상하고 부가가치세의 영세율을 적용한다.

참조조문 부통 21-31-2

덕대(德大; miner who rents part of a mine work)

광주(鑛主)와 계약을 맺고 채광하는 사람을 뜻한다. 광주는 계약된 광구 내의 광물채굴권을 덕대에게 부여하고, 덕대는 광주에게 보증금 및 분철료(分鐵料; 광산물의 일부 배당)를 납부하거나 이에 상당하는 대가를 지급하고 계약기간 중 덕대 자신의 재산으로 광업을 경영하는 방식이다.

참조조문 소령 101

도급(都給; subcontract)

당사자의 일방(受給人)이 어느 일을 완성할 것을 약정하고 상대방(都給人)이 그 일의 결과에 대하여 보수를 지급할 것을 약정함으로써 성립하는 계약이며, 고용이나 위임과 같이 노무공급계약의 일종이나 특히 '일의 완성'을 목적으로 한다는 점에서 고용이나 위임과 구별된다.

장·단기 불문하고 그 목적물의 건설 등을 완료한 정도(작업진행률)를 기준으로 하여 계산한 수익과 비용을 각각 해당 사업연도의 익금과 손금에 산입한다. 다만, 다음 각 호의 어느 하나에 해당하는 경우에는 그 목적물의 인도일이 속하는 사업연도의 익금과 손금에 산입할 수 있다.

1. 중소기업인 법인이 수행하는 계약기간이 1년 미만인 건설 등의 경우
2. 기업회계기준에 따라 그 목적물의 인도일이 속하는 사업연도의 수익과 비용으로 계상한 경우

도급계약에 의한 대가를 도급금액이라 하며, 도급은 건설공사나 선박 등의 제작 등에서 주로 많이 이루어진다. 건설 또는 제조에 관한 장기도급계약(도급계약기간이 1년 이상인 것을 말함)의 경우 각 과세연도의 손익계산은 건설 또는 제조를 완료한 정도를 기준으로 계산하며, 도급금액 중 당기기성부분(當期既成部分)은 도급금액(견적금액)에 작업진행률을 곱한 금액으로 한다.

참조조문 법법 40, 법령 69, 민법 664, 일반기준 16장 2절

도매업(都賣業; wholesale business)

생산자와 소매상 사이 유통의 중간단계의 상업으로서 사업체 또는 중개업자가 재화를 소매업자 기타의 중간상인, 산업적·직업적 또는 사업적 수요자와 단체수요자에게 판매하는 사업을 말한다. 도매업의 취급상품은 생산재와 소비재의 모두이며, 유통단계 중에서 소매업을 제외한 모든 과정이 도매업의 분야이다. 광의의 도매업에는 중개업·종합상사·협동조합 등이 포함되며 부가가치세법상 도매업은 당해 과세기간개시일 현재의 한국표준산업분류를 기준으로 하여 소매업자, 산업사용자, 상업사용자단체 또는 전문적인 이용자, 다른 도매업자, 구매상 또는 판매상의 대리점 등 개인 또는 회사에 새로운 상품 또는 중고상품을 변형을 기하지 않고 재판매하는 산업활동을 말하고, 간이과세 배제업종에 속한다(소매업을 겸영하는 경우 포함, 재생용 재료 수집 및 판매업 제외). 비영리법인이 도매업을 영위하는 경우 수익사업에 해당하여 법인세납세의무가 성립한다.

참조조문 부령 109 ②, 법법 4 ③ 1호

도선업(導船業; pilotage business)

해운법 또는 항만운송사업법에 의한 해상운송사업이 아닌 하천, 호소, 바다목(하구·만의 양 해안의 거래가 2마일 이내, 육지와 도서간 또는 도서와 도서간으로 해운법에 의한 여객선취항이 부적당한 해역)에서 도선과 도선장시설을 갖추고 일반운송을 업무로 하는 사업을 말한다. 도선업의 경영에서 발생하는 소득은 소득세법상 운수업으로 사업소득에 해당한다.

참조조문 소법 19 ① 8호

도세, 시·군·구세, 특별시세, 광역시세(道稅, 市·郡·區稅, 特別市稅, 廣域市稅; provincial tax, city and county tax, ward tax, special city tax, great-sphere-city tax)

도세와 시·군세는 과세권의 주체에 의한 지방세의 구분이다. 도세는 도의 세입이 되는 지방세이며, 시·군세는 시·군의 세입이 되는 지방세이다. 현행 지방세기본법상 도세는 보통세로서 취득세·등록면허세·레저세·지방소비세가, 목적세로서 지역자원시설세·지방교육세가 있으며, 시·군세로는 담배소비세·주민세·지방소득세·재산세·자동차세가 있고, 구세로는 재산세가 있다.

특별시세·광역시세로는 보통세인 취득세·등록면허세·재산세·레저세·담배소비세·지방소비세·주민세·지방소득세·자동차세와 목적세인 지역자원시설세·지방교육세가 있다.

참조조문 지기법 2 ① 3호·7·8

도정업(搗精業; pounding business)

구입한 벼·보리·밀 등 곡식을 도정하여 쌀·보리쌀·밀 등을 생산하거나, 곡물을 압착·분쇄하여 압맥·곡분 등을 생산하는 산업활동을 말한다.

부가가치세법상 도정업은 주로 최종소비자에게 재화·용역을 공급하는 사업이므로 간이과세를 적용받을 수 있는 업종에 해당한다.

참조조문 부칙 71 ① 2호

독립채산제(獨立採算制; self‑supporting account system)
특정의 기업 또는 활동단위마다 업무집행상의 책임을 명확히 하기 위하여
경영활동의 성과를 계산하고 자주성을 보장하는 계수적 관리체제를 말한다.
기업을 지점·공장·영업소 및 부문별로 구분하고, 각 단위마다 의사 결정
의 권한과 책임을 위양(분권화)하여 자주적으로 관리하도록 하는 동시에, 각
단위마다 성과계산을 하는 관리방식을 말한다. 독립채산제를 실시하면 원천
징수하는 소득세의 납세지가 될 수 있다.

참조조문 법령 7, 소법 7

독점과세(獨占課稅; taxation of monopoly)
소비품의 생산·판매의 전부 또는 일부를 국가기관에서 독점하여 과세하는
것을 말한다. 국가가 자유경쟁을 배제하고 독점의 지위에서 그 물품이 소비
자에게 도달하기 전에 그 가격 속에 소비세를 포함시켜 판매하는 것이며 재
정전매(財政專賣)가 이에 속한다.

독점규제및공정거래에관한법률(獨占規制및公正去來에관한法律; monopoly
regulations and fair trade law)
사업자의 시장지배적 지위의 남용과 과도한 경제력의 집중을 방지하고 부당
한 공동행위 및 불공정거래행위를 규제하여 공정하고 자유로운 경쟁을 촉진
함으로써 창의적인 기업활동을 조장하고 소비자를 보호하며 국민경제의 균
형발전을 도모하기 위해 제정된 법률이다. 시장지배적 지위의 남용금지, 기
업결합의 제한 및 경제력 집중의 억제, 부당한 공동행위의 제한, 불공정거래
의 금지, 사업자단체설립의 규제, 재판매유지행위의 제한, 국제계약의 체결
제한 등을 규정하고 있다.

독촉(督促; demand, a call, dunning)

국세·지방세 등의 공법상의 금전채권에 관하여 체납처분(滯納處分)을 하기 위한 전제요건으로서 기한을 지정하여 세금의 납부를 최고(催告)하는 행위이다. 독촉은 독촉장으로서 행하고 지정기일 내에 완납하지 아니할 때에는 체납처분을 행한다. 독촉절차는 세금 외에 행정상의 강제징수가 인정되는 금전채권에 관하여도 적용된다.

독촉은 납부기한이 지난 후 10일 내에 독촉장에 의하여 행하는바, 납부기한은 독촉장발급일로부터 20일이며 시효중단(時效中斷)의 효력이 있다.

참조조문 국징법 23

독촉장(督促狀; demand notice, dunning letter)

납세자가 납세고지서에 지정된 납부기한까지 당해 조세를 완납하지 아니하는 경우에 납세자의 임의납부를 촉구하는 서식을 말한다. 독촉장에는 체납자의 주소·성명과 체납액(체납된 세액·가산금)·연도·세목·납부기한 등을 기재하여 과세권자(세무서장, 세관장, 시장·군수)가 납부기한이 지난 후 10일 내에 발급하여야 한다.

독촉장을 발급하고자 할 때에는 세입징수관이 가산금과 함께 독촉장발급결의를 하여야 하고, 송달방법은 납세고지서송달방법에 의한다. 독촉장발급은 체납처분의 전제요건이므로 그 송달의 근거를 비치·보관하여야 한다.

독촉의 기일은 독촉장발급일로부터 20일 이내로 하고, 독촉장에 기재된 납부기한까지는 체납처분을 할 수 없다.

독촉장이 지연송달된 경우에 도달한 날로부터 14일 내에 납부기한이 도래하는 것에 대하여는 도달한 날로부터 14일이 지난 날을 납부기한으로 하게 되므로 그 기간이 경과한 후에야 체납처분이 가능하다. 독촉장이 송달된 때에 시효중단의 효력이 발생한다.

참조조문 국징법 23, 국징령 26, 국기법 7

동산(動產; personal property)

부동산 이외의 물건이 동산이다. 건축 중의 건물은 동산에서 부동산으로의 진행과정 중에 있고, 철거 중의 건물은 그 반대의 과정을 밟고 있는바, 이 경우 동산·부동산을 식별하기는 곤란하나, 건물의 용도에 따른 사용이 가능한 상태에 있는가가 식별의 기준이 될 것이다.

동산은 부동산과는 여러 가지 점에서 법률상의 취급이 다르지만 가장 중요한 상이점은 물권(物權)의 공시방법(公示方法) 및 그 효력에 있다. 부동산물권의 공시방법은 등기(登記)이며, 등기가 성립요건으로서 매매에 의하여 부동산소유권을 취득하는 경우에도 등기를 하지 아니하면 소유권취득의 효력이 발생하지 않는다. 그러나 등기를 신뢰하여 부동산을 매수하고 소유권이전등기를 했다 할지라도 매도인이 진정한 소유자가 아니면 당해 부동산의 소유권을 취득하지 못한다. 이에 대하여 동산물권(動產物權)의 공시방법은 사실적 지배, 즉 점유(占有)이다. 거래에 의하여 동산소유권을 얻은 자가 그 권리를 제3자에게 주장하기 위하여는 점유의 이전을 받아야 하며, 매도인에게 처분권이 없어도 동산을 선의(善意)로 매수하여 이전을 받으면 매수인은 그 동산의 소유권을 취득한다.

참조조문 민법 99

동시조사(同時調査; simultaneous tax audit)

납세자의 사무부담의 경감, 세무행정조직의 간소화와 효율적 운영의 견지에서 1인의 조사자가 복수세목을 동시에 조사하는 것을 말한다. 예컨대 우리나라에서는 법인세와 원천소득세, 신고소득세와 원천소득세 등에 대해서 동시에 조사하는 경우가 있다. 일반소비세를 광범위하게 도입하고 있는 프랑스·독일에서는 직접세와 일반소비세의 동시조사가 보편적이다.

또한 다국적기업에 대해서 관계하는 2개국의 세무당국이 동시에 조사하는 것도 동시조사에 해당하며, 상대국에서 사업을 하고 있는 특정기업(본·지점 또는 특수관계 있는 기업을 포함)의 조세회피 또는 탈세행위를 효율적으로 방지하기 위하여 양국의 과세당국이 합의에 의해 동시조사에 관한 약정을 체결할 수 있다.

참조조문 국조법 32

동업자권형(同業者權衡; balanced scale of same-line businessman)
추계조사방법 중의 하나로서 기장(記帳)이 가장 정확하거나 정당하다고 인정되는 동일업종의 다른 사업자와 균형을 맞추어 과세표준과 세액 등을 정하는 방법이다.

참조조문 법령 105 ① 1호, 소령 144 ① 1호, 부령 104 ① 1호

등기(登記; registration)
일정한 법률관계를 널리 사회에 공시하기 위하여 일정한 권리관계를 공부(公簿)에 기재하는 것을 말한다. 당사자의 신청에 의하여 등기공무원이 하는 것을 원칙으로 하며, 거래관계에 들어가는 제3자를 위하여 목적물의 권리내용을 명백히 하고 예측하지 못한 손해를 입히지 않도록 하기 위한 제도이며, 거래의 안전을 도모하기 위하여 중요한 역할을 한다.
우리나라에는 ① 부동산등기·선박등기·공장재단등기 등 권리의 등기, ② 부부재산계약등기 등의 재산귀속의 등기, ③ 법인등기·상업등기 등의 권리주체의 등기가 있다. 등기의 효력은 일정한 사항을 제3자에게 주장하는 경우의 대항요건(對抗要件)으로 하는 것과 일정한 사항의 효력발생요건(效力發生要件)으로 하는 것이 있는데, 구민법(舊民法)의 부동산등기가 전자의 예이고, 현행 민법의 부동산등기나 상법의 회사설립등기가 후자의 예이다.
재산권 기타 권리의 취득·이전·변경 또는 소멸에 관한 등기를 하는 경우에는 지방세법상 등록면허세가 부과된다.

참조조문 지법 28, 인법 3

등록(登錄; registration)
일정한 사실 또는 법률관계를 행정청 등에 비치되어 있는 공부(公簿)에 기재

하는 것을 말한다. 광의로 등록은 등기(登記)를 포함하나, 등기는 등기소에 비치되어 있는 등기부에 등기하여 행하는 데 반하여, 등록은 일반행정청 등에 비치되어 있는 공부에 등록하여 행한다. 또한 등기는 권리의 효력발생요건 또는 대항요건인 데 반하여 등록은 권리의 종류에 따라서 그 효력이 다르다. ① 특허권·상표권·디자인권·실용신안권 등의 산업재산권등록과 자동차저당·항공기저당의 등록과 같이 권리의 효력발생요건인 것, ② 등록국채증권의 상속·양도·입질(入質) 등의 등록, 어업권의 등록과 같이 제3자에의 대항요건인 것, ③ 의사·수의사·변리사의 등록과 같이 면허의 방법인 것, ④ 자동차·선박·항공기의 등록과 같이 일정한 행위를 하기 위한 요건인 것 등 여러 가지 기능을 가진다.

조세법상 등록은 납세의무자가 인적사항(人的事項)을 관할세무서에 신고하여 등재하는 것을 말한다. 현행 부가가치세법상 신규사업자는 사업개시일로부터 20일 이내 사업자등록을 신청하여야 하며, 다만 신규로 사업을 시작하려는 자는 사업 개시일 이전이라도 사업자 등록을 신청할 수 있다. 관할세무서는 3일 이내에 사업자등록증을 발급하도록 하고 있다.

참조조문 부법 8, 부령 11, 지법 28

등록말소(登錄抹消; cancellation of registration)

납세의무자의 인적사항이나 사업상황을 파악하여 행정업무를 효율적으로 처리하기 위하여 납세의무자가 신규로 사업을 개시하는 때에는 소정의 방법에 따라 사업장관할세무서장에게 사업자등록을 하도록 하고 있으며, 사업자등록을 한 사업자가 폐업하는 경우에는 정부는 지체없이 당해 사업자등록을 말소하도록 하고 있다.

등록말소는 사업장관할세무서장이 등록증을 회수하는 방법에 의하되, 등록증을 회수할 수 없는 경우에는 등록말소의 사실을 공시하여야 한다.

참조조문 부법 8 ⑦, 부령 15

등록면허세(登錄免許稅; registration license tax)

재산권, 기타 권리의 이동사항을 공부에 등기 또는 등록할 때 또는 각종 법령에 규정된 면허·인가·등록·심사 등 행정청의 처분을 받고자 하는 자에게 과세하는 지방세 중 도세(道稅)로서 보통세이다.

참조조문 지법 23~39, 법령 72 ②, 소령 89 ①

등록정정(登錄訂正; registration of revision)

사업자등록을 한 자가 등록사항에 변동이 발생한 때에는 지체없이 사업자의 인적사항, 사업자등록의 정정사항과 기타 필요한 사항을 기재한 사업자등록 정정신고서에 사업자등록증 및 임차한 상가건물의 해당 부분의 도면(⑦의 경우에 한함)을 첨부하여 관할세무서장에게 제출하여야 하며, 신고를 받은 사업장관할세무서장은 정정내용을 확인하고 사업자등록증의 기재사항을 정정하여 재교부하는 것을 등록정정이라고 하며 그 사유는 다음과 같다.

① 상호를 변경하는 때
② 법인 또는 법인으로 보는 단체 외의 단체(1거주자로 보는 단체)의 대표자를 변경하는 때
③ 사업의 종류에 변동이 있는 때
④ 사업장을 이전하는 때(사업자단위과세사업자의 경우에는 사업자단위과세적용 사업장을 말함)
⑤ 상속으로 인하여 사업자의 명의가 변경되는 때
⑥ 공동사업자의 구성원 또는 출자지분의 변경이 있는 때
⑦ 임대인, 임대차목적물·그 면적, 보증금, 차임 또는 임대차기간의 변경이 있거나 새로이 상가건물을 임차한 때
⑧ 사업자단위과세사업자가 사업자단위과세적용사업장을 변경하는 때
⑨ 사업자단위과세사업자가 종된 사업장을 신설 또는 이전하는 때
⑩ 사업자단위과세사업자가 종된 사업장의 사업을 휴업하거나 폐업하는 때
⑪ 사이버몰[전기통신사업법 제5조에 따른 부가통신사업을 하는 사업자(이하 "부가

통신사업자"라 함)가 컴퓨터 등과 정보통신설비를 이용하여 재화 등을 거래할 수 있도록 설정한 가상의 영업장을 말함. 이하 같다]에 인적사항 등의 정보를 등록하고 재화나 용역을 공급하는 사업을 하는 사업자(이하 "통신판매업자"라 함)가 사이버몰의 명칭 또는 인터넷주소자원에관한법률에 따른 인터넷 도메인이름을 변경하는 때

참조조문 부령 14

디자인권(디자인權; design right)

산업적 물품 또는 제품의 독창적이고 장식적인 외관 형상의 보호를 위하여 등록을 통하여 허용된 권리이며 산업재산권의 하나이다. 과거에는 '의장권'이라 하였으나, 2004년 12월 '의장법'이 '디자인보호법'으로 개정되면서 '의장권'이 '디자인권'으로 명칭이 바뀌었다. 디자인이란 물품의 형상·모양·색채 또는 이들을 결합한 것으로서 시각을 통하여 미적 감각을 향상시키는 것을 말한다. 디자인권 보호제도는 물품의 미적외관에 재산적 가치를 인정하여 참신하고 우수한 기능을 주는 디자인 창작자의 노력을 보호하기 위하여 창작자에게 일정기간 창작된 디자인에 대한 독점적인 권리를 부여하는 것이다. 이 권리는 등록함으로써 발생하며, 디자인권자는 그 등록의장으로 된 물건을 생활수단으로 제작, 사용, 판매할 권리를 독점한다. 디자인보호법상 디자인권의 존속기간은 디자인권의 설정등록이 있는 날부터 20년이다. 다만, 유사디자인의 디자인권의 존속기간 만료일은 그 기본디자인의 디자인권의 존속기간 만료일로 한다.

참조조문 법령 24, 디자인보호법 91

레저세(레저稅; leisure tax)

경륜·경정·경마 등에 대하여 과세하는 소비세 성격의 세금으로, 마권이나 경주권을 판매하는 한국마사회 또는 경주(경륜·경정)사업자가 마권 등의 발매금액에서 원천징수하여 다음달 10일까지 납부하는 조세를 말하며 과세대상은 다음과 같다.

① 경륜·경정법에 따른 경륜 및 경정

② 한국마사회법에 따른 경마

③ 그 밖의 법률에 따라 승자투표권, 승마투표권 등을 팔고 투표적중자에게 환급금 등을 지급하는 행위로서 대통령령으로 정하는 것

위의 과세대상을 사업으로 하는 자는 승자투표권, 승마투표권 등의 발매금 총액을 과세표준으로 10%의 세율을 곱하여 산출한 세액을 경륜장 등의 소재지 및 장외발매소의 소재지별로 안분계산하여 다음 달 10일까지 해당 지방자치단체의 장에게 각각 신고하고 납부하여야 한다.

참조조문 지법 40~46

로열티수익(로열티收益; Royalty revenue)

특허권, 상표권, 저작권 및 컴퓨터 소프트웨어와 같은 장기성자산의 사용대가로서 관련된 약정의 실질을 반영하여 발생기준에 따라 인식한다. 로열티수익은 일반적으로 약정조건에 따라 발생하므로 그 약정조건을 반영하여 인식한다. 그러나 약정의 실질을 고려할 때 다른 체계적이고 합리적인 기준을

적용하는 것이 보다 적절한 경우에는 그 기준을 적용한다.

참조조문 K-IFRS 1115호 B63

리스(lease)

리스제공자가 특정자산의 사용권을 합의된 기간 동안 리스이용자에게 이전하고 리스이용자는 그 대가로 사용료를 리스제공자에게 지급하는 계약을 말한다. 리스의 정의는 포괄적인 것으로 여신전문금융업법상 시설대여거래뿐 아니라 이와 유사한 렌탈거래 및 임대차거래도 모두 포함한다. 리스자산의 소유에 따른 위험과 효익이 리스이용자에게 이전되는 정도에 따라 금융리스와 운용리스로 분류한다. 여기에서 위험이라 함은 자산의 운휴, 기술적 진부화로 인한 손실 및 경제여건의 변화에 따른 이익변동의 가능성을 포함한다. 그리고 효익이라 함은 자산을 내용연수 동안 운용하여 발생하는 수익이나 가치증대 또는 잔존가치의 실현에서 발생하는 이익 등에 대한 기대치를 말한다. 기업회계기준에서는 실질우선원칙(substance over form)에 따른 분류와 회계처리를 강조한다.

참조조문 K-IFRS 1116호, 일반기준 13장 13.4~13.5

리스기간(리스期間; lease term)

리스이용자가 특정자산을 리스하기로 약정을 맺은 해지 불가능한 기간과 추가적인 대가의 지급 여부에 관계없이 리스이용자가 그 자산에 대하여 리스를 계속할 수 있는 선택권을 가지고 있으며, 리스약정일 현재 리스이용자가 이 선택권을 행사할 것이 확실시되는 경우 당해 추가기간을 포함한다.

참조조문 K-IFRS 1116호 18~21

만기보유금융자산(滿期保有金融資産; held to maturity investments)

만기가 고정되었고 지급금액이 확정되었거나 결정가능한 비파생금융자산으로서 만기까지 보유할 적극적인 의도와 능력이 있는 경우의 금융자산(기업회계기준서 제1039호 '금융상품 : 인식과 측정'의 부록 A의 문단 AG16~AG25 참조)이다. 다만, 다음의 경우는 제외한다.

① 금융자산의 최초 인식시점에 당기손익인식 항목으로 지정한 경우

② 금융자산을 매도가능금융자산으로 지정한 경우

③ 금융자산이 대여금 및 수취채권의 정의를 충족하는 경우

참조조문 K-IFRS 1039호 9

만기보유증권(滿期保有證券; held-to-maturity)

유가증권의 분류 중 하나로서 만기가 확정된 채무증권으로 상환금액이 확정되거나 확정이 가능하며 만기까지 보유할 적극적인 의도와 능력이 있는 것을 말한다. 만기까지 보유할 경영자의 적극적인 의도와 기업의 보유능력을 필요조건으로 한다.

참조조문 일반기준 6장 2절 6.22~6.27

매각(賣却; disposal, sale)

일반적으로 매각이란 물건을 팔아버리는 것을 말하나, 세법상 매각이란 국세채권에 충당하기 위하여 압류 또는 담보로 제공받은 물건 또는 재산을 금전으로 환가하는 처분(處分)을 말한다. 매각처분은 체납자의 의사에 의하지

아니하고 강제적으로 그 권리의 이전을 생기게 하나, 매수인이 권리를 취득하는 관계는 사법상(私法上)의 매매와 유사하므로 승계취득(承繼取得)이 된다. 매각처분은 압류재산 또는 담보제공재산의 처분권의 행사로서 매각하는 체납처분절차상의 일환인 공법상의 행정처분(行政處分)이다. 매각방법은 공매와 수의계약이 있으며 공매는 다시 입찰과 경매로 나누어진다.

참조조문 국징법 61~79

매각예정가격(賣却豫定價格; estimated price of sale, probable price of sale)
체납처분으로 압류한 재산을 공매할 경우에 세무서장이 공매재산의 객관적인 시가를 기준으로 예정한 공매재산가격(公賣財産價格)을 말하며 공매재산의 최저공매가격으로서의 의미를 갖는다. 세무서장 등은 압류재산을 공매에 붙이고자 할 때에는 그 매각예정가격을 정하여야 하고, 매각예정가격을 정하기 어려운 때에는 감정평가및감정평가사에관한법률에 따른 감정평가업자에 의뢰하여 그 감정인이 작성한 감정가격을 참고로 할 수 있다.

참조조문 국징법 63, 국징령 70

매도가능금융자산(賣渡可能金融資産; available for sale financial assets)
매도가능항목으로 지정한 비파생금융자산 또는 다음으로 분류되지 않는 비파생금융자산을 말한다.
① 대여금 및 수취채권
② 만기보유금융자산
③ 당기손익인식금융자산

참조조문 K-IFRS 1039호 9

매도가능증권(賣渡可能證券; available-for-sale)
유가증권의 분류 중 하나로서 단기매매증권, 만기보유증권, 지분법적용투자주식으로 분류되지 않는 그 밖의 모든 유가증권을 말한다. 즉 지분법적용투자주식 또는 단기매매증권이 아닌 주식이나 만기보유증권 또는 단기매매증권이 아닌 채권을 말하며, 재무상태표일로부터 1년 내에 만기가 도래하거나 매도 등에 의하여 처분할 것이 거의 확실한 경우(유동자산으로 분류)를 제외하고는 투자자산으로 분류한다.

참조조문 일반기준 6장 2절 6.22~6.27

매도담보(賣渡擔保; mortgage of sale)

매매의 형식에 의한 물적담보(物的擔保)를 말한다. 매도담보는 융자를 받는 자가 목적물을 융자자에게 매도하고 대금으로서 융자를 받아 일정한 기한 내에 원리금에 상당한 금액으로 이것을 다시 산다는 방법을 취하는 담보형태이며 다시 사지 않으면 목적물은 확정적으로 융자자에게 귀속하고 융자관계는 종료한다. 매도담보는 소유권이전형식에 의한 담보방법이라는 점에서 양도담보(讓渡擔保)와 비슷한 제도이나, 매도담보에서는 융자를 받는 자가 융자에 관한 채무를 부담하지 않으므로 융자자는 변제를 청구할 권리를 가지지 않으며 목적물이 멸실되면 손실은 융자자에게 돌아간다는 점에서 양도담보와 다르다.

참조조문 국기통 42-0···1

매도옵션(賣渡옵션; put option)

옵션매입자가 만기에 통화나 증권을 특정가격으로 매도할 수 있는 선택권을 말한다. 매입자에게 가격이 불리하면 매도하지 않을 수도 있으며, 풋옵션, 풋이라고도 한다.

참조조문 K-IFRS 1039호 BC24

매수법(買受法; purchase method)

기업인수·합병등에관한회계처리준칙에 의하면 기업결합은 거래의 실질에 따라 매수와 지분통합으로 구분하며, 매수기업결합에 대해서는 매수법을, 지분통합기업결합에 대해서는 지분통합법을 적용하여 회계처리하도록 하고 있다. 매수법은 합병의 본질을 합병당사회사간의 일반적인 교환거래로 보아 피합병회사의 자산·부채를 공정가액으로 회계처리하는 데 반하여 지분통합법은 합병의 본질을 본래부터 동일한 실체인 두 회사가 경제적가치의 변화없이 법률적 소유구조만 변경하는 것으로 보아 피합병회사의 자산과 부채가 장부가액 그대로 합병회사에 승계되는 것으로 회계처리한다.

참조조문 기업인수·합병등에관한회계처리준칙 4-1

매입세액(買入稅額; input tax)

자기의 사업을 위하여 사용되었거나 사용될 재화 또는 용역의 공급과 재화의 수입에 대한 부가가치세액을 말한다. 또한 거래상대방 또는 세관장으로부터의 거래징수당한 부가가치세를 말하며, 부가가치세납부세액 산정시 매출세액에서 공제된다.

참조조문 부법 38, 부령 74

매입세액불공제(買入稅額不控除; exclusion of input tax deduction)

부가가치세납부세액 또는 환급세액의 계산에 있어서 법이론상의 이유나 조세정책상의 이유로 재화 또는 용역을 공급받은 사업자의 매입세액을 매출세액에서 공제하지 아니하는 것을 말한다.

현행 부가가치세법상 세금계산서미수취·미제출·부실기재, 사업과 직접 관련이 없는 지출에 대한 매입세액, 영업외용도로 사용하는 개별소비세 과세대상 자동차와 그 유지에 관한 매입세액, 접대비 및 이와 유사한 비용에 대한 매입세액, 면세사업과 관련된 매입세액, 토지관련 매입세액, 등록 전의 매입세액에 대하여는 매입세액을 공제하지 아니한다.

참조조문 부법 39, 부령 74~80

매입세액안분계산(買入稅額按分計算; calculated division of input tax)

사업자가 부가가치세 과세사업과 면세사업을 겸영하는 경우에 과세사업에 관련된 매입세액은 매출세액에서 공제되나, 면세사업에 관련된 매입세액은 매출세액에서 공제되지 아니한다. 이 경우 면세사업에 관련된 매입세액의 계산은 실지귀속(實地歸屬)에 따라 하되, 과세사업과 면세사업에 공통으로 사용되어 실지귀속을 구분할 수 없는 공통매입세액의 경우에는 일정한 방법에 따라 안분하여 계산한 금액을 면세사업에 관련된 매입세액으로 보는데, 이를 매입세액의 안분계산이라 한다.

과세사업과 면세사업에 공통으로 사용되어 그 실지귀속을 구분할 수 없는 공통매입세액에 대하여 면세사업에 관련된 매입세액은 당해 과세기간의 공급가액에 의하여 안분계산함을 원칙으로 하나, 당해 과세기간 중 과세사업과 면세사업의 공급가액이 없거나 어느 한 사업의 공급가액이 없는 경우에는 ① 면세매입가액비율, ② 예정면세공급비율, ③ 예정면세사용면적비율순으로 안분계산한다. 다만, 건물을 신축 또는 취득하여 과세사업과 면세사업에 제공할 예정면적을 구분할 수 있는 경우에는 예정면세사용면적비율을 우선 적용하여 안분계산한다.

한편, 공급받은 과세기간 중에 공급하여 과세표준안분계산을 한 재화의 매입세액은 직전 과세기간의 공급가액비율에 의하여 안분계산한다.

그러나 다음의 경우에는 매입세액의 안분계산을 하지 아니하고 공통매입세액 전액을 공제되는 매입세액으로 한다.

① 해당 과세기간의 총공급가액 중 면세공급가액이 100분의 5 미만인 경우(단, 공통매입세액이 5백만원 이상인 경우는 제외)

② 해당 과세기간 중의 공통매입세액이 5만원 미만인 경우

③ 재화의 공급하는 날이 속하는 과세기간에 신규로 사업을 개시하여 직전 과세기간이 없는 경우

참조조문 부령 81, 부칙 54

매입에누리(買入에누리; purchases allowance)

물품의 매입에 있어서 그 품질·수량·인도·판매대금결제 기타 거래조건에 따라 그 물품의 매입당시에 통상의 매입가액에서 일정액을 직접 공제하는 금액과 매입한 상품 또는 제품에 대한 부분적인 감량·변질·파손 등에

의하여 매입가액에서 직접 공제하는 금액을 말한다. 매입에누리액은 매입가액에 포함하지 아니한다.

참조조문 법령 19 1호, 소령 55 ① 1호, 부법 29 ⑤

매입채무(買入債務; account payables)

기업의 주된 영업활동과정 중 원재료의 구입과 같은 일반적 상거래에서 발생한 외상매입금과 지급어음을 말한다. 따라서 설비구입대금 등과 같이 일반적인 상거래 이외에서 발생한 채무는 미지급금으로 계상하여야 하고 차입을 위하여 금융기관에 발행한 어음은 단기차입금으로 분류하여야 한다.

매입처별세금계산서합계표(買入處別稅金計算書合計表; sum table of tax in-voices on place of purchase)

세금계산서합계표의 일종으로 부가가치세과세대상이 되는 거래 중 매입처별로 공급받은 가액을 합계하여 부가가치세과세기간에 대한 예정·확정신고시 제출하는 세금계산서합계표를 말한다. 매출처별로 공급한 거래가액을 합계한 세금계산서합계표는 매출처별세금계산서합계표라고 한다.

참조조문 부법 54, 법법 120의 3

매입할인(買入割引; purchase discount)

외상매입금을 그 약정기일 전에 지급함으로써 지급일부터 약정기일까지의 일수에 따라 일정액의 할인을 받는 것을 말한다.

기업회계기준에서는 매출원가 계산시 상품의 총매입액에서 매입에누리와 환출 및 매입할인을 차감한다. 법인세법과 소득세법 모두 매입할인금액을 기업회계기준과 동일하게 취급한다.

참조조문 소령 55 ① 1호, 법령 19 1호, 부법 29 ⑤

매출(賣出; sales)

기업이 영업을 목적으로 하는 상품 등의 판매 또는 용역의 제공을 행하고 대가를 받음으로써 실현되는 수익(收益)을 말한다. 매출액은 기업의 주된 영업활동에서 발생한 제품, 상품, 용역 등의 총매출액에서 매출할인, 매출환입, 매출에누리 등을 차감한 금액이며 차감대상금액이 중요한 경우에는 총매출액에서 차감하는 형식으로 표시하거나 주석으로 기재한다. 또한 매출액은 업종별이나 부문별로 구분하여 표시할 수 있으며, 반제품매출액, 부산물매출액, 작업폐물매출액, 수출액, 장기할부매출액 등이 중요한 경우에는 이를 구분하여 표시하거나 주석으로 기재한다.

참조조문 일반기준 2장 2.46~2.47

매출가격환원법(賣出價格還元法; retail method(K-IFRS))

재고자산 평가방법의 일종으로 소매재고법이라고도 한다. 매가환원법은 판매가기준으로 평가한 기말재고금액에 구입원가·판매가 및 판매가변동액에 근거하여 산정한 원가율을 적용하여 기말재고자산의 원가를 결정하는 방법이다. 이 방법은 정확하지는 않으나 계산이 간편하여 백화점 및 유통업 등과 같이 비교적 낮은 단가이면서 다수의 품목을 취급하는 업종에서 널리 이용되고 있다.

참조조문 법령 74 ① 1호 바목, K-IFRS 1002호 22, 일반기준 7장 7.15, 소령 91 ②

매출세(賣出稅; sales tax)

재화의 판매에 수반하여 과세되는 조세로서 일반소비세의 한 형태이다. 매출세의 구체적인 과세표준은 매출액이며 과세형태는 단단계과세와 다단계과세로 구별된다. 단단계매출세는 다시 제조단계에서의 과세, 도매단계에서의 과세와 소매단계에서의 과세로 분류되며, 다단계매출세는 이들 전단계 또는 여러 단계에서 과세하는 것이다. 부가가치세는 다단계과세의 매출세로 분류할 수 있다.

매출세액(賣出稅額; sale tax amount)

부가가치세의 과세대상이 되는 재화의 공급 또는 용역의 공급에 대하여 거래상대방으로부터 거래징수하였거나 거래징수하여야 할 부가가치세를 말한다. 매출세액은 당해 예정신고기간 또는 과세기간 중에 공급된 재화 또는 용역의 공급가액의 합계액에 세율을 적용하여 계산한 금액으로 한다.

참조조문 부법 37

매출에누리(賣出에누리; sales allowance)

물품의 판매에 있어서 그 품질·수량 및 인도·판매대금 기타 거래조건에 따라 그 물품의 판매당시에 통상의 매출가액에서 일정액을 직접 공제하는 금액과 매출한 상품 또는 제품에 대한 부분적인 감량·변질·파손 등에 의하여 매출가액에서 직접 공제하는 금액을 말한다.

손익계산서 작성시 매출에누리는 총매출액에서 차감하는 형식으로 기재하며, 법인세법 및 소득세법도 매출에누리를 기업회계기준과 동일하게 취급한다. 부가가치세법상으로도 과세표준 계산시 포함하지 아니한다.

참조조문 일반기준 2장 2.46, 법령 11 1호, 소령 51 ③ 1호의 2, 부법 29 ⑤

매출원가(賣出原價; cost of goods sold)

매출액에 대응하는 상품 및 제품 등의 매입원가 또는 제조원가를 말하며, 매입 또는 제조에 직접 소요된 제 비용을 포함한다. 매출원가는 상품 내지 제품 등의 매출수익(賣出收益)에 대응하는 비용으로서 기초재고액에 당기상품매입액(또는 당기제품제조원가)을 더하고 기말재고액을 공제하여 산정된다.

참조조문 일반기준 2장 2.48

매출채권(賣出債權; account receivable)

기업의 주된 영업활동과정에서 재화나 용역을 판매하는 것과 같은 수익창출 활동으로부터 발생한 채권을 말한다. 즉 매출채권이란 당해 기업의 사업목적을 위한 경상적 영업활동인 재화의 판매 및 용역의 제공과 관련된 신용채권으로서 외상매출금과 받을어음이 이에 해당한다.

기업회계기준에서는 외상매출금과 받을어음을 합하여 매출채권이란 과목으로 통합하고 있다. 실무상으로는 외상매출금이나 받을어음이 중요하다 판단되면 각각 독자적으로 계상해도 된다.

매출처별세금계산서합계표(賣出處別稅金計算書合計表; sum table of tax in－voices on place of sales)

✎ 매입처별세금계산서합계표 참조

매출총손익(賣出總損益; gross profit and loss on sales)
기업의 영업활동결과에 따라 얻은 매출액에서 매출원가를 차감한 금액을 말한다. 매출액이 매출원가보다 큰 경우는 매출총이익이, 작은 경우에는 매출총손실이 나타난다. 매출총손익은 기업의 영업손익의 원천이 된다.

매출할인(賣出割引; sales discount)
외상매출금을 약정기일 전에 회수함으로써 회수일로부터 그 기일까지의 일수에 따라 일정한 금액을 할인하는 것을 말한다.
기업회계기준에서 매출액의 계산시 상품의 총매출액에서 매출에누리와 환입 및 매출할인을 차감한다.
법인세법상 법인의 각사업연도소득 계산에 있어서는 외상매출금을 결제하는 경우의 매출할인은 수입금액에서 차감되며 소득세법과 부가가치세법도 법인세법과 동일하다.

참조조문 부법 29 ⑤, 법령 11 · 68 ⑤, 소령 51 ③ 1호의 3

면세(免稅; tax exemption)
면세제도는 조세(租稅)의 전부에 대한 납부의무를 면제하는 것으로서 조세의 일부에 대한 납부의무를 면제하는 감세제도(減稅制度)와 더불어 조세감면제도를 이루며, 일단 과세대상에 포함되어 발생한 조세의 납부의무를 특정한 경우에 해제하는 것이라는 점에서 처음부터 과세대상에 포함되지 않는 것으로 하여 조세의 납부의무가 발생하지 않는 비과세제도(非課稅制度)와 구별된다.

부가가치세법에서는 매출금액에 영의 세율을 적용함으로써 매출단계에서도 부가가치세를 면제받고 거래전단계에서 부담한 매입세액도 환급받게 되어 부가가치세 부담이 전혀 없게 되는 완전면세형태인 영세율제도와 그 적용대상이 되는 단계의 부가가치세만을 단순히 면제해 줌으로써 거래전단계에서는 부가가치세를 부담(매입세액불공제)하게 되는 면세제도가 있다. 부가가치세는 일반소비세로서 그 과세대상을 재화 및 용역의 공급, 재화의 수입으로 포괄적으로 규정하고 있지만 세부담의 역진성 완화 및 조세정책적인 고려 등에 의하여 예외적으로 면세규정을 두고 있으나, 면세제도는 부가가치세의 경제적 중립성을 저해하는 요인이 되기 때문에 세부담의 역진성 측면을 중시한 나머지 면세범위를 확대하는 것은 대물세인 부가가치세의 성격상 바람직하지 못하다 할 것이므로 우리나라 부가가치세법에서도 면세대상을 주로 기초생활필수품, 국민후생적 용역, 생산요소 용역, 문화·금융·인적용역 등으로 그 범위를 최소화하고 있다.

참조조문 부법 26~28

면세물품(免稅物品; articles free from taxes)

과세물건을 기준하여 면세하는 경우에 그 면세되는 특정의 물품을 말한다. 물품에 대한 면세는 주로 간접세에 대한 면제로서 부가가치세법상의 면세재화, 개별소비세법상의 외국인전용판매장의 면세물품, 주세법상의 면세물품, 조세특례제한법상의 면세물품 등이 있다. 특정물품을 면세로 규정한 것은 그 면세물품의 소비자의 부담을 경감시켜 주기 위한 것이다.

참조조문 부법 26, 개소법 15~19의 3, 주법 31·32, 조특법 106~117

면세반출(免稅搬出; tax-free taking out)

개별소비세의 과세물품과 주세의 과세주류는 반출하는 때에 납세의무가 성립되고 납세의무성립일로부터 일정기한 내에 신고·납부를 이행하여야 한다. 이와 같이 반출하는 때에 과세되는 것을 반출과세(搬出課稅)라고 하는데,

그 반출하는 물품이나 주류가 면세요건에 해당하여 과세하지 아니하고 반출하는 것을 면세반출이라고 한다. 면세반출이 된 후 일정기한 내에 면세용도에 사용하지 않으면 면제세액을 추징하게 된다.

참조조문 개소법 15~18, 주법 31, 주령 36

면세사업(免稅事業; tax-free business)

넓은 의미로 면세사업은 조세법에서 면세로 규정한 사업이라고 정의할 수 있으나, 일반적으로는 부가가치세가 면제되는 재화·용역의 공급을 영위하는 사업을 말한다.

부가가치세법 제26조와 제27조에서 부가가치세가 면제되는 재화 또는 용역의 공급을 규정하고 있는데, 동 규정에서 열거한 재화·용역을 공급하는 사업을 면세사업이라 한다. 이러한 면세사업을 영위하는 사업자는 소득세법 또는 법인세법의 규정에 의하여 등록하여야 하고, 과세자료의 효율적인 처리, 기타 행정의 편의를 위하여 등록번호에 준하는 고유번호를 부여하게 된다. 면세사업의 경우에는 부가가치세법의 규정을 적용하지 아니하므로 부가가치세법상의 거래징수의무·신고납부의무·세금계산서의 발급의무 등의 제반의무가 면제된다. 다만, 소득세법·법인세법상의 의무를 부담하게 되고 거래시에 계산서 또는 영수증을 교부하여야 하며, 교부한 계산서와 발급받은 계산서 또는 세금계산서는 신고와 함께 정부에 제출하여야 한다.

참조조문 부법 26~27, 소법 163·168, 법법 111·121

면세소득(免稅所得; tax-exempt income)

일반소득과 같이 과세되어야 하나, 산업정책상의 이유, 기타의 이유에서 그 소득에 대한 과세를 면제받는 소득을 말한다. 따라서 납세의무자의 면제신청을 요하는 것이 일반적이므로 신청을 요하지 아니하는 비과세소득과는 다르다.

면세용역(免稅用役; tax-free service)

계약상·법률상의 모든 원인에 의하여 역무를 제공하거나 재화·시설물 또는 권리를 사용하게 하는 용역의 공급 중에서 부가가치세가 면제되는 용역을 말한다.

참조조문 부법 26

면세재화(免稅財貨; tax-free goods)

부가가치세가 과세되지 아니하고 면제되는 재화를 말한다.

참조조문 부법 26

면세점(免稅點; tax exemption limit)

과세표준이 일정한 가액이나 수량에 미치지 못할 때 과세하지 않는데 그 과세되지 않는 한계인 일정한 가액이나 수량을 말한다. 기초공제·배우자공제 등을 합계한 금액과 동일수준에 소득세가 과세되지 않고 이를 상회하는 부분에만 과세될 때 그 세금이 부과되는 최저한의 소득인 과세최저한과 구별된다. 비과세와 달리 그 금액을 처음부터 과세표준에 포함하지 않는 것을 의미하지는 않는다. 따라서 면세점을 초과한 금액의 경우에는 그 금액에서 면세점의 금액을 공제할 수 없고, 당해 금액의 모두가 과세표준이 됨으로써 면세점의 초과 여부에 따라 급격한 조세부담의 차이가 생기는 결점이 있다.

참조조문 지법 17

면세점(免稅店; duty-free shop)

외화획득이나 외국인여행자의 편의를 도모하기 위하여 공항대합실이나 시중에 설치된 비과세상점을 말한다. 우리나라에 주재하는 외교관 등이 면세점으로부터 재화 또는 용역을 구입하거나 제공받는 경우에 부담하는 부가가치세(연간 100만원 한도)는 그 외교관 등에게 환급할 수 있다.

참조조문 조특법 107 ⑦, 조특령 108, 부령 53

면세주류(免稅酒類; exempt liquor)

주세(酒稅)의 부담이 면제된 주류를 말한다. 면세주류는 일반적으로 주세법에 의한 것과 조세특례제한법에 의한 것이 있고, 그밖에도 조약, 기타 특별법의 규정에 따른 것이 있다. 면세주류를 소정의 용도에 제공하지 아니할 경우는 주세의 추징사유가 되며, 부정유출된 면세주류를 판매하거나 판매의 목적으로 소지한 자는 조세범처벌법에 의하여 처벌을 받게 된다.

참조조문 주법 31, 조특법 115

면세포기(免稅抛棄; abandonment of tax-free)

부가가치세가 면제되는 재화 또는 용역의 공급에 대하여 소정의 경우에는 당해 사업자가 면세포기신고를 함으로써 부가가치세의 면세를 받지 아니하고 과세사업자가 될 수 있도록 하고 있는데, 이를 면세포기라 한다.

부가가치세가 면제되는 재화 또는 용역의 공급으로서 면세포기대상은 영세율적용의 대상이 되는 경우와 학술연구단체 또는 기술연구단체가 공급하는 재화 및 용역에 한한다.

면세포기를 하고자 하는 사업자는 면세포기신고서에 의하여 그 뜻을 사업장 관할세무서장에게 신고(국세정보통신망에 의한 신고 포함)하고 지체없이 사업자등록을 하여야 하며, 신규로 사업을 개시하는 때에는 면세포기신고서를 사업자등록신청서와 함께 제출할 수 있다.

참조조문 부법 28, 부령 57, 부칙 44

면제(免除; exemption, tax-free)

채권자의 채무자에 대한 일방적 의사표시에 의하여 채권을 무상으로 소멸시키는 것을 말한다. 즉 면제는 채무자의 승낙을 필요로 하지 않는 채권자의 단독행위이며 그것은 결국 채권의 포기에 지나지 않는다. 따라서 채권을 포기하겠다는 의사가 채무자에게 표시되었다면 어떤 방식이든 무방하다.

법인세법 또는 소득세법상 채무면제이익에 대하여는 각각 익금, 총수입금액에 산입한다. 단, 이월결손금보전에 사용된 경우에는 그러하지 아니한다.

참조조문 법령 11, 소령 51

면제대상자(免除對象者; exemption object)

납세의무를 면제하는 대상이 되는 사람을 말한다. 세액의 공제나 감면은 특정인 또는 특정물품에 대하여 납부할 세액의 일부를 면제하여 주는 것을 말하나, 면제는 납세의무 전액을 면제하여 주는 데에서 차이가 있다. 납세자를 기준하여 그 납부할 의무를 면제해 주는 개념으로 쓰이는 경우와 실질적인 담세자를 기준으로 담세를 면제해 주는 경우가 있는데, 직접세의 면제는 주로 전자를 뜻하고 간접세의 면제는 주로 후자를 뜻한다.

면제사업(免除事業; exempted business)

세법 또는 법률의 규정에 의하여 법인세·소득세가 면제 또는 감면되는 사업을 말한다. 일반적으로 면제사업이라고 하면 넓은 의미로 국세·지방세의 면제 등을 받는 사업을 말하나, 이 경우의 면제사업은 사업의 소득에 과세하는 법인세 또는 소득세가 면제 또는 감면되는 사업을 말한다.

기업에 대한 조세지원제도는 세액감면·소득공제 및 준비금 등이 있으나, 면제사업은 동 사업의 소득에 대하여 세액감면이나 소득공제되는 사업을 말한다.

멸실(減失; destruction)

물건이 물건으로서의 물리적 존재를 상실하는 것을 말하며, 그것이 재해에 의하거나 사람의 행위에 의한 것인가를 불문한다. 어떤 권리가 법률상의 존재를 상실하는 것을 나타내는 경우에는 소멸이라고 한다. 법인세법에 따르면 고정자산으로서 천재지변·화재 등의 사유로 파손되거나 멸실된 것은 자산의 장부가액을 감액하거나 즉시상각의제로 손금에 산입할 수 있다. 부가가치세법에서는 공급받는 자에게 도달하기 전에 파손되거나 훼손되거나 멸실한 재화의 가액은 공급가액에 포함하지 않는다. 멸실은 법으로 정해진 자산 감액 사유이다.

참조조문 법법 42, 법령 31, 부법 29 ⑤ 3, 지법 63

명목회사(名目會社; paper company)

실체가 없는 이름뿐인 회사를 말한다. 즉 사업장 등 물리적 실체없이 서류상으로만 존재하는 회사로 조세회피의 수단으로 조세피난처에 설립하는 경우가 종종 있다.

명예퇴직수당(名譽退職手當; voluntary retirement allowance)

국가공무원법 또는 지방공무원법상의 공무원으로서 20년 이상 근속한 자로서 자진하여 퇴직하는 경우에 지급받는 수당을 말한다.

이와 더불어 공무원으로서 1년 이상 20년 미만 근속한 자로서 직제와 정원의 개폐 또는 예산의 감소 등에 의하여 폐직 또는 과원이 되었을 때에 그 폐직 또는 과원이 된 날부터 1년 이내에 자진하여 퇴직한 경우에 지급하는 조기퇴직수당이 있다.

소득세법상 명예퇴직수당도 퇴직소득의 범위에 포함되어 소득금액 계산에 있어서 퇴직소득공제를 인정하고 있다.

참조조문 소법 22 ① · 48 ①

명의개서(名義改書; stock transfer)

실체상의 권리자의 변경에 대응하여 증권상 혹은 장부상의 명의인의 표시를 고쳐 쓰는 것으로서 회사 기타 제3자에 대한 권리이전의 대항요건으로서 특히 중요하다. 주식의 명의개서청구권은 주권소지인이 주주권을 회사에 대하여 행사하기 위한 전제로서 가지는 권리이므로 주권소지인은 단독으로 이를 행사할 수 있으며, 양도인인 등록주주의 협력을 요하지 않는다. 명의개서청구권은 주식양도의 자유에 대응하는 것이지만 주식회사의 사무처리상 설정되는 주주명부의 폐쇄기간 중에는 그 행사가 제한된다.

참조조문 상법 337

명의신탁(名義信託; trust of name)

수탁자에게 재산의 소유명의가 이전되지만 수탁자는 외관상 소유자로 표시될 뿐이고 적극적으로 그 재산을 관리·처분할 권리의무를 가지지 아니하는 신탁을 말한다. 명의신탁의 대상이 되는 재산은 등기·등록 등 공부(公簿)에 의하여 소유관계를 표시할 수 있는 것에 한하며, 명의신탁의 명의는 소유명의(所有名義)만을 의미하므로 소유권에 관하여서만 명의신탁이 인정된다.

목적세(目的稅; earmarked tax)

보통세(普通稅)에 대한 반대개념으로서 특정한 사용목적에 충당하기 위하여 부과하는 조세를 말한다. 원래 조세는 일반경비의 재원에 충당하기 위하여 부과하는 것이 원칙이지만, 예외로 지방자치단체가 행하는 특정사업에 있어서 수익관계(收益關係)가 있는 자에 대하여 이에 필요한 경비를 충당하기 위하여 특별히 과세하는 경우가 있다. 목적세는 납세자의 수익의 정도에 대응하여 과세되어야 하며, 현행 조세법상에서는 국세 가운데 교육세·교통·에너지·환경세·농어촌특별세와 지방세 중 지역자원시설세·지방교육세가 목적세이다.

참조조문 지기법 7·8

무권대리(無權代理; representation without agency)

일반적으로 무권대리라 함은 대리권(代理權) 없이 행한 대리행위, 즉 대리의 다른 요건은 갖추어져 있지만 대리권만이 없는 행위를 말한다. 민법은 무권대리를 둘로 나누어 무권대리인과 본인과의 사이에 특정의 긴밀한 관계가 존재하는 경우와 그렇지 않는 경우를 따로 규정하고 있으며, 전자를 표현대리(表見代理), 후자를 협의(狹義)의 무권대리라고 한다.

참조조문 민법 130

무능력자(無能力者; incompetent)

민법상 행위능력이 없는 자를 말한다. 현행법상의 무능력자로는 미성년자(未

成年者)·피성년후견인(被成年後見人)·피한정후견인(被限定後見人) 등이 있다. 무능력자는 의사능력(意思能力)이 불완전한 것을 이유로 하여 그가 행한 법률행위를 항상 취소할 수 있는 상태에 두어 이 자들을 보호함과 동시에 무능력자를 정형화(定型化)함으로써 거래의 안전 및 무능력자의 상대방의 보호를 도모하려는 데 그 목적이 있다.

무담보배서(無擔保背書; unsecured endorsement)

어음 또는 수표의 배서인이 어음(수표)상의 책임을 지지 않겠다는 뜻의 기재를 하는 배서를 말한다. 본래 배서인은 인수(引受) 및 지급(支給)의 담보책임을 부담하는 것이 원칙이지만, 발행인과는 달라서 종국적인 의무자는 아니므로 이러한 책임을 부담하지 않는다는 뜻을 기재할 수가 있는 것이며, 이 무담보배서에 의하여 담보책임을 면하게 된다. 무담보배서의 효력은 '배서'의 행위로서 무담보문구를 기재한 배서인에 대하여서만 생기고 그 전자 및 후자의 담보책임에 영향을 미치지 아니한다.

무면허주류제조범(無免許酒類製造犯; criminal of unlicensed liquor manufacturing and selling)

주세법은 "주류를 제조하려는 자는 주류의 종류별로 주류의 제조장마다 대통령령으로 정하는 시설기준과 그 밖의 요건을 갖추어 관할세무서장의 면허를 받아야 한다." 그리고 "주류판매업을 하려는 자는 주류판매업의 종류별로 판매장마다 대통령령으로 정하는 시설기준과 그 밖의 요건을 갖추어 관할세무서장의 면허를 받아야 한다."고 규정하고 있다. 이와 같은 주세법에 의한 주류제조의 면허 및 주류판매업의 면허를 받지 않고 주류 등을 제조 또는 판매한 자를 무면허주류제조범이라 하고, 조세범처벌법상 3년 이하의 징역 또는 3천만원 이하의 벌금을 부과할 수 있다. 그러나 자가소비목적으로 탁주 등을 제조한 자는 무면허주류제조범에서 제외한다.

참조조문 주법 6·8, 처법 6

무보증잔존가치(無保證殘存價値; unguaranteed residual value)

리스제공자가 실현할 수 있을지 확실하지 않거나 리스제공자의 특수관계자 만이 보증하는 리스자산의 잔존가치 부분을 말한다.

참조조문 K-IFRS 1116호, 일반기준 13장

무상주(無償株; bonus stock)

법인이 자본잉여금 또는 이익잉여금을 자본전입하는 경우에 신주를 발행하여 주주들에게 무상으로 교부하게 되는데 이를 무상주라 한다. 이 경우에는 자본금이 증가하고 그 자본전입액을 액면가액으로 나눈 수의 신주가 발행된다. 소득세법 또는 법인세법상 잉여금의 전부 또는 일부를 자본 또는 출자에 전입함으로써 주주 또는 사원, 출자자가 취득하는 무상주에 대하여는 의제배당으로 과세된다. 다만, 주식발행초과금, 감자차익(자기주식소각익은 소각당시의 시가가 취득가액을 초과하지 아니하는 경우로서 소각일부터 2년이 지난 후의 자본전입하는 것에 한함), 합병차익(합병평가차익 등은 제외), 분할차익(분할평가차익 등은 제외), 재평가적립금(익금에 산입되는 토지의 재평가상당액은 제외)에 해당하는 금액을 자본에 전입하는 경우를 제외한다.

기업회계에서는 준비금(자본잉여금 또는 법정적립금)의 자본전입은 물론이고 주식배당도 배당이 아니라 주주지분의 재분류에 불과하다. 한편, 상법의 다수설은 준비금의 자본전입은 배당이 아니지만 주식배당은 배당에 해당한다고 보고 있다.

참조조문 법법 16, 소법 17

무상증자(無償增資; increase of capital stock without consideration)

✎ 증자 참조

무제한납세의무자(無制限納稅義務者; unrestricted tax obligor)

전세계소득에 대해 납세의무가 있는 사람을 무제한납세의무자라 하며 제한 납세의무자와 상대되는 개념이다. 소득세법상 거주자와 법인세법상 내국법

인은 무제한납세의무자에 해당한다. 소득세법에서 국내에 주소를 두거나 1년 이상 거소를 둔 개인을 '거주자(居住者)'라 하는데, 거주자는 국내에서 발생하는 소득은 물론 국외에서 발생하는 소득에 대하여도 납세의무를 진다. 그리고 거주자의 국내외의 모든 상속·증여재산에 대하여 상속세및증여세법을 적용한다. 또한 법인세법상 내국법인도 국내외의 모든 소득에 대하여 법인세납세의무를 진다.

참조조문 법법 3, 소법 2, 상증법 3·4

무조건면세(無條件免稅; unconditional tax exemption)

개별소비세의 면세유형의 하나이다. 일반적으로 면세(免稅)라 함은 경제·사회·산업정책 그 밖의 이유에서 조세를 부과할 사람에게 일정한 조건하에 과세를 면제하는 것을 뜻한다. 무조건면세는 국가의 시책으로서 특정한 용도에 사용하는 과세물품을 판매장에서 판매하거나 제조장 또는 보세구역으로부터 반출함에 있어서 아무런 조건을 붙이지 아니하고 세액을 부담시키지 않는 제도를 말한다.

참조조문 개소법 19

무체재산권(無體財産權; right of intangible property)

산업재산권(특허권·실용신안권·상표권·디자인권)과 저작권 등과 같이 인간의 지적·정신적 실물(實物)로서 외형적인 형태가 없는 무체물에 대한 재산권을 말한다. 당해 지능적 창작물을 독점적으로 이용하는 권리이므로 재산적 가치를 가지나 동산·부동산과 같은 유체물을 지배하는 권리는 포함되지 않는다. 한편, 유체물에 대한 배타적 지배권은 물권에 속한다.

참조조문 상증법 64, 국징법 29·51

무한책임사원(無限責任社員; partner with unlimited liability, general partner)

회사 채무에 대하여 직접·무제한·연대책임을 지고 있는 사원을 말한다. 합명회사(合名會社)는 전원이 무한책임사원으로 구성되어 있고, 합자회사(合

資會社)는 무한책임사원과 유한책임사원으로 구성되어 있다.

무한책임사원의 책임은 ① 회사 재산으로 회사 채무를 완전히 변제할 수 없는 경우(채무초과) ② 회사 재산에 대한 강제집행이 유효하지 못한 경우에 구체화되는 것이므로 제2차적 책임이라고 할 수 있다. 회사 채권자의 청구에 대하여 회사에 변제자력이 있으며 집행이 용이한 것을 증명한 때에는 책임을 면할 수 있다. 또한 사원의 책임은 종속적인 것이므로 회사의 채무가 소멸되면 사원의 책임도 소멸되고 회사에 채무의 이행을 거절할 수 있는 항변사유가 있으면 사원도 그 사유를 원용하여 채권자에게 대항할 수 있다. 무한책임사원은 중대한 책임을 지는 반면, 회사의 경영에 관하여는 업무집행권·대표권을 가진다.

국세기본법과 지방세법상 무한책임사원은 법인의 납세의무에 대하여 제2차 납세의무를 진다.

참조조문 상법 212, 국기법 39, 지기법 46

무형자산(無形資産; intangible asset)

자산구분의 일종으로 고정자산 중 실체를 갖지 않는 유상으로 취득한 경제상의 지위 또는 법률상의 권리를 말한다. 산업재산권(특허권, 상표권, 실용신안권, 디자인권, 상호권 및 상품명), 광업권, 어업권, 라이선스와 프랜차이즈, 저작권, 컴퓨터소프트웨어, 개발비, 임차권리금, 사용수익기부자산 등이 그 예이다. 세법상 무형자산은 감가상각자산에 포함되며 법령에서 정하는 방법에 의해서 상각해야 한다.

기업회계기준에 따르면 그 자산의 추정내용연수 동안 체계적인 방법으로 상각하되 관계법령이나 계약에 정해진 경우 외에는 20년을 초과할 수 없으며, 내용연수 동안의 상각방법으로 다양한 방법을 사용할 수 있으나 합리적인 상각방법을 정할 수 없는 경우에만 정액법을 사용하도록 하고 있다.

참조조문 법령 26, 소령 62, K-IFRS 1038호, 일반기준 11장

문리해석(文理解釋; literally interpretation)

법의 해석방법 중의 하나로서의 문리해석은 법조문의 문자의 뜻을 하나하나 밝힌 후에 다시 조문 전체의 문자구성을 검토하여 그 의미내용을 명확히 하는 해석방법이다. 이것은 주로 조문의 어휘적·문법적인 해석을 꾀하는 것이며, 따라서 법해석의 기초를 이루는 동시에 해석의 제1단계에 속한다.

이에 대비되는 논리해석(論理解釋)은 법규의 문자나 문장의 문법적 의미에만 구애되지 않고, 법전 전체에 대한 유기적·논리적 연관성에 입각하여 법제정의 목적, 법적용결과의 합리성 등을 고려하여 법문(法文)이 가지는 통일적 의미를 논리적 방법에 의하여 확정하는 해석방법인 것이다. 이러한 논리해석 중에는 당연히 문리해석도 포함되나, 논리해석은 그것에 그치지 않고 문리해석을 기초로 하면서 다시 그것을 넘어서서 전개되는 것이다. 논리해석에는 다시 확장해석(擴張解釋)·축소해석(縮小解釋)·반대해석(反對解釋)·유추해석(類推解釋) 등이 포함된다.

세법의 해석은 원칙적으로 문리해석에 의해야 하며, 문리해석만으로는 그 의미를 확정할 수 없는 경우에 한하여 보충적·제한적으로 논리해석이 허용된다.

문예창작소득(文藝創作所得; income of literary and creative activity)

문예창작소득은 문예·학술·미술·음악 또는 사진에 속하는 창작품에 대하여 원작자로서 받는 소득으로 원고료, 저작권사용료인 인세, 미술·음악 또는 사진에 속하는 창작품에 대하여 받는 대가 중 어느 하나에 해당하는 것이다. 문예창작활동 등이 사업에 해당하는 경우에는 사업소득(사회 및 개인 서비스업)으로 분류한다.

창작품에는 법률에 따른 정기간행물에 게재하는 삽화 및 만화와 우리나라의 창작품 또는 고전을 외국어로 번역하거나 국역하는 것을 포함한다.

일시적인 문예창작소득에 대하여는 기타소득으로 분류하여 소득세를 과세한다.

참조조문 소법 21 ① 15호

물가변동회계(物價變動會計; price－flexibility accounting)
물가가 지속적으로 상승함에 따라 측정단위를 화폐단위가 아닌 구매력단위(購買力單位)로 바꾼 회계방법을 말한다. 전통회계에서는 화폐가치가 안정적이라고 가정하고 있으나, 실제로 물가수준은 상승하는 것이 일반적이며 물가가 변동되는 시기에는 서로 다른 회계기간에 발생한 취득원가를 단순히 합하는 것은 서로 다른 측정단위를 합한 것에 불과하며, 유용한 정보를 제공하지 못한다는 사고(思考)에서 물가변동회계의 필요성이 제기되었다. 물가변동회계는 전반적인 물가수준의 변동에 따라 변동되는 화폐가치를 반영하는 물가수준회계(物價水準會計)와 특정재화 또는 용역의 현행가격을 반영하는 현행가치회계(現行價値會計)로 나누어진다.

물가지수(物價指數; price index)
물가수준의 변동을 통계적으로 측정한 수치를 말한다. 물가지수는 비교시점의 물가를 기준시점의 물가로 나누어 측정하게 된다.

$$(비교시점의)\ 물가지수 = \frac{비교시점의\ 물가}{기준시점의\ 물가}$$

흔히 사용되는 물가지수에는 생산자물가지수, 도매물가지수, 소비자물가지수, GNP디플레이터(deflator) 등이 있다.
세법상 양도소득세를 추계결정 및 경정함에 있어 한국은행이 조사한 연간생산자물가지수에 의해 산정된 비율(생산자물가상승률)을 감안하여 의제취득가액을 계산하도록 하고 있다.

참조조문 소법 97 ② 1호, 소칙 85의 2 ①

물납(物納; payment in kind, tax in kind)
금전 이외의 재산으로 조세채무를 이행하는 것을 물납이라 한다. 조세는 원칙적으로 금전에 의하여 납부하여야 하는 것이나, 납세의무자가 현금을 보유하고 있지 않거나 조달이 불가능하여 금전으로 납부하기가 곤란하다고 인정되는 경우에는 부동산, 유가증권, 토지보상채권과 같은 특정재산으로 납부할 수 있다. 현재 물납이 인정되는 조세는 상속세와 지방세 중 재산세이며, 물납을 위해서는 신청과 승인의 절차가 이행되어야 한다.

참조조문 상증법 73, 지법 117

물적납세의무(物的納稅義務; physical tax obligation)

납세자가 국세·가산금 또는 체납처분비를 체납한 경우에 그 납세자에게 양도담보재산이 있을 때에는 그 납세자의 다른 재산에 대하여 체납처분을 집행하여도 징수할 금액에 미치지 못하는 경우에만 그 양도담보재산으로써 국세 등을 징수할 수 있다. 따라서 양도담보권자는 양도담보설정자의 납부의무가 이행되지 않는 경우에 그 부족분의 납부의무를 지게 되는데 이를 양도담보권자의 물적납세의무라고 한다. 양도담보재산은 실질적으로는 양도담보설정자의 소유재산이나, 형식적으로는 양도담보권자의 소유재산으로 되어 있다. 따라서 양도담보설정자가 국세 등을 체납한 경우 양도담보재산에 대해서는 체납처분을 행할 수 없게 되는데, 이를 방치할 경우 저당권 등 다른 담보권자에 비해 부당하게 우대받게 되므로 물적납세의무제도를 두고 있는 것이다.

참조조문 국기법 42

물적분할(物的分割; physical division)

인적분할이 분할대가를 분할법인의 주주에게 교부하는 데 반하여 분할대가를 분할법인에게 교부하는 유형의 분할을 말한다. 법인세법에서는 법인의 합병 및 분할을 지원하기 위하여 각종 세제지원을 하고 있는데 물적분할의 경우 분할법인이 분할신설법인 또는 분할합병의 상대방법인의 주식을 취득한 경우로서 과세이연요건을 충족한 경우에는 자산양도차익상당액을 분할등기일이 속하는 사업연도의 압축기장충당금으로 계상하여 손금에 산입할 수 있도록 하고 있다.

(**참조조문**) 법법 47, 법령 84

미가공식료품(未加工食料品; unprocessed articles of food)
가공되지 아니하거나 탈곡·정미·정맥·제분·정육·건조·냉동·염장·포장 기타 원생산물의 본래의 성질이 변하지 아니하는 정도의 1차 가공을 거쳐서 식용에 공하는 식료품을 말한다.
부가가치세법에서는 미가공식료품에 대하여 면세를 적용하고 있다.

(**참조조문**) 부법 26 ① 1호, 부령 34

미결산계정(未決算計定; suspence a/c)
거래가 이미 발생되었음에도 불구하고 그 거래를 처리할 계정과목이나 금액이 확정되지 않은 경우에 그 거래를 일시적으로 처리하기 위한 계정을 말한다. 보험사고로 인하여 자산은 멸실되었으나 보험금액이 확정되지 않은 경우에 사용되는 보험미결산계정, 여비·접대비 등에 사용될 목적으로 사전에 지급한 금액을 처리하는 가지급금계정, 현금은 입금되었으나 그 출처가 불분명한 경우에 사용되는 가수금계정 등이 미결산계정에 속한다.

미납부가산세(未納付加算稅; additional tax to unpaid taxes)
조세를 납부하여야 할 의무가 있는 납세의무자가 조세의 납부기일 내에 조세를 납부하지 아니하였거나 납부하여야 할 세액에 미달하게 납부하는 경우에 부과되는 가산세를 말한다.

✐ 납부·환급불성실가산세 참조

미납세반출(未納稅搬出; carrying out of unpaid taxes)
과세물품을 법이 정한 요건에 따라 당해 물품에 대한 세액의 부담이 유보된 상태로 판매 또는 반출하는 제도를 말하며, 개별소비세와 주세 및 지방세 중 담배소비세에서 적용하고 있는데 이는 일정한 조건을 충족시키는 물품의 반출에 대한 일시적인 과세유보조치이다. 개별소비세 등은 최종소비자를 담세자로 예정하여 과세하는 조세인데, 최종소비를 목적으로 한 반출이 아닌 수출, 원료이동, 하치장반출 등과 같은 과세물품의 단순한 보관·저장·검사 등을 위한 이동단계에서의 반출에 과세를 하게 되면 소비이전상태에서 과세를 하는 불합리한 결과를 발생시키기 때문에 일정한 조건에 해당되는 반출에 대해서는 과징권(課徵權)을 유보하는 것이다.

참조조문 개소법 14, 지법 53, 주법 33, 교통법 12

미달납부세액 또는 미달세액(未達納付稅額 또는 未達稅額; shortage of tax payment)

미달납부세액이란 납세의무자가 납부한 세액이 정부가 최종적으로 결정한 세액보다 부족한 경우 결정세액과 기납부세액과의 차기금액을 말한다. 미달납부세액은 신고 자체는 정확한 것이나 그 금액보다 적게 납부한 경우, 조세를 포탈할 목적으로 과소신고하여 세액을 납부하는 경우, 정부가 실지조사 또는 추계(推計) 등의 방법으로 최종확정한 세액보다 납세의무자가 신고납부한 세액이 적은 경우 등에 발생한다.

미등기양도자산(未登記讓渡資產; unregistered transfering property)

토지·건물 또는 부동산에 관한 권리를 취득한 자가 그 자산의 취득에 관한 등기를 하지 아니하고 양도할 때 당해 자산을 말한다. 미등기양도사실은 투기혐의자에 대한 부동산거래 추적과정에서 나타나는데, 양도소득세 계산시 최고세율이 적용되며(70%) 양도소득기본공제 및 장기보유특별공제가 적용되지 않는다. 또한 양도소득세의 각종 비과세·감면규정의 적용이 배제되며 미등기자산의 양도자는 부동산등기특별조치법에 의해 징역 또는 벌금형에 처해질 수 있다.

다음에 해당되는 경우에는 법률상 또는 사실상 등기가 불가능하므로 미등기양도자산에서 제외된다.

1. 장기할부조건으로 취득한 자산으로서 그 계약조건에 의하여 양도당시 그 자산의 취득에 관한 등기가 불가능한 자산
2. 법률의 규정 또는 법원의 결정에 의하여 양도당시 그 자산의 취득에 관한 등기가 불가능한 자산
3. 소득세가 비과세 또는 면제되는 농지와 8년 이상 자경농지로서 농업소득세의 과세대상이 되는 토지
4. 비과세요건을 충족하는 1세대1주택 또는 1세대가 1주택을 양도하기 전 다른 주택을 대체취득하거나 상속, 동거, 봉양, 혼인 등으로 인하여 2주택 이상을 보유하는 경우로서 대통령령으로 하는 주택으로서 건축법에 의한 건축허가를 받지 아니하여 등기가 불가능한 자산
5. 상속에 의한 소유권이전등기를 하지 아니한 자산으로서 공익사업을위한토지등의취득및보상에관한법률의 규정에 의하여 사업시행자에게 양도하는 것
6. 도시개발법에 따른 도시개발사업이 종료되지 아니하여 토지취득등기를 하지 아니하고 양도하는 토지
7. 건설업자가 도시개발법에 따라 공사용역대가로 취득한 체비지를 토지구획환지처분공고 전에 양도하는 토지

참조조문 소법 91 · 104 ③, 소령 168

미등록가산세(未登錄加算稅; additional tax to the unenrolled)
사업개시일부터 20일 이내에 사업자등록을 하지 않는 경우 기준금액에 일정한 가산세율을 적용하여 산출한 금액을 납부세액에 더하거나 환급세액에서 빼는 행정벌적(行政罰的) 성격을 가지는 과태료(過怠料)의 일종이다. 미등록가산세 기준금액은 사업개시일부터 등록을 신청한 날의 직전일까지의 공급가액에 대하여 100분의 1에 해당하는 금액이다. 이러한 미등록가산세가 적용되는 공급가액에 대해서는 세금계산서에 관련되는 세금계산서불성실가산세, 세금계산서지연제출가산세는 적용되지 아니한다. 부가가치세법의 적용을 받

지 않는 부가가치세면제사업자는 미등록가산세가 없다.

(**참조조문**) 부법 60 ①

미등록사업자(未登錄事業者; unregistered businessman, unenrolled enterpriser)
신규로 사업을 개시한 자는 사업장마다 당해 사업의 개시일로부터 20일 내
에(신규사업자의 경우 사업개시일 전이라도 등록 가능) 사업자등록신청서를 관할
세무서장에게 제출하여야 하며 신청을 받은 세무서장은 등록번호 또는 고유
번호가 부여된 사업자등록증을 발급하는데 사업을 개시하였으나 법 소정의
등록의무를 이행하지 아니한 사업자를 미등록사업자라 한다.
사업자등록제도는 세적관리(稅籍管理)의 원활화와 과세자료양성화를 통한 근
거과세(根據課稅)·공평과세(公評課稅)의 실현을 위한 제도이므로 미등록사업
자에 대해서는 세무서장이 조사하여 직권으로 등록시킬 수 있으며, 등록의
무의 이행을 확보하기 위하여 부가가치세법에서는 미등록가산세, 매입세액
불공제의 불이익을 가하고 있으며 조세범처벌법에 의한 벌금 또는 과료의
처분도 할 수 있다.

(**참조조문**) 부법 8, 법법 111, 소법 168, 처법 17

미래경제적효익(未來經濟的效益; future economic benefit)
직접 또는 간접적으로 특정 기업의 미래 현금 및 현금성자산의 유입에 기여
하게 될 잠재력이다. 이 잠재력은 기업의 영업활동의 일부인 생산과 관련될
수 있다. 또한 현금이나 현금성자산으로의 전환이나 대체적인 제조과정의
도입으로 생산원가가 절감되는 경우와 같이 현금유출을 감소시키는 형태일
수도 있다.

(**참조조문**) K-IFRS 개념체계 4.40

미래현금흐름(未來現金흐름; future cash flow)
미래의 예상되는 명목현금의 유입 또는 유출이다.

미상각잔액(未償却殘額; undepreciated balance)

유형자산은 물리적·기능적 또는 경제적인 원인에 의해 자산의 가치가 감소하게 되는데, 이러한 유형자산을 기업의 영업활동 중에 사용하여 얻게 되는 수익과 대응될 자산의 원가분을 측정하는 것을 감가상각이라 하고, 취득원가에서 감가상각된 부분을 차감한 금액을 미상각잔액이라 한다.

미성공사(未成工事; construction in process)

계약상 미래활동과 관련된 계약원가가 미리 발생하는 경우 이러한 계약원가는 회수가능성이 높은 경우 미성공사로 분류한다. 이러한 원가는 발주자에게 청구하여 수령할 금액을 의미하며, 미청구공사총액에 포함된다.

`참조조문` K-IFRS 1011호 27

미성년자공제(未成年者控除; deduction of minor)

상속세및증여세법에서 정한 인적공제항목 중의 하나로 거주자의 사망으로 인하여 상속이 개시되는 경우 상속인(배우자 제외) 및 동거가족 중 미성년자에 대하여 1천만원에 19세가 될 때까지의 연수를 곱하여 계산한 금액을 상속세과세가액에서 공제하는 것을 말한다.

미성년자공제는 그 사실이 확인되는 경우 신고 또는 신청이 없어도 적용되며 미성년자공제에 해당하는 자가 상속의 포기 등으로 상속을 받지 아니하는 경우도 적용된다. 미성년자공제 등의 인적공제금액은 상속세과세가액에서 상속인이 아닌 자에게 유증(遺贈) 등을 한 재산의 가액과 상속재산가액에 가산한 증여(贈與)의 가액을 공제한 잔액에 상당하는 금액을 초과하지 못한다.

`참조조문` 상증법 20

미수수익(未收收益; accrued revenue)

기업회계에 있어서 발생주의원칙에서는 외부에 역무(役務)를 제공하였으나 그 대가를 미수한 경우 또는 그 대가가 확실하게 성립되어 있지 않은 경우에도 수익을 인식·계상하는 것이 원칙이다. 현금의 입금 여부와는 관계없이 시간의 경과에 따라 수익이 실현되는 것으로 보는 계약상의 수익의 경우 기간귀속(期間歸屬)을 명확하게 하기 위해 당해 기간에 포함되는 이자·지대·사용료 등을 미수수익이라는 계정으로 계산해야 하는 것이다.

회계이론상으로 볼 때에는 역무제공사실의 확정성과 객관성 및 가액의 확정성을 기준으로 미수수익의 인식·측정 여부를 결정하여야 한다. 회계실무상 보수주의원칙의 입장에서 미지급비용에 대해서는 반드시 계상하여야 하지만 미수수익에 대해서 기업의 자유재량에 일임하고 있는 형편이다. 반면에 미수금은 제공된 재화나 용역에 대한 확정된 채권으로서 보통 일시적으로 발생하게 되며 확정되어 있는 금전채권이라는 점에서 미수수익과는 다르다. 따라서 미수이자나 미수임대료 등도 대가수령(代價受領)의 기일 전에는 미수수익으로 계상되지만, 당해 대가수령의 기한이 경과한 다음에는 확정채권인 미수금(未收金)이 된다.

참조조문 일반기준 2장 실2.27

미실현보유손익(未實現保有損益; unrealized holding gain or loss)

✎ 보유손익 참조

미실현이익(未實現利益; unearned income)

수익은 금액이 합리적으로 측정가능하고 가득과정이 완성 또는 실질적으로 완성되었을 때 실현된다. 기업회계기준에서도 수익은 실현시기를 기준으로 계상하고 미실현수익은 당기의 손익계산에 산입하지 아니함을 원칙으로 한다고 규정하고 있다. 일반적으로 상품이나 제품·용역은 판매, 즉 재화·용역의 장소적·시간적 이동을 통하여 수익이 실현되는 것으로 보기 때문에 구매 또는 생산과정에서 발생하는 수익이나 화폐가치의 변동으로 인하여 보유자산에 대하여 발생하는 보유이익은 미실현이익에 해당된다. 또한 경영관리목적상 본지점간에 독립회계제도를 채택하거나 사업부제를 채택함으로써 발생하는 내부이익도 미실현이익에 해당하므로 연결재무제표를 작성할 때에는 이러한 미실현이익을 제거하는 작업을 실시하여야 한다.

참조조문 일반기준 8장 8.19

미지급금과 미지급비용(未支給金과 未支給費用; accounts payable nontrade, other accounts payable, acc－rued expense)

미지급금이라 함은 과거의 계약을 수행한 결과로써 발생하는 지급의무를 말하는데, 상품·제품 이외의 물품 또는 용역의 매입·특별부가세, 종업원의 근로소득세·법인세 등의 미지급액, 광고료·판매수수료 등의 미지급액, 그 밖의 통상적인 거래, 즉 일반적인 상거래 이외의 거래에서 발생한 일시적 채무로서 외상매입금과는 구분된다. 미지급금에 해당하는 금액을 어음으로 지급한 경우에도 그 어음이 결제될 때까지는 어음상의 채무인 미지급금으로 남게 된다.

반면, 미지급비용은 발생된 비용으로서 지급되지 아니한 채무를 말하는데, 일정한 계약에 따라 계속적으로 용역을 제공받는 경우 기왕에 제공받은 용역에 대하여 아직 지급기일이 도래되지 않아 그 대가를 지급하지 못한 것을 말한다. 발생주의원칙에 입각한 기간손익계산에 있어서 당해 발생비용액을 당기의 비용으로 인식하는 금액이 재무상태표상에 미지급비용으로 남게 되는 것이다.

미지급기부금(未支給寄附金; accrued contribution)

기부금이라 함은 상대방으로부터 아무런 대가를 받지 아니하고 무상으로 기증한 금전 또는 물품을 말하는 것으로서 타인에게 법인의 사업과 직접 관련 없이 무상으로 지출하는 것을 말한다. 한편, 업무와 관련하여 지출한 금품은 접대비라고 한다.

세법에서 기부금에 대해서는 손금의 귀속시기를 현금주의에 의하여 처리한다. 즉 현금으로 지급하거나 현금으로 결제되는 시점에 손금(損金)으로 인정되는 것이다. 따라서 현금으로 지급되지 아니하거나 어음으로 지급된 경우에는 실제로 이를 현금으로 지출하거나 어음이 결제된 날이 속하는 사업연도의 기부금으로 본다. 이와 같이 현금으로 지출되지 아니한 기부금을 미지급기부금이라 한다. 이는 법인의 소득을 임의로 조작하는 것을 방지하기 위한 것이다.

참조조문 법법 24, 법령 37 ③

미지급배당금(未支給配當金; dividends payable)

배당이란 주주들이 불입한 자본금을 이용하여 영업활동을 수행하여 획득한 이익을 주주들에게 불입자본금의 보상형식으로 지급하는 것을 말하는데, 결산일 현재 이사회에서 확정은 되었으나 아직 주주총회의 승인이 없어 지급하지 아니한 배당을 미지급배당이라 한다. 배당의 원천은 결산일(배당기준일)의 이익잉여금이 되므로 재무상태표일 후에 이사회에서 승인한 배당을 포함한 잉여금의 처분은 이익잉여금처분계산서(결손금처리계산서)에 보고하여 주주총회에 제출하고, 이익잉여금처분계산서에 포함된 배당은 재무상태표에 부채로 인식하지 아니하며, 재무상태표에는 이익잉여금 처분 전의 재무상태를 표시한다.

미착품(未着品; goods to arrive)

재고자산이 수송 도중이어서 재무상태표일에는 미착인 것이라도 그에 대한 권리가 매입자에게 귀속한 것이라면 매입자의 재고자산에 포함시켜 결산하는 것이 회계이론상 정당하다. 그렇게 하지 않으면 기업의 재정상태가 정확히 반영되지 않기 때문이다. 다시 말해서 재고자산이 아직 매입자에게 발송되지 않았더라도 그 권리가 매입자에 귀속되어 있는 경우에는 미착품으로 매입자의 재고자산에 포함하여야 한다. 세법상 미착품의 취득가격은 그 구입대가의 각 사업연도의 종료일까지 그 미착품에 대해서 지출한 운임과 제부담금 및 기타 부대비용을 가산한 금액으로 한다. 이러한 해석은 미착품의 취득가액에는 기말 현재에 그 미착품이 현실로 소재하는 장소까지의 운임,

제 부담금 기타의 부대비용이 포함되어 있는 것으로 이해하기 때문이다.

참조조문 법법 41, 일반기준 7장 실7.5

미처분이익잉여금(未處分利益剩餘金; unappropriated retained earnings)
기업이 벌어들인 이익 중 배당이나 다른 잉여금으로 처분되지 않고 남아있는 이익잉여금으로서 이익잉여금처분계산서의 미처분이익잉여금을 말한다. 전기이월미처분이익잉여금(전기이월결손금)에 회계정책변경의 누적효과, 전기오류수정, 중간배당액, 당기순손익 등을 가감하여 계산한다.

참조조문 K-IFRS 1001호 한138.1, 일반기준 2장 2.40·2.89

미환류소득(未還流所得; Non-recirculation (corporate) Income)
미환류소득이란 기업이 벌어들인 소득을 투자, 임금, 배당 등으로 지출하지 않고 기업 내에 현금이나 예금의 형태로 갖고 있는 것을 말하며, 기업소득의 지출 확대를 통하여 기업의 사회적 책임을 도모하고, 자금의 선순환을 통해 경제를 활성화하기 위함이다.
적용 대상법인은 ① 각 사업연도 종료일 현재 자기자본(=재무상태표상의 자산의 합계액에서 부채의 합계액을 공제한 금액)이 500억원을 초과하는 법인(조세특례제한법상 중소기업은 제외) ② 각 사업연도 종료일 현재 독점규제및공정거래에관한법률 제14조 제1항에 따른 상호출자제한기업집단에 속하는 법인이다.
기업소득 중 투자, 임금 또는 배당으로 환류하지 아니한 소득이 있는 경우 그 미환류소득의 10%를 미환류소득에 대한 법인세로 납부한다.
산식은 다음 중 하나를 선택할 수 있다.
① 과세대상소득×80%-차감항목(투자+임금증가+배당액 등)
② 과세대상소득×30%-차감항목(임금증가+배당액 등)

참조조문 조특법 100의 32, 조특령 100의 32

ㅂ

반입신고(搬入申告; carrying in return)

일반적으로 어떤 물건을 운반하여 들여온 사실을 관청에 알리는 행위를 말하며, 세법상으로는 과세물품이나 주류·수입물품 등을 일정한 장소에 들여오고 그 사실을 소정의 신고서에 의하여 관할세무서장이나 세관장에게 제출하는 행위를 말한다. 개별소비세법상 미납세반출(未納稅搬出) 또는 면세반출(免稅搬出 : 외국인전용판매장면세 및 조건부면세의 경우에 한함)한 물품을 반입장소에 반입한 자는 반입한 날이 속하는 달의 다음달 15일까지 그 반입사실을 미납세(면세)물품반입신고서에 의하여 반입지관할세무서장 또는 세관장에게 신고하여야 하며, 주세법상 주류를 수출하기 위해 다른 장소로 반출하는 경우 또는 원료를 출고하거나 보세구역으로부터 반출하는 경우 당해 주류를 반입한 날이 속하는 달의 다음달 10일까지 미납세주류반입신고서에 의하여 반입지관할세무서장 또는 관할세관장에게 신고하여야 한다. 그리고 관세법상 보세구역에 물품을 반입하고자 하는 자는 세관장에게 신고하여야 하며, 보세공장에 반입된 물품에 대해서는 그 보세공장운영인이 당해 물품의 사용 전에 사용신고를 하여야 한다.

참조조문 개소법 14 ⑤·17 ②·18 ④, 주법 33 ④, 관세법 157·186

반입증명(搬入證明; carrying in report)

세법상으로는 과세물품이나 주류 등을 일정장소에 들여온 사실을 소정의 증명서에 의하여 관할세무서장 또는 세관장이 확인하는 행위를 말한다. 세법상 반입증명의 유형은 크게 두 가지로 구분되는데, 좁은 의미의 반입증명은 개별소비세법 및 조세특례제한법상 미납세 또는 면세반입한 물품에 대한 반입신고가 있을 때 이에 따른 증명을 하는 경우이고, 넓은 의미로는 개별소비세법 및 주세법상 환입한 물품이나 주류에 대한 환입신고가 있을 때 이에 따른 확인을 하는 경우와 수출용원재료에대한관세등환급에관한특례법상 수출자유지역에 물품반입확인신청 등이 있을 때 이에 따른 확인을 하는 경우이다.

미납세반출 또는 면세반출한 물품으로서 반입장소에 반입한 사실을 지정한 기한 내에 증명하지 아니한 때에는 당해 물품의 판매자·반출자 또는 수입신고인으로부터 그 미납세 또는 면세된 세액을 징수한다. 반입증명서는 반입신고서에 의하여 교부하는데, 보세구역과 수출자유지역에 반입되는 물품의 경우에는 관할세관장이 발행하는 물품반입확인서에 의하고 조건부면세물품 중 외항선·원양어선·외국항공기에 사용하는 석유류와 외국무역선·원양어선·외국항공기에서 사용할 것으로 인정되는 음식료 등의 물품인 경우에는 세관장이 발행하는 선(기)적허가서(내항선인 원양어선은 반입자의 반입보고서)에 의한다.

참조조문 개소법 14 ②, 개소령 20, 주법 33 ②, 주령 38

반제품(半製品; half finished product)

제품이 두 개 또는 여러 개의 공정을 거쳐서 완성될 때 일부의 공정이 끝나서 다음 공정에 인도될 완성품 또는 부분품으로서 일정한 제품으로서는 미진한 것이지만 가공이 일단 완료됨으로써 저장가능하거나 판매가능한 상태에 있는 부품을 말한다. 공정별종합원가계산에 있어서 한 개 또는 여러 개의 공정을 종료한 중간생산품을 말하므로 전공정(全工程)의 제조작업을 끝마친 최종생산품인 제품과 구별되고, 판매할 수도, 별도로 저장할 수도 없는 재공품(在工品)과도 구별된다. 반제품의 취득원가는 공정별의 총원가를 당해 공정의 완성품원가와 기말재공품원가로 배분하고 전자의 공정완성품원가로부터 다음 공정에의 대체품원가를 공제함으로써 결정된다. 이러한 반제품을 기업회계기준에서는 재고자산으로 분류하고 있다.

참조조문 K-IFRS 1002호, 일반기준 7장

반출(搬出; carrying out)

일반적으로 상품 따위의 물건을 다른 곳으로 실어내는 일 또는 그 사실을 뜻하나, 개별소비세법에서는 과세물품을 제조장으로부터 현실적으로 제조장 이외의 장소로 이동하는 사실행위를 말함으로써 개별소비세납세의무의 성립시기와 관련된다. 이는 거래의 성립이나 물품대금의 수수 여부와는 관계가 없으므로 종업원이 절취하였거나 제3자로부터 사기(詐欺)에 의한 반출의 경우에도 과세물품이 현실적으로 제조장 밖으로 나간 사실만 있으면 반출에 해당된다.

그러나 과세물품이 제조장 안에서 천재·지변 또는 화재 등으로 소멸된 사실이 명백한 경우와 과세물품제조공정에서 발생한 불량품과 포장 및 용량미달이나 물품보관 중 불량품이 생겨 반출할 수 없게 되어 제조장 안에서 폐기한 사실이 명백한 경우에는 반출로 보지 아니한다(개소통 4-0…8).

참조조문 개소법 3·4, 개소통 4-0…8

반출의제(搬出擬制; look upon as carrying out)

과세물품이 제조장 또는 판매장에서 실제로는 반출(또는 판매)되지 아니하였으나 법이 규정하는 일정한 요건에 해당하는 사실이 발생한 때에 이를 세법상 반출한 것으로 보는 경우를 말한다. 이는 반출과 유사한 행위에 대하여 납세의무를 부여함으로써 과세의 형평을 기하고 누락가능성이 있는 조세채권을 조기에 확보·징수하는 데 그 의미가 있는 것이다.

개별소비세법 제6조 제1항에서는 반출의제대상(搬出擬制對象)으로 다음과 같은 유형을 들고 있다.

① 판매장이나 제조장에서 사용되거나 소비되는 경우. 다만, 같은 제조장 안

에서 과세물품의 원재료로 사용하거나 과세물품의 품질 또는 성능의 검사를 위하여 사용하는 경우 및 과세되지 않는 석유류의 제조용 원료로 정유공정상 그대로 사용하는 경우에는 그러하지 아니하다.

② 판매장이나 제조장에 있다가 공매, 경매 또는 파산절차로 환가되는 경우. 환가되는 때란 계약금 외에 그 대금의 일부를 받은 때를 말한다(개소통 6 -0···2).

③ 과세물품의 판매 또는 제조를 사실상 폐지한 경우에 판매장 또는 제조장에 남아 있는 경우. 다만, 판매 또는 제조를 폐지한 당시 해당 판매장 또는 는 제조장에 남아 있는 과세물품이 매월분의 통상적인 판매 또는 반출(판매) 수량보다 많아 세무서장의 승인을 얻을 경우에는 그러하지 아니하다.

참조조문 개소법 6, 개소령 6

받을어음(notes receivable)

수표(어음)상의 채권을 말하며 받을어음계정을 가지고 정리한다. 그 차변에는 타인발행의 약속어음(수표), 타인지급의 환어음(수표) 및 자기수취의 환어음의 발행에 따른 어음채권의 발생을, 대변에는 어음(수표)대금의 회수ㆍ지급거절 및 어음의 배서양도에 따른 어음채권의 소멸을 기입한다. 그러므로 잔액은 항상 차변에 생기며 어음채권의 현재액을 나타낸다. 단지 어음을 배서양도한 경우 이 계정에 기입하지 않고 할인어음계정으로 정리하는 수도 있다. 이때에는 받을어음계정에서 할인어음계정잔액을 공제하지 않으면 받을어음의 현재액은 판명되지 않는다. 받을어음계정의 상세한 기록을 위하여 보조부로서 받을어음기입장을 만든다. 기업회계기준에서 상업어음 등은 매출채권으로 분류하며, 상거래 이외의 원인으로 발행하는 금융어음은 단기대여금으로 분류한다.

발기인(發起人; promoter)

주식회사를 설립하기 위하여 회사의 정관에 발기인으로 서명한 사람을 말하며 사실상 회사의 설립에 참가했느냐의 여부는 묻지 않는다. 발기인의 자격에는 법률상 특별한 제한이 없으나, 무능력자(無能力者)인 경우에는 민법이 요구하는 요건을 갖추어야 하며 법인(法人)인 경우에는 법인의 대표자가 설립에 관한 모든 행위를 한다. 설립시 발기인은 정관을 작성하여야 하며, 반드시 1주(株) 이상의 주식을 인수하여야 한다. 회사를 설립하기 전에 발기인은 상호간에 회사설립을 목적으로 하는 계약을 체결하고 법률상 민법상의 조합성격을 갖는 발기인조합을 결성하여 설립 중인 회사의 집행기관으로서 정관의 작성, 기타 회사의 설립에 필요한 행위에 관하여 권한을 가짐과 동시에 회사가 성립되지 아니하였을 때의 연대책임 및 자본충실의 책임까지도 부담한다. 또한 발기인의 보수, 특별이익은 발기인에게만 인정되는 현물출자와 함께 설립에 필요한 거래행위를 하는 데 있어 권한을 남용할 위험이 있기 때문에 정관에 변태설립사항으로 반드시 규정해야만 유효하다.

참조조문 상법 288

발생기준(發生基準; accrual basis of accounting)

거래와 회계사건의 재무적 영향을 현금의 유입 또는 유출이 있는 기간이 아니라 그 거래와 회계사건이 발생한 기간에 수익을 인식하는 방법을 말한다. 즉 거래나 그 밖의 사건에 대한 영향을(현금 또는 현금성자산의 수취나 지급하는 시점이 아니라) 발생한 기간에 인식하여야 하므로 해당 회계기간의 장부에 기록하고 재무제표에 표시하는 것이다.

참조조문 K-IFRS 개념체계 OB17

발생주의(發生主義; accrual basis)

발생주의는 현금주의(現金主義)와 상반된 개념으로 현금의 수수와는 관계없이 수익은 실현되었을 때 인식되고, 비용은 발생되었을 때 인식되는 개념이다. 기업의 기간손익(期間損益)을 계산함에 있어서 수익과 비용을 대응시켜야 하고 이에 따라 수익과 비용을 경제가치량의 증가 또는 감소의 사실이 발생한 때를 기준으로 하여 인식하는 것을 말한다.

따라서 현금의 투자와 관계없이 수익의 경제적 사실이 발생한 때에 이에 관련된 가치의 희생이 발생된 사실에 입각하여 손익계산을 행하는 방법이다. 수익(收益)이란 경영활동의 결과에 따라 창출된 재화나 용역을 뜻하므로 생산적 급부의 완성에 의하여 수익의 발생이 인식되어야 하며, 비용(費用)은 생산활동을 위하여 직·간접으로 감소 또는 희생된 경제적 가치를 뜻하므로 재화의 사용 또는 소비에 의하여 비용의 발생이 인식되어야 한다.

배당가산액(配當加算額; gross‑up method)

법인원천소득에 대한 이중과세조정방법의 일종으로 imputation이라고도 한다. 그로스업방법은 법인이 배당금을 지급한 경우에는 지급배당액에 일정한 율을 곱해 계산되는 귀속법인세액(歸屬法人稅額)을 배당소득에 가산하여 배당소득금액을 산정하는 한편, 동 소득에 대한 소득세액을 계산하여 가산된 귀속법인세상당액을 산출세액에서 공제하는 방법으로 배당소득을 일정한 율로 증액(그로스업)시킨다는 특징이 있다.

참조조문 소법 17 ③ · 56

배당금 또는 분배금의 의제(配當金 또는 分配金의 擬制; deemed dividend)

상법상으로는 법인의 이익배당은 아니지만 자본거래에서 발생하는 소득으로서 실질적으로 배당한 것과 같은 경제적 이익을 주는 경우가 있는데, 현행 세법에서는 과세의 실효를 거두기 위하여 이러한 경제적 이익에 대하여 익금으로 보거나 의제배당(擬制配當)이라고 하여 배당소득으로 과세한다. 이러한 의제배당의 유형은 다음과 같다.

① 주식의 소각(消却)이나 자본의 감소의 경우(減資로 인한 배당) : 주식의 소각(특정한 발생주식을 소멸시키는 것으로서 특정한 주주의 권리가 소멸됨)이나 자본의 감소로 인하여 당해 주주가 받는 재산의 가액 또는 퇴사·탈퇴나 출자의 감소로 인하여 주주·사원·기타 출자자가 받는 재산의 가액이 그 주주·사원·기타 출자자의 당해 주식을 취득하거나 당해 법인에 출

자하기 위하여 소요한 금액을 초과하는 금액을 의제배당으로 한다.

② 자본전입(資本轉入)의 경우 : 법인의 잉여금의 전부 또는 일부를 자본 또는 출자에 전입한 경우에 주주·사원·기타 출자자가 받는 주식 또는 지분의 가액을 의제배당으로 한다. 다만, 상법의 규정에 의한 자본준비금 중 특정한 것과 주권상장법인이 자산재평가법의 규정에 의한 특정의 재평가적립금을 자본에 전입하는 경우는 의제배당으로 보지 아니한다. 그러나 이 경우에도 법인이 보유한 자기주식 또는 자기출자지분을 보유한 상태에서 자본전입에 따라 당해 법인 외의 주주 등의 지분비율이 증가한 경우 증가한 지분비율에 상당하는 주식 등의 가액은 의제배당으로 본다.

③ 법인이 해산하는 경우(해산으로 인한 잔여재산분배액) : 법인의 해산의 경우에 잔여재산의 분배로 인하여 주주·사원·기타 출자자가 받는 재산의 가액이 해산한 법인의 주식을 취득하거나 그 법인에 출자하기 위하여 소요된 금액을 초과하는 금액을 의제배당으로 한다. 다만, 내국법인이 상법의 규정에 의하여 조직변경(예 : 유한회사 → 주식회사)을 하는 것은 동일한 법인이 그대로 존속하는 것이므로 의제배당으로 보지 아니한다.

④ 법인이 합병하는 경우(피합병법인의 주주가 받는 합병법인의 주식) : 법인의 합병(신설합병 또는 흡수합병)의 경우에 합병으로 인하여 소멸된 법인의 주주·사원·기타 출자자가 합병 후 존속하는 법인 또는 합병으로 인하여 설립된 법인으로부터 받는 주식 또는 지분의 가액과 기타자산의 가액의 합계액이 소멸된 법인의 주식을 취득하거나 그 법인에 출자하기 위하여 소요된 금액을 초과하는 금액을 의제배당으로 한다.

⑤ 법인분할의 경우 분할법인(또는 소멸한 분할합병의 상대방법인)의 주주가 분할신설법인(또는 분할합병의 상대방법인)으로부터 받는 분할대가가 분할법인(또는 소멸한 분할합병의 상대방법인)의 주식(분할법인이 존속하는 경우에는 소각 등에 의하여 감소된 주식에 한함)을 취득하기 위하여 소요된 금액을 초과하는 금액을 의제배당으로 한다.

참조조문 법법 16, 소법 17 ②

배당금수익(配當金收益; dividend revenue)

소유주식, 출자금 등의 단기투자자산 및 장기투자자산에 관하여 이익이나 잉여금의 분배로 받는 배당금을 배당금수익이라고 한다. 따라서 배당금수익은 은행, 기타의 금융업과 같이 그것을 영업상의 수익으로 계상하는 경우를 제외하고는 일반적으로 손익계산서상(損益計算書上) 영업외수익의 항목에 속한다. 배당(配當)의 형태에는 현금배당(現金配當) 이외에도 재산배당(財産配當), 증서배당(證書配當), 청산배당(淸算配當) 등이 있다. 이들 각 형태별 배당은 기업회계에서는 배당금수익계정에 통합하여 규정하고 있다.

세법상으로는 현금배당 이외에도 주식배당, 잉여금의 자본전입(資本轉入) 등과 같이 경제적 이익이 주주에게 귀속되는 경우에도 이를 배당금으로 보아 법인세 또는 소득세를 부과한다. 이를 배당(또는 분배)의 의제(擬制) 또는 의제배당이라고 한다.

참조조문 법법 16, 소법 17 ②

배당락(配當落; exdividend)

배당기준일이 지나 배당금을 받을 수 없는 상태를 말한다. 주식회사에서는 매 영업연도 종료 후 결산확정과 잉여금처분을 위한 정기주주총회를 개최한다. 이 주주총회에서의 의결권과 배당수령권을 확정하기 위하여 권리확정일을 매 영업연도 최종일로 하고 그 익일부터 주주총회종료일까지 주주명부를 폐쇄하고 주식의 명의개서를 인정하지 않는다. 이때 명의개서(名義改書)정지 개시일인 영업연도종료일 다음날부터 주식을 매수하는 자는 전 영업연도결산에 대한 이익배당을 받을 권리가 없게 되므로 증권거래소는 이를 중시한다. 따라서 배당기준일 다음날의 주가는 전일보다 배당상당분만큼 하락하여 결정되는데 이를 배당락이라 한다.

배당세액공제(配當稅額控除; tax credit for dividend)

거주자가 내국법인으로부터 받는 배당금에 대하여는 그 배당금에 대한 귀속법인세를 가산하여 배당소득금액을 산정함과 동시에 그 가산한 귀속법인세를 종합소득산출세액에서 세액공제하여 납부세액을 산정하는데 이러한 세액공제를 배당세액공제라고 한다. 배당세액공제제도는 법인에 의하여 생성된 소득이 법인단계와 주주단계에서 이중적으로 과세되는 경제적 비효율을 제거하기 위하여 마련된 제도이다.

참조조문 소법 56

배당소득(配當所得; dividend income)

당해 연도에 발생한 다음 소득을 말한다.

① 내국법인으로부터 받는 이익이나 잉여금의 배당 또는 분배금

② 법인으로 보는 단체로부터 받는 배당금 또는 분배금

③ 의제배당

④ 법인세법에 의하여 배당으로 처분된 금액

⑤ 국내 또는 국외에서 받는 집합투자기구로부터의 이익

⑥ 국내 또는 국외에서 받는 대통령령으로 정하는 파생결합증권 또는 파생결합사채로부터의 이익

⑦ 외국법인으로부터 받는 이익이나 잉여금의 배당 또는 분배금

⑧ 국제조세조정에관한법률 제17조(특정외국법인의 유보소득의 배당간주)에 따라 배당받은 것으로 간주된 금액

⑨ 공동사업에서 발생한 소득금액 중 출자공동사업자의 손익분배비율에 해당하는 금액

⑩ 위 '①'부터 '⑧'까지의 규정에 따른 소득과 유사한 소득으로서 수익분배의 성격이 있는 것

⑪ 위 '①'부터 '⑩'까지의 규정 중 어느 하나에 해당하는 소득을 발생시키는 거래 또는 행위와 파생상품이 결합된 경우 해당 파생상품의 거래 또는 행위로부터의 이익

참조조문 소법 17 ① · ③

배당소득지급시기의 의제(配當所得支給時期의 擬制; deemed payment time of dividend income)

배당소득에 대한 원천징수의무는 원천징수의무자가 원천징수대상배당소득금액을 지급할 때 발생되는 것이 원칙이나, 예외적으로 현실적인 지급이 없는 때에도 일정한 경우에는 동 배당소득을 지급한 것으로 보아 원천징수하도록 하는 경우를 배당소득지급시기의 의제라 하며 배당소득의 수입할 시기 또는 귀속시기와는 다르다. 현행 소득세법상 법인이 이익 또는 잉여금의 처분에 의한 배당소득을 그 처분을 결정한 날부터 3개월이 되는 날까지 지급하지 아니한 때에는 그 3개월이 되는 날에 배당소득을 지급한 것으로 본다. 의제배당의 경우에는 그 수입시기를, 법인세법에 의하여 처분된 배당의 경우에는 소득금액변동통지서를 받거나 당해 법인의 법인세과세표준 및 세액의 신고기일에 지급한 것으로 본다.

참조조문 소법 131 ①, 소령 191

배분계산서(配分計算書; statement of distribution)

세무서장은 체납처분절차에 의해 획득한 금전을 배분할 때에는 배분계산서(配分計算書)를 작성하고 이를 체납자에게 교부하여야 한다. 이 경우 배분대상자는 세무서장이 배분계산서를 작성하기 전까지 배분요구를 하여야 하며, 체납처분은 이 배분계산서를 작성함으로써 종결된다. 매각자산에 대하여 전세권·질권 또는 저당권을 가진 자는 세무서장에게 배분계산서의 열람을 청구할 수 있고 세무서장은 열람의 청구에 응해야 한다.

참조조문 국징법 83

배우자공제(配偶者控除; deduction for spouse)

종합소득이 있는 거주자에게 공제대상배우자가 있는 경우에는 그 거주자의 해당 연도 종합소득금액에서 연 150만원을 공제한다. 배우자공제는 연 1회에 한하여 공제하며 공제대상배우자의 요건에 해당되는지의 판정은 해당 연도의 과세기간종료일 현재의 상황에 의한다.

배우자의 연간소득금액이 없거나 100만원 이하인 경우에도 공제대상에 해당
된다.

참조조문 소법 50

배우자 등에게 양도한 재산의 증여추정(配偶者 등에게 讓渡한 財産의 贈與推定; transfer act of spouse, etc.)

상속세및증여세법 제44조에서 증여세를 면탈하기 위하여 배우자 또는 직계
존비속에게 양도한 재산은 양도자가 그 재산을 양도한 때에 그 재산의 가액
을 배우자 등이 증여받은 것으로 추정하여 증여세를 과세하도록 규정한 것
이다. 따라서 양도소득세는 부과되지 아니한다. 또한 특수관계인에게 양도한
재산을 그 특수관계인이 양수일부터 3년 이내에 당초 양도자의 배우자 등에
게 다시 양도한 경우에는 양수자가 그 재산을 양도한 당시의 재산가액을 그
배우자 등이 증여받은 것으로 추정한다. 따라서 양도소득세는 부과되지 아
니한다. 그러나 배우자 등간의 양도의 경우라도 다음 각호의 어느 하나에 해
당하는 경우에는 증여로 보지 않으므로 양도소득세가 과세된다.

① 법원의 결정으로 경매절차에 따라 처분된 경우

② 파산선고로 인하여 처분된 경우

③ 국세징수법에 따라 공매된 경우

④ 자본시장과금융투자업에관한법률 제8조의 2 제4항 제1호에 따른 증권시
   장을 통하여 유가증권이 처분된 경우. 다만, 불특정 다수인간의 거래에
   의하여 처분된 것으로 볼 수 없는 경우로서 증권시장에서 이루어지는 유
   가증권의 매매 중 시간외시장에서 매매된 것을 말한다.

⑤ 배우자 등에게 대가를 받고 양도한 사실이 명백히 인정되는 경우로서 권
   리의 이전이나 행사에 등기 또는 등록을 요하는 재산을 서로 교환한 경
   우, 당해 재산의 취득을 위하여 이미 과세받았거나 신고한 소득금액 또는
   상속 및 수증재산의 가액으로 그 대가를 지급한 사실이 입증되는 경우,

당해 재산의 취득을 위하여 소유재산을 처분한 금액으로 그 대가를 지급한 사실이 입증되는 경우

참조조문 상증법 44, 상증령 33

배우자상속공제(配偶者相續控除; inheritance deductions for spouse)

거주자의 사망으로 인하여 배우자가 실제 상속받은 금액은 상속세과세가액에서 공제한다. 다만, 다음의 금액을 한도로 한다.

한도(30억원 한도) = 기준금액*×배우자의 법정상속분 - 증여재산가액 중 배우자에게 증여한 재산에 대한 증여세과세표준

*기준금액 = 총상속재산가액 - 상속인이 아닌 수유자가 유증 등을 받은 재산가액
            - 비과세 상속재산가액
            - 상속세과세가액불산입 재산가액
            - 공과금 및 채무(장례비용 제외)
            + 합산기간 이내에 상속인이 증여받은 재산가액

또한 배우자가 실제 상속받은 금액이 없거나 5억원 미만인 경우에는 상속세 신고 여부에 관계없이 5억원을 공제하게 된다. 따라서 피상속인의 배우자가 생존해 있는 경우 최소 5억원을 공제하는 것이다.

참조조문 상증법 19, 상증령 17

법규명령(法規命令; legal order)

행정권에 의하여 제정되는 법규의 성질을 가진 명령으로서 법규의 성질을 가지지 않는 행정명령(行政命令)과 상반되는 개념이다. 국민의 권리·의무에 관계되는 법규는 국회에서 제정하는 것이 원칙이나, 예외적으로 법률의 위임에 의하여 또는 법률의 집행에 필요한 범위 내에서 행정권(行政權)이 법규의 성질을 가지는 명령을 제정할 수 있다. 행정상 입법(行政上 立法)으로 위임명령(委任命令)과 집행명령(執行命令) 등이 이에 속한다. 위임명령은 국회에서 제정하는 법률에서 구체적으로 범위를 정하여 위임받은 사항에 관하여 대통령이 정하는 법규명령이고, 집행명령은 국회에서 제정하는 법률이나 상위법

령을 집행하는 데 필요한 세칙을 정하여 이를 준수하게 하는 명령이다.

법무서비스업(法務서비스業; legal service)
사업(事業)서비스업의 일부로서 변호사업, 특허사무업, 사법서사업과 당사자
를 대리하여 행정사무·대서사무·법무상담사무 등 법무 관련 사무를 주로
수행하는 사업을 말한다.

법인(法人; juridical person)
사회에 있어서 법적 활동을 하는 것은 자연인(自然人)만이 아니고 일정한 목
적을 가지고 결합한 사람의 단체(社團)나 일정한 목적에 바쳐진 재산(財團)도
권리·의무관계를 가지는 법적 활동을 하는데, 이와 같이 자연인 이외에 법
률에 의하여 권리능력(權利能力)이 인정되어 권리·의무의 주체가 될 수 있
게 한 것이 법인이다. 법인은 법률의 규정에 의해서만 성립되며 법인의 소멸
은 사단법인(社團法人)인 경우 해산하고, 청산절차 종료 후 청산종결의 등기
를 함으로써 이루어진다.
법인의 종류는 구성요소에 따라 재단법인과 사단법인, 법인의 설립목적에
따라 영리법인(營利法人 : 상법상의 會社)과 비영리법인(非營利法人)이 있으며
목적·준거법·강제성·공권력 등을 표준으로 하여 공법인(公法人 : 국가·공
공단체)과 사법인(私法人 : 상법·민법상의 법인) 및 중간법인(中間法人 : 공기업
등)이 있으며, 우리나라에 주된 사무소가 있고 우리나라 법률에 의하여 설립
되는 내국법인과 외국법에 근거하여 설립되는 외국법인으로 분류된다.

법인사무처리규정(法人事務處理規程; instructions defining conduct of corpo-
ration business)
법인의 납세관리에 관한 기본적인 사항 및 공통적인 사항과 사무처리절차를
규정함으로써 조직상호간의 유기적 활용으로 체계적인 법인관리(法人管理)와
아울러 효율적인 사무처리에 기여함을 목적으로 제정·시행하는 국세청훈
령(訓令)이다. 법인의 납세관리에 있어서 선지도후규제원칙(先指導後規制原則),

질적구분관리원칙(質的區分管理原則) 및 통합조사의 원칙 등의 법인관리의 기본원칙을 정하고 세적관리, 신고관리, 분석관리, 자료관리, 공익법인관리 등을 규정하고 있다.

법인설립신고(法人設立申告; report of incorporation)

법인의 실체를 갖추어 정관 작성, 설립등기에 의하여 내국법인이 성립하면 설립등기일(사업의 실질적 관리장소를 두게 되는 경우는 그 실질적 관리장소를 두게 된 날)로부터 2개월 이내에 법인설립신고서에 그 설립등기일 현재 법인설립에 필요한 서류를 첨부하여 관할세무서장에게 신고하는 것을 말한다. 내국법인의 법인설립신고뿐만 아니라 외국법인이 국내사업장을 설치한 경우 및 내국법인의 지점설치신고, 비영리법인이 수익사업을 개시한 경우에도 관할세무서장에게 신고를 하여야 한다.

설립신고시 첨부하여야 할 서류는 다음과 같다.

(1) 내국법인의 설립신고시 첨부서류

① 주주 등의 명세서(주식 등의 실제소유자를 기준으로 주주 등의 성명 또는 법인명, 주민등록번호·사업자등록번호 또는 고유번호, 주주 등별 주식 등의 보유현황의 내용을 적은 서류로서 기획재정부령으로 정하는 주주 등의 명세서)

② 부가가치세법시행령 제11조 제3항의 표 및 같은 조 제4항의 서류

(2) 외국법인의 설립신고시 첨부서류

① 본점 등의 등기에 관한 서류

② 정관

참조조문 법법 109, 법령 152

법인세(法人稅; corporation tax)

개인의 소득에 대하여 소득세가 부과되는 것과 같이 주식회사와 같은 법인의 사업에서 생긴 소득에 대하여 부과되는 조세를 법인세라 한다. 법인세는 부과권자가 국가인 국세(國稅)이며 조세의 납세자와 담세자가 동일한 직접세(直接稅)이다. 소득에 대해서 부과된다는 점에서 소비세인 주세·개별소비세

와는 다르고, 과세표준의 크기에 따라서 차등세율을 적용하는 누진세(累進稅)이다.

우리나라의 현행 법인세는 각 사업연도의 소득에 대한 법인세와 청산소득에 대한 법인세로 구성되어 있다.

법인세비용(법인세수익)[法人稅費用(法人稅收益); tax expense(tax income)]

법인세비용(수익)은 당기법인세비용(수익)과 이연법인세비용(수익)으로 구성되는데 당해 회계기간의 손익을 결정하는 데 포함되는 당기법인세와 이연법인세의 합계이다.

참조조문 K-IFRS 1012호 5~6, 일반기준 22장 22.56

법인세비용차감전계속사업손익(法人稅費用差減前繼續事業損益; continuing income and loss before income taxes)

기업의 계속적인 사업활동과 그와 관련된 부수적인 활동에서 발생하는 손익으로서 중단사업손익에 해당하지 않는 모든 손익이다. 법인세비용차감전계속사업손익은 중단사업손익이 있을 경우에만 나타난다.

참조조문 일반기준 22장 22.56, 26장 결26.18

법인세비용차감전순손익(法人稅費用差減前純損益; income and loss before income taxes)

기간손익계산에 있어서 법인세비용을 차감하지 아니한 순손익이며, 기업의 경영성과를 명확히 보고하기 위하여 그 회계기간에 속하는 모든 수익과 이에 대응하는 모든 비용을 기재하고 법인세 등을 차감하여 당기순손익을 산출하는 과정에서 당해 사업연도의 법인세비용을 공제하지 아니한다. 법인세비용차감전순손익은 중단사업손익이 없을 때 나타나는 항목이며 중단사업손익이 있을 경우에는 법인세비용차감전계속사업손익과 중단사업손익으로 분류되어 각각 법인세효과를 반영한다.

참조조문 일반기준 26장 결26.18

법인세의 기간배분(法人稅의 期間配分; period allocation of corporation tax)
법인세의 본질을 기간비용으로 인식하여 법인세도 다른 비용과 같이 수익·비용대응의 원칙이 적용되어야 하며, 특정회계연도의 법인세는 동 회계연도의 법인세비용차감전순이익과 대응되어야 하는바, 기업회계상 수익·비용인식기준과 세무회계상 과세소득산정기준의 차이 등으로 인하여 발생하는 기업회계상 법인세비용과 실제 법인세부담액과의 차이를 고려하여 재무제표에 표시되는 당기순이익, 자산 및 부채를 적정하게 표시하는 과정이다.

법인세확정신고서의 제출(法人稅確定申告書의 提出; submit of final corpo-ration tax return)
법인세는 납세의무자인 법인 스스로가 법인세과세표준과 세액을 계산하고 이를 신고·납부함으로써 납세의무가 확정되는 신고납부제도(申告納付制度)를 채택하고 있다. 따라서 법인세과세표준의 신고와 납부를 이행한 법인에 대하여는 원칙적으로 정부의 조사결정(調査決定) 없이 납세의무가 확정되고, 다만 예외적으로 법인이 신고를 하지 아니하였거나 신고가 부당하다고 인정되는 경우에 한하여 세무관청의 행정처분에 의하여 세액을 결정 또는 경정하게 된다. 납세의무 있는 내국법인은 각 사업연도의 종료일이 속하는 달의 말일부터 3개월 이내에 당해 사업연도의 소득에 대한 법인세의 과세표준과 세액을 납세지관할세무서장에게 신고하여야 한다. 이 신고서에는 기업회계기준을 준용하여 작성한 개별 내국법인의 재무상태표, 포괄손익계산서, 이익잉여금처분계산서, 세무조정계산서 기타 일정한 서류를 첨부하여야 한다.

참조조문) 법법 60, 법령 97

법인실재설(法人實在說; real entity theory)
법인은 자연인과 동일하게 실존하는 법인격체(法人格體)라고 주장하는 학설로서, 자연인만이 본래의 인격주체이며 법인은 자연인에 의제(擬制)하여 인정된 인격자에 지나지 않는다고 하는 법인의제설(法人擬制說)에 대립하여 제창되었다. 자연인이 경제활동에서 생긴 소득에 대하여 소득세가 부과되는 바와 같이 법인에 대하여서도 그 경제활동의 성과에서 생긴 소득에 대하여 세금이 부과된다는 것으로 법인세과세를 정당화하는 이론이다.

법인으로 보는 단체(法人으로 보는 團體; organizations to be treated as corpo‐rations)

민법은 자연인과 법인에 대하여 법인격을 인정하고 있으며 법인을 설립하기 위해서는 설립등기를 하여야 한다. 외형상으로는 사단법인 또는 재단법인이 되는 단체를 이루고 있으나 실질적으로는 설립등기를 하지 않아 법인격을 갖추지 못한 단체 중 국세기본법에 의하여 항상 법인으로 보는 단체와 신청·승인에 의하여 법인으로 보는 단체를 포괄하여 법인으로 보는 단체라 하는데 이들 단체는 법인세법에 의하여 법인세가 부과된다.

항상 법인으로 보는 단체는 ① 주무관청의 허가 또는 인가를 받아 설립되거나 법령에 따라 주무관청에 등록한 사단, 재단, 그 밖의 단체로서 등기되지 아니한 것, ② 공익을 목적으로 출연된 기본재산이 있는 재단으로서 등기되지 아니한 것이 있다.

신청·승인에 의하여 법인으로 보는 단체는 ① 사단, 재단, 그 밖의 단체의 조직과 운영에 관한 규정을 가지고 대표자 또는 관리인을 선임하고 있을 것, ② 사단, 재단, 그 밖의 단체 자신의 계산과 명의로 수익과 재산을 독립적으로 소유·관리할 것, ③ 사단, 재단, 그 밖의 단체의 수익을 구성원에게 분배하지 아니할 것 등의 요건을 모두 갖추어 관할세무서장의 승인을 얻어야 한다.

이와는 달리 법인으로 보는 단체 외의 법인격 없는 단체는 소득세법에 의하여 다음과 같이 소득세가 부과된다.

⑴ 1거주자로 보아 소득세를 과세하는 경우 – 거주자 또는 비거주자로 보는 사단, 재단 및 그 밖의 단체 중 대표자 또는 관리인이 선임되어 있으나 이익의 분배방법이나 비율이 정하여져 있지 아니한 단체

⑵ 공동사업자로 보아 소득세를 과세하는 경우 – 법인으로 보는 단체 외의

　법인격 없는 단체 중 위의 (1)에 해당되지 아니하는 단체

참조조문 국기법 13, 소법 1의 2·2

법인전환(法人轉換; incorporation of going business)

개념적으로는 개인기업주가 기업경영상 권리·의무의 주체가 되어 경영하던 기업을 개인기업주와는 독립된 법인이 기업경영상 권리·의무의 주체가 되도록 기업의 조직형태를 변경하는 것을 말한다. 법인전환을 위해서는 상법·세법 등을 비롯한 각종 법률과 규정에서 요구하는 제반절차를 수행하여야만 한다. 정부는 개인사업을 법인으로 전환함으로써 기업규모의 확대와 생산 또는 경영규모의 적정화를 기하여 국제경쟁력을 높이고 새로운 경제발전의 토대를 마련하고자 하는 산업합리화(産業合理化)의 정책목적을 실현하기 위하여 개인사업자의 법인전환을 유도하고 있으며, 이에 따른 세제상의 지원책도 마련하고 있다.

세법에서 규정하고 있는 법인전환형태에는 현물출자(現物出資)에 의한 법인전환, 사업양도·양수(事業讓渡·讓受)에 의한 법인전환, 중소기업간의 통합(統合)에 의한 법인전환이 있다. 법인전환시 조세지원을 받기 위해서는 조세특례제한법 제32조에서 규정한 제반조건들을 충족시켜야 한다. 또한 부가가치세법상에서도 개인사업자가 법인설립을 위하여 개별적인 재화를 현물출자하는 것은 과세거래인 재화의 공급에 해당되나 개인사업자의 사업용 자산 전부를 현물출자하여 법인으로 전환함으로써 사업 전체로서의 동일성이 상실되지 않는 경우에는 사업의 양도로 보아 부가가치세를 과세하지 않는다.

참조조문 조특법 32, 부법 10 ⑧

법정과실(法定果實; legal fruits)

토지의 지대, 금전의 이자, 건물의 사용료와 같이 물건을 사용하는 대가로서 받는 금전, 기타의 물건을 말한다. 국세징수법상의 압류의 효력은 압류재산으로부터 생기는 천연 또는 법정과실에 미친다.

법정관리인(法定管理人; legal administrator)

부도를 내고 파산위기에 처한 기업이 회생가능성이 보이는 경우에 법원의 결정에 따라 법원에서 지정한 제3자가 자금을 비롯한 기업활동 전반을 대신 관리하며 이때 법원에 의하여 선임되는 법정관리기업의 최고경영자를 법정 관리인이라고 한다.

법정납부기한(法定納付期限; legal term of paying tax)

일정한 시기(時期)에 도달하게 되면 법률행위의 효력이 발생·소멸하거나 채무를 이행하여야 하는데, 이 경우 그 도래되는 일정한 시기를 기한(期限)이라 한다. 기한에는 법률행위의 효력이 발생하거나 채무의 이행이 가능한 시기인 시기(始期)와 법률행위의 효력이 소멸되거나 채무를 이행할 최후의 시기인 종기(終期)가 있다.

세법에서 특히 문제가 되고 있는 것이 법정신고, 신청, 청구, 제출, 납부 및 징수기한과 기타 서류제출기한 등이다. 이 중에서 법정납부기한(法定納付期限)은 납부불성실가산세를 부담하지 아니하고 납세자가 세금을 정당하게 납부할 수 있는 기한을 규정한 것으로 주요 세목의 법정납부기한은 다음과 같다. ① 법인세 : 각 사업연도종료일이 속하는 달의 말일부터 3개월 이내, ② 부가가치세 : 예정신고기한 및 과세기간이 끝난 후 25일 이내, ③ 소득세 : 다음 연도 5월 1일부터 5월 31일까지, ④ 상속세 : 상속개시일이 속하는 달의 말일부터 6개월 이내(피상속인이나 상속인이 외국에 주소를 둔 경우에는 9개월), ⑤ 증여세 : 증여받은 날이 속하는 달의 말일부터 3개월 이내, ⑥ 주세 : 주류 제조장에서 주류를 출고한 자의 경우 출고한 날이 속하는 분기의 다음 달 25일, ⑦ 증권거래세 : 매월분으로서 다음달 10일(증권거래세법 3 1~2호), 매분기의 양도일이 속하는 분기의 말일부터 2개월 이내(증권거래세법 3 3호) 그리고 천재지변, 동거가족의 질병·사망, 사업상의 중대한 위기, 권한 있는 기관에 의한 장부·서류의 압수·영치 등의 사유로 인하여 세법에서 규정하는 신고, 기타 서류의 제출·납부나 징수를 정하여진 기한까지 할 수 없다고 인정되는 때에는 정부는 납세자의 신청에 의하여 그 기한을 연장할 수 있다.

참조조문 법법 60·64, 부법 48~49, 소법 70~71·110, 주법 23·26, 증법 10, 상증법 67~68

법정내용연수(法定耐用年數; legal durable years)

고정자산 등 설비가 주된 기능을 상실하고 예비설비(豫備設備)가 되기 직전까지의 기간을 말하는 것으로 경제적으로 사용될 수 있는 연한을 법률로서 정한 것이다. 대부분의 고정자산은 기간의 경과에 따라 소모되는 것이지만 기간(期間)이 절대적인 내용연수가 아니고, 기간경과 외에 기능의 저하, 수리의 상태, 설비의 질, 자연적 감모, 사용에 의한 마모, 재해, 진부화, 기술의 진보, 경제정세의 변화 등에 의하여 설비의 수명이 결정된다.

그러나 내용연수를 객관적으로 정확히 책정하여 기간손익계산(期間損益計算)을 한다는 것은 불가능하며, 회계주체의 주관적 판단에 따라 각기 상이한 내용연수가 책정되기도 한다. 그러므로 법인세법에서는 고정자산의 내용연수를 법률로 정하여 기업회계기준의 계속성(繼續性)의 원칙에 의해 감가상각하도록 규정하고 있다.

참조조문 법령 28·29

법정상속분(法定相續分; legal portion of legacy)

상속재산에 대한 각 공동상속인의 배당률을 상속분(相續分)이라 한다. 각 공동상속인은 상속분에 따라서 피상속인의 권리·의무를 승계하는데, 상속분은 언제나 상속이 개시된 때에 있어서의 상속재산 전체에 대한 일정한 비율로 표시한다. 상속분에는 지정상속분(指定相續分)과 법정상속분(法定相續分)이 있는데, 법정상속분은 상속분의 지정이 없는 경우에 공동상속인의 상속분을 민법의 규정에 의하여 지정하는 것을 말한다. 법정상속분은 지정상속분에 대하여 2차적 내지 보충적인 상속분이다. 민법 제1009조에는 상속분을 다음과 같이 규정하고 있다.

① 동순위(同順位)의 상속인이 수인(數人)인 때에는 그 상속분은 균분(均分)으로 한다.

② 피상속인의 배우자의 상속분은 직계비속이나 직계존속과 공동으로 상속하는 때에는 직계비속 및 직계존속의 상속분의 5할을 가산한다.

상속세및증여세법상 배우자상속공제시 배우자의 법정상속분이란 민법 규정의 배우자의 법정상속분을 말하되, 공동상속인 중 상속을 포기한 자가 있는 경우 그 자가 포기하지 않은 경우의 법정상속분을 의미한다.

참조조문 상증법 19 ①

법정적립금(法定積立金; statutory reserve)

✎ 적립금 참조

법정준비금(法定準備金; legal reserve, statutory reserve)

일반적으로 적립(積立)의 금액, 비율, 목적, 용도 등을 법령 또는 정관의 규정이나 주주총회의 결의에 의하여 자유로 변경할 수 없도록 법이 적립을 강요하는 준비금을 말한다. 이러한 법정준비금을 적립하도록 한 것은 주식회사 존립의 절대적 요건인 자본금이 불의의 손실로 말미암아 그 유지가 불가능하게 되는 경우에 대비하고자 하는 데 목적이 있으므로, 원칙적으로 자본의 결손보전에 충당하는 경우 이외에는 이를 함부로 처분하지 못하며 이익준비금으로 자본의 결손보전에 충당하고서도 부족한 경우가 아니면 자본준비금으로 이에 충당하지 못하도록 그 사용을 엄격하게 제한하고 있다.

상법에서는 법정준비금을 이익준비금(利益準備金)과 자본준비금(資本準備金)으로 구분하여 규정하고 있다. 이익준비금의 적립은 회사가 자본의 1/2에 달할 때까지 결산기의 금전에 의한 이익배당액의 1/10 이상의 금액을 적립하도록 하고 있다. 또한 회사가 적립하여야 할 자본준비금은 주식발행초과금(株式發行超過金), 감자차익(減資差益), 합병차익(合倂差益), 분할차익과 기타자본잉여금(其他資本剩餘金)이 있다.

참조조문 상법 458~460

벽지수당(僻地手當; remote rural area allowance)

교통이 불편하고 문화·교육시설이 불비한 지역에 근무하는 근로자에 대하여 근무의욕 고취와 사기앙양책으로 지역에 따라 규정된 등급에 의하여 매월 일정액을 수당으로 지급하는 것을 말한다. 여기에서 벽지(僻地)라 함은 공무원특수지근무수당지급대상지역및기관과그등급별구분에관한규칙 [별표 1]의 지역과 지방공무원특수지근무수당지급대상지역및기관과그등급별구분에관한규칙 [별표 1]의 지역, 도서·벽지교육진흥법시행규칙 [별표]의 지역 및 광업법에 의하여 광업권을 지정받아 광구로 등록된 지역, 소득세법시행규칙 [별표 1]의 의료취약지역을 말하는데, 이러한 벽지에 근무함으로써 지급받는 수당은 실비변상적 성질의 급여로 보아 월 20만원 이내의 벽지수당은 근로소득 중에서 과세하지 않는 비과세소득으로 분류하고 있다.

참조조문 소법 12 3호 자목, 소령 12 15호, 소칙 7

변동비(變動費; variable cost)

원가(原價)란 특정한 목적을 달성하기 위하여 희생 또는 포기된 자원이라고 할 수 있다. 원가계산의 요소에는 고정비와 변동비가 있는데, 원가의 발생행태가 조업도(操業度)의 변화와 관계없이 일정한 원가를 고정비라 하고, 어떤 원가가 조업도의 변화에 비례하여 변동된다면 그 원가를 변동비라고 한다. 변동비의 예로서는 대부분의 재료비와 부문품비, 조립작업비, 판매원의 수수료 등을 들 수 있다. 변동비는 단위당 원가가 일정하며 총원가는 조업도의 변화에 정비례하여 변하게 된다. 그러나 이 변동비에 속하는 원가요소도 조업도의 변화에 따라 동일한 영향을 받는 것이 아니라 그 변화의 정도가 다른데 이를 비례비(比例費)·체감비(遞減費)·체증비(遞增費)로 구분할 수 있다.
① 비례비 : 원가의 발생이 생산량의 증감에 따라 정비례하는 변동비로 직접재료비와 직접노무비를 들 수 있다.

② 체감비 : 생산량의 증감에 따라 원가도 증감하지만 그 증감의 비율이 생산량의 증감비율보다 작은 원가요소로 연료비와 동력비를 들 수 있다.

③ 체증비 : 생산량의 증감에 따라 원가도 증감하지만 그 원가의 변동비율이 생산량의 증감비율보다 큰 경우의 원가요소로 야간작업수당을 더 지급하기 때문에 발생하는 노무비를 들 수 있다.

별도재무제표(別途財務諸表; separate financial statements)

종속기업에 대하여 지배력을 가진 투자자, 즉 지배기업 또는 피투자자에 대하여 공동지배력이나 유의적인 영향력이 있는 투자자가 투자자산을 원가법에 따른 회계처리로 표시한 재무제표

참조조문 K-IFRS 1027호 4, 1028호 2

별도적립금(別途積立金; special reserve fund)

특정한 지출목적 없이 어떠한 목적에도 이용할 수 있는 이익의 사내유보(社內留保)를 말한다. 회사는 정관의 규정이나 주주총회에서의 의결에 따라 이익금을 유보할 때는 사업확장적립금(事業擴張積立金)·감채적립금(減債積立金) 등과 같이 특정의 사용목적을 표시하는 것이 보통이나, 작은 규모의 회사에서는 임의적립금(任意積立金)의 전부 또는 대부분을 일괄하여 별도적립금으로 적립하는 경우가 있다. 그리고 일반적으로 사업확장적립금·감채적립금 등 장래의 특정목적에 이용하기 위하여 설정된 적극적 적립금이 본래의 목적이 달성된 후에 주주총회의 결의에 의하여 별도적립금으로 대체된다. 이러한 별도적립금 또는 특별적립금(特別積立金)은 사용에 아무런 제한을 받지 않는다.

보고기간후사건(報告期間後事件)

보고기간 말과 재무제표 발행승인일 사이에 발생한 유리하거나 불리한 사건을 의미하며, 이익이나 선별된 재무정보를 공표한 후에 발생하였더라도 재무제표 발행승인일까지 발생한 모든 사건을 포함한다. 이러한 보고기간후사

건은 보고기간 말에 존재하였던 상황에 대해 증거를 제공하는 사건(수정을 요하는 보고기간후사건), 보고기간 후에 발생한 상황을 나타내는 사건(수정을 요하지 않는 보고기간후사건)으로 유형이 구분되는데, 수정을 요하는 보고기간후사건의 경우 보고기간후사건의 영향으로 재무제표에 이미 인식한 금액은 수정하고 재무제표에 인식하지 않은 항목은 새로 인식해야 한다. 이러한 수정을 요하는 보고기간후사건의 예는 다음과 같다.

① 보고기간 말에 존재했던 현재의무가 보고기간 후에 소송사건의 확정에 의해 확인되는 경우

② 보고기간 말에 이미 자산손상이 발생되었음을 나타내는 정보를 보고기간 후에 입수하는 경우나 이미 손상차손을 인식한 자산에 대하여 손상차손 금액의 수정이 필요한 정보를 보고기간 후에 입수하는 경우

③ 보고기간 말 이전에 구입한 자산의 취득원가나 매각한 자산의 대가를 보고기간 후에 결정하는 경우

④ 보고기간 말 이전 사건의 결과로서 보고기간 말에 종업원에게 지급하여야 할 법적 의무나 의제의무가 있는 이익분배나 상여금지급 금액을 보고기간 후에 확정하는 경우

⑤ 재무제표가 부정확하다는 것을 보여주는 부정이나 오류를 발견한 경우

반면에 보고기간후사건을 반영하기 위하여 재무제표에 인식된 금액을 수정하지 않는 수정을 요하지 않는 보고기간후사건의 예로는 보고기간 말과 재무제표 발행승인일 사이에 투자자산의 공정가치 하락을 들 수 있다.

참조조문 K-IFRS 1010호 3·8~11

보고불성실가산세(報告不誠實加算稅; additional tax on insincere report)
법인과 개인사업자가 지급명세서(支給明細書)를 제출하지 아니하거나 지연제출한 때에 그 제출의무의 불이행에 대한 제재로서 부과되는 가산세인데, 세법에서는 지급명세서 미제출(제출불성실)가산세를 규정하고 있다.

① 해당 지급명세서를 그 기한까지 제출하지 아니한 경우 : 제출하지 아니한

분의 지급금액의 100분의 1(제출기한이 지난 후 3개월 이내에 제출하는 경우에는 지급금액의 1천분의 5로 한다)

② 제출된 지급명세서가 불분명한 경우에 해당하거나 제출된 지급명세서에 기재된 지급금액이 사실과 다른 경우 : 불분명하거나 사실과 다른 분의 지급금액의 100분의 1

③ 해당 근로소득간이지급명세서를 그 기한까지 제출하지 아니한 경우 : 제출하지 아니한 분의 지급금액의 1천분의 5(제출기한이 지난 후 3개월 이내에 제출하는 경우에는 지급금액의 1만분의 25로 한다). 다만, 2019년 1월 1일이 속하는 과세기간에 발생한 소득분에 대해서는 본문에 따라 계산한 금액의 100분의 50으로 한다.

④ 제출된 근로소득간이지급명세서가 불분명한 경우에 해당하거나 제출된 근로소득간이지급명세서에 기재된 지급금액이 사실과 다른 경우 : 불분명하거나 사실과 다른 분의 지급금액의 1천분의 5. 다만, 2019년 1월 1일이 속하는 과세기간에 발생한 소득분에 대해서는 본문에 따라 계산한 금액의 100분의 50으로 한다.

참조조문 법법 75의 7, 소법 81 ①

보복관세(報復關稅; retaliatory duties)

교역상대국이 우리나라의 수출물품 등에 대하여 관세 또는 무역에 관한 국제협정이나 양자간의 협정 등에 규정된 우리나라의 권익을 부인 또는 제한하거나 기타 우리나라에 대하여 차별적인 조치를 취하는 행위를 함으로써 우리나라의 무역이익이 침해되는 때에 그 나라로부터 수입되는 물품에 대하여 피해상당액의 범위 안에서 보복적으로 부과하는 할증관세(割增關稅)를 말한다. 보복관세의 부과는 상대방 국가의 보복관세를 유발하여 관세전쟁으로까지 확대될 우려가 있기 때문에 발생되는 사례가 거의 없으며, 우리나라에서도 현행 관세법상 보복관세의 규정은 있으나 실제로 적용된 경우는 없다.

참조조문 관세법 63·64, 관세령 86

보세가공업(保稅加工業; bonded processing business)

관세법에 의하여 보세공장의 설치·운영에 관한 특허를 받은 자가 일정한 보세구역 내에 반입된 미가공원재료 또는 반제품상태의 외국물품을 위탁가공계약에 의하여 가공한 후 그 물품을 다시 수출하는 사업을 말한다. 관세, 특히 수입세의 과세를 보류하는 것을 보세라고 하며 외국물품이 지정된 보세구역에 있을 동안 수입세의 부과를 유예시켜 둔 채 다시 가공하여 외국에 재수출하는 것을 보세(保稅)가공방식에 의한 무역이라고 한다. 이러한 무역형태는 선진공업국과 저렴한 노동력을 보유하고 있는 개발도상국 사이에서 상호보완적인 경제적 효과를 얻기 위해 많이 이루어지고 있다.

보세공장(保稅工場; bonded factory)

외국물품 또는 외국물품과 내국물품을 원료로 하거나 재료로 하여 제조·가공·기타 유사한 작업을 하기 위한 구역으로 세관장의 특허를 받은 보세구역이다. 외국물품 또는 외국물품과 내국물품을 원재료로 하여 제조·가공 등을 하기 위한 보세구역인 점에서 외국물품의 장치·전시·건설·판매를 목적으로 하는 보세구역(保稅區域)과 구별된다. 또한 자유무역지역과는 외국물품을 외국물품상태로 제조·가공하는 구역이라는 점에서 유사한 제도이나, 자유무역지역은 자유무역지역의지정등에관한법률에 의거하여 지식경제부장관이 지정한 지역으로 관세법의 적용이 전부 또는 일부 배제되는 비관세지역(非關稅地域)인 데 비하여, 보세공장은 관세법에 의하여 관세가 유보되는 보세구역이다. 보세공장은 제조·가공된 제품이 수출을 목적으로 하는가 또는 수입을 목적으로 하는가에 따라 수출용보세공장과 수입용 보세공장으로 구분된다.

참조조문 관세법 185~189

보세구역(保稅區域; bonded area)

수출입물품에 대하여는 관세를 징수하거나 수출입허가(승인)사항을 확인하기 위하여 통관절차를 밟아야 하며, 이 같은 통관절차(通關節次)를 이행하기 위해서는 물품을 일정한 장소에 두는 것이 관세채권(關稅債權)의 확보와 통관질서의 유지를 위하여 필요한데, 이러한 목적에서 설정된 장소가 보세구역이다. 보세구역은 설치목적에 따라 통관하고자 하는 물품을 장치(藏置)하는 구역과 외국물품을 외국물품상태에서 가공·제조·전시·건설·판매하기 위한 구역으로 구분할 수 있는데, 전자를 소극적(消極的) 보세구역이라 하고 후자를 적극적(積極的) 보세구역이라고 한다. 또한 보세구역은 설치형식에 따라 세관장이 지정한 지정보세구역(指定保稅區域)과 세관장의 설치·운영에 관한 특허를 받은 특허보세구역(特許保稅區域), 그리고 종합보세구역으로 구분할 수 있다.

부가가치세법상 보세구역은 관세법에 의한 보세구역과 자유무역지역의지정및운영에관한법률에 의한 자유무역지역을 말한다. 한편, 개별소비세법상 보세구역은 관세법에 의한 보세구역만을 말한다.

보세구역은 외국물품과 수출 또는 내국운송면허를 받고자 하는 물품이 장치(藏置)되는 장소이기 때문에 관세채권의 확보와 수출입허가사항의 확인이라는 통관목적의 정확한 수행을 위하여 엄격히 세관의 규제를 받도록 하고 있다.

참조조문 부법 13, 개소법 3

보세임가공업(保稅賃加工業; bonded processing service business)

관세법에 의한 보세공장의 설치·운영에 관한 특허를 받은 자와 직접 하도급계약에 의하여 수출품을 제조·가공하는 사업을 말한다.

보세창고(保稅倉庫; bonded warehouse)

특허보세구역의 하나로서 개인이 설치하여 세관장의 허가를 받아 외국물품이나 통관을 하고자 하는 물품을 장치하는 곳이다. 기존 보세장치장제도와 보세창고제도를 보세창고로 통합한 것으로서 보세구역제도의 목적상 통관하고자 하는 물품은 지정장치장에 장치하는 것이 원칙이나, 지정장치장이 부족하고 수출입업자의 편리를 도모하기 위하여 보완적으로 발생하는 제도가 보세창고이다. 보세창고에 장치되는 물품은 외국물품 또는 통관하고자 하는 물품이다. 그러나 보세창고의 운영인은 미리 세관장에게 신고를 하고 외국물품 또는 통관하고자 하는 물품의 장치에 방해되지 아니하는 범위 안에서 보세창고에 내국물품도 장치할 수 있다.

참조조문 관세법 154 · 183

보유손익(保有損益; holding gain or loss)

비화폐성 자산을 보유하는 기간 동안 현행원가가 변동함으로써 발생하는 손익으로써 해당 비화폐성 자산과 동일한 용역잠재력을 가진 자산으로 대체하기 위하여 기업 내부에 유보하여야 할 금액이며 실현보유손익과 미실현보유손익으로 나누어지는데 실현보유손익이란 일정기간 동안 소비된 자원의 현행원가와 취득원가의 차액으로 손익계산서에서 나타난다. 이와는 달리 미실현보유손익이란 기말에 보유하고 있는 비화폐성 자산의 현행원가와 취득원가의 차액으로서 재무상태표에서 나타난다.

보전압류(保全押留; preservative seizure)

국세징수법 및 지방세징수법상의 납기전징수사유가 있어서 납세의무확정 후에는 조세채권의 멸실이 우려가 되는 경우 당해 세액의 확정 전일지라도 납세자의 재산을 현상유지시키기 위해 미리 압류하는 것을 말한다.

① 국세의 보전압류 : 국세징수법의 납기전징수사유에 해당하여 국세의 확정 후에는 당해 국세를 징수할 수 없다고 인정되는 때에는 국세로 확정되리라고 추정되는 금액의 한도 안에서 납세자의 재산을 압류할 수 있다. 보전압류를 하고자 하는 세무서장은 미리 지방국세청장의 승인을 얻어야 하며, 승인을 얻어 압류한 때에는 당해 납세자에게 문서로 통지하여

야 하고, 압류를 한 날로부터 3개월이 지날 때까지 압류에 의하여 징수하고자 하는 국세를 확정하지 않거나 통지를 받은 자가 납세담보를 제공하고 압류해제를 요구한 때에는 보전압류를 해제하여야 한다.

② 지방세의 보전압류 : 세무공무원은 지방세에 관한 법령의 규정에 의하여 수시부과를 하는 경우에 당해 지방세를 징수할 수 없다고 인정하는 때에는 납세의무자 또는 특별징수의무자에게 납세담보의 제공을 요구할 수 있고, 이 담보제공에 불응한 때에는 납세의무가 확정되리라고 추정되는 금액을 한도로 하여 재산을 압류할 수 있다. 또한 납세의 고지 또는 독촉을 받고 납세의무자 또는 특별징수의무자가 도피할 우려가 있어 그 납기를 기다려서는 고지한 지방세나 그 체납액을 징수할 수 없다고 인정되는 경우에도 보전압류가 가능하다.

참조조문 국징법 14 ① · 24 ② · ⑤, 지징법 22 ① · 33 ②

보정요구(補正要求; request for supplementation)

세법에 의한 처분(處分)으로서 위법 또는 부당한 처분을 받거나 필요한 처분을 받지 못함으로써 권리 또는 이익의 침해를 당한 자가 이의신청 · 심사청구 및 심판청구를 한 경우 그 내용이나 절차가 국세기본법 또는 세법에 적합하지 아니하나 보정(補正)할 수 있다고 인정되면 20일 이내의 기간(심판청구의 경우 상당한 기간)을 정하여 청구인에게 이를 보정할 것을 요구할 수 있다. 다만, 보정할 사항이 경미한 경우에는 직권으로 보정할 수 있다.

보정요구를 받은 청구인은 서면으로 보정하는 것이 원칙이나, 담당관서에 출두하여 보정할 사항을 말하고 그 말한 내용을 국세청 소속공무원이 기록한 서면에 서명 또는 날인함으로써 보정할 수 있다. 보정기간은 이의신청 · 심사청구 또는 심판청구의 결정기간에 산입하지 아니하며 심사청구기간에도 산입하지 아니한다.

보정기간은 불변기간으로써 청구인은 이 기간 내에 필요한 보정을 하여 다시 청구하여야 한다.

참조조문 국기법 63, 지기법 95

보조원장(補助元帳; subsidiary ledger)

주요 장부에 기록·계산되지 않은 특수사항이나 주요부(主要簿)의 기록·계산으로는 불충분한 원장계정에 관하여 그 명세 또는 내역을 기록·계산하여 주요부기록을 보충하는 동시에 기록의 정확성 여부를 검증하기 위하여 설정된 장부가 보조원장이다. 보조원장은 장부 전체가 총계정원장(總計定元帳) 내의 한 계정을 대표하여 상세하게 표시하며 원장에 대하여 대조적인 임무를 띠고 있다. 즉 어느 계정과목에 기입할 내용이 방대해지면 그 내용, 명세를 파악하고 또한 기장의 분개를 용이하게 할 목적으로 그 계정과목에 대하여 원장의 내용을 구분하여 별도의 보조원장을 개설하는 것이 편리하다. 이 경우 총계정원장에는 이들 보조원장의 합계액이 기입되어 총괄계정(總括計定)으로 된다. 보조원장으로 구분하여 사용되는 장부로는 매출처원장, 매입처원장, 적송품원장, 재료원장, 각종 예금 및 차입금원장, 판매관리비원장, 제조경비원장 등이 있다.

보존등기(保存登記; preservative registration)

물권취득자가 자기의 권리를 보존하기 위하여 하는 등기를 말하나, 일반적으로 미등기부동산의 소유권등기(所有權登記)를 말한다.

토지대장·임야대장·건축물대장등본·부동산종합증명서에 의하여 자기 또는 피상속인이 소유자임을 증명하는 자와 판결 또는 시·구·읍·면장의 서면에 의한 확인으로 자기의 소유권을 증명하는 자만이 등기신청을 할 수 있다. 그러나 세무서장이 등기되지 아니한 부동산을 압류할 때에는 토지대장등본, 건축물대장등본 또는 부동산종합증명서를 갖추어 보존등기를 소관등기소에 촉탁하도록 국세징수법 제45조에 규정되어 있다.

참조조문 국징법 45 ③

보증금(保證金; deposit)

토지·건물 등의 임대차계약을 체결할 때에 임차인이 월임차료(月賃借料), 기타의 임대차계약상의 채무를 담보하기 위하여 임대인에게 지급하는 금전을 말한다. 세법에서는 조세특례제한법상 임대보증금에 대한 간주익금제도와 소득세법상 부동산임대업자의 임대보증금에 대한 총수입금액계산특례제도를 통하여 임대보증금의 이자상당액이 과세소득을 구성하도록 하고 있다.

참조조문 조특법 138, 조특령 132, 소법 25

보증보험(保證保險; guaranteed insurance)

횡령, 배임, 절취 등의 불법행위를 보험사고로 하거나 매매, 고용, 도급 기타 계약에 있어서 채무의 불이행으로 사용자나 채권자가 입게 되는 손해를 보상받기 위한 보험의 한 종류이다. 보증보험의 형식에는 일람표보증(一覽表保證)과 포괄보증(包括保證)이 있는데, 일람표보증은 일람표에 피보험자인 피사용인의 성명, 인원, 보험금액 등을 기입하고 인사이동할 때에는 이를 수정하는 형식이며, 포괄보증은 은행 등 직장에서 일람표를 사용하지 않고 신규채용자는 자동적으로 보증의 대상이 되는 형식이다.

보증보험은 성질상 손해보험 중 책임보험(責任保險)에 속하므로 이에 관하여는 책임보험에 관한 상법규정이 적용될 것이다. 현재 우리나라에서 판매되는 보증보험의 종류로는 신원보증보험, 계약이행보증보험, 납세보증보험, 인허가보증보험, 지급보증보험, 할부판매보증보험 등이 있다.

참조조문 국기법 29·31 ②, 국기령 14 ⑤

보통징수(普通徵收; common levy)

지방세(地方稅)의 징수방법은 보통징수와 특별징수방법으로 구분되는데, 보통징수라 함은 세무공무원이 납세고지서를 납세자에게 발급하여 지방세를 징수하는 것을 말한다. 보통징수에 의해 과세되는 지방세는 취득세와 등록면허세의 미신고 및 과소신고분에 대한 추징분·주민세균등할·재산세·자동차세·지역자원시설세 등이 있다. 반면 특별징수(特別徵收)라 함은 보통징수방법 이외의 방법에 의하여 지방세를 징수하는 것으로서 지방세징수에 있어서 그 징수의 편의가 있는 자로 하여금 징수시키고 그 징수한 세금을 납입하게 하는 것을 말하는데 국세의 원천징수와 같은 방법이다.

참조조문 지기법 2 ① 19호

보험료공제(保險料控除; insurance expense deduction)

보험료공제는 특별소득공제의 일종으로서 근로소득이 있는 거주자(일용근로자는 제외)가 해당 과세기간에 국민건강보험법·고용보험법·노인장기요양보험법에 따라 근로자가 부담하는 보험료를 지급한 경우 그 금액을 해당 과세기간의 근로소득금액에서 공제하는 보험료소득공제와 특별세액공제의 일종으로서 해당 과세기간의 만기환급금액이 납입보험료를 초과하지 않는 보험계약의 보험료를 지급한 경우 그 금액의 100분의 12에 해당하는 금액을 해당 과세기간의 종합소득산출세액에서 공제하는 보험료세액공제로 구분된다. 보험료세액공제의 대상이 되는 보험은 ① 기본공제대상자 중 장애인을 피보험자 또는 수익자로 하는 장애인전용보험의 장애인전용보장성보험료, ② 장애인전용보장성보험료는 제외한 기본공제대상자 중 장애인을 피보험자 또는 수익자로 하는 장애인전용보험의 장애인전용보장성보험료가 있으며, 각 보험료별 합계액이 각각 연 100만원을 초과하는 경우 그 초과하는 금액은 각각 없는 것으로 한다.

참조조문 소법 52 ① · 59의 4 ①

보험수리적 가정(保險數理的 假定; actuarial assumptions)

확정급여의 궁극적인 원가를 결정하는 여러 가지 변수들에 대한 가정이다. 이러한 가정은 최선의 추정을 반영하는 것으로써 인구통계적 가정과 재무적 가정으로 구성된다.

참조조문 K - IFRS 1019호 75~98

보험수리적 손익(保險數理的 損益; actuarial gains and losses)

보험수리적 가정과 실제로 발생한 결과의 차이에서 생기는 손익과 보험수리적 가정의 변경으로 인해 발생하는 손익으로 구성된다.

참조조문) K-IFRS 1019호 8

보험증권(保險證券; insurance policy)

보험계약의 성립을 증명하는 문서로서 보험계약자의 청구에 의하여 보험자인 보험회사가 발행하는 증권이다. 보험증권의 발행은 보험계약당사자 쌍방의 편의를 위한 것이지 계약의 성립요건도 아니고, 보험자만이 기명·날인하는 것이므로 계약서도 아니다. 그러나 보험증권은 보험계약에 관한 중요한 증거방법(證據方法)의 하나로서 계약내용에 관하여 사실상의 추정(推定)을 받는다. 따라서 진정한 보험계약이 보험증권과 틀리는 경우에 보험계약자가 보험증권의 내용을 주장하거나 보험계약의 내용을 주장한 때에는 보험자가 반증(反證)을 들어야 한다.

보험차익(保險差益; gain on insurance settlement)

보험에 가입한 고정자산에 보험사고가 발생하여 손실이 생긴 때에 가입한 보험회사로부터 지급받는 보험금액이 피해를 받은 고정자산의 장부가액을 초과하는 경우에 그 초과하는 금액을 보험차익이라 한다. 일반적으로 손해보험은 자산의 시가를 기준으로 보험금액을 결정하게 되므로 보험차익은 고정자산의 가격변동이나 과거의 감가상각비의 과부족 등에 의하여 영향을 받게 된다.

현행 세법의 규정에 의하면 법인세법상 보험차익은 원칙적으로 익금(益金)에 산입하고 있으나, 다만 내국법인에 대하여는 보험사고로 인하여 멸실하거나 손상된 보험대상자산과 같은 종류의 자산을 취득하는 데 충당하고 스스로 세법이 정하는 바에 따라 그 손금산입액을 일시상각충당금(一時償却充當金)으로 계상한 때에는 당해 사업연도의 소득금액 계산상 익금으로 보지 아니한다. 또한 소득세법에서는 사업 관련 유무에 따라 이자소득, 사업소득으로 과세되고 있다.

참조조문 법법 38, 소령 25 ①

복구원가(復舊原價; restoration cost)

자산을 해체, 제거하거나 부지를 복구하는데 소요될 것으로 최초에 추정되는 원가, 회사가 자산을 해체, 제거하거나 부지를 복구할 의무는 해당 유형자산을 취득한 시점에 또는 해당 유형자산을 특정기간 동안 재고자산 생산 이외의 목적으로 사용한 결과로 발생한다.

참조조문 K-IFRS 1016호 16

복권당첨소득(福券當籤所得; lottery income)

복권발매허가를 받은 발매자가 다수인의 구매자에게 복권 등을 미리 팔고 금품을 모아 추첨 등의 방법에 의하여 당첨자에게 제공한 재산상의 이익을 말한다.

소득세법상 복권 및 복권기금법에서 규정하는 복권당첨금은 무조건 분리과세된다.

참조조문 소법 21

복리후생비(福利厚生費; fringe benefit)

종업원의 작업능률을 향상시키고 복리를 증진시키기 위하여 법인이 부담하는 시설이나 일반관리비, 제조경비를 말한다. 이 중에서 종업원의 건강과 휴양, 오락을 위한 체육관, 운동장, 오락시설, 휴게실, 기숙사, 진료시설 등의 설치·건설비는 복리시설비로 별도 구분하여 자산으로 취급하게 된다.

세법에서는 기업이 종업원을 위하여 지출하는 복리후생비는 기업회계에서와 마찬가지로 손비(損費)로 인정하는 것이 대부분이나, 그것이 급여(給與)와는 구분되어야 하며 사회통념상 타당성이 있어야 한다. 법인세법에서는 법인이 임원 또는 사용인을 위하여 직장체육비, 직장연예비, 우리사주조합의 운영비, 국민건강보험료, 직장보육시설의 운영비, 고용보험료 등을 지출한 경우 이를 손금으로 인정하고 있다. 또한 내국법인이 당해 법인의 임원(출자임원 포함) 기타 사용인에게 지급한 경조비 등 사회통념상 타당하다고 인정되는 범위 안의 금액에 대하여는 지급받은 임원, 기타 사용인에 대한 복리후생비로 보아 이를 당해 사업연도의 소득금액 계산에 있어서 손금에 산입할 수 있다. 소득세법에서도 이들 비용을 사업소득의 필요경비로 규정하고 있다.

참조조문 법령 45, 소령 55

복식부기(複式簿記; bookkeeping by double entry)

기업의 자산과 자본의 증감 및 변화하는 과정과 그 결과를 계정과목을 통하여 대변과 차변으로 구분하여 이중기록·계산이 되도록 하는 부기형식을 말하는 것으로 단식부기(單式簿記)와 상대되는 개념이다.

복식부기는 거래의 이중성 또는 대칭관계를 전제로 하였고, 한 거래를 계정기입법칙(計定記入法則)에 의거하여 대차 양변에 동시에 기입함으로써 대차변의 각 합계가 일치되어 대차평균(貸借平均)의 원리가 성립되며, 이 원리에 의하여 복식부기가 자기통제기능 또는 자동검증기능을 수행할 수 있는 것이다.

복식부기의무자(複式簿記義務者; obligor under double entry system)

현행 세법은 사업자의 소득금액을 계산할 수 있도록 증명서류 등을 갖춰놓고 그 사업에 관한 모든 거래사실이 객관적으로 파악될 수 있도록 복식부기에 따라 장부에 기록·관리하도록 규정하고 있다. 이때의 사업자를 복식부기의무자라 하는데, 대통령령으로 정하는 간편장부대상자를 제외한 모든 법인과 사업소득에 부동산임대업에서 발생한 소득이 포함되어 있는 사업자 등이 해당된다.

참조조문 법법 112, 소법 160

복합금융상품(複合金融商品; compound financial instrument)

발행자의 관점에서 부채특성과 자본특성이 포함된 금융상품이다. 일반적인 형태의 복합금융상품에는 전환사채와 신주인수권부사채 등이 있다.

참조조문 K-IFRS 1032호 15·28~32

본등기(本登記; main record)

가등기(假登記)에 상대되는 개념으로 종국등기(終局登記)라고도 하는데 등기의 본래의 효력인 물권변동의 효력 또는 대항력을 발생하게 하는 등기이다. 본등기는 기재내용에 따라 기입등기·변경등기·말소등기·회복등기 등으로 구분되고, 그 형식에 따라서 주등기(主登記)·부등기(副登記)로 나누어진다. 납세의무자를 등기의무자로 하고 채무불이행을 정지조건으로 하는 대물변제(代物辨濟)의 예약에 의하여 권리이전 청구권의 보전을 위한 가등기(가등록 포함)나 그밖에 이와 유사한 담보의 목적으로 된 가등기가 있는 재산을 압류하는 경우에 그 가등기에 따른 본등기가 압류 후에 행하여진 때에는 그 가등기의 권리자는 그 재산에 대한 체납처분에 대하여 그 가등기에 따른 권리를 주장할 수 없다. 다만, 국세(國稅)(그 재산에 대하여 부과된 국세는 제외한다)의 법정기일 전에 가등기된 재산에 대해서는 국세가 우선하지 못한다.

참조조문 국기법 35 ②

본세(本稅; principal tax)

법률상의 용어라기보다는 세무실무상 사용되는 용어로 각종 세금에 대한 가산세 등을 계산할 때 그 기초가 되는 것이다. 판례(判例)에서도 본세라는 용어가 자주 사용되어지고 있으며, 본세의 과세가 행정재판에 의해 취소되었을 때에는 본세를 기준으로 부과된 부가세(가산세, 국세 등에 부가하여 과세되는 附加稅 등)도 자연히 취소된다.

본점(本店; head office)

상인이 1개의 영업에 관련하여 여러 개의 영업소를 가지고 있을 때 영업활동 전체의 지휘·명령의 중심지가 되는 영업소를 의미한다. 상법의 규정에 의하여 본점의 소재지는 정관(定款)의 절대적 기재사항으로 되어 있고 본점의 소재지와 지점을 둔 경우 지점소재지도 등기하도록 되어 있다.

세법에서는 법인세의 납세지는 등기부상에 기재된 본점의 소재지로 하도록 규정되어 있고, 부가가치세법상 주사업장총괄납부(主事業場總括納付)의 경우 법인의 본점을 주사업장으로 하고 예외적으로 법인의 지점도 주사업장으로 할 수 있도록 되어 있다. 국세징수법에 의하여 발급되는 납세증명서는 본점 주소지를 관할하는 세무서장이 발급하게 되어 있으며, 내국법인과 외국법인을 구분할 때에도 본점이 국내에 있느냐, 국외에 있느냐에 따라 판단하도록 되어 있다.

참조조문 법법 9, 부령 92, 국징령 6

봉사료수입금액(奉仕料收入金額; tip revenue; service charge revenue)

사업자(법인 포함)가 ① 음식·숙박용역, ② 안마시술소·이용원·스포츠맛사지업소 및 그밖에 이와 유사한 장소에서 제공하는 용역, ③ 개별소비세법 제1조 제4항의 규정에 의한 과세유흥장소에서 제공하는 용역을 제공하고 그 공급가액(간이과세의 경우에는 공급대가)과 함께 접대부 등의 봉사료를 세금계산서 등에 그 공급가액과 구분기재하는 경우로서 그 구분기재한 봉사료금액이 공급가액의 100분의 20을 초과하는 경우의 봉사료를 말한다. 소득세법에서는 봉사료수입금액에 대하여 100분의 5의 세율을 적용하여 원천징수하도록 규정하고 있다.

참조조문 소법 127 ① 8호·129 ① 8호, 소령 184의 2

부가가치세(附加價値稅; value added tax)

재화나 용역이 생산되거나 유통되는 모든 거래단계에서 생기는 부가가치를 과세대상으로 하여 과세하는 간접세(間接稅)이다. 부가가치를 계산하는 방법으로는 기업이 지급하는 급료·지급이자·세금과공과·감가상각비 및 이윤 등을 합계하여 계산하는 가산법(加算法)과 기업의 재화와 용역 등의 매출액에서 기업의 재화와 용역 등의 매입액을 공제하여 계산하는 공제법(控除法)

이 있다. 우리나라에서 채택하고 있는 부가가치세법에서의 부가가치는 공제법에 의하여 계산하고 있다. 우리나라가 채택하고 있는 전단계세액공제방식(前段階稅額控除方式)에 의하여 부가가치세는 부가가치에 세율(稅率)을 곱하여 산출하게 되는데, 부가가치세는 매출세액(賣出稅額)에서 매입세액(買入稅額)을 공제한 금액이 된다.

부가가치세의 일반적 특징을 요약하면 첫째, 부가가치세는 일반소비세(一般消費稅)이다. 즉 부가가치세법상 면제된다는 특별한 규정이 없는 한 모든 재화와 용역의 소비에 대하여 과세된다. 둘째, 부가가치세는 사업자가 조세의 징수를 대행해 주는 간접세(間接稅)이다. 부가가치세는 국가가 소비자로부터 직접 징수하는 것이 아니라 사업자가 재화 또는 용역을 공급할 때 징수하여 일정기간 내에 국가에 납부하는 세금이다. 따라서 실제담세자는 최종소비자인 것이다. 셋째, 부가가치세는 부가가치(附加價値)에 대하여 과세하는 조세이다. 즉 부가가치세란 전(全)거래단계의 모든 사업자가 자기단계(自己段階)에서 창출한 부가가치에 대하여 부과·징수하는 세금이다.

부가세(附加稅; surtax)

다른 조세(본세)를 과세표준으로 하여 일정한 세율로서 그 본세의 납세의무자에게 부과징수하는 조세를 말한다. 현행 세법상 부가세는 교육세·농어촌특별세·지방소비세 및 지방교육세가 있다.

부과결정(賦課決定; assessment determination)

정부나 지방자치단체 등이 조세나 공과금을 특정인에게 할당하여 부담시키는 것을 부과(賦課)라 하며, 세법상의 부과는 특정납세의무자에 대하여 이미 성립된 조세채권의 내용을 구체적으로 확정하는 하나의 절차로서 납부해야 할 세액의 결정에 관계되는 처분을 행하는 것을 의미한다. 정부의 부과과세에 의한 국세 및 지방세는 납부해야 할 세액이 오로지 세무서장이나 권한있는 기관의 처분에 의하여 확정되는 것이다. 따라서 정부가 납세의무자에게 세금의 부담의무를 지우는 결정을 부과결정이라 한다.

부과과세제도(賦課課稅制度; assessment system)

기성립한 납세의무를 확정하는 방식 중 정부의 부과처분에 의한 것이다. 정부부과제도라고도 하며 확정의 권한을 과세권자(정부)에게만 부여하고 있는 제도이다. 이 제도하에서 납세의무자의 신고 등의 행위는 협력의무의 이행에 불과한 예비적 절차라 할 수 있으며, 확정의 효력은 없다. 따라서 정부가 반드시 과세표준과 세액의 결정을 하여야 한다. 또한 정부의 조사결정으로 납세의무가 확정되므로 조세범칙행위의 기수시기결정의 기준이 된다.
현행 세법은 상속세, 증여세, 농어촌특별세 및 종합부동산세를 부과과세제도로 하고 있다.

부과철회(賦課撤回; withdrawal of assessment)

아무런 하자없이 유효하게 성립된 부과처분(賦課處分)이라는 행정행위의 효력을 그 성립 후에 발생된 새로운 사유로 인하여 장래에 그 부과처분의 효력을 소멸시키는 행정행위를 말한다. 부과철회와 구별해야 할 개념으로 부과취소(賦課取消)가 있는데, 부과의 취소는 부과처분의 성립에 관한 하자를 이유로 하여 그 행위의 효력을 원칙적으로 기왕에 소급하여 소멸시키는 독립된 행정처분이다.
납세자의 주소 · 거소 · 영업소의 불명으로 인하여 납세고지를 송달할 수 없을 때에는 징수를 유예할 수 있으며 송달불능으로 징수를 유예한 국세의 징수를 확보할 수 없다고 인정하는 때에는 그 부과의 결정을 철회할 수 있다. 부과철회를 하기 위한 전(前)단계로서 납세고지서의 송달불능으로 인한 30일 내의 징수유예를 하여야 하고, 그 징수유예기간 중에 납세의무자의 소재 및 재산의 유무를 조사하여 그 결과 소재나 재산이 발견되면 즉시 징수유예를 취소하고 부과 또는 징수의 절차를 밟아야 한다. 소재와 재산이 발견되지 아니하는 경우에는 행방불명으로 인한 결손처분에 준하는 증빙서류를 갖추어 부과철회를 함으로써 당초의 고지는 그 효력이 발생하지 아니하므로 부과철회에는 조세채권의 시효중단(時效中斷)의 효력이 없다. 따라서 부과철회를 취소하고 재부과결정(再賦課決定)을 할 때에는 새로이 지정한 납부기한이 경과하여야만 가산세를 징수하고 체납처분을 집행할 수 있는 것이다.

참조조문 국징법 16, 국징령 22 ④

부과취소(賦課取消; annulment of assessment)

유효하게 성립한 부과처분에 대하여 그 성립에 하자가 있음을 이유로 권한 있는 기관이 그 부과처분의 법률상의 효력을 원칙적으로 기왕에 소급하여 상실시키는 독립된 행정처분이다.

국세의 수납행위는 부과결정(賦課決定)과 이에 따른 세입징수관의 징수결정행위(徵收決定行爲)가 있음으로써 유효하게 국고(國庫)에 귀속된다. 그런데 과세의 절차나 내용에 하자가 있어서 징수결정의 원인이 된 부과결정이 직권에 의하여 또는 심사·심판 혹은 행정소송 등에 의하여 취소되면 징수결정 자체가 무효이고 따라서 납부의무도 동시에 소멸하게 된다.

참조조문 국기법 26 1호

부녀자공제(婦女子控除; woman deduction)

소득세법상 종합소득이 있는 해당 거주자가 해당과세기간에 종합소득과세표준을 계산할 때 합산하는 종합소득금액이 3천만원 이하인 배우자가 없는 여성으로서 부양가족이 있는 세대주이거나 배우자가 있는 여성인 경우 종합소득금액에서 추가로 연 50만원을 공제해 주는 제도이다.

배우자가 없는 여성은 과거에 혼인관계를 가졌었는지의 여부를 묻지 아니하고, 배우자가 있는 여성은 남편의 취업활동에 종사하는지의 여부를 묻지 아니한다. 이는 주부의 취업에 따라서 추가적으로 발생하는 가사비용 등을 보전하여 주기 위한 공제이기 때문이다.

공제대상 여부의 판정은 당해 과세기간종료일 현재의 주민등록표등본 또는 가족관계등록부증명서에 의한다.

참조조문 소법 51 ① 3호, 소령 108

부담금(負擔金; exposure)

특정한 공익사업으로부터 특별한 이익을 받는 자에 대하여 그 사업에 소요되는 경비의 전부 또는 일부를 부담시키기 위하여 부과하는 공법상의 금전급부의무이다. 부담금은 특정사업의 경비에 충당함을 목적으로 이해관계가 있는 자에게 과하는 것인 점에서 국가나 공공단체의 일반적 수입을 목적으로 일반국민에게 균등하게 과하는 조세(租稅)와 구별되며, 사업 자체의 경영에 소요되는 경비의 분담이라는 점에서 사업의 개개의 이용행위에 대한 반대급부로서 이용자에게 대해서만 부과하는 수수료·사용료와 구별된다. 이러한 부담금은 법인세법 및 소득세법상 공과금의 한 종류로 보아 강제성이 있는 경우 손금으로 인정된다.

✎ 공과금 참조

부담부증여(負擔附贈與; conditional donation)

증여를 받는 자에게 일정한 급부를 할 의무를 부담시키는 증여계약을 민법은 상대부담 있는 증여라고 한다. 상호의 급부(給付)는 대가관계(對價關係)에 있는 것이 아니므로 역시 증여이지만, 부담의 한도에서 유상계약(有償契約)에 준하여 증여자는 담보책임을 지고 또한 쌍무계약에 관한 규정이 적용된다. 소득세법에서는 증여자의 채무를 수증자가 인수하는 경우에는 증여가액 중 그 채무액에 상당하는 부분은 그 자산이 유상으로 사실상 이전되는 것으로 보아 양도소득세를 과세하도록 규정하고 있다. 반면 상속세및증여세법에서는 배우자간 또는 직계존비속간의 부담부증여는 수증자가 증여자의 채무를 인수한 경우(객관적으로 인정되는 국가·지방자치단체 및 금융회사 등의 채무 또는 채무부담계약서·채권자확인서·담보설정 및 이자지급에 관한 증빙 등에 의하여 그 사실을 확인할 수 있는 경우는 제외)에도 그 채무액을 증여로 추정하여 증여세를 과세하도록 규정하고 있다.

참조조문 소법 88 1호, 소령 159, 상증법 47 ③

부당한 처분(不當한 處分; unfair dealing)

공익 및 행정목적에 반하거나 자유재량을 그르친 행정처분을 말한다. 행정청의 부당한 처분에 대한 국민의 권리·이익의 구제절차로서 행정심판(行政審判)과 행정소송(行政訴訟)의 쟁송절차가 있으며 이의 근거법으로서 행정심판법과 행정소송법이 있다.

특히 국세의 위법·부당한 행정처분에 대한 구제절차를 규정한 국세기본법은 국세에 관한 불복(不服)에 대하여 적용되는 것이다. 국세기본법 또는 세법에 의한 처분으로서 위법·부당한 처분을 받음으로써 권리나 이익을 침해당한 자는 그 처분의 취소 또는 변경을 요구할 수 있으며 이에 대한 불복절차로서 이의신청(異議申請), 심사청구(審査請求) 및 심판청구(審判請求)가 있고 이들 행정심판을 거쳐 최종적으로 행정소송을 제기할 수 있게 되어 있다.

참조조문 국기법 55

부당행위계산부인(不當行爲計算否認; rejection of unfair act and calculation)

법인 또는 개인사업자 등의 행위 또는 회계처리가 법률상으로나 기업회계기준상 그 내용이 보편타당성이 있다 할지라도 세무계산상 그 내용과 성질이 조세를 부당히 감소시킬 목적으로 행하였다고 인정되는 경우에는 그 행위나 계산에 불구하고 이를 부인하는 것을 말한다. 이는 조세의 회피를 방지하여 부담의 공평을 실현하기 위한 제도이며 다음과 같은 요건이 있다.

① 행위당시 당해 법인 등과 특수관계(特殊關係)가 있는 자이어야 한다. 따라서 특수관계가 소멸된 후의 거래에 대해서는 이를 적용할 수 없다.

② 법인 등의 소득에 대한 조세의 부담을 부당히 감소시키는 것으로 인정되는 경우에 한한다. 조세부담을 부당히 감소시키는 것으로 인정되는 경우는 법인세법시행령 제88조에 상세히 규정되어 있다.

한편, 이 경우 시가와의 차액 등은 세법상 익금에 해당하며, 그 부인금액은 당해 특수관계인에게 이익을 분여한 것으로 취급되어 그 귀속자에게 소득세 등의 추가적 납세의무가 발생하며, 부당행위계산부인금액은 기업회계와 세무회계의 차이로 인한 것에 해당하므로 조세범처벌법은 이를 사기 기타 부정행위로 인한 포탈세액으로 보지 않는다고 규정하고 있다. 따라서 조세포탈법으로 처벌되지 않으며, 부인의 대상이 되는 행위·계산 등도 사법상 적법·유효한 것이다.

참조조문 소법 41, 법법 52, 부법 29 ④, 상증령 26

부대비용(附帶費用; incidental expense)

각종 비용의 계산시 주(主)가 되거나 기본이 되는 비용 이외에 부수적으로 발생되는 비용이다. 가령 제품·상품·원재료 등을 매입할 때 그 대가 이외에 운반비, 보험료, 제 수수료, 하차비 등과 같은 비용이 발생하는 경우 제품·상품·원재료 등의 대가는 주된 비용이고 운반비 등은 부대비용이라 할 수 있다.

세법에서는 일반적으로 수입금액·소득금액·과세표준 계산시에 주된 비용에 부대비용을 포함하여 계산하도록 되어 있으며, 기업회계기준에서는 상품매입에 직접 소요된 제 비용은 매입액에 포함하고 매입운임, 매입보관비 중 매입상품별로 배부하기 곤란한 경우에는 이를 매입액(재고자산)에 산입하지 아니하고 당기비용으로 처리한다.

참조조문 법법 41, 소법 39 ②, K-IFRS 1002호, 일반기준 7장

부도수표(不渡手票; dishonored check)

적법한 소지인이 지급제시를 하였음에도 불구하고 지급이 거절되는 수표를 말한다.

어음교환소에 제시된 수표가 부도되면 발행인은 부도처분을 받고 일정한 기간 교환소 가맹은행과의 거래가 정지된다. 또한 부도수표를 작성하거나 발행한 자는 5년 이하의 징역 또는 수표금액의 10배 이하의 벌금에 처하여진

다(부정수표단속법에 의하여).

부가가치세법에서는 부도발생일로부터 6개월 이상 경과한 수표·어음상 채권금액의 10/110에 상당하는 가액을 매출세액에서 뺄 수 있다.

참조조문) 부법 45, 부령 87

부도어음(不渡어음; dishonored bill)

지급기일에 어음을 지급제시하였으나 지급을 거절당한 어음, 즉 어음의 지급인·인수인 또는 발행인이 지급을 거절한 어음을 말한다. 즉 어음교환소를 거쳐 지급제시를 하였으나 지급은행이 어음교환소규약에 규정된 부도사유, 즉 예금부족, 무거래, 형식불비, 사고계접수, 위조·변조, 제시기일 경과 또는 미달, 인감서명의 상위, 지급지상위 등의 사유로 지급을 거절함으로써 반환된 어음을 말한다. 부도어음에 관련된 지출은행, 수입은행은 어음교환소에 소정시일까지 부도어음신고서를 제출하여야 하며 예금부족·분실·도난 등의 사유로 부도가 될 때에는 일정한 조치를 취하지 아니하면 부도어음발행인에 대하여 1년간 또는 6개월간의 당좌예금거래의 정지처분을 내린다. 부가가치세법에서는 부도발생일로부터 6개월 이상 경과한 수표·어음상 채권금액의 10/110에 상당하는 가액을 매출세액에서 뺄 수 있다.

참조조문) 부법 45, 부령 87

부동산매매업자(不動産賣買業者; realtor)

소득세법의 규정에 의하면 부동산매매업이라 함은 토지·건물 등 부동산을 목적물로 하여 매매(건물을 신축하여 판매하는 경우도 포함) 또는 그 중개를 사업목적으로 나타내어 부동산을 판매하거나 사업상의 목적으로 부가가치세법상의 1과세기간 동안 1회 이상 부동산을 취득하고 2회 이상 판매하는 사업을 말한다.

부동산매매업자가 토지나 건물을 매매하는 때에는 그 매매차익은 양도소득이 아니고 사업소득이 된다. 그리고 토지 등 매매차익을 그 매매일이 속하는 달의 말일부터 2개월이 되는 날까지 납세지관할세무서장에게 토지 등 매매차익예정신고를 하여야 하며 이때 세액을 자진납부하도록 하고 있다.

납세지관할세무서장은 토지 등 매매차익예정신고 또는 토지 등 매매차익예정신고 납부를 한 자에 대하여는 그 신고 또는 신고납부를 한 날부터 1개월 내에, 매매차익예정신고를 하지 아니한 자에 대해서는 즉시 그 매매차익과 세액을 결정하고 해당 부동산매매업자에게 이를 통지하여야 한다.

참조조문 소법 19 · 69, 소령 127 · 129

부동산에 관한 권리(不動産에 관한 権利; rights on real estate)

부동산에 관한 사용수익권으로서 지상권, 전세권, 등기된 부동산임차권, 부동산을 취득할 수 있는 권리와 같은 채권을 총칭한다.

지상권은 건물 또는 공작물을 짓거나 수목을 심어 이들을 소유할 목적으로 타인의 토지를 일정기간 빌어서 이용하는 권리를 말하며, 이 권리는 부동산등기법의 규정에 의하여 등기하지 않으면 당사자 및 제3자에게 대항할 수 없으나 소득세법에서는 등기 여부에 관계없이 사실에 따라 과세대상이 된다. 전세권은 전세금을 지급하고 타인의 부동산을 점유하여 그 용도에 따라 사용 · 수익하며 그 부동산 전부에 대하여 후순위권리자 기타 채권자보다 전세금의 우선변제를 받을 수 있는 권리를 말한다. 등기된 부동산임차권은 임대인이 임차인에게 부동산을 사용 · 수익하게 할 것을 약정하고 임차인이 이에 대하여 임차료를 지급할 것을 약정함으로써 성립하는 권리를 말한다.

소득세법에서는 지상권 및 전세권의 양도와는 달리 부동산임차권의 경우에는 등기된 것의 양도에 한하여 과세대상으로 삼고 있으며 등기되지 않은 부동산임차권의 양도는 기타자산 중의 점포임차권에 해당하는 것을 제외하고는 과세대상이 되지 않는다.

참조조문 소법 94 · 118의 2, 소령 178의 2

부동산을 취득할 수 있는 권리(不動產을 取得할 수 있는 權利; rights for acquisition of real estate)

부동산의 취득시기가 도래하기 전에 당해 부동산을 취득할 수 있는 권리이며 열거하면 다음과 같다.

① 건물이 완성되는 때에 그 건물과 이에 부수되는 토지를 취득할 수 있는 권리(아파트당첨권 등)

② 지방자치단체, 한국토지공사가 발행하는 토지상환채권 및 주택상환사채

③ 대한주택공사가 발행하는 주택상환채권

④ 부동산매매계약을 체결한 자가 계약금만 지급한 상태에서 양도하는 권리

[참조조문] 소법 94, 소령 178의 2, 소통 94-0···1

부동산투자회사(不動產投資會社; real estate investment trusts; REITs)

아파트·오피스·상가 등의 부동산과 같이 소득을 창출하는 자산을 소유 또는 개발하기 위해 운영되는 회사를 말하며, 주식·채권·수익증권 등을 발행하여 투자자를 모집하고, 투자자를 통해 모집된 자금을 부동산에 투자함으로써 발생하는 수익을 투자자에게 배당으로 분배한다. 부동산투자회사제도는 특히 주식을 발행할 경우 소액으로 분할하기 때문에 소액투자자도 손쉽게 투자할 수 있어 이러한 소액투자자가 부동산에 간접적으로 투자할 수 있는 기회를 확대하고 건전한 부동산투자를 활성화할 수 있다.

[참조조문] 부동산투자회사법 1·2

부분품(部分品; part)

원형 그대로 제품에 부착되어 제품의 조성부분이 되는 재료이며 그 소비에 의하여 부품비로서 제조원가의 구성요소가 된다. 기업회계기준에서는 매입부분품은 원재료계정에서 처리하도록 규정하고 있다. 자체제작부분품은 자기의 공정과정에서 제조된 것으로 반제품에 포함하게 되며 자체제작부분품의 취득원가는 제품별 원가계산과정에서 산정되는 것이다.

부분품은 재고자산에 해당하므로 소득세법과 법인세법은 사업연도말에 판매 또는 소비되지 아니하고 남아 있는 자산에 대하여 원가법·저가법 중 한 가지 방법으로 자산을 평가하도록 규정하고 있으며, 평가방법에 대하여는 개인사업자의 경우에는 사업을 개시한 날이 속하는 사업연도의 과세표준확정신고기한 내에, 법인의 경우에는 당해 법인의 설립일 또는 수익사업개시일이 속하는 사업연도의 과세표준신고기한 내에 신고하도록 규정되어 있다.

참조조문 법령 74, 소령 91·92·94

부불금(賦拂金; an allotment)

자산을 할부 또는 연불조건으로 판매하거나 양도하는 경우, 총판매 또는 양도대금 중 계약금을 제외한 잔액을 수(數)회 분할지급하는 경우의 분할금을 말한다.

참조조문 조특령 37

부산물(副産物; by-products)

제품의 생산과정에서 필연적으로 파생하는 물품으로서 목적제품에 비교하여 중요성이 떨어지며, 그대로 또는 가공한 다음 판매하거나 이용할 수 있는 것을 말한다. 보유목적면에서 본 부산물의 회계상의 성질은 제품과 같이 직접적인 판매목적 자산이며 판매목적의 이용가치가 그 구체적인 자산성으로 인식된다. 또 측정면에서 보면 비화폐성자산이며 이는 언젠가는 비용으로 전환하는 비용성자산이므로 원가배분의 원칙이 적용된다. 또한 동일한 원재료에 의하여 생산된 부차적인 물품이라는 의미에서는 부산물과 유사하지만 그 내용이 다른 개념으로는 작업폐물이 있다. 작업폐물은 제조과정에서 투입된 원재료와 동일한 성질의 파생품인 데 비하여 부산물은 투입된 원재료와 다른 성질의 물품이다. 부산물의 예로는 제분공장에서 생산되는 밀기울, 비누공장에서 생산되는 글리세린 등을 들 수 있다.

부속명세서(附屬明細書; supplementary schedules)

재무상태표 및 손익계산서 중의 중요한 항목에 대하여 회계연도 중에 발생한 변동관계를 자세하게 보고하는 보조적 명세서이다.

주된 재무제표인 재무상태표 및 손익계산서는 그것을 한 눈으로 보아서 기업의 재무상태나 경영성과를 개관할 수 있도록 비교적·총괄적으로 작성되고 있으므로 명료성원칙의 중요내용의 하나인 상세성은 어느 정도 희생되는 것인데, 이것을 보충하기 위해서 재무제표부속명세서가 이용되는 것이다. K-IFRS 제1001호 10~14에서 재무제표는 재무상태표·포괄손익계산서·현금흐름표·자본변동표·주석을 포함하고, 재무제표이용자의 의사결정에 유용할 것으로 판단되는 여러 가지 명세서와 경영자의 분석보고서나 검토보고서 등과 같은 설명자료를 첨부할 수 있도록 하였다.

부수재화, 부수용역(附隨財貨, 附隨用役; related goods, dependent service)

재화·용역의 공급에 있어서 거래의 주가 되는 재화·용역 이외의 부수되는 종된 재화·용역을 말한다. 부가가치세법에서는 부수재화·용역을 크게 주된 공급에 부수되어 공급되는 재화·용역과 주된 사업에 부수되어 공급되는 재화·용역(과세 및 면세 여부 등은 주된 사업의 과세 및 면세 여부 등을 따른다)으로 분류하고, 전자의 경우 ① 해당 대가가 주된 재화·용역의 공급에 대한 대가에 통상적으로 포함되어 공급되는 재화·용역 ② 거래의 관행으로 보아 통상적으로 주된 재화·용역의 공급에 부수하여 공급되는 것으로 인정되는 재화·용역으로, 후자의 경우 ① 주된 사업과 관련하여 우연히 또는 일시적으로 공급되는 재화·용역 ② 주된 사업과 관련하여 주된 재화의 생산 과정이나 용역의 제공 과정에서 필연적으로 생기는 재화로 세부적인 분류를 규정하고 있다.

참조조문) 부법 14

부외부채(簿外負債; liabilities off the record)

실제로는 기업이 장래 상환하여야 할 부채가 있는 데도 불구하고 대차대조표상 부채에 표시되고 있지 않은 장부 외의 채무를 말한다. 부외자산이 기업회계상 복식부기원칙이나 보수주의원칙에 의하여 그 표시가 강제되지 않는 데 반하여 부외부채는 어떠한 사정에 의한 것일지라도 대차대조표에 표시되지 않는 것은 인정되지 않는다.

부외부채는 장부기록이 불완전하여 거래의 전부가 계상되어 있지 않기 때문에 생기는 경우가 있고, 대차대조표에 부채를 나타내는 것이 적당하지 않기 때문에 의도적으로 계상하지 않는 경우에 발생한다. 또한 미지급비용을 발생주의에 의하여 비용으로 계상하지 않고 현금주의에 의하여 비용을 계상하였기 때문에 발생하는 경우도 있다. 무의식적으로 누락되는 경우는 소규모 기업체에서 미지급금, 미지급비용을 부주의로 계상하지 아니하거나 퇴직급여충당금 등을 과소계상하는 경우가 있다. 그러나 의식적이든 무의식적이든 부채를 장부에 계상하지 않는 것은 재무상태와 경영성과의 적정표시와 재무제표의 안전성을 고려하면 부적정한 회계처리인 것이다.

분개장(分介帳; journal)

재산의 증감거래를 조직적·계속적으로 기록, 계산하여 기업경영활동의 내용 및 결과를 명백히 하기 위한 기록수단인 장부는 주요부와 보조부로 나뉜다. 주요부에는 복식부기에 없어서는 안될 기본적인 장부로 모든 거래를 발생순서대로 분개해서 기록하는 분개장과 이들의 분개를 전기할 계정과목이 집합되어 그 계정의 증감을 기록하는 총계정원장이 있다. 이러한 분개장은 거래를 그 발생의 일자순으로 기록하므로 영업일지의 기능과 총계정원장의 가계정기입을 위한 준비와 이의 중개기능도 가지고 있다. 그러나 실무에서는 대체적으로 전표를 많이 사용한다. 분개장의 형식에는 표준식과 병립식의 두 가지가 있으며 일반적으로 병립식 분개장이 많이 이용된다.

분납(分納; installment payment)

조세는 그 납부기한 내에 금전으로 일시에 납부하는 것이 원칙이나 납부할 세액이 일정금액을 초과하거나 납세자가 재해 또는 도난으로 재산에 심한 손실을 받은 때, 사업에 현저한 손실을 입었거나 중대한 위기에 처한 때 등 납세가 지극히 어려울 때에는 납세고지서가 발부되기 전에 관할세무서장에게 신청하여 징수유예를 받는 때에 세금을 분할하여 납부하는 것을 분납이라고 한다. 현행 세법 중에서 소득세·법인세·상속세 및 증여세·지방세(재산세)의 분납과 연부연납이 이에 해당된다. 납부세액이 1천만원(재산세의 경우 5백만원)을 초과하는 경우 납부할 세액의 일부를 분납하게 할 수 있다. 이때 그 가액은 납부세액이 2천만원(재산세는 1천만원) 이하일 경우에는 1천만원(재산세는 5백만원)과 그 나머지 금액은 분납하고, 2천만원(재산세는 1천만원) 초과 시에는 납부세액의 50% 이하의 금액을 분납할 수 있다.

참조조문 소법 77·112, 법법 64, 상증법 71, 지법 118

분류과세(分類課稅; classified taxation)

소득세의 과세방법에 있어서 소득의 종류별·발생원천별로 구분하여 과세표준과 세액을 계산하여 과세하는 방법을 분류과세라 한다. 분류소득종류별로 세율구조를 다르게 하고 있으며 소득종류별·발생원천별로 과세하므로 종합과세방법에 비하여 부과징수가 편리하고 과세누락방지가 용이하며, 여러 기간에 걸쳐 발생한 소득을 한꺼번에 과세함으로써 세부담이 급증하는 결집효과를 방지할 수 있으나 소득종류간에 차별과세가 불가피하며 이에 따라 소득계층간에 세부담의 불공평을 초래할 수 있다. 왜냐하면 면세점제도, 과세최저한제도, 소득공제제도, 세액공제제도 등이 소득내용에 따라 차이가 있기 때문이다. 현행 소득세법은 종합과세를 원칙으로 하여 이자소득, 배당소득, 사업소득, 근로소득, 연금소득, 기타소득을 종합소득으로 종합하여 과세하고 퇴직소득, 양도소득은 소득별로 분류과세하고 있다.

참조조문 소법 4 ①

분리과세(分離課稅; separate taxation)

종합과세에 대응되는 개념으로 과세되는 소득 중 특정소득을 종합과세에서 분리하여 소득지급시마다 특정세율(원천징수세율)을 적용하여 별도로 과세하는 방법이다. 즉 납세의무자인 소득자에게 귀속될 모든 과세소득 중 특정한 소득에 대하여는 다른 소득과 합산하지 않고 동 소득만을 지급시마다 독립적인 과세표준으로 하여 원천징수함으로써 납세의무를 종결시키는 것이다. 소득세법의 세율이 누진세율인 점을 감안하면 분리과세로 인하여 조세부담은 가벼워진다고 할 수 있다. 현재 소득세법에서 분리과세대상으로 규정하고 있는 것은 종합과세대상을 제외한 이자소득(원천징수세율 14%), 종합과세대상을 제외한 배당소득(원천징수세율 14%), 기타소득 중 일부와 일용근로자의 근로소득 등이다.

참조조문 소법 14 ⑤

분식결산(粉飾決算; window-dressing settlement)

기업은 결산시에 당해 사업연도에 대한 경영실적과 당해 사업연도말 현재의 재무상태를 적정하고 충실하게 보고해야 할 의무가 있는데 경영성과가 악화될 경우 이를 감추기 위해 가공이익을 계상하는 경우가 있다. 이를 분식결산이라 하며 이로 인해 작성된 재무제표는 투자자를 비롯한 이해관계자들을 현혹시켜 합리적인 의사결정을 하는 데 그릇된 회계정보를 제공한다.

가공이익을 계상하는 주된 방법으로는 재고자산·토지 등 고정자산을 과대계상한다든지, 제조원가·일반관리비 등 비용과 차입금, 충당금 등 부채를 누락시키고 위장된 가공거래처와의 가공매출계상 및 차년도 귀속분을 미리 앞당겨서 매출로 계상하는 방법 등이 있다. 반대로 영업실적이 좋을 때 사업성과를 사업연도별로 균등화하기 위해 이익을 과소계상하는 경우가 있는데 이를 역분식결산이라 한다. 이는 이익을 줄이기 위해서 제조원가를 과대계상한다거나 당해 사업연도에 인식해야 할 매출액을 다음 사업연도로 이월시키거나 가공경비의 계상, 재고자산의 누락 등의 방법이 동원된다.

분할(分割; division)

법인의 분할은 1개의 법인을 나누어 1개 또는 수개의 법인을 설립하는 것을 말한다(단순분할). 단순분할은 분할되는 법인이 존속하는 존속분할과 분할되는 법인이 소멸하는 소멸분할로 구분된다. 또한 법인은 분할에 의하여 1개 또는 수개의 존립 중인 법인과 합병할 수 있으며 이를 분할합병이라 한다. 분할합병에 있어서도 분할되는 법인의 존속 여부에 따라 존속분할합병과 소멸분할합병으로 구분될 수 있다. 또한 법인분할은 분할, 분할합병으로 인하여 설립되는 법인의 주식총수를 분할되는 법인의 주주가 취득하는 인적분할과 분할되는 법인 자신이 취득하는 물적분할로 구분된다.

국세기본법상 법인이 분할되는 경우 분할 후 존속하는 법인은 분할되는 법인의 납세의무에 대하여 연대납세의무를 진다. 법인세법에서는 법인분할시 분할평가차익의 과세이연, 물적분할로 인한 자산양도차액과세이연, 분할시 자산·부채승계와 공제·감면세액의 승계 등 특례제도를 두고 있다.

> **참조조문** 상법 530의 2~530의 12, 법법 46·47, 법령 82·83·85·96

분할합병(分割合併; divided combination)

어느 법인이 분할한 후 그 분할된 부분이 다른 기존의 법인과 합병되거나 다른 법인의 분할된 부분과 합병되어 하나의 법인이 되는 것을 말한다. 상법상으로 회사는 분할에 의해 1개 또는 수개의 존립중의 회사와 합병할 수 있지만, 해산 후의 회사의 경우 존립중의 회사를 존속하는 회사로 하거나 새로 회사를 설립하는 경우에 한해 분할 또는 분할합병할 수 있다.

> **참조조문** 상법 530의 2, 법법 46, 법령 82

불가피한 사고(不可避한 事故; inevitable accident)

선량한 관리자의 주의를 받고도 예방 또는 방지할 수 없는 사고를 말한다. 지방세법에 의하면 시·군 또는 도세의 특별징수의무자는 '불가피한 사고'로 인하여 이미 징수한 세금을 망실(亡失)한 때에는 그 사실을 증명하여

시·군세 받았던 지방자치단체의 징수금을 잃어버렸을 시장·군수에게, 도세는 도지사에게 징수금 납부의무의 면제를 신청할 수 있다.

참조조문 지징법 19, 지징령 26

불가항력(不可抗力; irresistable force)

지진·풍수해·낙뢰·화재 또는 이와 유사한 재해를 말한다. 지방세특례제한법에 의하면 천재지변·소실·도괴 기타 '불가항력'으로 인하여 멸실 또는 파손된 건축물·선박·자동차 및 기계장비를 복구하기 위하여 멸실일 또는 파손일로부터 2년 이내에 건축물을 건축·개수하거나 선박을 건조·수선하는 경우 및 자동차 또는 기계장비를 대체취득하는 경우에는 취득세를 부과하지 아니한다.

참조조문 지특법 92

불고불리의 원칙(不告不理의 原則; Nemo iudex sine actore)

법원은 원고가 심판을 청구한 때에만 심리를 개시할 수 있고 또한 심판을 청구한 사실에 대해서만 심리·판결한다는 원칙이다.

국세기본법 제79조에서는 조세심판원장이 심판청구에 대한 결정을 함에 있어서 심판청구를 한 처분 이외의 처분에 대하여는 그 처분의 전부 또는 일부를 취소 또는 변경하거나 새로운 처분의 결정을 하지 못하도록 규정하고 있다. 이는 조세심판원장의 재결의 범위를 심판청구의 대상이 된 처분에 한정시키는 규정이다.

참조조문 국기법 79

불명자료(不明資料; incorrect data)

제출된 지급조서에 지급자 및 소득자의 주소·성명·납세번호(주민등록번호로 갈음하는 경우에는 주민등록번호)나 사업자등록번호·소득의 종류·소득귀속연도 또는 지급액을 기재하지 아니하였거나 잘못 기재하여 지급사실을 확인할 수 없는 지급조서 또는 제출된 세금계산서의 공급자 및 공급자의 주소·성명·사업자등록번호나 공급받는 자의 주소·성명·사업자등록번호를 기재하지 아니하였거나 잘못 기재하여 거래사실을 확인할 수 없는 세금계산서를 말한다. 다만, 지급일 현재 납세번호를 부여받은 자 또는 사업자등록증의 교부를 받은 자에게 지급한 금액과 지급받은 자가 지급받은 후에 소재불명이 된 것이 확인된 금액은 불명자료에 포함되지 아니한다. 불명자료는 제출자별로 국세청장이 반송보고받은 불명자료보고서에 의하여 불명자료일람표가 작성된다. 불명자료일람표에는 불명자료제출자등록번호·상호·성명·소재지·금액·세액·작성자·불명인 거래자등록번호·불명사유·처리일자 및 전말 등이 기재되어 있다.

불복청구(不服請求; appeal for dissatisfaction)

국세에 관한 불복청구라 함은 위법 또는 부당한 국세에 관한 처분을 받거나 필요한 처분을 받지 못함으로 인하여 권리나 이익을 침해당한 자가 그 처분의 취소 또는 변경을 청구하거나 필요한 처분을 청구하는 것을 말한다. 국세불복의 대상이 되는 위법·부당한 처분 및 부작위는 다음과 같다.

① 국세기본법 또는 세법에 따른 처분으로서 위법 또는 부당한 처분
② 처분청이 다음 각호의 필요한 처분을 명시적 또는 묵시적으로 거부함으로써 권리 또는 이익의 침해를 받은 경우
　ⅰ) 공제·감면신청에 대한 결정
　ⅱ) 국세의 환급
　ⅲ) 사업자등록신청에 의한 등록증 교부
　ⅳ) 허가·승인
　ⅴ) 압류해제
　ⅵ) 결정 또는 경정청구에 대한 결정경정

그러나 다음과 같은 처분은 불복청구대상에 포함되지 아니한다.

① 이의신청, 심사청구 또는 심판청구에 대한 처분, 다만 이의신청에 대한 처분에 대하여 심사청구 또는 심판청구를 하는 경우에는 제외한다.

② 조세범처벌절차법에 따른 통고처분

③ 감사원법에 따라 심사청구를 한 처분이나 그 심사청구에 대한 처분

참조조문 국기법 55~81

불이익변경금지의 원칙(不利益變更禁止의 原則; Verbot der reformato in peius)

상소심에서 상소인에게 불리하게 판결을 변경하는 것을 금지하는 원칙이다. 이 원칙은 민사집행법이나 형사소송법에서 적용되는 원칙이며 국세기본법에 있어서도 조세심판원장은 심판청구에 대한 결정을 함에 있어서 심판청구를 한 처분보다 청구인에게 불이익이 되는 결정을 하지 못한다고 규정하여 불이익변경금지의 원칙을 채택하고 있다.

한편, 소득금액추계조사결정에 불복한 데 대하여 이를 인용(認容)하는 재결(裁決)에 따라 당초처분을 취소하고 실지조사한 경우 다시 결정한 과세표준이 추계결정과세표준보다 많다 하더라도 이는 불이익변경금지의 원칙에 반하는 것으로 보지 아니한다(국기통 79-0…1).

참조조문 국기법 79

비거주자(非居住者; non‒resident)

국내에 주소를 두거나 183일 이상 거소를 둔 개인을 거주자라고 하며 거주자가 아닌 자를 비거주자라고 한다. 따라서 거주자와 비거주자는 국내에 주소 또는 1년 이상 거소를 두고 있는가에 따라 구별하므로 국적과는 관계가 없다. 국내에 주소가 없는 것으로 보는 비거주자의 범위는 다음과 같다.

① 국외에 거주 또는 근무하는 자가 계속하여 1과세기간 중 183일 이상 국외에 거주할 것을 통상 필요로 하는 직업을 가진 때

② 외국국적을 가졌거나 외국법령에 의하여 그 외국의 영주권을 얻은 자로서 국내에 생계를 같이하는 가족이 없고 그 직업 및 자산상태에 비추어 다시 입국하여 주로 국내에 거주하리라고 인정되지 아니하는 때

③ 외국을 항행하는 선박 또는 항공기의 승무원의 경우 생계를 같이하는 가족이 거주하는 장소 또는 그 승무원이 근무기간 외의 기간 중 통상 체재

하는 장소가 국외에 있는 때

이러한 비거주자는 국내원천소득에 대하여만 납세의무를 진다(제한납세의무).

참조조문 소법 1의 2, 소령 2

비과세소득(非課稅所得; nontaxable income)

경제적 이익으로서의 소득은 모두 과세대상이 될 소지를 가지고 있으나 특정의 소득에 대해서는 공익상 또는 사회·경제·문화·후생 등 정책상의 이유 또는 이중과세의 배제 및 기타 과세기술상의 이유 등으로 과세하지 않는데 이를 비과세소득이라 하며 과세제외소득이라고도 한다. 비과세는 법률의 규정에 의하여 과세요건에서 제외하는 것으로서 국가 또는 지방자치단체가 과세권을 포기하고 과세하지 않는 것을 말하나, 한편으로 과세함으로 인하여 국가 등의 이익에 적합하지 아니하거나 국가정책 목적을 수행하기 위한 수단으로 이용되기도 한다. 일반적으로 비과세는 납세자의 신고나 신청 등의 절차와 세무서장의 행정처분 없이 당연히 과세되지 않는 것이다.

참조조문 소법 12, 법법 51

비망가액(備忘價額; memorandum value)

비망적인 회계기록을 나타내기 위하여 명목적인 금액에 의하여 표시하는 계정을 비망계정이라 하며 이 계정에 기록된 금액을 비망가액이라 한다. 비망계정은 대조계정의 성질을 갖는 비망계정과 부외자산적 성질을 갖는 비망계정이 있는데 대조계정적 비망계정은 우발채무와 같이 회계상 정규적인 거래는 아니지만 영업상에서는 어떠한 형태든지 기록을 요하는 준거래이기 때문에 비망적으로 기록하는 것이며, 부외자산적 비망계정은 부외자산이 발생한 경우에 그 자산의 소유를 표시하기 위하여 사용되는 비망계정이다. 부외자산적 비망계정은 비망가액을 1,000원 또는 100원으로 표시하는데 이러한 계정금액은 자산의 실질가치를 표시하는 것이 아니라 부외자산이 존재하고 있다는 사실과 이에 대한 소유권을 나타내기 위하여 사용되는 계정인 것이다.

비밀적립금(秘密積立金; hidden reserve, secret reserve)

재무상태표에 명시되는 공시적립금에 대응되는 것으로서 재무상태표상에 나타나지 않고 은닉된 적립금을 말한다. 이것은 자산항목이 이른바 비망계정으로 계상된 경우(반공시 비밀적립금)를 제외하고 원칙적으로 적립금이 설정되어 있다는 사실과 그 설정된 금액을 재무상태표로부터 인식할 수 없는 자기자본 부분이다.

비밀적립금의 설정은 일반적으로 자산의 과소표시(예를 들면 고정자산의 과대상각, 자본적지출을 수익적지출로 처리, 재고자산의 과소평가 등)와 부채의 과대표시(예를 들면 가공부채의 계상, 충당부채, 이연수익의 과대계상 등)의 방법에 의하여 이루어진다. 비밀적립금은 어떤 방법으로 설정되든간에 일부분은 자연발생적으로, 대부분은 자의적·의식적으로 설정된다.

비사업용 토지(非事業用 土地; non-business purpose land)

나대지·부재지주소유 임야 등을 실수요에 따라 사용하지 않고 재산증식수단의 투기적 성격으로 보유하고 있는 토지이다. 법인세법에서는 토지등양도소득에 대한 법인세로 10%(미등기 자산 40%)의 세율로 과세한다.

참조조문 법법 55의 2 ① 3호, 소법 104의 3

비상위험준비금(非常危險準備金; reserve fund for emergent risk)

보험사업자가 보험계약상의 책임 수행을 하는 경우 예측할 수 없는 보험사고(대화재, 태풍, 지진, 원자력사고위험 등) 등 거대한 위험에 대비하기 위하여 적립하는 금액이 책임준비금과 비상위험준비금이다.

이런 경우 지급해야 하는 거액의 보험금은 책임준비금만으로는 충당할 수 없기 때문에, 예상사고율을 초과하는 거대위험에 대비하여 일정금액을 책임준비금에 추가하여 비상위험준비금으로 적립한다.

이와 같은 취지에서 보험회사는 보험업법의 규정에 의하여 매 결산기에 보험종류에 따라 세법상 일정한도액의 비상위험준비금을 계상하고 이를 손금에 산입할 수 있다.

참조조문 법법 31, 법령 58

비상장주식의 평가(非上場株式의 評價; valuation of unlisted stock)

비상장법인의 주식을 상속받았거나 무상증여 또는 양수도했을 경우 당해 주식을 적정하게 평가하여야 하는 경우가 발생하는데 이 평가기준은 대부분의 경우 상속세및증여세법의 규정에 의한 평가방법을 따른다. 소득세법상 비상장주식의 평가방법은 상속세및증여세법의 규정을 준용하여 평가한 금액으로 하는데, 양자간에는 약간의 차이가 있다.

상속세및증여세법에서는 한국거래소에 상장되지 아니한 주식과 출자지분은 다음 가액에 의하여 평가하도록 규정하고 있다.

① 1주당 가액(순손익가치)＝1주당 최근 3년간 순손익액의 가중평균액/3년 만기 회사채의 유통수익률을 감안하여 기획재정부령으로 정하는 이자율(10%)

② 1주당 가액(순자산가치)＝당해 법인의 순자산가액÷발행주식총수

③ 1주당 가액＝(1주당 순손익가치×3＋1주당 순자산가치×2)/5

　(단, 부동산과다보유법인의 경우 1주당 순손익가치와 순자산가치의 비율을 각각 2와 3으로 함)

참조조문 상증법 63 ①, 상증령 54, 소법 99 ①, 소령 158 ① · 165 ④

비업무용 자산(非業務用 資産; non－business purpose property)

현재 영위하고 있는 사업과 직접적인 관련이 없는 자산으로서 다음에 열거된 자산을 말한다.

① 골동품 · 서화. 다만, 장식 · 환경미화 등의 목적으로 사무실 · 복도 등 여러 사람이 볼 수 있는 공간에 상시 비치하는 것은 제외한다.

② 비업무용 자동차 · 선박 · 항공기. 다만, 저당권의 실행 기타 채권을 변제받기 위하여 취득한 선박으로서 3년이 경과되지 아니한 선박 등은 제외한다.

③ 다음 각호의 부동산

ㄱ. 법인의 업무에 직접 사용하지 아니하는 부동산. 다만, 유예기간이 경과하기 전까지의 기간 중에 있는 부동산을 제외한다.

ㄴ. 유예기간 중에 당해 법인의 업무에 직접 사용하지 아니하고 양도하는 부동산. 다만, 일정한 부동산매매업을 주업으로 영위하는 법인의 경우를 제외한다.

참조조문 법법 27, 법령 49

비영리법인(非營利法人; non-profit corporation)

학술·종교·자선·사교 기타 영리아닌 사업(경제적 이익을 도모하는 것이 아닌 사업)을 목적으로 설립된 법인으로서 민법 제32조의 규정에 의하여 설립된 법인, 사립학교법, 기타 특별법에 의하여 설립된 법인으로 민법 제32조에 규정된 목적과 유사한 목적을 가진 법인, 법인으로 보는 법인격 없는 단체 등이 있다.

참조조문 법법 2

비영업대금의 이익(非營業貸金의 利益; interest of non-business loan)

금융업자가 아닌 거주자의 금전대여로 인한 이익으로 일반적으로 사채이자를 말한다.

소득세법상 비영업적으로 하는 대금의 이익은 이자소득으로 과세되고 있으며 전문적으로 대금업을 하는 경우에는 사업소득으로 과세된다. 전화상이나 복덕방 등 다른 사업장이나 대금업을 명시하지 않은 사무실 등에서 또는 가정에서 개별적으로 금전을 대부하고 이자를 받거나 어음을 할인하고 할인료를 받는 경우 및 유가증권을 담보제공용으로 대여하고 받는 이자 등은 비영업대금의 이익으로 보며, 원금의 반제 및 이자지급의 기한 경과 등의 사유로 지급받는 추가금액을 포함된다. 이러한 비영업대금의 이익은 조건부 종합과세대상으로서 종합소득금액에 포함되어 기본세율을 적용받는다.

참조조문 소법 16 ① 11호

비영업용 승용자동차(非營業用 乘用自動車; non-business purpose passenger car)
영업용이라 함은 운수업에서와 같이 승용자동차를 직접 영업에 사용하는 것이고, 비영업용은 개인 또는 법인이 영업용 외의 용도에 제공하거나 국가 또는 지방공공단체가 공용으로 제공하는 것을 말한다 승용자동차라 함은 정원 10인 이하를 운송하기에 적합하게 제작된 차량으로서 승용자동차(배기량이 1,000cc 이하의 것으로서 길이가 3.6미터 이하이고 폭이 1.6미터 이하인 것을 제외)와 지프형의 승용자동차, 2륜자동차 및 캠핑용 자동차가 포함된다. 지방세법에서는 비영업용 승용자동차의 등록면허세는 과세표준에 1천분의 50이고 경자동차의 경우에는 1천분의 20으로 하고 있다.

참조조문) 지법 28, 지령 42의 2·122

비용(費用; expense)
수익을 얻기 위하여 기업이 소비한 재화 또는 용역으로써 소멸된 원가이며, 경제적효익의 유출이라고 할 수 있다. 소멸된 원가가 당기의 영업활동과 관련되어 수익에 공헌하지 못한 것을 손실이라고 하는 것과 구분된다. 기업회계기준상 비용은 그 지출 유무에 불구하고 발생주의원칙에 의하여 인식되는데, 매출원가·판매비와관리비 등과 같이 수익창출과정과 직접 대응하는 비용과 감가상각비 등의 기간적 대응에 의한 것, 사무원 급료·광고선전비와 같이 간접 대응되는 것으로 세분되어질 수 있다.

참조조문) K-IFRS 개념체계 4.33~4.35

ㅅ

사내근로복지기금(社內勤勞福祉基金; labor's welfare fund in the company)
사업주에게 사내근로복지기금을 설치하여 효율적으로 관리·운영하게 함으로써 근로자의 생활안정과 복지증진에 이바지하기 위해 당해 사업주가 고용노동부장관의 인가를 받아 설립준비위원회를 구성하고 설립에 관한 사무와 이사 및 감사 선임에 관한 사무를 담당하도록 한다. 준비위원회는 법인이 성립됨과 동시에 최초로 구성된 사내근로복지기금협의회로 간주한다.

협의회는 근로자와 사용자를 대표하는 위원을 각각 2명 이상 10명 이하로서 같은 숫자로 구성한다.

이사는 공동으로 기금을 대표하고, 기금법인의 관리·운영, 예산 편성 및 결산, 사업보고서 작성 등의 사무를 집행한다. 협의회의 위원과 이사 및 감사는 비상근, 무보수로 한다.

사업주는 직전 사업연도의 세전순이익의 5% 기준으로 협의회가 협의·결정하는 금액을 출연하여 기금을 조성하며, 유가증권·현금과 그 밖의 재산을 출연할 수 있다. 기금의 수익금은 근로자의 주택구입자금 보조 등 재산형성을 위한 지원, 장학금이나 재난구호금 등 생활원조, 모성보호 및 일과 가정생활의 양립을 위하여 필요한 비용 지원, 기금운영을 위한 경비지급 등에 사용한다.

기금은 대차대조표·손익계산서·감사보고서·사업보고서 등을 공개해야 하며, 업무에 관한 서류를 5년간 보관해야 한다. 업무수행상 필요한 경우를 제외하고는 부동산을 소유할 수 없고, 자금차입도 금지한다. 기금의 설치 및 운영에 관해 세제지원을 할 수 있다. 사업이 폐지되거나 기금이 합병 또는 분할·분할합병된 경우에는 기금을 해산한다.

참조조문 근로복지기본법

사내유보(社內留保; retained earnings)

기업은 경영활동의 결과로 발생된 이익을 다수의 주주에게 배당하여 처분하여야 하나 상법에서는 자본충실의 원칙에 입각하여 그 일부를 반드시 사내에 유보하도록 되어 있다. 이와 같이 기업의 이익처분 중 자본의 누적으로서 사내에 잔존하고 있는 것을 사내유보라 한다. 사내유보는 상법이 적립을 강제하느냐, 안 하느냐의 구분에 따라 강제의 사내유보와 임의의 사내유보가 있는데 전자에는 이익준비금과 자본준비금이 있고, 후자의 경우에는 별도적립금을 비롯한 여러 가지 적립금이 있다. 강제의 사내유보는 자본전입 및 결손보전 이외에는 사용이 불가능하나 임의적 사내유보의 사용에는 제약이 없다.

사단법인(社團法人; incorporated association)

일정한 목적을 위하여 결합한 사람의 집단으로서 법률상 권리·의무의 주체임을 인정받은 것을 말한다. 이는 일정목적에 의해 바쳐진 재산(財團)에 법적 인격이 부여된 재단법인(財團法人)과 구별된다. 사단법인은 근거법에 따라 민법상의 사단법인, 상법상의 사단법인 곧 상사회사(商事會社), 기타 특별법상의 사단법인 등으로 구별할 수 있으며, 영리목적에 따라 비영리사단법인과 영리사단법인으로 구별할 수 있으나, 보통은 민법상의 비영리사단법인을 말한다.

민법상의 비영리사단법인은 학술(學術), 종교(宗敎), 자선(慈善), 기예(技藝), 사교(社交) 기타 영리아닌 사업을 목적으로 하여야 한다. 사단법인의 기관으로는 일반적으로 의사결정기관으로서 사원총회, 대표, 집행기관으로서 이사, 감사기관으로서의 감사(임의기관) 등이 있다.

사업결합(事業結合; business combination)

별개의 기업들 또는 사업들을 하나의 보고기업실체로 통합하는 것으로서 다른 기업의 주식매입(종속회사, 관계회사), 다른 기업의 순자산 전부의 매입(합병), 다른 기업의 부채의 인수, 다른 기업의 순자산 중 하나 이상의 사업을 형성하는 일부 순자산에 대한 매입(영업양수) 등이 있다.

참조조문 K-IFRS 1103호 부록A

사업서비스업(事業서비스業; business activities)

재화 이외의 재산적 가치가 있는 역무 및 기타 행위를 사업적으로 제공하는 사업을 말하며, 표준산업분류에서는 연구개발업(70), 전문·과학 및 기술서비스업(73), 사업지원서비스업(75)으로 분류하고 있다. 세법에서는 사업서비스업에 대해 개인이 사업서비스업을 통해 획득한 소득은 사업소득으로서 종합소득세가 과세되고, 비영리법인의 수익사업소득을 구성한다. 그러나 사업서비스업 중 연구개발업(계약 등에 의하여 그 대가를 받고 연구 및 개발용역을 제공하는 사업을 제외)은 과세하지 않고 있다.

참조조문 법법 4 ③ 1호, 법령 3 ① 2호

사업소득(事業所得; business income)

사업이란 특정인의 위험과 계산 아래 독립적으로 경영되는 영리를 목적으로 하는 업무로서 경영 주체의 의사나 사회적·객관적 사실관계로 보아 동종의 행위를 계속·반복하여 행하는 것을 말하는데, 이러한 사업에서 얻는 총수입금액에서 필요경비를 차감한 소득을 사업소득이라 한다. 사업소득은 사업에서 발생하는 소득인 점에서 자산소득인 이자소득·배당소득과 구별된다. 사업의 범위는 소득세법에 특별히 규정한 것을 제외하고는 통계청장이 고시하는 당해 연도말 한국표준산업분류에 의한다.

참조조문 소법 19

사업연도(事業年度; business year)

법인의 소득금액을 계산하는 기간적 단위를 말한다. 법인은 계속적인 영업활동을 하므로 그 영업성과를 파악함에 있어서는 일정한 기간을 구분하여 기간손익계산을 하지 않을 수 없다. 법인세법상 과세소득을 계산함에 있어서도 이와 같이 일정한 기간을 단위로 하여 계산하게 되는바, 이 단위가 되는 기간을 사업연도라 한다. 법령 또는 법인의 정관 등에서 당해 법인의 사업연도에 대하여 정함이 있는 경우에는 당해 법령 또는 법인의 정관 등에서 정하는 1회계기간을 사업연도로 하되, 1년을 초과하지 못하며 법령 또는 법인의 정관 등에 사업연도에 관한 규정이 없는 내국법인은 따로 사업연도를 정하여 법인설립신고 또는 사업자등록과 함께 납세지관할세무서장에게 이를 신고하여야 한다. 이 신고를 하지 아니하면 내국법인, 외국법인을 불문하고 매년 1월 1일부터 12월 31일까지를 그 법인의 사업연도로 간주한다.

참조조문 법법 2 5호 · 6 · 8, 법령 4

사업연도의 변경신고(事業年度의 變更申告; alteration returns of business year)

사업연도를 변경하고자 하는 법인은 그 법인의 직전 사업연도종료일로부터 3개월 이내에 이를 납세지관할세무서장(국세정보통신망에 의한 제출을 포함)에게 신고하여야 한다. 그러나 직전 사업연도종료일 전에 사업연도변경신고서를 제출한 경우에도 적법한 변경신고로 본다. 법인이 위 기한 내에 사업연도의 변경을 신고하지 아니한 경우에는 그 법인의 사업연도는 변경되지 아니한 것으로 본다. 그러나 변경되지 아니하는 것으로 간주하는 것은 변경신고일이 속하는 사업연도에 한하고 그 다음 사업연도부터는 변경의 효력이 있다고 본다. 신설법인의 경우에는 최초 사업연도가 경과하기 전에는 사업연도를 변경할 수 없는 것으로 한다. 법령에 의하여 사업연도가 정해지는 법인의 경우 관련 법령의 개정에 따라 사업연도가 변경된 경우 변경신고가 없는 경우에도 법령의 개정내용과 같이 변경된 것으로 본다.

참조조문 법법 7, 법령 4

사업용계좌(事業用計座; Business Account)

사업자의 사업과 관련된 금융거래내역과 세금계산서합계표 등 실물자료와 상호 연계확인이 가능해져 세원투명성이 높아지도록 하기 위하여 가계용과 구분하여 사업과 관련한 금융거래를 위해 별도 사업용으로 개설하는 계좌를 말한다. 이러한 사업용계좌는 금융기관에 개설한 계좌이고, 사업에 관련되지 아니한 용도로 사용되지 아니할 것을 요건으로 한다.

참조조문 소법 160의 5

사업의 양도 · 양수(事業의 讓渡 · 讓受; transfer and acquisition of business)

사업장별로 그 사업에 관한 모든 권리(미수금에 관한 것을 제외한다)와 모든 의무(미지급금에 관한 것을 제외한다)를 포괄적으로 승계시키는 것을 말하며, 이러한 사업양수도에 의하여 인도 또는 양도되는 재화는 부가가치세의 과세대상인 재화의 공급으로 보지 아니한다. 다만, 그 사업을 양수받는 자가 대가를 지급하는 때에 그 대가를 받은 자로부터 부가가치세를 징수하여 납부한 경우는 제외한다. 여기서 미수금 또는 미지급금이라 함은 그 명칭 여하에 불구하고 사업의 일반적인 거래 이외의 거래에서 발생한 미수채권과 미지급채무를 말하는 것으로 미수금 또는 미지급금의 포함 여부는 사업양도의 요건에 해당하지 아니한다. 한편, 사업의 양도 · 양수가 있는 경우에 양도일 이전에 양도인의 납세의무가 확정된 그 사업에 관한 국세 및 체납처분비를 양도인의 재산으로 충당하여도 부족이 있는 때에는 일정한 사업양수인이 그 부족액에 대하여 양수한 재산의 가액을 한도로 제2차납세의무를 진다.

참조조문 국기법 41, 국기령 22, 부법 10 ⑨, 부령 23

사업자단위 과세(事業者單位 課稅; per-business unit taxation)

부가가치세의 신고 · 납부는 사업장마다 신고 · 납부를 원칙으로 하지만 세금납부에 있어서는 주사업장에서 총괄하여 납부할 수 있는데, 일정요건의 ERP시스템을 갖춘 사업자에 대하여 사업자단위로 신고 · 납부할 수 있도록

2005.1.1.부터 「사업자단위 신고·납부」 제도를 도입하였고, 이 제도를 보완하여 부가가치세 신고·납부뿐만 아니라 사업자등록 및 세금계산서·영수증 발행도 본점 또는 주사무소에서 통합할 수 있도록 하는 것이 「사업자단위 과세」 제도이다. 2008.1.1.부터 시행하였다.

참조조문 부법 6 ④

사업자등록(事業者登錄; registration of enterpreneur, trader's registration)

일반적으로 일정한 목적과 계획을 가지고 지속적인 경제활동을 하는 자를 사업자라고 하는데, 부가가치세법에서는 영리목적의 유무에 불구하고 사업상 독립적으로 재화 또는 용역을 공급하는 자를 사업자라 하고 부가가치세를 납부할 의무를 부여하고 있다. 사업자등록이란 납세의무자에 해당하는 사업자를 정부(세무관서)의 대장에 수록하는 것을 말하는데 신규로 사업을 개시하는 자는 사업장마다 사업개시일로부터 20일 내에 일정한 서류를 첨부한 사업자등록신청서를 사업장관할세무서장에게 제출하여야 한다. 다만, 신규로 사업을 개시하고자 하는 자는 사업개시일 전이라도 등록할 수 있다. 사업자가 등록하지 아니한 경우에는 관할세무서장이 조사하여 직권으로 등록시킬 수 있으며 사업개시 전 등록신청을 받은 세무서장은 신청자가 사업을 사실상 개시하지 아니할 것이라고 인정되는 때에는 등록을 거부할 수도 있다.

소득세법 제168조 및 법인세법 제111조의 규정에 의해 사업자등록을 한 자로서 면세사업을 영위하다가 부가가치세과세사업을 추가하고자 하는 경우 사업자등록정정신청서를 제출한 때에 사업자등록신청을 한 것으로 본다. 또한 개별소비세 또는 교통·에너지·환경세의 납세의무가 있는 사업자가 등록을 한 때 부가가치세법의 규정에 의한 등록신청으로 본다.

이러한 사업자등록의무를 이행하지 않을 시엔 부가가치세법상 미등록가산세가 부과되며, 기타 세액공제 등의 혜택을 받을 수 없다.

참조조문 법법 111, 소법 168, 부법 8, 부령 11·17

사업장(事業場; place of business)

사업을 영위하기 위하여 필요한 인적·물적 설비를 갖추고 계속하여 사업을 영위하는 장소이며, 현행 부가가치세법에서는 사업장을 사업자가 사업을 하기 위하여 거래의 전부 또는 일부를 하는 고정된 장소로 규정하고 있다.
여기서 거래라 함은 재화·용역을 공급하는 것뿐만 아니라 공급받는 매입거래도 포함되고 사업의 실질적 중요부분인 재화·용역의 공급의 전부나 일부를 행하는 장소가 사업장에 해당하므로 상품의 단순한 보관·관리만을 위하여 설치한 하치장이나 제품의 전시장, 주문만 받거나 업무연락만을 위한 장소 및 자기제품의 원재료생산만을 위한 장소는 사업장에 해당하지 아니한다.
사업장은 부가가치세법에 있어서는 사업장과세, 소득세법 및 법인세법에 있어서 비거주자 또는 외국법인의 국내사업장, 조세협약에 있어서 고정사업장 등 납세의무의 성립, 신고, 납부 등에 있어 중요한 의미를 가진다.

참조조문 부법 6, 부령 8, 법법 94, 소법 120

사업장현황신고(事業場現況申告; report on present state of business place)

사업자가 당해 사업장의 현황(인적사항, 수입금액 등)을 해당과세기간의 다음 연도 2월 10일까지 사업장소재지관할세무서장에게 신고하는 것을 말한다. 국세청장이 업종의 특성 및 세원관리를 위하여 필요하다고 인정하는 사업장의 경우에는 사업장현황신고서에 수입금액명세서 및 관련 자료를 첨부하여야 한다. 다만, 사업자가 사망하거나 출국으로 소득세법 제74조의 규정에 의하여 과세표준을 신고한 경우 및 부가가치세법상 사업자가 예정신고·확정신고한 경우에는 사업장현황신고의무가 없다.

참조조문 소법 78

사외유출(社外流出; outflow of income)

기업은 주주총회에서 이익처분안을 승인받아 사내유보할 것을 제외한 배당금·상여금은 사외로 지급하게 되는데 이는 자금의 사외유출로 재산의 감소를 초래하게 되며 이를 기업회계상 사외유출이라고 한다. 반면, 세무회계상 사외유출이란 세무조정과정에서 익금 또는 손금불산입으로 가산되는 추가소득이 사내의 잉여금의 형태로 잔존하지 않고 사외로 유출된 것으로 보는 경우를 말하는데 귀속자에 따라 상여·배당·기타소득·기타사외유출로 소득처분된다.

(참조조문) 법법 67, 법령 106 ①

사외적립자산(社外積立資産; plan assets)

회사 외부에 적립하는 자산으로, 좁은 의미로는 퇴직급여를 안정적으로 지급할 수 있도록 회사 외부의 기금 등을 이용하여 적립하는 것으로 다음의 항목들로 구성된다.
① 장기종업원급여기금이 보유하고 있는 자산
② 적격보험계약

(참조조문) K-IFRS 1019호 8

사용가치(使用價値; value in use)

자산의 계속사용과 내용연수가 종료되었을 때 처분함으로써 발생할 것으로 기대되는 추정미래현금흐름의 현재가치를 말한다.

(참조조문) K-IFRS 1105호 부록A

사용대차(使用貸借; loan of use, borrowing and lending of use)

당사자의 일방이 상대방에게 무상으로 사용·수익하게 하기 위하여 목적물을 인도할 것을 약속하고 상대방은 이를 사용·수익한 후 그 물건을 반환할 것을 약정함으로써 성립하는 계약을 말하는데 차용물 그 자체를 반환하는 점에서 소비대차와 다르다. 차주(사용·수익자)는 계약 또는 목적물의 성질에 의해서 정한 용법에 따라 사용·수익하여야 하고, 대주(대여자)의 승낙을 얻지 않고 제3자에게 대용물을 사용·수익하게 할 수 없으며 차주가 이에 위반된 행위를 한 때에는 대주는 즉시 계약을 해제할 수 있다. 목적물의 반환 시기를 정한 경우에는 차주는 그 시기에 반환을 해야 하며 반환시기를 정하지 않은 경우에도 목적물의 성질에 의한 사용·수익이 완료되면 이를 반환해야 한다.

사용수익권(使用收益權; usufruct)

특정물건을 사용하거나 그로부터 수익을 얻을 수 있는 권리를 말한다. 소득세법에서는 특정시설물의 이용권·회원권 기타 명칭 여하를 불문하고 당해 시설물을 배타적으로 이용하거나 일반이용자에 비하여 유리한 조건으로 이용할 수 있도록 약정한 단체의 일원이 된 자에게 부여되는 시설물이용권(특정법인의 주식 등을 소유하는 것만으로 특정시설물을 배타적으로 이용하거나 일반이용자에 비하여 유리한 조건으로 시설물이용권을 부여받게 되는 경우 당해 주식을 포함함)을 기타자산으로 분류하며 이의 양도로 인하여 발생하는 소득에 대하여는 양도소득세를 부과하고 있다.

(참조조문) 소법 94, 소령 158

사용수익기부자산(使用收益寄附資産; contribution property of use earnings)

금전 외의 자산을 국가 또는 지방자치단체 기타 법정기부금, 지정기부금을 수령하는 법인에게 기부한 후 그 자산을 사용하거나 그 자산으로부터 수익을 얻는 경우에 당해 자산의 장부가액을 말한다. 따라서 비지정기부금에 해당하는 경우에는 사용수익기부자산으로 인정하지 않는다. 사용수익기부자산은 당해 자산의 사용수익기간(그 기간에 관한 특약이 없는 경우에 신고내용연수를 말함)에 따라 균등하게 안분한 금액을 일할상각한다. 그 기간 중에 당해 기부자산이 멸실되거나 계약이 해지된 경우에는 미상각잔액을 상각한다.

(참조조문) 법령 24 ①·26 ①, 소령 62 ②·64 ①

사인증여(死因贈與; donation due to death)

증여자의 사망으로 인하여 효력이 발생하는 일종의 정지조건부증여인데 유증과 마찬가지로 사인처분이므로 유증의 규정이 준용된다.

증여로 인한 자산의 취득은 증여세의 과세대상이 되나, 증여자의 사망으로 인하여 효력이 발생한 사인증여는 유증에 준하여 상속세의 과세대상이 된다.

참조조문 상증법 2

사전과세(事前課稅; advance taxation)

모든 세금을 부과하는 데에는 과세기간에 발생한 소득이나 거래사실에 대하여 일정기간이 경과한 후 그 실적을 기준으로 부과하는 것이 원칙이나, 일시에 세금을 납부하게 되면 납세자측에서는 그 부담이 커서 사업영위에 지장을 받게 되고 과세자측에서는 세입의 평준화가 어려워 정책집행에 어려움을 겪게 된다. 따라서 납부하여야 할 세금의 일부를 과세기간 중간에 과세하여 납부하게 하는 것을 사전과세라 한다.

현행 세법상 사전과세의 성격을 띤 것으로는 원천징수, 중간예납, 예정신고 납부 등이 있다.

사전약정(事前約定; advance agreement)

상품·제품 등의 판매계약체결시 거래당사자간에 매매대금지불조건, 수수료·장려금의 지급 유무, 매출할인기준 등을 미리 결정하는 것을 말한다.

일반적으로 상품판매의 부대비용으로는 매출에누리, 판매수수료, 판매장려금, 포장비, 운반비, 경품판매시의 경품 및 판매시 무료로 증정되는 물품 등이 있는데 기업회계기준에서는 이들 부대비용은 판매비와관리비로서 인정된다. 세무회계측면에서도 판매부대비용은 손금, 필요경비로 인정된다.

사채(社債; bond, debentures)

사채는 주식회사에 있어서 장기자금을 조달하기 위한 중요한 수단인데 사채권이라고 하는 유가증권을 발행함으로써 불특정다수인으로부터 장기계약에 의하여 균일하게 세분된 금액으로 거액을 모아 차입하는 경우에 발생하는 금전채무이다. 또한 장기자금을 조달하기 위하여 발행하는 것으로서 고정부채라는 점에서는 금융기관으로부터의 장기차입금과 그 성격이 같지만 그것이 증권금융이고 직접금융이며 사채권을 유가증권으로 유통함으로써 투자의 대상이 됨과 동시에 불특정다수의 사채권자가 이해를 같이하는 하나의 이익단체로서 법적으로 인정된 사채권자집회를 구성한다는 점, 그리고 금리가 일반적으로 차입금보다 저율이라는 점에서 장기차입금과 다르다. 사채의 종류에는 원리금지급에 대한 담보의 유무에 따라 담보사채와 무담보사채, 사채권자의 성명을 사채원부와 사채권면에 표시 여부에 따라 기명사채와 무기명사채, 주식으로의 전환가능성 여부에 따라 전환사채와 보통사채로 나누어진다.

참조조문 상법 469~516의 10, 상증령 58 ①

사채발행비(社債發行費; bond issuing expense)

사채모집공고비, 금융기관 및 증권회사수수료, 사채권발행비, 등록면허세 등 사채발행을 위하여 직접 필수적으로 지출된 비용을 말한다. 기업회계기준에서는 사채발행비를 사채의 발행가액에서 차감하도록 규정하고 있는데, 세법에서도 기업회계기준의 내용을 그대로 수용하고 있다.

사채발행차금(社債發行差金; discount(premium) on bond)

사채의 발행가액과 액면가액의 차액을 말하는데 이는 시장이자율과 액면이자율의 상이함에 의해 발생한다. 기업회계기준에서는 사채발행가액(사채발행수수료와 사채발행과 관련하여 직접 발생한 기타 비용을 차감한 후의 가액)과 액면가액의 차액을 사채할인발행차금 또는 사채할증발행차금으로 하여 당해 사채의 액면가액에서 차감 또는 부가하는 형식으로 기재하고 사채할인발행차금 및 사채할인발행차금은 사채발행시부터 최종상환시까지의 기간에 유효이자율법을 적용하여 상각 또는 환입하고 동 상각 또는 환입액은 사채이자에 가감하도록 규정하고 있다.

참조조문 법령 71 ③

사해행위의 취소(詐害行爲의 取消; revoking of fraudulent act)

세무공무원이 체납처분(滯納處分)을 집행함에 있어서 체납자가 국세의 징수를 면탈하려고 재산권을 목적으로 한 법률행위를 한 경우에는 체납자를 상대로 소송(訴訟)을 제기하여 사해행위의 취소를 법원에 청구하는 것을 말한다.

참조조문 국징법 30

사행행위(射倖行爲; speculation)

종류·명목·방법 여하를 막론하고 타인으로부터 금품을 모아 우연의 결과에 의하여 특정인에게 재산상의 이익을 제공하고 다른 참가자에게 손실을 미치게 하는 일체의 행위를 사행행위라 한다. 이러한 사행행위는 사람들의 요행심을 조장하고 건전한 근로의욕을 해치는 것이므로 법률로써 금지, 처벌하고 있으나 법령에 의하거나 허가를 받은 경우에는 허용된다.

사행행위는 ① 공공복리의 증진을 위해 특히 필요한 경우, ② 상품의 판매선전을 위해 특히 필요한 경우, ③ 관광진흥과 관광객의 유치촉진을 위하여 특히 필요하다고 인정되는 경우에 경찰청장 또는 지방경찰청장은 허가신청이 있을 경우 복표발행업·현상업 또는 기타 사행행위업에 한해 허가할 수 있다.

산업재산권(產業財產權; industrial property)

기술의 발달·장려를 위해 공업에 관한 지능적 작업이나 방법에 대해 일정기간 독점적·배타적으로 이용할 수 있는 권리로서 특허권·실용신안권·디자인권·상표권·상호권 및 상품명 등으로서 공업소유권이라고도 한다. 세법에서는 산업재산권과 상표권으로 분류하고 있으며 그 권리의 양도 또는 대여로 인하여 발생하는 소득에 대하여 기타소득으로 보아 소득세를 과세하고 있다.

참조조문 소법 21 ① 7호, K-IFRS 1038호, 일반기준 11장 11.40

상각자산(償却資產; depreciable assets)

사용 또는 시간이 경과함에 따라 가치가 점차로 감소하기 때문에 감가상각의 방법에 따라 그에 관계된 비용을 배분하지 않으면 안되는 자산을 말한다. 상각자산에 속하는 중요항목에는 건물, 구축물, 기계장치, 선박, 차량운반구, 공구, 기구, 비품 등이 있다. 이들 자산은 생산활동에 기여하기 위하여 설치된 것이므로 설비자산(設備資産) 또는 공장설비자산(工場設備資産)이라고도 한다. 공장설비자산과 어느 면에서는 유사하나 그 성격을 달리하는 것으로 감모성자산(減耗性資産) 또는 소모성자산(消耗性資産)이 있는데, 이들 자산은 공장설비자산과 같이 생산활동의 수단이 아니고, 자원의 채취와 비례하여 자산의 실체가 부분적으로 유동자산으로 전환되기 때문에 감가상각과는 다른 상각방법, 즉 감모상각(減耗償却)이라는 방법에 따라 상각이 이루어진다.

상각후원가(償却後原價; amortised cost of a financial asset or financial liability)
금융자산이나 금융부채의 최초인식시점의 측정금액에서 상환된 원금을 차감하고 유효이자율법을 사용하여 계산한 할인 또는 할증차금(최초 금액과 만기금액의 차이)의 상각누계액을 가산하거나 차감한 금액이다. 이때 손상차손이나 대손상각을 인식(직접 차감하거나 충당금을 설정)한 경우에는 그 금액을 차감한 금액을 말한다.

참조조문 K-IFRS 1039호 9

상속개시일(相續開始日; opening date of inheritance)
상속개시일은 상속세를 부과하는 기준일자이며, 일반적으로 피상속인이 사망한 날이다. 자연인의 현실적인 사망을 말하는 것이며, 상속권자나 관계자의 사망신고 불이행으로 공무상의 사망일이 서로 다른 경우에는 사실상의 사망일이 상속개시일이 된다. 또한, 사망에는 자연사망은 물론 실종선고에 의한 법률상 의제적인 사망도 포함된다. 실종선고의 경우, 사망일은 민법에서는 실종기간이 만료한 때에 사망한 것으로 보아 그것에 의하여 재산상속이 개시되나, 상속세법에서는 실종선고일을 상속개시일로 본다. 상속세의 납세의무는 상속개시일에 성립되어 상속개시일이 속하는 달의 말일부터 6개월 이내에 상속세 과세가액 및 과세표준을 관할세무서장에게 신고하여야한다. 상속개시일은 상속개시지·상속재산 소재의 판정·상속재산 가액평가·인적공제기준·신고납부 등 모든 절차와 의무의 기준이 된다.

참조조문 상증법 2 2호·67

상속세(相續稅; estate tax)

상속개시 사실에 따라 피상속인으로부터 상속인에게 이전하는 재산에 대하여 그 재산가액을 과세표준으로 하여 상속인에게 과세하는 조세로서, 현행 상속세제도는 피상속인의 유산액을 과세표준으로 하여 과세하는 유산세체계를 채택하고 있으며, 불로취득재산이라는 점에서 고율의 누진세를 적용하고 있다. 그리고 상속세납부에 있어서는 연부연납과 물납제를 인정하고 있는 것이 특징이다.

참조조문 상증법 2·26·71·73

상속재산(相續財産; inherited property)

상속이 개시되는 때에 상속세가 부과되는 과세물건을 상속재산이라 하며, 여기에는 피상속인에게 귀속되는 재산으로서 금전으로 환산할 수 있는 경제적 가치가 있는 모든 물건과 재산적 가치가 있는 법률상 또는 사실상의 모든 권리를 포함하나, 피상속인의 일신에 전속하는 것으로서 피상속인의 사망으로 인하여 소멸되는 것은 제외한다. 상속세및증여세법에는 상속재산 외에도 의제상속재산을 규정하고 있다.

참조조문 상증법 2 3호

✎ 의제상속재산 참조

상속재산관리인(相續財産管理人; administrator of inherited property)

상속인이 수인인 경우나 상속인의 존부가 분명하지 아니한 때 혹은 법원이 상속재산을 분리한 경우 그 재산관리를 위해 상속재산관리인을 둘 수 있다. 법원은 각 상속인이나 이해관계인의 청구에 의하여 공동상속인 중에서 상속재산관리인을 선임할 수 있고 상속인의 존부가 분명하지 아니한 때에는 법원은 피상속인의 친족 기타 이해관계인 또는 검사의 청구에 의하여 상속재산관리인을 선임하고 이를 공고하여야 한다. 상속재산관리인은 관리행위를 하면서 상속재산의 원상을 유지할 권한이 있고 이를 위해 대리권을 가진다.

참조조문 민법 1023 · 1053, 상증법 67 ③

상업적 실질(商業的 實質; commercial substance)

거래의 내용이 실질적으로 자산의 교환을 통하여 수익을 발생시키는 거래인지를 구분하기 위한 개념이다. 교환거래의 결과 미래현금흐름이 얼마나 변동될 것인지를 고려하여 상업적 실질이 있는지 판단한다. 다음 (1) 또는 (2)에 해당하면서 (3)을 충족하는 경우에 교환거래는 상업적 실질이 있다.

(1) 취득한 자산과 관련된 현금흐름의 구성(위험, 유출입시기, 금액)이 제공한 자산과 관련된 현금흐름의 구성과 다르다.

(2) 교환거래의 영향을 받는 영업부분의 기업특유가치가 교환거래의 결과로 변동한다.

(3) 위 (1)이나 (2)의 차이가 교환된 자산의 공정가치에 비하여 유의적이다.

교환거래에 상업적 실질이 있는지 여부를 결정할 때 교환거래의 영향을 받는 영업부분의 기업특유가치는 세후현금흐름을 반영하여야 한다.

참조조문 K‒IFRS 1016호 25

상장법인(上場法人; listed firms)

공개법인(公開法人)이라고도 하며, 한국거래소에 그 주식을 상장하고 있어 증권회사를 통하여 한국거래소에서 주식을 자유로이 매매할 수 있는 내국법인을 말한다.

상표권(商標權; trademark right)

동종의 타인상품과 구별하기 위하여 특정상품에 문자, 도형, 기호, 색채 등에 의하여 표상하는 상표의 전용권(專用權)을 말하며, 상표법에 의하여 등록

상표·서비스표·단체표장 및 업무표장에 관해 이를 일정기간 독점적·배타적으로 이용할 수 있는 권리이다. 상표법상 상표권의 유효기간은 10년으로 되어 있으며, 10년씩 갱신할 수 있다. 상표권의 법적 성질은 공업소유권(工業所有權)의 일종으로 사권, 절대권, 지배권, 무체재산권 등의 성격을 가지며, 양도 또는 상속할 수 있고 저당권 설정이 가능하다.

기업회계기준에서는 특정상표가 상표법에 의하여 등록되어 이를 일정기간 독점적·배타적으로 이용할 수 있는 권리를 무형자산인 산업재산권계정에서 처리하도록 규정하고 있다.

참조조문 K-IFRS 1038호, 일반기준 11장 11.40

상품권(商品券; merchandise coupon)

발행인인 상인이 그 소지인에 대하여 상품의 일정량을 급여하겠다는 뜻을 기재한 일람출급(一覽出給 : 그 제시가 있으면 곧 상품을 인도하는 방식)의 무기명식(無記名式 : 그 표면에 상품을 인도받을 사람을 기재하지 않는 방식)의 유가증권을 말한다. 이는 고객으로부터 미리 현금을 받고 후일에 상품을 인도한다는 조건으로 발행하는 유가증권(有價證券)이지만, 당해 증권을 누가 소지하느냐에 대해서는 제한을 두지 않는 것이 원칙이다. 기업회계기준에서는 상품권의 발행과 관련된 수익은 상품권을 회수한 시점, 즉 재화를 인도하거나 판매한 시점에서 인식하고, 상품권을 판매한 때에는 선수금으로 처리한다.

참조조문 일반기준 16장 실16.16

상향판매거래(上向販賣去來; upstream sale)

연결회계에서 지배·종속회사간에 장부가액이 아닌 가격으로 거래된 자산이 외부로 유출되지 않고 연결실체에 남아 있는 경우 내부미실현손익이 발생하는데 연결과정에서 제거되는 내부미실현손익의 범위와 제거방법은 판매형태에 따라 달라지게 된다. 상향판매거래란 종속회사가 지배회사에 판매하는 거래형태를 말하며, 관련손익은 종속회사의 장부에 기록된다. 이때 내부미실현손익이 발생할 경우 당해 미실현이익(손실)은 종속회사가 계상하며, 지배회사의 자산은 그 금액만큼 과대(과소)계상된다. 이와는 반대로 하향판매거래란 지배회사가 종속회사에 판매하는 형태를 말하며, 관련손익은 지배회사의 장부에 기록된다. 내부미실현손익이 발생할 경우 당해 미실현이익(손실)은 지배회사가 계상하며, 종속회사의 자산은 그 금액만큼 과대(과소)계상된다.

상환주식(償還株式; redeemable share)

발행당시부터 일정기간 후 회사가 이익으로써 소각(消却)하기로 예정되어 있는 상환조항을 붙여서 발행한 특수한 주식이다. 상환주식은 회사의 입장에서는 일시적인 자기자본의 조달방법으로서 장래 경리상의 부담을 경감할 수 있는 간편한 제도이며, 투자자에게는 일정한 기간은 우선적 배당을 받고 그 후에는 권면액(券面額) 또는 그 이상의 상환을 받게 되므로 완전한 투자의 대상이 된다. 상환주식은 주주의 본래적인 권리의 내용에 관한 것이 아니고 우선주에 부가된 외부적인 특성에 불과하며, 주주평등의 원칙에 대한 예외의 경우이다.

참조조문) 상법 345

생물자산(生物資産; biological asset)

살아있는 동물이나 식물을 말한다.

참조조문) K-IFRS 1041호 5, 일반기준 27장 27.2

서류의 송달(書類의 送達; delivery of document)

국세의 부과·징수 또는 환급 등에 대한 행정처분은 그 존재의 확실성과 내용의 정확성을 보장하기 위하여 서류에 의하여 행해지고 있으며 그 내용을 납세자에게 알리기 위해 서류를 송달하고 이것이 도달함으로써 효력이 발생하게 된다. 국세기본법 또는 세법에 규정하는 서류는 그 서류송달을 받는 명의인의 주소, 거소, 영업소 또는 사무소에 송달한다. 서류의 송달방법에는 우편송달, 교부송달 또는 전자송달이 있고 예외적 방법으로 공시송달이 있다. 우편송달(郵便送達)은 통상적인 우편송달과 등기우편송달이 있으나, 납세의 고지·독촉·체납처분 또는 세법에 의한 정부명령서를 우편송달하고자 할 때에는 등기우편에 의해야 한다. 교부송달(交付送達)은 서류를 송달해야 할 행정기관의 소속공무원이 이를 송달할 장소에서 그 송달을 받아야 할 사람에게 교부하는 방법이며, 공시송달(公示送達)은 일정한 사유로 인해 서류를 받아야 할 자에게 실지로 송달하지 못하여 그 서류의 주요 내용을 일정한 장소에 게시하는 것으로서 송달에 갈음하여 법률효과를 발생시키는 송달방법이다. 송달하는 서류는 그 송달을 받아야 할 자에게 도달한 때로부터 효력이 발생한다. 다만, 전자송달의 경우에는 송달받을 자가 지정한 전자우편주소에 입력된 때(국세정보통신망에 저장하는 경우에는 저장된 때)에 그 송달을 받아야 할 자에게 도달된 것으로 본다. 한편, 공시송달의 경우는 서류의 주요 내용은 공고한 날로부터 14일이 지나면 송달이 있는 것으로 본다.

참조조문 국기법 8~12

선급금(先給金; advanced payments)

매입처에 대하여 상품·원재료의 매입을 위하여 또는 제품의 외주가공을 위하여 선급한 금액을 말한다. 선급금으로 처리할 수 있는 거래는 그것이 정상적 영업순환과정에서 일반적 상거래로 인하여 발생하는 것으로 후에 매입계정(買入計定)으로 대체될 수 있는 것에 한한다. 일반적으로 선급금은 상품 등 재고자산을 청구할 권리가 있는 것이므로 금전채권으로 볼 수가 없어 대손충당금을 설정할 수가 없다. 그러나 법인세법은 정상적인 영업거래에서 발생한 선급금은 대손충당금을 설정할 수 있다고 규정하고 있다.

참조조문 법령 61

선급비용(先給費用; prepaid expense)

선급된 비용 중 1년 이내에 비용으로 되는 것을 선급비용이라 한다. 보험이나 임대차계약과 같이 계속적으로 용역을 제공받는 경우에 특정시점에서의 미경과계약기간(未經過契約期間)에 대한 비용이 발생되며, 그 중 1년 내에 기간이 도래하는 부분은 선급비용으로서 당좌자산으로 분류되고, 1년 후에 비용으로 되는 부분은 장기선급비용으로서 투자자산으로 분류된다. 선급비용에는 지급이자의 선급액, 보험료선급액, 임차료선급액 등이 있다.

선물거래(先物去來; futures trading)

미래의 특정시점(만기일)에 수량·규격이 표준화된 상품이나 금융자산(외환, CD, 국채 등)을 특정가격에 인수 혹은 인도할 것을 약정하는 거래이다. 이러한 선물거래는 공인된 거래소에서 이루어지며 현시점에 합의된 가격(선물가격)으로 미래에 상품을 인수 혹은 인도하는 것이다. 선물거래는 물건을 살 사람이나 팔 사람이 물건의 가격변동을 놓고 고민을 하거나 물건 값을 미리 잘못 판단해 손해를 보는 위험을 피해 갈 수 있는 수단이 되는 것이다. 그리고 이러한 시장이 만들어지면 미래의 가격에 대한 여러 투자자들의 예측치가 만들어지고 기업이나 금융기관은 이를 토대로 투자하게 되어 과(過)투자, 오(誤)투자의 가능성을 줄인다. 결국 제한된 자원이 가장 효율적으로 배분될 수 있도록 하는 수단이 되는 것이다. 현재 우리나라 선물거래소에는 국채, 옵션, CD, 증권금리, 주가지수, 달러, 금 등이 상장되어 있다.

선수금(先受金; advances customers)

거래처로부터 주문받은 상품 또는 제품을 인도하거나 공사를 완성하기 이전에 그 대가의 일부 또는 전부를 수취한 금액을 말하는데, 수주공사(受注工事) 또는 수주품(受注品)의 거래 및 기타의 일반적 상거래에서 발생한 판매대금의 선수액(先受額)을 말한다. 선수금은 현금으로 변제되는 부채가 아니라 물품 또는 용역을 인도함으로써 그 채무가 소멸된다. 일반적 상거래가 아닌 거래에서 발생하는 대금선수취액(代金先受取額)은 선수금계정에 포함시켜서는 안될 것이나, 유형자산 등의 매각과 관련하여 수취하는 계약금·중도금과 같은 선수취액도 실무적으로는 선수금에 포함시킨다.

선수수익(先受收益; unearned revenue)
대가의 수입은 이루어졌으나 수익의 귀속시기가 차기 이후인 것을 말한다. 선수수익은 일종의 부채(負債)이기는 하나, 원칙적으로는 금전으로 변제되는 부채가 아니라 일반적으로 계속적인 용역의 제공을 통하여 변제되는 부채이다. 선수수익으로 처리해야 할 대상으로는 영업외수익항목인 이자수익의 선수금액 등이 있다.

선일자수표(先日字手票; anticipated check)
실제 발행한 날 이후의 일자를 수표상의 발행일자로 하여 수표상의 발행일에 지급할 것을 약속하는 증서이다. 즉 수표에 기재된 발행일자 이전에 현실적으로 발행되어 있는 수표를 말한다. 이와 같이 미래의 일자로 발행되는 선일자수표를 선수표(先手票) 또는 연수표(延手票)라고도 한다.
선일자(先日字)로 수표를 발행한 후 발행일자가 도래하기 전에 수표를 제시하는 경우가 있다. 이 경우에도 발행일자까지 기다리지 않고 지급제시 즉시 지급하도록 되어 있으며, 만약 자금이 없으면 부도(不渡)가 된다. 이것은 수표를 제시하면 즉시 지급을 해야 한다는 성격[一覽出給性]의 당연한 결과이기도 하다. 선일자수표의 발행은 자금이 없어도 지급목적을 달성할 수 있는 일종의 신용기능의 표현이기는 하지만, 수표에 있어서는 신용기능을 피하여 지급도구로서의 성격을 철저히 하기 위하여 일람출급성을 존중하고 있는 것이다. 선일자수표를 수취한 경우에는 일반적 상거래에서 발생된 것이면 매출채권에 포함시킨다.

선입선출법(先入先出法; first-in first-out method)
재고자산의 취득순서에 따라 매출이 이루어지는 형식으로 원가를 배분하는 것이다. 이 방법은 재고자산원가와 매출원가를 수미일관되게 조직적으로 구분할 수 있기 때문에 동일업종의 타기업과의 연도별 비교를 가능케 하며, 기

말재고자산이 시가에 가까운 가격으로 표시되어 현행원가로서 대차대조표
상에 표시된다는 장점을 가지고 있다. 반면에 당기의 수익에 당기의 원가를
대응시킬 수 없으므로 물가가 상승하는 경우에 이익이 과대하게 나타나고
또한 가격변동으로부터 생기는 이득 또는 손실을 구분할 수 없다는 단점이
있다.

참조조문 K-IFRS 1002호 27, 일반기준 7장 7.13, 법령 74 ① 1호, 소령 92 ② 2호

세관(稅關; customhouse)

관세행정사무, 즉 개항·공항·인접국경 등에 있어서의 수출입물품에 대하
여 관세를 부과·징수하며 이에 관련되는 제반사무를 처리하는 특별지방행
정관서이다. 세관은 국경을 통과하는 물품에 대하여 관세를 부과·징수하는
것이 주목적이 되고 있으나 제반의 부대임무도 부하되고 있다. 즉 세관에는
본연의 행정 외에도 수입물품에 대한 내국소비세징수의 원천부과사무와 무
역관리통제의 상역행정(商易行政), 그리고 내외국인의 출입국관리행정이 위
임되고 있다.

참조조문 부법 35

세금계산서(稅金計算書; tax invoice)

사업자가 재화 또는 용역을 공급하는 때에 부가가치세를 거래징수하고 이를
증명하기 위하여 공급받는 자에게 발급하는 세금영수증이다. 부가가치세법
은 납세의무자로 등록한 사업자가 재화 또는 용역을 공급하는 때에는 거래
시기(供給時期)에 부가가치세법 제32조의 법정사항을 기재한 세금계산서를
공급받는 자에게 발급하여야 한다고 규정하고 있다.
광의의 세금계산서는 일반과세자가 원칙적으로 발급하는 협의의 세금계산
서, 일반과세자 중 소매업·음식점업자 등의 최종소비자를 대상으로 하는
업종의 사업자가 발급하는 영수증, 간이과세자가 발급하는 영수증, 그리고
세관장이 재화의 수입자에게 발급하는 수입세금계산서 등이 있다. 협의의

세금계산서는 사업자등록을 한 사업자에 한하여 발급할 수 있으며, 간이과세자는 영수증만 발급할 수 있고, 면세사업자는 부가가치세납세의무 자체가 없으므로 세금계산서를 발급할 수 없다.

참조조문 부법 32~35

세금계산서합계표(稅金計算書合計表; sum table of tax invoices)

전산조직(電算租織)을 통하여 상호검증함으로써 매입세액(買入稅額)의 공제·환급이 정당한가를 확인하고, 소득과세 등의 근거자료를 과세관청이 확보함으로써 탈세의 소지를 감소시키는 등의 역할을 한다.

부가가치세법은 세금계산서를 발급한 사업자와 교부받은 사업자는 물론 부가가치세의 납세의무가 없는 자 중 법정한 자(者)(국가·지방자치단체·시행령이 정하는 자)에게까지 세금계산서합계표를 정부에 제출하도록 하고 있다. 즉 과세사업자는 발급하였거나 발급받은 세금계산서(稅金計算書)에 대하여 매출·매입처별세금계산서합계표를 당해 예정신고 또는 확정신고와 함께 정부에 제출하여야 한다. 세금계산서를 발급한 세관장(稅關長)은 매출처별세금계산서합계표를 사업장관할세무서장에게 제출하여야 하며, 세금계산서를 발급받은 국가·지방자치단체·지방자치단체조합 기타 대통령령이 정하는 자는 부가가치세의 납세의무가 없는 경우에도 매입처별세금계산서합계표를 당해 과세기간 종료 후 25일 이내에 사업장관할세무서장에게 제출하여야 한다.

참조조문 부법 54, 부령 97~99

세무공무원(稅務公務員; revenue officer)

국세기본법상 세무공무원의 범위는 국세청장·지방국세청장·세무서장 또는 그 소속공무원, 세법에 따라 국세에 관한 사무를 세관장이 관장하는 경우의 그 세관장 또는 그 소속공무원과 조세범처벌절차법상의 세무공무원은 조세범칙사건의 조사기관으로서 내국세사무를 담당하는 국세기본법상의 세무공무원과 구별된다. 즉 조세범처벌절차법상의 세무공무원은 세무에 종사하는 공무원으로서 일반직공무원 중 지방국세청과 세무서에 있어서는 소속지 방국세청장의 제청에 의하여 그 근무지를 관할하는 지방검찰청검사장의, 국 세청에 있어서는 국세청장의 제청에 의하여 검찰총장의 지명을 받은 자를 말한다. 다만, 임시직공무원, 기한부공무원, 조건부채용기간 중의 공무원은 제외한다.

참조조문 국기법 2 17호, 절법 2 4호·15, 절령 7

세무사(稅務士; certified tax attorney)

납세자의 위임에 의하여 조세에 관한 신고·신청·청구(과세전적부심사청구, 이의신청, 심사청구 및 심판청구를 포함) 등의 대리(개발부담금에 대한 행정심판청 구의 대리 포함)와 세무조정계산서와 그 밖의 세무 관련 서류의 작성, 조세에 관한 신고를 위한 장부작성의 대행, 조세에 관한 상담 또는 자문, 세무관서 의 조사 또는 처분 등과 관련된 납세자의 의견진술의 대리, 개별공시지가 및 단독주택 가격·공동주택가격의 공시에 관한 이의신청의 대리, 조세에 관한 신고서류의 확인, 성실신고에 관한 확인 등을 함을 그 직무로 한다.
세무사의 자격을 가질 수 있는 자는 ① 세무사법 제5조의 규정에 의한 세무 사자격시험에 합격한 자, ② 변호사의 자격이 있는 자이다.

참조조문 세무사법 2·3·5

세무사법(稅務士法; CTA law)

세무사제도를 확립하여 세무행정의 원활한 수행과 납세의무의 적정한 이행 을 도모함을 목적으로 하는 세무사법은 제1장 총칙, 제2장 시험, 제3장 등록, 제4장 세무사의 권리·의무, 제4장의 2 세무법인, 제5장 징계, 제6장 한국세 무사회, 제6장의 2 외국세무자문사 및 외국세무법인, 제7장 보칙, 제8장 벌칙 으로 이루어져 있다.

세무조사(稅務調査; investigation for taxable income)

세무조사는 납세지 관할 세무서장 또는 지방국세청장이 수행한다. 특정사유에 해당하는 경우에는 국세청장이 그 관할을 조정할 수 있다. 세무조사를 하는 경우에는 조사를 받을 납세자에게 조사를 시작하기 15일 전에 일정한 사항을 통지하여야 한다. 다만, 사전에 통지하면 증거인멸 등으로 조사 목적을 달성할 수 없다고 인정되는 경우에는 사전통지를 하지 않을 수 있다. 세무조사 시 납세자의 장부 등을 세무관서에 임의로 보관할 수 없다. 다만, 납세자의 동의가 있는 경우에는 목적에 필요한 최소한의 범위에서 세무조사 기간 동안 일시 보관할 수 있다. 일시 보관하고 있는 장부 등에 대하여 납세자가 반환을 요청한 경우에는 조사에 지장이 없는 한 즉시 반환하여야 한다. 세무공무원은 세무조사를 마쳤을 때에는 그 조사 결과를 서면으로 납세자에게 통지하여야 한다.

참조조문 국기법 81의 6~12

세무조정(稅務調整; tax adjustment)

기업회계상의 당기순이익을 기초로 관련 세법의 규정에 따라 세무조정사항을 가감하여 세무회계상의 과세소득을 계산하는 절차를 세무조정이라 한다. 세무조정은 결산조정과 신고조정으로 분류하는데, 결산조정(決算調整)은 법인이 스스로 기말정리를 통하여 장부상에 계상하고 결산에 반영하여야 손금 또는 익금으로 인정하는 세무조정방법을 말하고, 신고조정(申告調整)이란 장부상에 계상하지 아니하고 결산을 마친 다음 법인세의 신고과정에서 세무조정계산서(稅務調整計算書)에만 계상함으로써 세무회계상 인정받을 수 있는 세무조정방법, 즉 신고과정에서 기업회계상의 당기순이익에 익금산입 및 손금불산입사항과 손금산입 및 익금불산입사항을 가감조정함으로써 세무회계상의 과세소득을 산출하는 절차를 말한다. 광의의 세무조정에는 신고조정 외에 결산조정까지 포함하나, 일반적으로는 신고조정만을 세무조정이라 한다.

세무조정계산서(稅務調整計算書; statement of tax adjustment)

기업회계상의 당기순이익을 기초로 조정적 과정을 통하여 법인세법상의 각 사업연도의 소득을 계산하는 조정절차를 표시한 서식을 세무조정계산서라 한다. 법인세신고시에 필수적 부수서류에 해당하는 세무조정계산서는 법인세법시행규칙 제82조 제1항 제3호의 서류, 즉 법인세과세표준및세액조정계산서만을 의미한다.

참조조문 법법 60 ②, 법령 97, 법칙 82 ① 3호

세무회계(稅務會計; tax accounting)

기업이 산정한 소득을 기초로 하여 세법의 규정에 따라 조세부담능력의 기준이 되는 과세소득(課稅所得)과 세액(稅額)의 산정에 관한 재무적 정보(財務的 情報)를 이해관계자에게 전달하는 기능을 가진 회계이다. 기업회계(企業會計)는 기업의 재무상태와 경영성과를 객관적으로 측정하여 이해관계자에게 전달하는 것을 목적으로 하나, 세무회계는 부담능력에 따른 공평과세를 위하여 정확한 과세소득의 산정을 목적으로 한다.

세법(稅法; tax law)

과세권(課稅權)의 주체로서의 국가 또는 지방자치단체와 경제활동의 주체로서의 국민과의 사이에 형성되는 조세법률관계(租稅法律關係)를 규율하는 법을 말한다. 국세기본법은 제2조 제2호에서 국세의 종목과 세율을 정하고 있는 법률과 국세징수법·조세특례제한법·국제조세조정에관한법률·조세범처벌법과 조세범처벌절차법을 세법이라 정의하고 있다. 국세기본법은 국세기본법상 세법에는 포함되지 아니하지만 넓은 의미(廣義)의 세법이라고 할 수 있다.

참조조문 국기법 2 2호

세법의 목적(稅法의 目的; purpose of tax law)

과세행정(課稅行政)의 영역에 있어서 국민의 재산권이 위법하게 침해되는 것을 방지하는 것과 부담능력에 따른 공평한 과세의 실현이다. 즉 국가의 재정수요(財政需要)를 충족하기 위한 과세에 있어서 과세·비과세, 그리고 조세를

부담하여야 할 한계를 명확하게 함으로써 국민의 재산권을 보장하는 것이 법규범(法規範)으로서의 세법의 목적이다.

세법적용의 원칙(稅法適用의 原則; principle of tax law application)

세법의 적용은 해석(解釋)에 의하여 규범적(規範的) 의미가 명확해진 세법의 규정을 과세관청이나 납세자가 조사·검토·확인에 의하여 인정한 요건사실(要件事實)에 결부시키는 작용이다.

국세기본법상 세법적용의 원칙은 첫째, 세법의 해석·적용할 때에는 과세의 형평과 해당 조항의 합목적성(合目的性)에 비추어 납세자의 재산권이 부당히 침해되지 아니하도록 하여야 하고 둘째, 국세를 납부할 의무가 성립한 소득, 수익, 재산, 행위 또는 거래에 대해서는 그 성립 후의 새로운 세법에 따라 소급과세(遡及課稅)하지 아니해야 하며, 세법의 해석이나 국세행정의 관행이 일반적으로 납세자에게 받아들여진 후에는 새로운 해석이나 관행에 의하여 소급과세되지 아니한다. 셋째, 세무공무원이 그 재량에 의하여 직무를 수행함에 있어서는 과세의 형평과 세법의 목적에 비추어 일반적으로 적당하다고 인정되는 한계를 엄수해야 하며, 넷째, 세법에 특별한 규정이 있는 경우를 제외하고는 과세표준을 조사·결정할 때에는 해당 납세의무자가 계속하여 적용하고 있는 기업회계의 기준 또는 관행으로서 일반적으로 공정·타당하다고 인정되는 것은 이를 존중해야 한다는 것이다.

참조조문 국기법 18~20

세법해석(稅法解釋; interpretation of tax law)

세법의 규정에 따른 법률효과(조세채권·채무의 발생)가 발생하기 위해서는 발생된 구체적인 사실에 대하여 세법의 규정을 적용하여야 한다. 이때 법문언(法文言)의 의미·내용을 명백히 하는 과정이 세법의 해석이라고 할 수 있고, 발생된 구체적 사실이 세법에 규정된 요건에 적합한 것인가를 검증하는 과정이 과세요건사실(課稅要件事實)의 인정이라고 할 수 있다. 법에 규정된 과세요건은 세법규범(稅法規範)이고, 구체적 사실은 세법규범이 적용될 요건사실(要件事實), 즉 경제거래를 의미하는 것인바, 전자의 의미·내용을 명백히 하는 작업이 세법의 해석이고, 후자인 사실(事實)이 과세요건에 적합한 것인가를 검증하는 작업이 요건사실의 인정문제이다. 세법의 해석에 있어서는 납세자의 재산권이 부당히 침해되지 아니하도록 하여야 한다.

참조조문 국기법 18 ①

세액감면(稅額減免; tax reduction)

일정요건을 만족하는 경우 조세정책상 세액을 감면해주는 것을 말하며 각 개별세법(법인세법, 소득세법, 조세특례제한법, 지방세특례제한법 등)에 의해 그 요건을 명시하고 있다.

세액공제(稅額控除; tax credit)

과세소득에서 세율을 적용하여 산출된 세액에서 세액감면을 공제한 후 특정 목적에 의해 세법에서 규정한 액만큼 공제하는 것을 말한다.

이는 현행법상 이중과세를 방지하려는 목적으로 인정한 것에 배당세액공제, 외국납부세액공제, 법인세에서의 원천징수소득세액공제, 상속세액으로부터의 증여세액공제 등이 있다. 세부담의 균형과 경감을 기하기 위한 것으로서 재해손실세액공제, 사실과 다른 회계처리에 기인한 경정에 따른 세액공제, 배우자에 대한 상속세액공제 및 미성년자공제 등이 있다. 장부기장(記帳)의 성실을 촉구하기 위한 것으로는 기장세액공제가 있다. 사회정책적인 목적에서 주택자금세액공제 등이 있으며 경제정책적 목적에 의한 것으로 고용창출투자세액, 실수요토지세액의 환급(還給) 및 임시특별세액공제 등을 들 수 있다

참조조문 법법 57~59, 소법 15·56~59의 4, 상증법 28~30, 조특법 24~26

세율(稅率; tax rates)

세액을 결정하기 위하여 과세표준(課稅標準 : 과세물건의 수량 또는 가액)에 곱

하는 비율이다. 즉 과세의 한 단위에 대하여 징수하는 조세의 비율을 말하며 과세표준이 가격인 경우에는 보통 백분비(%)로 표시되고, 과세표준이 수량인 경우에는 그 일정량, 즉 과세단위당 몇 원으로 표시된다.

$$과세표준 \times 세율 = 세액$$

즉 세율은 과세표준에 곱하여 세금의 액수를 결정하는 비율이며, 세율을 곱하는 기초가 되는 것이 과세표준이다. 따라서 세금의 부담은 세율이 같을 경우에는 과세표준의 크기에 따라서 달라지며 또한 과세표준이 같을 경우에는 세율의 높고 낮음에 따라 달라지게 마련이다. 이와 같이 과세표준의 크기에 따라서 상대적인 세금부담액을 결정하는 세율에는 과세표준(課稅標準)의 크고 작음에 관계없이 세율이 일정한 비례세율(比例稅率)과 과세표준의 증가와 함께 세율도 커지는 누진세율(累進稅率)이 있다.

세입징수관(歲入徵收官; Revenue collecter)

부과·징수기관은 조세채무자(납세의무자)와의 관계에 있어서 조세의 부과·결정·고지·독촉 등 과세권자를 대표하여 조세과징권(租稅課徵權)을 행사하는 지위에 있는 자를 뜻한다. 국고금관리법의 관계규정을 보면 기획재정부 장관은 조세징수·수납을 총괄하고 각 중앙관서의 장은 그 관할세입의 징수와 수납을 관장하는바, 중앙관서의 장은 소속공무원에게 그 관할에 속하는 세입징수에 관한 사무를 위임할 수 있고, 조세 기타 세입은 그 수임을 받은 공무원(세입징수관)이 아니면 이를 징수할 수 없다는 규정이 있다. 따라서 세입징수관은 조세 기타 세입을 징수할 때에는 조사 결정하여 납세의무자 기타 채무자에 대하여 납입의 고지를 하여야 한다.

소급과세금지(遡及課稅禁止; prohibition of retroactive taxation)

일반적으로 행정법규는 그 법규의 효력이 발생하기 전에 완결된 사실에 관하여는 당해 법규를 적용하지 않으며 이를 법규불소급의 원칙이라고 하는데 이러한 법규불소급의 원칙을 세법에서 적용한 것을 과세불소급의 원칙 또는 소급과세금지의 원칙이라고 한다. 헌법 제13조 제2항은 "모든 국민은 소급입법에 의하여… 재산권을 박탈당하지 아니한다."고 규정하고 있으므로 조세법에 의하여 소급과세함으로써 재산권을 침해하는 경우에는 동 세법규정은 위헌으로 무효가 되는 것이다. 이것은 기득권의 존중, 법적 안정성의 보장, 예측가능성의 부여 및 신뢰이익의 보호에 기여하는 것이다. 국세기본법에서는 입법에 의한 소급과세뿐 아니라 해석에 의한 소급과세도 금지하고 있으며, 또한 국세기본법상의 세법 이외의 법률 중 국세의 부과·징수·감면 또는 그 절차에 관하여 규정하고 있는 조항도 소급과세금지의 대상으로 하고 있다.

한편, 소급에는 진정소급과 부진정소급이 있는바 전자는 새로운 법률시행 전에 완결된 사실에 대한 소급과세를 말하며, 후자는 기간과세 세목에 있어서 새로운 법률시행 전에 발생하였으나 그 시행시점까지 아직 완결되지 아니하고 있는 사실에 대한 소급과세를 말한다.

국세기본법이나 판례 및 통설로 비추어 볼 때 진정소급은 소급과세금지원칙에 반하나 부진정소급은 허용되는데, 이는 과세기간의 분할이 사실상 불가능하며 부진정소급으로 인한 예측가능성의 침해가 그리 심각한 것은 아니라는 이유 때문이다.

`참조조문` 국기법 18 ①~③, 헌법 13 ②

소급재작성(溯及再作成; retrospective restatement)

전기오류가 처음부터 발생하지 않은 것처럼 재무제표 구성요소의 인식, 측정 및 공시를 수정하는 것이다.

`참조조문` K-IFRS 1008호 5

소득(所得; income)

생산자원의 용역에 대한 보수로서 개인(家計)에 지급되는 대가와 기업이윤을 포함한 것이다. 생산자원의 용역에 대한 보수로서는 근로용역(勤勞用役)에 대한 임금·봉급, 토지·건물용역(土地·建物用役)에 대한 임차료, 자본용역(資本用役)에 대한 이자 등이 그 대표적인 형태이며, 기업의 소득인 이윤(利潤)은 기업자용역(企業者用役 : 企業者能力)이라는 생산자원용역(生産資源用役)에 대한 보수로 보는 경우가 있어 위의 임금, 봉급, 임차료, 이자 등과 함께 이윤을 널리 생산자원용역의 보수라고 정의하여 소득에 포함시킨다.

소득공제(所得控除; income deduction)

과세의 대상이 되는 소득 중에서 일정금액을 공제하여 주는 것으로 당연히 과세해야 할 금액에서 소득공제를 함으로써 세금의 부담을 덜어주는 것이다. 과세표준(課稅標準)을 계산하기 위하여 소득금액에서 일정액을 공제하여 주는 소득공제제도는 조세정책적 고려에서 납세의무자가 조세부담능력과는 관계없이 일정사실의 조건을 구비하였을 때 산출세액에서 일정한 비율 또는 일정한 금액을 공제하여 주는 제도인 세액공제(稅額控除)와는 구별되는 개념이다.

소득공제에는 무조건 일정한 금액을 일률적으로 공제하여 주는 기초공제(基礎控除)와 일정한 요건을 구비한 때에 한하여 그 요건에 따라 일정한 금액을 공제하여 주는 좁은 의미의 소득공제(所得控除)가 있다.

참조조문 소법 47~52

소득세(所得稅; income tax)

소득에 대하여 과세하는 세금으로 이때의 소득이란 일정기간 동안 재화 또는 용역을 제공하여 얻은 수입(收入)에서 이에 대응하는 필요경비(必要經費)를 공제한 금액을 말한다. 소득세는 개인소득세와 법인소득세로 구분되는데, 일반적으로 개인소득세를 소득세라 하고, 법인소득세를 법인세라고 한다. 현재 우리나라의 소득세는 개인을 중심으로 모든 소득을 종합하고 여기에 개인의 인적 사정, 즉 배우자·부양가족 또는 가족 중에 장애인의 유무 등에 따라 같은 금액의 소득자라고 하더라도 세부담을 달리하게 하는 인적공제제도(人的控除制度 : 기본공제·추가공제)와 특별공제제도(항목별 공제 또는 표준공제)를 채택한 종합소득세제도(綜合所得稅制度)를 채택하고 있다. 다만, 퇴직·양도소득은 별도로 분류과세(分類課稅)하고 있다.

소득원천설(所得源泉說; income source theory)

일정한 수입원천으로부터 계속적·반복적으로 생기는 수입을 소득으로 보고 일시적·우발적인 소득은 원천(源泉)을 알 수 없기 때문에 과세소득에서 제외하자는 것이다. 우리나라의 현행 소득세법은 기본적으로 소득원천설의 입장에 서 있으나, 기타소득으로서의 일시적·우발적 소득을 과세소득으로 규정하고 있는 점, 보험차익이나 국고보조금을 사업자의 총수입금액에 산입하고 있는 점 등으로 보아 순자산증가설의 입장을 일부 채택하고 있다.

참조조문 소법 21, 소령 51

소득처분(所得處分; disposition of income)

세무조정사항(稅務調整事項)으로 발생한 소득이 법인 내부에 남아 있으면 이를 기업회계상 순자산에 가산하여 세무상 순자산을 계산하고, 법인 외부로 유출되었으면 소득귀속자(所得歸屬者)를 파악하여 소득세를 징수하는 제도를 말한다. 즉 소득처분은 법인의 세무상 순자산을 계산함으로써 각사업연도소득과 청산소득 계산에 적정화를 기하고 사외유출(社外流出)된 소득의 귀속자에 대한 소득세를 부과함으로써 조세부담의 공평을 기하는 것에 의의가 있다.

익금산입, 손금불산입에 대한 소득처분은 소득이 사외(社外)로 유출되었는지 여부에 따라서 사외유출(社外流出)과 유보(留保) 및 기타로 나누어지며, 사외유출은 다시 그 귀속자에 따라 출자자이면 배당(출자자인 임원·사용인이면 상여), 사용인(임원 포함)이면 상여, 법인소득이나 개인의 사업소득을 구성하였으면 기타사외유출, 그 이외의 것은 기타소득으로 구분된다. 또한 손금산입, 익금불산입에 대한 소득처분은 유보(留保)와 기타가 있다.

참조조문 법법 67, 법령 106

소매업(小賣業; retailer)

상점, 백화점, 연쇄점, 우편주문판매점, 주유소 및 가스충전소, 소비자협동조합, 경매소 등에서 사업용이 아닌 개인, 가정 또는 소비자용품을 일반대중에게 새로운 상품이나 중고상품을 변형없이 재판매(再販賣)하는 산업활동이다. 소매업자는 금전등록기를 설치하여 공급대가를 적은 계산서를 발급할 수 있다. 금전등록기를 설치한 사업자가 금전등록기에 의하여 계산서를 발급하고 감사테이프를 보관한 경우에는 현금수입을 기준으로 하여 소득세, 법인세 및 부가가치세를 부과할 수 있다.

참조조문 소법 162, 부법 36, 부령 73 ① 1호·88

소멸시효(消滅時效; negative prescription)

시효(時效)의 일종으로서 취득시효(取得時效)에 대응하는 개념이다. 원래 시효라고 하는 것은 사실상태가 오랫동안 계속된 경우에 그 상태가 진실한 권리관계에 합치되지 않더라도 그 사실상태대로 권리관계(權利關係)를 인정하려는 제도이다. 권리를 행사하고 있는 사실상태가 일정한 기간 계속한 경우에 권리의 취득을 인정하는 것이 취득시효이고, 권리불행사(權利不行使)의 상태가 일정한 기간 계속된 경우에 권리의 소멸을 인정하는 것이 소멸시효이다. 국세(國稅) 등의 소멸시효에 대해서는 국세기본법 제27조와 제28조에 특칙을 두었으므로 이 규정을 우선하여 적용하고, 기타 규정이 없는 경우에는 민법을 준용하도록 하고 있는데, 국세기본법에서는 국세징수권의 소멸시효를 5억원 이상의 국세에 대해서는 10년, 그 외의 국세는 5년으로 규정하고 있다.

참조조문 국기법 27·28

소비대차(消費貸借; loan for consumption)

당사자의 일방이 금전(金錢) 기타의 대체물(代替物)의 소유권을 상대방에게 이전할 것을 약정하고, 상대방은 그와 같은 종류, 품질, 수량으로 반환할 것을 약정함으로써 성립하는 계약이다. 금전의 소비대차는 그 중 가장 대표적인 것이다. 여기서 소비대차라고 하는 것은 차주(借主)가 인수했던 물건을 그대로 반환하는 것이 아니라 그 물건 자체는 소비하고 그와 동종·동등한 품질·동량(同量)의 물건을 반환하는 의무를 부담하는 것이다. 민법상 소비대차계약은 차주(借主)와 대주(貸主)간의 합의(合意)만으로서 성립하는 낙성계약(諾成契約)이다. 또한 소비대차에는 이자(利子)를 지급하는 경우(이자있는 소비대차)와 지급하지 않는 경우(무이자소비대차)가 있다.

참조조문 상증법 48 ③, 상증령 39 ① 1의 2호

소비성서비스업(消費性서비스業; consumptive service business)

세법에서는 소비성지출을 규제하기 위하여 도박장·무도장·유흥주점업 등 법소정 소비성서비스업에 대하여 다른 업종에 비하여 손금용인한도 축소 및 각종 세제지원 배제 등 과세상의 불이익을 주고 있다. 그러나 2006년 세법개정에서 소비성서비스업에 대한 차별적 규제 중 일부인 광고선전비 및 접대비에 대한 차별을 폐지하였다.

참조조문 조특법 32 ① · 63의 2 ①

소비세(消費稅; consumption tax)

사람이 재화 또는 용역을 구입·소비하는 사실에 간접적으로 담세력(擔稅力)을 인정하여 과세하는 조세이다. 소비세 중에는 소비행위 그 자체를 직접 과세대상으로 삼는 직접소비세(과세장소에의 입장 및 이용행위를 과세대상으로 하는 개별소비세)와 제조업자 또는 소매인에 의하여 납부된 조세가 재화를 구입할 때마다 원가에 포함되어 소비자에게 전가되는 간접소비세(부가가치세, 과세물품을 과세대상으로 하는 개별소비세와 주세)가 있다. 간접소비세에는 특정의 재화만을 과세대상으로 삼는 개별소비세와 원칙적으로 모든 재화를 과세대상으로 삼는 일반소비세가 있다. 개별소비세와 주세는 개별소비세에 해당하고, 부가가치세는 일반소비세에 해당한다.

소액부징수(少額不徵收; non-collection of small tax amount)

징수할 세액이 어느 일정금액에 미달할 경우에는 이를 징수하지 아니하는 것을 말한다. 세법에서 규정하고 있는 것은 다음과 같다.

(1) 법인세법상 이자소득금액과 투자신탁수익의 분배금에 대한 원천징수세액이 1,000원 미만인 때(법법 73)

(2) 소득세법상 ① 원천징수세액이 1,000원 미만인 경우(이자소득금액은 제외), ② 납세조합의 징수세액이 1,000원 미만인 경우, ③ 중간예납세액이 30만원 미만인 경우(소법 86)

(3) 지방세법상 주민세(특별징수분을 제외) 세액이 2,000원 미만인 때(지법 95), 재산세의 세액이 고지서 1장당 2,000원 미만인 경우(지법 119)

(4) 국세기본법상 고지할 국세(인지세를 제외) 및 체납처분비를 합친 금액이 10,000원 미만인 때(국기법 83, 국기령 65의 3).

소액부징수와 유사한 것으로 과세소득, 과세가액이 일정금액에 미달할 때에 과세하지 않는 경우가 있다. 즉 기타소득금액이 건별로 5만원 이하인 때에 소득세를 부과하지 않으며(소법 84), 과세표준이 50만원 미만이면 상속세 및 증여세를 부과하지 아니하고(상증법 25 ② · 55 ②), 간이과세자의 공급대가가 3천만원 미만인 경우에는 납부의무를 면제한다(부법 69 ①). 또한 취득가액이 50만원 이하일 때에는 취득세를 부과하지 아니한다(지법 17).

소액심판(少額審判; small-sum civil suit)

조세심판원장이 심판청구를 받았을 때에는 조세심판관회의가 심리를 거쳐 이를 결정해야 하는데, 이 경우 심판청구의 금액이 일정금액에 미치지 못하는 소액이거나 경미한 것인 경우나 청구기간이 지난 후에 심판청구를 받은 경우에는 조세심판관회의의 심리를 거치지 아니하고 주심조세심판관이 심리하여 결정할 수 있는데, 이를 소액심판이라 한다.

상기의 소액인 것 또는 경미한 것이란 다음을 말한다.

① 청구사항이 법령의 해석에 관한 것이 아니거나 법령의 해석에 관한 것으

로서 유사한 청구에 대하여 이미 조세심판관회의의 의결에 따라 결정된 사례가 있는 것으로서 청구금액이 3천만원 미만인 경우

② 심판청구가 과세표준 또는 세액의 결정에 관한 것 외의 것으로서 유사한 청구에 대하여 이미 조세심판관회의의 의결에 따라 결정된 사례가 있는 것

참조조문 국기법 78 ①, 국기령 62

소액주주(少額株主; minority shareholders)

당해 법인의 발행주식총수 등의 100분의 1 미만을 소유하는 경우로서 주식 등의 액면가액의 합계액이 3억원 미만인 주주 등을 말한다. 이는 보통의 경우의 소액주주에 해당하며 각 세법 및 상법 규정에서 달리 규정하는 경우도 있다. 대주주에 상대되는 개념이라 할 수 있는데, 소액주주가 많을수록 회사의 주식이 대중에 잘 분산되어 있다고 볼 수 있으며, 대주주와 마찬가지로 이익배당청구권·기업파산 후 잔여재산배분요구권·신주인수권 등의 권리를 행사할 수 있으며, 주주총회에서의 의결권과 결의취소 및 무효청구권·정관과 재무제표열람권 등을 갖고 있다.

참조조문 상증령 29 ②, 법령 161 ④

소유권보존(所有權保存; conservation of ownership)

미등기(未登記)된 부동산을 그 소유자의 신청에 의하여 처음으로 소유권을 공시하는 것으로 보존등기(保存登記)라고 한다. 즉 토지의 매립이나 건물의 신축으로 소유권을 원시취득(原始取得)하게 되면 그 소유권을 보존하기 위하여 보존등기를 신청한다. 보존등기신청을 받은 등기공무원은 새로 그 부동산을 위한 등기용지를 마련하여 표제부에 표시(表示)의 등기(사실의 등기를 하고 갑구란에 소유자를 표시한다)를 한다. 보존등기를 한 부동산의 그 후 권리변동은 모두 이 보존등기를 기초로 하여 이루어진다.

소유권이전(所有權移轉; passage of title)

소유권은 법률의 범위 내에서 목적물을 사용·수익·처분 등 모든 방면에서

지배할 수 있는 권리이며, 법률행위(法律行爲)에 의하여 이전할 수 있으며, 소유권이전에는 공시(公示)라는 일정한 형식을 필요로 한다.

 민법 211

소인(消印; cancellation stamp)

일반적으로 우체국에서 사용했다는 표시로 엽서나 우표 따위에 찍는 도장이나 찍는 일을 의미하나, 인지세법상의 소인(消印)은 과세문서에 인지를 첩부한 후에는 반드시 첩부한 인지를 지면(紙面)과 인지의 채문(彩紋)에 걸쳐 증명서, 통장 또는 장부작성자의 도장이나 서명(署名)으로서 분명히 이를 날인하는 것을 말한다. 이 경우에 무인(拇印)과 같은 지장(指章)은 불가(不可)하며, 또한 이 소인제도는 인지의 재사용을 방지하기 위한 예방조치인 것이므로 2인 이상이 공동으로 작성한 문서에는 작성자 중 어느 1인만 소인하여도 무방하다.

 인법 10, 인통 10 - 0…1

소전(消轉; onward shifting)

생산자에게 세금이 부과된 경우에 그것이 자극이 되어 생산자가 생산방법을 개선하고 경영을 합리화하여 부과된 세금만큼 생산비용을 낮추어 당해 조세액의 전가없이 생산단계에서 소멸되는 것을 말한다. 이와 같이 생산과정에서의 세금흡수현상은 소전만 일어나며 전전(前轉)이나 후전(後轉)과 같은 교환과정에서는 일어나지 않는다.

속인주의(屬人主義; personal principle)

법령의 적용범위를 정함에 있어서 사람을 기준으로 하느냐, 영역(領域)을 기준으로 하느냐에 따라 속인주의(屬人主義)와 속지주의(屬地主義)로 나눌 수 있다. 속인주의는 납세의무자의 국적·본적·거소·주소 등에 의해서 과세권이 변동되는 것이다. 이 중에서 국적주의(國籍主義)는 정치종속주의(政治從屬主義)라고도 하며 국내외에 거주하는 자국국적 보유자에게 과세하는 것이며 자국 내에 거주하는 외국인은 납세의무가 없다.

속지주의(屬地主義; territorial principle)

재원(財源)의 주소지나 그 원천지에 의해서 납세의무가 발생하는 경우이며, 소유자의 국적·거소·주소 등을 불문하고 물건의 소재지에 대하여 부과한다(우리나라 세법상 비거주자의 국내원천소득에 대하여 제한적으로 과세권을 행사하고 있음).

손금(損金; exclusion)

자본 또는 출자의 환급(還給), 잉여금의 처분 및 법인세법에서 특별히 규정하는 것(損金不算入項目을 말함)을 제외하고, 그 법인의 순자산을 감소시키는 거래로 인하여 발생하는 손비(損費)의 금액을 말한다. 이러한 손비는 다른 법률에 달리 정하고 있는 것을 제외하고는 그 법인의 사업과 관련하여 발생하거나 지출된 손실 또는 비용으로서 일반적으로 용인되는 통상적인 것이거나 수익과 직접 관련된 것으로 한다. 세법상 손금의 개념은 기업회계상의 비용(또는 손비)과 같은 것이나 반드시 그것과 일치하는 것은 아니다.

참조조문 법법 19, 법령 19, 조특법 2 ① 5호

손금불산입(損金不算入; inclusion in gross revenue)

손금불산입이란 말은 법인세법상의 용어로서 순자산을 감소시키는 거래로 인하여 발생하는 손금에는 해당하지만 그 거래의 성질이 자본거래로 인하여 발생한 것, 조세이론상, 조세정책상 또는 사회정책상의 이유 등으로 법인세법상 과세소득의 산출에 있어 세무조정과정에서 그것을 손금에 산입하지 않고 과세소득으로 계상해야 하는 것이다. 따라서 손금에 해당하지 않는 거래를 세무조정상 손금불산입으로 처리하면 손금이 줄어들어 그만큼 이익이 늘어나는 결과가 된다.

참조조문 법법 20~28

손비(損費; expense)

기간손익계산(期間損益計算)에 있어서 일정기간에 발생한 수익(收益)에 대응되는 비용과 손실을 총칭하는 것인데, 매출원가·판매비와관리비·영업외비용을 포함한다. 일반적으로 비용(費用)의 개념과 혼용하고 있으나 손실을 포함하는 것이며, 특히 법인세법에서 순자산증가설(純資産增加說)을 기초로 하는 소득금액 계산상 손비라는 용어를 쓰고 있고 수익을 획득하기 위해 소요된 모든 비용과 기타 당해 법인에게 귀속되는 일체의 경제적 손실을 말한다.

참조조문 법법 19 · 20

손상차손(損傷差損; impairment loss)

자산의 진부화 및 시장가치의 급격한 하락 등으로 인하여 유·무형자산의 회수가능액이 장부금액에 중요하게 미달하게 되는 경우 장부금액은 회수가능액 차액을 손상차손으로 처리한다.

참조조문 일반기준 10장

손실(損失; loss)

회계상의 의미로서는 기업 실체의 주요 영업활동 이외의 부수적인 거래나 사건 및 당해 실체에 영향을 미치는 기타 모든 거래나 사건의 결과로 발생하는 자본의 감소액(비용과 주주에 대한 분배로 인한 감소액은 제외)을 말한다. 법인세법에서는 사업수행에 따라 발생한 것인가의 여부를 불문하고 모두 손금(損金)으로서 소득에서 공제하는 것으로 되어 있고, 이 의미에 있어서 순자산증가설에 입각하고 있는 것으로 볼 수 있다.

손실보상(損失補償; loss compensation)

국가 또는 공공단체의 적법(適法)한 공권력(公權力)의 행사에 의하여 사유재산권에 특별한 손실이 가해진 경우에 그 특별한 손실에 대하여 지급되는 재산적 보상을 말한다. 예컨대 도시계획으로 인하여 철거되는 가옥에 대하여 보상금을 지급하는 것과 같다. 행정상의 손실보상은 적법(適法)한 행정작용으로 인한 손실을 보상하는 제도인 점에서 위법행위(違法行爲)로 인한 행정상의 손해배상(損害賠償)과 구별된다.

세법에 의하면 사업자가 손실보상청구권에 의하여 지급받는 보상금 등은 당해 사업자의 순자산(純資産)을 증가시키는 거래로 인하여 발생하는 수익이므로 각 사업연도의 소득금액 계산상 이를 익금(益金)에 산입하여야 한다.

참조조문 법법 15 ①, 법통 15 - 11···1

손실부담계약(損失負擔契約; onerous contracts)

당해 계약상의 의무에 따라 발생하는 회피불가능한 비용이 그 계약에 의하여 받을 것으로 기대되는 효익을 초과하는 계약을 말한다. 회피불가능한 비용은 다음의 ①과 ② 중 작은 금액으로서 계약을 이행하기 위한 최소비용을 말한다.

① 계약을 이행하기 위하여 소요되는 비용

② 계약을 이행하지 못하였을 때 지급하여야 할 보상금 또는 위약금

기업회계기준에서는 손실부담계약을 체결한 경우에는 관련된 현재의무를 충당부채로 인식하도록 하고 있다. 통상적인 구매주문과 같이 상대방에게 보상없이 해약할 수 있는 계약은 아무런 의무가 발생하지 아니하므로 이 기준서를 적용하지 아니하나 손실부담계약은 당사자간에 권리와 의무가 발생되므로 적용대상이 된다.

참조조문 K - IFRS 1037호 10, 일반기준 14장 14.2

손익계산서(損益計算書; income statement)

일정기간 동안 회계주체가 경영활동을 한 성과를 표시하는 회계보고서로서 재무상태표와 더불어 주된 기업재무제표(企業財務諸表)의 하나이다.

손익계산서는 기업의 성과를 발생원인별로 보고함으로써 일정기간 동안의 기업의 수익력에 관한 정보를 제공하는 유용성이 있는 반면에, 기업의 가치 변동을 설명해 주지 못하고 손익계산서에 의한 경영성과에는 회계담당자의

주관이 개입될 여지가 많은 한계점이 있다.

참조조문 일반기준 2장 2.44~2.57

손익법(損益法; profit-and-loss method)

회계기간 중 발생한 모든 수익·비용항목을 별도로 집계하여 손익계산서를 작성하고 그 차액으로써 손익을 계산하는 방법을 손익법 또는 총거래기록법(總去來記錄法)이라고 한다.

손익분기점(損益分岐點; BEP(break-even point))

손익분기점이라는 말은 비용과 매출액이 동일하게 된 때의 매출액을 의미하는 것으로서 이익과 손실이 나누어지는 구분점(區分點)이 된다. 따라서 손익분기점보다 매출액이 증가하면 이익이 발생하고 감소하면 손실이 발생한다.

손익의 귀속사업연도(損益의 歸屬事業年度; revertible business year of profit and loss)

기업회계와 세법은 계속기업을 전제로 하며, 기업회계에서는 손익계산을 명확히 하고 경영활동의 측정을 효율적으로 하기 위하여 회계기간을 인위적으로 구분하고, 수익은 실현주의에 의하고 비용은 발생주의에 의하며 이를 확정한 당해 회계기간의 총수익에서 총비용을 공제하여 기업의 이익을 계산하고 있다.

한편, 법인세법에서도 법인세를 과세기간별로 효율적으로 정확히 계산하기 위하여 사업연도를 정하고, 법인세법과 조세특례제한법에서 특별히 규정하고 있는 경우를 제외하고는 기업회계기준 또는 관행을 적용하여 계상한 당해 사업연도의 총익금에서 총손금을 공제하여 각 사업연도의 소득금액을 산출한다. 이와 같은 방법으로 정하는 익금과 손금의 확정시기를 손익의 귀속사업연도라 한다.

참조조문 법법 40·43, 법령 68~71

손해배상금(損害賠償金; damages)

고의 또는 과실 등으로 인한 위법행위(違法行爲)로 타인에게 손해를 가했을 때 그 손해를 배상하기 위하여 지급하는 금액을 손해배상금이라 하고, 위법행위로 타인의 이익을 침해하고 가해자에게 고의(故意) 또는 과실(過失)이 있어야 하며, 가해행위와 손해와의 사이에 인과관계(因果關係)가 있어야 한다. 따라서 배상되어야 할 손해의 범위는 손해배상책임을 발생시키는 원인인 사실과 인과관계가 있는 것에 한정되는 것이 통설이다.

세법에 의하면 법인의 임원 또는 사용인의 행위 등으로 인하여 타인에게 손해를 끼침으로써 법인이 손해배상금을 지출한 경우에는 그 손해배상의 대상이 된 행위 등이 법인의 업무수행과 관련된 것이고 또한 고의나 중과실로 인한 것이 아닌 경우에는 그 지출한 손해배상금은 각 사업연도의 소득금액 계산상 손금에 산입한다.

참조조문 소법 33 ① 15호

송달(送達; delivery)

일정한 사항을 당사자 또는 이해관계인 등에게 알리기 위하여 서류를 송부(送付)하는 절차이다. 따라서 조세채권의 이행청구를 납세자에게 알리기 위하여 납세고지서를 조세채무자에게 송부하는 것이 고지서(告知書)의 송달인 것이다. 납세고지(納稅告知)에 의해서 여러 가지 중요한 법률효과(法律效果)가 조세채무자에게 발생하는 것이므로 그 중요성 때문에 국세기본법은 그 절차를 명문으로 규정하고 있다.

송달의 방법으로는 우편송달(郵便送達), 교부송달(交付送達), 전자송달(電子送達), 공시송달(公示送達)이 있다.

참조조문 국기법 8~12, 지기법 28~33

✎ 서류의 송달 참조

송장(送狀; invoice)

사업자가 물품을 판매함에 있어서 그 종류·수량·포장종류, 하수인(荷受人)의 주소·성명 등을 기재하여 하송인(荷送人)으로부터 운송인(運送人) 또는 하수인(荷受人)에게 교부하는 것으로, 물품의 운송에 관한 권리를 증명하는 문서를 말한다. 또한 무역업무에 있어서 송장은 수입업자 앞으로 작성된 거래상품의 명세서로 선적서류(船積書類)의 하나가 되기도 한다. 이처럼 송장 및 검수증(檢收證)은 단순한 사실을 표기한 것에 지나지 아니하므로 인지세법상 과세문서(課稅文書)는 아니다.

수권자본(授權資本; authorized capital)

주식회사가 발행할 수 있는 주식총수(株式總數)를 뜻한다. 주식회사를 설립함에 있어서 자금조달의 편의를 위하여 인가된 자본금의 일부에 대해서만 전액납입(全額納入)의 주식을 발행하고 나머지 미발행주식은 후일 자금이 필요할 때에 발행할 수 있다. 이때 정관이나 설립등기에 그 회사가 필요하다고 생각하는 자본금의 최고액이 기재되고, 따라서 회사의 설립등기가 끝나면 그와 동시에 그 최고한도액(最高限度額)까지의 주식을 발행할 수 있는 권한이 부여되는데, 이 자본금액을 수권자본금(授權資本金)이라 하고 이 제도를 수권자본제도(授權資本制度)라고 한다.

참조조문 상법 289 ① 3호

수시부과(隨時賦課; occasional assessment)

과세관청은 과세의 시간적 단위인 과세기간이 종료하고 법정신고기간을 기다려서 그 후에 조세채권의 확정권(確定權)을 행사하여야 한다. 그런데 다음과 같은 사유가 있는 경우에는 과세기간 종료 전이든 신고기한 도래 전이든 불구하고 정부가 과세표준을 결정할 수 있는 것인바, 이것이 수시부과처분이다. 이 수시부과처분(隨時賦課處分)은 정부부과과세제도(政府賦課課稅制度)를 취하는 세목인가, 신고납세제도(申告納稅制度)를 취하는 세목인가를 불문하고

가능하다. 소득세법상 수시부과의 사유는 ① 사업부진이나 그 밖의 사유로 장기간 휴업 또는 폐업상태가 있는 때로서 소득세를 포탈(逋脫)할 우려가 있다고 인정되는 경우, ② 기타 조세를 포탈할 우려가 있다고 인정되는 상당한 이유가 있는 경우이며, 법인세법상 수시부과의 사유는 ① 신고를 하지 아니하고 본점 등을 이전한 경우, ② 사업부진 기타의 사유로 인하여 휴업 또는 폐업상태에 있는 경우, ③ 기타 조세를 포탈할 우려가 있다고 인정되는 상당한 이유가 있는 경우이다. 이러한 수시부과를 할 때에는 그 확정방법으로 실지조사결정(實地調査決定) 또는 추계조사결정(推計調査決定) 방법이 활용된다.

참조조문 소법 82, 법법 69, 법령 108 ①, 개소법 12, 교통법 10, 증법 12

수의계약(隨意契約; optional contract)

경쟁계약에 의하지 아니하고 임의로 적당한 상대자를 선정하여 체결하는 계약이다. 국가·지방자치단체 등이 체결하는 모든 계약은 경쟁계약(競爭契約)의 방법을 취하는 것이 원칙인데 수의계약은 그 원리에 대한 예외가 되는 것이다.

국세징수법에서는 압류재산을 수의계약에 의하여 매각할 수 있는 경우를, ① 수의계약에 의하지 아니하면 매각대금이 체납처분비에 충당하고 잔여가 생길 여지가 없을 때, ② 부패·변질·감량되기 쉬운 재산으로서 속히 매각하지 아니하면 그 재산가액이 감손될 우려가 있을 때, ③ 압류한 재산의 추산가격이 1천만원 미만인 때, ④ 법령으로 소지(所持) 또는 매매가 규제된 재산인 때, ⑤ 제1회 공매 후 1년간에 5회 이상 공매하여도 매각되지 아니한 때, ⑥ 공매함이 공익상 적절하지 아니한 때로 규정하고 있다.

압류재산을 수의계약으로 매각하고자 할 때에는 추산가격조서(推算價格調書)를 작성하고 2인 이상으로부터 견적서(見積書)를 받아야 한다.

참조조문 국징법 62, 국징령 69, 외투법 13

수익(收益; revenue)

주요 경영활동으로서 재화의 생산·판매, 용역의 제공 등에 따른 경제적효익의 유입을 말한다.

수익을 정의하는 방법 내지 유형에는 유입개념(inflow)과 유출개념(outflow)이 있다. 전자는 수익을 '생산된 재화나 용역과 교환으로 유입되는 자산'으로 파악하려는 개념이며, 후자는 '일정기간에 기업이 산출한 재화나 용역을 고객에게 인도한 가치액의 총계'로 보려는 견해이나, 오늘날의 통설은 전자인 유입개념(流入槪念)이다.

수익·비용대응의 원칙(收益·費用對應의 原則; principle of matching costs with revenues)

기업회계기준에서 "수익과 비용은 그 발생원천에 따라 명확하게 분류하고, 각 수익항목과 이에 관련되는 비용항목을 대응표시하여야 한다."고 규정하고 있는데, 이를 '수익·비용대응의 원칙'이라 한다. 수익과 관련 비용은 대응하여 인식하는데 특정거래와 관련하여 발생한 수익과 비용은 동일한 회계기간에 인식한다. 일반적으로 재화의 인도 이후 예상되는 품질보증비나 기타 비용은 수익인식시점에서 신뢰성 있게 측정할 수 있으나 관련된 비용은 신뢰성 있게 측정할 수 없다면 수익을 인식할 수 없다. 이 경우에 재화판매의 대가로 이미 받은 금액을 부채로 인식한다.

참조조문 재무보고를 위한 개념체계 4.49~4.53

수익사업(收益事業; revenue‑making business)

일반적으로 경제적효익을 얻는 사업을 말하는 것으로 법인세법에서는 다음의 각 사항에 해당하는 사업을 수익사업이라 한다.

1. 제조업, 건설업, 도매 및 소매업 등 통계법 제22조에 따라 통계청장이 작성·고시하는 한국표준산업분류에 따른 사업으로서 대통령령으로 정하는 것

2. 소득세법 제16조 제1항에 따른 이자소득

3. 소득세법 제17조 제1항에 따른 배당소득

4. 주식·신주인수권 또는 출자지분의 양도로 인한 수입

5. 유형자산 및 무형자산의 처분으로 인한 수입. 다만, 고유목적사업에 직접 사용하는 자산의 처분으로 인한 대통령령으로 정하는 수입은 제외한다.

6. 소득세법 제94조 제1항 제2호 및 제4호에 따른 자산의 양도로 인한 수입

7. 그 밖에 대가(對價)를 얻는 계속적 행위로 인한 수입으로서 대통령령으로 정하는 것

참조조문 법법 4 ③

수익자부담금(收益者負擔金; payment by beneficiary)

특정한 공익사업경비의 전부 또는 일부에 충당하기 위하여 당해 사업으로부터 특별한 이익을 받는 자에 대하여 그 수익의 한도 내에서 과하는 부담금이다.

수익자부담금에 대한 세무회계처리는 법인에 있어서는 도시계획에 의한 도로공사로 인하여 공사비로 지출한 수익자부담금을 토지에 대한 자본적지출로 인정하며, 개인에 있어서는 하천법, 댐건설및주변지역지원등에관한법률, 그 밖의 법률에 따라 시행하는 사업으로 인하여 해당 사업구역 내의 토지소유자가 부담한 수익자부담금 등의 사업비용은 양도자산의 필요경비로 인정한다.

참조조문 법통 23 - 31…1, 소칙 79 ① 1호

수익적지출(收益的支出; revenue expenditures)

고정자산을 취득한 후 그 자산과 관련하여 발생한 지출로서 당해 고정자산의 원상을 회복하거나 능률유지를 위한 지출을 말한다. 예를 들어 건물 또는 벽의 도장, 파손된 유리나 기와의 대체, 기계의 소모된 부속품 또는 벨트의 대체, 자동차 타이어의 대체, 재해를 입은 자산에 대한 외장의 복구·도장

및 유리의 삽입, 기타 조업가능한 상태의 유지 등을 위하여 발생한 지출을 말하며, 수익적지출이 발생하면 지출된 기간의 수익에 대응될 수 있는 기간비용으로 처리하여야 한다.

참조조문 법칙 17

수입세금계산서(輸入稅金計算書; tax invoice on import)

세관장이 외국의 공급자를 대신하여 수입되는 재화에 대하여 세금계산서발급절차요령에 준하여 작성한 세금계산서를 말한다.

여러 개의 사업장이 있는 사업자가 재화를 수입하는 경우 수입신고필증상 적혀 있는 사업장과 해당 재화를 사용·소비할 사업장이 다른 때에는 수입재화를 실지로 사용·소비할 사업장 명의로 세금계산서를 발급받을 수 있고, 수입되는 재화에 대하여 부가가치세의 납부가 유예되는 때에는 수입세금계산서에 납부유예 표시를 하여 발급한다.

참조조문 부법 35, 부령 72

수입재화(輸入財貨; imported goods)

외국에서 우리나라에 인취하는 재화를 말한다. 여기에는 ① 외국으로부터 우리나라에 들어온 물품[외국선박에 의하여 공해(公海)에서 채취되거나 잡힌 수산물 포함], ② 수출신고가 수리된 물품을 우리나라에 반입하는 것(보세구역을 거치는 것은 보세구역에서 반입한 것)을 포함한다.

참조조문 부법 13

수정세금계산서(修正稅金計算書; amended tax invoice)

세금계산서를 발급한 후 그 기재사항에 관하여 착오(錯誤) 또는 정정사유(訂正事由)가 발생한 경우에는 부가가치세의 과세표준과 납부세액 또는 환급세액을 경정하여 통지하기 전까지 당초 발급한 세금계산서를 수정하여 발급할 수 있는데, 이것을 세금계산서의 수정 또는 수정세금계산서라 한다.

세금계산서의 수정발급은 국세청장이 정하는 바에 따른다. 세금계산서의 수정발급은 재화 또는 용역을 공급할 때 세금계산서를 발급한 사업자가 그 거래에 대해서만 할 수 있고, 공급거래시기에 적법한 세금계산서를 발급한 일이 없는 거래에 대해서는 수정발급할 수 없다. 이미 세금계산서를 발급한 당초의 공급가액에 추가되는 금액 또는 차감(差減)되는 금액이 발생한 경우에는 그 발생한 때에 세금계산서를 수정하여 발급할 수 있다. 세금계산서를 발급한 후에 그 기재사항에 관하여 착오 또는 정정사유가 발생한 경우에는 당초에 발급한 세금계산서는 주서(朱書)로, 수정발급하는 세금계산서는 흑서(黑書)로 각각 작성하여 발급할 수 있다.

참조조문 부령 70

수정신고(修正申告; amended tax return)

국세에 있어서 수정신고란 ① 과세표준신고서를 법정신고기한 내에 제출한 자가 신고서에 기재된 과세표준 및 세액이 신고하여야 할 금액에 미치지 못할 때, ② 기재된 결손금액(缺損金額) 또는 환급세액(還給稅額)이 신고하여야 할 금액을 초과할 때, ③ 국고보조금·공사부담금 및 토지의 재평가차액에 상당하는 금액을 익금과 손금에 동시에 산입하지 아니한 때에 관할세무서장이 당해 국세의 과세표준과 세액을 결정 또는 경정하여 통지하기 전까지 그 정정을 위하여 과세표준수정신고서를 제출하는 것을 말한다. 이 제도는 납세의무자에게는 자기보정의 기회를 부여하고 과세관청에게는 행정력을 절감할 수 있게 하는 유익한 제도이다. 한편, 가산세에 대해서는 그 의무위반의 종류별로 각각 5천만원을 한도로 하며, 해당 의무를 고의적으로 위반한 경우에는 그러하지 아니한다. 이때 이미 납부한 세액이 과세표준수정신고액에 상당하는 세액에 미치지 못할 때에는 그 부족한 금액과 세법 또는 세법에서 정하는 가산세를 과세표준수정신고서 제출과 동시에 납부하여야 하며, 납부하지 아니한 때에는 가산세감면규정을 적용하지 아니한다.
한편, 지방세에 있어서 수정신고는 지방세기본법에 의한 신고납부기한 내에 지방세를 신고납부한 자가 ① 과세표준신고서에 기재된 과세표준 및 세액이 지방세관계법에 따라 신고하여야 할 과세표준 및 세액보다 적을 때, ② 과세표준신고서에 기재된 환급세액이 지방세관계법에 따라 신고하여야 할 환급세액을 초과할 때, ③ 그밖에 특별징수의무자의 정산과정에서 누락 등이 발생하여 그 과세표준 및 세액이 지방세관계법에 따라 신고하여야 할 과세표준 및 세액 등보다 적을 때에 수정신고서를 제출하는 것을 말한다.

국세의 경우에는 과소신고는 수정신고로, 과다신고는 경정청구로 이원화되어 있으나, 지방세는 과소·과다신고 모두 수정신고를 하도록 하는 점이 차이점이라고 할 수 있다.

참조조문 국기법 45 ① · 46 · 49, 국기령 25, 지기법 49

수출대행(輸出代行; export agency)

수출업자가 자기의 계산에 의하여 수출하는 것이 아니고 타인의 계산하에 수출거래행위만 대행하는 것을 말한다. 사업자가 자기가 생산 또는 매입한 물품을 수출업자(무역업자)를 통하여 대행수출한 경우 각자의 수입금액은 당해 사업자(제조업자 등)의 경우에는 수출금액, 수출업자(무역업자)의 경우에는 사업자(제조자 등)로부터 받은 대행수수료로 한다. 부가가치세법상 수출품생산업자가 수출업자를 통하여 수출하는 경우에는 영세율을 적용하고 수출대행업자의 수출대행에 대하여는 과세한다.

참조조문 부통 21 - 31 - 2

수탁판매(受託販賣; sales on consignment)

타인으로부터 위탁을 받아 상품을 판매하는 것을 수탁판매라 한다. 또한 위탁자로부터 판매를 위임받은 자를 수탁자라 하는데, 수탁자는 수탁상품을 판매함에 있어서 위탁자와의 사이에 생기는 채권·채무관계를 수탁판매계정을 설정하여 처리하게 된다.

법인세법상 위탁판매 등 손익의 귀속사업연도는 수탁자가 그 위탁자산을 매매한 날이며, 증권회사가 주권 등을 위탁판매(수탁판매)하는 경우에는 증권거래세의 납세의무자로 규정하고 있다.

<참조조문> 법령 68, 증령 1의 2 ③

수표(手票; check)

은행 등 발행인이 지급인에 대하여 수취인, 기타 정당한 소지인에게 일정한 금액을 지급할 것을 위탁하는 증권을 말한다. 금전지급의 위탁증권이라는 점에서 환(換)어음과 같으며 그 법적 성질과 형식도 유사하다. 수표는 어음과 함께 채권을 증권화하여 채권변제를 확실히 하는 동시에 그 채권의 유통을 쉽게 하는 수단이며, 따라서 그 기본적(基本的) 이념은 유통성(流通性)의 확보에 있다고 할 수 있다.

순공정가치(純公定價值; fair value less costs to sell)

합리적 판단력과 거래의사가 있는 독립된 당사자간에 자산 또는 현금창출단위의 매각으로부터 수취할 수 있는 금액에서 처분비용을 차감한 금액이다.

<참조조문> K-IFRS 1036호 6

순매입액(純買入額; net purchased amount)

판매를 위한 상품, 제조를 위한 원재료 등을 구입하는 것이 매입이며, 상품 매입의 경우 매입에누리와 매입환출액(買入還出額) 등이 발생할 수 있는데, 총매입액에서 매입에누리, 매입환출액, 매입할인을 공제한 것을 순매입액이라 한다.

순손실(純損失; net loss)

기업회계상 순손실이라 함은 기업거래에서 발생하는 수익(收益)의 총합계금액에 비하여 비용(費用)의 총합계금액이 더 많을 때 비용이 수익을 초과하는 금액을 의미한다.

순실현가능가치(純實現可能價值; net realisable value)

정상적인 영업과정의 예상판매가격에서 완성을 위한 추가적인 예상원가와 예상판매원가를 차감한 금액이다.

순실현가능가치는 정상적인 영업과정에서 재고자산의 판매를 통해 실현할 것으로 기대하는 순매각금액이며, 기업특유가치이지만 순공정가치는 그러하지 아니하다. 재고자산의 순실현가능가치는 순공정가치와 일치하지 않을 수도 있다.

참조조문 K-IFRS 1002호 6~7

순액주의(純額主義; net amounts principle)

총액주의(總額主義)와 대립되는 견해로서 재무제표에 기재함에 있어서 관련항목을 상계(相計)하여 차액만을 계상하는 것을 말한다. 기업회계기준서에서는 총액주의를 원칙으로 하고 있으므로 기준서 외의 다른 기업회계기준에서 요구·허용하는 경우를 제외하고 자산과 부채, 수익과 비용을 각각 상계하여 표시하는 순액주의를 인정하지 않고 있다.

순자산(純資産; net asset)

일반적으로 재무상태표상의 자산(資産)의 합계액에서 부채(負債)의 합계액을 공제한 잔액을 말하며 순재산(純財産)으로도 쓰인다. 법인세법상 과세소득계산에 있어서 순자산을 증가시키는 거래로 인하여 발생하는 수익의 금액을 익금(益金)이라 하고, 순자산을 감소시키는 거래로 인하여 발생하는 손비(損費)의 금액을 손금(損金)이라 한다.

참조조문 법법 15·19

순자산증가설(純資産增加說; increased net asset theory)

소득이란 일정기간 내의 재산증가의 총액에서 그 기간 내에 발생된 재산감소의 총액을 차감한 잔액이라고 하는 입장의 학설을 순자산증가설 또는 순재산증가설이라고 한다. 우리나라 현행 법인세법은 순자산증가설의 입장을 취하고 있는데, 법인세법 제14조에서 내국법인의 각 사업연도의 소득은 그 사업연도에 속하거나 속하게 될 익금의 총액에서 그 사업연도에 속하거나 속하게 될 손금의 총액을 공제한 금액으로 하며, 이 경우에 익금(益金)이라 함은 자본 또는 출자의 납입 및 법인세법에서 규정하는 것을 제외하고 그 법인의 순자산을 증가시키는 거래로 인하여 발생하는 수익의 금액을 말하고, 손금(損金)이라 함은 자본 또는 지분의 환급, 잉여금의 처분 및 법인세법에서 규정하는 것을 제외하고 그 법인의 순자산을 감소시키는 거래로 인하여 발생하는 손비의 금액이라고 규정하고 있다.

참조조문 법법 14 · 15 ① · 19 ①

스톡옵션(stock option)

✎ 주식매수선택권 참조

시가법(時價法; market price basis)

자산평가방법 중의 하나로 당해 사업연도종료일 현재의 시가에 의해 자산을 평가하는 방법이다. 즉 시가법은 취득 후 자산의 시가변동을 반영하는 자산평가방법으로 시가변동을 고려하지 않고 취득원가로 평가하는 원가법과 구별된다.

시가표준액(時價標準額; statutory standard price of fair market value)

토지 및 주택에 대한 시가표준액은 부동산가격공시에관한법률에 따라 공시된 가액으로 하며, 개별공시지가 또는 개별주택가격이 공시되지 아니한 경우에는 특별자치시장 · 특별자치도지사 · 시장 · 군수 또는 구청장이 같은법에 따라 국토교통부장관이 제공한 토지가격비준표 또는 주택가격비준표를 사용하여 산정한 가액으로 하고, 공동주택가격이 공시되지 아니한 경우에는 대통령령으로 정하는 기준에 따라 특별자치시장 · 특별자치도지사 · 시장 · 군수 또는 구청장이 산정한 가액으로 한다.

참조조문 지법 4 · 10 ② · 27 ②, 상증령 52 ①

시가표준액조정월수(時價標準額調整月數; number of adjustable months on statutory standard price of fair market value)

시가표준액이 조정되는 기간의 월수를 말한다. 토지·건물의 시가표준액은 일반적으로 1년에 한번씩 조정된다. 그러나 이미 결정한 시가표준액이 기준가격의 변동 또는 기타 사유로 불합리하다고 인정되는 경우에는 시가표준액을 변경하여 결정할 수 있는데 이때 그 조정월수가 1년 미만일 수도 있다.

참조조문 지법 4 ② · 10

시용판매(試用販賣; approval sales)

상품을 고객에게 발송하여 고객이 시험적으로 사용해 본 후 구입 여부를 결정함으로써 이루어지는 판매를 말한다. 일반매출과 다른 점은 상품의 발송이 먼저 이루어지고 후에 매매계약이 성립된다는 점이다.

시용매출에 있어서는 매입자가 매입의사를 표시한 날에 수익이 실현되는 것으로 보아야 한다. 따라서 고객으로부터 매입의 의사표시를 받을 때까지는 상품을 비록 발송하였더라도 재고자산(在庫資産)으로 계상하여야 하고, 과목은 그 품목의 특성에 따라 상품·제품 등에 포함하여 기재한다. 그러나 그 금액이 중요한 경우에는 시송품(試送品)의 과목으로 구분하여 기재하여야 할 것이다.

법인세법에서도 시용매출의 손익의 귀속사업연도는 매입자가 구입의사를 표시한 날로 규정하고 있다. 다만, 일정기간 내에 반송하거나 거절의 의사를 표시하지 아니하면 특약 등에 의하여 그 판매가 확정되는 경우에는 그 기간의 만료일로 한다.

참조조문 법령 68 ① 2호

시장위험(市場危險; market risk)

금융상품의 공정가치나 미래현금흐름이 시장가격의 변동에 의하여 변동할 위험이다. 시장위험은 환위험, 이자율위험 및 기타 가격위험의 세 가지 유형의 위험으로 구성된다.

참조조문 K-IFRS 1107호 A

시장이자율(市場利子率; market rate of interest)

금융시장에 있어서 성립되는 이자율, 즉 대부자금의 수급에 의하여 결정되는 이자율을 의미한다. 실제로는 은행이 대부를 하는 경우의 대부이자율(貸付利子率)을 내용으로 하며, 화폐이자율(貨幣利子率)과 같은 의미이다. 이에 대비되는 개념으로 자연이자율(自然利子率)이 있다.

시장조건(市場條件; market condition)

지분상품의 행사가격, 가득 또는 행사가능성을 좌우하는 것으로 기업 지분상품의 시장가격에 관련된 조건이다. 시장성과조건에는 목표주가의 달성, 주식선택권의 목표내재가치 달성, 기업의 지분상품을 다른 기업의 주식가격의 지수와 비교하여 지정한 목표의 달성 등이 포함된다.

참조조문 K-IFRS 1102호 부록A

시행규칙(施行規則; enforcement regulations)

법령을 시행함에 있어 필요한 세부적 규정을 담은 법규명령으로서 대통령령의 시행에 관하여 필요한 사항을 규정한 부령(部令)을 보통 시행규칙이라고 하는데, 반드시 통일적으로 시행규칙이라는 용어를 사용하는 것은 아니고 시행세칙(施行細則) 등의 용어를 사용하기도 한다.
세법에서는 모두 시행규칙이라는 용어를 사용하고 있으며 이는 기획재정부령(지법은 행정안전부령)을 말한다.

시행령(施行令; enforcement ordinance)

일반적으로 시행령은 법률의 시행을 위하여 발하는 집행명령(執行命令)과 법률이 특히 위임한 위임명령(委任命令)을 포함하며 이는 대통령의 명령이다. 조세의 부과·징수에 관한 기본적 사항은 법률로써 규정하게 되지만 그 세부적 사항은 국회의 시간·능력의 결여, 조세행정의 전문성 및 경제사정의 변화 등의 이유로 법률에서 규정할 수 없는 경우가 있다. 그러므로 조세의 부과징수에 관한 세부적 사항에 대하여는 법률에서 구체적으로 범위를 정하여 명령(命令)으로 위임하게 되는데, 이를 시행령(大統領令)이라 한다. 따라서 시행령은 조세법률(租稅法律)에서 구체적으로 범위를 정하여 위임하는 사항을 대통령이 발할 수 있는 명령으로, 법률에서 위임받지 아니한 사항을 정하는 것은 위법이다.

시행일(施行日; enforcement date)

법령의 효력이 발생하기 시작하는 날을 말한다. 법령에 특별한 규정이 있는 경우에는 그 규정한 날로부터 시행하고(예컨대 이 법은 2020.1.1.부터 시행함), 특별한 규정이 없는 경우에는 공포한 날로부터 20일이 경과함으로써 효력이 발생한다.

참조조문 헌법 53 ⑦, 법령등공포에관한법률 13

시효(時效; prescription)

일정한 사실상태(事實狀態)가 일정기간 계속되어 온 경우에 그 사실상태가 진정한 권리관계와 합치하는가 여부를 불문하고 법률상 그 사실상태에 대응하는 법률효과를 인정하여 주는 제도를 말한다. 즉 일정한 사실상태가 일정한 기간 동안 계속함으로써 법률상으로 권리의 취득 또는 권리의 소멸이 일어나게 되는 법률요건을 시효(時效)라 한다. 권리를 행사하고 있는 사실상태가 일정기간 계속된 경우에 권리의 취득을 인정하는 것이 취득시효(取得時效)이고 권리불행사(權利不行使)의 상태가 일정기간 계속된 경우에 권리의 소멸을 인정하는 것이 소멸시효(消滅時效)이다.

이와 같이 사실상태에 대하여 진정한 법률관계를 부여하는 시효제도의 존재 이유는 ① 어떤 사실상태가 영속하게 되면 이를 기초로 하여 여러 가지 법률관계가 구축되는데, 오랜 뒤에 진정한 권리자가 나타나서 이 사실상태를 뒤엎어버리게 되면 사회질서가 혼란에 빠진다는 점, ② 영속한 사실상태가 과연 진정한 권리관계와 합치하는가 여부의 다툼은 결국 소송에 의하여 가려지게 되는데 그 동안 증거자료의 산일(散逸)·멸실 등으로 입증이 곤란하다는 점, ③ 권리를 가지고 있는 자가 오래도록 방치하고 권리행사를 하지 않는 것은 "권리 위에 잠자는 자를 보호할 필요가 없다."는 원리에서 보호의 가치가 없다는 데 있다고 설명된다.

시효의 정지(時效의 停止; suspension of prescription)
시효기간의 진행 중에 권리자가 중단행위를 하는 것이 불가능하거나 현저히 곤란한 사유가 있는 경우에 일정한 유예기간 동안만 시효기간의 진행을 멈추게 하였다가 그러한 사유가 해소되면 계속하여 나머지 기간을 진행하게 함으로써 시효가 완성되도록 하는 제도이다. 이처럼 시효의 정지는 이미 경과한 기간이 무(無)로 돌아가지 않는다는 점에서 중단(中斷)과 다르다.
민법이 인정하는 시효정지사유로서는 ① 무능력자를 위한 정지, ② 혼인관계의 종료에 의한 정지, ③ 상속재산에 관한 정지, ④ 천재 기타 사변에 의한 정지 등이 있고, 국세기본법은 ① 세법에 따른 분납기간, ② 세법에 따른 징수유예기간, ③ 세법에 따른 체납처분유예기간, ④ 세법에 따른 연부연납기간, ⑤ 세무공무원이 국세징수법 제30조에 따른 사해행위 취소소송이나 민법 제404조에 따른 채권자대위소송을 제기하여 그 소송이 진행 중인 기간 ⑥ 체납자가 국외에 6개월 이상 계속 체류하는 경우 해당 국외 체류 기간을 시효의 정지사유로 규정하고 있다. 이 경우에는 그 정지사유가 종료한 후 잔여기간이 경과하면 시효가 완성한다.

참조조문 민법 179~182, 국기법 28 ③

시효의 중단(時效의 中斷; interruption of prescription)
소멸시효(消滅時效)는 그 본질이 권리의 불행사(不行使) 상태가 법정기간 동안 계속되면 권리를 소멸시키는 제도이므로 시효기간의 진행 중에 권리의 불행사를 중단케 하는 권리자 또는 의무자의 일정한 행위가 있는 경우에는 이미 경과한 시효기간을 소멸하게 하고 그때부터 다시 소멸시효를 진행하게 하는 제도를 시효의 중단이라고 한다.

민법상 시효중단의 사유에는 권리자가 자기의 권리를 주장하는 것으로서 청구(請求)와 압류(押留) 또는 가압류(假押留)·가처분(假處分)이 있고, 의무자가 진실한 권리를 인정하는 것으로 승인(承認)이 있다.

한편, 국세기본법은 시효중단의 사유로서 ① 납세고지, ② 독촉 또는 납부최고, ③ 교부청구, ④ 압류를 규정하고 있다.

참조조문 민법 168·178, 국기법 28

식별가능성(識別可能性; identifiability)

무형자산 정의요건으로서 자산이 분리가능하거나(즉 기업에서 분리하거나 분할할 수 있고, 개별적으로 또는 관련된 계약, 자산이나 부채와 함께 매각, 이전, 라이선스, 임대, 교환할 수 있음), 계약상 권리 또는 기타 권리에 의해 발생할 때(이 경우 그러한 권리가 이전가능한지 여부 또는 기업이나 기타 권리와 의무에서 분리가능한지 여부는 고려하지 아니함) 충족된다.

참조조문 K-IFRS 1038호 11~12, 일반기준 11장 11.2~11.4

신고(申告; return)

법률의 규정에 의하여 국가 또는 지방자치단체나 기타 공공단체에 법률사실이나 어떤 사실에 대해 서면으로 작성된 서류를 제출하는 행위이다. 신고는 행정관청에서 쓰이고 있으나 세법에서도 과세표준의 신고·변경신고·예정신고 등이 많이 쓰고 있으며, 그밖에도 신고 대신 '보고'나 '명세서' 등의 형식으로 신고하는 경우가 있다.

신고기한(申告期限; due date of filing return)

세법에서 규정하는 신고를 하여야 할 일정시점을 말한다. 즉 납세자가 국세 등을 납부할 신고서를 제출하지 않으면 아니되는 기일을 세법에서 미리 정한 것을 신고기한이라 한다. 국세기본법에서 법정신고기한이라 함은 "세법에 따라 과세표준신고서를 제출할 기한을 말한다."고 규정하고 있다. 또한 기한의 특례로서 신고, 신청, 청구, 그 밖의 서류의 제출, 통지, 납부 또는 징수에 관한 기한이 공휴일, 토요일 또는 근로자의날제정에관한법률에 따른 근로자의 날일 때에는 그 공휴일, 토요일 또는 근로자의 날의 다음날을 기한으로 하고 있고, 우편에 의한 과세표준신고서 등 신고와 관련된 서류는 신고기한 내에 발신(通信日附印이 찍힌 날)만 하면 기한 내의 신고로 인정하며, 천재지변이나 그밖에 일정한 사유로 인한 경우에는 그 기한을 연장할 수 있다.

참조조문 국기법 2 16호·5·5의 2·6

신고 · 납부(申告 · 納付; tax return and tax payment)

납세의무자가 세법에 의하여 과세표준과 세액을 기재한 신고서를 법정신고기한 내에 정부에 제출함과 동시에 그 세액을 납부하는 일련의 행위를 말한다. 신고납세제도이든 부과과세제도이든 다같이 납세의무자가 계산한 과세표준과 세액을 세법에 규정한 서식에 따라 작성한 신고서와 함께 관할세무서장에게 납부하거나 국세징수법에 의한 납부서를 첨부하여 한국은행 또는 체신관서에 납부한다.

신고 · 납부불성실가산세(申告 · 納付不誠實加算稅; additional tax on insincere self-assessment by tax payment)

납세의무자가 과세표준의 신고 및 그에 따른 세액의 납부를 하지 아니하거나, 미달하게 신고·납부한 경우에 부과되는 가산세로서 신고납세제도의 정착과 발전을 도모하기 위하여 세법상 과세표준의 신고의무 또는 세액납부의무를 이행하지 아니한 납세자에게 부과되는 행정벌적(行政罰的) 성격의 가산세이다.

참조조문 국기법 47~47의 5

신고납세제도(申告納稅制度; self-assessment system)

🖉 자기부과과세제도 참조

신고의무(申告義務; obligation to file return)

행정법상으로 일정한 법률사실 또는 법률관계의 존부(存否)를 명백히 하기 위하여 서면(書面)이나 구술(口述)로써 관계행정청에 통고하는 행위를 신고라고 하고, 특정한 사항에 대하여 의무적으로 신고를 하도록 규정한 것을 신고의무(申告義務)라고 한다.

세법에서는 납세자가 소정의 신고기한까지 과세표준·세액 등을 기재한 납세에 관한 신고서를 제출할 것을 의무규정으로 정하고 있다.

신설합병(新設合併; consolidation)

합병당사자인 기존의 회사들이 모두 해산하고 이와 동시에 신회사를 설립하여 이에 흡수하는 형식으로 이루어지는 합병을 말한다.

신용위험(信用危險; credit risk)

금융상품의 당사자 중 일방이 의무를 이행하지 않아 상대방에게 재무손실을 입힐 가능성이 있는 위험이다.

〔참조조문〕 K-IFRS 1107호 부록A

신용장(信用狀; letter of credit)

은행이 고객(수입상 또는 해외여행자)의 의뢰에 응해서 금액·기간 등 일정조건하에 그의 신용을 보증하기 위하여 발행하는 보증서로서 외국수출상 또는 해외에서의 여행자 자신이 신용장발행의뢰인 또는 신용장발행은행 앞으로 발행한 환어음을 인수, 지불할 것을 보증 내지 약속함으로써 당해 환어음의 매입을 다른 은행에 의뢰한 소개적 보증서이다. 신용장에는 크게 나누어 상업신용장(商業信用狀)과 여행신용장(旅行信用狀)이 있으며, 부가가치세법상 사업자가 일정한 내국신용장에 의하여 공급하는 재화에 대하여 영세율을 적용한다.

참조조문 부령 31. ②

신용카드(信用카드; credit card)

소비자신용의 일종으로 카드발행사와 계약을 체결한 회원이 가맹(지정)소매점 등에서 상품이나 서비스를 구입할 경우 발행회사가 발급한 카드를 제시하고 전표에 서명을 하면 현금의 지출없이 구매가 가능하다. 납세자가 신용카드에 의한 거래를 하는 경우 세원의 탈루를 방지할 수 있고 거래의 투명성을 확보할 수 있으므로 부가가치세법 및 조세특례제한법에서는 각종 지원제도를 두고 있다. 조세특례제한법에서는 근로소득이 있는 거주자의 신용카드 등 사용금액의 연간 합계액(국외에서 사용한 금액 등을 제외)이 총급여액의 100분의 25를 초과하는 경우 그 초과금액을 해당 과세연도의 근로소득에서 공제하고, 부가가치세법에서는 일정한 사업자(법인 제외)가 부가가치세가 과세되는 재화 또는 용역을 공급하고 신용카드매출전표 등을 발행하는 경우 그 발급금액 또는 결제금액의 100분의 1(음식점업 또는 숙박업을 영위하는 간이과세자의 경우에는 100분의 2)에 해당하는 금액(연간 500만원 한도)을 납부세액에서 공제할 수 있도록 하고 있다.

참조조문 부법 46, 조특법 126의 2

신의성실의 원칙(信義誠實의 原則; principle of good faith)

인간이 법률생활을 함에 있어서 신의와 성실을 가지고 행동하여 상대방의 신뢰와 기대를 배반하여서는 안된다는 조리에 근거한 원칙으로서 민법 제2조에서는 "권리의 행사와 의무의 이행은 신의에 좇아 성실히 하여야 한다."고 규정하여 이를 선언하고 있다. 국세기본법에서는 "납세자가 그 의무를 이행할 때에는 신의에 따라 성실하게 하여야 한다. 세무공무원이 직무를 수행할 때에도 또한 같다."라고 규정하며 이러한 원리를 수용하여 조세법의 3대 기본원칙으로 채택하고 있다.

참조조문 민법 2, 국기법 15

신주발행비(新株發行費; new stock issue costs)

주식회사가 증자(增資)를 하는 경우에 소요되는 신주발행수수료 및 신주발행을 위하여 직접 부담한 기타의 비용을 말한다. 이에는 주식공모를 위한 광고비, 주권(株券)의 인쇄비, 금융기관의 수수료, 변경등록면허세 등이 있다. 기업회계기준과 법인세법에서는 주금의 납입가액에서 신주발행비를 차감하여 주식의 발행가액을 구하는 자본에서 차감하는 방법을 택하고 있다.

참조조문 법법 20 2호

신주인수권(新株引受權; stock warrants)

신주를 발행하는 경우에 우선적으로 주식을 인수할 수 있는 권리를 말한다. 상법 제418조 제1항 및 제2항에 의하면 주주는 정관에 다른 정함이 없으면 그가 가진 주식의 수에 따라서 신주의 배정을 받을 권리가 있다. 즉 주주는 법률의 규정에 따라서 당연히 신주인수권을 가지며, 주주 이외의 제3자의 신주인수권은 정관에 의하되 신기술의 도입, 재무구조의 개선 등 회사경영 목적상 필요한 경우로 제한하고 있다.

참조조문 증법 1의 2 ④

신주인수권부사채(新株引受權附社債; bond with stock warrants)

사채를 유리한 조건으로 발행하기 위하여 또는 사채발행을 원활히 하기 위하여 사채발행시에 신주를 인수할 수 있는 권리를 첨가한 사채를 말한다. 우리나라에서 신주인수권부사채가 일반사채보다 유리한 조건으로 발행되고 있고, 유리하게 발행된 만큼은 신주인수권의 대가(代價)를 받은 것과 같으며, 그 신주인수권대가는 추후 신주인수권의 행사시 발행하게 될 주식의 납입대금을 선납(先納)받은 것과 같은 성질의 것이라는 점 등은 전환사채의 경우와 같다.

참조조문 상법 516의 2～516의 10

신탁(信託; entrusting)

광의의 신탁적 행위를 가리키는 경우도 있으나, 보통 신탁법상(信託法上)의 신탁, 즉 신탁설정자(委託者)와 신탁을 인수하는 자(受託者)와의 특별한 신임 관계에 기하여 위탁자가 특정의 재산권을 수탁자에게 이전시키거나 기타의 처분을 하고, 수탁자로 하여금 일정한 자(收益者)의 이익을 위하여 또는 특정한 목적을 위하여 그 재산권을 관리·처분하게 하는 사법적 법률관계를 말한다. 신탁에 관한 증서는 인지세법상 과세문서에 해당되어 이를 작성하는 자는 그것을 작성하는 때에 인지세를 납부할 의무가 있다.

참조조문 신탁법 1 ②, 인법 1 ① · 3 ①, 상증법 5 ① 7호 · 9 ①

신탁의 이익(信託의 利益; profit from trust)

신탁재산으로부터 생긴 이익을 신탁의 이익이라고 한다. 신탁재산의 명의인은 수탁자이지만 신탁재산으로부터 생긴 이익은 수탁자가 아니라 수익자에게 귀속된다.

소득세법은 신탁재산에 귀속되는 수익 및 지출에 대하여는 수익자(수익자가 특정되어 있지 않은 경우 또는 존재하지 않는 경우에는 위탁자)가 신탁재산을 갖는 것으로 보아 과세하고 있다. 그러나 공익신탁의 이익에 대하여는 비과세한다. 또한 상속세및증여세법은 신탁의 이익 전부 또는 일부를 받을 권리를 타인에게 소유하게 한 경우에 증여세 또는 상속세과세대상으로 하고 있으며, 신탁의 이익을 받을 권리의 평가에 대하여도 별도의 규정을 두고 있다.

참조조문 소법 12 · 16, 상증법 9 · 33, 상증령 25 · 61

실명거래(實名去來; real name transaction)

가공인이 아닌 실지명의에 의해 금융거래를 하는 것, 즉 주민등록번호 또는 사업자등록번호 등에 의해 금융거래를 하는 것을 말한다.

실명에 의한 금융거래를 실시하고 그 비밀을 보장하여 금융거래의 정상화를 기함으로써 경제정의를 실현하고 국민경제의 건전한 발전을 도모하기 위하여 금융실명거래및비밀보장에관한법률이 제정·시행되고 있다.

한편, 세법은 실명에 의하지 않은 금융자산소득(소득세법상 분리과세되는 소득에 한함)에 대한 소득세를 실명에 의한 금융자산소득보다 높게 차등과세하고 있다.

참조조문 실명법 3, 소법 129 ② 2호

실비변상적 성질의 급여(實費辨償的 性質의 給與; cost‒compensatory pay)

근로소득자가 업무수행을 위하여 실제로 소요되는 경비상당액(經費相當額)으로 지급받는 부분을 실비변상적 성질의 급여라 한다. 이러한 실제소요경비상당액은 일반적으로 근로자 자신의 가처분소득으로 볼 수 없으므로 소득세법상 비과세소득으로 취급되는데, 비과세대상인 실비변상적 성질의 급여의 종류 및 범위는 소득세법에 특정되어 열거되고 있다.

참조조문 소법 12 3호 자목, 소령 12

실사법(實査法; physical inventory method)

재무상태표상의 항목·범위·금액 등을 결정함에 있어서 원칙적으로 실지재고조사(實地在庫調査)의 결과를 기초로 하여 재무상태표를 작성하는 방법을 말한다. 또한 협의로는 재고자산의 수량을 결정함에 있어서 실지재고조사에 의하여 파악·확정하는 것을 의미하기도 한다. 협의로는 재고조사법과 동의어로 사용된다.

실용신안권(實用新案權; model utility right)

공업소유권(工業所有權)의 일종으로서 특허(特許)의 목적으로 되지 않는 정도의 발명·고안으로 실용신안법에 의한 등록(登錄)에 의해 그 효력이 생긴다. 실용신안등록을 받은 고안권자(考案權者)는 그 등록출원일로부터 10년간 그 고안(考案)의 전용실시권이 인정된다.

기업회계기준에서는 실용신안권을 산업재산권으로 무형자산으로 계상하며,

세법상으로는 무형자산으로 되며, 잔존가액 영(零), 내용연수 5년, 정액법(定額法)에 의해서 상각비를 계산하도록 되어 있다.

참조조문 실용신안법 2·22, 소령 63, 법령 26·28

실지조사(實地調査; physical investigation)

추계조사에 대응되는 용어로서 일반적으로 소득의 적정한 파악을 위해서 납세자의 점포·사무소 등에서 납세자 등으로부터 사정을 듣고 구비된 장부서류의 조사 등을 행하는 사실행위를 말한다. 이러한 실지조사는 통상의 경우 각 세목(稅目)에서 규정하고 있는 질문검사권(質問檢查權)에 근거한 것이다.

참조조문 국기법 76, 소법 170, 법법 122, 부법 74

실지조사결정(實地調査決定; physical investigation determination)

납세의무자의 납세의무에 관한 과세표준과 세액을 과세당국이 실지조사에 의하여 확정하는 것을 실지조사결정이라 한다.

현행 소득세법과 법인세법 등은 신고납부제도(申告納付制度)를 채택하고 있기 때문에 조세채권·채무의 확정은 납세의무자의 신고에 의하여 1차적으로 확정된다. 다만, 납세의무자가 과세표준과 세액을 신고하지 아니하거나 정부가 경정(更正)하는 경우에는 과세당국의 실지조사결정에 의하여 납세의무자의 과세표준과 세액을 확정하게 된다.

참조조문 소법 80, 법법 66, 부법 57

실질과세의 원칙(實質課稅의 原則; principle of substantial taxation)

세법의 해석 및 과세요건의 검토·확인은 조세공평이 이루어지도록 실질에 따라야 한다는 세법 고유의 원칙으로 귀속에 관한 실질과세원칙과 거래내용에 관한 실질과세원칙으로 구분된다.

귀속에 관한 실질과세란 과세대상의 귀속자를 판정함에 있어 법률상의 귀속자는 단순히 명의일 뿐이고 사실상의 귀속자가 따로 있는 때에는 사실상의 귀속자를 납세의무자로 하여 조세를 부과한다는 원칙이다.

예컨대 사업자등록증상의 명의자와 사실상의 사업자가 서로 다른 경우에는 사실상의 사업자에게 조세를 부과한다.

또한 거래내용에 관한 실질과세란 세법 중 과세표준의 계산에 관한 규정은 소득, 수익, 재산, 행위 또는 거래의 명칭이나 형식에 불구하고 그 실질내용에 따라 적용한다는 원칙이다.

예컨대 양도담보의 경우 그 형식은 양도이나 재화의 공급으로 보지 않는 것(부법 10 ⑧)은 거래내용에 관한 실질과세원칙을 반영하는 규정이다.

참조조문 국기법 14

실체법(實體法; substantive law)

직접적으로 권리 · 의무의 발생 · 변동 · 소멸에 관하여 정하는 법, 즉 권리의무에 어떤 종류가 있고 그것이 어떻게 변동하며 어떠한 주체에 귀속하며, 또한 어떠한 효과를 발생시키느냐 하는 것 등에 관한 규정을 실체법이라고 한다. 이에 대하여 실체법상의 권리를 실행하거나 또는 의무를 실현시키는 절차를 정하는 규정을 절차법이라고 한다. 예컨대 세법에서 납세의무의 성립요건 등에 관한 규정은 실체법규정이며 체납세액의 강제징수절차에 관한 규정을 절차법이라고 할 수 있다.

실현보유손익(實現保有損益; realized holding gain or loss)

✎ 보유손익 참조

실현이익(實現利益; realized profit)

수익이 실현되어 재무제표에 계상되는 이익을 말하는 것으로 미실현이익에 대응되는 용어이다. 기업회계기준에서는 경제적효익의 유입가능성이 매우 높고, 그 효익을 신뢰성 있게 측정할 수 있을 때를 수익의 실현시점으로 보고 있으며, 이러한 수익의 실현시점을 거래형태별(재화의 판매, 용역의 제공, 이자 · 배당금 · 로열티, 기타)로 제시하고 있다.

실현주의(實現主義; realization principle)

수익의 인식기준으로서 상품 등을 판매하여 확정된 대가가 현금 또는 외상매출금 등의 화폐성자산으로 변할 때에 수익으로 계상한다고 하는 원칙이다. 실현주의는 기본적으로는 발생주의(發生主義)를 근거로 하면서도 발생주의가 미실현이익을 손익계산에 포함시킬 위험을 배제하기 위한 것이라고 일반적으로 설명되고 있다.

실효세율(實效稅率; effective tax rate)

현실적으로 납세자가 부담하는 세액의 과세표준에 대한 비율을 말하는 것으로서 법률이 정하는 세율, 즉 표면세율(表面稅率)에 대응되는 용어이다. 대부분의 경우 실효세율은 과세표준에 표면세율을 기계적으로 적용하는 경우보다 낮은데, 이는 각종 조세감면 등 정책적·기술적 이유 등에서 기인되는 것이다.

심사청구(審査請求; appeal for review)

세법에 의한 처분으로서 위법 또는 부당한 처분을 받거나 필요한 처분을 받지 못함으로써 권리 또는 이익의 침해를 받은 자가 국세에 있어서는 국세청장, 지방세 중 도세(道稅)에 있어서는 행정안전부장관, 시·군세(市·郡稅)에 있어서는 도지사 또는 행정안전부장관에게 그 처분의 취소·변경이나 필요한 처분을 청구하는 불복절차를 말한다.

국세기본법상의 심사청구는 국세불복(國稅不服)에 대한 행정심판에 있어서 원칙적으로 제1심급(第1審級)이며, 청구인이 이에 앞서 이의신청절차를 선택하여 그 결정을 받았을 경우에는 제2심급(第2審級)이 된다. 그러므로 이의신청(異議申請)을 하였으나 그 결정에 불복하는 경우 심사청구를 제기할 수도 있고, 이의신청을 하지 않고 바로 심사청구를 제기할 수도 있다. 또한 지방세법상 심사청구도 이의신청을 거치지 아니할 수 있다.

이외에도 감사원심사청구(監査院審査請求)가 있다.

참조조문 국기법 55, 지기법 91

심판청구(審判請求; appeal to tax tribunal)

국세에 관한 불복절차 중의 하나인 심판청구는 세법에 의한 처분으로서 위법 또는 부당한 처분을 받거나 필요한 처분을 받지 못함으로써 권리 또는 이익의 침해를 받은 자가 그 처분의 취소·변경이나 필요한 처분을 청구하는 불복절차로, 이의신청을 거쳐 심판청구를 하거나 직접 심판청구를 할 수 있는 1심급(심사청구 또는 심판청구) 또는 선택적 2심급(이의신청→심사청구 또는 이의신청→심판청구)이 된다.

따라서 심사청구와 심판청구 중 하나의 절차만 거치면 행정소송을 제기할 수 있다.

이 심판청구는 공정성과 신중성을 기하기 위하여 처분청인 국세청장과 분리·독립된 제3기관인 조세심판원장(租稅審判院長)이 담당하며, 조세문제의 전문성과 납세자의 침해된 재산권의 조속한 회복 등을 감안하여 일반 행정심판절차(行政審判節次)에서 볼 수 없는 특별규정들을 두고 있는 것이 특징이다.

참조조문 국기법 67~81

IFRS(International Financial Reporting Standards)

기업의 회계처리와 재무제표에 대한 국제적 통일성을 높이기 위해 국제회계기준위원회에서 마련해 공표하는 회계기준으로 국제회계기준 또는 국제 재무보고기준이라고도 한다.

재무제표의 작성절차, 공시시스템, 재무정보시스템, 경영성과지표, 경영의사결정 등 기업의 전반적인 재무보고시스템과 회계 및 자본시장의 감독 법규, 실무 등에 대한 국제적 기준을 규정한 **IFRS**는 IASC가 마련한 국제회계기준(IAS : International Accounting Standards)을 2003년부터 확대한 것으로 세계 증권시장과 투자자들이 일반적으로 사용하는 회계기준이 되었다. IASC는 세계 각국의 회계전문가들이 1973년 런던에서 설립한 민간단체로, 상임위원 12명과 비상임위원 2명으로 구성된 국제회계기준이사회(IASB : International Accounting Standards Board)에서 관장한다. 2000년 5월 국제증권감독위원회(IOSCO)가 IASC에서 규정한 회계기준을 전 세계적인 단일 기준으로 채택할 것을 만장일치로 의결한 뒤, 이 기준을 도입하는 것이 세계적인 추세다. 한국에서도 2007.3.15.에 '국제회계기준 도입 로드맵'을 발표하였으며, 2009년부터 2011년까지 순차적으로 국내 상장기업에 적용되었다.

압류(押留; seizure)

체납처분의 제1단계로서 체납자의 특정재산의 처분을 제한하여 환가(換價)할 수 있는 상태에 두는 강제처분을 말한다. 납세자가 독촉을 받은 경우 그 독촉받은 조세를 독촉장에 의해서 지정된 날까지 완납하지 않는 때 등에 압류가 행해진다. 한편, 납기전징수의 납부기한경과 및 확정전보전압류의 경우에는 독촉절차를 거치지 않고도 압류할 수 있다.

참조조문 국징법 24~55

압류금지재산(押留禁止財産; property not subject to seizure)

국세징수법에는 압류가 금지되어 있는 재산이 명시되어 있는데, 이는 절대적압류금지재산과 조건부압류금지재산으로 분류된다. 전자는 체납자의 최저생활의 보장 등을 고려한 것으로 생활에 없어서는 안될 의복·가구 및 급여 중 일정기준에 달하는 금액 등이 있고, 후자에는 농업에 필요한 기계 등, 어업에 필요한 어망 등 및 직업 또는 사업에 필요한 기계 등이 속하며, 이는 체납자가 국세·가산금과 체납처분비에 충당할 만한 다른 재산을 제공하는 때에 납세자의 생업을 보호하기 위하여 압류를 금지하는 것이다.

따라서 압류금지재산인 것이 외견상 명백한 것을 압류한 경우에 그 압류는 무효가 되고, 외견상 명백하지 않은 것은 취소의 사유가 된다.

참조조문 국징법 31~33의 2, 국징령 36

압류대상재산(押留對象財産; property subject to seizure)

압류의 대상이 될 수 있는 재산은 다음과 같다.

① 우리나라 과세고권(課稅高權)이 미치는 지역 내에 소재하는 것으로서 납세자(滯納者)의 소유재산이어야 한다. 재산이란 동산·부동산·물권·채권·광업권·어업권·무체재산권·출자지분 등 금전적 가치가 있는 모든 것을 말한다.

② 경제적 교환가치가 있는 재산이어야 하고, 또 양도성이 있어서 환가(換價)가 가능한 재산이어야 한다. 따라서 납세자의 일신전속권(一身專屬權)이나 상대방의 부작위를 목적으로 하는 채권 등은 압류의 대상이 될 수 없다.

③ 압류금지재산이 아닐 것을 요한다.

국세징수법은 제31조에서 납세자의 기본적 인간생활을 보호하기 위하여 일정한 재산에 대한 압류를 금지하고 있고(絶對的 押留禁止財産), 제32조에서 납세자의 생업을 보호하기 위하여 일정한 경우에는 압류를 금지하고 있다(條件附 押留禁止財産). 따라서 압류는 절대적 압류금지재산 이외의 재산에 대해서만 가능한 것이다. 그리고 급료·연금·임금·봉급·상여금·세비·퇴직금·퇴직연금 그밖에 이와 비슷한 성질을 가진 급여채권에 대하여는 그 총액의 2분의 1에 해당하는 금액은 압류하지 못한다. 다만, 그 금액이 국민기초생활보장법에 따른 최저생계비를 감안하여 대통령령이 정하는 금액을 초과하는 경우에는 각각 대통령령이 정하는 금액으로 한다. 세무서장은 국세를 징수하기 위하여 필요한 재산 이외의 재산을 압류할 수 없다.

> **참조조문** 국징법 31~33의 2

압류선착수주의(押留先着手主義; first-seizured-first-collected basis)

국가·지방자치단체가 체납된 국세·지방세 등의 징수를 위하여 납세의무자 또는 특별징수의무자의 재산을 압류하였을 경우에 그 압류에 관련된 국세·지방자치단체의 징수금 등은 교부청구(交付請求)가 있는 다른 지방자치단체의 징수금 또는 국세 등에 우선하여 징수하게 되는데 이를 압류선착수우선주의 또는 압류선착수주의라고 한다.

> **참조조문** 국기법 36, 지기법 73

압류의 요건(押留의 要件; necessary conditions of seizure)

① 납세자가 다음 중 하나의 요건에 해당하는 경우 세무공무원은 국세수입의 확보를 위하여 그의 재산을 압류하는 것이다.

  ㉠ 납세자가 독촉장(납부최고서를 포함)을 받고 지정된 기한까지 국세를 완납하지 아니한 때

  ㉡ 납기전징수(국징법 14)의 규정에 의하여 납세자가 납기 전에 납부의 고지를 받고 지정된 기한까지 완납하지 아니한 때

② 세무서장은 납세자에게 다음에 해당하는 사유가 있어 국세의 확정 후에는 당해 국세를 징수할 수 없다고 인정되는 때에는 국세로 확정되리라고 추정되는 금액의 한도 안에서 납세자의 재산을 압류할 수 있다.

　㉠ 국세의 체납으로 체납처분을 받을 때

　㉡ 지방세 또는 공과금의 체납으로 체납처분을 받을 때

　㉢ 강제집행을 받을 때

　㉣ 어음법 및 수표법에 의한 어음교환소에서 거래정지처분을 받은 때

　㉤ 경매가 개시된 때

　㉥ 법인이 해산한 때

　㉦ 국세를 포탈하고자 하는 행위가 있다고 인정되는 때

　㉧ 납세관리인을 정하지 아니하고 국내에 주소 또는 거소를 두지 아니하게 된 때

③ 세무서장은 '②'에 의하여 재산을 압류하고자 하는 때에는 미리 지방국세청장의 승인을 얻어야 한다.

④ 세무서장은 '②'에 의하여 재산을 압류한 때에는 당해 납세자에게 문서로 통지하여야 한다.

⑤ 세무서장은 다음에 해당하는 때에는 '②'의 규정에 의한 재산의 압류를 즉시 해제하여야 한다.

　㉠ '④'의 규정에 의한 통지를 받은 자가 납세담보를 제공하고 압류해제를 요구한 때

　㉡ 압류를 한 날로부터 3월이 경과할 때까지 압류에 의하여 징수하고자 하는 국세를 확정하지 아니한 때

⑥ 관할세무서장은 '②'의 규정에 의하여 압류한 재산이 금전, 납부기한 내 추심할 수 있는 예금 또는 유가증권인 경우 납세자의 신청이 있는 때에는 확정된 국세에 이를 충당할 수 있다.

참조조문 국징법 14 · 24

압류의 해제(押留의 解除; release of seizure)

유효한 압류에 의해서 발생한 처분금지의 효력을 장래에 행하여 상실시키는 처분이다. 세무서장은 납부, 충당, 부과의 취소 기타 사유에 의해 압류에 관련된 국세의 전액이 소멸한 경우 또는 압류의 실익이 없는 경우에 압류를 해제하여야 한다. 또한 압류에 관련된 국세의 일부가 납부·충당된 때, 부과가 일부 취소된 때, 압류재산가치의 상승 등의 사유로 압류재산가액이 체납액의 전부를 현저히 초과한 경우 또는 체납자가 다른 압류할 수 있는 재산을 제공한 경우에는 압류재산의 전부 또는 일부에 대한 압류를 해제할 수 있다.

참조조문 국징법 53·54

압류재산의 환가(押留財産의 換價; conversion into cash of seized property)

세무서장이 압류한 체납자의 재산을 금전으로 바꾸고 그 소유권을 체납자의 의사에 반하여 강제적으로 이전시키는 행정처분이다.

환가는 원칙적으로 공매(公賣)로서 하며, 체납자 및 세무공무원은 환가의 목적으로 된 재산을 매수할 수 없으며, 매수인은 매수대금을 납부한 때에 환가재산을 취득한다.

참조조문 국징법 61

압류조서(押留調書; record of seizure)

세무공무원이 재산을 압류한 때에 압류사실을 기록하고 증명하기 위하여 작성하는 서류이다. 압류재산이 동산 또는 유가증권, 채권 및 무체재산권 등(채권과 소유권을 제외한 재산권)에 해당할 때에는 압류조서의 등본을 체납자에게, 질권(質權)이 설정된 동산 또는 유가증권인 경우에는 점유자에게 교부하여야 한다. 압류조서는 압류사실을 기록·증명하는 것일 뿐 압류처분의 효력발생 요건은 아니다.

참조조문 국징법 29

압류통지서(押留通知書; notice of seizure)

세무서장은 납세자의 체납 등으로 당해 국세를 징수할 수 없다고 인정되는 경우에는 납세자의 재산을 압류할 수 있는데 이때 납세자에게 압류의 사실을 통지하는 문서를 압류통지서라 한다.

참조조문 국징칙 25 · 38

압축기장충당금(壓縮記帳充當金; advanced depreciation provision)

압축기장이란 공사부담금이나 국고보조금으로 취득한 고정자산의 장부가액을 실제로 소요된 취득가액으로 하지 아니하고 손금용인되는 일정금액을 상계(相計 또는 減額)한 후의 금액으로 기장하는 회계기장방법이다.

기업회계상 자본적지출에 충당할 공사부담금이나 국고보조금으로 자산을 취득한 경우에는 이를 취득자산에서 차감하는 형식으로 표시하고 당해 자산의 내용연수에 걸쳐 감가상각비와 상계하며, 당해 자산을 처분하는 경우에는 그 잔액을 당해 자산의 처분손익에 가감하도록 하고 있다. 이는 법인세법상으로는 과세익금(課稅益金)에 해당된다. 따라서 이들을 과세하는 경우 공익목적 내지 보조금지급목적을 해(害)하는 결과가 되므로 압축기장을 통하여 과세를 피하고, 향후 동 자산을 양도하는 경우 양도차익에 대하여 과세하게 된다.

현행 법인세법에서는 공사부담금이나 국고보조금을 지급받은 사업연도의 다음 사업연도개시일부터 1년 이내에 취득한 고정자산가액을 손금에 산입할 수 있도록 하되, 그 취득자산이 감가상각대상자산인 경우에는 일시상각충당금을 설정하여 그 일시상각비를 손금산입하고, 비상각대상자산(非償却對象資産)인 경우에는 압축기장충당금(壓縮記帳充當金)을 설정하여 손금산입하도록 하고 있다. 따라서 장부가액을 직접 감액하는 상계기장(相計記帳), 즉 압축기장방식으로 하지 아니하고 압축기장충당금을 계상하여 손금산입하는 방식을 택하고 있다. 한편, 현행 세법에서는 물적분할로 인한 자산양도차익, 기업구조조정을 지원하기 위한 조세특례제한법상의 특정양도차익에 대해서도 압축기장충당금을 설정할 수 있도록 하고 있다.

참조조문 법법 36 · 37 · 44 · 46 · 47 · 50, 법령 64

액면가액(額面價額; face amount)

증권상에 표시된 권리의 명목상 가치를 표시하기 위해 증권의 권면(券面)에 기재된 금액을 말한다. 이는 권면액(券面額) 및 액면액(額面額)과 동일한 의미로 사용된다. 예컨대 사채권에 있어서의 사채금액 및 액면주식의 주권(株券)에 있어서의 1주의 금액이 액면가액의 예시로서 열거될 수 있다.

액면주식(額面株式; par value stock)

주식의 권면(券面)에 주금액(株金額)이 액면가액으로 기재된 주식을 말한다. 이것은 자본의 단위로서의 주금액(株金額)이 법정된 최소한도 이상으로서 정관(定款)과 주권(株券)에 명시된 것을 말하며, 이 금액을 집적(集積)한 것이 곧 자본을 형성하는 것을 원칙으로 하는 주식이다(무액면주식도 인정). 액면주식의 금액은 균일하여야 하며, 액면을 넘는 발행가액으로 발행하는 이른바 액면초과발행이 허용되며 액면초과액은 주식발행초과금으로 자본준비금에 적립된다. 한편, 액면미달의 가액으로 주식을 발행하는 것(割引發行)은 자본충실의 원칙상 제한을 받으나, 신주발행(新株發行)의 경우에는 일정한 요건을 갖추어 할인발행을 할 수 있으며, 액면가액을 자본금으로 계상하고 할인발행한 금액은 주식할인발행차금으로 자본조정에 계상한다.

참조조문 상법 417

약정이자(約定利子; agreed interest)

금융기관 또는 개인 등으로부터 차입한 금전에 대하여 이자를 지급하기로 계약한 경우에 그 이자를 말한다. 민법에는 약정이자가 법정이자를 초과할 때에는 그 약정이자에 의하는 것으로 되어 있으며, 별도의 의사표시가 없는 경우의 이자율은 민사(民事)에서는 연 5%가 되고 상사(商事)에서는 연 6%의 법정이율이 규정되어 있다.

참조조문 민법 379, 상법 54

양도(讓渡; transfer)

법률상 양도라 함은 물권(物權)의 주체가 법률행위에 의하여 그 물건을 타인에게 이전하는 것을 말한다. 부동산(不動産)의 양도와 취득은 등기(登記)를 하여야 물권변동의 효력이 발생하며, 동산(動産)의 경우에는 점유(占有)를 이전하여야 효력이 발생한다.

그러나 세무상으로는 실질과세(實質課稅)의 원칙에 따라 자산에 대한 등기 또는 등록과 관계없이 매도, 교환, 법인에 대한 현물출자 등으로 인하여 그 자산이 유상으로 사실상 이전되는 것을 말한다. 특히 부담부증여(負擔附贈與)에 있어서 증여자의 채무를 수증자가 인수하는 경우에는 증여가액 중 그 채무액에 상당하는 부분은 그 자산이 유상으로 사실상 이전되는 것으로 보게 된다.

참조조문 소법 88 1호, 증법 1의 2 ③

양도가액(讓渡價額; transfer price)

해당 자산의 양도당시의 양도자와 양수자간에 실제로 거래한 가액을 말한다. 소득세법에서는 토지 또는 건물 등을 양도하는 경우 양도당시의 실지거래가액을 양도가액으로 하도록 규정하고 있다. 거주자가 다음 각호의 어느 하나에 해당하는 경우에는 그 시가를 해당 자산의 양도당시의 실지거래가액으로 본다.

1. 법인세법 제2조에 따른 특수관계인에 해당하는 법인(외국법인을 포함하며, 이하 "특수관계인"이라 함)에 양도한 경우로서 같은법 제67조에 따라 해당 거주자의 상여·배당 등으로 처분된 금액이 있는 경우에는 같은법 제52조에 따른 시가
2. 특수관계인 외의 자에게 자산을 시가보다 높은 가격으로 양도한 경우로서 상속세및증여세법 제35조에 따라 해당 거주자의 증여재산가액으로 하는 금액이 있는 경우에는 그 양도가액에서 증여재산가액을 뺀 금액

또한 상속에 의하여 취득한 부동산을 취득 후 1년 이내에 양도하는 경우 또는 공익사업을위한토지등의취득및보상에관한법률이나 그 밖의 법률에 따른 수용 및 협의매수 등 부득이한 사유로 취득 후 1년 이내에 양도하는 경우에는 기준시가에 따를 수 있다.

참조조문 소법 96 · 118의 3

양도담보(讓渡擔保; mortgage of transfer)

채권담보의 목적으로 일정한 재산을 양도하고, 채무자가 채무를 이행하지 않는 경우에 채권자는 목적물로부터 우선변제(優先辨濟)를 받게 되나, 채무자가 이행을 하는 경우에는 목적물을 채무자에게 반환하는 방법에 의한 담보를 말한다. 이에는 매매(賣買)의 형식을 빌리는 것(賣渡擔保 또는 賣渡抵當)과 단순히 채권담보를 위한 소유권이전(所有權移轉)이라는 형식(狹義의 讓渡擔保)을 취하는 것으로 대별된다.

세무상은 고정자산을 양도담보로 한 경우에 당해 담보에 관련된 자산을 채무자가 종전과 같이 사용 · 수익하는 것 및 이자율 · 상환기한 등이 계약상 명시되어 있는 것과 같이 일정한 요건이 충족되어 있는 때에 한하여 양도담보가 양도로서 취급되지 않는다. 이러한 경우에 있어서 그 후 그 요건에 해당되지 않게 되는 때 또는 채무불이행으로 인하여 변제에 충당되는 때에는 양도가 있는 것으로 취급된다. 또한 형식상 환매조건부매매(換買條件附賣買) 또는 재매매(再賣買)의 예약으로 되어 있는 것이라 하여도 일정한 요건에 해당하는 것은 양도담보로서 취급된다.

참조조문 국기법 42, 지기법 75, 소령 151, 상증법 14 ② 2호

양도비용(讓渡費用; transfer expense)

실지거래가액에 의하여 양도차익을 계산함에 있어서 필요경비로 공제하는 비용으로 양도소득세과세대상자산을 양도하기 위하여 직접 지출한 비용과 증권거래세법에 의한 증권거래세를 말한다. 양도하기 위하여 직접 지출한

비용은 계약서작성비용, 공증비용, 인지세, 부동산등기·등록비용을 양도자가 부담할 경우 그 등기 또는 등록비용, 부동산중개수수료 등을 포함한다. 이러한 양도비용은 부동산매매업자의 매매차익계산에도 필요경비로 공제한다. 한편, 기준시가에 의하여 양도차익을 계산하는 경우에는 취득가액의 일정비율을 필요경비로 공제한다.

참조조문 소법 97, 소령 163

양도소득과세표준(讓渡所得課稅標準; a standard of assessment of capital gain)

✎ 양도차익 참조

양도소득과세표준예정신고(讓渡所得課稅標準豫定申告; preliminary return on transfer gain of property)

양도소득세가 과세되는 자산을 양도한 거주자는 자산을 양도할 때마다 양도차익을 계산하여 양도일이 속하는 달의 말일(주식 등의 경우에는 양도일이 속하는 분기의 말일)부터 2개월 이내에 양도자의 납세지 관할 세무서에 신고하는 것을 말한다. 이 경우 양도차익이 없거나 양도차손이 발생한 경우에도 적용한다.

참조조문 소법 105~107

양도소득금액(讓渡所得金額; transfer income)

자산의 양도가액에서 필요경비(취득가액 등)와 장기보유특별공제액을 뺀 금액이며, 연도별로 종합하여 과세하는 것이므로 각 과세기간에 발생한 양도소득을 통산한다. 즉 동일한 과세기간에 수회의 양도가 있을 때 양도차손(讓渡差損)이 발생한 자산이 있는 경우 다른 자산(소득세법 제102조 제1항의 구분에 의한 소득별로 각각 적용)에서 발생한 양도소득금액에서 그 양도차손을 공제한다. 한편, 당해 연도의 양도소득이 있는 자는 양도소득세과세표준에 대한 과세표준확정신고를 하여야 한다. 다만, 양도소득만 있는 자가 소득세법 제105조의 규정에 의한 양도소득과세표준예정신고를 하였을 경우에는 확정신고를 하지 않아도 된다.

참조조문 소법 95 · 105

양도소득기본공제(讓渡所得基本控除; basic deduction on transfer income)
양도소득세과세표준을 계산함에 있어서 양도소득금액에서 ① 부동산, 부동산에 관한 권리 및 기타자산의 양도소득, ② 주식(기타자산 제외)의 양도소득별로 연 1회에 한하여 250만원을 공제하여 주는 것을 말한다. 양도소득기본공제는 모든 양도소득세과세대상자산에 대하여 공제하는 것이지만 토지·건물·부동산에 관한 권리로서 미등기양도자산에 대하여는 공제하지 아니한다.
참조조문 소법 103

양도차익(讓渡差益; transfer gain)
양도소득세과세대상자산의 양도로 인하여 발생한 이익으로서 양도소득세의 과세표준계산의 단계에서 산출되는 금액이다. 개인의 양도차익계산은 실지거래가액에 의한 경우에는 양도가액에서 ① 당해 자산의 취득가액, ② 설비비와 개량비, ③ 자본적지출액, ④ 양도비용 등 필요경비를 공제하여 계산하고 기준시가에 의한 경우에는 양도당시의 기준시가에서 취득당시의 기준시가 및 필요경비개산공제액을 차감하여 계산한다. 양도소득세 계산시 양도차익에서 다시 장기보유특별공제액을 공제한 금액이 양도소득금액이 되며, 당해 양도소득금액에서 양도소득기본공제를 함으로써 양도소득세과세표준이 산출된다.
참조조문 소법 92 · 100

양벌규정(兩罰規定; penalty against employer and employee)
법인(국세기본법 제13조에 따른 법인으로 보는 단체를 포함)의 대표자, 법인 또는 개인의 대리인, 사용인, 그 밖의 종업원이 그 법인 또는 개인의 업무에 관하여 이 법에서 규정하는 범칙행위를 하면 그 행위자를 벌할 뿐만 아니라 그 법인 또는 개인에게도 해당 조문의 벌금형을 과(科)하는 것을 말한다.
이 경우 사업자에 대한 처벌을 '책임벌'이라 한다. 조세범처벌법상의 이러한 규정은 실제 범칙행위자 외의 자도 처벌하는 것으로서 형벌개별화의 원칙 또는 행위자처벌원칙에 대한 중대한 예외를 이루고 있다. 이는 사업주의 종업원에 대한 선임감독상의 과실책임을 묻는 동시에 범칙행위로 인하여 실제로 이득을 본 자를 처벌하고자 하는 취지이다.

참조조문 처법 18

어업권(漁業權; fishing right)

어업법(漁業法)에 기하여 공유수면 중 일정한 구역에 있어서 특정의 어업을 독점적으로 영위할 수 있는 권리로서 어업권의 유효기간은 10년이다.

한편, 입어권(入漁權)은 어업권과는 별도의 권리이나 회계학상 어업권은 유상취득 또는 유상창설의 경우에만 자산으로서 인식되며 입어권을 포함하여 재무상태표상에 무형자산으로서 표시된다.

또한 세법상 어업권은 무형자산으로서 상각대상자산이고 정액법에 의해 잔존가액 영(零)으로 하여 상각하되 상각내용연수는 10년이다.

참조조문 법칙 15 ②, K-IFRS 1038호, 일반기준 11장 11.40

업무무관비용(業務無關費用; expense irrelevant to business)

기업이 지출한 비용 중 기업의 영업활동과 직접 관련이 없거나, 기타 부수적인 경영활동과는 관계없는 비용을 말한다. 세법에서는 법인기업이나 개인기업이 업무와 관련없는 자산의 취득·관리비용 등 업무와 관련없는 경비 또는 가사의 경비 등을 지출하는 경우에는 과세소득금액계산상 손금 또는 필요경비로서 인정하지 않는다. 예컨대 업무무관자산의 취득·유지와 관련된 수선유지비, 타인이 주로 사용하는 자산의 유지관리비 등의 지출금을 들 수 있다.

참조조문 법법 27, 법령 50, 소법 33, 소령 78

업무무관자산(業務無關資産; asset irrelevant to business)

업무와 관련없는 자산으로서 기업이 현재 영위하는 사업과 직접적인 관련이 없는 자산을 말한다. 세법은 업무무관자산을 취득·관리함으로써 생기는 비용·유지비·수선비와 이에 관련되는 손비는 업무무관경비로서 손금으로 인정하지 않는다. 또한 당해 법인의 지급이자 중 업무무관자산이 총차입금에서 차지하는 비율에 상당하는 지급이자를 손금불산입한다.

업무무관자산은 다음 각호의 자산을 말한다.

1. 법인의 업무에 직접 사용하지 아니하는 부동산. 다만, 법소정 유예기간이 경과하기 전까지의 기간 중에 있는 부동산을 제외한다.
2. 유예기간 중에 당해 법인의 업무에 직접 사용하지 아니하고 양도하는 부동산. 다만, 부동산산매매업을 주업으로 영위하는 법인의 경우를 제외한다.
3. 서화 및 골동품. 다만, 장식·환경미화 등의 목적으로 사무실·복도 등 여러 사람이 볼 수 있는 공간에 상시 비치하는 것을 제외한다.
4. 업무에 직접 사용하지 아니하는 자동차·선박 및 항공기. 다만, 저당권의 실행 기타 채권을 변제받기 위하여 취득한 선박으로서 3년이 경과되지 아니한 선박 등 부득이한 사유가 있는 자동차·선박 및 항공기를 제외한다.
5. '3.' 및 '4.'의 자산과 유사한 자산으로서 당해 법인의 업무에 직접 사용하지 아니하는 자산

참조조문 법법 27·28 ① 4호, 법령 49·53

업무용승용차(業務用乘用車; Business-use Vehicle)

업무용승용차란 개별소비세법에 해당하는 승용자동차(배기량 1천cc 이하는 제외)를 말한다. 경차, 화물차, 승합차, 운수업, 자동차판매업 등에서 사업에 직접 사용하는 승용자동차는 제외한다.

① 임직원 전용 자동차보험 가입하는 경우 : 운행기록을 통해 입증된 업무사용 비율만큼 비용인정하며, 운행기록을 작성하지 않은 경우(감가상각비 등 차량관련 모든 비용 포함) 대당 천만원까지 인정한다.
② 임직원 전용 자동차보험 가입하지 않은 경우 : 전액 손금불산입, 손금불산입된 금액은 귀속자에게 소득처분하고 귀속자가 불분명한 경우는 대표자에게 소득 처분한다(리스, 렌트 동일하게 적용).

업무용승용차를 사적사용 후 비용처리하는 관행을 개선하고 고가차량을 활용하여 단기간 과도한 비용처리하는 것을 차단하기 위함이다.

참조조문 법법 27의 2, 법령 50의 2, 법칙 27의 2, 소법 25 ③

업무총괄장소(業務總括場所; all‑inclusive place on business)

사업을 영위함에 있어서 재화 또는 용역의 공급이 실지로 이루어지는 장소에 관계없이 그 업무를 관리하기 위하여 특설한 장소, 예컨대 계약의 체결, 대금의 수수, 종사직원의 지휘·감독 등이 이루어지는 장소를 말한다.
부가가치세법은 원칙적으로 거래의 전부 또는 일부가 행해지는 장소를 사업장으로 하고 있으나, 일정 요건의 경우 업무총괄장소를 사업장으로 특정하고 있다.

참조조문 부령 8 ①

업종별고정자산(業種別固定資産; machinery and equipment in use original pur‑pose)

기업의 감가상각대상자산 중 당해 기업의 목적사업에 전용하는 기계 및 장치를 말한다. 기업의 고정자산 중 건물·차량운반구·집기·비품과 같이 어느 기업이나 공통적으로 가지고 있는 자산과 구별하여 당해 기업의 특정사업에 쓰이는 기계 및 장치를 사업별·용도별 설비로 일괄하여 분류함으로써 용도별 설비의 내용연수에 따른 상각률을 적용하여 감가상각비를 계산하게 된다. 소득세법이나 법인세법상 감가상각자산의 분류에서 유형고정자산을 건물·건물부속설비·구축물·차량 및 운반구·공구·기구 및 비품·선박·항공기·기계장치 기타의 업종별고정자산으로 분류 열거하고 있다.

참조조문 법령 28 ① 2호, 법칙 15 ③

역진세율(逆進稅率; regressive tax rate)

소득액 또는 재산액이 적어짐에 따라 이에 대한 조세의 비율이 점차 증가하는 세율을 말한다.

소득액 또는 재산액이 적을수록 세율 자체가 커진다고 하는 조세는 통상 존재하지 아니하나, 가령 생필품에 대한 소비세를 상정한 경우에는 소득액 100만원인 자도 소득액 500만원인 자와 거의 동일량을 소비하고, 따라서 소비세 부담도 동일하게 된다. 이 경우 소비세액을 2만원이라고 가정하면 전자에 대한 조세비율은 2%가 되고 후자에 대해서는 0.4%로 되어 역진세의 작용이 생기는 것으로 볼 수 있다.

역취득(逆取得; reverse acquisition)

지분을 취득당하는 기업이 취득자이고 지분을 발행하는 기업이 피취득자인 사업결합이다. 예를 들어 비상장기업이 증권거래소에 상장하기 위해 자신보다 작은 상장기업에 의하여 매수되는 것으로 약정하는 경우이다.

참조조문 K-IFRS 1103호 부록B

연결실체(連結實體; group)

지배회사와 그 지배회사의 모든 종속회사를 말한다.

참조조문 K-IFRS 1027호 4

연결재무제표(連結財務諸表; consolidated financial statements)

둘 이상의 회사가 지배종속관계에 있을 경우에 이러한 회사를 단일조직으로 간주하여 그 경영성과(經營成果) 및 재정상태를 종합적으로 보고하기 위해 각 회사의 재무제표를 결합하여 작성한 재무제표를 연결재무제표라 한다. 각각 독립된 회계단위를 통합하여 기업회계상 1개의 단위로 보기 때문에 각 회사의 제 계정(諸 計定)을 결합함에 있어서는, 예컨대 지배회사의 종속회사에 대한 투자계정과 이에 상응하는 종속회사의 자본계정은 상계되고 또한 각 회사간에 생긴 채권·채무도 상계제거(相計除去)된다. 이와 같이 하여 지배·종속관계에 있는 회사간에 결산의 조작을 할 여지가 적어지게 하고, 주주 기타 이해관계자에게 진실한 재무정보를 제공하도록 하는 것이다.

참조조문) K-IFRS 1027호 4, 일반기준 4장

연구인력개발비세액공제(研究人力開發費稅額控除; tax credit of research·human resource development)

내국인이 각 과세연도에 연구·인력개발비가 있는 경우에는 신성장동력연구개발비·원천기술연구개발비의 20%(중소기업의 경우 30%) 금액을 합한 금액을 해당 과세연도의 사업소득에 대한 소득세 또는 법인세에서 공제한다(다만, 2021.12.31.까지 발생한 연구·인력 개발비에만 적용). 그 외 일반연구·인력개발비는 연평균 발생액의 구분과 계산의 필요한 사항은 대통령령으로 정한다.

참조조문) 조특법 10, 조특령 9

연금계좌세액공제(年金計座稅額控除; tax credit of annuity account)

종합소득이 있는 거주자가 연금계좌에 납입한 금액 중 다음에 해당하는 금액을 제외한 금액의 12%[해당 과세기간에 종합소득과세표준을 계산할 때 합산하는 종합소득금액이 4천만원 이하(근로소득만 있는 경우에는 총급여액 5천500만원 이하)인 거주자에 대해서는 15%]에 해당하는 금액을 해당 과세기간의 종합소득산출세액에서 공제한다. 이때 공제하는 금액을 연금계좌세액공제라 한다.

① 소득세법 제146조 제2항에 따라 소득세가 원천징수되지 아니한 퇴직소득 등 과세가 이연된 소득

② 연금계좌에서 다른 연금계좌로 계약을 이전함으로써 납입되는 금액

다만, 세액 감면액과 세액공제액의 합계액이 해당 과세기간의 종합소득산출세액을 초과하는 경우, 그 초과하는 금액을 한도로 연금계좌세액공제를 받지 않은 것으로 한다.

참조조문) 소법 59의 3, 소령 118의 2

연금소득(年金所得; annuity income)

연금소득자가 연금 수령시 발생하는 소득을 말한다. 연금기여금을 불입하는 경우 그 불입액전액을 소득공제하고 연금을 수령하는 경우에는 연금소득을

과세하도록 하였다.

이러한 연금소득은 공적연금 관련법에 따라 수령하는(국민연금 및 공무원연금 등) 공적연금소득과 그 외의 연금계좌에서 연금형태로 수령하는 연금소득(사적연금소득)으로 분류할 수 있다. 연금소득 또한 근로소득과 마찬가지로 실제 소요된 필요경비를 계산하기 어렵기 때문에 일정한 금액을 필요경비로 인정(연금소득공제)하여 총연금액에서 동 연금소득공제액을 차감한 금액인 연금소득금액을 종합소득에 합산하여 과세하도록 하고 있다. 다만, 사적연금소득의 합계액이 연 1,200만원 이하인 경우 분리과세 선택이 가능하다.

참조조문 소법 14 ③ 9호·20의 3·47의 2·51의 3, 소령 40~40의 4

연금소득공제(年金所得控除; exemption from annuity income)

연금소득이 있는 거주자에 대해서는 해당 과세기간에 받은 총연금액(분리과세 연금소득 제외)에서 다음 표에 규정된 금액을 공제한다. 다만, 공제액이 900만원을 초과하는 경우에는 900만원을 공제한다.

총연금액	공제액
350만원 이하	총연금액
350만원 초과 ~ 700만원 이하	350만원＋350만원 초과금액의 100분의 40
700만원 초과 ~ 1,400만원 이하	490만원＋700만원 초과금액의 100분의 20
1,400만원 초과	630만원＋1,400만원 초과금액의 100분의 10

참조조문 소법 47의 2

연대납세의무(連帶納稅義務; joint and several obligation for tax liability)

원칙적으로 하나의 납세의무가 여러 사람에게 동시에 발생하는 것을 의미하나 국세기본법과 개별세법은 이를 변형시켜 납세의무 중 납부의무를 확장시키는 방법으로 사용하고 있다. 따라서 여러 사람이 동시에 전액의 납부의무를 부담하는 국세기본법의 규정과는 달리 개별세법은 각각 한도를 두는 것이 특징이다.

이에 국세기본법은 공유물·공동사업 등의 경우와 법인분할의 경우, 소득세법에서는 공동사업 등과 공동사업합산의 경우, 지방세법도 공유물 등에 대한 연대납세의무, 법인세법은 해산시 잔여재산분배를 한 청산인과 분배를 받은 자에 대하여 연대납세의무를 지우며, 상속세및증여세법은 상속인과 수유자, 증여자와 수증자에 대하여 연대납세의무를 지우는 규정을 두고 있다.

참조조문 국기법 25·25의 2, 상증법 3의 2 ③·4의 2 ⑥

연대보증(連帶保證; joint and several guaranty)

보증인이 주채무자(主債務者)와 연대하여 채무를 이행한다고 약속하는 보증을 말한다. 채권의 담보를 목적으로 함은 보통의 보증채무와 마찬가지이나, 채권자의 권리가 특히 강력하다. 연대보증은 보증의 일종이므로 주채무에 종속한다는 부종성(附從性)이 있는 점에서 연대채무와 구별된다. 따라서 주채무가 무효·취소되거나 주채무가 변제 등으로 소멸되면 연대보증채무도 소멸하고, 연대보증채무의 목적·범위·태양은 주채무보다 무거울 수 없다. 그러나 연대보증인은 주채무자와 연대하여 채무를 부담하는 결과 보충성(補充性)이 없다. 이 점이 보통의 보증과 다르고 연대채무와는 같은 점이다. 따라서 연대보증인은 채권자가 주채무자보다 먼저 연대보증인에게 청구하여도 항변을 하지 못하고, 차용증서가 공정증서(公正證書)로 되어 있는 경우에는 연대보증인에 대하여 강제집행을 할 수 있다.

연말정산(年末精算; year-end settlement)

근로소득·연금소득 및 일정한 사업소득의 경우 다른 종합소득과 합산하기 전에 먼저 매월분의 급여액 및 수입금액의 일정금액을 원천징수하여 납부하게 하는 한편, 다음 연도 2월분 근로소득을 지급하는 때 또는 퇴직하는 때에 다시 연간 총급여액 및 총수입금액에 대한 종합소득과세표준에 기본세율을 적용하여 종합소득산출세액을 계산하고, 종합소득산출세액에서 세액공제, 면제세액 및 이미 납부한 원천징수세액을 차감하여 그 차액을 추가로 원천징수하거나 환급하는 절차를 밟게 되는데 이와 같은 절차를 연말정산이라 한다. 연말정산은 납세의무자에게 과세표준확정신고의무의 배제 등과 같은 납세편의를 제공함과 아울러 징세비의 절감과 세무행정의 간소화에 기여하고 있다.

참조조문 소법 137 · 138 · 143의 4 · 144의 2

연부연납(年賦延納; postponement of tax payment)

조세의 일부를 법정신고기한을 경과하여 납부할 수 있도록 연장하여 주는 제도가 연납(延納)인데, 연납에는 분납(分納)과 연부연납(年賦延納)이 있다. 납부할 세액이 1천만원을 초과할 경우 법인세법상 분납은 납부기한이 경과한 날부터 1개월 이내(중소기업의 경우에는 2개월)에 소득세법상 분납은 납부기한이 지난 후 2개월 이내에 세금을 분할납부 할 수 있으나, 연부연납은 장기간에 걸쳐 나누어 납부한다. 이는 납세의무자로 하여금 납세자금을 준비하도록 하는 목적으로 연기하여 주는 제도로서 상속세및증여세법에서 상속세 및 증여세납부세액이 2천만원을 초과하는 경우 납세지관할세무서장에 신청하여 허가를 받아 연부연납할 수 있도록 규정하고 있다.

연부연납은 국세징수법상 납기개시 전에 납세자가 사업의 부진, 중대위기 기타 사유로 인하여 국세를 납부할 수 없다고 인정되어 고지(告知)를 유예하거나 분할납부하는 징수유예와는 구별되어야 한다. 한편, 연부연납기간 중에는 소멸시효가 진행되지 아니한다.

참조조문 상증법 71, 법법 64, 소법 77

연불매매(延拂賣買; deferred sales)

상품, 제품 또는 기타 자산의 매매에 있어서 당사자간의 개별약관에 의하여 그 대금을 2회 이상 분할하여 월부 · 연부 기타 부불방법(賦拂方法)에 따라 결제하는 조건으로 성립되는 거래형태를 말한다. 장기연불매매에서는 거래대상 목적물을 인도한 다음날부터 최종부불금의 지급기일까지의 기간이 1년 이상이어야 한다. 이에 반하여 일정한 판매조건을 정한 정형적인 약관에 의하여 상품 등을 매매하고, 2회 이상 분할하여 결제하되 기간이 1년 이상인 것을 장기할부판매라고 한다.

참조조문 법령 68, 부령 28

연서(連署; joint signature)

하나의 서류에 2사람 이상이 함께 서명하는 것을 말한다.

세법에서 각종 신고 등에 있어서 연서(連署)로 하도록 규정한 경우에는 그 신고서 등에 신고자와 관계자가 모두 서명날인하여 제출하여야 한다.

세법상 신고 등에 있어 연서하여 제출하여야 하는 경우로는 상속인이 피상속인의 소득에 대한 과세표준확정신고를 하는 때 각 상속인의 연서 등이 있다.

참조조문 상증법 67 · 68

연지급수입(延支給輸入; usance import)

연지급수입이란 ① 당해 물품의 수입대금 전액을 은행이 신용을 공여하는 기한부신용장방식에 의한 수입방법에 의하여 그 선적서류나 물품의 영수일부터 일정기간이 경과한 후에 지급하는 방법에 의한 수입과 ② 수출자가 발행한 기한부 환어음을 수입자가 인수하면 선적서류나 물품이 수입자에게 인도되도록 하고 그 선적서류나 물품의 인도일부터 일정기간이 지난 후에 수입자가 해당 물품의 수입대금 전액을 지급하는 방법에 의한 수입, ③ 정유회사, 원유 · 액화천연가스 또는 액화석유가스 수입업자가 원유 · 액화천연가스 또는 는 액화석유가스의 일람불방식 · 수출자신용방식 또는 사후송금방식에 따른 수입대금결제를 위하여 외국환거래법상 연지급수입기간 이내에 단기외화자금을 차입하는 방법에 의한 수입과 ④ 이와 유사한 연지급수입을 말한다.

이와 같은 연지급수입의 경우 취득가액과 구분하여 지급이자로 계상한 금액은 취득가액에 포함하지 아니한 것으로 한다.

참조조문 소칙 49, 법령 72 ④ 2호

연차재무제표(年次財務諸表; annual financial ststements)

1회계연도를 대상으로 작성하는 재무제표이다.

[참조조문] K-IFRS 1034호, 일반기준 29장

연체료 · 연체이자(延滯料 · 延滯利子; overdue charge · overdue interest)

일반적으로 일정한 금액의 지급을 목적으로 하는 채무에 있어서 그 원금의 지급이 지체된 경우에 지급하여야 하는 손해배상, 즉 지연이자와 같은 뜻으로 쓰인다.

세무상 납부할 세액 · 벌과금 등을 연체함으로 인하여 발생되는 가산금은 손금불산입(필요경비불산입)으로 하고 있으나, 사계약(私契約)상의 의무불이행으로 인한 지체상금 등(예컨대 정부와의 납품계약으로 인한 지체상금 또는 전기요금의 납부지연으로 인한 연체가산금 등)은 손금으로 인정된다.

열람청구권(閱覽請求權; claim for inspection)

이의신청 · 심사청구 및 심판청구절차에 있어서 본래의 과세관청은 처분의 이유가 된 사실을 증명하는 서류 기타 물건을 담당심판관에게 제출하여야 하며, 청구인은 담당심판관에게 본래의 과세관청이 제출한 서류 등의 열람을 청구할 권리가 인정되는데 이를 열람청구권이라 한다. 이는 청구인에게 충분한 공격 · 방어의 기회를 부여하기 위하여 인정되는 권리로서 담당심판관은 정당한 사유가 없는 한 그 열람청구를 거부할 수 없다.

[참조조문] 국기법 58, 상증법 50 ②

염가갱신선택권(廉價更新選擇權; bargain renewal option)

리스이용자의 선택에 따라 리스이용자가 당해 자산에 대한 리스계약을 갱신선택권 행사가능일 현재의 공정가치보다 현저하게 낮은 리스료로 갱신할 수 있는 권리를 말한다.

[참조조문] 일반기준 13장 13.7, K-IFRS 1116호 18~19(BC152~BC159)

염가매수(廉價買受; bargain purchase)

국제회계기준의 사업결합기준서에서 염가매수는 아래 (2)의 금액이 문단 (1)에 명시된 금액의 합계를 초과하는 사업결합이다.

(1) 다음의 합계금액

① 이 기준서에 따라 측정된 이전대가로 일반적으로 취득일의 공정가치(문단 37 참조)

② 이 기준서에 따라 측정된 피취득자에 대한 비지배지분의 금액

③ 단계적으로 이루어지는 사업결합(문단 41과 42 참조)의 경우 취득자가 이전에 보유하고 있던 피취득자에 대한 지분의 취득일의 공정가치

(2) 이 기준서에 따라 측정된 취득일의 식별가능한 취득 자산과 인수 부채의 순액

취득자는 취득일에 염가매수차익을 당기손익으로 인식한다. 그 차익은 취득자에게 귀속된다.

참조조문 K-IFRS 1103호 34~36

염가매수선택권(廉價買受選擇權; bargain purchase option)

리스이용자의 선택에 따라 리스이용자가 당해 자산을 매수선택권 행사가능일 현재의 공정가치보다 현저하게 낮은 가격으로 매수할 수 있는 권리를 말한다.

참조조문 일반기준 13장 13.6, K-IFRS 1116호 부록A

영구적 시설(永久的 施設; permanent establishment)

조세조약에 있어서 사업소득의 과세·비과세를 결정하는 중요한 기준으로 OECD모델조약에는 영구적 시설에 대해 '사업을 행하는 일정한 장소에서 기업이 그 사업의 전부 또는 일부를 행하고 있는 곳'이라고 정의하고 있으며, 체약국의 조약에 따라 그 기준이 되는 지점·사무소 등을 구체적으로 예시하고 있다. 또한 건설현장에 대하여는 그 계속기간을 정함에 의해 영구적 시

설 여부를 판단하도록 정하는 것이 통례이다.

통상의 조세조약에 의하면 일방체약국의 기업이 상대국에 갖는 지점·사무소·작업장 등의 영구적 시설을 갖는 경우에 한하여 상대국에서 사업소득에 대하여 과세되는 것으로 되어 있다.

영구적 주소(永久的 住所; permanent domicile)

국제과세상의 개념으로 조세조약이 적용되는 국가가 2개국 이상으로 되는 경우에 있어서 어느 국가의 거주자로 판단하여야 하는가에 대한 최종적인 판단요소가 되며 소득세법상의 주소에 상당한다. 소득세법상 주소를 갖는 자로 추정되는 것은 계속하여 183일 이상 거주할 것을 통상 필요로 하는 직업을 갖고 있거나 국내에 생계를 함께하는 가족이 있고, 그 직업 및 자산상태에 비추어 계속하여 183일 이상 국내에 거주할 것으로 인정되는 때이다.

참조조문 소령 2 ③

영구적 차이(永久的 差異; permanent difference)

회계이익과 과세소득의 차이 중 발생회계연도 이후에 소멸하지 않는 차이를 말한다. 즉 회계상 수익 또는 비용의 항목이 세법상 익금 또는 손금으로 영구히 인정되지 않거나 이와 반대의 경우에 해당하는 것으로 미래의 과세소득의 계산에 영향을 미치지 않는 것을 가리킨다. 영구적 차이는 주로 정부의 조세정책적인 의도로 발생하는 것이라 할 수 있는데, 예를 들어 접대비 지출액은 회계상으로는 전액 비용처리되지만 소비성 접대비의 과도한 지출을 억제하기 위한 정책적인 목적으로 일정한 세법상 한도를 초과한 금액은 손금으로 인정되지 않으며 이 금액은 사외유출로 처분되는 항목으로서 당해 연도 이후에도 소멸되지 않는 영구적 차이가 되는 것이다.

참조조문 K-IFRS 1012호, 일반기준 22장

영리법인(營利法人; profit corporation)

영리를 목적으로 하는 사단법인(社團法人)이다. 교통·통신·보도 등의 공공사업을 목적으로 한다 하더라도 구성원의 금전적·영리적 이익을 직접목적으로 하는 것은 영리법인이며 전형적인 예는 상법상의 회사(會社)이다.

이에 대비되는 개념으로 학술·종교·자선·기예·사교 기타 영리아닌 사업을 목적으로 하는 법인을 비영리법인(非營利法人)이라 한다. 비영리법인은 주로 민법(民法)에 의하여 규율되나, 특별법에 의하여 성립하는 특수비영리법인도 있다.

참조조문 법법 2

영세율(零稅率; zero tax rate)

세율(稅率)이라 함은 세액을 산출하기 위하여 과세표준에 곱하는 비율(從價稅의 경우) 또는 과세표준의 단위당 금액(從量稅의 경우)을 말하는 것으로, 이러한 세율이 영(zero)인 것을 영세율이라 한다. 따라서 영세율이 적용되는 경우에는 당해 과세표준의 크기에 관계없이 산출한 세액은 항상 영(零)이 된다. 현행 세법 중에서 영세율에 관한 규정을 두고 있는 것은 부가가치세법과 증권거래세법이 있다.

부가가치세법상 영의 세율이 적용되는 재화 또는 용역을 공급하는 때에는 거래상대방으로부터 거래징수하여야 할 세액이 영이 되므로 실질적으로 거래징수할 금액은 없게 되며, 이에 의하여 거래상대방은 부가가치세의 부담이 전혀 없이 당해 재화 또는 용역을 사용·소비할 수 있게 된다. 또한 납부세액의 계산에 있어서도 매입세액의 공제가 허용되므로 항상 부(負)의 납부세액이 되며, 이는 환급세액으로서 정부로부터 환급받게 되므로 당해 사업자도 부가가치세를 전혀 부담하지 아니하게 된다. 이에 의하여 영세율이 적용되는 재화 또는 용역의 공급에 대하여는 부가가치세가 완전면세된다. 그 대상은 주로 소비지국과세원칙에 따라 국외에서 사용·소비될 재화 또는 용역으로 하고 있으나, 부가가치세의 완전면세에 따른 가격의 인하와 이에 의한 국제경쟁력의 제고(提高)라는 부차적인 효과로 인하여 국내에서 사용·소비되는 재화 또는 용역의 공급이라 하더라도 외화를 획득하는 것인 경우에는 영의 세율이 적용된다.

영세율제도는 매입세액공제가 허용되지 않아 불완전면세가 되는 면세제도
(免稅制度)와 구분된다.

한편, 증권거래세법상에서는 탄력세제를 선택하여 대통령령이 정하는 바에
의하여 영의 세율을 적용할 수 있음을 규정하고 있다.

참조조문 부법 21~25, 부령 31~33, 증법 8 ②

영세율과세표준신고불성실가산세(零稅率課稅標準申告不誠實加算稅; addi-
tional tax on insincere tax returns of zero-rate tax base)

부가가치세법에 따른 사업자가 예정신고·확정신고를 한 경우로서 영세율
과세표준을 과소신고나 신고하지 아니한 경우에는 과소신고분 납부세액 또
는 초과신고분 환급세액의 100분의 10에 상당하는 금액과 그 과소신고분(신
고해야할 금액에 미달한 금액) 영세율과세표준의 1천분의 5에 상당하는 금액을
합한 금액을 가산세로 한다.

참조조문 국기법 47의 2~47의 3

영세율 등 조기환급(零稅率 등 早期還給; early refund on zero tax rate etc.)

예정신고기간 중 또는 과세기간 최종 3개월 중 매월 또는 매 2월마다 해당
사업자의 조기환급신고에 따라 미리 환급하여 주는 제도를 말한다.

이는 정규환급이 과세기간별 확정신고기한 경과 후 30일 내에 환급이 이루
어지는 데 대하여 수출사업자 또는 사업설비에 투자한 사업자의 자금부담완
화를 위하여 인정되는 제도이다.

사업자는 영세율 등 조기환급을 받고자 하는 경우에는 당해 조기환급신고기
간종료일로부터 25일 이내에 신고하며(부가가치세신고서에 당해 기간분의 세금
계산서와 영세율첨부서류를 함께 제출하여야 하며 사업설비에 투자한 사업자는 사업
설비투자실적명세서도 제출함), 관할세무서장은 영세율 등 조기환급신고기한
경과 후 15일 이내에 사업자에게 환급하여야 한다.

참조조문 부법 59, 부령 107

영세율첨부서류(零稅率添附書類; annex on zero tax rate)

영세율이 적용되는 거래에 대하여 해당 사업자가 부가가치세신고를 하는 경우에는 영세율적용대상임을 증명하는 서류를 함께 제출하여야 하는바, 이때 영세율적용대상임을 증명하는 서류를 영세율첨부서류라고 한다.

부가가치세법은 영세율첨부서류를 거래유형별로 규정하고 있으나 부득이한 경우에는 국세청장이 부가가치세사무처리규정에서 지정하는 서류로 갈음할 수 있다.

한편, 영세율이 적용되는 과세표준에 대하여 영세율첨부서류를 제출하지 아니한 부분에 대해서는 과세표준신고를 하지 아니한 것으로 보게 되므로 영세율과세표준신고불성실가산세가 적용된다.

참조조문 부법 48, 부령 90 ③ · 91

영수증(領收證; receipt)

소득세법상 계산서를 발행해야 하는 사업자 중 사업의 규모나 종류에 따라 계산서의 작성능력이 부족하거나 또는 그 작성의 필요성이 크게 요구되지 않는 경우에 사용할 수 있도록 계산서보다 좀더 간편하게 만든 서식이다. 영수증을 교부할 수 있는 사업자는 소득세법시행령 제211조 제2항에 열거되었고, 그 이외의 사업자는 영수증을 교부할 수 없다.

한편, 부가가치세법에서도 간이과세자 및 재화 등을 주로 최종소비자에게 공급하는 사업을 영위하는 사업자는 영수증을 교부하도록 규정하고 있다. 영수증을 교부하는 사업자 중 백화점·대형점·쇼핑센터 내 사업자 및 판매시점정보관리시스템도입사업자 등 국세청장이 지정하는 사업자가 신용카드기 등 기계적 장치(금전등록기를 제외)에 의해 영수증을 발급하는 경우 영수증에 공급가액과 부가가치세액을 별도로 구분하여 기재하여야 한다.

참조조문 소법 163, 소령 211 ②, 부법 36, 부령 73

영수증수취명세서미제출가산세(領收證受取明細書未提出加算稅; additional tax on non‑presentation of statement of reception of receipt)

복식부기의무자가 소득세법 제70조 제4항 제5호의 규정에 의한 영수증수취명세서(거래건당 3만원 초과분을 수취한 경우)를 과세표준확정신고기한 내에 제출하지 아니하거나 제출한 영수증수취명세서가 불분명하다고 인정되는 경우로서 영수증수취명세서에 거래상대방의 상호, 성명, 사업자등록번호(주민등록번호로 갈음하는 경우에는 주민등록번호), 거래일 및 지급금액을 기재하지 아니하였거나 사실과 다르게 기재하여 거래사실을 확인할 수 없는 경우에 해당하는 때에는 그 제출하지 아니한 분의 지급금액 또는 불분명한 분의 지급금액의 100분의 1에 해당하는 금액을 결정세액에 더한다. 이를 영수증수취명세서미제출가산세라 한다.

〔참조조문〕 소법 81 ⑤, 소령 147의 2

영업권(營業權; goodwill)

법률적인 보호는 없으나 경영상의 유리한 관계 등 사회적 실질가치를 갖는 자산으로 흔히 권리금(權利金)이라고 불린다. 영업권은 우수한 경영능력 및 인적자원·높은 대외적 신용과 명성·지역적 우위 등에 의해서 결정된다고 볼 수 있는데, 이러한 점에서 영업권도 개별적으로 식별할 수 없는 가치합계(a group of unidentifiable values)라고 표현할 수 있다.

K‑IFRS에서는 개별적으로 식별하여 별도로 인식할 수 없으나, 사업결합에서 획득한 그 밖의 자산에서 발생하는 미래경제적 효익을 나타내는 자산이라고 정의하고 있다.

〔참조조문〕 K‑IFRS 1103호 32~33, 일반기준 12장 12.32

영업권상각(營業權償却; amortization of goodwill)

K‑IFRS에 따라서는 영업권을 내용연수가 비한정인 무형자산으로 보아 상각하지 않지만, 일반기업회계기준에 의해서는 영업권을 그 내용연수에 걸쳐

정액법으로 상각하고, 내용연수는 미래에 경제적효익이 유입될 것으로 기대되는 기간으로 하며, 20년을 초과하지 못한다.

[참조조문] K-IFRS 1038호 107, 일반기준 12장

영업권평가(營業權評價; valuation of goodwill)

K-IFRS에서 영업권은 매년 혹은 손상징후가 있을 때 평가하며, 일반기업회계기준에서는 매수일에 자산으로 인식된 영업권에 대하여 매 결산기에 회수가능가액으로 평가한다. 영업권의 회수가능가액이 장부가액에 미달하는 경우에는 이를 손상차손으로 당기손익으로 인식한다. 영업권에 대해 인식한 손상차손은 후속기간에 환입할 수 없다. 세법상으로는 상속세및증여세법에서 영업권의 평가를 다음 산식에 의하여 계산한 초과이익금액을 평가기준일 이후의 영업권 지속연수(원칙적으로 5년)를 감안하여 기획재정부령이 정하는 방법에 의하여 환산한 가액에 의한다. 다만, 매입한 무체재산권(無體財産權)으로서 그 성질상 영업권에 포함시켜 평가되는 무체재산권의 경우에는 이를 별도로 평가하지 아니하나, 당해 무체재산권의 평가액이 다음 산식에 의하여 계산된 영업권의 평가액보다 큰 경우에는 당해 가액을 영업권의 평가액으로 한다.

　[최근 3년간(3년에 미달하는 경우에는 당해 연수)의 순손익액의 가중평균액의 100분의 50에 상당하는 가액-(평가기준일 현재의 자기자본×1년만기 정기예금이자율을 감안하여 기획재정부령이 정하는 율)]

상기 산식에 의한 영업권의 평가액이 부수(負數)인 경우에는 영업권가액이 없는 것으로 한다.

[참조조문] K-IFRS 1038호 107~108·1103호 32~40, 일반기준 12장 12.32, 상증령 59 ②

영업비용(營業費用; operating expense)

기업의 주된 영업활동으로부터 발생한 비용의 총칭이다. 매출원가·판매비와관리비가 이에 해당한다.

영업손익(營業損益; operating gain and loss)

매출액 등의 영업수익으로부터 매출원가 · 판매비와관리비 등의 영업비용을 차감한 개념이다. 이것이 흑자이면 영업이익이 되고 적자이면 영업손실이 된다. 기업의 주된 영업활동에서 생긴 손익으로서 그 수익성을 보여주는 영업이익률의 중요한 요소이다.

영업수익(營業收入; operating revenue)

기업의 주된 영업활동에 의해 발생된 수익을 말한다.

영업양도(營業讓渡; transfer of business)

일정한 영업목적에 의하여 조직화된 업체를 일체로서의 이전을 목적으로 한 것으로서 영업이 그 동일성을 유지하면서 이전하는 것을 말한다.

영업양도계약은 당사자간의 합의에 의해서 성립하지만 합명회사 · 합자회사에서는 총사원의 동의가 있어야 하며, 주식회사 · 유한회사에서는 주주총회 또는 사원총회의 특별결의가 있어야 한다.

부가가치세법에 있어 사업의 양도란 사업장별로 그 사업에 관한 모든 권리와 의무를 포괄적으로 승계시키는 것을 말하며 이는 재화의 공급으로 보지 아니한다. 다만, 사업을 양수받는 자가 대가를 지급하는 때에는 양도하는 자가 대리납부한 경우에는 제외한다.

한편, 국세기본법은 사업의 양수도가 있는 경우에 양수인에게 양도인의 납세의무에 대한 제2차납세의무를 지우고 있다.

참조조문 부법 10 ⑨, 국기법 41

영업외비용(營業外費用; non - operating expense)

기업의 주된 영업활동 이외에서 발생한 비용으로 반복적 · 경상적으로 발생하는 것을 말한다. 이에 속하는 항목으로서는 이자비용 · 재고자산감모손실 · 단기투자자산처분손실 · 단기투자자산평가손실 등이 있다.

영업외손익(營業外損益; non-operating gain and loss)
기업의 통상적인 영업활동 이외의 것으로부터 생긴 수익(영업외수익) 및 비용
(영업외비용)의 포괄적 개념이다. 금융상의 손익이 주체가 되기 때문에 재무
손익(財務損益)이라고도 한다.

영업외수익(營業外收益; non-operating income)
주된 영업활동 이외로부터 발생한 수익으로 반복적·경상적으로 발생하는
것을 말한다.
이에 속하는 항목으로는 이자수익·배당금수익·임대료·단기투자자산처분
이익·단기투자자산평가이익 등이 있다.

영업이익(營業利益; operating gain)
매출액 등 영업수익으로부터 매출원가, 판매비와관리비 등의 영업비용을 차
감한 개념으로서 이것이 흑자이면 영업이익이 된다.

영업이익률(營業利益率; ratio of operating gain to revenue)
매출액에서 발생한 영업수익에 대한 영업이익의 비율로서 매출액영업이익
률(賣出額營業利益率)이라고도 하며 영업활동의 수익성을 나타낸다.

영치(領置; official retention)
범죄사실의 증거물이 될 만한 물건·장부·서류 등을 그 소지자의 동의를
얻어 범칙조사권자(犯則調査權者)가 그에 대한 점유(占有)를 취득하는 행위이
다. 이는 범칙사실에 대한 물적증거물(物的證據物)을 모으는 방법 중 가장 중
요한 수단이다. 소지자의 동의에 의하여 일단 영치가 되면 그 후 영치물을
소지했던 자가 그의 반환을 청구한다 하더라도 범칙조사상 조사권자가 그
점유를 계속할 필요가 있는 경우에는 이에 불응할 수 있다. 그러므로 영치의
법적 효과는 압수(押收)와 같다.
만약 범칙 관련 물건의 소지자가 영치(任意提出)를 거부한다고 해도 이에 대

하여 처벌할 수는 없고, 조세범처벌절차법에 의한 강제조사로서의 압수를 하게 될 뿐이다. 한편, 권한있는 기관에 장부나 서류가 압수 또는 영치된 경우는 기한연장 및 담보제공의 사유가 된다.

참조조문 국기령 2 ① 6호

예규(例規; established rule)

상급행정관청이 하급행정관청에 대하여 그 지휘권 내지 감독권으로서 발하는 명령 내지 지시로서 행정규칙(行政規則)의 한 형식이다. 예규통첩(例規通牒)이라는 말과도 비슷하게 쓰이고 있는데, 예규(例規)는 기본적이고 일반적인 사항을 명령할 때 취하는 형식이고 통첩(通牒)은 세부적인 사항 및 구체적이고 개별적인 사항을 시달할 때 쓰이는 것이나, 엄격한 구분을 필요로 하는 것은 아니다.

예규는 법원(法源)이 될 수 없으므로 행정조직 내부 또는 특별권력관계의 내부에서만 효력을 가지는 것으로 국민에게 준수의무를 부과할 수 없으며, 재판의 규범이 될 수 없다.

그러나 예규를 믿고 한 납세의무자의 행위가 반복됨으로써 과세관행(課稅慣行)이 성립된 경우에는 신의칙(信義則), 소급과세금지(遡及課稅禁止)에 의하여 보호되어야 한다는 견해가 유력하다.

예납기간(豫納期間; period of prepayment)

법인세는 각 사업연도를 과세기간으로 하는 것이나 각 사업연도의 기간이 6개월을 초과하는 경우에 있어서는 각 사업연도를 개시하는 날로부터 6개월간을 중간예납기간으로 하여 예납적으로 법인세를 징수한다. 소득세도 1월 1일부터 6월 30일까지의 기간을 중간예납기간으로 하여 중간예납세액을 정부에 납부하여야 한다.

참조조문 법법 63, 소법 65

예납세액(豫納稅額; estimated tax payment)

법인세법 및 소득세법의 중간예납기간에 대하여 과세하는 세액으로서 직전 사업연도에 납부할 세액의 2분의 1에 상당하는 금액이다. 법인세법상 중간예납세액은 직전 사업연도의 실적을 기준으로 하는 방법과 당해 중간예납기간의 가결산에 의한 방법 중 선택할 수 있으며, 소득세법상 중간예납세액은 원칙적으로 직전 과세기간의 실적을 기준으로 결정한다.

> 참조조문 법법 63의 2, 소법 65

예상거래(豫想去來; forecast transaction)

이행해야 하는 구속력은 없으나, 향후 발생할 것으로 예상되는 거래이다.

> 참조조문 K - IFRS 1039호 9

예상손실(豫想損失; forecast loss)

건설형공사계약에서 총계약원가가 총계약수익을 초과할 가능성이 높은 경우에 예상되는 초과금액을 말하며, 즉시 비용으로 인식한다.

> 참조조문 K - IFRS 1011호 36~37, 일반기준 16장 2절 16.53

예술창작품(藝術創作品; creative work of art)

미술(조각 포함)·음악 또는 사진에 속하는 창작품(골동품은 제외)을 말하며 이는 부가가치세가 면제된다.

예술창작품은 예술가가 순수한 창작활동을 통하여 완성한 미술품·음악 또는 사진에 속하는 것을 말하므로 사업자가 미술품 등의 창작품을 모방하여 대량으로 제작하는 작품은 예술창작품이 아니므로 부가가치세가 과세된다.

> 참조조문 부법 26 ① 16호, 부령 43

예약판매(豫約販賣; sale by subscription)

상품 등을 인도하기 전에 판매계약을 체결하는 판매형태로서 판매계약을 체결할 때 예약금(豫約金)을 받는 것이 보통이지만 이것으로 수익이 실현된 것이 아니고 예약금은 일종의 예수금이다.

예약판매에서는 상대방에게 예약품을 인도할 때 인도한 상품의 수익이 실현되었다고 간주하는 인도기준(引渡基準)이 적용된다.

예정신고(豫定申告; preliminary declaration)

부가가치세 및 양도소득세와 부동산매매업자의 토지 등 매매차익에 대한 소득세는 과세기간 경과 후 신고기한 내에 신고납부하는 것이 원칙이나, 소득세법 및 부가가치세법은 이를 과세기간 중간에 신고하도록 별도의 규정을 두고 있는바, 이를 예정신고라 한다. 소득세법상 예정신고는 양도소득과세표준 및 부동산매매업자의 토지 등 매매차익에 대하여 매매일이 속하는 달의 말일부터 2개월이 되는 날까지 예정신고납부하도록 하고 있다.

부가가치세법상 예정신고는 과세기간을 반으로 나누어 예정신고기간(제1기 : 1월 1일부터 3월 31일까지, 제2기 : 7월 1일부터 9월 30일까지)으로 정하고 예정신고기간종료일로부터 25일 이내에 예정신고기간 중의 세금계산서합계표와 영세율에 관한 서류를 첨부하여 과세표준과 세액을 신고납부하도록 하고 있으며, 예정신고납부를 이행하지 않은 경우에 대한 가산세에 관한 규정을 두고 있다.

참조조문 부법 48, 소법 69・105

옵션부사채(옵션附社債; Bond with option)

사채발행시 제시된 일정조건이 성립되면 만기일 이전이라도 발행회사는 사채권자에게 매도청구를, 사채권자는 발행회사에 매수(상환)청구를 할 수 있는 권리, 즉 콜옵션과 풋옵션이 부여되는 사채이다. 이때 콜옵션(call option)이란 발행회사가 만기 전 매입소각할 수 있는 권리를 뜻하며, 풋옵션(put option)은 사채권자가 만기중도상환을 청구할 수 있는 권리를 말한다. 이러한 옵션은 전환사채 또는 신주인수권부사채에도 발행조건으로 부여할 수 있다.

완성도기준지급(完成度基準支給; payment based on construction completion)

건설공사 등 도급에 대한 대금지급조건으로서 당해 도급이 완성된 때에 그 대가를 수수하기로 약정한 경우에 그 대금지급기준을 완성도기준지급이라 한다. 이에 대하여 도급에 대한 대금지급기준을 공사진행에 따라 지급하기로 약정하는 경우에는 중간지급조건이라고 한다.

재화 또는 용역을 공급하는 경우 부가가치세법상 대가의 각 부분을 받기로 한 때를 재화 또는 용역의 공급시기로 보아 세금계산서를 발행하여야 한다.

참조조문 부법 15, 부령 28 ③ 2호·29 ① 2호

외교관면세(外交官免稅; tax exemptions on diplomat)

우리나라에 주재(駐在)하는 외국공관이나 그밖에 이에 준하는 기관에서 공용품(公用品)으로 수입하거나 제조장에서 구입하는 것과 주한외교관으로서 우리나라에 파견된 외교관 또는 원조사절(援助使節) 및 그 가족이 자가용품(自家用品)으로 수입하는 것, 주한외국공관이나 그밖에 이에 준하는 대통령령으로 정하는 기관에서 사용하는 석유류에 대하여 세액을 부담시키지 않는 제도를 외교관면세라 한다.

이와 같은 외국공관·외교관에 대한 면세제도는 비단 개별소비세법에만 있는 것은 아니지만(이를테면 주세의 경우도 면세됨), 통상 외교관면세라 하면 개별소비세의 경우를 지칭한다(부가가치세에 있어서는 영세율을 적용하고, 인지세는 비과세대상임).

참조조문 개소법 16, 개소령 23, 부령 33 ①, 주법 31

외국납부세액의 공제한도액(外國納付稅額의 控除限度額; creditable amount of foreign taxes)

국외원천소득이 있는 거주자 또는 내국법인이 국외원천소득에 대하여 납부한 외국소득세액 또는 외국법인세액은 다음을 한도로 하여 당해 거주자의 종합소득산출세액 또는 당해 법인의 당해 사업연도 법인세액에서 공제한다.

① 외국소득세액의 공제한도

- 외국소득세액
- 종합소득산출세액 × $\dfrac{\text{국외원천소득}}{\text{종합소득금액}}$] 중 적은 금액

② 외국법인세액의 공제한도

- 외국납부세액
- 산출세액 × $\dfrac{\text{국외원천소득 중 과세표준에 산입된 금액}}{\text{당해 사업연도 과세표준}}$] 중 적은 금액

③ 상속세및증여세법상 공제한도

- 외국에서 부과된 상속세액
- 상속세산출세액 × $\dfrac{\text{외국의 법령에 의한 상속세과세표준}}{\text{상속세과세표준}}$] 중 적은 금액

참조조문 소법 57, 소령 117, 법법 57, 법령 94, 상증령 21

외국납부세액의 손금산입제도(外國納付稅額의 損金算入制度; deduction for foreign taxes)

거주자 또는 내국법인이 국외원천소득에 대해 납부하는 외국법인세액을 당해 거주자 또는 내국법인의 소득금액 계산상 손금에 산입하는 것을 말한다. 외국납부세액에 대해서 세액공제제도가 있고 그 거주자 또는 법인이 임의로 세액공제의 적용을 받지 않는 경우에는 납부한 외국납부세액은 손금 또는 필요경비에 산입할 수 있다. 각 사업연도 또는 과세기간에 납부한 외국납부세액은 손금 또는 필요경비에 산입하거나 세액공제 중 하나를 선택하여야 한다.

참조조문 법법 57 ①, 소법 57

외국법인(外國法人; foreign corporation)

본점 또는 주사무소가 외국에 있는 단체(사업의 실질적 관리장소가 국내에 있지 아니하는 경우에 한함)을 외국법인이라 하는데, 이는 국내에 본점 또는 주사무소를 둔 내국법인(內國法人)에 대응되는 개념이다.

외국법인에 대해서는 국내원천소득에 대해서 법인세납부의무가 있지만, 외국법인 중 공익법인 또는 법인격이 없는 사단(社團) 등에 대해서는 일정한 수익사업으로부터 발생한 국내원천소득에 한하여 법인세를 납부할 의무가 있다.

참조조문 법법 2 3호·91~99, 소법 1의 2 ① 4호

외국법인세액(外國法人稅額; foreign corporation tax)

내국법인의 과세표준금액에 국외원천소득이 포함되어 있는 경우 그 국외원천소득에 대하여 외국정부에 의하여 과세된 세액 중 다음의 세액을 외국법인세액으로 하며 법인의 외국납부세액공제(外國納付稅額控除) 등의 대상이 된다. 단, 가산세(加算稅)나 가산금(加算金)은 포함하지 않는다.

① 초과이윤세 및 기타 법인의 소득 등을 과세표준으로 하여 과세된 세액

② 법인의 소득 등을 과세표준으로 하여 과세된 세의 부가세액

③ 법인의 소득 등을 과세표준으로 하여 과세된 세와 동일한 세목에 해당하는 것으로서 소득 외의 수익금액 기타 이에 준하는 것을 과세표준으로 하여 과세된 세액

참조조문 법법 57 ①, 법령 94

✎ 의제외국납부세액 참조

외국법인의 국내사업장(外國法人의 國內事業場; permanent establishment of foreign corporation)

✎ 고정사업장 참조

외국법인의 납세의무(外國法人의 納稅義務; tax liability of foreign corporation)

외국법인은 국내에서 행하는 사업으로부터 발생한 소득 기타의 국내원천소득에 대해서만 법인세의 납부의무가 있다. 즉 내국법인이 순자산증가설(純資産增加說)에 의한 과세방식을 택함으로써 무제한납세의무가 있는 것과는 달리, 외국법인은 법인세법 제93조에 열거한 국내원천소득에 대하여만 과세하

는 소득원천설(所得源泉說)에 의한 과세방식을 채택, 제한적 납세의무를 진다.

참조조문) 법법 3·93

외국소득세액(外國所得稅額; foreign income tax)

거주자의 종합소득금액에 국외원천소득이 합산되어 있는 경우 그 국외원천소득에 대하여 외국정부에 의해서 과세된 세액 중 다음의 세액(해당 세액이 조세조약에 따른 비과세·면제·제한세율에 관한 규정에 따라 계산한 세액을 초과하는 경우에는 그 초과하는 세액은 제외)을 외국소득세액으로 하며 거주자의 종합소득산출세액에서 공제되는 외국납부세액공제(外國納付稅額控除) 등의 대상이 된다.

① 개인의 소득금액을 과세표준으로 하여 과세된 세액과 그 부가세액

② '①'과 유사한 세목에 해당하는 것으로서 소득 외의 수입금액 또는 기타이에 준하는 것을 과세표준으로 하여 과세된 세액

참조조문) 소령 117 ①

외국인(外國人; foreigner)

외국인에 관한 정의는 각각의 법률이 다르게 규정하고 있는 경우가 많기 때문에 해당 법률의 범위를 확인하여야 한다. 통상 외국인은 대한민국의 국적을 가지지 않은 자(자연인 : 自然人)를 의미하며 이는 외국의 국적을 가진 자와 무국적자를 포함한다.

외국인투자촉진법은 외국인을 외국의 국적을 가지고 있는 개인, 외국의 법률에 따라 설립된 법인 및 국제경제협력기구로 규정하고 있다.

한편, 조세특례제한법은 '내국인'을 소득세법에 따른 거주자 또는 법인세법에 따른 내국법인을 말한다고 하여 외국인이라 하더라도 소득세법상 거주자에 해당되는 경우에는 내국인에 해당되는 것으로 규정하고 있다.

참조조문) 외투법 2, 조특법 2 ①

외국인투자촉진법(外國人投資促進法; act of foreigner investment promotion)
외국인투자에 대한 지원과 편의제공을 통하여 외국인 투자의 유치를 촉진하여 국민경제의 건전한 발전에 이바지하기 위해 제정된 법으로서 외국인투자촉진법에 의하여 외국인이 우리나라에 투자하는 경우에는 법인세 등의 감면과 관세면제 등 조세특례제도를 두고 있다.

참조조문 조특법 121의 2

외국항행사업(外國航行事業; air and deep sea foreign passenger transport)
선박 또는 항공기에 의해서 여객이나 화물을 국내에서 국외로, 국외에서 국내로 또는 국외에서 국외로 수송하는 것을 주된 목적으로 하는 사업을 말하며 외국항행사업자가 자기의 사업에 부수하여 행하는 재화 또는 용역의 공급으로서 다음에 규정하는 것을 포함한다.
① 다른 외국항행사업자가 운용하는 선박 또는 항공기의 탑승권을 판매하거나 화물운송계약을 체결하는 것
② 외국을 항행하는 선박 내 또는 항공기 내에서 승객에게 공급하는 것
③ 자기의 승객만이 전용하는 버스를 탑승하게 하는 것
④ 자기의 승객만이 전용하는 호텔에 투숙하게 하는 것
당해 외국항행소득에 대하여 ① 부가가치세법은 외국항행용역을 영세율적용대상으로 하고 있으며, ② 비거주자 및 외국법인의 외국항행사업의 소득에 대하여는 상호주의(相互主義)에 따라서 법인세를 면제하고 있다.

참조조문 부령 32, 법법 53 ①

외부감사(外部監査; external audit)
내부감사(內部監査)에 대응되는 용어로서 일반적으로 기업외부의 공인회계사나 회계법인(會計法人)같은 직업적 감사인이 기업이 작성한 회계기록, 특히 재무제표가 기업회계기준에 적합한지 여부를 감사하는 것을 말한다.
외부감사의 목적은 이해관계자(정보이용자)의 보호와 기업의 건전한 발전을

도모하기 위함이며, 직전 사업연도말의 자산총액이 **500**억원 이상인 주식회사는 주식회사등의외부감사에관한법률에 따라 의무적으로 하는 공인회계사의 외부감사를 받아야 하는데, 외부감사의 대상이 되는 주식회사는 원칙적으로 매 사업연도개시일로부터 **4**월 이내에 감사인선임위원회의 승인을 얻어 감사인을 선임하여야 한다.

세무상으로는 외부회계감사대상법인은 세법상의 각종 준비금을 결산에 반영하지 아니하고 세무조정계산서상에서 신고조정을 할 수 있도록 허용하고 있다.

외상매출금(外上賣出金; account receivable)

상품·제품의 판매 또는 용역의 제공에 의하여 발생한 것으로서 비교적 단기간에 회수가능한 채권을 총칭한다. 외상매출금·판매미수금 및 미수가공료 등이 예로서 들 수 있으며, 이는 재무상태표상의 분류에는 당좌자산인 매출채권으로 유동자산(流動資産)에 속한다.

한편, 세무상 외상매출금에 대하여는 그 장부가액의 1%와 장부가액에 대손실적률을 곱하여 계산한 금액 중 큰 금액을 한도로 대손충당금을 계상할 수 있다.

참조조문 법법 34, 법령 61, 소법 28, 부법 45 ①

외주가공비(外注加工費; processing costs paid to subcontractor)

외부의 생산자에게 원자재의 전부 또는 일부를 공급하고, 이것을 가공시켜서 반제품·부품 등으로서 납품하게 하는 경우에 지급하는 가공비를 말한다. 이는 원가계산상에서 원칙적으로 제조경비(製造經費)로서 처리된다.

외화매입증명서(外貨買入證明書; certificate of purchased foreign currency)

외국환은행 또는 환전상이 외화를 매입한 경우 그 외화매입의 사실을 증명하는 서류이다.

부가가치세법상 영세율을 적용받고자 하는 사업자는 그 거래가 영세율적용대상임을 증명하는 서류를 제출해야 하는데, 주한국제연합군 또는 미국군이 주둔하는 지역 내의 사업자로서 관할세무서장이 지정하는 자가 그 대가를 외화로 지급받고 재화 또는 용역을 공급함으로써 영세율을 적용받고자 하는 경우 외화매입증명서는 외화입금증명서와 함께 영세율첨부서류로 활용한다.

참조조문 부령 101 ① 14호·16호

외화수입금액(外貨收入金額; revenue received on foreign currency)

외화획득사업을 영위하는 자가 그 대금을 외국환은행을 통하여 외환증서나 원화로 취득하는 금액을 말한다. 그리고 물품으로 대금을 결제하는 방법의 수출에 있어서는 그 수출물품의 대가로 수입한 물품의 외화표시가액을 외화수입금액으로 본다.

외화입금증명서(外貨入金證明書; certificate on receipt of foreign currency)

국외에서 제공한 용역의 대가, 외항선박이 제공한 외국항행용역의 대가 등이 국내로 송금되는 경우 외국환은행은 그 사실을 증명하는 외화입금증명서를 발급하며, 수출 등의 경우에 영세율적용대상임을 증명하는 서류로서 활용된다.

참조조문 부법 22·23, 부령 33·101 ①

외화자산·부채(外貨資産·負債; assets and liabilities denominated in foreign currency)

기업회계상 평가대상이 되는 '화폐성외화자산 및 화폐성외화부채'란 현금및현금성자산·매출채권·매입채무·차입금 등과 같이 화폐가치의 변동과 관계없이 자산 및 부채의 금액이 계약 기타에 의하여 일정액의 화폐액으로 고정되어 있는 경우의 당해 자산 및 부채로 한다. 다만, 유가증권과 같이 화폐성과 비화폐성의 양면성을 동시에 가지고 있는 자산·부채의 경우에는 보유목적 또는 성질에 따라 구분하도록 하고 있다. 세법상 외화자산·부채의 범위도 기업회계와 마찬가지이다.

참조조문 K-IFRS 1021호 16

외화획득명세서(外貨獲得明細書; specification on acquired foreign currency)

영세율을 적용한 거래의 내용을 정리한 서식으로 부가가치세영세율적용에 관한규정상의 서식이다.

영세율을 적용받는 사업자는 그 증명서류로서 부가가치세법시행령 제101조 제3항에 규정된 서류를 제출해야 하고, 부득이 이를 제출할 수 없는 경우에는 국세청장이 지정한 서류를 제출하여야 한다.

그러나 이 모두를 제출할 수 없는 경우에는 자신이 공급한 재화 또는 용역이 영세율적용대상임을 증명하는 증빙서류를 첨부하여 외화획득명세서를 제출하면 이로서 영세율을 적용받을 수 있다.

참조조문 부령 101

외환차이(外換差異; exchange difference)

특정통화로 표시된 금액을 변동된 환율을 사용하여 다른 통화로 환산할 때 생기는 차이이며, 외화차손익과 외화환산손익을 포함하는 개념이다.

참조조문 K-IFRS 1021호 8

용선(傭船; chartering)

선주(船主)가 선박이용자를 위하여 선박의 전부 또는 일부를 빌려주어 이용할 수 있도록 하는 것이다. 용선계약(傭船契約)에 있어 그 범위를 기준으로 선박·선원 및 선용품 등 선박에 부수되는 일체를 대절할 것을 계약하는 것을 전부용선(全部傭船)이라 하고, 그의 일부만을 대절할 것을 계약하는 것을 일부용선(一部傭船)이라 한다.

용역(用役; services)

일반적으로 역무(役務) 또는 서비스라고도 하며, 물질적 재화를 생산하는 노동과정 이외에서 기능하는 노동을 광범위하게 포괄하는 개념이다.

부가가치세법에서는 부가가치세과세대상이 되는 용역을 재화 외의 재산가치가 있는 모든 역무 및 그 밖의 행위로 규정하고 있으며, 그 범위는 다음의 사업에 해당하는 모든 역무 및 재화·시설물 또는 권리를 사용하게 하는 행위로 규정하고 있다.

① 건설업

② 숙박 및 음식점업

③ 운수업

④ 방송통신 및 정보서비스업

⑤ 금융 및 보험업

⑥ 부동산업 및 임대업. 다만, 전·답·과수원·목장용지·임야 또는 염전 임대업, 공익사업을위한토지등의취득및보상에관한법률 제4조에 따른 공익사업과 관련해 지역권·지상권(지하 또는 공중에 설정된 권리를 포함)을 설정하거나 대여하는 사업은 제외한다.

⑦ 전문, 과학 및 기술 서비스업과 사업시설관리 및 사업지원 서비스업

⑧ 공공행정, 국방 및 사회보장 행정

⑨ 교육 서비스업

⑩ 보건업 및 사회복지 서비스업

⑪ 예술, 스포츠 및 여가관련 서비스업

⑫ 협회 및 단체, 수리 및 기타 개인서비스업

⑬ 가구 내 고용활동 및 달리 분류되지 않은 자가소비 생산활동

⑭ 국제 및 외국기관의 사업

참조조문 부법 4, 부령 3

용역공급(用役供給; rendering of services)
계약상 또는 법률상의 모든 원인에 의하여 역무를 제공하거나 재화·시설물 또는 권리를 사용하게 하는 것으로서 재화의 공급과 더불어 부가가치세의 과세대상거래의 하나이다. 다만, 대가를 받지 않고 타인에게 용역을 공급하

거나 고용관계에 의하여 근로(勤勞)를 제공하는 것은 용역의 공급으로 보지 아니한다.

용역의 공급에 해당되면 그 공급가액은 부가가치세의 과세표준을 구성하게 되며(영세율 포함), 용역공급자는 상대방으로부터 부가가치세를 거래징수할 의무와 권리를 갖게 된다.

참조조문 부법 11

우리사주조합(우리社株租合; employee's stock ownership association)

종업원으로 하여금 기업소유자(企業所有者)의 일원이라는 자부심을 갖게 하고 근로의욕을 향상시키기 위하여 종업원이 자기회사의 주식을 소유하게 하는 제도를 종업원지주제(從業員持株制)라 하며, 종업원지주제의 실시에 따라 종업원의 주식을 일괄취득하고 관리하는 종업원단체를 우리사주조합(社株租合)이라 한다.

우리사주조합원이 취득한 주식은 일정기간 이상 보유하도록 하고 있으며, 이를 위하여 증권금융회사에 주식을 예탁하도록 하고 있다. 한편, 우리사주조합의 지원·육성을 위해서 주식배당소득에 대한 비과세와 원천징수세율 경감, 조합원에 대한 주식취득자금대여의 인정이자계산대상에서 제외하는 등의 조세지원을 하고 있다.

참조조문 조특법 88의 4, 법칙 44 3호

우발부채(偶發負債; contingent liability)

우발부채는 다음의 ① 또는 ②에 해당하는 잠재적인 부채를 말한다.

① 과거사건은 발생하였으나 기업이 전적으로 통제할 수 없는 하나 또는 그 이상의 불확실한 미래사건의 발생 여부에 의하여서만 그 존재 여부가 확인되는 잠재적인 의무

② 과거사건이나 거래의 결과로 발생한 현재의무이지만 그 의무를 이행하기 위하여 자원이 유출될 가능성이 매우 높지가 않거나 또는 그 가능성은

　　매우 높으나 당해 의무를 이행하여야 할 금액을 신뢰성 있게 추정할 수 없는 경우

기업회계기준에서는 우발부채는 부채로 인식하지 아니하며, 의무를 이행하기 위하여 자원이 유출될 가능성이 아주 낮지 않는 한 우발부채를 주석에 기재하도록 하고 있다. 그러나 자원의 유출가능성이 당초에 예상하지 못한 상황에 따라 변화할 수 있기 때문에 계속적으로 그러한 상황변화를 주시하여야 한다. 과거에 우발부채로 처리하였더라도 그 이후 상황변화로 인하여 자원의 유출가능성이 매우 높아지고 금액을 신뢰성 있게 추정할 수 있는 경우에는 그러한 가능성의 변화가 발생한 기간에 충당부채로 인식한다.

참조조문 K-IFRS 1037호 27~30, 일반기준 14장 14.5

우발자산(偶發資産; contingent asset)

과거사건이나 거래의 결과로 발생할 가능성이 있으며, 기업이 전적으로 통제할 수 없는 하나 또는 그 이상의 불확실한 미래사건의 발생 여부에 의하여서만 그 존재 여부가 확인되는 잠재적 자산을 말한다. 우발자산은 미래에 확정되기까지 자산으로 인식할 수 없다.

참조조문 K-IFRS 1037호 31~35, 일반기준 14장 14.6

우선주(優先株; preferred stock)

특정상황에 대하여 보통주에 비하여 우선적인 권리를 부여한 주식이다. 우선적인 권리를 부여하는 대신 의결권을 제한하는 것이 일반적이며 이익배당우선주, 전환우선주, 상환우선주 등으로 나눌 수 있다. 이익배당우선주란 보통주보다 이익배당에 대한 권리를 유리하게 부여한 우선주로서 그 권리성격에 따라 누적적우선주와 참가적우선주로 구분할 수 있다. 전환우선주는 우선주주의 의사에 따라 약정한 전환비율에 의한 보통주로의 전환권을 부여한 우선주이고, 상환우선주란 사전약정에 의하여 우선주주 또는 발행회사의 의사에 따라 주식을 매입소각할 수 있는 우선주이다.

우편송달(郵便送達; post delivery)

서류를 송달할 때에 우편의 방법에 의하여 송달하는 것을 말한다. 세법에서 서류의 우편송달시 통상 도달주의(到達主義)에 의하여 효력이 발생하는 것이지만, 납세자가 우편으로 과세표준신고 등과 관련된 서류를 제출하는 경우에는 우편법에 의한 통신일부인(通信日附印)이 찍힌 날(통신일부인이 찍히지 아니하였거나 분명하지 아니한 경우에는 통상 걸리는 우송일수를 기준으로 발송한 날로 인정되는 날)에 신고된 것으로 보도록 하고 있다. 도달주의에 의한 경우 도달이라 함은 서류가 그 내용을 요지(了知)할 수 있는 객관적인 상태에 놓이게 되는 것을 말한다.

한편, 우편으로 송달하는 경우 납세의 고지·독촉·체납처분 또는 세법에 따른 정부의 명령에 관계되는 서류의 송달은 등기우편(登記郵便)에 의하여야 하고, 소득세중간예납세액의 납세고지서 및 부가가치세예정신고납부세액의 납세고지서의 세액이 50만원 미만인 경우 및 동 기타의 서류송달은 일반우편(一般郵便)에 의할 수 있다.

참조조문 국기법 5의 2·10·12

운수(運輸; transportation service)

육상(陸上)·수상(水上)·항공(航空)에서 운반구를 이용하여 인원·물자를 운송 또는 수송하는 것을 말한다.

소득세법에서는 운수업에서 발생하는 소득을 사업소득(事業所得)으로 과세한다.

참조조문 소법 19 ① 8호

운용리스(運用리스; operating lease)

금융리스 이외의 리스를 말한다. 즉 리스자산을 소유함으로써 발생하는 위험과 효익이 리스제공자로부터 리스이용자에게 이전되지 않는 리스거래이다. 리스제공자가 자산을 보유하고 리스이용자는 리스자산의 사용에 따른 사용료를 지급하는 것으로 회계처리하며 임대차거래와 유사하다. 리스제공자의 운용리스자산은 리스자산의 성격에 따라 비유동자산 중 유형자산 또는 무형자산의 한 항목으로 표시하고 그 항목의 구체적인 내역은 주석으로 기재한다.

참조조문 K-IFRS 1116호

운전자본(運轉資本; working capital)

유동자산의 총액에서 유동부채의 총액을 공제한 것을 운전자본이라고 하며, 기업의 재무관리상 이러한 순운전자본이 중시된다. 왜냐하면 순운전자본에 상당하는 부분은 단기간에 상환을 고려하는 일 없이 운용할 수 있는 자본부분으로 재무유동성의 유지에 공헌하기 때문이다. 기업의 운전자본관리는 우선 소요운전자본액을 산출하고 그것을 유지하기 위하여 자본의 증가, 출자나 장기대부의 회수, 고정부채의 증가 등에 의하여 유입되는 자금과 고정자산의 증가, 배당금의 지급, 고정부채의 상환 등에 유출되는 자금(사용)을 계획화하여 그것의 실현과 유지에 노력하는 것이다.

원가(原價; cost)

일반적으로 일정한 급부의 대가로서 소비된 재화 또는 용역의 소비량을 화폐가치로서 나타낸 것이다. 보통 재료비·노무비·경비로 구성되며, 이를 원가의 3요소라고 한다. 이것이 다시 각 제품에 직접 부과할 수 있는 직접비와 여러 제품의 생산에 대하여 공통으로 쓰이는 간접비로 세분된다. 직접비에 제조에 소요된 간접비를 포함한 것을 제조원가라고 하며, 일반적인 상품은 여기에 관리비용과 판매비용을 더하여 총원가라고 한다. 원가의 측정기준과 내용은 산출목적에 따라 여러 가지로 나누어지는데, 공통되는 것은 급부단위(給付單位)마다 각 가치희생을 집약하여 인식한다는 점이다. 원가 중에는 보통 이상적(異常的)인 원인에서 초래된 것은 포함하지 않는다. 재무회계를 목적으로 하는 경우 원가는 취득원가기준(取得原價基準), 즉 급부의 조달시점에서의 지급대가로 측정된다. 원가계산 및 손익계산상 쓰이는 주요한 원가 개념으로는 매입원가·제조원가·매출원가, 그리고 제품원가·기간원가(기간비용)와 관리회계에서 주로 쓰이는 실제원가·표준원가 등이 있다.

참조조문) 법령 89 ④

원가계산(原價計算; cost accounting)

제품 또는 용역 1단위의 생산을 위하여 소비된 재화의 수량과 가액을 계산하는 것이다. 일반적으로 재료비·노무비·경비 등의 비용을 집계하여 이를 생산량으로 나누어 산출한다. 계산처리의 순서에 따라 원가요소별 계산, 부문별 계산, 제품별 계산의 각 단계로 나누어지며, 생산과정이 연속생산인가 개별생산인가에 따라 종합원가계산과 개별원가계산으로 나누어진다. 원가계산의 목적은 판매가격의 결정이나 경영효율의 향상을 도모하기 위한 것이며, 목적에 따라 다음과 같이 계산내용이 달라진다. ① 재무제표 작성을 위해서는 실제원가가 취득원가기준에 의하여 산출된다. ② 경영의사결정을 위해서는 기회원가·현금지출원가·매몰원가(埋沒原價) 등 그 경우에 상응한 특수한 원가수치가 사용되어 가장 유리한 방편이 선택된다. ③ 기업예산의 작성을 위해서는 표준원가가 쓰이는 일이 많다. ④ 원가관리를 위해서는 각 원가 책임구분에 따른 실제원가가 제공된다.

원가모형(原價模型; cash model)

유형자산, 무형자산, 투자부동산의 장부금액을 인식하는 방식은 취득원가를 기초로 한 원가모형과 재평가일의 공정가치를 기초로 한 재평가모형이 있다. 원가모형은 최초 인식 후에 자산의 원가에서 감가상각누계액과 손상차손누계액을 차감한 금액을 장부금액으로 한다.

참조조문) K-IFRS 1016호 30

원가법(原價法; cost methods)

결산 기말의 자산(資産)의 재고액을 취득원가로 평가하는 방법을 원가법이라 한다. 즉 원가법은 자산의 평가기준을 취득원가(取得原價)에 두는 것으로서, 여기서 취득원가라 함은 그 자산의 취득에 필요한 부대비용을 포함한 실제 구입원가(實際購入原價)를 의미하며, 당해 자산을 제작한 경우에 있어서는 제조원가·제작가격 등을 의미한다.

이러한 원가주의(原價主義)의 이론적 근거는 자산을 아직 실현하지 아니한 장래의 수익에 대응시킬 비용의 선급(先給)으로 보는 데 있으며, 시가법(時價法)에 의하여 평가함으로써 발생하는 미실현손익(未實現損益)의 계상을 배제하는 것이다.

원가법의 장점은 원가가 취득당시의 거래가격이라 객관적이며 검증가능(檢證可能)하고 확실성이 있으므로 계산이 명료하며 미실현손익을 계상하지 않고 기장이 용이하다는 점이며, 단점으로는 자산의 현재가치를 나타내지 못하므로 인플레이션시에는 가공이익(架空利益)이, 디플레이션시에는 비밀적립금(秘密積立金)이 발생하게 된다.

세법에서는 재고자산의 평가방법으로 원가법과 저가법을 인정하고 있으며, 원가법에는 개별법·선입선출법·후입선출법·총평균법·이동평균법·매출가격환원법을 선택·적용할 수 있다.

참조조문 소령 91·92, 법령 74

원가보상계약(原價報償契約; cost plus contract)

원가의 일정비율이나 고정된 이윤을 원가에 가산하여 보상받는 건설계약으로써 이 경우 원가는 실무상 인정될 수 있거나 계약서에 정의된 원가를 말한다.

참조조문 K-IFRS 1011호 3, 일반기준 16장

원가차이(原價差異; cost variance)

회사가 미리 계산한 예정 또는 표준제조원가와 실제원가와의 차이를 말한다. 원가계산을 행함에 있어서 계산의 신속성 등의 요청 때문에 예정원가계

산(豫定原價計算) 또는 표준원가계산(標準原價計算)에 의하는 경우가 많은데 이 경우에 예정원가 또는 표준원가가 계산상의 기초로 되고 그 가액과 실제원가와의 차이가 원가차이가 된다.

또한 실제원가계산에 의한 경우에도 일부의 제조비용에 대해서 예정원가에 의하는 경우에 실제원가와의 차이가 원가차이이다. 또한 배부과부족(配賦過不足)의 관점에서는 원가차이가 원가차익(原價差益)과 원가차손(原價差損)으로 분류되며, 차이발생항목에 따라 재료비차이, 노무비차이, 제조간접비차이로 분류될 수 있다.

원단위투입량(原單位投入量; input unit)

제조업에 있어서 제품 1단위를 생산하기 위해 필요한 표준원재료, 노동량, 전력, 가스 등 재화 또는 용역의 표준소비량(금액으로 표시되는 것이 아니라 t, kg, 時間, ㎥ 등의 물량단위로 표시됨)을 원단위라고 한다. 원단위투입량은 원단위분석에 있어서 표준원단위투입량과 실제원단위투입량으로 구분되며 이들을 비교함으로써 생산수율 등을 산정하게 된다. 원단위 및 원단위투입량은 세법상 수입금액의 추계결정시에 산정기준으로 활용되고 있으며, 국세청장은 많은 품목에 대해 표준원단위를 결정하여 두고 일정규모 이상의 제조업체에 대하여 매년 생산수율 및 원단위신고서를 제출하도록 하고 있다.

참조조문 부령 104 ① 2호·4호, 법령 105 ① 3호·4호

원장(元帳; ledger)

회계상 거래발생의 내용을 계정과목별로 정리해 놓은 장부를 말한다.

분개장에 거래발생순서에 따라 기입된 내용은 원장에 계정과목별로 전기(轉記)되어 정리된다. 따라서 원장에 의해 일정시점에서의 각 계정의 잔액을 알 수 있을 뿐만 아니라 기업의 재정상태 및 영업실적을 파악할 수 있다.

원장에서는 각 계정과목의 거래금액을 일정기간 단위로 합계하여 기재하는 총계정원장과 총계정원장의 내용보다 구체적으로 기재한 보조원장이 있으

며, 총계정원장은 복식부기의 기본이 되는 장부로서 주요부(主要簿)라고도 한다.

원천과세(源泉課稅; pay‐as‐you‐earn)
소득이 흘러들어오는 원천(源泉)에서 세금을 부과하는 과세방법으로서, 특정한 소득의 지급자(支給者)가 소득을 지급할 때 소정의 세율을 적용하여 계산한 소득세 등을 징수하여 국가에 납부하는 제도를 말한다.
원천과세는 조세채권의 일실을 방지하고 납세자의 자금부담의 분산을 도모하는 등의 장점이 있다.

원천징수납부불성실가산세(源泉徵收納付不誠實加算稅; additional tax in‐sincere withholding tax payment)
세법에 의해 소득세 또는 법인세를 원천징수하여 납부할 의무가 있는 자가 이를 성실하게 이행하지 않음으로써 부담하게 되는 가산세를 말한다. 즉 원천징수납부불성실가산세는 원천징수대상소득의 소득자에게 부과되는 것이 아니고 원천징수의무자, 다시 말해 원천징수대상소득의 지급자에게 부과되는 것이다.
원천징수납부불성실가산세는 국세를 징수하여 납부할 의무를 지는 자가 징수하여야 할 세액을 세법에 따른 납부기한까지 납부하지 않거나 과소납부한 경우 납부하지 않은 세액 또는 과소납부분 세액의 100분의 10에 상당하는 금액을 한도로 하여 다음의 금액을 합한 금액을 가산세로 한다.
1. 납부하지 않은 세액 또는 과소납부분 세액의 100분의 3에 상당하는 금액
2. 납부하지 않은 세액 또는 과소납부분 세액×납부기한의 다음 날부터 자진 납부일 또는 납세고지일까지의 기간×25/100,000

참조조문 국기법 47의 5

원천징수불이행범(源泉徵收不履行犯; crime on nonfulfillment of withholding tax)
세법상의 원천징수의무자가 원천징수하여 납부하여야 하는 의무를 이행하

지 아니함으로써 성립하는 조세범을 말한다. 원천징수불이행범은 각 세법상의 원천징수의무자가 원천징수대상금액을 지급할 때 거래상대방으로부터 일정한 세금을 징수하여 정부에 납부하여야 함에도 정당한 사유없이 원천징수하지 아니하였을 때에는 1천만원 이하의 벌금에 처한다.

또한 정당한 사유없이 징수한 세금을 납부하지 아니하였을 때에는 2년 이하의 징역 또는 2천만원 이하의 벌금에 처한다.

참조조문 처법 13

원천징수영수증(源泉徵收領收證; invoice of withholding tax)

원천징수대상소득 및 수입금액을 지급하고, 해당 소득세 또는 법인세를 원천징수하는 자(원천징수의무자라 함)가 지급받는 자에게 그 지급금액 및 원천징수세액을 기재하여 원천징수하였음을 증명하기 위하여 교부하는 서류를 원천징수영수증이라 한다.

이러한 원천징수영수증은 원천징수의무자가 원천징수하였음을, 그 소득자는 원천징수당하였음을 증명하는 서류로서의 기능을 가짐은 물론, 원천징수당한 소득을 종합소득세과세표준에 포함하여 신고하는 경우(예납적 원천징수의 경우)에 기납부세액(旣納付稅額)으로서 공제되는 세액의 근거가 된다. 또한 지급명세서 · 계약서 등과 함께 과세자료로서 활용되기도 한다.

참조조문 법령 117 · 137, 소령 193

원천징수의무자(源泉徵收義務者; levy withholding agent)

소득세법상 근로소득, 이자 · 배당소득, 일정한 사업소득 및 법인세법상 이자소득 등 원천징수대상인 소득을 지급하는 자는 지급시에 그 지급하는 금액에 대해 소정의 소득세액 또는 법인세액을 원천징수하여 일정한 기간 내에 국가에 납부할 의무가 있는바, 이러한 의무가 부과되어 있는 자를 원천징수의무자라 한다.

원천징수의무자가 징수하여 납부할 세액을 국가에 납부하지 아니한 경우에는 그 세액은 원천징수의무자로부터 징수하며, 이때 원천징수불성실가산세도 함께 징수한다.

참조조문 소법 127, 법법 73

원천징수제도(源泉徵收制度; withholding tax system)

원천징수는 소득세 및 법인세에 있어서 납세방법의 일종으로 채용된 제도이며, 특정의 소득지급자는 그 소득을 지급할 때에 지급받는 자가 부담할 세액을 일정한 기간 내에 국가를 대신하여 징수하여 국가에 납부토록 하는 것이다. 이 제도는 국가의 세수확보 및 세수(稅收)의 평준화와 납세의무자의 편의라는 관점에서 극히 유용한 제도이다.

소득세법상 원천징수에는 완납적(完納的) 원천징수와 예납적(豫納的) 원천징수로 분류될 수 있는바, 전자는 일용근로자의 근로소득 등에 대한 원천징수가 그 예이고, 이는 원천징수로서 납세의무자의 모든 납세의무 및 신고의무가 종결되고 확정신고절차에 의해 세액정산이 되지 않는다. 후자는 사업소득원천징수 등이 그 예이고, 이는 납세자가 과세표준 및 납세액의 확정신고를 통하여 세액을 정산하고 원천징수된 세액은 기납부세액으로서 공제받게 된다. 법인세법상 원천징수제도는 원칙적으로 후자에 해당된다.

참조조문 법법 73, 소법 127

월세액 세액공제(月貰額 稅額控除; Tax Credit for Monthly Rent)

과세기간 종료일 현재 주택을 소유하지 아니한 법소정 세대의 세대주 또는 세대원으로서 해당 과세기간의 총급여액이 7천만원 이하인 근로소득이 있는 근로자(해당 과세기간에 종합소득과세표준을 계산할 때 합산하는 종합소득금액이 6천만원을 초과하는 사람은 제외)가 대통령령으로 정하는 월세액을 지급하는 경우 그 금액의 100분의 10[해당 과세기간의 총급여액이 5천500만원 이하인 근로소득이 있는 근로자(해당 과세기간에 종합소득과세표준을 계산할 때 합산하는 종합소득금액이 4천만원을 초과하는 사람은 제외)의 경우에는 100분의 12]에 해당하는 금액을 해당 과세기간의 종합소득산출세액에서 공제한다. 다만, 해당 월세액이 750만원을 초과하는 경우 그 초과하는 금액은 없는 것으로 한다.

참조조문 조특법 95의 2, 조특령 95

월할경비(月割經費; expense quota by month)

1개년 또는 수개월분을 일시에 계산하거나 지급하는 경비로서 보험료·감가상각비·퇴직급여·세금과공과(稅金과公課)·특허권사용료 등이 이에 속한다. 이들 월할경비는 기간발생액을 월할(月割)하여 매 원가계산기간의 소비액을 산출하고, 이것을 그 원가계산기간의 소비액으로 삼는다.

위법소득(違法所得; illegal income)

위법한 소득 또는 위법행위로 인한 소득 등을 모두 포괄하는 것으로서 이에 대한 과세의 근거로는 조세는 그 본질이 경제적 부담이고 조세를 부담하는 것은 소득·수익·재산 등 경제력이므로 그 경제력을 사실상 지배하는 경우에는 그 경제력을 지배하게 된 원인이 법률상의 정당한 권리에 의하였는지에 관계없이 사실상 경제력을 지배하는 자가 조세를 부담하여야 한다는 것이다. 이러한 경제적 실질에 의해 경제력을 지배하게 된 원인이 법령을 위반한 경우에도 사실상의 경제력이 있다면 과세할 수 있다는 것이 불법소득(위법소득) 등에 대한 과세근거이다.

위약금(違約金; damages for breach of contract)

계약을 체결할 때 계약을 위반하면 일정한 금액을 채권자에게 지급한다는 내용을 미리 약속하는 경우의 금전을 위약금이라고 한다.

위약금의 성질에 관하여는 그 결정방법에 따라서 어떤 경우에는 제재금(制裁金)으로서 채무불이행에 의한 손해배상과는 별도로 지급되며, 또 어떤 경우에는 손해배상액(損害賠償額)의 예정(豫定 : 이 경우에는 위약금 이외에 배상금을 받을 수 없다)이거나 배상액의 최저액을 결정한 것이다. 어떤 위약금이 위의 어느 경우에 해당하는가는 구체적으로 분석하여 판단할 수밖에 없지만, 민법은 명확하게 판단할 수 없는 경우의 위약금은 배상액의 예정(賠償額의 豫定)이라고 추정하고 있다.

소득세법상 재산권에 관한 계약의 위약(違約) 또는 해약(解約)으로 받는 손해배상으로서 본래의 계약의 내용이 되는 지급 자체에 대한 손해를 넘는 손해에 대하여 배상하는 금전 또는 그 밖의 물품의 가액은 '기타소득'으로 간주하여 과세하고 있다. 하지만 기타 재산권 이외의 위약(정신적 피해보상금)으로 인한 손해배상은 그 소득은 과세하지 않는다.

참조조문 민법 398 ④, 소법 21 ① 10호, 소령 41 ⑦

위임(委任; mandate)

당사자의 일방(委任人)이 법률행위나 기타의 사무처리를 상대방(受任人)에게 위탁하고 상대방이 이를 승낙함으로써 성립하는 계약이다.

위임은 무상·편무계약(無償·片務契約)이 원칙이나, 보수의 특약이 있는 유상·쌍무계약(有償·雙務契約)이 많고 일반적으로 대리권을 수반한다. 수임인은 위임의 본지(本旨)에 좇아서 '선량한 관리자의 주의'로써 위임사무를 처리할 의무를 부담한다. 이 주의의무(注意義務)는 위임계약의 기초가 되는 당사자 사이의 신뢰관계에 입각하고 있으므로 보수의 유무 또는 다소를 불문한다.

참조조문 민법 680

위임장(委任狀; power of attorney)

위임자(委任者)가 수임자(受任者)에 대하여 법률행위나 사무처리를 위임한다는 뜻을 기재한 서면이다. 위임계약은 위임장이 없어도 성립되지만, 현실의 거래에서는 위임장을 교부하는 것이 관행으로 되어 있다. 법적으로는 위임장은 대리권(代理權)을 수여하는 경우의 증거로서 사용되고 있다.

위임사항 등 위임장의 일부를 백지로서 하는 경우 이를 백지위임장(白紙委任狀)이라고 한다.

위자료(慰藉料; alimony)

불법행위에 의해 발생하는 손해는 재산적인 손해와 정신적인 손해로 나눌 수 있는데, 정신적인 손해에 대한 배상을 위자료(慰藉料)라고 한다.

위자료는 주로 인격적 이익을 침해한 경우(생명침해나 명예훼손)에 문제가 되는데, 재산적 침해의 경우에도 문제가 된다. 민법 제752조가 "타인의 생명을 침해한 자는 피해자의 직계존속·직계비속 및 배우자에 대하여 재산상의 손해가 없는 경우에도 손해배상책임이 있다."고 규정하고 있고, 판례(判例)는 이 규정을 예시적 규정(例示的 規定)으로 보고, 다만 동조에 규정되어 있는 자는 정신적 고통을 입증할 필요가 없이 동조에 의해 당연히 위자료를 청구할 수 있는 데 대하여 그 이외의 자는 민법 제750조·제751조에 의해 손해의 발생을 입증하여 그 배상을 청구할 수 있다고 새기는 것이 타당하다고 한다. 또한 생명침해에 의한 위자료청구권이 상속되는가 하는 문제가 있는데, 상속인은 당연히 그 위자료청구권을 상속한다고 해석하는 것이 판례이다.

세법상 재산권에 관한 계약의 위약 또는 해약으로 인하여 받은 위약금과 배상금은 기타소득에 해당되나, 타인의 신체의 자유 또는 명예를 해하거나 기타 정신적 고통 등을 가한 것과 같이 재산권 이외의 손해에 대한 배상 또는 위자료는 기타소득에 포함되지 않는다.

참조조문 민법 750 · 752, 소령 41 ⑦

위장거래(僞裝去來; fraud transaction)

외부로 드러나는 거래내용이 실제의 거래내용과 다른 변칙적인 거래를 말한다.

위장거래에는 실물거래(實物去來)는 있으나 거래품목, 거래상대방 등 거래내용의 일부 또는 전부가 사실과 다른 경우와 실물거래 없이 세금계산서만 교부하는 가공거래를 수반하는 경우가 있다.

위장거래에 대하여는 실질과세원칙에 의해 실제내용에 따라 실제거래자에게 과세하여야 한다.

위장거래의 당사자에 대하여는 부가가치세법상 세금계산서불성실교부에 따른 가산세와 매입세액불공제규정이 적용될 뿐만 아니라 조세범처벌법에 의한 처벌규정도 적용된다.

참조조문 부법 39 ①, 처법 10

위조(僞造; counterfeit)

권한없는 자가 사용할 목적으로 현존하지 아니하는 문서, 통화, 유가증권, 인장 등을 새로이 작성하거나 제조하는 것을 말하며 이로서 성립하는 범죄를 위조범이라고 한다.

조세범처벌법은 납세증인, 납세증지 또는 법에 의한 입장권을 위조 또는 변조한 경우에는 처벌하도록 하고 있다. 한편, 위조는 현존하지 아니하는 것을 새로이 작성하거나 제조한다는 점에서 이미 존재하는 것을 가공하여 새로운 가치를 가지는 것으로 변화시키는 변조와 구별된다.

참조조문 처법 12

위탁판매(委託販賣; consignment sale)

상품의 판매를 타인에게 위탁하는 판매형식을 말한다. 위탁된 상품은 적송품이라 하며, 그것이 판매되지 않는 한 수탁자가 점유하고 있어도 소유권은 위탁자의 것이므로 위탁자는 매출수익을 인식하지 않는다. 위탁판매의 매출수익의 실현시점은 수탁자가 위탁품을 타인에게 판매하는 때이다.

세법상도 마찬가지로 매출수익의 실현시점이 속하는 날이 사업연도의 익금으로 산입하도록 하고 있다.

참조조문 법령 68 ①, 소령 48, 일반기준 16장 적용사례 1절 사례4

위험회피관계(危險回避關係; hedging relationship)

위험회피관계의 유형은 공정가치위험회피, 현금흐름위험회피 및 해외사업장순투자의 위험회피로 구분하는데, 높은 위험회피효과(80~125%)를 갖는 등 특정요건을 충족하며 위험회피대상항목과 위험회피수단간의 위험회피관계가 지정되는 경우에만 위험회피회계를 적용한다.

참조조문 K-IFRS 1039호 71~102, AG105~AG113

위험회피대상항목(危險回避對象項目; hedged item)

① 공정가치나 현금흐름의 변동위험에 노출되고 ② 위험회피대상으로 지정된 자산, 부채, 확정계약, 발생가능성이 매우 높은 예상거래 또는 해외영업순투자를 말한다.

참조조문 K-IFRS 1039호 78~84, AG98~AG101

위험회피수단(危險回避手段; hedging instrument)

공정가치나 현금흐름 변동이 위험회피대상항목의 공정가치나 현금흐름 변동을 상쇄할 것으로 기대하여 지정한 파생상품이다. 다만, 회피대상위험이 환율변동위험인 경우에는 비파생금융자산이나 비파생금융부채를 포함한다.

참조조문 K-IFRS 1039호 72~77, AG94~AG97

위험회피회계(危險回避會計; risk aversion accounting)

미래에 불확실하게 실현되는 현금흐름에 대해 객관적·평균적으로 기대할 수 있는 기대가치가 보다 덜 위험한 투자안을 선택하게 되는 경우 위험회피형의 투자자로 보며 대부분의 합리적 투자자는 위험회피형에 속한다. 다양한 파생상품의 출현으로 기업은 영업활동 및 재무활동에서 발생하는 위험을 방지할 수 있게 되었는데, 이러한 위험회피대상항목(예:고정이자율조건의 대출금 또는 차입금, 재고자산에 대한 매입 또는 매출확정계약 등) 및 위험회피수단 등의 위험회피활동을 재무제표에 적절히 반영될 수 있도록 하기 위해서는 기존의 회계처리기준과는 다른 별도의 회계처리방법이 필요한바, 이러한 목적을 충족시키기 위하여 도입된 것이 위험회피회계이다. 위험회피수단과 위험회피대상항목의 공정가치 변동에 따른 손익의 상쇄효과를 인식하며, 공정가치위험회피, 현금흐름위험회피 및 해외사업장순투자의 위험회피의 유형으로 구분된다.

참조조문) K-IFRS 1039호 85~102, 1107호 22~24

유가증권(有價證券; securities)

재산적 가치가 있는 사권(私權)이 표창된 증권으로서 그 권리의 발생·행사·이전의 전부 또는 일부를 증권에 의해서만 행사할 수 있는 것을 말한다. 넓은 의미의 유가증권에는 선하증권과 같은 물품증권, 수표·어음과 같은 화폐증권, 주식과 같은 자본증권이 모두 포함되나 회계상의 유가증권은 주식·국채·공채·사채 등의 자본증권만을 의미한다.

유가증권의 취득가액(有價證券의 取得價額; acquisition cost of security)

실제 지급하는 매입가격에 매입수수료, 기타의 매입부대비용을 가산한 금액으로 결정한다. 유가증권에 액면가액이 존재한다 하더라도 취득가액의 결정에는 액면가액이 회계상 고려대상이 되지 않는다. 만일 이자지급일 사이에 국공채를 취득하였다면 그 취득에 소요된 원가 중에는 직전 이자지급일에서 취득일까지의 발생이자가 포함되어 있는바, 이는 유가증권의 취득원가에 포함시키지 않고 별도의 미수이자항목으로 처리하여 다음 이자수취일에 실제 수입이자와 상계하여야 한다.

세법상 실제 유가증권의 취득에 현금지출 등의 자금부담이 없음에도 불구하고 이를 의제배당(擬制配當) 등으로 간주하여 과세하고 동 금액을 유가증권의 취득가액으로 인정하여 그 유가증권의 처분시에 이를 손금 또는 필요경비로서 인정하여 주는 의제배당에 관한 규정이 있다.

참조조문) 법법 16, 법령 129의 2 ③, 소법 17

유가증권의 평가(有價證券의 評價; valuation of security)

결산일 현재 유가증권의 재산적 가치를 확정시키는 것을 말한다. 기업회계기준상 유가증권 중 단기매매증권과 매도가능증권은 공정가치로, 만기보유증권은 상각후취득원가로 평가하여 재무상태표에 표시한다. 한편, 법인세법과 소득세법상 유가증권의 평가는 개별법(채권에 한함), 총평균법, 이동평균법 중 납세지관할세무서장에게 신고한 방법에 의해 원가로 평가한다. 그러나 보험업법 기타 법률에 의한 유가증권은 공정가액(시가)으로 평가할 수 있다. 한편, 상속세및증여세법에서는 상속재산으로서의 유가증권의 평가방법을 규정하고 있다.

참조조문 K-IFRS 1039호 43~44, 일반기준 6장 2절 6.29~6.30, 소령 93 · 165, 법령 75, 상증법 63

유권해석(有權解釋; authentic interpretation)

국가 또는 법을 해석할 권한이 있는 기관이 행한 법의 해석으로 공적 구속력(公的 拘束力)을 가진다. 공권해석(公權解釋) 또는 강제적 해석(强制的 解釋)이라고도 하며, 학리해석(學理解釋)에 대응된다. 이를 해석하는 기관에 따라 입법해석(立法解釋) · 사법해석(司法解釋) · 행정해석(行政解釋)으로 구분된다.

① 입법해석(立法解釋) : 예컨대 민법 제18조 "생활의 근거되는 곳을 주소로 한다."와 같이 입법 자체에 의한 해석을 말한다.

② 사법해석(司法解釋) : 법원, 특히 대법원에 의하여 행하여지는 해석. 이것은 판결 속에 나타나는 것이 보통이다. 사법해석은 최종적인 구속력을 가진다.

③ 행정해석(行政解釋) : 행정관청에 의하여 행하여지는 해석으로서 법의 집행에 있어서 구체적으로 행하여지는 수도 있으며, 상급행정관청이 하급행정관청에 대하여 그 의의를 해석하여 훈령(訓令)을 내리고, 하급관청의 신청 또는 질의에 대하여 지령(指令)을 발하는 등 일반적 · 추상적으로 행하여지는 수도 있다. 이러한 해석은 일반적 구속력은 없지만 동일계통의 관청 상호간에서는 일정한 구속력을 가진다. 즉 하급관청이 이를 좇지 않을 때에는 상급관청은 행정감독권(行政監督權)으로 강제할 수 있다.

유동부채(流動負債; current liabilities)

부채는 다음 요건 중 하나를 충족할 때 유동부채로 분류한다.

① 정상영업주기 내에 결제될 것으로 예상

② 단기매매목적으로 보유

③ 재무상태표일로부터 12개월 이내에 결제되어야 하는 경우

④ 기업이 부채의 결제를 재무상태표일로부터 적어도 12개월 동안 무조건적
   으로 연기할 수 있는 권리를 가지고 있지 않은 경우

그 밖의 모든 부채는 비유동부채로 분류한다.

참조조문 K-IFRS 1001호 69, 일반기준 2장 2.22~2.23

유동자산(流動資産; current assets)

다음 기준 중 하나를 충족하는 자산이다.

① 기업의 정상영업주기 내에 실현될 것으로 예상되거나, 판매목적 또는 소
   비목적으로 보유하고 있다.

② 주로 단기매매목적으로 보유하고 있다.

③ 재무상태표일 후 12개월 내에 실현될 것으로 예상된다.

④ 재무상태표일 후 최소한 12개월간은 교환이나 부채상환에 제한이 없는
   현금 또는 현금성자산이다.

그 밖의 모든 자산은 비유동자산으로 분류한다.

참조조문 K-IFRS 1001호 66, 1105호 부록A, 일반기준 2장 2.20~2.21

유보(留保; retention)

세무조정을 함에 있어서 익금산입·손금불산입(또는 손금산입·익금불산입)한
세무조정금액의 효과가 사외로 유출되지 않고 사내에 남아있는 것으로 인정
하는 처분을 말한다. 즉 그 금액만큼 당기순이익에 비해 각사업연도소득이
증가(또는 감소)될 뿐 아니라 결산서상 자본에 비해 세무회계상 자본이 증가
(또는 감소)된 것으로 인정되는 것이다.

이러한 처분은 재무상태표의 자산 및 부채에 왜곡을 초래하게 되는데, 이때
과대 또는 과소계상된 자산·부채의 가액이 손익계산서에 영향을 미치는 시
점에서는 반대의 세무조정이 발생하여 당해 유보(또는 △유보)의 처분은 차기

이후에 반대의 세무조정에 의해서 상쇄된다. 이처럼 상쇄된 후에야 비로소 기업회계와 세무회계와의 차이가 해소되는데 이는 결국 기업회계와 세무회계와의 일시적 차이에 불과한 것이다. 따라서 유보처분은 법인세법의 입장에서 결산서상 자산·부채의 왜곡을 수정하여 차기 이후의 세무조정을 적정하게 수행할 수 있도록 하는 기능을 담당한다고 할 수 있다.

유산(遺產; inheritance)

피상속인이 사후(死後)에 남긴 재산(상속된 재산)의 총칭이다. 상속의 대상으로 되는 재산은 피상속인의 일신전속적(一身專屬的)인 것 등 상속재산이 될 수 없는 것을 제외하고 피상속인에게 속한 소유권·채권 등의 적극재산(積極財產)뿐 아니라 피상속인이 지고 있던 채무 및 유증(遺贈)에 의한 채무 등의 소극재산(消極財產)도 포함한다. 상속세과세대상인 상속재산의 범위 또한 피상속인에게 귀속되는 재산으로서 금전으로 환가할 수 있는 경제적 가치가 있는 모든 물건과 재산적 가치가 있는 법률상 또는 사실상의 모든 권리를 포함하도록 하고 있다.

참조조문 상증법 2·3

유산과세방식(遺產課稅方式; taxation method on bequest)

상속세과세방식의 일종으로서 유산취득과세방식(遺產取得課稅方式)에 대응되는 개념으로 기본적으로 피상속인의 유산 전부를 과세대상으로 고려하고 유산의 분배상황에 의해서 세액이 좌우되지 않는 것이 특색이다.

이 방식은 ① 피상속인의 생전의 과세누락분이 청산되는 데 적합하고, ② 과세집행이 용이하다는 장점을 지니고 있다. 우리나라는 현재 원칙적으로 이 방식을 따르고 있다.

유산분할(遺產分割; partition of bequest)

복수의 상속인이 존재하는 공동상속(共同相續)의 경우에는 상속인간에 공유(共有)로 된 유산을 상속분에 따라 나누어서 각 상속인의 단독재산으로 할 필요가 있는바, 이와 같이 유산을 나누는 것을 유산분할이라고 한다. 유언(遺言)에서 지정된 분할비율이 있으면 그에 따르고, 유언에 지정된 분할비율이 없으면 상속인 전원의 협의(協議)에 의하며, 협의도 성립되지 않으면 민법상의 상속지분비율(相續持分比率)에 따른다. 또한 분할의 효력은 상속개시당시로 소급하여 발생한다.

참조조문 민법 1012 · 1013

유산취득과세방식(遺產取得課稅方式; taxation method on legatee)

상속세과세방식의 일종으로서 유산과세방식(遺產課稅方式)에 대응되는 개념이다. 이 방식은 유산을 취득한 각자의 지분별로 별도로 과세표준 및 세액을 산정하는 것이 특색이다.

이 방식은 ① 유산취득자 각자의 담세력에 대응하는 과세가 이루어질 수 있고, ② 부(富)의 집중억제에 효과적이라는 등의 장점이 있다. 현재 일본이 원칙적으로 유산취득과세방식에 따르고 있다.

유상사급(有償賜給; subcontract of credit)

모기업에서 자재를 일괄 구매해 자기업에 공급하는 것으로, 모기업이나 자기업간에 효율적 공급라인을 구성해 원가절감 및 구매상의 문제점을 해소하고, 모기업에서는 자기업의 납품 기일을 준수할 수 있도록 상호 효율적 관리가 가능하다. 유상사급거래는 재화를 판매하고 동시에 그 재화를 나중에 재구매하는 약정을 체결하는 경우는 두 거래의 실질적 효과가 상쇄되므로 판매에 대한 수익인식기준을 적용할 수 없고 거래 전체를 하나로 보아 총액기준이 아닌 순액기준으로 회계처리한다.

참조조문 일반기준 16장 16.10

유상증자(有償增資; capital increase with consideration)

✎ 증자 참조

유언(遺言; will)

유언은 상대방이 없는 단독의 의사표시로서 사망(死亡)에 의하여 효력이 발생하는 것이며 생전뿐 아니라 유언에 의하여 사후(事後)의 법률관계(주로 재산관계)의 지배도 인정된다. 그러나 그 내용은 유증(遺贈), 상속분(相續分)의 지정, 유산분할방법의 지정, 상속인의 폐제·인지(廢除·認知) 등 법률로써 정한 일정한 것에 한한다.

유언은 유언자의 진의(眞意)를 확보하기 위하여 엄격한 방식에 따를 것을 요구한다. 유언의 방식에는 자필증서(自筆證書)에 의한 유언, 비밀증서(秘密證書)에 의한 유언, 녹음(錄音)에 의한 유언, 공정증서(公正證書)에 의한 유언 및 구수증서(口授證書)에 의한 유언 등이 있다.

[참조조문] 민법 1060~1111

유의적인 영향력(有意的인 影響力; significant influence)

투자회사가 피투자회사의 재무정책과 영업정책에 관한 의사결정에 실질적인 영향을 미칠 수 있는 능력을 말한다. 투자회사가 직접 또는 지배·종속회사를 통하여 간접으로 피투자회사의 의결권 있는 주식의 20% 이상을 보유하고 있다면 명백한 반증이 있는 경우를 제외하고는 유의적인 영향력이 있는 것으로 본다. 다만, 투자회사의 피투자회사에 대한 의결권 있는 주식이 20%에 미달하더라도 투자회사가 다음 중 하나 이상에 해당하는 경우에는 일반적으로 피투자회사에 대하여 유의적인 영향력이 있다고 본다.

① 투자회사가 피투자회사의 이사회 또는 이에 준하는 의사결정기구에서 의결권을 행사할 수 있는 경우
② 투자회사가 피투자회사의 재무정책과 영업정책에 관한 의사결정과정에 참여할 수 있는 경우
③ 투자회사가 피투자회사의 재무정책과 영업정책에 관한 의사결정과정에 참여할 수 있는 임원선임에 상당한 영향력을 행사할 수 있는 경우
④ 피투자회사의 중요한 거래가 주로 투자회사와 이루어지는 경우

⑤ 피투자회사에게 필수적인 기술정보를 투자회사가 당해 피투자회사에게
  제공하는 경우

참조조문 K - IFRS 1028호 5~9, 일반기준 8장 8.4~8.6

유족연금(遺族年金; survivor's annuity)

각 연금법에 의해 연금을 받을 권리가 있는 자의 사망으로 인하여 그 유족
에게 지급되는 연금이다. 유족연금에 대하여는 국민연금법, 공무원연금법,
공무원재해보상법, 군인연금법및사립학교교원연금법 또는 별정우체국법에
서 각각 규정하고 있는데 국민연금법상의 지급사유와 공무원연금법 등의 지
급사유는 서로 차이가 있다. 소득세법상 유족연금은 비과세소득으로 규정되
어 있으며 소득세가 과세되지 않는다.

참조조문 소법 12 3호 사목, 상증법 10, 상증령 6

유족일시금(遺族一時金; lump - sum payment to bereaved family)

공무원연금법, 공무원재해보상법, 군인연금법, 사립학교교직원연금법 또는
별정우체국법에 의해 지급되는 유족급여의 일종이다. 유족일시금은 공무원
등이 20년 미만 재직하고 사망한 때에 그 유족에게 지급된다. 유족일시금은
소득세법상 비과세소득으로서 소득세가 과세되지 않는다.

참조조문 소법 12 3호 사목, 상증법 10, 상증령 6

유증(遺贈; bequest)

유언에 의한 유산(遺産)의 처분을 말하며 유증에 의하여 재산을 받는 자를
수유자(受遺者), 유증을 이행하는 상속인을 유증의무자(遺贈義務者)라고 한다.
유증은 자유인바, 유산의 몇 분의 1이라는 방식으로(포괄유증) 또는 특정한
재산에 대하여도(특정유증) 할 수 있고, 수유자에게 일정한 급부를 할 의무를
지운 유증(負擔附遺贈)도 있다. 상속인에게 유증하여도 무방하나, 상속결격자
는 수유자가 되지 못한다. 수유자는 유증을 받고 싶지 않으면 포기할 수 있
다. 사인증여(死因贈與)는 생전의 계약(契約)인 점에서 유증과 다르나, 유증의

규정이 준용된다. 상속세및증여세법상 유증은 상속재산에 포함된다.

참조조문 상증법 2

유지관리비(維持管理費; maintenance and administrative expense)

토지·건물·설비 등의 고정자산기능을 유지하고 관리하기 위해서 필요한 수선·교체 등의 경비로서 구체적으로는 수선비 및 재산세 등이다.

유추해석(類推解釋; analogical interpretation)

법의 해석방법의 하나로서 어떤 사항에 대하여 직접 규정한 법규정이 없을 때 그와 비슷한 사항에 대하여 규정한 조항을 적용하여 해석하는 방법이다. 이는 법의 탄력적 운용으로 입법상의 미비점을 보완한다는 점에서 바람직하지만 유사성의 판단이 자의적으로 행해질 가능성 때문에 법적안정성을 저해할 우려가 있다. 예컨대 '승용차통행금지'인 도로에 대해 화물자동차는 승용차가 아니므로 통행할 수 있다는 것이 반대해석이고 화물자동차도 승용차와 유사한 것이므로 통행할 수 없다고 해석하는 것이 유추해석이다.
한편, 형법이나 세법과 같이 국민의 권익에 대한 침해가능성이 높은 침해법규에 있어서는 원칙적으로 유추해석금지의 원칙이 적용되나, 다만 국민의 권익에 이로운 경우에는 유추해석이 허용된다고 할 것이다.

유치권(留置權; lien)

타인의 물건 또는 유가증권을 점유한 자가 그 물건이나 유가증권에 관하여 생긴 채권(債權)을 가지는 경우에 그 채권의 변제를 받을 때까지 그 물건 또는 유가증권을 유치할 수 있는 권리이다. 예컨대, 시계를 수선한 자는 그 수선료를 지급받을 때까지는 그 시계를 그대로 가지고 있을 수 있는 것이다. 법률이 유치권을 인정하고 있는 것은 공평(公平)의 원칙에 기하는 것이다. 즉 타인의 물건 또는 유가증권의 점유자가 그 물건이나 유가증권에 관한 채권을 가지는 경우에 그 채권의 변제를 받기 전에 자기만이 먼저 그 물건이나 유가증권을 반환하여야 한다고 하면 채권의 추심이 어렵게 되어 불공평하게 되기 때문이다. 요컨대, 유치권은 법률상 당연히 인정되는 법정담보물권(法定擔保物權)이다.

참조조문 민법 320~328, 상증법 14 ② 2호

유한책임사원(有限責任社員; partner with limited liability)

회사채무에 대하여 출자액의 한도 내에서 회사채권자에게 일정조건하에 직접 또는 연대하여 책임을 지는 사원을 말하며, 이는 무한책임사원(無限責任社員)에 대응되는 개념이다. 합자회사는 유한책임사원과 무한책임사원으로 구성된다. 책임이 유한(有限)인 점은 주주(株主)와 같지만 회사채권자에 대하여 일정한 조건하에 직접 책임을 지는 점에서 주주와 다르고 무한책임사원과 비슷하다. 책임이 유한이라 함은 출자액을 한도로 하여서만 회사의 채무를 변제할 책임이 있다는 뜻이며, 출자의무의 전부 또는 일부를 이미 이행하였을 때에는 그 부분에 대하여는 책임이 면제된다.

참조조문 상법 272 · 278 · 279

유한회사(有限會社; private company)

사원의 균등액 이상의 출자로 형성된 자본을 가지고 사원은 출자의무(出資義務)를 부담할 뿐 회사채권자에 대하여 아무런 책임도 지지 아니하는 특질을 가진 물적회사(物的會社)로서, 상행위 기타 영리를 목적으로 상법에 의하여 설립된 사단법인이다.

유한회사는 물적회사와 인적회사(人的會社)의 장점을 융합시킨 중간적 형태의 회사로서 중소기업에 적합한 형태의 회사이다. 그 조직의 비공중적 · 폐쇄적인 점에서는 인적회사와 유사하나, 유한책임사원으로 구성되는 자본단체(資本團體)인 점에서는 주식회사와 유사하다. 이른바 폐쇄적 간이주식회사라고 할 수 있다.

유한회사의 중요한 특질로서는 ① 사원책임의 유한성, ② 회사조직의 간편성, ③ 법적 감독의 관대성, ④ 기업의 폐쇄성 등을 들 수 있다.

참조조문 상법 543~613

유형자산(有形資產; property plant and equipment)

비유동자산은 그 존재형태의 존부(存否) 등에 따라 투자자산, 유형자산, 무형자산으로 구분되는데, 유형자산이란 구체적인 존재형태를 가지는 비유동자산을 말한다. 재화의 생산, 용역의 제공, 타인에 대한 임대 또는 관리활동에 사용할 목적으로 보유하는 물리적 형태가 있는 자산으로서 한 회계기간을 초과하여 사용할 것이 예상되는 자산이다. 토지·건물·기계장치 등이 유형자산에 해당하는데 유형자산의 취득원가는 토지와 같이 그 가치가 하락하지 않는 자산을 제외하고는 감가상각을 통해 각 회계연도의 비용으로 계상된다. 유형자산의 감가상각방법에는 여러 가지가 있으나 세법은 그 중 정액법·정률법·생산량비례법만을 허용하고 있다.

참조조문 법령 26 ①, 소령 64 ①, K-IFRS 1016호 6, 일반기준 10장 10.4

유효이자율(有效利子率; effective interest rate)

유효이자율은 금융상품의 기대존속기간이나 적절하다면 더 짧은 기간에 예상되는 미래 현금 유출과 유입의 현재가치를 금융자산 또는 금융부채의 순장부금액과 정확히 일치시키는 이자율이다. 유효이자율을 계산할 때 당해 금융상품의 모든 계약조건(예 : 중도상환옵션, 콜옵션 및 유사한 옵션)을 고려하여 미래현금흐름을 추정하여야 한다. 그러나 미래 신용위험에 따른 손실은 고려하지 아니한다. 유효이자율을 계산할 때에는 계약 당사자 사이에서 지급하거나 수취하는 수수료와 포인트(유효이자율의 주요 구성요소에 한함), 거래원가 및 기타의 할증액과 할인액 등을 반영한다. 일반적으로 유사한 금융상품 집합의 현금흐름과 기대존속기간은 신뢰성 있게 추정할 수 있는 것으로 가정한다. 그러나 금융상품(또는 유사한 금융상품의 집합)에 대한 현금흐름 또는 기대존속기간을 신뢰성 있게 추정할 수 없는 예외적인 경우에는 전체 계약기간에 걸친 계약상 현금흐름을 사용하여 유효이자율을 구한다.

참조조문 K-IFRS 1039호 9

유휴설비(遊休設備; idle facilities)

✎ 유휴자산 참조

유휴자산(遊休資産; unused property)

일단 가동을 하였지만 생산축소, 기타의 사유에 의해 가동하고 있지 않는 자산이다. 반면에 건설, 기타의 이유로 한 번도 사업에 사용된 일이 없는 자산을 미가동자산(未稼動資産)이라고 하는데, 유휴자산과 미가동자산의 사이에 엄밀한 용어상의 구별은 없다. 또한 고정자산은 기술적 진부화에 의해서 생산활동에서 이탈하고 유휴상태에 들어가기도 한다.

현행 소득세법이나 법인세법상 비업무용 자산이나 토지 등을 제외하고는 사업용 고정자산 중 유휴자산에 해당되는 경우라도 감가상각할 수 있다.

참조조문 법령 24 ②, 소령 70

은닉된 이익처분(隱匿된 利益處分; hidden profit distribution)

공연(公然)한 이익처분에 대응하는 세법상의 고유개념이다. 공연한 이익처분이 상법 및 기업회계에 의해 계산된 순이익을 주주총회의 승인 등을 통해 이익준비금·배당금·임원상여금 기타의 형식으로 이익처분을 하는 데 비하여, 은닉된 이익처분이란 기업이 결산을 통한 순이익의 산출 전에 출자자·임원 등에 대해서 본래 이익처분의 형식을 통해서 지출해야 되는 것을 손실 또는 비용의 형식으로 지출하는 것이며, 이를 '숨은 이익처분'이라고도 한다.

응능부담의 원칙(應能負擔의 原則; ability to pay principle)

조세는 행정서비스를 받는 이익의 양과는 무관하게, 그것을 부담하는 자의 담세력에 따라 부담되어야 한다는 사고방식으로서 조세부담원칙의 일종이다. 조세부담의 공평성이라는 관점에서는 가장 좋은 원칙이라고 간주되어 근대 세제에 있어서 중심적 지위를 점하고는 있지만 반드시 절대적인 유일의 원칙은 아니다. 이 원칙의 대표적인 예로서는 소득세의 누진세구조를 들 수 있다.

응익부담의 원칙(應益負擔의 原則; benefit principle)

행정서비스의 이익을 받는 자는 그 이익의 양(量)에 따라 조세를 부담하여야 된다는 사고방식으로 조세부담에 관한 원칙의 일종이다. 이에 대응하는 것은 응능부담(應能負擔)의 원칙이다.

지역주민의 행정수요에 따라 행하는 지방자치단체의 행정서비스제공에 필요한 재원은 그 지역주민에 의해서 부담되어야 한다는 입장에서 징세되는 바, 재산세·주민세균등분을 그 구체적 예로서 들 수 있다.

의견진술권(意見陳述權; right of statement)

이의신청인, 심사청구인 또는 심판청구인은 그 신청 또는 청구에 관하여 해당 재결청에 의견을 진술할 수 있는데 이를 의견진술권이라 한다.

의견을 진술하려는 자는 진술자의 주소 또는 거소 및 성명과 진술하려는 내용의 대강을 적은 문서로 해당 재결청에 신청하여야 하며, 신청을 받은 재결청은 출석일시 및 장소와 필요하다고 인정되는 진술시간을 정하여 국세심사위원회, 조세심판관회의 또는 조세심판관합동회의의 회의개최일(이의신청의 경우에는 결정을 하는 날) 3일 전까지 신청인에게 통지하여 의견진술의 기회를 주어야 한다.

다만, 이의신청, 심사청구 또는 심판청구의 목적이 된 사항이 경미하거나 기일이 지난 후에 신청하거나 청구한 경우 등 재결청은 이유를 구체적으로 밝힌 문서로 그 뜻을 해당 신청인에게 통지하여야 한다.

참조조문 국기법 58, 국기령 47

의료비공제(醫療費控除; deduction of medical expense)

소득세법상 특별세액공제의 한 항목을 말하는데, 근로소득자가 공제신청을 한 경우 소득자 본인이나 생계를 같이하는 배우자 및 부양가족을 위하여 지급한 일정한 범위 내의 의료비를 해당 과세기간의 종합소득산출세액에서 공제하는 제도이다. 공제대상 의료비는 본인이나 생계를 같이하는 배우자와 부양가족을 위해 해당 근로자가 직접 부담하는 진찰·치료·질병예방을 위해 의료기관에 지급한 비용, 치료·요양을 위한 의약품(한약을 포함)을 구입하고 지급하는 비용, 장애인 보장구 및 의사·치과의사·한의사 등의 처방에 따라 의료기기를 직접 구입하거나 임차하기 위하여 지출한 비용, 시력보정용 안경 또는 콘택트렌즈를 구입하기 위하여 지출한 비용으로서 기본공제대상자 1명당 연 50만원 이내의 금액, 보청기를 구입하기 위하여 지출한 비용, 노인장기요양보험법 제40조 제1항에 따라 실제 지출한 본인일부부담금 등이며 의료비세액공제는 다음과 같이 계산된다.

$$의료비세액공제 = (① + ③) \times 15\% + ② \times 20\%$$

① 해당 거주자·과세기간 종료일 현재 65세 이상인 사람·장애인·대통령령으로 정하는 중증질환자, 희귀난치성질환자 또는 결핵환자를 위하여 지급한 의료비

② 대통령령으로 정하는 난임시술비

③ Min
- 위 ① 및 ②의 대상자를 제외한 기본공제대상자를 위하여 지급한 의료비 − 총급여액×3%
- 연 700만원

(**참조조문**) 소법 59의 4 ②, 소령 118의 5

의무발생사건(義務發生事件; obligating event)

충당부채의 계상요건으로서 법적의무 또는 의제의무를 발생시키며 당해 의무를 이행하는 것 외에는 실질적인 대안이 없는 사건이다.

(**참조조문**) K-IFRS 1037호 10

의제매입세액(擬制買入稅額; deemed input tax)

부가가치세가 면제되는 재화를 구입하여 매입세액이 없는 경우에도 일정한 요건에 해당하는 때에는 그 매입가액(買入價額) 중에 일정한 매입세액(買入稅

額)이 포함되어 있는 것으로 간주하여 계산한 일정액을 매출세액(賣出稅額)에서 공제하는 세액을 말한다.

원칙적으로 매출세액에서 공제되는 매입세액은 재화·용역을 공급하는 사업자로부터 부가가치세를 거래징수당한 것으로서 세금계산서를 교부받아 정부에 제출한 것에 한하나, 부가가치세가 면제되는 재화를 공급받음으로써 부가가치세를 거래징수당하지 아니하였더라도 그 공급받은 재화의 가액에는 얼마만큼의 부가가치세가 포함되어 있을 것이라고 의제하여 매입세액으로 공제하도록 하는 것을 의제매입세액공제제도(擬制買入稅額控除制度)라고 하는바 이는 누적효과와 환수효과를 완화하기 위한 규정이다.

부가가치세법은 부가가치세를 면제받아 공급받은 농산물, 축산물, 수산물 또는 임산물(면세농산물 등)의 가액에 다음 표의 구분에 따른 율(공제율)을 곱한 금액을 매입세액에서 공제할 수 있도록 규정하고 있다. 다만, 해당 과세기간에 해당 사업자가 면세농산물 등과 관련하여 공급한 과세표준에 100분의 30(개인사업자에 대해서는 과세표준이 2억원 이하인 경우에는 100분의 50, 과세표준이 2억원 초과인 경우에는 100분의 40)을 곱하여 계산한 금액에 공제율을 곱한 금액을 매입세액으로서 공제할 수 있는 금액의 한도로 한다.

구 분		율
① 음식점업	가. 개별소비세법 제1조 제4항에 따른 과세유흥장소의 경영자	104분의 4
	나. 위 '가' 외의 음식점을 경영하는 사업자 중 개인사업자	108분의 8
	다. 위 '가' 외의 음식점을 경영하는 사업자 중 위 '나' 외의 사업자	106분의 6
② 제조업	가. 과자점업, 도정업, 제분업 및 떡류 제조업 중 떡방앗간을 경영하는 개인사업자	106분의 6
	나. 위 '가' 외의 제조업을 경영하는 사업자 중 조세특례제한법 제5조 제1항에 따른 중소기업 및 개인사업자	104분의 4

다. 위 '가' 및 '나' 외의 사업자	102분의 2
위 '①' 및 '②' 외의 사업	102분의 2

참조조문 부법 42, 부령 84, 부칙 56

의제반출(擬制搬出; deemed carrying out)

✎ 반출의제 참조

의제배당(擬制配當; deemed dividend)

세법은 상법상 이익의 배당(利益配當)이라 불려지지 아니하는 것도 성질상 일반 이익배당과 같은 경우에는 이를 배당(配當)으로 보는 경우가 있는데, 이를 의제배당이라 한다. 즉 정규의 이익처분에 의하지 아니하고 실질적으로 배당과 똑같은 경제적 이익이 주주 또는 출자자에게 귀속되는 경우의 이익배당을 말한다.

의제배당으로 간주하는 유형은 소득세법 및 법인세법에 열거되어 있다.

참조조문 법법 16, 소법 17 ① 3호

✎ 배당금 또는 분배금의 의제 참조

의제사업연도(擬制事業年度; deemed business year)

법인의 사업연도는 법인의 정관·규칙 또는 법인의 신고 등에 따른 1회계기간으로 하는 것이 원칙이지만 존립기간의 만료·법인의 해산·합병 등 예기치 않은 사정이 발생하여 종전의 사업연도를 그대로 적용하기 곤란한 경우가 있다. 이러한 특수한 사정이 생긴 경우 종전의 사업연도에 따르면 세무상 많은 문제점이 발생되므로 법인세법은 특별히 이러한 경우 사업연도의 범위를 규정하고 있는바, 이를 의제사업연도(擬制事業年度)라고 한다.

예컨대 내국법인이 사업연도 중에 합병에 의하여 소멸한 경우에는 피합병법인의 최종 사업연도는 사업연도개시일부터 합병등기를 한 날까지로 하는 경우 등이다.

참조조문 법법 8, 법령 5

의제상속재산(擬制相續財産; deemed inherited property)

본래 상속재산이 아니더라도 일정한 재산은 이를 상속재산으로 간주하여 상속세를 과세하는데 이는 사망으로 인해 재산이 무상으로 이전되는 경우 그 형식이 상속·유증 또는 사인증여가 아니라 할지라도 이에 대하여 상속세를 과세함으로써 과세의 형평을 기하기 위함이다. 의제상속재산에는 상속재산으로 보는 보험금, 상속재산으로 보는 신탁재산, 상속재산으로 보는 퇴직금 등이 있다.

참조조문 상증법 8~10

의제외국납부세액(擬制外國納付稅額; deemed foreign taxes)

국외원천소득이 있는 내국법인이 우리나라의 조세조약의 상대국에서 당해 국외원천소득에 대한 법인세를 감면받은 세액상당액은 당해 조세조약의 범위 내에서 실제로 납부하지 아니하였다 하더라도 이는 납부한 외국법인세액(外國法人稅額)으로 보아 외국법인세액으로서 손금산입 또는 세액공제의 대상으로 인정하는바, 이를 의제외국법인세액이라고 한다. 이는 국외원천소득을 해당국에서 감면으로 취급하는 본래의 취지에 충실하기 위한 조치이다.

참조조문 법법 57 ③

🖉 간접외국납부세액 참조

의제의무(擬制義務; constructive obligation)

명시적·묵시적 계약 또는 법률의 규정에 의하여 발생하는 의무인 법적의무와는 달리 발표된 경영방침 또는 구체적이고 유효한 약속이나 과거의 실무관행 등을 통하여 기업이 특정책임을 부담한다는 것을 표명함으로써 그 책임을 이행할 것이라는 정당한 기대를 상대방이 가지게 되는 경우에 발생하는 의무이다.

참조조문 K-IFRS 1037호 10

이동평균법(移動平均法; moving average method)

재고자산평가방법의 하나로서 재고자산이 새로이 입고될 때마다 새로이 입고되는 재고자산의 가액과 기존 재고자산가액을 합하여 새로운 평균단가를 구하고 이를 남아 있는 재고자산 및 출고되는 재고자산의 단가로 보는 방법이다.

이사(理事; director)

법인의 사무를 집행하고 법인을 대표하여 법률행위를 할 수 있는 권한을 가지는 법인의 상설기관이다.

주식회사와 유한회사의 이사에 대하여는 상법이 규정을 두고 있고 비영리법인의 이사에 대하여는 민법에서 규정하고 있다. 주식회사의 경우 이사는 회사의 업무집행기관인 이사회의 구성원에 불과하다.

주식회사는 원칙적으로 3인(자본의 총액이 10억원 미만인 회사는 1인 또는 2인으로 할 수 있음) 이상의 이사를 두어야 하며 그 임기는 3년을 초과할 수 없다. 그러나 유한회사의 이사는 각자가 회사업무의 집행기관을 구성하고 그 인원은 1인 이상으로 하되 자격과 임기에 대하여는 제한이 없다. 한편, 비영리법인의 경우 이사의 임면(任免)은 정관에 의해 정해진다.

비영리법인의 이사는 대외적으로는 각 이사가 법인의 일체의 사무에 관하여 대리권을 가지는 것이 원칙이나, 사무의 집행은 이사의 과반수로서 결정한다.

참조조문 상법 382·383·561, 민법 57~63

이사회(理事會; board of directors)

주식회사의 이사 전원으로 구성되는 주식회사의 업무집행기관이다.

이사회는 법령이나 정관에 의해 주주총회의 권한으로 되어 있는 것을 제외하고는 중요한 자산의 처분 및 양도, 대규모자산의 차입, 지배인의 선임 또는 해임과 지점의 설치·이전 또는 폐지 등 주식회사의 업무집행에 관한 모든 의사결정을 할 수 있으며, 이사회의 결의는 이사 과반수의 출석과 출석이사의 과반수로 하여야 한다. 단, 정관으로 그 비율을 높게 정할 수 있다. 이사회의 결의사항에 대하여는 의사록을 작성하여야 하며 이 의사록에는 출석이사와 감사가 기명날인하여야 한다.

참조조문 상법 390~393

이연법인세(移延法人稅; deferred income tax)

회계상의 이익과 과세표준과의 차이가 일시적일 경우 그 차이로 인한 세금효과를 이연하는 것을 말하는데, 법인세법상 납부해야 할 금액이 법인세비용을 초과하는 경우 그 초과하는 금액을 이연법인세자산(移延法人稅資產)이라 하며, 법인세비용이 법인세법상 납부하여야 할 금액을 초과하는 경우 그 초과하는 금액을 이연법인세부채(移延法人稅負債)라 한다. 이러한 이연법인세회계는 법인세비용이 회계상의 이익과 일정한 관계로 나타나도록 함으로써 수익·비용대응의 원칙에 충실하고 기업의 수익력 왜곡현상을 방지할 수 있게 한다.

참조조문 K-IFRS 1012호 5, 일반기준 22장

이연법인세부채(移延法人稅負債; deferred tax liabilities)

당기말 현재 존재하는 가산할 일시적차이로 인하여 증가될 법인세 부담액을 말한다. 이연법인세부채는 일시적차이를 유발시키는 거래가 이미 발생하였고 당해 일시적차이는 미래의 과세소득과 현금유출(법인세부담액)을 증가시키므로 부채의 정의에 부합한다. 보수적인 관점에서 이연법인세부채는 실현가능성 여부에 관계없이 부채로 인식하고 이연법인세자산은 실현가능성이 거의 확실한 경우에만 자산으로 인식한다.

참조조문 K-IFRS 1012호 5, 일반기준 22장

이연법인세자산(移延法人稅資產; deferred tax asset)

당기말 현재 다음의 항목들로 인하여 미래 회계기간에 회수될 수 있는 법인세금액을 말한다.

① 차감할 일시적차이

② 미사용 세무상 결손금의 이월액

③ 미사용 세액공제 등의 이월액

이연법인세자산은 실현가능성이 거의 확실한 경우에만 자산으로 인식할 수 있으며, 미래에 회계이익이 발생하지 아니하면 법인세부담액의 감소를 기대할 수 없으므로 자산의 요건을 충족하지 아니한다.

참조조문 K-IFRS 1012호 5, 일반기준 22장

이월결손금(移越缺損金; loss carried forward)

당해 사업연도 이전에 생긴 결손금으로서 전사업연도(前事業年度)로부터 이월된 결손금을 말한다.

조세는 원칙적으로 사업연도독립(事業年度獨立)의 원칙에 의하여 당해 사업연도의 소득에 대하여 과세되는 것이지만, 기업자본의 유지 및 계속기업으로서의 기업세원(企業稅源)의 조성을 위하여 일정한 기간 내에 발생한 결손금은 그 후 사업연도 또는 과세기간의 각사업연도소득 또는 소득금액에서 공제할 수 있도록 하고 있다. 그리고 청산소득금액을 계산할 때와 기부금을 계산할 때 차감항목으로서 이월결손금이 이용된다. 또한 중소기업의 경우에는 이월결손금을 소급하여 공제할 수 있다.

참조조문 법법 13 · 24 · 72 · 79 ④, 법령 16, 소법 45, 소령 101

이월공제(移越控除; deduction carried forward)

조세감면(租稅減免) 중에는 세법에서 규정하는 사업용 자산 등에 투자한 경우 그 투자금액에 일정률을 곱하여 산출한 금액을 공제할 세액으로 하여 투자를 완료한 과세연도의 산출세액에서 공제하는 세액공제제도가 있다. 그러나 납세의무자가 사업용 자산에 투자를 완료한 과세연도에 소득이 생기지 아니하여 납부할 소득세 또는 법인세가 없거나 제반 조세감면에 대한 법인세 또는 소득세의 최저한세(最低限稅)의 적용으로 그 과세연도에 공제받지 못하는 경우가 생긴다.

따라서 세법에서는 위와 같은 이유에 한하여 투자를 완료한 과세연도의 소득세 또는 법인세에서 공제받지 못한 세액공제액에 대하여는 투자를 완료한 과세연도의 다음 과세연도개시일부터 5년 이내에 끝나는 각 과세연도에 이월하여 그 이월된 각 과세연도의 소득세(사업소득에 대한 소득세만 해당한다) 또는 법인세에서 이를 공제하도록 규정하고 있는바, 이를 이월공제(移越控除)라 한다. 그리고 외국납부세액이 공제한도를 초과하는 경우에는 다음 사업연도의 개시일부터 5년 이내에 끝나는 사업연도에 이월하여 공제받을 수 있다.

참조조문 조특법 144, 법법 57 ② · 59

이월상품계정(移越商品計定; initial inventory)

이월상품계정은 상품계정에 대한 분개법에 의해서 매출계정·매입계정과 병행하여 설정되며, 상품이월액을 의미한다. 이 계정의 기초금액은 전기(前期)로부터의 이월액을 나타내며 계산에 착오가 없는 한 결산에 이르기까지 변동이 없다. 이는 재고상품계정(在庫商品計定)이라고도 불린다.

이월손익(移越損益; profit and loss carried forward)

법인의 전(前)사업연도로부터 이월된 익금과 손금의 총칭이다. 일반적으로 미처분손익 중에 그 일부는 미처분잔액으로서 차기로 이월되지만 이월잉여금에 대하여는 이미 법인세가 과세된 것이므로 이를 익금에 산입하면 이중과세가 되어 익금불산입(益金不算入)이 당연한 것이다.

한편, 이월결손금에 대하여는 일정한 요건하에 손금산입(損金算入)이 인정되고 있다.

이월이익잉여금(移越利益剩餘金; retained earnings to be carried over to subsequent year)

통상 이월이익잉여금은 이익잉여금처분잔액(미처분이익잉여금에서 이익잉여금처분액을 공제한 잔액)을 말한다.

전기이월이익잉여금에 당기순손익과 회계변경의 누적효과, 중대한 전기오류

수정손익, 중간배당액을 가감하면 미처분이익잉여금이 되고 여기에 임의적
립금 등의 이입액을 가산하고 당기 이익처분액을 차감하면 차기이월이익잉
여금이 산출된다.

이월익금(移越益金; inclusion carried forward)

당해 사업연도 이전에 이미 과세된 소득을 법인이 스스로 당해 사업연도에
익금으로서 계상한 경우 이를 이월익금이라고 한다. 전기 이전에 세무상 익
금가산하여 이미 과세된 금액을 당해 사업연도에 법인이 스스로 장부에 이
익으로 계상한 것을 당해 사업연도에 다시 익금으로 간주한다면 이는 이중
과세의 결과가 된다. 따라서 이 같은 이월익금은 법인소득 계산상 당해 사업
연도의 익금으로 간주하지 않는다.

참조조문 법법 18 2호, 법령 16

이월징수(移越徵收; collection carried forward)

근로소득자의 근로소득세를 연말정산한 결과 근로자로부터 징수해야 할 소
득세액이 근로자에게 지급할 근로소득의 금액을 초과할 때에는 그 초과하는
세액은 그 다음달의 근로소득을 지급할 때에 징수하는데 이를 이월징수라고
한다.
그러나 근로자의 퇴직 등으로 인하여 그 다음달에 지급할 근로소득이 없는
경우에는 근로소득지급액을 초과하는 세액도 연말정산시에 근로자로부터
징수하여 납부하여야 한다.

참조조문 소법 139

이의신청(異議申請; formal objection)

세법에 의한 처분으로서 위법 또는 부당한 처분을 받거나 필요한 처분을 받
지 못함으로써 권리 또는 이익의 침해를 받은 자가 처분청(또는 관할지방국세
청장)에게 그 처분의 취소·변경이나 필요한 처분을 청구하는 불복절차를 말
하며, 이의신청에는 국세기본법상의 이의신청과 지방세법상의 이의신청이

있다.

이의신청은 조세불복(租稅不服)에 대한 행정심판(行政審判)에 있어서 제1심급이지만 선택적인 것이다. 즉 납세자는 이의신청절차를 거칠 것인가에 대하여 자유로운 선택이 가능하며, 이를 거치지 아니하고 심사청구(審査請求) 및 심판청구(지법상은 심사청구)를 할 수도 있다. 이는 납세자의 편의를 위해 두는 제도이다.

참조조문 국기법 66, 지기법 90

이의신청기간(異議申請期間; period of formal objection)

이의신청을 할 수 있는 기간은 법정되어 있는바, 이를 이의신청기간이라 한다. 국세기본법상의 이의신청은 대상처분이 있은 것을 안 날 또는 그 처분의 통지를 받은 날로부터 90일 내이며, 지방세기본법상의 이의신청 또한 같다.

참조조문 국기법 66 ⑥, 지기법 90

이익(利益; profit)

이익의 개념은 회계상 매출총이익, 영업이익, 계속사업이익, 법인세비용차감전순이익 및 당기순이익 등의 경우가 서로 다르지만, 일반적으로 이익이란 총수익(總收益)에서 총비용(總費用)을 공제한 차액이 양(陽)의 값인 경우에 그 금액을 말한다. 이 같은 이익은 손익계산서로부터 구해지지만, 대차대조표상의 결과로서 순자산가액의 증가분으로서 파악되기도 한다.

세법의 계산원리는 기업회계상 당기순이익(當期純利益)을 기초로 하여 소득을 계산하도록 구성되어 있으나 이익의 직접적인 정의는 규정하고 있지 않다.

이익배당금(利益配當金; dividends)

이익배당이란 기업활동으로부터 얻은 이익을 원천으로 하여 주주 또는 출자자에게 그 출자 및 지분비율에 따라 분배하는 것을 의미한다. 따라서 자본의 분배를 의미하는 자본배당(資本配當)과는 구분되어야 한다. 배당은 기업의 이익이 있는 경우에 행하는 것이 원칙이므로 이익이 없이 배당할 수는 없다.

상법은 기업의 배당가능이익을 "대차대조표상의 순자산으로부터 ① 자본액, ② 그 결산기까지 적립된 자본준비금과 이익준비금의 합계액, ③ 그 결산기에 적립하여야 할 이익준비금을 공제한 잔액"이라고 규정하고 있다.

참조조문 상법 462 ①

이익잉여금(利益剩餘金; retained earnings)

기업회계상 잉여금은 자본잉여금과 이익잉여금으로 분류된다. 이익잉여금은 주식발행초과금, 감자차익 등으로부터 발생하는 자본잉여금(資本剩餘金)과는 달리 손익거래(損益去來)로부터 발생한 잉여금을 의미한다. 즉 이익잉여금이란 이익을 원천으로 하는 잉여금을 말한다. 이익잉여금은 손익계산서에 보고된 손익과 다른 자본항목에서 이입된 금액의 합계액에서 주주에 대한 배당, 자본금으로의 전입 및 자본조정항목의 상각 등으로 처분된 금액을 차감한 잔액이다.

참조조문 일반기준 2장 2.33, K-IFRS 개념체계 4.20~4.21

이익잉여금처분계산서(利益剩餘金處分計算書; statement of appropriation of retained earnings)

기업의 이익잉여금의 처분사항을 명확히 보고하기 위하여 이익잉여금의 변동사항을 표시한 회계보고서이다.

상법에 따르면 주식회사의 이사는 매 결산기에 대차대조표·손익계산서 및 이익잉여금처분계산서(또는 결손금처리계산서)를 작성하여 이를 이사회에 제출하여 그 승인을 받도록 되어 있다. 이와 같이 기업회계기준과 상법이 이익잉여금처분계산서의 작성을 규정하고 있는 것은 이익잉여금처분계산서가 이익잉여금의 처분내용을 명확하게 보고하기 때문이다.

법인세법에서도 과세표준신고서에 기업회계기준을 준용하여 작성한 이익잉여금처분(결손금처리)계산서를 첨부하여 신고하도록 하고 있다.

참조조문 상법 447, 법법 60 ②, K-IFRS 1001호 한138.1, 일반기준 2장 실2.12~실2.13

이익준비금(利益準備金; earned surplus reserve)

매 결산기의 이익에서 적립이 강제되는 준비금으로서 법정준비금의 일종이다. 본래 배당할 수 있는 이익이지만 회사·회사채권자·주주 등의 보호를 위하여 자본유지의 요청에 의거하여 인정된 제도이다.

물적회사(物的會社 : 株式會社가 그 전형임)는 그 자본의 2분의 1에 달할 때까지 매 결산기의 현금배당액의 10분의 1 이상을 적립하지 않으면 안된다. 이 최소한도액을 넘어서 적립을 한 경우라도 그 금액이 자본의 2분의 1에 달할 때까지는 법정준비금(法定準備金)이 된다. 자본의 2분의 1의 한도액을 넘어 적립한 초과액은 임의준비금(任意準備金)의 성질을 가진다.

이익준비금은 준비금의 자본전입 외에 자본의 결손보전을 위하여서만 사용할 수 있다.

참조조문 상법 458

이익처분(利益處分; appropriation of earnings)

회사가 미처분이익잉여금에 임의적립금이입액을 가산한 금액을 주주총회의 결의에 의해 처분하는 것을 말한다. 이익처분항목에는 사외유출항목(社外流出項目)으로서 배당금·임원상여금 등이 있고, 사내유보항목(社內留保項目)으로서는 이익준비금·임의적립금·차기이월이익잉여금 등이 있다.

이익처분에 의한 상여(利益處分에 의한 賞與; bonus by appropriation of earnings)

법인이 확정한 결산에 의한 이익 또는 잉여금의 처분에 의해 상여금을 지급하는 경우를 말한다. 법인세법에는 법인이 그 임원 또는 직원에게 이익처분에 의하여 지급하는 상여금은 손금에 산입하지 아니한다.

참조조문 법법 20, 법령 43 ①

이자소득(利子所得; interest income)

이자란 자본의 사용대가로 원본금액(元本金額)과 사용기간에 비례하여 지급되는 금전 기타 대체물을 말하며, 이러한 자본(자금)의 이용관계로 인하여 발생하는 소득을 이자소득이라고 한다.

기업회계기준상 이자수익은 수익금액을 신뢰성 있게 측정할 수 있고, 경제 적효익의 유입가능성이 매우 높은 경우에 인식하며, 유효이자율을 적용하여 그것이 발생한 기간에 정확하게 배분하여 수익으로 인식한다.

소득세법에서는 이자소득으로서 과세대상소득으로 열거되지 않았어도 이자 성격이 있는 소득은 이자소득으로 과세되며, 특히 이자소득에 대하여는 필 요경비를 인정하지 아니하므로 이자소득(이자수입금액)이 동시에 이자소득금 액이 된다.

현행법상 이자소득에 대한 총수입금액의 계산은 원칙적으로 당해 연도에 수 입하였거나 수입할 금액의 합계액으로 한다.

참조조문 소법 16, 소령 22의 2 · 45, 법법 3 ③, 일반기준 16장 1절 16.15

이전가격(移轉價格; transfer price)

관련기업 사이에 원재료 · 제품 및 용역을 공급하는 경우에 적용되는 가격을 말한다. 이것은 국제거래에서 발생되는 다국적기업간의 이전가격 조작에서 특히 문제가 되는데, 이때에는 이러한 이전가격을 부인하고 정상가격을 기 준으로 소득금액을 계산하는데 이를 이전가격과세라고 한다.

한편, 다국적기업이 이전가격을 조작하는 이유는 법인세율이 낮은 나라에 보다 많은 이익이 발생하도록 하여 당해 그룹 전체로 볼 때 법인세 부담을 최소화하고 세후이익을 극대화하려 하기 때문이다. 이를 위해 법인세율이 낮은 나라(tax haven)의 계열기업에 상품을 공급할 때에는 낮은 가격을 책정하 고 공급받을 때에는 고가로 매입하여 자동적으로 법인세율이 낮은 나라로 이익이 분여되도록 하는 것이다.

참조조문 국조법 4～13

이전가격과세(移轉價格課稅; transfer pricing taxation)

이전가격과세제도는 국외특수관계자와의 국제거래시 독립기업간에 거래되는 가격(정상가격)보다 높은 대가를 지불하거나 낮은 대가를 받아 과세소득을 국외에 이전시키는 경우 그 조작된 가격(이전가격)을 부인하고 정상가격으로 과세함으로써 자국의 과세권을 보호하고 국제적인 조세회피를 방지하는 규정이다. 이를 국제조세조정에관한법률은 '정상가격에 의한 과세조정'이라 칭한다.

한편, 납세자가 실질적 지배관계에 의한 특수관계에 해당되지 아니하다는 명백한 사유의 제시가 있는 경우에는 이러한 규정을 적용하지 아니하는데, 이것은 실질적 지배관계에 의한 특수관계요건은 간주규정이 아닌 추정규정이기 때문이다.

이전대가(移轉代價; transfer price)

이전대가는 취득자가 피취득자의 자산·부채를 취득하기 위해 지불하는 대가를 말한다.

사업결합에서 이전대가는 공정가치로 측정하며, 그 공정가치는 취득자가 이전하는 자산, 취득자가 피취득자의 이전 소유주에 대하여 부담하는 부채 및 취득자가 발행한 지분의 취득일의 공정가치 합계로 산정한다(그러나 사업결합의 이전대가에 포함된 피취득자의 종업원이 보유하고 있는 보상과 교환하여 취득자가 부여한 주식기준보상은 공정가치로 측정하지 않고 문단 30에 따라 측정함). 대가의 잠재적 형태의 예에는 현금, 그 밖의 자산, 취득자의 사업 또는 종속기업, 조건부 대가, 보통주 또는 우선주와 같은 지분상품, 옵션, 주식매입권 및 상호실체의 조합원 지분을 포함한다.

참조조문) K-IFRS 1103호 37~40, 일반기준 12장 12.27~30

이전등기(移轉登記; registration of transfer)

매매나 증여같은 법률행위(法律行爲), 상속(相續)과 같은 사실에 의하여 생기는 권리의 이전에 관한 등기이다. 그러나 가장행위(假裝行爲)에 의하여 타인에게 권리이전의 등기를 한 자가 자기의 등기명의의 회복을 꾀하는 경우나 취득시효(取得時效)로 인한 취득의 경우와 같이 이론상은 권리의 이전이 없는데도 절차상은 이전등기를 할 수 있는 경우가 있다. 또한 공용징수(公用徵收)에 의한 권리취득은 이전등기에 의하도록 하고 있다.

참조조문 부등법 67

이중과세(二重課稅; double taxation)

동일한 과세대상사실에 대해서 이중으로 과세되는 것의 총칭이다. 예컨대, 법인소득에 대해서 법인세의 과세와 배당수입에 대한 소득세의 과세, 상속세과세대상재산에 피상속인의 생전증여재산(生前贈與財産)이 가산된 경우의 상속세와 가산된 증여재산에 과해진 증여세, 그리고 국내에 있어서 과세된 소득 및 재산에 대해 그 원천이 외국에 있다는 이유로 외국에서 과세된 경우 등이 있다.

일반적으로 이 같은 이중과세를 배제하기 위하여 세액공제(稅額控除) 등의 제도가 고안되어 있다.

참조조문 소법 56 · 57, 법법 18의 3 · 57, 상증법 28 · 29

익금(益金; profit, gross revenue)

법인세법상 익금이란 자본 또는 출자의 납입 및 법인세법 제17조 및 제18조에서 규정하는 익금불산입항목(益金不算入項目)을 제외하고, 그 법인의 순자산을 증가시키는 거래에 의하여 생긴 수익을 뜻한다. 여기서 익금불산입이라 함은 그 법인의 순자산을 증가시키는 것이라 할지라도 법인세법상 익금에 포함시키지 않는 것이다.

참조조문 법법 15 ①, 조특법 2 ① 4호

익금불산입(益金不算入; exclusion from gross revenue)

법인세법은 자본 또는 출자의 납입을 제외하고 기업의 순자산을 증가시키는 것은 모두 익금으로 간주하는 순자산증가설에 의거하여 소득개념을 규정하고 있기 때문에 순자산을 증가시키는 것 중 법인세법에서 별도로 명문규정을 둔 사항만을 익금으로 간주하지 않는바, 법인세법에서 익금으로 간주하지 않도록 규정한 사항을 익금불산입이라고 한다. 예컨대, 주식발행액면초과액, 주식의 포괄적 교환·이전차익, 감자차익, 합병·분할차익, 자산의 평가차익, 이월익금, 법인세 등의 환급세액, 국세 또는 지방세의 과오납금의 환급금에 대한 이자, 부가가치세의 매출세액, 무상으로 받은 자산의 가액과 채무의 면제 또는 소멸로 인한 부채의 감소액 중 이월결손금의 보전에 충당된 금액, 연결자법인으로부터 지급받았거나 지급받을 금액, 지주회사의 수입배당금액 등이 규정되고 있다.

참조조문 법법 17~18의 3

익금산입(益金算入; inclusion in gross revenue)

기업회계상으로는 수익을 구성하는 대상 또는 요소는 아니나 세무회계상에서 과세대상이 되는 것을 각 사업연도의 소득금액 계산상 수익, 즉 익금에 부가적으로 포함시키는 것을 말한다. 법인세법에서는 일반적으로 "…은 소득금액 계산상 이를 익금에 산입한다."라고 표현하고 있는데, 이들이 익금산입사항(益金算入事項)이다. '익금항목'은 회사의 회계처리와 무관하게 세법상 익금에 해당하는 것을 말하므로 '익금산입'이라는 세무조정과는 구별하여야 한다. 즉 세법상 익금항목을 회사도 수익으로 계상한 경우에는 별도의 세무조정이 불필요하나, 세법상 익금항목을 회사가 수익으로 계상하지 아니한 경우에는 '익금산입'으로 세무조정하여야 한다.

익명조합(匿名組合; anonymous association)

당사자의 일방(익명조합원)이 상대방(영업자)의 영업을 위해 재산출자를 하고 상대방이 영업으로 인하여 얻은 이익을 분배할 것을 약정하는 계약을 통해서 성립하는 조합이다. 익명조합은 실질적으로는 익명조합원과 영업자의 공동기업형태이지만 외부에 대하여는 상인인 영업자만 나타나고 익명조합원은 나타나지 않게 된다. 익명조합은 양당사자관계이지만 당사자 중 일방이 복수인이어도 상관없다. 익명조합원의 자격에는 제한이 없으나 영업자는 성질상 상인(商人)이어야 한다.

참조조문 상법 78~86

인격승계설(人格承繼說; theory of succession of juridical personality)
회사합병의 본질은 2개의 회사 인격이 합하여 하나의 합일체를 생기도록 하는 조직법상의 특별한 계약이라는 사고방식이며 인격합일설(人格合一說)이라고도 한다. 이에 대해서 합병의 본질은 해산회사의 영업 전부의 현물출자에 의한 회사의 자본증가(흡수합병의 경우) 또는 신회사의 설립(신설합병의 경우)이라고 하는 현물출자설(現物出資說)이 있다.

인도기준(引渡基準; delivery basis)
기업회계에서의 수익인식기준의 하나로서 재고자산의 인도가 있는 시점에서 수익을 계상하는 것이 타당하다는 원칙이다. 인도기준은 일반적으로 실현주의(實現主義)의 구체적 적용이라고 해석되고 있다.
소득세법상 재고자산(부동산 제외)의 판매는 이 같은 인도가 있는 때에 수입금액으로 확정되고 법인세법상은 인도가 있는 날이 속하는 사업연도의 익금으로 된다.

참조조문 법령 68 ①, 소령 48

인용(認容; admission)
행정행위에 대한 이의신청·심사청구·심판청구에 대해 그 신청 또는 청구의 요건을 심리한 결과 요건을 구비하고 있고, 내용심리를 한 결과 신청인 또는 청구인의 주장이 이유가 있다고 인정되는 경우 그 주장을 받아들이는 결정을 내리는 것을 인용이라고 한다.
즉 신청인 또는 청구인의 주장의 전부 또는 일부에 대해 당초 처분을 취소 또는 변경하는 결정을 내리거나 필요한 처분을 하도록 결정하는 것을 말한다.

참조조문 국기법 65 ① 3호, 지기법 96

인적공제(人的控除; personal exemption)

일반적으로 과세표준을 계산하는 과정에서 소득자 등의 가족상황 등 인적상황을 감안하여 일정금액을 공제하여 주는 제도를 인적공제라 하며 이는 소득세법과 상속세및증여세법에 규정되어 있다. 소득세법상 인적공제는 종합소득이 있는 거주자(자연인에 해당함)의 소득금액을 계산한 후 과세표준을 계산하는 과정에서 각각의 공제되는 것으로 기본공제, 추가공제로 나누어진다. 상속세및증여세법상 인적공제는 국내거주자의 사망으로 인하여 상속이 개시된 경우 피상속인에게 배우자·자녀·미성년자·경로자·장애자가 있는 경우 법정된 금액을 상속세과세가액에서 공제하도록 규정하고 있다.

〔참조조문〕 소법 50·51, 상증법 19∼20

인적과세(人的課稅; personal taxation)

납세의무자의 인적측면에 착안하여 과세하는 것이다. 이에 대해서 과세물건(과세객체)의 원천지 또는 그 소재지에 착안하여 과세하는 것을 물적과세(物的課稅)라고 한다.

인적과세의 기준에는 개인에 대해서는 국적·주소 또는 거소가 있고 법인에 대하여는 설립준거법, 본점소재지, 등록지 또는 관리소소재지가 있다. 우리나라에서는 개인에 대해서는 주소와 거소를 병행하고 법인에 대해서는 본점소재지주의를 기준으로 채용하고 있다.

〔참조조문〕 소법 1의 2, 법법 2

인적납세의무(人的納稅義務; full tax liability)

인적과세주의(人的課稅主義)에 따른 납세의무를 인적납세의무라고 하며 물적납세의무(物的納稅義務)에 대응하는 개념이다. 전자는 과세물건(과세객체)의 원천지 또는 그 소재지에 관계없이 납세의무자에 귀속되는 일체의 과세물건에 대하여 과세되는 무제한납세의무임에 비하여, 후자는 국내에 원천지 또는는 소재지가 있는 과세물건에 대하여만 과세되는 제한납세의무이다. 우리나라의 거주자 및 내국법인은 인적납세의무자이며 비거주자 및 외국법인은 물적납세의무자이다.

인적용역(人的用役; personal service)

독립된 자격으로 자기가 가지고 있는 학식·기술·정보 등을 제공하는 것을 말한다. 대부분의 인적용역에 대하여는 부가가치세가 면제되지만, 변호사·공인회계사·관세사 등이 제공하는 인적용역에 대하여는 부가가치세가 과세된다.

한편, 국내사업장이 없는 외국법인이나 비거주자가 국내원천소득으로서 획득한 인적용역소득이 있는 경우에는 이에 대해 법인세 또는 소득세가 과세된다. 이 경우의 인적용역의 범위는 별도로 규정되어 있다.

> **참조조문** 부법 26 ①, 부령 42, 법법 93 6호, 법령 132 ⑥·⑦, 소법 119 6호, 소령 179 ⑥·⑦

인정과세(認定課稅; estimated taxation)

조세의 징수에 있어서 신고가 없거나 신고가 부적당하다고 인정할 때에 정부가 임의로 결정하여 부과하는 것이다. 추계결정과세(推計決定課稅)와 같은 뜻으로 해석되며, 과세상 실질과세(實質課稅)를 하려고 하여도 과세표준액의 근거가 될 장부를 기장·비치하지 아니하여 거래사실을 구체적으로 확실하게 포착할 수 없거나 또는 납세자의 신고가 없거나 신고가 부당하여 포괄적인 사실의 파악만으로는 정확성을 기대할 수 없고 과세의 공평을 유지할 수 없다고 인정되는 경우에 있어서 정부가 조사한 제반 간접자료에 의하여 당해 계산기간에 속한 과세표준액을 결정하는 방법을 말한다. 이상의 방법은 납세자 스스로가 부여된 기장과 신고의 의무를 다하지 못한 데서 오는 정부의 부득이한 부과조치이다.

인정상여(認定賞與; constructive bonus)

세무실무상의 관용어로서 법인의 결산상에는 손금으로 처리되어 있으나 실질적으로는 상여(賞與)의 지급과 동일한 경우 실질과세의 원칙에 따라 세무계산상 상여로서 간주하는 것을 말한다. 이렇게 상여로 인정된 금액을 개인의 소득금액 계산상 당해 사업연도 중의 근로를 제공한 날에 수입된 것으로 본다.

참조조문 소법 20, 소령 49 ①

인정이자(認定利子; deemed interest)

법인이 출자자나 사용인 등 특수관계 있는 자에게 금전을 무상으로 또는 낮은 이율로 대여한 경우에는 그 무상 또는 저율로 제공한 금액에 대해서 소정의 이자상당액의 수입이 있었던 것으로 인정하여 과세소득 계산상 익금(益金)에 산입하게 되는데, 이를 인정이자(認定利子)라 한다. 이는 법인세법상의 부당행위계산의 부인(否認)의 일종이다. 또한 이와 같은 인정이자는 법인의 과세소득 계산상 익금(益金)에 산입하게 되고 그 가지급 등의 상대방에 대한 소득으로서 상여·배당·기타 등의 소득처분을 행하여 상대방의 과세소득을 구성하게 된다.

참조조문 법법 52, 법령 88

인지(印紙; stamp)

국고의 수입으로 되는 일정한 조세, 수수료, 벌금, 기타 수납금의 징수를 위해서 정부가 발행하는 증표(증지)를 말한다.

인지붙임(印紙붙임; sticking of stamp)

과세문서에 인지세법 제3조 제1항 각호에 해당하는 인지세에 상당하는 인지를 구입하여 과세문서에 첩부하고 소인(消印)함으로써 인지세를 자진납부한다.

인지붙임에 갈음한 표시(印紙붙임에 갈음한 表示; indication substituted for sticking of stamp)

인지세법상 과세문서에 대한 인지세의 납부는 원칙적으로 과세문서에 인지를 붙여 납부하도록 하고 있으나, 예외적으로 현금으로 인지세를 납부하고자 하는 자는 인지세액에 상당하는 현금을 납부하고, 해당 문서에 인지세를 납부한 사실을 표시하여야 한다.

참조조문 인법 8 ① 단서, 인령 11

인지세(印紙稅; stamp tax)

넓은 의미로는 수입인지(收入印紙)로써 납부하는 모든 조세(租稅), 즉 인지수입을 말하며, 좁은 의미로는 사업에 관한 것이든 사업에 관한 것이 아니든간에 재산권(財產權)의 창설·이전·변경을 증명하는 문서 및 통장으로서 인지세법 제3조 제1항 각호에 열거된 것의 작성에 대하여는 작성명의자(作成名義者)의 경제적 이익 내지 보완적 담세력이 존재하게 되는데 이 경제적 이익 내지 보완적 담세력을 세원으로 하여 납세의무를 부여하는 세금이다.

일괄공제(一括控除; lump-sum credit)

상속공제에 있어서 상속인 또는 수유자는 기초공제 및 기타인적공제를 적용받는 대신 5억원을 선택할 수 있는데 이를 일괄공제라 한다. 따라서 개별공제(기초공제 및 기타인적공제의 합계)와 일괄공제 중 큰 쪽을 선택하는 것이 납세자에게 유리하다. 이러한 일괄공제는 피상속인의 배우자가 단독으로 상속받는 경우에는 선택할 수 없으며, 상속세과세표준신고가 없는 경우에는 상속공제의 방법을 선택할 수 없고 일괄공제를 적용하게 된다.

참조조문 상증법 21

일람출급(一覽出給; payable at sight)

어음 만기의 결제방식의 일종으로서 만기의 연월일을 지정하지 않고 수취인 기타 어음의 소지인이 지급의무자에게 어음을 제시한 날이 만기(滿期)가 되어 지급을 행하는 방식이다. 만기에 대하여 기재가 없는 어음은 일람출급어음으로서 간주된다.

참조조문 어음법 34

일람출급어음(一覽出給어음; sight bill)

제시출급(提示出給)어음이라고도 하며, 지급을 위하여 제시(提示)가 있었던 날을 만기(滿期)로 하는 어음이다. 일람출급어음은 만기의 도래가 어음소지인의 지급제시에 달려 있으므로 어음채무자를 부당하게 장기간 구속하는 일이 없도록 하기 위하여 소지인은 발행일자로부터 1년 내에 지급을 위하여 제시하도록 하고 있다. 그러나 발행인은 이 기간을 단축 또는 연장할 수 있고 배서인도 이것을 단축할 수 있다. 지급자금(支給資金)의 준비를 위하여 일정한 기일 전에는 지급을 위한 제시를 금할 수 있고(確定日後一覽出給), 또는 발행일자에서 일정기간 내에는 지급을 위한 제시를 금지할 수 있다(一定期間經過後一覽出給). 일람출급(一覽出給)어음이 되기 위하여서는 어음의 기재상 지급제시의 날을 만기로 하는 뜻이 표시됨을 요하며 어음상에 만기의 기재가 없는 어음은 일람출급의 어음으로 본다. 지급증권(支給證券)인 수표는 법률상 당연한 일람출급이며 이 일람성(一覽性)에 반하는 모든 기재는 기재하지 아니한 것으로 본다.

> 참조조문) 어음법 33~35, 수표법 28 ①

일반소비세(一般消費稅; general consumption tax)

일반적으로 재화 및 서비스의 소비에 대하여 과세되는 조세이다. 일반소비세는 그 과세단계에 의해서 ① 제조·도매 또는 소매 중 한 단계만을 과세하는 단일단계일반소비세, ② 제조·도매 및 소매의 전단계 또는 다단계에서 과세하는 다단계일반소비세로 분류된다. 우리나라의 부가가치세는 다단계일반소비세로서 전단계에 과세된 세액을 공제하여(전단계세액공제방식) 누적효과를 피하고 있다.

일반적으로 인정된 회계원칙(一般的으로 認定된 會計原則; generally accepted accounting principle)

재무제표를 작성하고 이해하는 경우에 판단의 기준이 되는 일정한 원칙으로 일반적으로 인정된 회계원칙이란 기업실체에 영향을 미치는 경제적 사건을 재무제표 등에 보고하는 방법이다. 우리나라의 경우 재무제표 등에 보고하는 방법 및 회계실무를 지도하는 일반원칙으로 기업회계기준을 공표하고 있다.

일반회계(一般會計; general accounting)

정부회계에서 일반의 세입·세출을 경리하는 회계를 말하며, 재정운영은 본래 세입·세출을 통일적으로 경리하는 것이 바람직하지만, 복잡하고 다양한 재정운영의 효율성 때문에 일반회계와 별도로 특별회계제도가 생겼다. 일반회계는 조세 등의 일반재원을 기초로 하여 복지향상 및 경제발전 등 국가의 기간적(期間的) 시책의 수행을 위한 일반적 세출을 갖는 회계이다.

일변(日邊; interest rate per day)

하루 하루를 셈하여 이자를 계산하는 비율의 표시방법이다. 즉 원금 100원에 대하여 하루의 이자(利子)가 몇 전 몇 리라고 정하는 이율방식이다. 옛날에는 일반대차관계에 있어서 일변으로 이자를 계산함이 보통이었으나, 현재는 일반적으로 연리(年利) 또는 월리(月利)를 사용하고 있으며, 일반금융기관에서는 모두 연리(年利)로 이율을 표시하고 있다. 일변계산에서는 일수(日數)가 기준이 되며, 이의 연리환산은 (일변×365)÷100의 수식으로 계산한다. 세법에서도 납부·환급불성실가산세 계산, 각종 준비금의 일시 익금산입시에 이자상당액을 가산하여 징수하는 경우 등에 일변의 이자율을 적용하여 계산하고 있다.

참조조문 국기법 47의 4~47의 5

일사부재리(一事不再理; double geopardy)

형사소송법상 어떤 사건에 대하여 유죄 또는 무죄의 실체적 판결 또는 면소의 판결이 확정되었을 경우 판결의 기판력의 효과로서 동일사건에 대하여 두 번 다시 공소의 제기를 허용하지 않는 일을 말한다. 잘못하여 다시 공소가 제기되었을 때에는 실체적 소송조건의 흠결을 이유로 면소의 판결이 선고된다. 피고인의 인권옹호와 법적 안정의 보호와 유지를 위하여 설정된 것이다.

민사소송에 있어서는 확정판결에 일사부재리의 원칙은 적용하지 않는다. 따라서 민사소송의 소송물(訴訟物)인 법률효과는 판결이 있은 후에도 새로 발생하거나 또는 소멸할 가능성이 부단히 생기므로 엄격히 말하여 동일사건(同一事件)이라는 것을 생각할 수 없다. 그러나 승소한 당사자가 동일소송물에 대하여 재차 제소(提訴)한 경우에는 권리보호의 이익을 결여한다고 하여 각하(却下)되는 일이 있으나, 이 경우에도 특히 필요가 있는 경우에는 재소(再訴)가 인정된다.

이와 구분되는 원칙으로 일사부재의(一事不再議)가 있는데 의회의 의사에 있어서 한 번 부결(否結)된 안건의 같은 회기 중에는 다시 제출할 수 없다는 원칙이다.

참조조문 형소법 326

1세대1주택(一世帶一住宅; a house for a family)

거주자의 1세대1주택과 그에 부수되는 토지를 양도함으로써 발생하는 소득에 대하여는 양도소득세를 비과세한다. 이때 1세대1주택이란 거주자 및 그 배우자가 그들과 동일한 주소 또는 거소에서 생계를 같이하는 가족과 함께 구성하는 1세대가 국내에 주택을 보유하고 있는 경우로서 2년 이상 보유한 주택을 말한다. 또한 주택에 부수되는 토지로서 도시지역 안의 경우에는 건물이 정착된 면적의 5배, 도시지역 밖의 경우에는 10배 이내의 토지를 포함한다. 다만, 민간임대주택에관한특별법에 따른 민간건설임대주택 또는 공공주택특별법에 따른 공공건설임대주택을 취득하여 양도하는 경우로서 해당 건설임대주택의 임차일부터 당해 주택의 양도일까지의 거주기간이 5년 이상인 경우이거나 기타 부득이한 사정이 있는 경우에는 보유기간 및 거주기간의 제한을 받지 않는다. 또한 상속이나 결혼 등에 의해 2주택을 소유하게 된 경우에 일시적 1세대1주택으로 보는 특례규정이 있다.

참조조문 소령 154 · 155

일시상각충당금(一時償却充當金; temporary filling up depreciation)

고정자산의 자본적지출에 충당할 국고보조금이나 공사부담금 또는 보험차익으로 취득한 고정자산에 대한 감가상각비를 그 자산을 취득한 과세연도에 일시에 계상하기 위하여 설정되는 평가계정이다. 국가나 특정사업의 실수요자로부터 무상으로 지급받는 보조금 등과 고정자산의 멸실 등으로 인하여 발생한 보험차익은 순자산증가설에 의하여 각 과세연도의 소득금액 계산상 이를 익금에 산입하는 것이 원칙이다.

그러나 고정자산의 자본적지출에 사용하기 위한 국고보조금 등에 과세하게 되면 그 본래의 목적에 비추어 볼 때 당해 자산의 취득이나 보조금의 효과를 저해하는 결과를 초래하게 된다.

따라서 세법에서는 사업용자산의 자본적지출에 충당할 국고보조금과 전기·가스업자가 수용가(需用家)로부터 받는 공사부담금 및 고정자산의 멸실 등에서 생기는 보험차익으로 감가상각의 대상이 되는 보험대상자산을 취득하거나 개량한 경우에 그 일부 또는 전부에 상당하는 금액을 일시상각충당금으로 설정하여 이를 손금 또는 필요경비산입하도록 하고 있다. 그리고 그 자산의 감가상각비를 계상함에 있어서는 당해 자산의 일시상각충당금에서 상계하도록 규정하고 있다.

참조조문) 법법 36·37·38, 법령 64~66, 소법 31·32, 소령 59·60

일시적차이(一時的差異; temporary difference)

기업회계상 자산·부채와 세무회계상 자산·부채의 차이로서 발생회계연도 이후 반드시 소멸하는 차이이다. 이것은 회계이익과 과세소득의 인식시기차이이며 인식하는 총금액은 동일하지만 귀속기간이 다른 경우에 나타난다. 법인세의 기간배분은 회계이익과 과세소득의 차이 중 일시적 차이로 인하여 발생하는 문제라고 할 수 있는데, 일시적 차이는 차기 이후 반드시 소멸하고 이로 인하여 미래의 현금흐름, 즉 법인세부담액을 증가 또는 감소시키기 때문이다. 일시적 차이는 다음의 두 가지로 구분된다.

① 가산할 일시적차이 : 자산·부채가 회수·상환되는 미래기간의 과세소득을 증가시키는 효과를 가지는 일시적차이
② 차감할 일시적차이 : 자산·부채가 회수·상환되는 미래기간의 과세소득을 감소시키는 효과를 가지는 일시적차이

참조조문 K-IFRS 1012호 5, 일반기준 22장

일시퇴거자동거가족상황표(一時退去者同居家族狀況表; statement on ephe－meral leaving of family living together)

일시퇴거자동거가족에 대해 종합소득공제 및 특별세액공제를 받기 위하여 소득세법에 따라 제출하는 법정서식이다. 소득자와 일시퇴거동거가족의 인적사항, 일시퇴거사유 등을 기재하도록 되어 있다.

소득세법상 종합소득공제 및 특별세액공제를 받을 수 있는 가족이란 원칙적으로 동거가족이어야 하며, 동거가족이란 소득자와 생계를 같이하는 가족을 말한다. 그러나 취학·질병요양 등을 사유로 동거가족 중에 일시적으로 별거하는 가족이 있는 경우에는 그 가족에 대하여도 종합소득공제 및 특별세액공제를 받을 수 있는데, 이러한 가족은 일시퇴거자동거가족이라고 한다.

참조조문 소법 53, 소령 114

일용근로자(日傭勤勞者; day laborer)

소득세법은 근로를 제공한 날 또는 시간에 따라 근로대가를 계산하거나 제공한 날 또는 시간의 근로성과에 따라 급여를 계산하여 받는 사람으로서 근로계약에 따라 일정한 고용주에게 3개월(건설공사에 종사하는 자의 경우에는 1년) 이상 계속하여 고용되어 있지 아니한 자를 일반적인 일용근로자로 정의하고, 건설공사에 종사하는 자 및 하역업에 종사하는 자에 대하여는 일용근로자의 범위를 구체적으로 열거하고 있다.

일용근로자에 대하여는 일급여액에서 근로소득공제액(일 150,000원)을 공제한 잔액을 근로소득금액으로 하며 산출세액의 **55%**를 근로소득세액공제로 차감

하여 계산한다. 또한 일용근로자의 근로소득으로서 해당 소득금액을 지급하는 자는 근로계약이 과세기간 중에 종료되는 경우에는 근로계약이 종료되는 날이 속하는 분기의 마지막 달의 다음달 10일까지 근로소득지급명세서를 제출하여야 한다.

참조조문 소법 47·59·164, 소령 20, 소칙 11

임가공(賃加工; manufacturing service, toll processing)

재화의 주요 자재를 전혀 부담하지 않고 다른 사람이 의뢰한 바에 따라 재화를 단순히 가공해 주는 것을 말한다. 주요 자재를 부담하지 않는 한 주요 자재가 아닌 자재를 부담하는 것은 관계가 없으며 임가공은 용역의 범위에 속한다.

그러나 주요 자재의 일부만이라도 부담하는 경우에는 이러한 가공에 의해 재화를 납품하는 것은 재화를 공급하는 것으로 본다.

참조조문 부령 18 ① 2호·25 2호

임대차(賃貸借; lease)

당사자 일방(임대인)이 상대방(임차인)에게 목적물을 사용·수익하게 하고 상대방은 이에 대해 대가를 지급하는 것을 말하며, 목적물을 사용·수익하는 것을 임차라고 한다.

임대차와 유사한 법률용어로 사용대차가 있는데, 계약기간이 종료된 때 목적물 자체를 반환하여야 한다는 점에서는 사용대차와 임대차가 동일하나, 사용대차는 무상계약이고 임대차는 유상계약이라는 점에서 차이가 있다.

세법상 부동산임대차계약으로 인해 임대인이 받는 소득은 사업소득으로 분류된다.

참조조문 상증법 48 ③, 소법 19 ① 12호

임시사업장(臨時事業場; temporary place of business)

기존사업장이 있는 사업자가 그 사업장 외에 각종 경기대회·박람회·국제

회의 기타 이와 유사한 행사가 개최되는 장소에서 임시로 개설한 사업장을 말하며 기존사업장에 포함된다.

참조조문 부령 10

임시수입부가세(臨時輸入附加稅; provisional import surtax)

국내산업 보호와 국제수지 개선을 목적으로 수입물품에 대하여 관세에 부가하여 부과되는 조세이다.

임시수입부가세는 국제수지의 개선을 위하여 수입수요를 긴급히 억제할 필요가 있을 때 또는 주요 교역국의 경제사정 변동 등으로 인하여 국제수지의 악화를 초래할 우려가 있어 이에 긴급히 대처할 필요가 있는 때에 대통령령이 정하는 바에 의하여 부과되나 현재까지 부과된 사례는 없다. 임시수입부가세는 관세와 함께 징수하여 임시수입부가세법에 특별히 규정된 것을 제외하고는 관세법의 규정을 준용한다.

임원(任員; officer)

일반적으로 법인의 임원으로는 회사의 이사 및 감사, 협동조합의 이사 및 감사 등 법률상 임원으로서 정해져 있는 자를 말한다. 예컨대 상법상 임원인 이사 및 감사는 주주총회에서 선임되고 회사와의 관계는 위임(委任)의 관계로서 되어 있다.

법인세법상 임원의 범위는 ① 법인의 회장·사장·부사장·이사장·대표이사·전무이사·상무이사 등 이사회의 구성원 전원과 청산인 ② 합명회사·합자회사 및 유한회사의 업무집행사원 또는 이사, ③ 감사, ④ 기타 이에 준하는 직무에 종사하는 자로 규정하고 있다.

참조조문 법인세법집행기준 26 – 43 – 2

임원상여(任員賞與; director's bonus)

임원에 대한 임시적인 급여 중 퇴직급여를 제외한 것을 임원상여라고 한다. 임시급여(臨時給與)라 하더라도 연봉 등과 같이 다른 정기적인 급여를 지급받지 않는 자에 대하여 계속하여 매년 소정의 시기에 정액(이익의 일정비율을 지급하는 취지를 정한 경우를 제외)을 지급하는 취지를 정함에 따라 지급하는 것은 보수이지 상여가 아니다. 법인세법에서는 법인이 임원에게 지급하는 상여금 중 정관, 주주총회, 사원총회 또는 이사회의 결의에 의하여 결정된 급여지급기준에 의하여 지급하는 금액을 초과하여 지급한 경우 그 초과금액은 손금에 산입하지 아니한다.

참조조문 법령 43 ②

임원퇴직금(任員退職金; director's retirement allowance)

법인의 임원에 대하여 퇴직이라는 사실에 기초하여 지급되는 금액이다. 임원퇴직금에 대하여는 일정한 요건을 갖춘 임원퇴직금지급규정이 있는 경우에는 이에 따르고 그렇지 않은 경우는 법인세법상 일정한 한도를 규정하여 과다한 퇴직금의 지급을 손금불산입사항으로 정하고 있다.

참조조문 법령 44

임의규정(任意規定; voluntary law)

당사자의 의사 여하에 불구하고 강제적으로 적용되는 규정을 강행규정(强行規定) 또는 강행법규(强行法規)라 하고, 이에 반하여 당사자의 의사에 의하여 그 적용을 배제할 수 있는 규정을 임의규정(任意規定) 또는 임의법규(任意法規)라 한다.

임의규정과 강행규정과의 구별은 법문(法文)의 표현 및 기타 법규가 함축하고 있는 가치 등을 고려하여 각 규정에 대하여 구체적으로 판단하는 수밖에 없으나, 강행법규 위반의 법률행위는 공공의 질서에 반하므로 무효이다.

임의법규는 대개 당사자의 의사표시가 없는 경우 또는 명확하지 않은 경우에 대비하여 그 공백부분을 메우거나 또는 명확하지 않은 부분을 분명하게 할 목적으로 만들어진 것이다. 채권편(債權編), 특히 계약법(契約法)의 대부분은 임의법규이다.

임의규정은 그 작용(作用)으로부터 보충규정(補充規定)과 해석규정(解釋規定)으로 나눌 수 있는데, 전자는 표시내용의 결함을 보충하는 기능을 하며, 후자는 표시내용의 불명료한 점을 일정한 의미로 해석하는 기능을 한다.

참조조문 민법 105

임의법규(任意法規; voluntary law)

✎ 임의규정 참조

임의상각(任意償却; voluntary depreciation)

상각제도는 대별하여 상각한도액 상당의 상각을 강제하는 방법과 상각한도액의 범위 내에서 상각액을 납세자의 계산에 위임하는 방법으로 분류되는 바, 전자를 강제상각(强制償却), 후자를 임의상각(任意償却)이라 한다. 세법은 원칙적으로 감가상각비에 대해 임의상각제도를 채택하고 있으므로 법인이 확정결산에서 상각비를 계상하지 않는 한 세무상 감가상각비를 손금산입할 수 없다.

임의적 기재사항(任意的 記載事項; voluntary mentioned items)

세금계산서에 기재되는 사항 중 필요적 기재사항 외의 기재사항이다. 즉 공급하는 자의 주소, 공급받는 자의 상호·성명·주소, 공급하는 자와 공급받는 자의 업태와 종목, 공급품목, 단가와 수량, 공급연월일, 거래의 종류가 이에 해당한다.

임의적 기재사항은 적지 않거나 착오로 잘못 적더라도 세금계산서의 효력에는 영향을 미치지 않는다. 한편, 상법에서도 정관의 절대적 기재사항과 대응되는 개념으로 임의적 기재사항이 있다.

참조조문 부법 32 ① 5호, 부령 67 ②

임의적립금(任意積立金; voluntary reserve)

✎ 적립금 참조

임의조사(任意調査; voluntary audit)

피조사자의 동의를 받아서 행하는 조사로서 현행 세무조사는 일반적으로 다음의 3종류로 구분되고 있다.

① 법인세·소득세 등 각 실정법의 질문검사권에 근거하여 과세요건사실을 조사하는 것으로 그 절차는 임의적이지만 조사거부 등에 대하여 벌칙규정이 적용된다.

② 국세징수법상 질문조사권에 기초한 체납처분을 위한 조사로서 체납자 및 그 관련자에게 질문하고 장부 등의 검사를 할 수 있다. 체납처분을 위한 수색은 포함되지 않고 검사거부 등에 대하여는 벌칙이 적용된다.

③ 조세범처벌절차법에 의한 조사로서 범칙사건혐의자 또는 참고인에 대하여 질문하고 그들이 소지하는 장부서류를 검사하고 이들이 제출한 물건을 영치할 수 있다.

참조조문 절법 8, 국징법 27, 법법 122, 소법 170, 부법 74

임의조합(任意租合; voluntary partnership)

민법상 계약에 의해서 설립되는 조합으로 특별히 법률에 기초하여 설립되는 조합에 비하여 임의조합은 법인격(法人格)을 갖지 않는 점 및 성립에 있어서 설립명령·허가 등의 행정청의 처분이 필요하지 않다는 점에 그 특색이 있다.

임의평가(任意評價; voluntary valuation)

기업이 소유한 자산을 법률에 의하지 아니하고 임의로 시가에 맞도록 평가하고 그 자산의 장부가액을 수정하는 절차를 말한다. 이때 시가가 장부가액보다 높을 때에는 평가차익이 생기고 이와 반대의 경우에는 평가차손이 생긴다.

법인세법에서는 보험업법 기타 법률의 규정에 의한 고정자산의 임의평가차익, 합병·분할시 자산의 평가차익 계상액을 익금으로 인정하고 있을 뿐 여타의 임의평가를 인정하지 않고 있다.

참조조문 법법 18 1호 · 22

임차권(賃借權; right of lease)

임대차계약에 의하여 임차인이 임차물을 사용·수익하는 권리이다. 이와 같이 임차권은 타인의 물건을 사용·수익하는 권리로서 실질적으로는 목적물을 직접 지배하는 물권적(物權的) 성격이 있으나, 민법은 임차권을 임대인에 대한 사용·수익의 청구권으로서 채권(債權)으로 법률구성을 하고 있으므로 지상권·전세권 등과 같은 물권(物權)과는 구별된다.

임차권은 그 본질이 채권(債權)이므로 대항력이 없어서 임대차 도중에 임대인이 목적물을 제3자에게 양도하면 임차인은 양수인에 대하여 그의 임차권을 주장할 수 없음이 원칙이다. 그러나 민법은 임차인을 보호하기 위해 제621조에서 대항력을 취득하는 길을 열어주고 있으며, 이에 따라 주거용 건물의 임차인도 임차권을 등기함으로써 대항력을 갖게 된다. 특히 무주택서민의 주거생활의 안정을 위하여 제정된 '주택임대차보호법'은 민법의 부동산 임대차에 대한 특례를 널리 인정하고 이를 강행법규화하여 차가인(借家人)의 지위를 보다 더 강화하기에 이르렀다.

참조조문 민법 621

임차료(賃借料; rent)

당사자의 일방이 상대방에 대해서 어떤 물건의 사용 및 수익을 허용하고 상대방이 이에 대해서 대가를 지불할 것을 약정하는 것에 의해서 성립된 계약을 일반적으로 임대차라 하고, 이 임대차에 의하여 임차인이 임대인에게 지급하는 대가의 총칭을 임차료라고 한다.

법인세법상 당해 임차료는 손비의 범위에 포함된다.

참조조문 법령 19 6호

임치(任置; deposit)

당사자의 일방(임치인 : 賃置人)이 상대방(수치인 : 受置人)에게 금전이나 유가증권 기타의 물건의 보관을 위탁하고 상대방이 이를 승낙함으로써 성립하는 계약이다. 임치계약은 무상(無償)을 원칙으로 하나 당사자간 합의에 의해 유상계약으로 이루어질 수도 있다.

입목(立木; standing timber)

토지에 부착된 수목의 집단으로서 그 소유자가 입목에관한법률에 따라 소유권보존의 등기를 받은 것을 말한다. 여기서 '수목의 집단'이란 필지의 토지 또는 필지의 토지의 일부분에 생립(生立)하고 있는 수목으로서 입목에관한법률시행령이 규정하고 있는 여러 종류의 수목 중 7종 이내로 조성된 것이다. 입목에관한법률에서는 입목을 토지와는 별개의 부동산으로 보고 있으므로 토지와 분리하여 양도하거나 저당권의 목적물이 될 수 있다. 지방세법상 입목은 취득세의 과세대상에 해당한다.

참조조문 지법 6, 상증령 52 ①

입증책임(立證責任; burden of proof)

✎ 거증책임 참조

입찰(入札; bid)

경쟁계약(競爭契約)인 경우 매수(買受)희망자로 하여금 자기의 청약가격(請約價格)을 문서에 기재시켜서 이것을 제출시킨 후에 최고가격청약자에게 낙찰(落札)시키는 행위를 말한다. 구술(口述)에 의한 경매(競賣)와는 달라서 서로 경쟁자가 표시하는 청약내용을 알 수 없으므로 자기가 상당(相當)하다고 믿는 가격을 부르게 하는 데 특색이 있다. 입찰에 붙이는 뜻의 표시는 청약의 유인(請約誘引)인 경우가 많으며, 따라서 입찰은 청약, 낙찰은 승낙(承諾)에 해당한다.

참조조문 국징법 73

입회인(立會人; witness)

후일에 증거를 삼거나 어떤 행위의 공정성을 기하기 위하여 특정한 일이 발생하는 곳에 함께 참석하는 사람이다.

세무공무원이 국세의 체납처분을 집행하기 위하여 압류재산을 수색·검사하는 경우 또는 조세범칙혐의자나 참고인을 심문(尋問)·압수(押收) 또는 영치(領置)하는 경우에는 입회인을 참여하게 해야 한다.

또한 세무공무원이 심문·압수·영치한 때에 작성하는 전말서, 체납처분재산의 압류조서 등에는 입회인의 서명날인을 받아야 하며, 입회인이 서명날인을 거부하거나 할 수 없는 때에는 그 뜻을 부기하여야 한다.

참조조문 국징법 28, 절법 8

입회조사(立會調査; attendance audit)

세무공무원이 특정업체의 사업현장에 임석(臨席)하여 일정기간의 영업실적, 사업실태 등을 일일이 확인하는 조사를 말한다. 이는 각 세법상 세무공무원의 질문조사권 또는 질문검사권에 근거하여 행한다.

입회조사는 음식점·다방·극장 등 주로 최종소비자를 대상으로 거래하는 업종에 대하여 일정기간의 수입금액, 수량, 입장인원 등을 현장에 임석하여 파악함으로써 특정업체의 성실성 여부를 검토하고 과세표준의 경정자료(更正資料)를 수집하며, 또한 세원을 포착함으로써 성실신고를 유도하기 위한 목적으로 많이 행해진다.

참조조문 부령 104 ① 6호

잉여금(剩餘金; surplus)

회사의 자기자본 중 법정자본금(法定資本金)을 초과하는 금액을 잉여금이라고 말한다. 잉여금은 배당가능잉여금과 배당불능잉여금 등으로도 구분되나, 가장 일반적인 분류방법은 그 원천에 의하여 분류하는 방법이다. 이 원천에 의한 분류방법에도 이익잉여금(利益剩餘金)과 자본잉여금(資本剩餘金)으로 구분하는 2분법과 이익잉여금과 자본잉여금 및 재평가적립금(再評價積立金)으로 구분하는 3분법이 있으나 우리나라 기업회계기준에서 2분법을 채택하여 잉여금을 자본잉여금과 이익잉여금으로 나누고 있다.

이 중 자본잉여금에 해당하는 것은 주식발행초과금 및 감자차익, 자기주식처분이익 등의 기타자본잉여금으로 분류하고, 이익잉여금에 해당하는 것으로는 이익준비금과 같은 법정적립금(法定積立金)과 사업확장적립금과 같은 임의적립금 및 차기이월미처분이익잉여금 등이 있다.

참조조문 재무보고를 위한 개념체계 4.20, 일반기준 2장 2.29~2.33

잉여금처분(剩餘金處分; surplus appropriation)

회사의 결산에 의하여 산정된 이익잉여금을 주주총회 등의 결의에 의하여 주주에 대한 배당, 임원상여, 사내유보(社內留保) 등으로 처분하는 것을 의미한다.

법인세법상 이러한 잉여금처분내용은 손비로 인정되지 아니하나 법소정의 경우에는 손비로 인정하는 경우도 있다.

잉여금처분의 대상이 되는 잉여금은 전기이월이익잉여금(또는 전기이월결손금)과 당기순이익(또는 당기순손실)의 합계액이지만, 전기 이전에 처분된 임의적립금(任意積立金)도 이입(移入)하여 잉여금처분의 대상으로 할 수 있다. 이 경우 특정한 목적을 갖는 적립금의 이익은 주주총회의 결의에 의하여 그 목적을 변경할 필요가 있다. 또한 상법에서는 배당가능잉여금에 대하여는 제한을 가하고 있다.

참조조문 법법 20, 법령 43

ㅈ

자가공급(自家供給; self-rendering)

간주공급의 한 형태로서 사업자가 자기의 과세사업과 관련하여 생산하거나 취득한 재화로서 매입세액이 공제되었거나 재화의 공급으로 보지 않는 사업양도로 취득한 재화로서 사업양도자가 매입세액을 공제받은 재화(자기생산·취득재화)를 ① 자기의 면세사업으로 전용하는 경우, ② 영업 외의 용도로 사용하는 개별소비세 과세대상 자동차와 그 유지를 위한 재화로 사용하는 경우, 사업장이 둘 이상인 사업자가 자기의 사업과 관련하여 생산 또는 취득한 재화를 ③ 판매할 목적으로 자기의 다른 사업장에 반출(단, 주사업장총괄납부 승인을 얻은 사업자 또는 사업자단위과세의 적용을 받는 사업자는 제외)하는 것을 재화의 공급으로 간주하는 것을 말한다. 이러한 자가공급은 기업회계상 비록 내부거래라 하더라도 부가가치세법상으로는 재화의 공급으로 간주한다.

참조조문 부법 10 ①~③, 부령 19

자금출처조사(資金出處調査; audit of sources of operation funds)

어떤 사람이 부동산 및 동산 등의 재산을 취득한 경우 당해 재산을 취득하기 위하여 지불한 자금이 취득한 사람의 자력(自力)에 의한 것인지 여부를 조사하여 상속세및증여세법의 규정에 의한 증여세과세대상인지 여부를 판단하는 것을 말한다. 자금출처조사는 간접조사와 직접조사로 구분되며, 전자는 자금출처를 조사할 필요가 있다고 인정되는 자에 대하여 대인조사와 질문검사권을 행사하지 아니하고 서면 또는 간접의 방법으로 증여세부과대상

여부를 조사하는 방법이며(통상의 경우 증여세 우편질의를 의미), 후자는 세무공무원이 대인조사의 방법으로 해당 조사대상자에 대하여 질문검사권을 행사하고 증여세부과대상인지의 여부를 판정하는 조사이다. 상속세및증여세법 제45조 및 동법시행령 제34조에 의하면 자금출처조사 결과 증여사실이 입증되거나 또는 재산취득자의 자력으로 재산을 취득하였다고 인정하기 어려운 경우에는 다른 자로부터 취득자금을 증여받은 것으로 추정하게 된다.

참조조문 상증법 45, 상증령 34

자기부과과세제도(自己賦課課稅制度; self-assessment system)

납세의무자 자신이 제1차적으로 자신의 조세채무를 구체적으로 확정하는 지위에 있는 제도이다. 즉 납세의무자 자신이 조세법규에 의하여 과세표준 또는 세액을 스스로 확정하여 정부에 신고함으로써 그 납세의무가 확정된다. 신고납세제도라고도 하며, 정부부과과세제도에 대응되는 용어이다.

자기부과과세제도는 정부와 납세의무자의 상호신뢰가 전제되는 민주적이고 이상적인 세정이다. 그러나 이 제도의 실시에는 납세도의, 기장제도, 세무행정력, 법제도의 정비 등이 전제되어야 한다. 현행 세법상 법인세, 소득세, 부가가치세, 개별소비세, 주세, 증권거래세, 교육세, 교통·에너지·환경세에 있어서 신고납세제도가 채택되어 있다.

자기자본(自己資本; equity capital)

타인자본에 대응되는 개념으로서 통상 기업의 총재산인 자산에서 소극적 재산인 부채를 차감한 개념으로서 ① 자본금(주주들이 납입한 법정자본금), ② 자본잉여금(주식발행초과금, 자기주식처분이익, 감자차익 등), ③ 자본조정(자기주식, 주식할인발행차금, 주식매수선택권, 자기주식처분손실 등), ④ 기타포괄손익누계액(재무상태표일 현재의 매도가능증권평가손익, 해외사업환산손익, 현금흐름위험회피 파생상품평가손익 등의 잔액), ⑤ 이익잉여금(법정적립금, 임의적립금, 미처분이익잉여금)의 합계액이다.

자기주식(自己株式; treasury stock)

당해 회사가 발행한 주식을 매입 또는 질권(質權)의 목적으로 재취득하여 보관하고 있는 주식으로서 이를 금고주(金庫株)라고도 한다. 주권(株權)은 유가증권이며 그 자체가 재산상의 가치를 가지는 것이므로 자사(自社)의 주식이라도 성질상으로는 이것을 유가증권으로서 보유할 수 있다. 그러나 자기주식의 취득을 인정하는 것은 실질적으로는 자본의 환급(還給)이 되어 자본유지(충실)의 원칙에 반하게 되므로 상법 제341조에서는 이를 금지하고, 다음 5가지 경우에 한하여 예외적으로 인정하고 있다. 즉 ① 주식을 소각(消却)하기 위한 때, ② 회사의 합병 또는 다른 회사의 영업 전부의 양수로 인한 때, ③ 회사의 권리를 실행함에 있어 그 목적달성을 위하여 필요한 때, ④ 단주(端株)의 처리를 위하여 필요한 때, ⑤ 주주가 주식매수청구권을 행사한 때이다. 그러나 위의 경우 허용된다 하더라도 '①'의 경우에는 지체없이 주식실효(株式失效)의 절차를 밟아야 하고, '②~⑤'의 경우에는 상당한 시기에 주식 또는 질권의 처분을 하여야 한다.

한편, 기업회계기준상 자기주식은 취득원가를 자본조정항목으로 하여 자본에서 차감하는 형식으로 기재하도록 규정하고 있으며 자기주식처분이익은 기타자본잉여금에 포함된다. 하지만 세법상으로는 자기주식처분이익은 익금에 해당한다.

참조조문 상법 341~342, 일반기준 15장 15.8~15.9, 법통 15-11…7

자기지분상품(自己持分商品; the entity's own equity instruments)

지분상품은 기업의 자산에서 모든 부채를 차감한 후의 잔여지분을 나타내는 모든 계약을 말하는데 자기지분상품은 기업 자신의 지분상품을 의미한다. 기업이 자기지분상품을 취득하는 경우 이러한 지분상품(자기주식)은 자본에서 차감한다. 단, 금융회사가 고객을 대신하여 자기지분상품을 보유하고 있는 것과 같이 타인을 대신하여 자기지분상품을 보유하고 있는 경우에는 기업이 대리인으로서의 역할을 수행한 것이므로 취득한 자기지분상품을 재무상태표에 포함하지 않는다.

자기지분상품을 매입 또는 매도하거나 발행 또는 소각하는 경우의 손익은 당기손익으로 인식하지 아니한다. 한편, 기업이나 연결실체 내의 다른 기업이 이러한 자기주식을 취득하여 보유하는 경우가 있을 수 있는데, 이 경우 지급하거나 수취한 대가는 자본에서 직접 인식하며, 기업이 취득한 자기지분상품은 자본에서 차감하도록 하고 있다.

참조조문 K-IFRS 1032호 11~14, 21~24, AG36

자녀세액공제(子女稅額控除)

종합소득이 있는 거주자의 기본공제대상자에 해당하는 자녀(입양자 및 위탁아동을 포함)로서 7세 이상의 사람(7세 미만의 취학아동을 포함)에 대해 1명인 경우 연 15만원, 2명인 경우 연 30만원, 3명 이상인 경우 연 30만원과 2명을 초과하는 1명당 연 30만원을 합한 금액을 공제해주는 제도이다. 해당 과세기간에 출생이나 입양 신고한 기본공제대상 자녀가 있는 경우 첫째 30만원, 둘째 50만원, 셋째 이상인 경우 연 70만원을 공제하는 제도도 있다.

참조조문 소법 59의 2

자동차세(自動車稅; automobiles tax)

자동차관리법의 규정에 의하여 등록 또는 신고된 차량과 건설기계관리법의 규정에 의하여 등록된 덤프트럭 및 콘크리트혼합물 운반차에 대하여 1대당 연세액(年稅額)을 2분의 1로 분할하여 그 납기(6월·12월)가 있는 달의 1일 현재의 등록원부상의 자동차소유자로부터 자동차소재지를 관할하는 시·군에서 징수하는 지방세이다.

참조조문 지법 124~134

자력집행권(自力執行權; self-enforcement)

일반적으로 국가 또는 공공단체가 그 의사를 스스로의 강제력에 의하여 행정행위(行政行爲)의 내용을 실현시키는 힘 또는 권리를 자력집행권이라고 한다. 한편, 세무관청도 납세자가 조세채무를 임의로 이행하지 않는 경우에는 법이 정하는 절차에 따라 재판절차에 의하지 않고 스스로 강제적으로 이행을 실현시키는 권한을 갖게 된다. 조세에 관하여는 조세가 재정수요를 충족시키는 수단이며 공익성이 강한 점 및 부과·징수의 공평성확보 등의 관점에서 자력집행권이 인정되고 있다.

참조조문 국징법 24~87

자료제출의무(資料提出義務; obligation to supply information)

지급명세서 등의 제출의무라고도 한다. 세법상 특정한 자료들은 과세표준 산정의 기초가 되는 사실관계를 정확히 파악하기 위하여 필요하다는 점에서 작성제출이 의무로 되어 있다. 대표적인 것으로는 배당 등의 지급자가 제출하는 배당 등의 지급명세서, 퇴직금 등을 지급하는 자가 제출하는 퇴직금 등의 수령자별 지급명세서 등이 있다.

참조조문 소법 164, 소령 213, 법법 120, 법령 162

자본(資本; stockholder's equity)

상법상의 자본은 발행주식의 액면총액을 말하며, 기업회계상의 자본은 자본금·자본잉여금·자본조정·기타포괄손익누계액·이익잉여금의 합계액을 말한다. 따라서 상법상의 자본은 기업회계상의 자본금과 일치하지 아니한다.

참조조문 재무보고를 위한 개념체계 4.4·4.20~4.23, 일반기준 2장 2.29~2.33

자본거래(資本去來; capital transaction)

손익거래에 대응되는 용어로서 협의의 자본, 즉 자본금 및 자본잉여금의 증감·변화를 일으키는 거래가 자본거래인데, 증자·감자·주식의 할증발행·자기주식거래 등이 이에 해당된다. 법인세법상 자본 및 출자의 납입, 주식발행액면초과액, 주식의 포괄적 교환·이전차익, 감자차익, 합병차익, 분할차익, 잉여금의 처분을 손비로 계상한 금액, 건설이자의 배당금, 주식할인발행차금 등은 자본거래로서 익금불산입(益金不算入) 또는 손금불산입(損金不算入)으로 규정하고 있다.

참조조문 법법 17 · 20

자본금(資本金; capital stock)

발행주식의 액면총액을 말하며 기업회계기준은 자본금계정에 보통주자본금·우선주자본금 등을 포함하여 기재하도록 하였다. 회사가 발행할 주식의 총수, 1주의 금액 및 발행한 주식의 수 등은 주석으로 기재한다.

참조조문 일반기준 2장 2.36

자본금과적립금조정명세서(資本金과積立金調整明細書; reconciliation sheet of capital and reserve on tax purpose)

기업의 자본금과 적립금을 기초로 하여 세무계산상의 자본금과 적립금, 즉 세무계산상의 순자산을 계산하는 표이며 기업의 청산소득금액 계산의 기초가 된다. 자본금과적립금조정명세서는 (甲)과 (乙)로 구분·작성되며 동 명세서(甲)는 세무계산상의 순자산을 계산 관리하는 표이며 동 명세서(乙)는 세무계산상 유보소득을 기록 관리하는 표이다.

자본변동표(資本變動表; statement of changes in equity)

자본항목의 변동내용을 포괄적이고 체계적으로 나타내기 위한 기본재무제표의 하나이다. 자본변동표에는 다음 항목을 표시한다.

① 지배기업의 소유주와 소수주주에게 각각 귀속되는 금액으로 구분하여 표시한 해당 기간의 총포괄손익

② 자본의 각 구성요소별로 기업회계기준서 제1008호에 따라 인식된 소급적용의 효과 또는 소급하여 재작성한 효과

③ 소유주에 의한 출자와 소유주에 대한 배분을 구분하여 표시한 소유주로서의 자격을 행사하는 소유주와의 거래금액

④ 자본의 각 구성요소별로 장부금액의 각 변동액을 공시한 기초시점과 기말시점의 장부금액 조정내역

참조조문 K-IFRS 1001호 106~110, 일반기준 2장 2.74~2.81

자본의 원입(資本의 元入; original investment(on profit department))

자본의 원입(元入)이란 금전, 기타자산으로 원시출자(原始出資)하는 것을 말하는데, 그 자본액 또는 출자액을 자본원입액(資本元入額)이라 한다.

법인세법에서는 비영리내국법인이 수익사업을 영위하거나 수입이 있을 때에는 자산·부채 및 손익을 수익사업에 속하는 것과 비영리사업에 속하는 것으로 구분경리하도록 하고 있으며, 비영리법인의 자기자본계산은 수익사업의 자산합계액에서 부채(충당금 포함)합계액을 공제한 액을 수익사업의 자본금으로 한다. 이 경우 비영리법인이 비영리사업에 속하는 자산을 수익사업에 지출 또는 전입한 때에는 그 자산가액은 시가에 의하여 자본의 원입으로 경리한다. 그리고 수익사업에 속하는 자산을 비영리사업에 지출 또는 전입한 때에는 그 자산가액 중 그 소득금액을 수익사업의 소득금액(잉여금을 포함한다)을 초과하는 부분의 금액은 자본원입액의 반환으로 한다.

(참조조문) 법칙 76

자본잉여금(資本剩餘金; additional paid in capital)

잉여금의 발생은 자본거래로 인한 것과 손익거래로 인한 것이 있는바, 이 중 자본거래로 인하여 발생한 잉여금을 자본잉여금이라고 한다. 자본잉여금은 주식발행초과금과 감자차익, 자기주식처분이익 등의 기타자본잉여금으로 구성된다.

이와 같이 자본잉여금은 배당의 재원이 될 수 없으며 자본전입 및 결손금의 보전 이외의 목적으로는 사용될 수 없다. 법인세법상 주식발행액면초과액, 주식의 포괄적 교환·이전차익, 감자차익, 분할차익은 익금에 산입하지 아니한다.

(참조조문) 일반기준 2장 2.30, 법법 17

자본적지출(資本的支出; capital expenditure)

기업이 고정자산을 취득한 후 그 자산과 관련하여 비용을 지출한 경우 그 지출의 효과가 당기에 그치지 않고 차기 이후까지 계속적으로 발생하는 경우 그 지출액은 자본화되었다가 그 효익의 발생기간에 안분하여 비용으로 배분하여야 하는바, 이 같은 지출을 자본적지출이라고 한다. 이는 수익적지출에 대응되는 용어이다. 세법은 고정자산의 내용연수를 연장시키거나 당해 고정자산의 가치를 현실적으로 증가시키는 것을 자본적지출로서 다음과 같이 예시하고 있다.

① 본래의 용도를 변경시키기 위한 개조
② 엘리베이터 또는 냉난방장치의 설치
③ 빌딩 등에 있어서 피난시설 등의 설치
④ 재해 등으로 인하여 멸실 또는 훼손되어 본래 용도에 이용가치가 없는 건축물·기계·설비 등의 복구
⑤ 그 밖에 개량·확장·증설 등 위의 '①~④'까지의 지출과 유사한 성질의 것

참조조문 법령 31, 소령 67

자본전입(資本轉入; transfer to capital)

준비금 또는 잉여금의 전부 또는 일부를 자본(기업회계상 자본금)에 전입시키는 것을 말한다.

상법은 자본전입의 대상을 준비금으로 규정하고 있고, 여기서 준비금이라 함은 법정준비금만을 의미하는 것으로 보는 것이 일반론이다. 그러나 회계학에서는 잉여금 중 자본잉여금을 자본전입의 대상으로 보고 있다.

한편, 세법은 자본전입의 대상을 특별히 규정하고 있지는 않으나, 자본잉여금으로 자본전입하는 경우(자기주식소각이익으로 자본전입하는 경우로서 소각일로부터 2년 이내에 자본전입하는 경우 또는 자기주식소각시 취득가액이 시가를 초과하는 경우의 소각익을 자본전입하는 경우와 기타자본잉여금으로 자본전입하는 경우 제외)에는 구·신주의 1주당 가액을 수정하고, 이익잉여금으로 자본전입하는 경우와 의제배당에 해당하는 자본잉여금의 자본전입의 경우에는 그 전입액 상당액을 배당한 것으로 의제하고 있다.

자본금납입에 의해 발행되는 주식을 유상주라고 하는 것에 대응하여 자본전

입으로 인해 발행되는 주식을 무상주라고 한다.

(참조조문) 상법 461, 법법 16, 소법 17

자본조정(資本調整; capital adjustment)

당해 항목의 특성상 소유주지분에서 가감되어야 하거나 또는 아직 최종결과가 미확정상태여서 자본의 구성항목 중 어느 것에 가감해야 하는지 알 수 없어서 회계상 자본총계에 가감하는 형식으로 기재하는 항목을 말한다. 자본조정항목은 부채가 아니므로 부채로 계상할 수 없다는 점과 자본구성항목 중 어디에 속하는 것인지를 알 수 없다는 점을 특징으로 하고 있다.

기업회계기준의 자본조정항목으로는 주식할인발행차금, 자기주식, 주식매수선택권, 출자전환채무, 자기주식처분손실, 감자차손 등이 있다.

(참조조문) 일반기준 2장 2.31

자본준비금(資本準備金; capital reserves)

자본거래에서 발생된 잉여금인 자본잉여금의 일종으로 주식발행액면초과액, 주식의 포괄적 교환·이전차익, 감자차익, 합병차익, 분할차익, 기타 자본거래에서 발생한 잉여금 등이 있다. 법인세법상 자본준비금 중 주식발행액면초과액, 주식의 포괄적 교환·이전차익, 감자차익, 합병차익, 분할차익은 익금불산입사항으로 하고, 자산수증이익과 채무면제이익은 세무상 이월결손금에 충당된 금액에 한하여 익금불산입으로 규정하고 있다.

(참조조문) 상법 459, 법법 17·18, 소법 26 ②

자산소득(資産所得; income from property)

소득세법에서 정하고 있는 각종의 소득종류 중 소유자산의 운용으로부터 생긴 소득, 즉 이자소득·배당소득을 말한다.

자산수증이익(資産受贈利益; gains from assets contributed)

회사가 주주 또는 기타의 자로부터 현금이나 기타의 재산을 무상으로 제공받음으로써 생기는 이익이다. 채무면제이익이 소극적 의미의 증여이익임에 반하여 자산수증이익은 적극적 의미의 증여이익이다. 세무상 자산수증이익은 순자산증가액으로 익금에 산입하는 것이 원칙이나 세무상 이월결손금의 보전에 충당된 금액은 익금에 산입하지 아니한다.

참조조문 법법 18, 소법 26 ②

자산유동화전문회사(資産流動化專門會社; company specializing in liquidization)
금융기관과 일반기업의 자금조달을 원활하게 하여 재무구조의 건전성을 높이기 위하여 자산유동화에관한법률에 의하여 설립된 유한회사의 형태로 다음 각호의 업무를 수행한다.

1. 유동화자산의 양수·양도 또는 신탁업자에의 위탁
2. 유동화자산의 관리·운용 및 처분
3. 유동화증권의 발행 및 상환
4. 자산유동화계획의 수행에 필요한 계약의 체결
5. 유동화증권의 상환 등에 필요한 일시적인 차입
6. 여유자금의 투자
7. 기타 제1호 내지 제6호의 업무에 부수하는 업무

법인세법에서는 유동화전문회사 등이 배당가능이익의 100분의 90 이상을 배당하는 경우 그 금액은 해당 사업연도의 소득금액 계산에 있어서 공제하도록 하고 있다.

참조조문 법법 51의 2

자치단체조합(自治團體租合; association of self-governing body)
두 개 이상의 지방자치단체가 하나 또는 둘 이상의 사무를 공동으로 처리할 필요가 있을 때 설립하는 조합이다. 지방자치단체조합을 설립하기 위하여는 지방의회의 의결을 거쳐 행정안전부장관 또는 시·도지사의 승인이 있어야 하며, 법인으로 설립된다.

자회사(子會社; subsidiary)

어떤 회사가 다른 회사 주식의 **50%** 이상을 소유할 때에는 다른 회사에 대한 지배권을 얻게 되는바, 투자회사를 모회사라 하고 피투자회사를 자회사라고 한다. 또는 지배회사와 종속회사라고도 한다. 이와 같은 지배회사와 종속회사간의 법률적 실체는 별개이나 경제적 실질은 단일의 회사로서 연결재무제표의 작성대상이 된다. 그리고 상법에서는 모회사가 당해 회사의 주식 또는 출자지분의 **50%**를 초과하여 소유한 경우 당해 회사를 자회사라 한다. 법인세법상 지주회사가 자회사로부터 배당금을 받는 경우 일정비율만큼 익금불산입하여 지주회사의 설립을 지원하고 있다.

참조조문 법법 18의 2, 상법 342의 2

작업폐물(作業廢物; scrap)

제조작업진행 중 발생한 사용원재료의 잔설로서 가치가 있는 것을 말하며, 그 발생량이 근소한 경우 매각수익을 잡수익으로 처리하여도 무방하나, 그 가액이 상당액일 경우에는 그 매각가액 또는 이용가치를 추산하여 당해 제조원가에서 공제할 필요가 있다.

작업진행률(作業進行率; percentage of completion)

건설 또는 제조에 있어서 건설작업 또는 제조작업의 진척비율을 말한다. 즉 기업이 건설 또는 제조에 관한 장기도급계약을 체결한 경우에 그 총공사예정원가에 대한 투입원가의 비율이다. 세무상 작업진행률의 계산은 다음 산식에 의한다.

$$\text{작업진행률} = \frac{\text{해당 사업연도말까지 발생한 총공사비누계액}}{\text{총공사예정비}}$$

이 경우 총공사예정비란 계약당시 추정한 공사원가에 해당 사업연도말까지의 변동상황을 반영하여 합리적으로 추정한 공사원가이다.

참조조문 법칙 34, 소령 48 5호, 소칙 20 ③

잔여재산(殘餘財産; residual property)

법인이 해산하게 되면 그때부터 법인의 사업활동은 중지되고 청산업무를 수행하게 된다. 청산업무로는 현재 사무의 종결, 채권의 추심, 채무의 변제, 재산의 환가처분 및 잔여재산의 분배 등을 들 수 있다. 이와 같이 해산법인이 해산시의 잔무처리(殘務處理)를 종결하기 위하여 수입·지출을 하고 채권추심, 채무변제 및 청산인의 보수와 기타 청산에 관련된 제 비용을 지불한 후 해산법인에 최종으로 남은 적극적 재산을 잔여재산이라 한다. 따라서 이것은 주주에게 귀속되는 재산이라 할 수 있다.

잔여재산가액(殘餘財産價額; residual property value)

잔여재산의 가액은 잔여재산가액확정일 현재의 해산법인 자산총액에서 부채총액을 공제하여 계산한다. 잔여재산가액이 자기자본의 금액을 초과하는 경우 그 초과하는 금액은 해산법인의 청산소득이 되고, 해산법인은 청산소득에 대해 법인세를 납부할 의무가 있다.

잔여재산가액을 계산함에 있어 자산총액은 장부가액대로 계산하는 것이 아니고 추심할 채권과 환가처분할 자산은 추심 또는 환가처분한 날 현재의 금액으로 계산하고 추심 또는 환가처분 전에 분배한 자산은 그 분배한 날 현재의 시가로 평가하여 계산한다.

참조조문 법법 79, 법령 121

잔존가액(殘存價額; salvage value)

고정자산의 사용가능기간이 끝나더라도 그 자산의 잔해를 매각처분함으로써 얻을 수 있는 가치의 견적가액을 말하며, 이를 잔존가치 또는 잔존가격(殘存價格)이라고도 한다. 세법상 정액법으로 감가상각하는 경우 고정자산의 잔존가액은 영(零)으로 하고, 정률법(定率法)에 의하여 상각하는 경우는 취득가액의 5%에 상당하는 금액을 일단 잔존가액으로 하되, 이 금액은 미상각잔액이 취득가액의 5% 이하가 되는 사업연도의 상각범위액에 가산한다.

법인은 감가상각이 종료되는 자산에 대하여 취득가액의 100분의 5와 1천원 중 적은 금액을 해당 감가상각자산의 장부가액으로 한 비망가액을 손금에 산입하지 아니한다.

(참조조문) 법령 26 ⑥ · ⑦, 소령 71

잔존가치(殘存價値; residual value (of an asset))

자산이 이미 오래되어 내용연수 종료시점에 도달하였다는 가정하에 자산의 처분으로부터 현재 획득할 금액에서 예상처분비용을 차감한 금액의 추정치이다.

(참조조문) K-IFRS 1016호 6, 1038호 8, 일반기준 10장

잔존내용연수(殘存耐用年數; residual useful life)

잔존내용연수란 감가상각자산의 비용배분의 유효견적연수(有效見積年數)에서 이미 경과한 연수를 차감한 미경과내용연수를 말한다.

법인세법이나 소득세법에서는 기준내용연수(基準耐用年數)에 그 기준내용연수의 25%를 가감한 내용연수범위 내에서 사업자가 선택하여 신고한 신고내용연수에 따른 상각률에 의하여 감가상각범위액을 계산하게 된다. 다만, 시험연구용 자산과 무형자산은 법인세법시행규칙이 정하는 내용연수와 그에 따른 상각률에 의해 감가상각범위액을 계산한다.

(참조조문) 법령 28, 법칙 15, 소령 63, 소칙 32

잠재적 보통주(潛在的 普通株; potential ordinary share)

보통주를 받을 수 있는 권리가 보유자에게 부여된 금융상품이나 계약 등을 말하며, 희석주당이익을 계산할 때 분모인 유통보통주식수에 가산한다.

(참조조문) K-IFRS 1033호 5

잠재적 의결권(潛在的 議決權; possible voting power)

기업은 주식매입권, 주식콜옵션, 보통주식으로 전환할 수 있는 채무상품이나

지분상품 또는 그 밖의 유사한 금융상품을 소유할 수 있는데 이러한 금융상품이 행사되거나 전환될 경우 연결실체를 지배하는 기업의 다른 기업의 재무정책과 영업정책에 대한 의결권을 증가시키거나 다른 상대방의 의결권을 줄일 수 있는 잠재력을 의미한다.

기업이 다른 기업의 재무정책과 영업정책을 결정할 수 있는 능력이 있는지 여부를 평가할 때에는 다른 기업이 보유한 잠재적 의결권을 포함하여 현재 행사할 수 있거나 전환할 수 있는 잠재적 의결권의 존재와 영향을 고려하여야 한다.

참조조문 K-IFRS 1028호 BC15~16

잠정세율(暫定稅率; temporary tax rates)

일반적으로 임시로 정하여 시행하는 영구성(永久性)이 없는 세율을 뜻한다. 세법상 이러한 의미에서 세율은 크게 2가지로 나눌 수 있는데 잠정세율과 탄력세율이다. 잠정세율은 현행 국세에 관한 세법 중 개별소비세법과 관세법에서만 규정하여 시행하고 있다. 즉 개별소비세법상으로는 과세물품 중 기술개발(技術開發)을 선도하는 물품으로서 수출전략상 내수기반(內需基盤)의 확대가 필요하다고 인정되는 것에 대하여 기본세율(基本稅率)과 달리 적용하는 특별한 세율을 말하고, 관세법상으로는 특정한 품목에 대해서 기본세율과 다른 세율을 임시로 적용하기 위하여 마련된 특별한 세율을 말한다. 개별소비세의 잠정세율은 기본세율 및 탄력세율에 우선하여 적용되며, 관세의 잠정세율은 기본세율과 탄력세율에 우선한다.

참조조문 개소법 1의 2 ①

장기도급계약(長期都給契約; long-term contract)

세무상 장기도급계약이라 함은 타인이 발주하는 토목·건축·산업설비·철강구조물·전기·전기통신 기타 이와 유사한 공사 중 도급계약기간이 1년 이상인 것이다. 한편, 세무상 장기도급계약에 대해서는 공사진행기준의 방법에 따라 계산한 수익과 비용을 당해 사업연도의 익금과 손금으로 각각 산입하도록 하고 있다.

참조조문 법령 69 ①, 소령 48 5호

장기보유특별공제(長期保有特別控除; special deduction for long-term holding)
장기보유특별공제제도는 자산의 보유기간이 3년 이상인 장기보유자산에 대하여 그 양도소득금액을 산정할 때에 일정액을 공제하여 줌으로써 건전한 부동산의 투자행태 내지 소유행태를 유도하려고 하는 세제상의 장치이다. 소득세법에서는 토지와 건물로서 그 보유기간이 3년 이상인 등기된 양도자산에 대하여 당해 자산의 양도차익의 2%×경과연수(예 : 4년 이상 5년 미만 보유자산 8%=2%×4년)를, 그리고 15년 이상 보유자산은 당해 자산양도차익의 30%(양도소득세가 과세되는 1세대1주택의 경우에 당해 주택의 보유기간의 경과연수 ×8%, 10년 이상인 것은 80%)를 당해 자산의 양도차익에서 공제하고 있다.

참조조문 소법 95 ②, 소령 159의 3

장기차입금(長期借入金; long-term borrowing)
일반적으로 차입금의 지급기한이 재무상태표일로부터 1년을 초과하는 것을 말하며 이는 비유동부채로서 취급된다.

장기할부판매(長期割賦販賣; long-term installment sales)
✎ 할부판매 참조

장닉(戕匿; harbouring)
어떤 것의 소재를 불분명하게 하거나 숨김으로써 그 발견을 곤란하게 하는 것을 말하며 은닉(隱匿)과 같은 뜻이다. 조세범처벌법은 재산장닉범에 대해 3년 이하의 징역 또는 3천만원 이하의 벌금에 처하도록 규정하고 있다.

참조조문 처법 7

장려금(獎勵金; subsidy)

본래 의미는 정부 또는 지방자치단체가 산업의 조성이나 사회공공사업의 조성 등 행정상의 목적을 위하여 공공단체나 개인에게 교부하는 현금을 말한다. 그러나 세법에서는 거래수량, 거래금액에 따라 거래처와의 사전약정에 의해서 상대방에 지급하는 현금의 의미로 사용되고 있다.

장려금은 판매한 상품 또는 제품의 부대비용으로서 매출원가를 구성하게 된다. 또한 부가가치세과세표준을 계산함에 있어 장려금지급액은 그와 관련된 매출의 과세표준에서 공제하지 않으며, 장려금수령액은 부가가치세가 과세되지 않는다.

참조조문 부법 29 ⑥

장례비용(葬禮費用; funeral expense)

죽은 사람을 장사지내는 데에 소요되는 비용으로서, 상속세및증여세법에서는 이 장례비용은 상속개시당시에 현존하는 피상속인의 채무는 아니나 상속개시에 있어서 필연적인 비용이며 사회통념상 필요경비로 인정받고 있으므로 상속재산가액에서 공제된다.

장례비용은 피상속인의 사망일부터 장례일까지 장례에 직접 소요된 금액을 말하며 다음 각각의 금액을 합한 금액으로 한다.

① 피상속인의 사망일부터 장례일까지 장례에 직접 소요된 금액(봉안시설의 사용에 소요된 금액을 제외한다). 이 경우 그 금액이 500만원 미만인 경우에는 500만원으로 하고 그 금액이 1,000만원을 초과하는 경우에는 1,000만원으로 한다.

② 봉안시설의 사용에 소요된 금액. 이 경우 그 금액이 500만원을 초과하는 경우에는 500만원으로 한다.

참조조문 상증령 9 ② 1호

장부가액(帳簿價額; book value)

자산·부채·자본의 각 항목에 대하여 일정한 평가기준에 따라 회계장부상에 기록된 금액을 말한다. 따라서 당해 자산에 속하는 평가성충당금 등이 있는 경우에는 그 금액을 공제한 순액(純額)을 말한다. 예컨대, 감가상각비를 직접법에 의하여 계상하고 있는 경우에는 감가상각비를 이미 차감한 해당 유형자산금액이 장부가액이 되고, 만일 감가상각비를 간접법에 의해서 계상하고 있는 경우에는 그 유형자산의 금액에서 감가상각충당금계정의 금액을 공제한 것이 장부가액이 된다.

장부소각·파기·은닉범(帳簿燒却·破棄·隱匿犯; book incineration·destruction·secretion criminal)

조세범처벌법 제8조에 따르면 조세포탈을 위한 증거인멸을 목적으로 세법이 비치를 요하는 장부 또는 증빙서류를 해당 국세의 법정신고기한이 지난 날부터 5년 이내에 소각·파기·은닉함으로써 성립하는 조세범을 말한다.

소각이란 물건을 불태워버리는 행위를 말하고, 파기란 물건을 찢거나 글자를 보이지 않게 지우는 등 장부로서의 효용을 잃게 하는 일체의 행위를 말하며, 은닉이란 물건의 소재를 불분명하게 하여 그 발견을 곤란케 하는 일체의 행위를 말한다.

장부의 소각·파기·은닉범이 성립하기 위하여는 조세포탈을 위한 증거인멸의 목적이 있어야 하며, 장부를 고의로 소각·파기·은닉하면 일단 증거인멸의 목적이 있다고 보아야 한다.

조세범처벌법은 장부의 소각·파기·은닉범에 대해 2년 이하의 징역 또는 2천만원 이하의 벌금형에 처하고 있다.

참조조문 처법 8

장애인(障碍人; handicapped person)

소득세법상 종합소득이 있는 거주자에게 장애인공제의 대상이 되는 장애인의 범위는 다음에 해당하는 자로서 의사, 치과의사 또는 한의사의 판정을 받은 자로 한다.

① 장애인복지법에 따른 장애인 및 장애아동복지지원법 제21조 제1항에 따른 발달재활서비스를 지원받고 있는 사람

② 국가유공자등예우및지원에관한법률에 의한 상이자와 이와 유사한 사람으로서 근로능력이 없는 사람

③ 위 이외의 항시 치료를 요하는 중증환자

또한 상속세및증여세법에 의한 장애인공제의 대상이 되는 장애인의 범위도 같다.

참조조문 소령 107, 상증법 20

장애인공제(障碍人控除; exemption for handicapped person)

장애인을 부양하고 있는 경우 조세부담을 경감시키는 조치는 소득세법상의 장애인공제와 상속세및증여세법상의 장애인공제가 있다. 전자는 종합소득이 있는 거주자나 그 거주자와 생계를 같이하는 부양가족(배우자 포함) 중 공제대상 장애인이 있는 경우 그 거주자의 해당 과세기간 소득금액에서 장애인 1명당 연간 200만원을 종합소득공제로서 공제한다. 후자는 국내에 주소를 둔 자의 사망으로 인하여 상속이 개시된 경우에 상속개시당시 피상속인에게 상속인 또는 피상속인이 사실상 부양하고 있던 동거가족 중 장애인이 있는 경우에는 장애인 1인당 1천만원에 성별·연령별 기대여명의 연수를 곱하여 계산한 금액을 상속재산가액에서 공제한다.

참조조문 소법 51, 상증법 20 ①, 상증령 18 ②·③

재경정(再更正; reassessment)

국세나 지방세에 있어서 납세의무자가 과세표준이나 세액을 신고한 것에 대해 세무관서장이 세무조사 등에 의하여 탈루나 오류가 발견되었을 때 당초 신고나 결정한 것을 정정하여 결정하는 것을 경정 또는 경정결정이라 하며, 경정 또는 경정결정 후 다시 탈루나 오류가 발견되어 이를 다시 정정하여 결정할 때 이를 재경정이라 한다.

참조조문 부법 57

재고납부세액(在庫納付稅額; inventory tax paid)
부가가치세의 과세유형이 일반과세자에서 간이과세자로 전환되는 경우에 전환일 현재 보유하고 있는 재고품 및 감가상각자산에 대해 간이과세자가 공제받을 수 있는 세액을 계산하여 차후 납부세액에 가산하여 납부하는 금액을 말한다. 재고납부세액은 간이과세자와 일반과세자에게 적용되는 매입세액공제범위가 상이하므로 이를 조정하기 위한 조치이다. 즉 일반과세자는 매입세액 전액이 공제되나, 간이과세자의 경우 업종별부가가치율에 상당하는 금액만이 공제되어야 하기 때문에 일반과세자에서 간이과세자로 전환된다면 전환일 현재의 보유 재고자산에 대하여는 "재고금액×10/100×{1 − 업종별 부가가치율}"을 하여 추가납부하여야만 다른 간이과세자와의 균형이 이루어지게 된다. 기타 감가상각대상자산에 대해서도 별도의 재고납부세액 계산이 필요하다.

참조조문 부법 64, 부령 112

재고매입세액(在庫買入稅額; inventory input tax)
부가가치세의 과세유형이 간이과세자에서 일반과세자로 전환되는 경우에 전환일 현재 보유하고 있는 재고품 및 감가상각자산에 대해 일반과세자라면 공제되었을 세액을 계산하여 매입세액으로 공제하는 것을 말한다. 재고품의 경우 재고매입세액은 "재고금액×10/110×(1 − 업종별 부가가치율)"에 의해 계산한 금액이다. 기타 감가상각대상자산에 대해서도 별도의 재고매입세액 계산이 필요하다.

참조조문 부법 44, 부령 86

재고자산(在庫資産; inventories)
정상적인 기업활동과정에서 판매하기 위하여 보유하는 자산이나 판매를 목적으로 제조과정 중에 있는 것, 판매에 이용될 제품이나 용역의 생산에 현실적으로 소비하기 위하여 보유하고 있는 자산이다.

재고자산은 취득방법이나 존재형태 또는 사용목적에 따라 여러 가지로 구분될 수 있다.

일반적으로 상품·제품·재공품·원재료 등으로 구분할 수 있으나, 기업회계기준상의 분류에 따르면 상품·제품·반제품·재공품·원재료·저장품으로 분류하고 있으며, 거래방식의 특수성 때문에 구별되는 적송품(積送品), 미착상품(未着商品), 시송품(試送品) 등이 있다. 또한 부수적 생산물인 부산물, 작업폐물 등도 있다.

여기서 유의할 것은 판매나 제조목적 이외의 목적으로 보유하고 있는 것은 재고자산으로 처리하여서는 아니되며, 따라서 매매목적으로 소유하고 있는 토지·건물 등은 재고자산에 속하나, 사업용 토지·건물은 고정자산에 속한다.

참조조문 K-IFRS 1002호, 일반기준 7장

재고자산감모손실(在庫資産減耗損失; loss from inventory shrinkage)

계속기록법에 의해 계산된 장부상의 재고와 실지조사를 통해 파악된 실제재고와의 차이를 말한다.

재고감모손실은 운반 또는 보관 중의 분실·파손·도난 등으로 인하여 발생하게 되며, 영업활동 중에 어쩔 수 없이 발생하는 정상적인 부분과 그 발생을 회피할 수도 있었던 비정상적인 부분이 있다.

기업회계기준서에서는 정상적인 재고감모손실은 원가성이 있는 것으로 보아 매출원가에 가산하고 비정상적인 재고감모손실은 원가성이 없는 것으로 보아 영업외비용으로 처리한다.

참조조문 일반기준 7장 7.20

재고자산의 평가(在庫資産의 評價; valuation of inventory)

매출액에 대응되는 비용인 매출원가를 확정짓기 위해 회사가 보유하고 있는 재고자산의 가액을 결정하는 절차를 말한다. 즉 매출원가는 기초상품(제품)

재고액에 당기상품매입액(제품제조원가)을 더하고 기말상품(제품)재고액을 차감하여 계산하는 것이므로 매출원가의 확정을 위해서는 재고자산의 평가가 반드시 필요하다. 재고자산의 평가는 재고자산의 수량을 결정하는 절차와 재고자산의 단가를 결정하는 절차로 구성된다.

재고자산의 수량을 결정하는 방법에는 계속기록법과 실지재고조사법이 있다. 그리고 재고자산의 가액을 결정하는 방법으로 기업회계기준 또는 세법은 개별법, 선입선출법, 이동평균법, 총평균법 및 매출가격환원법을 인정하고 있다. 세법에서는 예외적으로 후입선출법을 인정하고 있다.

참조조문 K-IFRS 1002호 23~27, 일반기준 7장 7.12~7.15, 법령 74, 소령 91·92

재고자산평가손실(在庫資産評價損失; loss from valuation of inventory)

재고자산평가손실은 재고자산을 기말에 저가기준으로 평가할 때 나타나는 과목이다. 즉 재고자산의 가격이 하락했을 때 그 하락된 가격으로 평가함으로써 나타나는 과목이다. 이 점에서 재고자산의 수량, 부피 등이 감소된 경우에 나타나는 재고감모손실과 구분된다. 기업회계기준서에서는 재고자산의 시가가 장부가액 이하로 하락하여 발생한 평가손실은 재고자산의 차감계정으로 표시하고 매출원가에 가산한다.

참조조문 일반기준 7장 7.20, K-IFRS 1002호 34

재고자산회전율(在庫資産回轉率; inventory turnover ratio)

연간매출액을 평균재고자산으로 나누어 계산하며 재고자산이 어느 정도의 속도로 판매되고 있는가를 나타내는 지표로 사용된다.

재고자산회전율이 일반적으로 높을수록 기업은 양호한 상태이며, 이 비율이 낮다는 것은 재고자산에 과잉투자가 발생했음을 의미한다. 따라서 재고자산회전율이 낮은 기업은 수익성도 떨어진다. 세법은 재고자산회전율(상품회전율)을 추계과세기준의 하나로 규정하고 있다.

참조조문 법령 105

재공매(再公賣; resale in public)

동일한 재산을 다시 공매에 붙이는 것을 말한다. 구체적으로는 공매에 붙여도 매수희망자가 없거나 그 가격이 매각예정가액에 미달하는 경우 매수인이 매수대금을 납부기한까지 납부하지 않아 그 매매를 해약한 경우 등에 재공매가 실시된다.

참조조문 국징법 74

재공품(在工品; work in process)

제품의 생산을 위하여 현재 생산과정에서 가공 중에 있는 미완성품(未完成品)을 의미한다. 이는 소정의 생산과정을 전부 종료하고 판매 또는 저장가능상태에 있는 제품(製品; finished goods)과 다르고, 또한 전생산과정(全生産過程) 중 특정공정의 작업을 완료하고 다음 공정으로 넘어가기 위하여 남아 있는 반제품(半製品; half finished product)과도 구별된다.

제조업을 영위하는 경우에는 원가계산기말에 재공품이 남아 있게 마련이므로 기말의 재공품을 정확하게 평가하여야 당기제품제조원가를 합리적으로 계산할 수가 있다. 왜냐하면 당기제품제조원가는 그 기간에 발생한 총제조비용에서 기말재공품에 포함되어 있는 원가를 차감하여 계산하기 때문이다.

재단법인(財團法人; incorporated foundation)

민법은 비영리법인을 사단법인과 재단법인으로 나누고 있다. 사단법인은 일정한 목적을 위하여 결합한 사람의 단체, 즉 사단을 그 실체로 하는 법인으로서 단체의사에 의하여 자율적으로 활동하게 된다. 이에 반하여 재단법인은 일정한 목적에 바쳐진 재산, 즉 재단(財團)이 그 실체를 이루고 있는 법인으로서 설립자의 의사에 의하여 그 활동의 범위 등이 타율적으로 구속되어 있다는 점에서 사단법인과 구분된다.

세법상 재단법인은 원칙적으로 비영리법인으로서 수익사업에 대하여만 법인세가 과세되며 청산시 청산소득에 대하여 과세되지 않는다.

참조조문 민법 32

재단저당(財團抵當; foundation collateral)

기업을 구성하는 물적설비(토지·건물·기계 등)나 기업에 관한 각종의 특권(지상권·지역권·임차권·공업소유권 등)을 일괄하여 총체적 재산으로 파악한 것을 재단(財團)으로 보고 그 재단을 일괄하여 저당권의 목적으로 하는 제도이다. 이것은 대규모의 기업을 구성하는 개개의 물건에 대해서 담보권을 설정하는 것은 기업이 유기적·객관적인 조직체로서 가지는 교환가치를 충분히 이용하지 못하는 것이고, 또한 차후담보권의 실행에 의하여 기업이 파괴되기 때문에 사회·경제적인 면에서도 적합하지 않으므로 이러한 기업을 일체로서 파악하려는 것이다. 우리나라에는 현재 '공장및광업재단저당법'이 제정되어 공장재단과 광업재단에 대하여 저당권의 설정을 인정하고 있다.

참조조문 국기법 29 7호

재량(裁量; discretion)

행정은 법에 기초하여 행해져야 하는 것이지만 행정법규가 선택의 여지가 없이 일의적(一義的)으로 명확한 것은 아니다. 사회정세의 변화 내지 개별의 구체적 행정사안 등에 유연하게 대처하기 위해서 행정법규에 불확정개념, 추상개념을 사용하여 행정청에 선택의 가능성을 부여하는 경우가 있는데 이를 재량이 부여되어 있다고 한다.

재량행위(裁量行爲; discretional act)

행정청의 재량(裁量)에 위임되어 있는 행위를 말한다. 통상 자유재량과 기속재량(羈束裁量 : 법규재량)으로 구분되어 전자에 대한 남용은 부당의 문제를 발생시킴에 그치고 위법의 문제로는 되지 않아 사법심사(司法審査)의 대상이 되지 않으며, 후자의 남용은 위법에 관한 문제로서 사법심사의 대상이 된다. 그러나 양자의 구별이 반드시 명확한 것은 아니다. 국세기본법은 세무공무원이 재량으로 직무를 수행할 때에는 과세의 형평과 해당 세법의 목적에 비추어 일반적으로 적당하다고 인정되는 한계를 세법적용의 원칙의 하나로서 규정하고 있다.

참조조문 국기법 19

재매매의 예약(再賣買의 豫約; subscription of repurchase)

매매계약을 체결하면서 매도인이 뒷날 그 목적물을 다시 매수(買收)할 것을 약정하는 계약을 말한다. 매도인의 재매매의 청약에 대하여 매수인이 승낙의 의무를 지는 것과 승낙없이 곧 재매매가 성립되는 것이 있으나 후자가 보통이다. 이것은 주로 금융의 수단으로 행하여지며, 매매대금이 융자금 및 변제금에 해당하고, 매매의 목적물이 채권의 담보물에 해당한다. 목적물이 부동산일 때에는 예약완결권을 가등기하여 보전할 수 있다. 환매제도(還買制度)와는 금융담보의 작용을 하는 점에서는 동일하나, 그 요건이나 환매기간, 기타 절차면에 여러 가지 제한이 많으므로 환매를 이용하지 않고 자유로운 재매매의 예약이 행하여진다.

국세징수법에서는 양도담보권자(讓渡擔保權者)에게 납세의 이행청구를 한 후에 재매매의 예약을 한 계약이 체결된 경우에 기한의 경과, 기타 그 계약의 이행 이외의 이유로 계약의 효력이 상실된 때에도 양도담보재산이 존속하는 것으로 본다.

참조조문 국징법 13 ②

재무보고를 위한 개념체계(財務報告를 위한 概念體系; A Review of the Con-ceptual Framework for Financial)

우리의 회계기준이 중립성을 유지하면서 경제적 실질을 더욱 충실하게 반영할 수 있도록 초석을 다지자는 취지하에 한국회계기준원에 의해 제정된 것으로 그 목적은 다음과 같다.

① 한국회계기준위원회(회계기준위원회)가 향후 새로운 한국채택국제회계기준을 제정하고 기존의 한국채택국제회계기준의 개정을 검토할 때에 도

움을 준다.

② 한국채택국제회계기준에서 허용하고 있는 대체적인 회계처리방법의 수
를 축소하기 위한 근거를 제공하여 회계기준위원회가 재무제표의 표시
와 관련되는 법규, 회계기준 및 절차의 조화를 촉진시킬 수 있도록 도움
을 준다.

③ 재무제표의 작성자가 한국채택국제회계기준을 적용하고 한국채택국제회
계기준이 미비한 주제에 대한 회계처리를 하는 데 도움을 준다.

④ 재무제표가 한국채택국제회계기준을 따르고 있는지에 대해 감사인이 의
견을 형성하는 데 도움을 준다.

⑤ 한국채택국제회계기준에 따라 작성된 재무제표에 포함된 정보를 재무제
표의 이용자가 해석하는 데 도움을 준다.

⑥ 회계기준위원회의 업무활동에 관심 있는 이해관계자에게 한국채택국제
회계기준을 제정하는 데 사용한 접근방법에 대한 정보를 제공한다.

이 "개념체계"는 한국채택국제회계기준이 아니므로 특정한 측정과 공시 문
제에 관한 기준을 정하지 않는다. 따라서 이 개념체계는 어떤 경우에도 특정
한국채택국제회계기준에 우선하지 않는다.

재무상태(財務狀態; financial position)
재무상태표에 보고된 기업의 자산, 부채, 자본의 관계를 말한다.

참조조문 K-IFRS 개념체계 OB12~21 · 4.4~4.7

재무상태표(財務狀態表; statement of financial position)
재무상태표는 재무상태를 나타내는 재무제표로서 일정시점 현재 기업실체
가 보유하고 있는 경제적 자원인 자산과 경제적 의무인 부채, 그리고 자본에
대한 정보를 제공하는 재무제표이다.

참조조문 K-IFRS 1001호 54~80A

재무제표(財務諸表; financial statements)

정보이용자가 경제적 의사결정을 하는 데 유용한 정보를 제공한다는 회계 (會計)의 기본목적을 달성하기 위해서 기업의 경제적 사건이나 거래를 기간 별로 측정·기록·분류·요약하여 전달하는 일정한 틀을 갖춘 재무보고서 (財務報告書)이다. 재무회계의 과정을 통해 수집·처리된 정보를 정기적으로 이용자에게 전달하는 방법으로서 재무보고의 가장 핵심적인 보고수단으로 활용되고 있다.

상법에는 대차대조표, 손익계산서 및 이익잉여금처분계산서 또는 결손금처 리계산서를 재무제표로 보고 있으며, 한국채택국제회계기준(K-IFRS)에서 재 무제표는 다음을 모두 포함하여야 한다.

(1) 기말 재무상태표

(2) 기간 손익과 기타포괄손익계산서

(3) 기간 자본변동표

(4) 기간 현금흐름표

(5) 주석(유의적인 회계정책의 요약 및 그 밖의 설명으로 구성)

(6) 회계정책을 소급하여 적용하거나, 재무제표의 항목을 소급하여 재작성 또는 재분류하는 경우 가장 이른 전기의 기초 재무상태표

즉 한국채택국제회계기준(K-IFRS)에서는 재무제표에 포괄손익계산서를 포 함하며 이익잉여금처분계산서(또는 결손금처리계산서)를 포함하지 않고 있다.

참조조문 상법 447, K-IFRS 1001호 10

재산권(財産權; property right)

경제적 가치를 가진 권리, 즉 금전으로 환가할 수 있는 것을 내용으로 하는 권 리로서 인격권 및 신분권을 제외한 권리를 말한다. 재산권에 관하여 세법에서 는 인지세법상 국내에서 재산권의 창설·이전 또는 변경에 관한 계약서나 이 를 증명하는 그 밖의 문서를 작성하는 자는 해당 문서를 작성할 때에 인지세 법이 정하는 바에 따라 인지세를 납부할 의무가 있다고 규정하고 있다.

참조조문 인법 1 ①

재산목록(財産目錄; property list)

기업재산(소극재산인 부채도 포함)을 실지재고에 따라 조사하여 대상재산의 종류, 수량 및 가액 등을 표시한 명세서이다. 종래 재산목록은 재무제표의 중심적 위치를 점하고 있었으며 재무상태표도 이에 근거하여 작성되었으나, 정식의 복식부기절차에 의한 유도법에 의해 재무상태표가 작성됨에 따라 그 중요성을 상실하게 되었다. 구(舊)상법상 재산목록은 주식회사의 이사가 결산기에 작성하여야 할 계산서류의 하나였으나, 개정 상법에서는 재산목록이 상법상 재무제표에 포함되지 않는다.

재산법(財産法; inventory method of calculating income)

기업이 일정기간 내의 기간손익을 계산하는 방법의 하나이다. 기초(期初)와 기말(期末)에 있어서의 자산과 부채를 실지재고에 의해서 조사하여 양 시점에 있어서의 순재산가액의 차액을 당기간의 손익으로 하는 계산법이다. 실지재고에 의해서 계산하므로 현실적으로는 확실하지만 반면에 손익의 발생원인이 명확하지 않다는 결함이 있다. 이에 반해 일정기간의 수익으로부터 비용을 공제하여 이익을 산출하는 방법을 손익법(損益法)이라고 한다. 현대의 기업회계에는 손익법이 주류를 점하고 있다.

재산세(財産稅; property tax)

토지, 주택, 건축물, 선박, 항공기를 소유하고 있는 자에게 과세하는 지방세로서 시·군(市·郡)보통세이다.

과세표준은 시장·군수·구청장이 결정고시한 시가표준액에 의한 재산가액이며, 부과징수방법은 고지서에 의한 보통징수방법에 따라 고지하게 된다.

과세기준일은 매년 6월 1일이며, 납기(納期)는 건축물 등은 매년 7월 16일부터 7월 31일까지, 토지는 9월 16일부터 9월 30일까지이다. 주택은 건축물 납기에 산출세액의 1/2을, 토지납기에 1/2을 부과·징수한다.

참조조문 지법 104~123

재산의 소재지(財産의 所在地; location of property)

상속세및증여세법상 ① 피상속인이 국내에 주소를 두지 아니한 경우의 납세의무의 범위 및 관할세무서의 결정, ② 국내에 주소를 두지 않은 자가 국내재산을 증여에 의하여 취득한 경우의 납세의무의 범위 및 관할세무서의 결정 등에 있어서 취득재산의 소재지가 당해 결정 등의 중요한 요소가 된다.

참조조문 상증법 2~6

재산취득자금 등의 증여추정(財産取得資金 등의 贈與推定; deemed donation of assets acquisition funds)

직업, 연령, 소득 및 재산상태 등으로 볼 때 재산을 자력으로 취득하였거나 채무를 자력으로 상환하였다고 인정하기 어려운 경우, 즉 일정한 방법에 의해 입증된 금액의 합계액이 취득재산의 가액에 미달하는 경우에는 재산의 취득자가 다른 자로부터 취득자금을 증여받은 것으로 추정한다. 다만, 입증되지 아니한 금액이 재산취득가액의 100분의 20에 상당하는 금액과 2억원 중 적은 금액에 미달하는 경우를 제외한다.

참조조문 상증법 45, 상증령 34

재정환율(裁定換率; arbitrage rate of exchange)

한 나라의 환율을 산정할 때 그 기준으로 삼는 특정국가의 환율을 기준환율이라고 하는데, 이것을 이용하여 제3국의 환율을 간접적으로 계산한 환율을 재정환율이라고 한다.

현행 세법상 사업연도종료일 현재 존재하는 외화자산부채는 평가손익을 인정하지 않으며 금융기관이 보유하는 것에 한해서 외국환거래법에 의한 기준환율 또는 재정환율로 평가하여 당해 사업연도의 익금(또는 총수입액) 또는 손금(또는 필요경비)에 산입한다. 부가가치세법상 재화·용역의 공급대가를 외국통화 기타 외국환으로 받은 경우 법소정의 기준환율 또는 재정환율에 의하여 계산한 금액을 과세표준으로 한다.

참조조문 부령 59, 외국환거래법 5, 법령 76, 소령 97

재차증여(再次贈與; second donation)

상속세및증여세법 제47조 제2항에 따르면 증여받을 당시의 증여재산가액을 과세가액으로 하여 과세하는 것이 원칙이나, 증여시점의 분산을 통하여 증여재산공제의 중복공제 및 초과누진세율을 회피하는 것을 방지하기 위하여 수증인(受贈人)이 해당 증여일 전 10년 이내에 동일인(증여자가 직계존속인 경우 그 직계존속의 배우자를 포함)으로부터 받은 증여재산가액을 합친 금액이 1천만원(증여재산공제 전 금액) 이상이 될 때에는 그 종전 증여재산가액을 당해 증여재산에 합산하여 과세하게 되는바, 이를 재차증여라고 한다. 재차증여가 있는 경우에는 재차증여재산을 합산한 증여재산가액에서 1회의 증여재산공제를 한 후 증여세율을 적용함으로써 증여재산공제의 중복공제 및 초과누진세율의 회피를 방지하고 있다.

참조조문 상증법 47 ②

재평가모형(再評價模型; revaluation model)

유형자산, 무형자산의 장부금액을 인식하는 방법 중 하나이다. 최초 인식 후에 공정가치를 신뢰성 있게 측정할 수 있는 유·무형자산은 재평가일의 공정가치에서 이후의 감가상각누계액과 손상차손누계액을 차감한 재평가금액을 장부금액으로 한다.

참조조문 K-IFRS 1016호 31~42, 1038호 75~87

재할인(再割引; rediscount)

일반시중은행이 일정한 할인의 방법에 의해서 인수한 어음(할인어음)을 중앙은행에 다시 의뢰하여 현금화하는 것을 말한다. 이 경우 당초에 할인한 가액과 재할인한 가액과의 차액은 수익이 된다. 이때 시중은행의 할인어음을 중앙은행이 재차 할인하는 이율을 재할인이율(再割引利率) 혹은 공정할인율(公

正割引率)이라 한다. 중앙은행은 금융사정에 따라 이 재할인이율을 변경하여 시중의 적정이율을 조정하는데 이를 할인정책이라 한다.

재해손실공제(災害損失控除; casualty loss credit)

상속세과세표준신고기한 이내에 화재·붕괴·폭발·환경오염사고 및 자연재해 등 재난으로 인하여 상속재산이 멸실되거나 훼손된 경우에는 상속으로 인하여 얻은 재산이 없으며, 납세능력을 상실한 것으로 보아 그 손실가액에서 보험금수령 또는 구상권행사 등을 통하여 보전받을 수 있는 금액을 차감한 금액을 상속세과세가액에서 공제하는데 이를 재해손실공제라 한다.

참조조문 상증법 23, 상증령 20

재해손실세액공제(災害損失稅額控除; casualty loss tax credit)

납세의무자가 당해연 중에 천재지변이나 그 밖의 재해로 인하여 사업용 총자산의 100분의 20 이상을 상실한 경우에 그 상실된 가액과 상실전의 자산총액에서의 비율에 따라 계산한 금액(상실된 자산의 가액을 한도로 한다)을 산출세액에서 공제하는 제도이다. 이는 납세자의 조세부담능력이 저하되어 구제하는 방안으로 채택된 제도이다.

재해손실세액공제액(소득세) = 종합소득세액×(사업소득금액/종합소득금액)

재해손실세액공제액(법인세) = {미납된 법인세와 납부할 법인세 + 재해발생일이 속하는 사업연도의 소득에 대한 법}×재해상실비율

참조조문 법법 58, 법령 95, 소법 58, 소령 118, 소칙 61

재화(財貨; goods)

인간의 복지에 도움이 되는 수단으로서 그 효용(效用)을 가지고 있는 모든 물체와 물질을 말한다. 그러나 이러한 재화는 인간의 욕구에 대하여 희소성(稀少性)을 가지고 있느냐의 여부에 따라 경제적 배려를 할 필요가 있느냐 없느냐로 나누어진다.

이 경우 희소성을 가지고 있기 때문에 경제적 배려를 하여야 하는 재화를 경제재(經濟財)라 하고(商品 등의 경우), 그러하지 아니한 재화를 자유재(自由財)라 한다(공기·물 등의 경우).

한편, 부가가치세법에서 재화라 함은 재산가치가 있는 모든 물건과 권리를 말하는 것으로 물건에는 상품·제품·원료 등과 같은 판매하기 위하여 보유하고 있는 일반회계학상의 재고자산뿐만 아니라 기계·건물과 같은 사업활동을 영위하기 위하여 장기간 보유하고 있는 고정자산을 포함한 기타 모든 유체물(有體物)과 전기, 가스, 열 등 관리할 수 있는 자연력을 포함하며, 권리는 광업권, 특허권, 저작권 등 물건 외의 재산적 가치가 있는 모든 것을 포함한다.

참조조문 부법 2, 부령 2

재화의 간주공급(財貨의 看做供給; deemed supply of goods)
부가가치세법상 재화의 공급, 즉 계약상 또는 법률상의 모든 원인에 의하여 재화를 인도 또는 양도하는 것이 아닌 경우로서 당해 거래가 이와 경제적 효과가 동일한 경우에 이를 재화의 공급으로 보아 과세대상으로 하고 있는 것을 재화의 간주공급이라고 하며 재화의 의제공급(擬制供給)이라고도 한다. 이는 일반소비세제인 부가가치세의 장점을 훼손시키지 아니함과 동시에 조세의 중립성을 도모하려는 의도이다. 재화의 의제공급에 대한 납세의무자는 당해 사업자가 된다.
부가가치세법 제10조에 따르면 재화의 의제공급에 해당하는 거래는 ① 자가공급(自家供給), ② 개인적공급(個人的供給), ③ 사업상 증여(事業上 贈與), ④ 폐업시 잔존재화(廢業時 殘存財貨)로 나눌 수 있다.

참조조문 부법 10

재화의 공급(財貨의 供給; supply of goods)
계약상 또는 법률상의 모든 원인에 따라 재화를 인도하거나 양도하는 다음의 것으로서 용역의 공급과 함께 부가가치세의 과세대상이 된다.

① 현금판매·외상판매·할부판매·장기할부판매·조건부 및 기한부판매·위탁판매·기타 매매계약에 의하여 재화를 인도 또는 양도하는 것

② 자기가 주요 자재의 전부 또는 일부를 부담하고 상대방으로부터 인도받은 재화에 공작을 가하여 새로운 재화를 만드는 가공계약에 의하여 재화를 인도하는 것

③ 재화의 인도대가로서 다른 재화를 인도받거나 용역을 제공받는 교환계약에 의하여 재화를 인도 또는 양도하는 것

④ 경매·수용·현물출자 기타 계약상 또는 법률상의 원인에 의하여 재화를 인도 또는 양도하는 것

⑤ 국내로부터 보세구역에 있는 창고에 임치된 임치물을 국내로 다시 반입하는 것

한편, 이 같은 재화의 공급에는 해당되지 아니하나, 당해 거래의 경제적 효과 등이 유사하여 재화의 공급으로 의제하는 거래(자가공급, 개인적공급, 사업상 증여, 폐업시 잔존재화)도 있다. 단, 다음에 해당하는 것들은 재화의 공급으로 보지 않는다.

① 담보제공

② 사업의 양도

③ 조세의 물납

④ 위탁자로부터 수탁자, 수탁자로부터 위탁자에게, 수탁자로부터 신수탁자로의 신탁재산의 소유권 이전

⑤ 조달청 창고와 런던금속거래소 지정창고의 창고증권 양도

⑥ 위탁가공을 위한 무환반출

⑦ 한국석유공사의 무위험차익거래 방식에 의한 소비대차거래

⑧ 정비사업조합이 조합원에게 공급하는 것

참조조문 부법 9·10, 부령 18 ②

재화의 의제공급(財貨의 擬制供給; deemed supply of goods)

✎ 재화의 간주공급, 재화의 공급 참조

재활용폐자원 등에 대한 매입세액공제(再活用廢資源 등에 대한 買入稅額控除; deemed input tax deduction on recycling of scrapped materials etc.)

재활용폐자원 및 중고자동차를 수집하는 사업자가 세금계산서를 발급할 수 없는 부가가치과세사업을 영위하지 아니하는 자(면세사업과 과세사업을 겸영하는 경우를 포함)와 간이과세자로부터 재활용폐자원을 2021.12.31.까지, 중고자동차를 2019.12.31.까지 취득하여 제조 또는 가공하거나 이를 공급하는 경우에는 재활용폐자원에 대하여는 취득가액에 103분의 3(2014.1.1.부터 2015.12.31.까지 취득하는 경우에는 105분의 5)을 곱하여 계산한 금액을, 중고자동차에 대하여는 취득가액에 110분의 10를 곱하여 계산한 금액을 일정한도 내에서 부가가치세매출세액에서 부가가치세매입세액으로 공제할 수 있도록 한 것을 말하는데 이는 세금계산서 없이 부가가치세매입세액공제를 받을 수 있도록 한 것으로써 면세의 누적효과와 환수효과를 방지하게 하는 제도이다.

참조조문 조특법 108, 조특령 110

쟁점주의(爭點主義; limitation on the point at issue principle)

하나의 확정과세처분에 대하여 일부의 불복청구가 있는 경우에 동 과세처분 전부에 대하여 심리할 수 없으며 불복청구부분에 한정하여 심리한다는 것을 말한다.

저가법(低價法; cower of cost or market method)

재고자산에 대하여 전통적으로 채용되어 온 평가방법으로서 원가법(原價法)이나 시가법(時價法)에 의하여 평가한 가액 중 낮은 쪽의 가액을 장부가액으로 하는 평가방법이다. 따라서 저가법은 이익이 가장 적게 표시되고 재산이 가장 낮게 표시되는 보수주의(保守主義) 또는 견실주의(堅實主義)에 따른 평가방법이다.

이 방법은 소극적 방법이고 불합리한 방법이라 하나 기업재정의 견실을 확보할 수 있는 방법으로 보수주의(保守主義)의 입장에서 ① 미실현(未實現)이익의 계상을 예방하고, ② 장차 처분할 때에 발생할 손실을 사전에 계상할 수 있다는 장점이 있다. 법인세법상 재고자산의 평가방법을 저가법으로 신고하고 법인의 결산상 재고자산을 저가법을 적용하여 평가하는 경우에 한하여 당해 재고자산평가손실을 손비로 인정한다.

참조조문 법령 74 ① 2호, 일반기준 7장 7.16~19, K-IFRS 1002호 9

저가양도(低價讓渡; transfer at lower price than market price)

자산을 시가에 미달하게 양도하는 것을 말한다. 법인세법 및 소득세법은 특수관계인에게 자산을 저가양도하는 경우에는 부당행위계산부인규정을 적용하여 시가와 양도가액과의 차액을 사업자의 소득금액에 익금산입하여 과세하고 있다. 또한 상속세및증여세법에서는 특수관계인(배우자 및 직계존비속에게 양도함으로써 증여의제가 적용되는 경우 제외)에게 자산을 양도함에 있어 현저히 저렴한 대가로 양도한 경우에는 시가와 양도가액과의 차액을 증여한 것으로 보아 증여세를 과세한다.

참조조문 법령 88 ①, 소령 98 ②, 상증법 35

저당권(抵當權; mortgage lien)

목적물의 인도를 받지 않고 피담보채권의 회수를 확보하기 위한 약정담보물권(約定擔保物權)이다. 질권(質權)과는 달리 저당권설정자가 목적물을 계속 사용할 수 있기 때문에 생산시설의 담보화로서 매우 중요한 작용을 하고 있다. 저당권이란 채무자 또는 제3자(物上保證人)가 채무의 담보로 제공한 부동산을 채권자가 질권(質權)에 있어서와 같이 제공자로부터 인도받지 않고 채무의 변제가 없는 경우에 그 목적물로부터 우선변제(優先辨濟)를 받는 담보물권이다.

담보물권부 채권과 조세채권과의 우선열후의 관계에 대해서는 국세기본법상 특칙(特則)이 규정되어 있다.

참조조문 국기법 35

저작권(著作權; copyright)

학문적 또는 예술적 저작물을 배타적·독립적으로 이용할 수 있는 권리를 말하며 이는 무체재산권의 일종이다. 저작자의 창작에 대한 노력과 이로 인한 재산적 가치 때문에 인정되는 권리이다. 대체로 저작권의 존속기간은 저작자의 생존기간과 사후 70년으로 하며 합저작물(合著作物)은 맨 마지막으로 사망한 저작자의 사후 70년간 존속된다. 저작권에 대한 보호를 위한 법률로 저작권법이 있다.

저작권사용료(著作權使用料; royalty)

저작권사용에 따른 대가를 말한다. 저작자가 저작권법에 의한 저작권의 사용료를 받는 경우 그 소득은 사업소득에 해당하며, 저작자 외의 자가 저작권법에 의한 저작권사용료로서 받는 소득은 기타소득에 해당한다.

참조조문 소법 19·21

저작권의 평가(著作權의 評價; valuation of copyright)

그 권리에 의하여 장래 받을 각 연도의 인세 기타 보상금을 각각 상속세및증여세법시행규칙에 의하여 계상한 금액의 합계액을 그 가액으로 한다.

참조조문 상증령 59 ⑤, 상증칙 19 ④

저장품(貯藏品; supplies)

제품생산에 있어서 보조적으로 소비될 뿐 제품의 실체를 형성하지 아니하는 소모성재료(消耗性材料)를 의미한다.

우리나라 현행 기업회계기준에 의하면 저장품을 소모품·소모공구기구비품·수선용 부분품 및 기타 저장품으로 하도록 규정하고 있다. 여기에서 소모품은 연료, 사무용품 등을 의미하고 소모공구기구비품은 내용연수가 1년 미만이거나 가액이 비교적 낮은 공구·기구·비품을 말한다. 저장품에 대한 회계처리방법은 2가지로 나누어 볼 수 있다. 그 하나는 저장품을 매입한 경우에 저장품이라는 자산계정을 설정하여 그 차변(借邊)에 기입하여 두고 그 소비액을 정기적으로 계산하여 당해 비용과목으로 대체하는 방법이고, 그 다른 하나는 저장품을 매입한 경우에 직접 당해 비용과목으로 계상하였다가 기말에 잔액을 산정하여 자산계정에 계상한 후 다음 연도로 이월하는 방법 이다. 현행 세법에서도 저장품을 재고자산의 범위에 포함시키고 있다.

참조조문 소령 91 ③, 법령 73

저축성보험차익(貯蓄性保險差益; profits from saving insurance)

보험계약에 따라 만기 또는 보험의 계약기간 중에 받는 보험금·공제금 또는 계약기간 중도에 해당 보험계약이 해지됨에 따라 받는 환급금(피보험자의 사망·질병·부상 그밖의 신체상의 상해로 인하여 받거나 자산의 멸실 또는 손괴로 인하여 받는 것이 아닌 것으로 한정)에서 납입보험료 또는 납입공제료를 뺀 금 액을 저축성보험의 보험차익이라 한다.

다만, 다음 중 하나에 해당하는 경우를 제외하고는 소득세법상 이자소득으 로 과세된다.

① 최초로 보험료를 납입한 날부터 만기일 또는 중도해지일까지의 기간이 10년 이상으로서 보험계약 체결시점부터 일정 요건을 갖춘 저축성보험과 월적립식 저축성보험

② 보험계약 체결시점부터 일정 요건을 모두 갖춘 종신형 연금보험

참조조문 소법 16 ① 9호, 소령 25

적격자산(敵格資産; qualifying asset)

차입원가를 당해 자산원가의 일부로 자본화하여야 하는 자산으로 의도된 용 도로 사용하거나 판매하기 위하여 상당한 기간을 필요로 하는 자산이다.

참조조문 K-IFRS 1023호 5

적격증빙(適格證憑; eligible documented evidence)

법인 및 개인사업자는 2001년 1월 1일 이후부터는 다른 사업자로부터 사업과 관련하여 재화나 용역을 공급받고 대가를 지급하는 때에는 그 증빙서류로 세금계산서, 계산서, 신용카드매출전표, 직불카드, 현금영수증 등을 반드시 수취하도록 되어 있다.

이 경우, 거래건당 금액(부가가치세 포함) 3만원(접대비의 경우 1만원)을 초과하여 지출하는 경우에는 반드시 상기에 언급한 세금계산서 등의 적격증빙을 반드시 수취하여야 비용으로 인정받을 수 있다.

만약, 적격증빙이 아닌 금전등록기영수증 또는 간이영수증을 받는 경우에도 비용으로 인정받을 수 있으나, 적격증빙미수취에 따른 지출금액의 합계액의 2% 가산세(증빙불비가산세)를 부담하여야 한다.

부가가치세법상 사업과 관련한 재화 또는 용역을 공급받고 세금계산서 등 적격증빙을 수취하지 아니한 경우 부가가치세 매입세액을 공제받을 수 없다, 다만, 이때 공제받지 못한 매입세액만큼은 해당 비용에 포함하여 비용처리하거나 자산인 경우 취득원가에 포함하도록 되어 있다.

원칙적으로 사업자와의 재화나 용역의 공급대가로 거래단위별 금액이 3만원(접대비 1만원)을 초과하는 거래에 대하여는 반드시 정규증빙을 수취하여야 하나, 지출증빙서류수취특례적용대상에 해당되는 경우에는 정규증빙 이외의 증빙서류를 수취한 경우에도 증빙불비가산세가 적용되지 아니한다.

참조조문 법령 41·158 , 소법 81, 소령 83·208의 2, 소칙 95의 2

적립금(積立金; reserve)

기업활동결과 발생된 이익은 사외로 유출되거나 사내에 유보하게 되는데, 회계처리과정을 통해 사내에 유보되는 이익을 적립금이라고 하며 잉여금 또는 준비금이라고도 한다.

적립금 중에는 법령(상법)에 의해 강제적으로 적립되는 법정적립금과 기업의 의사에 따라 임의적으로 적립되는 임의적립금이 있다. 법정적립금은 다시 이익준비금, 기타법정적립금으로 나누어지며, 임의적립금은 정관의 규정 또는 주주총회의 결의로 적립된 금액으로서 사업확장적립금·감채적립금·배당평균적립금·결손보전적립금 및 세법상 적립하여 일정기간이 경과한 후 환입될 준비금이 있다. 적립금은 재무제표상 자본항목에 계상된다.

적송품(積送品; consigned goods)

위탁매출을 하기 위하여 발송한 상품을 기업 내의 상품과 구별하기 위하여 적송품이라 한다. 이러한 적송품은 수탁회사가 판매하기 전까지는 위탁회사의 재고자산이다.

적정임대료(適正賃貸料; reasonable rent)

법인의 출자자나 출연자인 임원 및 그 친족에게 사택을 적정임대료에 미달되는 금액 및 무상으로 제공한 때에는 조세의 부담을 부당히 감소시킨 것으로 인정하여 부당행위계산부인규정을 적용한다.

이때 유형 또는 무형의 자산을 제공하거나 제공받는 경우 적정임대료는 다음과 같다.

(자산의 시가×50% − 전세금·보증금)×정기예금이자율

참조조문 법령 88 ① 6호·89 ④ 1호

전가(轉嫁; shifting of tax burden)

✐ 조세의 전가 참조

전기가스공급시설이용권(電氣가스供給施設利用權; right to use electricity and gas supply facilities)

전기사업자 또는 가스사업자에 대하여 전기 또는 가스의 공급시설을 하는 데 필요한 비용을 부담하고 그 시설을 이용하여 전기 또는 가스의 공급을 받을 수 있는 권리를 말한다. 이러한 이용권의 성질은 권리설정행위로서 특허에 해당되며 물권(物權)의 일종으로 본다.

법인세법에서는 전기가스시설이용권을 취득하기 위하여 부담한 금액은 무형자산의 취득원가로 계상하여 감가상각대상자산으로 하고 정액법으로 상각하며 그 내용연수는 10년으로 하도록 규정하고 있다.

참조조문 법령 24 ①

전기오류수정손익(前期誤謬修正損益; prior period error corrections)

기업회계의 기간손익을 계산함에 있어서 과년도(過年度)의 회계상 오류에 의하여 발생한 것으로 전기 이전의 재무제표에 대한 오류의 수정사항에 속하는 손익항목을 말한다.

회계이론상 이러한 전기오류수정손익을 기간손익계산에 포함시키는지의 여부에 따라 포괄주의(包括主義)와 당기업적주의(當期業績主義)로 구분한다. 포괄주의에서는 당기(當期)의 손익에 영향을 미치는 모든 손익항목을 포함하여 순손익을 계산하여야 한다는 견해로서 전기오류의 수정손익도 당기의 손익계산서에 포함시키고 있다. 그러나 당해 기간의 경상적인 손익요소만을 고려하여 순손익을 계산하여야 한다는 당기업적주의에서는 우발적 손익항목과 더불어 전기오류수정손익도 손익계산서에서 제외하여 이익잉여금계산서에 그 내용을 표시하도록 하고 있다.

현행 기업회계기준은 전기오류수정항목을 재무제표에 표시하고자 할 때에는 전기오류수정이익과 전기오류수정손실로 구분하여 손익계산서에 기재하도록 하고 있으나 중대한 오류의 수정은 이익잉여금처분계산서에 반영하고 관련계정잔액을 수정하도록 하고 있다. 한편, 전기오류수정손익과 관련하여 중대한 오류로 판단한 근거, 비교재무제표가 표시된 과거회계기간에 대한 수정금액, 비교재무제표가 재작성되었다는 사실 등을 주석으로 공시하도록 되어 있다.

참조조문 K–IFRS 1008호 41·42·49, 일반기준 5장 5.18~5.20·5.24

전단계세액공제방식(前段階稅額控除方式; invoice method)

부가가치세과세방식의 일종으로 부가가치세매출세액에서 매입세액을 공제하여 바로 부가가치세납부세액을 계산하는 방식이다. 이는 거래의 매 단계마다 증명서(세금계산서)가 매체로서 사용되므로 과세자료를 양성화시킨다는 장점이 있다.

전단계세액공제방식은 부가가치세제를 실시하는 대부분의 나라에서 채택하고 있으며 우리나라도 이 방식에 의하고 있다. 다만, 우리나라의 부가가치세는 세금계산서 등에 의해 증명되는 매입세액만 공제한다.

$$\text{부가가치세} = \underbrace{\text{총매출액} \times \text{세율}}_{(\text{매출세액})} - \underbrace{\text{총매입액} \times \text{세율}}_{(\text{매입세액})}$$

전대리스(轉貸리스; sublease)

리스이용자가 제공받고 있는 리스자산을 다른 리스이용자에게 다시 리스하는 계약을 말한다. 전대는 당초 임대인의 동의가 있어야만 가능한 것이지만 세법상 부동산전대는 세법상 부동산임대와 마찬가지로 취급되어 부동산전대사업으로 인한 소득은 사업소득에 해당된다.

참조조문 소령 53 ⑦

전부명령(轉付命令)

채무자가 제3자에 대하여 가지고 있는 금전채권을 압류한 경우 채권자에게 채무액의 변제를 대신하여 압류한 금전채권을 이전시키는 법원의 명령이다. 채권자는 전부명령이나 추심명령을 선택적으로 신청할 수 있으나 전부명령의 경우에는 다른 채권자의 배당가입을 허용하지 아니하고 압류채권자가 우선적으로 변제받을 수 있으므로 추심명령보다 선호되고 있다.

세법에서는 국가 등으로부터 수의계약과 관련하여 대금을 지급받을 때 당초 계약자 외의 자가 전부명령에 의해 대금을 지급받고자 할 때에는 압류채권자의 납세증명서를 제출해야 하며, 원천징수대상이 되는 소득금액을 법원의 전부명령에 의해서 소득의 귀속자가 아닌 제3자(압류채권자)에게 지급할 때에는 제3자에게 지급하는 때에 원천징수하도록 하고 있다.

참조조문 국징령 4 2호

전신전화전용시설이용권(電信電話專用施設利用權; right to use electronic communication facilities)

정보통신부의 전용계약(專用契約)에 의거 전신·전화설비의 설치에 요하는 비용을 부담하고 그 시설의 소유권은 취득할 수 없으나, 시설의 전용이용권을 얻는 권리이다. 이는 세무상 무형자산으로서 내용연수 20년, 정액법(定額法)으로 상각한다.

참조조문 법령 24 ① 2호

전용측선이용권(專用側線利用權; right to use railroad facilities)

궤도를 부설하여 행하는 운수사업을 영위하는 자가 철도 또는 궤도의 부설에 필요한 비용을 부담하고 그 철도 또는 궤도를 전용하는 권리를 말한다. 세무상 본 이용권은 무형자산으로서 감가상각자산에 속하며 그 상각계산은 내용연수 20년, 정액법에 의하도록 규정되어 있다.

참조조문 법령 24 ① 2호

전자세금계산서(電子稅金計算書; digital tax invoice)

기존의 종이 세금계산서 대신 인터넷을 통하여 세금계산서를 발행하고 발간으로 메일로 자동전송하는 디지털세금계산서를 말하며, 법인사업자와 대통령령으로 정하는 개인사업자(복식부기의무자)의 경우 전자세금계산서를 발급하여야 한다. 다만, 전자세금계산서 의무발급 개인사업자가 전자세금계산서를 발급하여야 하는 기간은 사업장별 재화 및 용역의 공급가액 합계액이 3억원 이상인 해의 다음해 제2기 과세기간과 그 다음해 제1기 과세기간으로 한다. 다만 사업장별 재화와 용역의 공급가액 합계액이 수정신고 또는 결정·경정으로 3억원 이상이 된 경우 전자세금계산서를 발급하여야 하는 기간은 수정신고 또는 결정·경정을 한 날이 속하는 과세기간의 다음 과세기간과 그 다음 과세시간으로 한다. 한편, 관할 세무서장은 개인사업자가 전자세금계산서 의무발급 개인사업자에 해당하는 경우에는 전자세금계산서를 발급하여야 하는 기간이 시작되기 1개월 전까지 그 사실을 해당 개인사업자에게 통지하여야 한다.

참조조문 부법 32~35·47, 부령 67~72, 부칙 50

전자신고(電子申告; electronic report)

납세자 또는 세무대리인이 세법에 의한 신고관련 서류를 자신의 PC에서 작성한 후 인터넷을 통하여 국세전자신고시스템에 신고하는 것을 말하며, 이러한 전자신고는 지금까지 납세자가 신고서를 작성한 후 세무서를 방문하여 제출하는 방문신고, 우편으로 발송하는 우편신고, 서면작성 후 전산매체로 변환하여 제출하는 전산매체신고와 구별되는 새로운 신고방법이다. 최근 들어 인터넷인구의 급속한 증가와 PC의 대량보급으로 전자신고의 필요성이 크게 대두되었으며, 국세기본법에 전자신고에 관한 규정을 명문화하게 되었다.

참조조문 국기법 5의 2

전자출판물(電子出版物; electronic publication)

최종 인쇄매체에 따라 종이를 이용한 출판에서 제작공정을 전산화하는 것을 종이책 전자출판(paper book computer aided publishing), 뉴미디어 소재를 이용한 전자출판물제작 및 출판물을 비(非)종이책 전자출판 또는 전자책출판(electronic publishing)이라고 한다. 부가가치세법에서는 부가가치세가 면제되는 재화에 전자출판물을 포함시키고 있는데 이러한 전자출판물은 도서, 간행물의 형태로 출간된 내용 또는 출간될 수 있는 내용이 음향이나 영상과 함께 전자적 매체에 수록되어 컴퓨터 등 전자장치를 이용하여 그 내용을 보고 듣고 읽을 수 있는 것으로서 문화체육관광부장관이 정하는 기준에 맞는 전자출판물을 말한다. 다만, 음악산업진흥에관한법률, 영화및비디오물의진흥에

관한법률 및 게임산업진흥에관한법률의 적용을 받는 것은 제외한다.

참조조문 부령 38, 부칙 26

전표(傳票; slip, voucher)

회계거래의 발생사실을 타인에게 전달하고 후일의 장부상의 증거자료로서 보존하는 일정한 양식의 지표(紙票)를 전표라고 한다. 이러한 전표에는 보통 거래의 발생일자, 발생사유, 거래내용, 상대방, 금액, 계정과목 등이 기재된다. 또한 일반적으로 전표의 종류는 입금전표, 출금전표, 대체전표로 구분하여 사용하고 있다. 실무적으로는 전표로서 분개장을 갈음하고 전표에서 분개를 행하고 이것을 장부에 전기하는 방법을 많이 사용하고 있다.

전환권(轉換權; convertible right)

유가증권의 소유자가 보통주로의 전환을 청구할 수 있는 권리로서 전환권이 부여된 유가증권은 통상 그렇지 않은 경우보다 유리한 조건으로 발행할 수 있다.

참조조문 일반기준 6장 2절, K-IFRS 1032호

전환사채(轉換社債; convertible bond)

사채발행시에 결정된 조건에 따라 일정기간 경과 후 사채권자의 희망에 따라 보통주(普通株) 또는 우선주(優先株)로 전환할 수 있는 권리(轉換權)가 내재되어 있는 사채이다. 사채권자들은 일정한 전환비율에 따른 주식 1주당 전환가격보다 보통주의 주가(株價)가 높을 경우에는 주식으로 전환함으로써 자본이득을 얻을 수 있고, 그러지 못할 경우에는 전환하지 아니함으로써 사채권자로서의 권리를 유지할 수 있게 될 것이다.

이와 같이 전환사채는 사채의 안전성과 더불어 주가상승에 따른 자본이득까지도 얻을 수 있는 기회를 제공하므로 발행자는 일반사채보다 훨씬 유리한 조건으로 발행한다.

참조조문 상법 513~516

전환원가(轉換原價; costs of conversion)

재고자산의 전환원가는 직접노무원가 등 생산량과 직접 관련된 원가를 포함하며 종전의 제조원가이다. 또한 원재료를 완제품으로 전환하는 데 발생하는 고정 및 변동 제조간접원가의 체계적인 배부액을 포함한다.

참조조문 K-IFRS 1002호 12~14

전환주식(轉換株式; convertible share)

회사가 수종의 주식을 발행할 경우에 있어서 일정한 요건하에 있는 어느 종류의 주식으로부터 다른 주식으로 전환하는 것을 청구할 권리가 주어진 주식을 말한다. 이는 주주모집을 용이하게 하기 위한 제도로서 미국법에 따라 인정된 제도이다.

전환주식을 발행하기 위하여는 미리 정관으로써 전환이 가능하다는 뜻, 전환조건, 전환에 의해 발행할 주식의 내용, 전환청구기간 등을 정하여야 하고, 주식청약서 또는 신주인수권증서에 그 사항을 기재하여야 한다.

참조조문 상법 317 · 346 · 347

절세(節稅; tax saving)

세법이 인정하고 있는 바에 따라서 세액의 감소 내지 경감을 도모하는 것을 말한다. 탈세 및 조세회피와 구별되며, 통상 세법상의 각종 특혜 또는 경감조치를 활용하는 것을 총칭하는 개념이다.

절차법(節次法; an adjective law)

실체법(實體法)에 대응되는 용어로서 실체법의 실현절차에 대하여 규정한 법을 말하며, 이를 형식법(形式法)이라고도 한다. 절차법의 주요 내용은 절차규정으로서 그 성질상 기술적 · 수단적인 내용들이 많다.

민사집행법 · 형사소송법 · 국세징수법 중 절차규정, 조세범처벌절차법 등이 이에 포함되지만, 동일 법령 중에 실체적인 규정과 아울러 절차적인 규정을 함께 정하는 것이 적지 않다.

점유(占有; possession)

자기를 위하여 지배할 의사를 가지고 물건을 소지하고 있는 상태를 말하며 이 지위를 점유권(占有權)이라고 한다. 점유권은 물건을 지배할 권리이므로 물권(物權)의 일종이지만 다른 물권과는 달리 배타성 및 우선적 효력이 없다. 더욱이 점유권과 점유하여야 할 권리는 구별되어야 하는바, 전자는 점유라는 사실에 기초하여 생긴 권리인데 반하여, 후자는 소유권·지상권 기타 다른 권리에 수반하여 존재하는 순수한 관념적인 권리이다. 소득세법상 자산의 양도 또는 취득의 시기결정의 요소가 되며, 국세징수법상 국세공무원이 체납자 등의 재산 등(동산 또는 유가증권)의 압류시 점유로서 그 압류의 효력이 발생한다.

참조조문 민법 192, 소령 162 ① 6호, 국징법 38

접대비(接待費; entertainment expenses)

접대비·교제비·기밀비·사례금 기타 명목 여하에 불구하고 이에 유사한 성질의 비용으로서 업무와 관련하여 지출한 금액을 말한다.

업무와 관련하여 지출한 금액이라 함은 구매·생산·판매 등 법인의 사업과 직접 관련하여 지출한 비용을 말하므로 반대급부(反對給付)를 기대하지 아니하고 업무와 직접 관련없이 지출하는 기부금과는 구분되며, 사용인에게 지출하는 복리후생비 및 광고선전을 목적으로 불특정다수인에게 지출하는 광고선전비(廣告宣傳費)와도 구분된다. 이러한 접대비는 세법상 일정한도를 초과하는 경우 손금으로 인정되지 아니한다.

참조조문 법법 25, 소법 35

정관(定款; memorandum of association)

법인의 조직활동을 정한 근본규칙 또는 그것을 기재한 서면이다. 설립자·발기인 등 법인의 설립을 담당하는 자가 그것을 정하여 서면에 기재하고 기명날인하며, 주식회사의 경우는 공증인의 인증을 받음으로써 효력이 생긴다.

정관의 기재사항으로는 법인의 목적·명칭·본점소재지 등과 같이 그 기재를 누락시켰을 경우에 정관의 무효를 초래하는 절대적 기재사항과 정관에 기재하지 않으면 그 사항의 법률상 효력이 발생하지 않는 상대적 기재사항과 정관에 기재하였을 경우에는 정관변경의 절차를 거치지 않으면 개폐할 수 없는 임의적 기재사항이 있다.

참조조문 상법 178·179, 민법 40·43

정률법(定率法; double declining balance method)

감가상각자산의 감가상각을 행하는 한 가지 방법으로서 매년 일정비율로 체감할 수 있도록 감가상각자산의 장부가액에 그 자산의 내용연수에 따른 상각률을 곱하여 계산한 금액을 매년의 상각한도액으로서 상각하는 방법이다.

참조조문 법령 26·27, 소령 64

정상가격(正常價格; normal price)

특수관계 없는 독립기업간에 재화 또는 용역을 공급하는 경우에 적용되는 가격을 정상가격이라고 하며, 해외특수관계자와의 거래가격의 적정성을 판단하는 기준이 된다.

현행 국제조세조정에관한법률은 비교가능제3자가격방법, 재판매가격방법, 원가가산방법, 이익분할방법, 거래순이익률방법, 그밖에 합리적이라고 인정되는 방법으로 정상가격을 산정하도록 하고 있다.

참조조문 국조법 5

정상가액(正常價額; normal amount)

법인이 특수관계자 외의 자에게 정당한 사유없이 자산을 저가양도·고가매입함으로써 그 차액 중 실질적으로 증여한 것으로 인정되는 금액은 기부금으로 의제하는데 이러한 의제기부금 산정에 있어서 기준이 되는 금액의 범위를 정상가액이라고 한다. 이 경우 정상가액은 시가에 시가의 100분의 30을 가산하거나 100분의 30을 차감한 범위 안의 가액으로 한다.

참조조문 법령 35

정액과세(定額課稅; fixed amount taxation)

세율이 정액으로 납세자 기타의 사정에 따른 구별을 두지 않고 일정한 금액을 부과하는 것을 말한다. 예컨대 주세에 있어서 '주정 1kg당 5만7천원'이라고 하는 것과 같은 간접세의 종량과세, 인지세에 있어서 상품권 및 선불카드 1매당 200원(권면금액이 1만원 초과 5만원 이하)과 같은 과세방식을 예시로서 들 수 있다.

참조조문 개소법 1 ② 4호 · ③, 주법 22, 인법 3

정액법(定額法; straight line method)

감가상각자산의 취득가액에 매년 상각액이 동일하게 되도록 그 자산의 내용연수에 따른 상각률을 곱하여 계산한 금액을 각 사업연도의 상각비 또는 상각한도액으로 하여 상각하는 방법이다. 이 방법에 따르면 매년 균등액이 비용으로서 배분되게 된다.

참조조문 법령 26 · 27, 소령 64

제세공과금(諸稅公課金; taxes and the public utilities' charge)

개인 또는 법인에 대하여 국가나 지방공공단체에서 부과하는 국세·지방세 등의 제세금(諸稅金)과 국가나 공공단체에 의하여 국민 또는 공공단체의 구성원에게 강제적으로 부과되는 공적부담금, 즉 공과금(公課金)을 말한다. 제세금은 자산의 취득원가를 구성하는 것 및 손금불산입사항으로 명시된 것 등을 제외하고는 원칙적으로 손금에 산입된다. 제세금 중 손금불산입사항으로 명시된 것으로는 법인세 또는 법인지방소득세, 부가가치세 매입세액, 세법상 의무불이행으로 인하여 납부하였거나 납부할 세액 등이 있다. 공과금은 손금에 산입되는 것이 원칙이나 ① 법령에 의하여 의무적으로 납부하는 것이 아닌 것, ② 법령에 의한 의무불이행 또는 금지·제한 등의 위반에 대한 제재로서 부과되는 것은 손금불산입된다.

참조조문 법법 21, 소법 33

제2차납세의무(第二次納稅義務; secondary tax liability)

주된 납세자의 재산에 대해 체납처분을 집행하여도 그가 납부하여야 할 국세 등에 충당하기에 부족한 경우에 주된 납세자와 일정한 관계에 있는 자가 그 부족액에 대해 보충적으로 부담하는 납부의무를 말한다. 이러한 제2차납세의무는 물적 납세의무 및 납세보증채무와 함께 보충적 납세의무에 속하므로 주된 납세의무가 소멸하면 제2차납세의무도 소멸하게 된다. 제2차납세의무에는 청산인 등의 제2차납세의무, 출자자의 제2차납세의무, 법인의 제2차납세의무, 사업양수인의 제2차납세의무가 있다.

참조조문 국기법 38~41

제조간접비(製造間接費; overhead)

제조원가는 원가요소에 따라 재료비·노무비·제조경비로 나누기도 하고, 제조원가의 특정제품과의 관련성에 따라 직접원가와 제조간접비로 나누기도 한다. 이때 직접원가란 원가의 투입이 특정제품에 직접적으로 연결되는 것을 말하고, 제조간접비란 다양한 생산제품에 공통적으로 연관되는 원가항목을 말한다.

따라서 제조간접비는 제품별원가계산을 위해서는 인위적인 배부기준에 의하여 해당 제품들에 배부되어야 한다.

제조원가(製造原價; costs of goods manufactured)

제품의 제조에 필요한 원가를 말한다. 직접재료비·직접노무비·직접경비 및 제조간접비로 구성되어 있는 것이 통례이다.

제조원가명세서(製造原價明細書; statement of the costs of goods manufactured)

당기제품제조원가의 내역을 표시하기 위해서 작성하는 명세서로서 재무제표의 부속명세서의 일종이다. 제조원가명세서는 회사가 채택한 원가계산방식에 기초하여 당기제조비용을 재료비·노무비 및 제조경비로 구분하여 기재하고 이것에 기초재공품재고액을 가산하고 기말재공품재고액을 차감하여 당기제품제조원가를 기재하도록 되어 있다.

제척기간(除斥期間; limitation)

법정기간의 경과로서 당연히 권리의 소멸을 가져온다. 시간의 경과에 의해서 권리가 소멸되는 점에서 소멸시효와 비슷하지만 권리의 존속기간이 예정되고 그 기간만료에 의하여 권리가 당연히 소멸된다는 점, 즉 단순한 시간의 경과에 의하여 소멸되고 권리불행사라는 사실상태의 계속이라는 요건이 필요하지 않다는 점이 소멸시효와의 차이점이다. 따라서 제척기간에는 시효와 같은 원용이나 포기 또는 중단·정지의 문제가 생기지 않는다.

예컨대 심사청구기간, 심판청구기간 등이 제척기간에 해당된다.

참조조문 국기법 26의 2

제품(製品; finished goods)

재고자산의 일종으로서 공업·광업·기타 상업 이외의 사업을 영위하는 회사가 판매를 목적으로 소유하고 있는 제조품 기타 생산품이고, 당해 기업의 주된 영업에 관련된 것이다. 또한 상업을 영위하는 회사의 경우에도 제조부문을 가지고 그 제조한 물품을 판매를 목적으로 가지고 있는 때에는 그것이 제품이 된다.

제한납세의무자(制限納稅義務者; taxpayer with limited tax liability)

국내에 주소 또는 거소를 두고 있지 않지만 국내에 소재하고 재산을 갖거나 사업을 영위하는 경우에 그 국내소재 재산이나 사업은 그 한도 내에서 국내통치권의 범위 내에 있으므로 국내에 원천지 또는 소재지가 있는 과세물건에 대해서만 납세의무를 지는 자를 말한다.

소득세법상의 비거주자 및 법인세법상의 외국법인을 그 예로 들 수 있다. 또한 피상속인이 사망당시 국내에 주소를 두지 아니한 때 및 수증자가 증여당시 국내에 주소를 두지 아니한 때에도 제한납세의무자가 된다.

참조조문) 소법 2, 상증법 3·4, 법법 3

✎ 무제한납세의무자 참조

제한세율(制限稅率; limited tax rate)

세율을 정함에 있어서 초과할 수 없는 최고의 세율만을 규정하는 것을 말한다. 이와 같이 제한세율을 정하는 경우는 실제 적용세율의 탄력적 운용이 필요한 경우로서 실행세율은 행정부에 위임되게 된다. 우리나라와 다른 외국 간에 체결된 조세협약들은 일부 국내원천소득(이자·배당·사용료소득)에 대해 제한세율을 규정하고 있다.

참조조문) 국조법 2 ① 12호

조건부 대가(條件附 代價; conditional price)

보통 특정 미래 사건이 발생하거나 특정 조건이 충족되는 경우에, 피취득자에 대한 지배력과의 교환의 일부로 피취득자의 이전 소유주에게 추가로 자산이나 지분을 이전하여야 하는 취득자의 의무. 그러나 조건부 대가는 특정 조건이 충족될 경우 이전대가를 반환받는 권리를 취득자에게 부여할 수도 있다.

참조조문) K-IFRS 1103호 39~40, 일반기준 12장 12.38

조건부압류금지재산(條件附押留禁止財産; property not subject to seizure with condition)

체납자의 사업 등에 관계된 재산은 그 체납자가 국세·가산금과 체납처분비에 충당할 만한 다른 재산을 제공하는 때에는 이를 압류할 수 없는데 이를 조건부압류금지재산이라 하며 다음의 재산들이 이에 해당한다.
① 농업에 필요한 기계·기구·가축류·사료·종자와 비료
② 어업에 필요한 어망·어구와 어선
③ 직업 또는 사업에 필요한 기계·기구와 비품

조광권(粗鑛權; mining concession)

설정행위로 타인의 광구에서 채굴권의 목적인 광물을 채굴하고 이를 취득할 수 있는 권리를 말한다. 조광권은 물권의 성질이 있으며 상속 기타 일반승계의 목적 이외에는 권리를 목적으로 할 수 없다. 조광권을 등록하기 위해서는 지방세법상 광구 소재지에서 일정한 등록면허세를 납부하여야 한다.

조기환급(早期還給; early refund)

부가가치세법상 환급세액이 확정되기 전에 확정신고 등의 절차에 의하여 환급세액이 확정될 때 정산할 것을 전제로 미리 환급하는 것이다. 즉 확정신고가 있기 전에 예정신고기간 또는 영세율 등 조기환급기간단위로 법정요건을 충족하고 이를 신고한 사업자에게 미리 예정액으로서 환급세액을 환급하는 것이다. 이 같은 제도를 두는 것은 영세율거래나 사업설비투자거래의 공급받는 사업자가 거래징수당한 부가가치세액을 조기에 환급받음으로써 자금상의 부담을 경감시키려는 데 그 취지가 있다. 정부는 사업자가 다음 중 하나에 해당하는 경우에는 조기환급을 할 수 있다. 첫째, 영세율이 적용되는 경우, 둘째, 사업설비를 신설·취득·확장 또는 증축하는 경우 등이다.

조례(條例; ordinance by local government)

지방자치단체는 법령의 범위 안에서 자치에 관한 규정을 제정할 수 있는 자치입법권을 가진다. 이 자치입법권에 의하여 제정되는 현행법상의 규정에는 조례와 규칙이 있는데 이것들은 당해 지방자치단체구역 내에서만 효력을 가진다.

조례는 지방자치단체가 법령의 범위 안에서 그 사무에 관하여 지방의회의 의결을 거쳐 제정하는 자치법규이다. 다만, 주민의 권리·의무에 관한 사항이나 범칙을 규정할 때에는 법률의 위임이 있어야 한다. 규칙은 지방자치단체의 장이 법령 또는 조례가 위임한 범위 안에서 그 권한에 속하는 사무에 관하여 제정하는 자치법규이다.

시·읍·면의 조례나 시·읍·면장이 제정하는 규칙은 도의 조례나 도지사가 규정하는 규칙에 위반하여서는 아니된다.

참조조문 지기법 5

조리(條理; reason)

사람의 건전한 상식으로 판단할 수 있는 사물·자연의 이치를 뜻하며, 어떤 구체적 사건을 재판하기 위하여 꼭 들어맞는 법이 없을 때, 즉 법의 흠결이 있을 때에 법관은 법의 흠결을 이유로 재판을 거절할 수는 없다. 아무리 정밀하게 법을 제정하더라도 법의 흠결은 불가피하므로 이때에는 조리에 따라서 재판할 수밖에 없다. 따라서 조리가 재판의 규준이 된다는 것은 부인할 수 없는 일이고 결국 조리도 일종의 법원이라고 할 수 있을 것이다. 하지만 우리나라는 성문법을 채택하고 있으므로 조리를 법원으로 인정하지 않고 있다.

조세(租稅; tax)

국가 또는 지방자치단체 등 공권력체(公權力體)가 그의 경비충당의 재정조달 목적으로 그의 과세권에 기하여 법률에 규정된 과세요건을 충족한 모든 자에게 부과·징수하는 금전급부이며, 특별급부에 대한 반대급부가 아니다.

조세감면(租稅減免; tax exemption)

조세의 본래의 목적은 재정수요를 충족시키기 위한 것이나, 때로는 이 본래의 목적 외에 부차적으로 이용되어 감면하거나 중과하는 경우도 있다. 특히 중소기업 육성, 인구집중의 분산, 기술개발의 촉진, 지방경제의 활성화, 재무구조 개선, 투자촉진, 근로자 등의 복지정책 등을 위하여 조세를 감면하거나 면제 또는 비과세하는 경우가 그것이다. 이러한 조세감면은 공평과세(公平課稅)에 위배되는 것이기는 하지만 이는 공평원칙보다 국가산업정책의 중요성이 더 강조되고 있기 때문이다.

조세감면의 사후관리(租稅減免의 事後管理; post control of tax exemption)
정부는 국세를 감면한 경우에 그 감면의 취지를 성취시키거나 국가정책을
수행하기 위하여 필요하다고 인정하면 세법에서 정하는 바에 따라 감면한
세액에 상당하는 자금 또는 자산의 운용범위를 정할 수 있다. 또한 이와 같
은 운용범위를 벗어난 자금 또는 자산에 상당하는 감면세액은 세법에서 정
하는 바에 따라 감면을 취소하고 징수할 수 있는데, 이를 조세감면의 사후관
리라 한다.

참조조문 국기법 17, 조특법 142

조세객체(租稅客體; object of taxation)
조세부과의 목표가 되거나 과세의 원인이 되는 물건 및 사실, 즉 조세의 납
세의무가 발생하는 원인이 되는 재산, 사실, 행위 등으로서 '과세물건'이라
고도 한다.

조세공과(租稅公課; taxes and duties)
국가 또는 지방자치단체가 그 통치권에 따라 보상으로서가 아닌 일반적 과
세표준에 의해서 부과하는 공적인 과징금을 조세공과라고 말한다. 조세는
국세·지방세 등 세금이고, 공과(公課)는 조세 이외의 금전부담을 말한다.

조세벌(租稅罰; tax punishment)
조세범에 대한 제재로서 과해지는 벌을 조세벌이라고 한다. 조세벌이 조세
에 관한 범죄에 대하여 과해지는 형벌이기 때문에 이에는 죄형법정주의(罪刑
法定主義)의 원칙이 적용되어야 함은 당연하다. 따라서 법률의 근거를 필요로
하는 것인바, 이에 관한 법령으로서는 ① 조세범처벌법, ② 조세범처벌절차
법, ③ 관세법, ④ 지방세기본법, ⑤ 특정범죄가중처벌등에관한법률 등이 있
다. 근거법령은 형법 및 형사소송법과의 관계에 있어서 특별법의 지위에 서

게 되고, 조세범에 관한 특별사항만을 규정하고 있기 때문에 특별규정이 없는 부분에 대하여는 일반적인 형법 또는 형사소송법의 규정에 따르게 된다.

조세범(租稅犯; tax criminal)

조세의 부과·징수 및 납부에 관한 범죄를 말하며, 넓은 의미의 조세범에는 관세와 지방세에 관한 범죄가 포함되는 것이나, 좁은 의미로는 내국세의 부과(확정)·징수 및 납부에 관한 범죄만을 지칭한다. 조세범을 처벌하는 것은 과거의 조세법규 위반행위에 대하여 처벌함으로써 조세법규의 실효성을 보장하려는 데 직접목적을 두고, 나아가 납세의무자들에게 심리적 압박을 가함으로써 장래 그 의무의 이행을 확보하려는 데 간접목적을 두고 있다. 요컨대 조세범은 조세행정목적을 실현하기 위한 국가의 명령·금지를 위반함으로써 반사회성을 띠는 행정범이라고 하겠다.

조세범처벌법(租稅犯處罰法; law of punishment on tax criminal)

조세범 중 국세(관세 제외) 관련 처벌에 관한 법률로서 국가의 재정수입을 확보하기 위한 재정권 또는 재정질서를 침해하는 행위에 대한 벌칙을 규정하고 있다.

조세범처벌절차법(租稅犯處罰節次法; procedure law of punishment on tax criminal)

조세범칙사건에 대한 처리절차를 규율하는 국가적 법률체계로 실체법인 조세범처벌법이 추상적인 제재규정을 한 데 반해 절차법인 조세범처벌절차법에서는 조세범칙사건에 대한 구체적인 처리절차를 규정하고 있으나 전체의 절차를 규율하는 것은 아니다.

조세범칙행위(租稅犯則行爲; violation of tax law)

조세범처벌법에 의한 범칙행위를 말하는 것으로 조세범칙행위의 양태를 대체로 포탈범과 조세위해범(질서범)으로 나눌 수 있다.

조세법(租稅法; tax law)

과세권의 주체인 국가 또는 지방자치단체와 경제활동의 주체로서의 국민 또는 주민과의 사이에 또는 국가간에 이루어지는 조세법률관계를 규율하는 법의 전체를 조세법이라 칭한다. 조세법에는 내국세에 관한 법률, 관세법, 임시수입부가세법 및 지방세법이 있다. 내국세에 관한 법률은 상속세와 증여세에 관한 상속세및증여세법을 제외하고는 1세목1세법주의에 의해 세법이 규정되어 있다.

조세법률관계(租稅法律關係; tax law concerned)

국가 또는 지방자치단체는 납세의무자에 대하여 조세를 부과하고 징수하며, 납세의무자는 조세라는 급부를 납부하는 지위에 서게 된다. 이와 같이 국가 등의 기관인 과세관청과 납세의무자와의 관계를 조세법률관계라고 한다. 그러나 이는 사법상(私法上)의 법률관계처럼 당사자간의 계약에 의하여 성립하는 것이 아니고, 조세법이 규정하고 있는 과세요건(조세채권·채무의 성립요건)을 국민이 충족함으로써 성립하는 법률관계인 것이다.

조세법률주의(租稅法律主義; principle of no taxation without law)

법률의 근거없이는 국가는 조세를 부과·징수할 수 없고, 국민은 조세의 납부를 강요받지 않는다는 원칙이다. 우리 헌법은 "모든 국민은 법률이 정하는 바에 의하여 납세의 의무를 진다(헌법 38)."고 하고, "조세의 종목과 세율은 법률로 정한다(헌법 59)."고 규정함으로써 조세법률주의의 원칙을 선언하고 있다. 이는 국민의 재산권 보장과 법률생활의 안정을 기하려는 데 근본목적이 있다고 하겠다.

조세법률주의는 과세요건법정주의, 과세요건명확주의, 소급과세의 금지, 합법성의 원칙을 그 내용으로 한다.

조세법의 기본원칙(租稅法의 基本原則; basic principle of tax law)

세법의 기본원칙은 이를 크게 나누어 납세부담의 승인이 법률유보사항임을 명확히 하는 조세법률주의의 원칙(헌법 59)과 세부담의 공평배분이라는 이념의 표현을 구체화하는 조세평등주의의 원칙(經濟的 觀察方法)으로 집약할 수 있다. 이 두 가지 원칙과 함께 납세자의 신뢰이익보호문제를 다루는 신의성실의 원칙(민법 2)도 세법을 해석·적용함에 있어서 지켜야 할 일반원칙이므로 이를 세법의 기본원칙에 포함시켜야 한다.

조세부과원칙(租稅賦課原則; principle of taxation)

조세는 국가가 공공경비의 재원조달을 위하여 조세를 과징함에 있어 수입목적과 부차적인 정책목적을 효율적·합목적적으로 달성하기 위하여 고려되고 준거로 삼아야 할 일정한 기준이 요구되는데, 이를 조세원칙이라 한다. 이에는 국세기본법 제14조 내지 제17조에 의하면 실질과세의 원칙, 신의성실의 원칙, 근거과세의 원칙 등이 포함된다 할 것이다.

조세부담률(租稅負擔率; ratio amount of taxes)

한 나라의 국민총생산(GNP) 또는 국민소득에 대한 조세총액의 비율이다. 우리나라는 국민총생산(GNP)에 대한 조세부담액의 비율을 택하고 있으나, 일반적으로는 국민소득에 대한 비율로 표시하는 예가 많다.

조세수입(租稅收入; tax revenue)

국가 또는 지방자치단체가 공공비용의 재원으로 재정권에 의하여 특정한 개별보상 없이 사경제(私經濟)가 생산한 생산물의 일부를 강제로 징수하는 화폐나 재화를 말한다.

조세심판관(租稅審判官; tax judge)

심판청구의 결정기관인 조세심판원의 구성원이다. 국세심판청구에 대하여는 주심(主審)조세심판관 1명과 배석(陪席)조세심판관 2명 이상으로 조세심판관회의를 구성하여 심판청구를 심리·의결한다. 조세심판관은 조세처분에 대한 행정심판의 최종단계인 심판청구의 심판관이므로 공정성과 신중성을 기하기 위하여 일정한 자격요건을 갖추어야 하고, 국세기본법에 정해진 신분보장을 받고 있다.

참조조문 국기법 67·72, 국기령 55의 2

조세심판원(租稅審判院; National Tax Tribunal)

국세기본법상 불복절차인 심판청구를 심리·결정하는 기관으로 납세자의 권리구제에 있어 공정성과 신중성을 기하기 위하여 국세(관세를 포함한다)에 관한 처분청인 국세청이나 관세청과 분리·독립된 제3기관으로 국무총리 소속하에 설치되어 있다.

조세심판원은 원장과 조세심판관으로 구성하고, 원장과 원장이 아닌 상임조세심판관은 고위 공무원단에 속하는 일반직 또는 별정직 공무원 중에서 국무총리의 제청으로 대통령이 임명하고 비상임조세심판관은 대통령령으로 정하는 바에 따라 위촉한다.

참조조문 국기법 67, 국기령 55의 2~55의 4

조세의 전가(租稅의 轉嫁; shifting and incidence of tax)

세법상의 납세의무자로부터 다른 사람에게로 조세부담이 이전하는 것을 조세의 전가라 한다. 조세부담의 이전방향 및 과정에 따라서 전전, 후전, 경전, 소전, 환원으로 구분된다. 일반적으로 원재료는 여러 단계의 가공을 거쳐 완제품이 되므로 첫 단계에 과세될 때 세부담은 1회뿐 아니라 거래 때마다 행해져 최종적으로 소비자에게 귀착되는바, 이를 경전(更轉)이라 한다. 과세를 이유로 원재료의 가격절하를 요구하게 되어 세부담이 원재료공급자에게 이전되는데 이처럼 세부담이 재화의 공급자 쪽으로 전가되는 경우를 후전(後轉)이라 하고, 재화의 수요자 쪽으로 전가되는 경우를 전전(前轉)이라 한다. 소전은 생산자가 경영개선 또는 합리화 등으로 비용을 절약하고 부과된 조세의 실질부담을 회피하는 현상이다. 이는 생산과정에서 일어나는 점에서 교환과정에서 일어나는 전전·후전과는 다르다.

조세환원이란 미래의 재화소유자가 부담할 조세를 현재의 소유자가 부담하는 데서 발생하는 전가현상을 말한다. 이 중 부가가치세는 전전의 예라 할 수 있다.

조세의 중립성(租稅의 中立性; neutrality of taxation)
과세결과 납세자의 상대적인 경제상황에 변화가 없는 것을 조세의 중립성이라고 한다. 즉 세금은 효율적 시장에서 이루어지고 있는 자원배분에 대하여 중립적이어야 한다는 것을 말한다. 그러나 세금이 부과되면 조세액만큼 민간부문에서 정부부문으로 자원이 이전된다는 것 이외에도 세금부담액 이상으로 민간부문의 경제적 의사결정에 영향을 주게 되어 이로 인하여 조세액 이상의 부담, 즉 초과부담이 발생하게 된다.

그런데 이러한 초과부담은 자산의 보유, 소득의 획득, 재화나 서비스 구입에 대한 의사결정에 영향을 미치게 하여 사람들의 행동을 최적의 상황에서 이탈시키게 된다.

따라서 세금은 초과부담이 영(零)이 되도록, 즉 자원배분에 대하여 완전히 중립적이 되도록 조세간섭을 최소화해야 한다.

조세의 징수(租稅의 徵收; tax collection)
조세는 그 부과가 완전하다고 가정하더라도 징수의 완벽을 기하지 못하면 그 목적을 달성하였다고 볼 수 없다.

조세의 징수에는 대략 세 가지 제도가 있다. 청부법, 배부법, 국가자신의 기관에 의한 직접징수방법이다. 국가기관에 의한 방법은 말할 것도 없이 국가자신이 징수하는 것으로 현재 제일 널리 채용되고 있다. 이것은 중앙집권에 합치되고 조세의 본질에도 적합하며 재정통일제에도 적응된다. 단지 징세의 편의상 일부의 사무를 시·군 등의 지방자치단체에 위임하는 일은 있다. 조세징수에 관한 기본법으로 국세징수법이 있다. 여기서 말하는 징수란 널리 국가의 수입 또는 국가에 대한 납입에 대하여 현실의 급부금액을 확정하여

이 급부를 요구하는 절차에서 현실의 납부에 이르기까지의 모든 과정을 총
칭한다. 그리고 이 광의의 징수 중에는 협의의 징수, 즉 납액의 결정, 납입의
고지에 관한 사항과 수납, 즉 현실적으로 납입되는 금전 기타 납부물의 영수
에 관한 사항 및 납입의 불이행시에 있어서의 체납처분에 관한 사항의 삼자
를 포함한다.

조세의 환급(租稅의 還給; tax refund)

납세의무자가 납부한 조세 등 세법상의 규정에 의하여 납부하여야 할 금액
보다 초과하여 납부된 부분을 되돌려 주는 것을 조세의 환급이라고 한다. 중
간예납·수시부과·원천징수 등 이미 납부한 조세가 당해 과세기간에 부담
해야 할 금액보다 많은 경우, 즉 초과납부된 경우나 착오 등에 의하여 납부
의무 없는 금액을 납부한 착오납부 등의 과오납금액이 환급대상이 된다.

참조조문 국기법 51~54

조세정책(租稅政策; tax policy)

조세가 국민경제에 미치는 영향을 고려하여 경제문제 등을 해결하는 데 있
어서 조세를 부과한다든가 감면함으로써 일정한 목적을 달성하려는 국가의
재정정책을 말한다.

조세조약(租稅條約; tax treaty)

국제간의 거래에 있어서 동일한 과세물건에 대하여 동종의 조세를 중복하여
과세하게 되는 국제적 이중과세를 방지하기 위하여 국가간에 체결한 이중과
세방지조약이다.

참조조문 법법 53, 소법 42, 국조법 2 ① 2호

조세주체(租稅主體; subject of tax)

법에 의해 납세자로 지정된 개인 혹은 법인을 말하며, 보통 납세자 혹은 납
세의무자라고도 한다. 대부분이 국가 또는 지방자치단체에 속하는 자연인

또는 법인인데, 외국인 또는 외국법인이 조세주체가 될 수도 있다.

조세질서범(租稅秩序犯; violator of tax orderliness)

법정의 일정행위가 국가의 조세과징권행사를 침해할 위험성이 존재하는 가벌적(可罰的)인 행위를 말한다. 즉 조세범처벌법 제17조에 따르면 직접 조세수입의 감손을 초래하는 행위는 아니지만 조세질서의 확보를 위해 설정한 세법상의 각종 의무규정에 위반함으로써 조세과징권의 적정행사를 저해할 위험이 있는 행위로서 전형적인 형식범에 속하는데, 국가의 조세과징권을 간접적으로 보호하고 있는 점에서 형식적인 탈세범과는 구별된다.

조세특례제한법(租稅特例制限法; the special tax treatment control law)

조세의 감면 또는 중과 등 조세특례와 이의 제한에 관한 사항을 규정한 법이다. 과세의 공평을 기하고 조세정책을 효율적으로 수행함으로써 국민경제의 건전한 발전에 이바지할 목적으로 입법되었다. 기존 조세감면규제법의 시행시한 만료로 조세특례제한법으로 전면개정되었다.

조세평등의 원칙(租稅平等의 原則; equality of tax burden principle)

조세평등주의는 조세의 부담이 공평하게 국민들 사이에 배분되도록 세법을 제정하여야 하고(立法上의 租稅公平), 조세법률관계의 각 당사자로서의 국민은 세법의 적용에 있어서 평등하게 취급되어야 한다(세법의 해석·적용상의 공평)는 원칙이다. 이는 조세부담공평의 원칙이라고도 하는데, 헌법질서의 근본이 되고 있는 평등의 원칙 내지 불평등취급금지의 원칙에 그 근거를 두고 있다. 따라서 조세평등주의는 그 본질이 경제적인 부담에 있어서의 평등＝공평부담으로 집약되어서 조세입법(租稅立法)에서는 조세부담이 국가구성원인 국민들 사이에 공평하게 배분되도록 세법을 제정하여야 한다는 지도원리가 되고 있다.

조세포탈범(租稅逋脫犯; tax fraud)

사기(詐欺)나 그 밖의 부정한 행위로써 조세를 포탈하거나 조세의 환급·공제를 받음으로써 가벌적(可罰的)이 되는 행위유형으로 조세범 중 대표적인 유형이다. 조세포탈범은 국가의 조세과징권을 직접 실질적으로 침해하여 조세수입을 감손케 하는 범죄이므로 실질범(實質犯 : 結果犯)에 속한다. 즉 조세수입의 감손(減損)이라고 하는 결과의 발생을 필요로 하므로 실질적인 탈세범이 된다. 이 점에서 조세위해범(租稅危害犯 : 租稅秩序犯)과는 구별된다.

참조조문 처법 3

조세피난처(租稅避難處; tax haven)

법인의 실제발생소득의 전부 또는 상당부분에 대하여 조세를 부과하지 아니하거나 그 법인의 부담세액이 해당 실제발생소득의 100분의 15 이하인 국가 또는 지역을 말한다. 현행 국제조세조정에관한법률에서는 조세피난처에 소재하는 외국법인에 내국인이 10% 이상을 직접 또는 간접 출자하는 경우, 실제로 배당을 받지 않은 경우에도 소정의 금액을 배당받은 것으로 보아 소득세 또는 법인세를 과세하고 있다.

참조조문 국조법 17

조세회피행위(租稅回避行爲; tax avoidance)

어떤 경제목적을 달성하기 위한 일정한 행위를 취함에 있어서 본래대로라면 채택했을 행위형식을 채택함이 없이 조세부담의 경감목적으로 다른 이상한 행위형식을 채택함으로써 조세부담을 부당히 경감하는 행위를 말한다.

조인트벤처(joint venture)

둘 이상의 당사자가 공동지배의 대상이 되는 경제활동을 수행하기 위해 만든 계약구성체를 의미한다. 여기에서 '공동지배'라 함은 계약합의사항에 의하여 경제활동에 대한 지배를 공유하는 것을 말하며, 조인트벤처의 중대한 재무정책과 영업정책에 관한 의사결정에 참여자 전체의 동의가 요구될 때

존재한다. 조인트벤처는 다양한 형태로 나타나지만 기업회계기준에서는 공동지배사업, 공동지배자산 그리고 공동지배대상만 제거 기업이라는 세 가지 유형으로 분류하고 있다.

모든 조인트벤처는 다음의 두 가지 공통적인 특징을 가지고 있다.

① 둘 이상의 참여자가 계약합의사항에 의하여 구속을 받는다.

② 계약합의사항에 의하여 공동지배가 성립한다.

참조조문 일반기준 9장 9.2~9.4

조정계산서(調整計算書; statement of adjustment)

소득세법 또는 법인세법상 납세의무자가 과세표준확정신고(또는 수정신고)를 할 때 그 신고서에 세무사 또는 공인회계사가 그 기재내용을 정당하다고 확인한 신고서를 말한다. 이러한 조정계산서는 국세청장이 정하는 회계법인·세무사 또는 공인회계사가 과세표준조사서와 소득금액계산서에 의해 작성하고 기명날인해야 한다.

참조조문 소령 131, 법법 60 ② 2호

조정리스료(調整리스料; adjusted lease payment)

금액이 확정되지는 않았지만 기간경과 이외의 요소(예 : 매출액의 일정비율, 사용량, 물가지수, 시장이자율)의 미래발생분을 기초로 결정되는 리스료이다.

기업회계기준서에서는 운용리스 관련 조정리스료는 동 리스료가 발생한 기간의 손익으로 처리하며, 금융리스 관련 조정리스료는 기간손익으로 처리하되 그 금액이 중요한 경우에는 잔여리스기간에 걸쳐 원금 및 이자부분으로 구분하여 처리할 수 있도록 하고 있다.

참조조문 K-IFRS 1116호, 일반기준 13장

조합원입주권(組合員入住權; housing-project member's right to residency)

도시및주거환경정비법 제48조의 규정에 따른 관리처분계획의 인가로 인하여 취득한 입주자로 선정된 지위를 말한다. 1세대1주택의 판정에 있어 주택

수에 포함하는 조합원입주권은 동법에 따른 주택재건축사업 또는 주택재개발사업을 시행하는 정비사업조합의 조합원으로서 취득한 것에 한하며, 이에 부수되는 토지를 포함한다. 조합원입주권은 관리처분계획의 인가 이후에는 기존주택에 대한 소유권이 아닌 입주할 예정인 주택(아파트 등)에 대한 권리로 바뀌게 된다. 국내에 1주택을 소유한 1세대가 종전의 주택을 양도하기 전에 조합원 입주권을 취득함으로써 일시적으로 1주택과 조합원입주권을 소유하게 된 경우 종전의 주택을 취득한 날부터 1년 이상이 지난 후에 조합원입주권을 취득하고 그 조합원 입주권을 취득한 날부터 3년 이내에 종전의 주택을 양도하는 경우에는 1세대1주택으로 보아 비과세 양도소득으로 한다.

참조조문 소법 89 ②, 소령 156의 2

종가세(從價稅; ad valorem duty)

과세물건의 가격에 대하여 부과하는 조세로서 인플레이션하에서 재정수입을 증가하게 하거나, 공평과세를 실행하는 점에 있어서 장점이 있다.

종량세(從量稅; specific duties)

물품의 수량·길이·면적·중량 등을 과세표준으로 하는 조세로서 물품의 가격을 과세표준으로 하는 종가세와 대비되는 조세이다.

종속기업(從屬會社; subsidiary company)

당해 법인이 발행한 주식총수의 과반수의 주식을 실질적으로 소유하고 있는 타법인이 있거나 기타의 방법으로 당해 법인을 실질적으로 지배하고 있는 타법인이 있는 경우에, 그 타법인은 지배회사가 되고 당해 법인은 종속기업이 된다. 주식회사등의외부감사에관한법률시행령에 의하면 주식회사가 당해 회계연도말 현재 다른 주식회사의 경제활동에서 효익을 얻기 위하여 재무정책과 영업정책을 결정할 수 있는 능력을 가진 주식회사를 지배회사, 그 다른 회사를 종속기업이라 한다.

참조조문 외감령 3 ①, K-IFRS 1028호 2·1027호 4·1110호 부록A

✎ 자회사 참조

종업원(從業員; employee)

종업원이라 함은 사업소 또는 사무소에 근무하는 임원·직원·기타 종사자로서 급여의 지급 여부에 불구하고 사업주 또는 그 위임을 받은 자와의 계약에 의해 당해 사업에 종사하는 자를 말한다. 계약은 그 명칭·형식 또는 내용을 불문한 일체의 고용계약을 말하며, 현역복무 등의 사유로 당해 사업소에서 일정기간 사실상 근무하지 않더라도 급여를 지급하는 경우 종업원으로 본다.

참조조문 지법 74 8호

종합과세(綜合課稅; aggregate taxation)

현행 우리나라 소득세법은 소득을 획득하는 개인별로 종합과세를 원칙으로 하고, 일부 특수한 소득은 분리과세, 분류과세를 하고 있다.

이자소득, 배당소득, 사업소득, 근로소득, 연금소득, 기타소득을 종합하여 과세하고, 금융기관에서 받은 예금이자, 주권상장법인 또는 코스닥상장법인의 소액주주가 받는 배당, 일용근로자의 급여, 기타소득 및 연금소득의 일정액 이하에 대하여는 분리과세하도록 하고 있다. 또한 퇴직소득, 양도소득에 대해서는 결집효과의 해소를 위하여 따로 분류과세하도록 하고 있다.

✎ 분리과세, 분류과세 참조

종합부동산세(綜合不動産稅; Comprehensive Real Estate Holding Tax)

종합부동산세법은 고액의 부동산보유자에 대하여 부담능력에 비례하는 보유세를 부과하여 부동산보유에 대한 조세부담의 형평성을 제고하고, 부동산의 가격안정을 도모함으로써 지방재정의 균형발전과 국민경제의 건전한 발전에 이바지함을 목적으로 2005.1.5.에 제정되었다.

종합부동산세의 과세대상은 주택과 토지이며, 납세의무자는 주택은 과세기준일(매년 6월 1일) 현재 주택분 재산세의 납세의무자로서 국내에 있는 재산세과세대상인 주택의 공시가격을 합산한 금액이 6억원(개인의 경우 세대별로 합산한 금액을 말함)을 초과하는 자이며, 토지는 과세기준일(매년 6월 1일) 현재 토지분 재산세의 납세의무자로서 종합합산과세대상은 국내에 소재하는 당해 과세대상토지의 공시가격을 합한 금액이 5억원(개인의 경우 세대별로 합산한 금액을 말함)을 초과하는 자, 별도합산과세대상은 국내에 소재하는 당해 과세대상토지의 공시가격을 합한 금액이 80억원을 초과하는 자이다. 이러한 종합부동산세는 당해 연도 12월 1일부터 12월 15일까지 부과·징수된다.

(참조조문) 종합부동산세법 1~24, 지법 114

종합상각(綜合償却; composite depreciation)

감가상각에 있어서 자산별로 개별적인 내용연수와 상각률을 적용하지 아니하고, 용도나 내용연수 등이 다른 동종 혹은 이종의 고정자산을 종합하여 그 평균내용연수인 종합내용연수와 종합상각률에 의하여 행하는 감가상각형태이다.

종합소득공제(綜合所得控除; exemptions and deductions related to aggregate income)

종합소득과세표준은 종합소득금액에서 종합소득공제를 차감하여 계산한다. 종합소득공제에는 인적공제(기본공제, 추가공제)와 연금보험료공제 및 특별공제가 포함된다. 인적공제제도는 최저생활비의 면세, 실효세율의 누진도강화, 인적구성의 차이에 따른 세부담의 차등 및 업무량의 축소와 세무행정비용의 절감 등의 기능을 한다. 연금보험료공제는 공적 연금의 보험료를 납부한 경우 수령연도과세방식에 따라 불입한 연도에 과세하지 않기 위해 당해 연도에 납부한 보험료 전액을 공제하는 것을 말한다. 특별공제는 소득을 창출하기 위한 비용으로 보기는 어려우나 당해 지출로 말미암아 담세력의 감손을 초래하는 항목이다. 즉 공익상 또는 사회적으로 바람직한 지출에 해당하기 때문에 과세상 우대할 목적으로 과세표준에서 제외하여 주는 항목이 특별공제이다.

참조조문 소법 50~54의 2

종합소득세(綜合所得稅; aggregate income tax)
소득세법은 각종 소득을 당해 소득의 발생원천 또는 양태나 그 성질에 따라 이자소득, 배당소득, 사업소득, 근로소득, 연금소득, 기타소득, 퇴직소득, 양도소득 등 8가지로 구분하고 있는데, 이 중 이자소득, 배당소득, 사업소득, 근로소득, 연금소득, 기타소득 6가지 소득을 '종합소득'이라 하며, 이들을 모아 종합과세하여 산출된 세액을 종합소득세라 한다.

주권(株券; share certificate)
주식, 즉 주주의 회사에 대한 법률관계를 나타내는 유가증권이다. 주식(株式)은 주권(株券)에 의하지 않으면 양도하거나 입질(入質)할 수 없으므로 회사는 성립 후 또는 신주(新株)의 납입기일 후 지체없이 주권을 발행하여야 한다. 오늘날 유가증권거래에 있어서 강력한 유통성을 지니고 있는 주권은 권리의 발생·행사·이전에 모두 주권을 필요로 하는 것이 아니고, 원칙으로 무기명주권에서는 권리의 행사와 이전에, 기명주권에서는 권리의 이전에 있어서만 주권을 필요로 한다. 주권의 종류는 주식의 종류에 따르며, 우리나라에서는 기명식액면주권이 보통이며, 무기명주권은 정관에 정함이 있는 경우에 한하여 발행할 수 있다.

참조조문 상법 355, 증법 2

주권상장법인(株券上場法人; stock-listed corporation)
증권시장에 상장된 주권을 발행한 법인과 주권과 관련된 증권예탁증권이 증권시장에 상장된 경우에는 그 주권을 발행한 법인을 주권상장법인이라 한다. 여기서 증권이란 내국인 또는 외국인이 발행한 금융투자상품으로서 투자자가 취득과 동시에 지급한 금전 등 외에 어떠한 명목으로든지 추가로 지급의무(투자자가 기초자산에 대한 매매를 성립시킬 수 있는 권리를 행사하게 됨으로써 부담하게 되는 지급의무를 제외)를 부담하지 아니하는 것을 말한다.

자본시장과금융투자업에관한법률 제3장의 2에서는 자기주식 취득 및 처분, 합병, 주식매수청구권, 주식의 발행 및 배정, 우리사주조합원에 대한 주식의 배정, 이익배당, 주식배당 등의 주권상장법인에 대한 특례 규정을 두고 있다.

참조조문 자본시장과금융투자업에관한법률 9 ⑮ · 165의 2~165의 19

주류(酒類; alcholic liquors)

주류란 일반적으로 술을 일컫는 말인데, 주세법상의 주류의 3대 분류(주정, 증류주, 발효주)를 한데 묶어서 의미할 때가 있고, 주류의 종류(탁주, 소주, 청주 등 18개 종목)를 통틀어 지칭하거나 그 중의 어느 한 종류를 지칭하는 경우가 있으며, 주세법상의 주류의 정의를 뜻할 때도 있다.

참조조문 주법 4

주민세(住民稅; residence tax)

시·군 내에 주소 또는 사업장을 가진 개인과 법인 및 시·군 내에서 소득을 얻은 개인 또는 법인을 납세의무자로 하여 과세되는 인세(人稅)로서, 지방자치단체의 존립과 활동에 필요한 경비의 일부를 널리 다수의 주민에게 부담시켜 부담분임(負擔分任)의 정신을 구현시키고자 하는데 그 의의가 있다.

참조조문 지법 74~84의 7

주민세의 가산세(住民稅의 加算稅; additional tax on a residence tax)

주민세의 신고의무를 다하지 않는 경우 신고불성실가산세(20%)를, 납부의무를 다하지 않는 경우 납부불성실가산세(납부불성실액×가산율×납부지연일자)를 가산하여 세액으로 추징한다.

참조조문 지법 83

주민세의 납세의무자(住民稅의 納稅義務者; tax payment obligor of residence tax)

주민세 균등분의 납세의무자는 지방자치단체에 주소(외국인의 경우에는 출입국관리법에 따른 체류지)를 둔 개인(주민등록법에 따른 세대원 및 이에 준하는 개인으로서 다음에 정하는 개인은 제외)과 지방자치단체에 사업소를 둔 법인(법인세의 과세대상이 되는 법인격 없는 사단·재단 및 단체를 포함) 및 지방자치단체에 직전 연도의 부가가치세법에 따른 부가가치세 과세표준액(부가가치세 면제사업자의 경우에는 소득세법에 따른 총수입금액)이 4천8백만원 이상인 사업소를 둔 개인으로 한다.

① 납세의무자와 체류지가 동일하고 출입국관리법 제34조에 따른 외국인등록표에 납세의무자의 가족으로 등록된 사람

② 납세의무자의 직계비속으로서 미혼인 30세 미만의 사람

이 규정에도 불구하고 다음에 해당하는 자는 주민세 균등분의 납세의무자로 보지 아니한다. 다만, 다른 업종의 영업을 겸업하는 사람은 제외한다.

① 담배소매인

② 연탄·양곡소매인

③ 노점상인

④ 유아교육법 제2조 제2호에 따른 유치원의 경영자

한편, 주민세 종업원분의 납세의무자는 종업원에게 급여를 지급하는 사업주로 한다.

참조조문 지법 75, 지령 79

주사업장총괄납부(主事業場總括納付; whole payment at the main business place)

부가가치세법상 사업자에게 둘 이상의 사업장이 있는 경우에 정부의 승인을 얻어 부가가치세의 납부를 각각의 사업장마다 납부하지 아니하고, 주된 사업장에서 다른 사업장의 납부세액까지를 일괄하여 납부 또는 환급할 수 있게 하는 제도가 주사업장총괄납부이다.

총괄납부제도는 사업자를 기준으로 그의 어느 사업장에서는 납부할 세액이, 그의 다른 사업장에서는 환급받을 세액이 발생하는 경우에 사업장간 통산으

로 차감조정하여 주사업장관할세무서장에게 납부하거나 그로부터 환급받으면 납세의무자에게도 편리하고 세무행정상의 능률도 제고된다. 특히 납부는 먼저 해야 하고 환급은 뒤에 받아야 하는 사정 때문에 발생하는 사업자의 운영자금압박문제를 해소하는 것에 그 의의가 있다.

참조조문 부법 51, 부령 92

주석(註釋; footnote)

재무상태표, 포괄손익계산서, 자본변동표 및 현금흐름표에 표시하는 정보에 추가하여 제공된 정보를 말한다. 주석은 상기 재무제표에 표시된 항목을 구체적으로 설명하거나 세분화하며, 재무제표 인식요건을 충족하지 못하는 항목에 대한 정보를 제공한다.

참조조문 K-IFRS 1001호 7

주세(酒稅; liquor tax)

주세법에 따라 주류를 제조장에서 출고하거나 보세구역으로부터 반입하는 때에 그 수량 또는 가격을 과세표준으로 하여 부과하는 소비세이다.

주세법(酒稅法; liquor tax law)

주류에 대하여 주세를 부과하기 위하여 제정된 법률(1949.10.21. 법률 제60호)로서 주류의 정의 및 분류, 주류심의회, 주조사, 면허, 면허의 취소와 정지, 과세표준, 세율, 세액의 신고와 납부, 납세담보, 검정, 주류업단체 등에 관하여 규정하고 있다.

주소(住所; domicile)

사람의 생활관계의 중심지를 말한다. 민법은 "생활의 근거되는 곳"을 주소로 규정하고, "주소는 두 곳 이상 있을 수 있다."고 규정하고 있다. 민법이나 기타의 법률은 사람과 장소간의 관계가 문제로 되는 때에는 우선 주소를 기준으로 한다. 그러나 주소를 알 수 없을 때 및 국내에 주소가 없는 때에는 거소(居所 : 장소와의 밀접한 정도가 주소에 미치지 못하는 곳)를 주소로 본다. 법인의 주소는 본점 또는 주사무소의 소재지에 있는 것으로 한다(국기통 8-0…1).

참조조문 민법 18~20, 소령 2, 상증령 2

주식기준보상거래(株式基準報償去來; share-based payment transaction)

기업이 재화나 용역을 제공받는 대가로 기업의 지분상품(주식 또는 주식선택권 등)을 부여하거나 기업이 재화나 용역을 제공받는 대가로 기업의 주식이나 다른 지분상품의 가치에 기초한 만큼의 부채를 부담하는 거래이다. 전자를 주식결제형 주식기준보상거래, 후자를 현금결제형 주식기준보상거래라고 한다.

참조조문 K-IFRS 1102호 부록A

주식등변동상황명세서(株式등變動狀況明細書; circumstantial statement on a change of shares, etc.)

법인의 사업연도 중에 주식 및 출자지분의 변동사항을 기록한 것을 주식등변동상황명세서라 하는데 법인은 사업연도 중에 주식 및 출자지분의 변동사항이 있는 경우에는 과세표준신고기한 내에 주식등변동상황명세서를 납세지관할세무서장에게 제출하여야 한다. 이를 미제출, 누락제출 및 불분명하게 제출한 경우에는 당해 미제출한 주식 등의 액면금액의 1%에 상당하는 가산세를 납부하여야 한다. 다만, 제출기한 경과 후 1월 이내에 제출하는 경우에는 0.5%로 하고, 산출세액이 없는 경우에도 가산세는 징수한다.

참조조문 법법 75의 2 ② · 119

주식매수선택권(株式買受選擇權; stock option)

법인의 설립과 경영·기술혁신 등에 기여하였거나 기여할 능력을 갖춘 당해 법인의 임직원에게 특별히 유리한 가격으로 당해 법인의 신주를 매입할 수 있도록 부여한 권리이다. 기업회계기준에서는 주식매수선택권을 주식매입선택권으로 규정하고 있으며 차액보상형과 주식교부형으로 분류하고, 회사가 주식매수선택권을 임직원에게 부여하는 경우 권리부여시에는 회계처리를 하지 아니하고 보상원가를 약정용역제공기간에 안분하여 비용과 자본조정(주식교부형) 및 부채(차액보상형)로 계상한다.

참조조문 상법 340의 2∼340의 4

주식매입권(株式買入權; share option)
주식선택권과 동일한 용어이며, 주식선택권은 보유자에게 특정기간 고정가격 또는 결정가능한 가격으로 기업의 주식을 매수할 수 있는 권리를 부여하는 계약이다.

참조조문 K-IFRS 1102호 부록A, 1033호 45∼48

주식명의개서(株式名義改書; stock transfer)
기명주식(記名株式)이 양도·상속·합병 등으로 인하여 구소유자로부터 신소유자로 이전된 경우에 신소유자의 성명과 주소를 회사의 주주명부에 기재하는 것을 명의개서(名義改書)라 한다. 기명주식의 양도는 주권(株券)의 배서와 주권과 양도증서의 교부에 의하여 효력이 생기지만, 양수인이 회사에 대하여 자기가 주주임을 주장하기 위하여는 명의개서의 절차를 밟아야 한다.

주식발행초과금(株式發行超過金; paid-in capital in excess of par value)
주식의 액면금액을 초과하여 발행한 경우 발행금액과 액면금액의 차액이다. 이는 감자차익, 자기주식처분이익 등의 기타 자본잉여금과 함께 자본잉여금의 구성항목이며, 이는 반드시 회사 내에 적립하여야 하고, 주주에게 배당할 수 없으며, 자본의 결손보전에 충당하는 경우 외에는 이를 처분하지 못한다. 주식발행초과금은 세법상 주식발행액면초과액으로 익금불산입항목이나, 채무의 출자전환으로 주식 등을 발행하는 경우에 당해 주식 등의 시가를 초과하여 발행된 금액은 제외한다.

참조조문 법법 17 ① 1호, 일반기준 15장 15.3

주식배당(株式配當; stock dividend)

배당이란 회사에 있어서의 재산을 주주에게 그 지분에 비례하여 분배하는 이익처분을 말하며, 주식배당이란 이익을 금전으로 배당하지 않고 신주(新株)를 발행하여 주주에게 지분비율에 따라 무상으로 분배하는 제도를 말한다. 세법상 주식배당은 배당으로 의제한다.

참조조문 법법 16

✎ 의제배당 참조

주식병합(株式倂合; reverse stock split)

주식병합은 두 개 이상의 주식을 합해서 주금액의 단위를 병합 전보다 크게 하는 방법으로, 즉 자본금의 증가나 감소없이 주식액면을 높이고 유통주식수(株式數)를 감소시키는 것으로 주식분할과 정반대의 개념이다.

참조조문 상법 440

주식분할(株式分割; stock split up)

자본금의 증가없이 주식액면을 낮추고 주식수를 증가시키는 것을 말한다. 따라서 주식분할을 하여도 자본구성에는 전혀 변동이 없고, 다만 발행주식수만 늘어날 뿐이다. 주식분할은 무상증자(無償增資)와 마찬가지로 주식의 시가가 너무 높게 형성되어 유통성이 떨어진다고 판단될 때 하는 것으로 주식의 유통성을 높이고 자본조달을 손쉽게 할 수 있다는 장점이 있다.

참조조문 상법 329의 2

주식상장(株式上場; stocks' listing)

증권거래소에 주식을 상장하는 방법으로 최초로 상장하는 신규상장(新規上場)과 이미 상장한 법인이 유상 또는 무상증자 등으로 인하여 새로이 발행한 주식을 상장하는 신주상장(新株上場)의 두 가지가 있다.

주식의 소각(株式의 消却; retirement of stock)

회사가 그의 존속 중에 특정한 주식을 절대적으로 소멸시키는 회사의 행위를 주식의 소각(消却)이라고 하며, 회사가 자기주식을 취득하여 이것을 소멸시키는 방법에 의한다. 이것에는 자본감소의 규정에 의한 소각과 주주에게 배당할 이익으로써 하는 소각이 있으며, 후자는 다시 특정종류의 주식을 대상으로 하는 경우(상환주식의 상환)와 모든 주식을 대상으로 하여 평등원칙에 의해 소각하는 경우(利益消却)가 있다. 여기에서 이익소각은 기업의 경제적 가치가 경감하여 일정한 기간 후 그 소멸이 예상되는 회사에서 해산의 경우의 청산절차를 쉽게 하기 위해서 존재하는 제도이다. 소각의 방법에는 임의소각(任意消却)과 강제소각(强制消却)이 있다.

참조조문 상법 343

주식의 평가(株式의 評價; valuation of stock)

일반적으로 기업이 보유하고 있는 주식에 대하여 화폐적 가액을 부여하는 과정을 주식의 평가라고 한다. 현행 세법상 주식의 평가는 대부분 상속세및증여세법 제63조의 규정을 준용하여 평가하고 있다.

참조조문 상증법 63

주식인수(株式引受; acceptance of stock)

주식회사의 설립 또는 신주(新株) 발행의 경우에 회사에 출자할 것을 약정하여 주주가 될 지위를 취득하는 것을 말하며, 주식의 인수는 회사의 설립시기에 발행하는 주식의 총수를 발기인이 인수하는 경우(發起設立)와 그 일부를 모집하는 경우(募集設立)가 있다.

주식청약금(株式請約金; subscription money for stock)

회사로부터 주식의 배당을 받으면 납입기일에 인수가액 전액을 은행 기타 금융기관에 납입하도록 되어 있는데, 실제의 취급은 주식청약서에 청약증거금을 첨부하여 청약기간 내에 납입취급은행에 제출하기로 되어 있다. 기업회계기준에서는 청약기일이 경과된 신주청약증거금 중 신주납입금으로 충당될 금액은 자본금 다음에 그 내용을 나타내는 과목으로 기재하며, 신주의 발행주식수·주금납입기일과 자본잉여금으로 적립될 금액을 주석으로 기재한다.

참조조문 일반기준 15장 15.6

주식할인발행차금(株式割引發行差金; discounts on stock issuance)

주식을 액면가액 미만으로 발행할 경우 액면가액에서 납입액을 공제한 잔액을 주식할인발행차금이라 한다. 회사설립의 경우에는 원칙적으로 액면미달발행이 금지되어 있으나, 신주발행에 있어서 상법 제417조의 규정에 의하여 주식회사는 성립한 날로부터 2년을 경과한 후에 주식을 발행할 경우에는 주주총회의 특별결의와 법원의 인가를 얻어 주식을 액면 미달로 발행할 수 있다. 현행 기업회계기준에서는 자본조정항목으로 분류하고 있으며, 세법상으로는 손금에 해당하지 아니한다.

참조조문 일반기준 15장 15.3, 법법 20 2호

주식회사(株式會社; stock corporation)

사원인 주주의 출자(出資)에 의한 자본단체이며, 주주의 지위는 균등한 비례 단위인 주식의 수로 표시되고, 그가 인수한 주식금액을 한도로 하여 회사에 대해서만 책임을 지는 회사를 말한다. 주식회사의 기본적인 특징은 자본과 주식과 주주의 유한책임(有限責任)에 있다고 할 수 있다.

참조조문 상법 288~542의 13

주주(株主; shareholder)

주식을 소유함으로써 주식회사의 사원인 지위를 가진 자를 주주라고 한다. 주주의 자격에는 제한이 없으며 자연인은 물론 회사라도 다른 회사의 주주가 될 수 있다. 주주의 책임은 유한(有限)이며, 주주는 그가 가지고 있는 주식의 인수가액 이상의 책임을 부담하지 않는다(株主有限責任의 原則). 또한 주주

의 자격에서 생기는 법률관계에 관하여는 그가 가지고 있는 주식의 수에 따라 회사로부터 평등한 취급을 받는다. 즉 각 주주는 1주마다 1개의 의결권을 가지고, 이익 또는 이자의 배당은 각 주주가 가지고 있는 주식의 수에 따라 한다는 것이다(株主平等의 原則). 주주는 주식회사의 구성원(社員)이지만 주식양도자유성(株式讓渡自由性)이 인정된다.

참조조문 상법 331

주주총회(株主總會; shareholder's meeting)

주주에 의하여 구성되는 회사최고의 기관으로서 상법 또는 정관에 정하는 사항에 관하여 대내적으로 결의할 수 있는 회의체형식의 의사결정기관이다. 회사의 의사결정기관으로는 총회 이외에 이사회(理事會)도 있지만, 회사의 업무운영에 관한 결정은 원칙적으로 이사회에 위임하고 총회는 단순히 회사의 내부적 의사결정만을 하고 대외적 대표행위는 대표이사가 한다. 주주총회에는 정기총회와 임시총회가 있으며, 정기총회는 매 결산기에 소집되는 총회로서 계산서의 승인이나 이익 또는 이익의 배당에 관한 결의를 하는 것을 주된 기능으로 하며, 임시총회는 수시로 필요한 경우에 소집되는 총회이다.

참조조문 상법 361~381

준비금(準備金; reserve)

회사가 설정한 자본액을 초과하는 금액(이익이나 잉여금)을 장래 생길지도 모르는 필요에 대비하기 위하여 회사에 적립해 두는 금액이며 적립금이라고도 한다. 말하자면 기업저축으로 회사자본과 아울러 회사의 자기자본을 이룬다. 준비금은 회사자본과 같이 계산상의 수액(數額)으로서 자본액을 초과하여 유지·보유되어야 할 금액을 표시하는 것이지, 특정한 형태의 재산이 그만큼 보관된다는 뜻은 아니다. 즉 준비금은 그 액수만큼 순재산이 분배되지 않고 보유되어야 할 구속인 것이며, 자본과 더불어 재무상태표의 자본부(資本負)에 기재되어 이익산출상의 공제항목이 된다. 그러므로 준비금의 자본전입의 경우에도 준비금계정에서 자본금계정으로 장부상의 이체가 있을 뿐 회사의 실재산의 변동이 생기지 않는다. 준비금에는 상법의 규정에 의하여 적립하는 법정준비금과 정관 또는 주주총회의 결의에 의하여 적립하는 임의준비금이 있다.

조세특례제한법상 준비금은 원칙적으로 결산조정사항이나 기업회계기준에 위배되는 회계처리인바 이를 신고조정할 수 있도록 규정하고 있다. 즉 법인이 당해 사업연도의 이익처분에 있어서 당해 준비금을 적립하는 경우 손비로 인정한다. 법인세법상 준비금은 결산조정사항이다.

> **참조조문** 법법 29~30, 조특법 9, 상법 458~461

중간신고(中間申告; interim report)

청산소득에 대한 법인세의 신고납부기한은 원칙적으로 잔여재산가액확정일부터 3개월 이내이나, 해산에 의한 잔여재산가액이 확정되기 전에 그 일부를 주주 등에게 분배한 경우 그 분배한 날부터 1개월 이내 또는 해산등기일부터 1년이 되는 날까지 잔여재산가액이 확정되지 않은 경우에는 그 1년이 되는 날부터 1개월 이내에 청산소득에 대한 법인세의 신고를 하여야 하는데 이를 중간신고라 한다.

> **참조조문** 법법 85 · 86

중간예납(中間豫納; estimated tax payment)

소득세법이나 법인세법 또는 지방세법에서 과세기간 중간에 중간예납기간을 두어 세액의 일부를 납부하는 제도이다. 세법은 과세기간을 전부 경과한 후에 확정된 소득금액에 의하여 과세하는 것이 원칙이나, 조세수입의 조기확보, 부담의 분산 내지 조세회피의 미연방지 등의 목적으로 이 제도를 두고 있다.

> **참조조문** 법법 63, 법령 100, 소법 65, 소령 123~125

중간재무보고서(中間財務報告書; interim financial report)

중간기간에 대한 재무보고서로서 기업회계기준 제1001호 '재무제표 표시'에 따른 전체 재무제표 또는 요약재무제표와 선별적 주석을 포함한 보고서이다.

참조조문 K-IFRS 1034호 4

중단영업(中斷營業; discontinued operation)

이미 처분되었거나 매각예정으로 분류된 기업의 구성단위로서 다음 중 하나에 해당하여야 한다.

① 별도의 주요 사업계열이나 영업지역이다.

② 별도의 주요 사업계열이나 영업지역을 처분하는 단일계획의 일부이다.

③ 매각만을 목적으로 취득한 종속기업이다.

참조조문 K-IFRS 1105호 부록A

중소기업(中小企業; small or medium size business)

대기업에 대비되는 개념으로 대기업에 비하여 상대적으로 자본과 설비의 규모가 작은 기업이다. 중소기업의 범위는 종업원수나 자산액 또는 자본금 등과 같은 수량적인 기준에 따라 정할 수 있으나, 이는 국가·산업 또는 시대 등 경제발전단계에 따라 상대적으로 파악되는 개념이다.

세법에서의 중소기업의 범위는 다음의 요건을 모두 갖춘 기업을 말한다. 다만, 자산총액이 5천억원 이상인 경우에는 중소기업으로 보지 아니한다.

① 매출액이 업종별로 중소기업기본법시행령 별표 1에 따른 규모기준 이내일 것

② 실질적인 독립성이 중소기업기본법시행령 제3조 제1항 제2호에 적합할 것

③ 소비성서비스업을 주된 사업으로 영위하지 아니할 것

참조조문 조특령 2 ①

증권(證券; security)

재산상의 권리·의무에 관한 기재(記載)를 위하여 만들어진 지편(紙片)을 말하는데, 법률상의 효력에 따라 유가증권(有價證券)과 증거증권(證據證券)으로 나눌 수 있다.

참조조문) 소법 16

증권거래세(證券去來稅; security transaction tax)

주권(株券)이나 합명회사·합자회사 및 유한회사의 사원의 지분이 계약상 또는 법률상의 원인에 의해서 유상으로 그 소유권이 이전되는 경우에 당해 주권 등의 양도가액에 대하여 과세되는 조세를 증권거래세라 칭한다. 주권이라 함은 상법 또는 특별한 법률에 의하여 설립된 법인의 주권이나 외국법인이 발행한 주권 또는 주식예탁증서로서 유가증권시장 등에 상장 또는 등록된 것을 말한다.

주권발행 전의 주식, 주식의 인수로 인한 권리, 신주인수권과 특별한 법률에 의하여 설립된 법인이 발행하는 출자증권은 증권거래세법의 적용에 있어서 주권으로 본다. 외국증권시장에 상장된 주권 등을 양도하거나, 외국증권시장에 주권 등을 상장하기 위하여 인수인에게 주권 등을 양도하는 경우 및 채무인수를 한 한국거래소가 주권 등을 양도하는 경우에는 증권거래세를 부과하지 아니한다.

참조조문) 증법 1·2

증분차입이자율(增分借入利子率; incremental borrowing rate)

(리스이용자의) 증분차입이자율은 리스이용자가 유사한 리스에 대해 부담해야 할 이자율이다. 만약 이자율을 결정할 수 없는 경우에는 리스약정일에 리스이용자가 유사한 조건과 담보로 리스자산 구입에 필요한 자금을 차입할 경우의 이자율을 말한다.

참조조문) K-IFRS 1116호 부록A, 일반기준 13장 13.13

증여세(贈與稅; gift tax)

타인으로부터 무상으로 재산을 취득하는 경우 그 취득자에게 증여받는 재산가액을 과세표준으로 하여 부과하는 조세를 증여세라고 한다.

증여재산(贈與財産; donated property)

증여세의 과세대상이 되는 과세물건을 증여재산이라 하며, 여기에는 수증자에게 귀속되는 재산으로서 금전으로 환가할 수 있는 경제적 가치가 있는 모든 물건과 재산적 가치가 있는 법률상 또는 사실상의 모든 권리를 포함하며, 상속개시 후 상속재산에 대하여 등기·등록·명의개서 등에 의하여 각 상속인의 상속분이 확정되어 등기 등이 된 후 그 상속재산에 대하여 공동상속인 사이의 협의에 의한 분할에 의하여 특정상속인이 당초 상속분을 초과하여 취득하는 재산가액은 당해 분할에 의하여 상속분이 감소된 상속인으로부터 증여받은 재산에 포함한다.

참조조문 상증법 31

증자(增資; increase of capital)

일정한 자본증가의 절차를 밟음으로써 자본액을 증가시키는 것을 말하며, 이것에는 전환사채의 전환 및 준비금의 자본전입과 같이 명의상 증자가 생기는 경우와 신주발행과 같이 실질상의 증자가 생기는 경우가 있는데, 전자를 무상증자(無償增資)라 하고 후자를 유상증자(有償增資)라 한다.

참조조문 법령 88 ① 8호의 2

지급이자(支給利子; interest paid)

경영활동을 하다보면 자기자본 이상으로 기업의 규모가 확대되는 경우가 허다하다. 이러한 경우에 그 부족한 자본을 외부로부터 조달하지 못할 때에는 그 사업은 계속할 수 없게 된다. 따라서 기업을 유지하기 위하여 타인으로부터 자금을 조달하게 되는데, 이때에 발생하는 타인자본의 자본비용을 지급이자라 한다. 세법상 지급이자로서 동일한 사업연도 중에 각 지급이자의 손금불산입규정이 동시에 적용되는 경우에는 다음의 순서에 의한다.

① 국외지배주주에게 지급하는 배당간주이자

② 채권자가 불분명한 사채이자

③ 지급받은 자가 불분명한 채권·증권의 이자·할인액 또는 차익

④ 건설자금에 충당한 차입금의 이자

⑤ 업무무관자산 등에 대한 지급이자

앞의 각 지급이자의 손금불산입규정에 있어서 전순위에서 손금불산입된 지급이자는 이를 차감한 이자만을 차순위의 지급이자로 한다.

참조조문 법법 28, 법령 55, 국조법 14·16

지급명세서(支給明細書; a detailed statement of disbursement)
일정한 소득금액 또는 수입금액을 지급받는 자의 인적사항·소득금액 또는 수입금액의 종류와 금액·소득금액 또는 수입금액의 지급시기와 귀속연도 등을 기재한 과세자료이다. 이와 같은 지급명세서는 당해 소득금액 또는 수입금액을 지급하는 자가 제출할 의무를 진다. 따라서 지급명세서의 제출의무는 소득자(소득을 지급받는 자)의 소득금액 또는 수입금액에 관한 과세자료를 수집하기 위하여 당해 소득금액 또는 수입금액을 지급하는 자에게 지운 협력의무이다. 지급명세서의 제출대상이 되는 소득금액 또는 수입금액에는 다음과 같은 것이 포함된다.

① 이자소득, ② 배당소득, ③ 원천징수대상 사업소득, ④ 근로소득 또는 퇴직소득, ⑤ 연금소득, ⑥ 기타소득, ⑦ 봉사료, ⑧ 장기성 저축보험의 보험차익

지급명세서는 그 지급일이 속하는 과세기간의 다음 연도 2월 말일까지(사업소득, 근로소득 또는 퇴직소득의 경우 다음 연도 3월 10일까지) 원천징수관할세무서장, 지방국세청장 또는 국세청장에게 제출하여야 한다. 다만, 일용근로자의 근로소득으로서 근로계약이 과세기간 중에 끝나는 경우에는 근로계약이 끝나는 날이 속하는 분기의 마지막 달의 다음달 10일까지 제출하여야 한다. 제출하여야 할 지급명세서를 그 기한 내에 제출하지 아니하였거나 제출된 지급명세서가 불분명한 경우에 해당하는 때에는 미제출 또는 불분명한 지급금액의 1/100에 상당하는 금액을 산출세액에 가산한다. 다만, 제출기한 경과 후 3개월 이내에 제출하는 경우에는 5/1,000로 하며, 산출세액이 없는 경우

에도 적용한다.

참조조문 법법 75의 7 · 120, 법령 162 · 163, 소법 164, 소령 213

지목(地目; category of land)

토지의 주된 이용목적에 따라 토지의 종류를 구분 · 표시하는 명칭으로 전 · 답 · 과수원 · 목장용지 · 학교용지 · 도로 · 철도용지 · 하천 · 제방 · 유지 · 수도용지 · 공원 · 온천장 · 유원지 · 종교용지 · 사적지 · 묘지 · 잡종지 등 28종이 있다.

참조조문 지법 7

지방공공단체(地方公共團體; local public organization)

일정한 지역 또는 일정한 사람을 구성요소로 하여 성립하는 단체로서 국가 밑에서 행정목적을 수행하는 공법인을 말하는데, 지방자치단체와 지방자치단체조합이 있다.

지방교육세(地方教育稅; local education tax)

지방교육의 질적 향상에 필요한 지방교육재정의 확충에 소요되는 재원을 확보하기 위하여 등록면허세, 레저세, 담배소비세, 주민세균등분, 재산세 등 일정한 지방세에 부가하여 과세하는 목적세로서 특별시세 · 광역시세 · 도세로 구분된다. 지방자치단체장의 교육재원 확보 및 교육서비스 향상에 대한 역할과 책임을 강화하고, 향후 교육자치의 실현을 위해 지방자치와 교육자치의 주체적인 역할을 담당하도록 하기 위하여 지방세에 부가하여 과세되어 오던 국세인 교육세를 지방교육세로 전환하였다.

참조조문 지법 149~154

지방세(地方稅; local tax)

지방세는 지방자치단체가 국가로부터 분여받은 과세권에 기하여 지방재정 수입에 충당하기 위하여 관할구역 내의 주민, 재산 또는 수익, 기타 특정행위에 대하여 아무런 대가적 보상없이 강제적으로 과징하는 조세이다. 지방세는 과세권의 주체가 지방자치단체인 점에서 과세권의 주체가 국가인 국세(國稅)와 구별되고, 지방세는 다시 과세권의 주체에 따라 도세(道稅)와 시·군세(市·郡稅)로 구분되며, 그 수입의 용도에 따라 재원별로 구분하여 일반재원에 충당되는 것을 보통세(普通稅)라 하고, 특정목적에 충당되는 것을 목적세(目的稅)라 한다.

지방세법(地方稅法; local tax law)

지방자치단체가 재정수입의 충당을 위하여 취득세·등록면허세·레저세·담배소비세·지방소비세·주민세·지방소득세·재산세·자동차세·지역자원시설세·지방교육세 등을 규정하고 있는 단일세법으로서 국세의 각 세목별 세법과 구분되며 다세목1법주의(多稅目一法主義)를 취하고 있다.

지방세심의위원회(地方稅審議委員會; local tax council)

지방세에 관한 이의신청 및 심사청구를 심의·의결하기 위하여 각 지방자치단체에 설치한 기관을 말한다. 특별시·광역시·특별자치시·도 또는 특별자치도에 두는 지방세심의위원회는 위원장 1명과 부위원장 1명을 포함하여 25명 이내, 시·군·구에 두는 지방세심의위원회는 위원장 1명과 부위원장 1명을 포함하여 19명 이내의 위원으로 성별을 고려하여 구성한다.

참조조문 지기법 147, 지기령 83~84

지방소득세(地方所得稅; local income tax)

지방소득세는 지방세의 한 세목으로, 각 납세의무자에 따라 소득세 또는 법인세에 부수적으로 붙는 부가세이다. 지방소득세는 소득세법에 따른 거주자 또는 비거주자의 소득의 개인지방소득과 법인세법에 따른 내국법인 또는 외국법인의 소득인 법인지방소득으로 나뉜다.

참조조문 지법 85~103의 63

지배주주(支配株主; controlling stockholder)

법인의 발행주식총수 또는 출자총액의 100분의 1 이상의 주식 또는 출자지분을 소유한 주주 등으로서 그와 특수관계에 있는 자와의 소유 주식 또는 출자지분의 합계가 해당 법인의 주주 등 중 가장 많은 경우의 해당 주주 등을 말한다.

참조조문 법령 43 ⑦

지배회사(支配會社; controlling company)

✍ 자회사 · 종속회사 참조

지분(持分; equity)

기업의 재산에 대한 자본주 및 채권자의 권리 또는 청구권, 즉 부채는 채권자지분을, 자본은 주주지분을 뜻한다. 채권자지분은 과거의 활동으로부터 생긴 기업실체에 대한 청구권으로 이의 충족을 위하여는 보통 회사자산의 지출을 요한다. 주주지분은 주식의 종류별로 계약상 다른 유사권의 순위가 부여되나, 어느 경우든 회사자산에 대한 잔여청구권을 말한다.

참조조문 증법 1의 2 ②

지분법(持分法; equity method)

유가증권 평가방법의 하나로서 투자회사가 투자주식을 취득한 시점에는 취득원가로 기록하고 그 이후에는 피투자회사의 순자산의 변동에 따라 투자주식의 가액을 조정하는 방법이다. 지분법 적용의 전제조건은 투자회사가 피투자회사에 중대한 영향력을 행사할 수 있는가의 여부이다. 왜냐하면 투자회사가 피투자회사에 중대한 영향력을 행사하는 경우 투자회사가 피투자회사의 배당정책을 임의로 조정함으로써 투자회사의 당기순이익을 조작할 가능성이 존재하므로 피투자회사로부터의 배당금은 이익측정의 좋은 기준이 되지 못하기 때문이다.

참조조문 K-IFRS 1028호 10~15

지분법피투자회사(持分法被投資會社; investee under equity method)
투자회사가 중대한 영향력을 행사할 수 있는 지분법적용대상피투자회사를 말한다. 지분법피투자회사에는 주식회사, 합명회사, 합자회사, 유한회사, 조합 등의 모든 법적 실체를 포함한다. 지분법은 투자회사의 보고기간종료일을 기준으로 작성된 지분법피투자회사의 신뢰성 있는 재무제표를 사용하여 적용하는데 투자회사와 지분법피투자회사의 보고기간종료일이 다르고 그 차이가 3개월 이내인 경우에는 지분법적용시 지분법피투자회사의 보고기간 종료일을 기준으로 작성한 신뢰성 있는 재무제표를 사용할 수 있다. 이 경우 지분법피투자회사의 재무상태표일과 투자회사의 보고기간종료일 사이에 발생한 중요한 거래나 사건은 적절히 반영하여 회계처리한다. 또한 유사한 상황에서 발생한 동일한 거래나 사건에 대하여는 지분법피투자회사의 회계정책 또는 회계추정방법을 투자회사의 회계정책 또는 회계추정방법으로 일치하도록 적절히 수정하여 지분법을 적용한다. 다만, 투자회사 또는 지분법피투자회사가 중소기업특례에 관한 기업회계기준을 적용하여 재무제표를 작성함에 따라 회계정책 또는 회계추정방법이 일치하지 아니하는 경우는 제외한다.

참조조문 일반기준 8장 8.3, 8.22~8.23

지분상품(持分商品; equity instrument)
✍ 자기지분상품 참조

지분통합법(持分統合法; pooling of interests method)
✍ 매수법 참조

지상권(地上權; superficies)
타인의 토지에서 건물 기타의 공작물(工作物)이나 수목(樹木)을 소유하기 위하여 그 토지를 사용할 수 있는 물권(物權)을 말한다(민법 279). 타인의 부동산을 빌려서 이용하는 법률관계에는 지상권 이외에 임대차(賃貸借)에 의하는 경우도 있다. 양자는 모두 타인의 물건을 점유하여 이를 사용하는 권리라는 점, 또한 타인의 부동산을 이용하는 경제적 약자를 보호하려는 취지에서는 모두 같으나, 지상권은 물권(物權)이며 배타성을 가짐에 대하여 임차권은 임대인에 대하여 토지를 사용·수익하게 할 것을 청구할 수 있는 채권(債權)에 지나지 않는다는 점에 근본적 차이가 있다. 소득세법에서는 지상권을 설정·대여하고 받은 금품을 기타소득으로 구분하고 있다.

참조조문 소법 21 ① 9호, 민법 279~290

지역권(地域權; easement)

자기 토지의 편익을 위하여 남의 토지를 통행한다든가, 남의 토지로부터 물을 끌어오거나 남의 토지에 관망을 방해하는 공작물 등을 건조하지 못하게 하는 것과 같이 일정한 목적을 위하여 남의 토지를 자기의 토지의 편익에 이용하는 것을 내용으로 하는 부동산용익물권(不動産用益物權)이다. 이와 같이 지역권은 타인의 토지를 자기 토지의 편익에 이용하여 사용가치를 증대시키는 권리인 점에서 반드시 두 개의 토지의 존재를 전제로 하며, 그 중 편익을 얻는 토지를 '요역지(要役地)'라고 하고, 편익을 제공하는 토지를 '승역지(承役地)'라고 한다. 소득세법상 지역권·지상권을 설정하거나 대여함으로써 발생한 소득은 공익사업을위한토지등의취득및보상에관한법률 제4조에 따른 공익사업과 관련된 경우에만 기타소득으로 구분하며 그 밖의 경우에는 사업소득으로 구분하고 있다.

참조조문 소법 21 ① 9호, 민법 291~302

지역자원시설세(地域資源施設稅; regional development tax)

지역의 균형개발 및 수질개선과 수자원보호 등에 소요되는 재원을 확보하기 위하여 양수발전용수를 제외한 발전용수·지하수(용천수를 포함)·지하자원·컨테이너를 취급하는 부두를 이용하는 컨테이너·원자력발전을 과세대상으로 하는 목적세이다.

납세의무자는 유수(流水)를 이용하여 직접 수력발전(양수발전 제외)을 하는 자, 지하수를 개발하여 음용수로 제조·판매하거나 목욕용수로 활용하는 등 지하수를 이용하기 위하여 지하수를 채수하는 자, 지하자원을 채광하는 자, 컨테이너를 취급하는 부두를 이용하여 컨테이너를 입출항하는 자, 원자력을 이용하여 발전을 하는 자이다.

발전용수의 경우는 발전소의 소재지를 관할하는 도에서 부과하고, 지하수의 경우는 채수공의 소재지를 관할하는 도에서 부과하며, 지하자원의 경우는 광업권이 등록된 토지의 소재지를 관할하는 도에서 부과한다. 다만, 광업권이 등록된 토지가 2 이상의 도에 있을 경우에는 광업권이 등록된 토지의 면적에 따라 안분한다. 그리고 컨테이너에 대한 지역자원시설세는 컨테이너를 취급하는 부두를 관할하는 도에서 부과하며, 원자력발전에 대한 지역자원시설세는 발전소의 소재지를 관할하는 도에서 부과한다.

참조조문 지법 141~148

지적(地籍; record of land registration)

토지의 위치·형질 및 소유관계를 밝히는 제도를 말한다. 지적법에 의하여 토지에는 1구역마다 지번을 붙이고, 그 지목·경계 및 지적을 정하는데, 이것들을 기타 일정한 사항과 함께 토지대장·임야대장 등에 등록되어 지적을 명확히 한다.

지점세(支店稅; branch tax)

외국법인이 우리나라에 국내사업장, 즉 지점을 두는 경우 일반법인세에 추가하여 과세하는 일정한 부가세를 말한다. 본래 외국기업이 자국에 합작투자의 형태로 진출한 경우에는 법인소득에 대해 법인세를 과세한 후 그 배당소득에 대하여 별도로 소득세를 과세하지만 지점형태로 진출한 경우에는 법인소득에 대해 법인세를 납부한 후 소득을 당해 외국법인의 본점 또는 주사무소로 송금한 후 당해 외국에서 출자자에게 배당하는 경우 우리나라 과세당국의 관할이 미치지 못하여 소득세를 과세할 수 없게 된다. 따라서 외국기업이 자국에 진출하는 형태에 따라 세부담에 불공평이 발생하게 되는데, 이것을 시정하기 위해 외국법인의 지점에 대하여는 일반법인세에 추가하여 지점세를 부과하는 것이다. 지점세의 세율은 배당소득에 대한 원천징수율로 하되 우리나라와 당해 외국법인의 거주지국과 체결한 조세조약이 따로 정하는 경우에는 그에 따른다.

참조조문 법법 96

지정상속분(指定相續分; designated portion of legacy)

상속분이라 함은 상속인이 상속으로 인하여 피상속인으로부터 승계하는 재산에 대한 상속인의 지분을 말한다. 상속인이 2명 이상인 공동상속의 경우에는 상속재산은 공동상속인의 공유가 되고, 피상속인의 유언이 있는 경우를 제외하고는 공동상속인은 각자의 법정상속분에 따라서 상속재산에 대한 상속권을 가지게 된다. 그러나 피상속인의 유언이 있는 경우에는 피상속인의 의사에 따라 상속분이 정해지는데 이를 '지정상속분'이라고 한다. 이에 대하여 민법 제1012조에서 "피상속인은 유언으로 상속재산의 분할방법을 정하거나 이를 정할 것을 제3자에게 위탁할 수 있고 상속개시의 날로부터 5년을 초과하지 아니하는 기간 내의 그 분할을 금지할 수 있다."고 규정하여 지정상속을 인정하고 있다. 그리고 '유류분제도'를 두어 피상속인은 유언에 의한 재산처분권을 일정한 범위 내로 제한하고 있으므로 지정상속분에도 일정한 한도가 있다.

지주회사(持株會社; holding company)

다른 회사의 주식을 소유함으로써 사업활동을 지배하는 것을 주된 사업으로 하는 회사를 말하며, 넓은 뜻으로는 지배관계의 유무에도 불구하고 타회사에 대한 자본참가를 주목적으로 하는 회사를 말하는 것으로 증권투자회사 등도 속한다. 지주회사는 피라미드형의 지배를 가능하게 하며, 소자본을 가지고도 거대한 생산과 자본에 대한 독점지배망을 넓힐 수 있다. 독점규제및공정거래에관한법률의 규정에 의하면 지주회사라 함은 주식의 소유를 통하여 국내회사의 사업내용을 지배하는 것을 주된 사업으로 하는 회사로서 직전 사업연도종료일 현재의 재무상태표상의 자산총액이 1천억원 이상인 회사를 말한다. 현행 법인세법에서는 독점규제및공정거래에관한법률에 의한 지주회사가 자회사로부터 받은 수입배당금액 중 일정한 금액은 익금에 산입하지 않도록 하고 있는데 이는 배당소득에 대한 이중과세를 조정하고, 지주회사의 주요 사업내용인 주식의 취득·보유 등을 지원하기 위함이다.

상법에서는 지주회사 설립 등을 용이하게 하기 위해 회사가 주식의 포괄적 교환 또는 이전에 의해 다른 회사의 발행주식의 전부를 소유할 수 있도록 하는 제도를 도입함으로써 기업의 구조조정을 지원하고 있다.

참조조문 독점규제및공정거래에관한법률 2, 금융지주회사법 2, 법법 18의 3, 상법 360의 2~360의 23

지체상금(遲滯償金; compensation of deferment)

사계약상 정당한 사유없이 의무를 이행하지 아니함으로써 부담하는 경제적 부담금이다. 세법에서는 계약의 위약 등으로 받는 위약금과 배상금은 기타소득으로 분류하고 있다.

참조조문 소법 21, 소령 87

지출세(支出稅; expenditure tax)

소비지출의 사실에 대하여 과하여지는 조세를 지칭하며, 넓은 의미에서는 소득지출에 과하여지는 소비세와 유통세를 포함한다. 전통적 분류방식에 의하면 지출세는 광의의 소비세와 같이 취급된다.

지출증빙(支出證憑; documentary evidence of expenditure)

✐ 적격증빙 참조

직계존비속(直系尊卑屬; lineal ascendant and descendant)
조상으로부터 직선적으로 계속하여 자기에게 이르는 사이의 혈족인 직계존속(父母, 曾祖父母, 高祖父母 등)과 자기로부터 직선적으로 내려가서 후예에 이르는 혈족인 직계비속(아들·딸·손자·증손 등)을 총칭하여 직계존비속이라 한다.

(참조조문) 민법 768

직권등록(職權登錄; registration of authority)
사업자가 사업을 개시하고 법소정의 기한 내에 등록을 신청하지 아니한 경우에 사업장 관할 세무서장의 조사에 의하여 사업자를 대신하여 등록을 시키는 것을 말한다.

(참조조문) 부령 11 ⑥

직장공제회초과반환금(職場共濟會超過返還金; excess repayment from work‑place's mutual‑aid association)
직장공제회로부터 받은 초과반환금은 이자소득으로 한다. 직장공제회란 민법 제32조 기타 법률에 의하여 설립된 공제회·공제조합(이와 유사한 단체를 포함한다)으로서 동일직장이나 직종에 종사하는 근로자들의 생활안정, 복리증진 또는 상호부조 등을 목적으로 구성한 단체를 말한다. 그리고 초과반환금이란 근로자가 퇴직이나 탈퇴로 인하여 그 규약에 따라 직장공제회로부터 받는 반환금에서 납입공제료를 초과하는 금액으로 한다.

(참조조문) 소법 63, 소령 26

직접상각(直接償却; direct depreciation)
감가상각비의 기장방법의 일종으로서 감가상각액을 감가상각비계정 차변에 기입하고, 감가액을 손익에 부과함과 더불어 동액을 자산계정의 대변에 기입하여 그 자산의 장부가액을 감가액만큼 매기 감소시키는 방법을 직접상각이라 한다.

직접세(直接稅; direct tax)

납세의무자와 담세자가 일치되는 조세로서 법률상 조세의 전가를 예상하지 않고 담세자인 납세의무자에게 직접 부과하는 조세를 말한다.

질권(質權; pledge)

채권의 담보로서 채무자 또는 제3자(물상보증인)로부터 받는 목적물을 채무의 변제시까지 유치하고, 변제가 없을 때에는 그 목적물을 환가하여 우선변제(優先辨濟)를 받을 수 있는 담보물권을 질권이라고 한다. 따라서 질권은 유치적(留置的) 효력과 환가적(換價的) 효력의 양자를 가지는 점에서 유치적 효력이 없는 저당권과 다르다. 또한 질권은 저당권과 함께 약정담보(約定擔保)로 금융을 얻을 수 있는 수단으로 사용되지만, 저당권과는 달리 목적물의 점유를 채권자에게 이전하여야 하므로 채무자가 그것을 계속 이용할 필요가 있는 물건(공장·생산용구 등)을 담보로 하여 금융을 얻으려고 하는 경우에는 저당권이 오히려 편리하다. 세법상 질권 또는 저당권에 의하여 담보된 채권과 조세채권은 법정기일을 기준으로 그 우선권을 나누고 있다.

> **참조조문** 국기법 35 ① 3호, 국징법 34

질문·검사권(質問·檢査權; inquiry and inspection authority)

세법은 부과징수사무에 종사하는 공무원이 그 직무상 필요한 때에는 납세의무자 및 그 이외의 일정한 범위 내에 해당하는 자에 대하여 질문을 하거나 당해 장부서류와 기타 물건을 조사하거나 그 제출을 명할 수 있도록 규정하고 있는데, 이것이 세무공무원의 질문·검사권이다. 과세요건사실에 대한 자료의 입수를 위해 세무공무원이 행사하는 질문·검사는 소위 행정조사절차인 것이고 강제조사절차는 아닌 것이나, 질문·검사를 받아야 할 상대방이 질문에 대하여 답변하지 아니하거나 검사를 거부 또는 방해하면 형벌이 과해지는 것이므로 질문·검사는 공권력의 행사를 내용으로 하는 사실행위인 것이다. 따라서 질문·검사권에 대하여는 직접적·물리적 강제를 인정하지 않는 것이다.

참조조문 소법 170, 법법 122, 국기법 76, 국징법 27

집합투자기구로부터의 이익(集合投資機構로부터의 利益)

2인 이상에게 투자권유를 하여 모은 금전 등을 투자자로부터 일상적인 운용지시를 받지 아니하면서 재산적 가치가 있는 투자대상자산을 취득·처분 등의 방법으로 운용하여 그 결과로부터 투자자가 배분받은 이익을 의미한다. 집합투자를 위한 재산의 집합체인 집합투자기구는 통상 펀드라 지칭되며, 동일한 펀드에 투자한 투자자간에 동등한 권리를 갖는다는 수익자 평등의 원리와 운용결과를 그대로 분배하는 실적배당원칙이 기본 원리이다. 또한 펀드는 주된 투자대상에 따라 증권펀드, 부동산펀드, 특별자산펀드, 혼합자산펀드, 단기금융펀드로 구분된다. 소득세법에서는 이러한 집합투자기구로부터의 이익을 배당소득으로 과세하고 있다.

참조조문 소법 17 ① 5호, 소령 26의 2

징수권(徵收權; authority to collect)

법규의 근거에 의하여 권한 있는 기관이 조세·수수료·과료·벌금 등을 받아들이는 것을 징수라고 하고, 이미 확정된 조세채무의 이행을 납세자에게 요구하여 그 징수를 도모하는 권리를 징수권이라 한다.

징수권의 소멸시효(徵收權의 消滅時效; negative prescription of authority to collection)

국세의 징수를 목적으로 하는 국가의 권리는 이를 행사할 수 있는 때로부터 5년간 행사하지 않으면 시효에 의하여 소멸하는데 이를 징수권의 소멸시효라 한다. 다만, 5억원 이상의 국세는 10년의 시효를 가지고 있다.

참조조문 국기법 27

징수순위(徵收順位; precedence rule on tax collection)

국세징수법에서는 체납액의 징수순위를 체납처분비, 국세의 순서로 징수하도록 규정하고 있다. 그리고 체납된 국세의 경우에 당사자의 명백한 의사표시가 없는 경우에는 교육세, 농어촌특별세, 교통세, 기타 국세의 순으로 징수한다.

참조조문 국징법 4

징수유예(徵收猶豫; reprieve of collection)
납세자에게 확정된 조세채무의 이행을 곤란케 하는 개별적인 특별사정이 납기개시 전 또는 납부기한 도래 전에 발생하여 조세채무의 이행이 곤란하다고 세무서장이 인정할 때에는 납부고지의 유예, 분할고지 또는 고지된 조세의 납부기한의 연장 등으로 납세자에게 기한의 이익을 부여하는 징수의 특례제도이다.

참조조문 국징법 15~20, 지징법 25~29

징수의무자(徵收義務者; a responsible person of collection)
각 세법의 규정에 따라서 원천징수의무자로 지정된 자를 말한다. 원천징수의무자는 소득세법·법인세법·부가가치세법 등 각 세법의 규정에 의하여 특정한 소득 또는 특정한 상거래에 있어서 원천징수의무자로 지정된 자는 그 소득금액을 지급할 때 또는 그 대금을 지불하거나 영수할 때에 소정의 소득세·법인세·주민세를 원천징수하여 국고에 불입하게 하는 제도인바, 그 의무를 가지는 자를 원천징수의무자라 한다.

참조조문 법법 73·74, 소법 127~129

징수촉탁(徵收囑託; commission of a levy)
지방세관계법에 의하여 지방자치단체의 징수금을 납입할 자의 주소 또는 재산이 다른 지방자치단체에 있을 때에는 세무공무원은 그 주소지 또는 재산소재지의 세무공무원에게 그 징수를 촉탁할 수 있는데 이를 징수촉탁이라 한다.

참조조문 지징법 18

차감징수세액(差減徵收稅額)

원천징수의무자가 근로소득세액에 대한 연말정산에 있어서 연말정산 전까지 이미 원천징수한 소득세액이 소득자별 근로소득원천징수부에 의하여 해당 과세기간에 산정된 종합소득결정세액보다 부족액이 있는 경우, 즉 종합소득산출세액에서 해당 세액공제를 하고 기납부원천징수세액을 차감하고도 부족액이 있을 때 징수하여야 할 금액을 차감징수세액이라고 한다. 그러므로 차감징수세액이 있는 경우에는 다음 연도 2월분 근로소득 또는 퇴직하는 달분의 근로소득에서 원천징수하여 납부하여야 한다. 근로소득세액의 연말정산에 있어서 징수하여야 할 세액이 지급할 근로소득을 초과하는 때에는 그 다음달의 근로소득을 지급하는 때에 이월하여 징수한다.

그러나 그 다음달에 지급할 근로소득이 없는 경우에는 이를 전액 원천징수하여야 한다.

참조조문 소법 137 ①

차감환급세액(差減還給稅額)

원천징수의무자가 해당 과세기간에 이미 원천징수하여 납부한 원천징수세액과 세액공제의 합계액이 종합소득산출세액을 초과하는 경우에 그 초과액은 환급하게 되는데, 이 경우 환급하여야 할 금액을 차감환급세액(편의상 연말정산환급세액이라고도 함)이라고 한다.

그리고 과납액이 있는 경우에는 해당 과세기간의 최종월에 지급되는 근로소득에 대한 소득세에 충당하게 되며, 그러고도 과납액이 있는 경우에는 원천징수의무자가 해당 납세의무자에게 환급한다.

참조조문 소법 137 ②

차변계정(借邊計定; debit account)

분개 및 계정장부에서 대변계정에 상대되는 것으로서 계정계좌의 왼편을 말하며 차 또는 Dr.이란 약자로 표시한다. 분개의 경우에 차변계정의 기입원인은 자산의 증가, 부채의 감소, 자본의 감소, 비용의 발생, 수익의 소멸이다.

차입금(借入金; borrowing)

기업을 경영함에 있어서 운전자금의 부족 또는 시설투자를 위하여 외부로부터 자금을 조달하는 경우 차용증서를 교부하고 타인으로부터 금전을 차용하는 것을 말하는데, 이에는 기간의 장·단기에 따라 단기차입금 또는 장기차입금으로 나누어진다. 또한 차입처에 따라 관계회사차입금, 주주·임원·종업원차입금 등으로 나누어진다.

차입원가(借入原價; borrowing costs)

자금의 차입과 관련하여 발생하는 이자 및 기타 원가로서 다음과 같은 항목을 포함할 수 있다.

(1) 기업회계기준서 제1109호에서 기술한 유효이자율법을 사용하여 계산된 이자비용

(2) 기업회계기준서 제1116호 '리스'에 따라 인식하는 금융부채 관련 이자

(3) 외화차입금과 관련되는 외환차이 중 이자원가의 조정으로 볼 수 있는 부분

참조조문 K-IFRS 1023호 5, 6

참가압류(參加押留; participation in attachment)

과세관청이 국세징수를 위해 압류하고자 하는 재산이 이미 다른 기관에 의하여 압류된 때에 교부청구(交付請求)에 갈음하여 다른 기관의 압류에 참가

하는 것을 참가압류라고 한다. 체납자의 재산이 이미 다른 기관에 의하여 압류된 때에 징세관서는 중복압류(重復押留)가 금지되는 것이 원칙이므로 그 집행기관에 대하여 교부청구를 해야 한다. 그런데 교부청구는 선집행기관의 압류가 취소 또는 해제되는 경우 교부청구의 효력도 따라서 상실되어 버리므로 이러한 불합리를 없애기 위하여 설정한 제도가 참가압류이다. 참가압류의 경우 가압류처분의 취소 등의 경우에 본압류도 효력이 발생하며, 매각대금의 배분효력은 교부청구와 같다.

참조조문 국징법 57·58

채권(債權; receivables, credit)

채권자가 채무자에 대하여 '돈을 지급하라'든가 '물건을 인도하라'고 하는 것과 같이 일정한 행위를 청구할 수 있는 권리를 채권이라 한다. 채무자가 임의로 그 행위를 하지 않을 때에는 채권자는 법원에 소송을 제기하고 강제력으로 이를 이행하게 할 수 있다(현실적 이행의 강제). 또한 채무자가 행위를 하지 않음으로써 손해가 생겼다면 채권자는 손해배상을 청구할 수도 있다. 그뿐 아니라 제3자가 불법적으로 채권의 실현을 방해하였을 때에는 채권자는 제3자에 대하여도 손해배상을 청구할 수 있다. 다만, 채권은 배타성이 없는 점에서 배타성(排他性)이 주어지는 물권(物權)과 구별된다.

채권·증권의 환매조건부매매차익(債券·證券의 還買條件附賣買差益; trading profit from redemption on condition in bonds and securities)

금융회사 등(금융실명거래및비밀보장에관한법률 제2조 제1호의 각목의 어느 하나에 해당하는 금융회사 등과 법인세법시행령 제111조 제1항 각호의 어느 하나에 해당하는 법인)이 환매기간에 따른 사전약정이율을 적용하여 환매수 또는 환매도하는 조건으로 매매하는 채권 또는 증권의 매매차익이다. 위에서 "사전약정이율을 적용하여 환매수 또는 환매도하는 조건"이라 함은 거래의 형식 여하에 불구하고 환매수 또는 환매도하는 경우에 당해 채권 또는 증권의 시장가격에 의하지 아니하고 사전에 정하여진 이율에 의하여 결정된 가격으로 환매

수 또는 환매도하는 조건을 가리킨다. 소득세법에서는 이를 이자소득으로
분류하여 과세한다.

참조조문 소법 16, 소령 24

채권 · 채무조정(債權 · 債務調整; troubled debt restructuring)

채무자의 신용하락 또는 계속기업으로서의 존속가능성이 희박하게 되어 채
무변제능력이 크게 저하되었을 때 당사자(채권자와 채무자)간의 합의나 법원
의 결정에 따라 채무자의 부담완화를 공식화하는 구조조정방법이다. 채권자
는 채무를 부담하고 있는 기업이 당장 청산되기보다는 회생하는 것이 자기
의 손실을 최소화하는 것이라고 판단하는 경우 채무자의 부담의 전부 또는
일부를 완화해 주는 것에 합의하게 된다. 즉 채권 · 채무조정은 채무자의 재
무적 어려움으로 인하여 채권자가 다른 상황에서는 고려하지 않았을 혜택을
채무자에게 부여하는 것이며, 그 혜택의 조건과 내용은 채권자와 채무자간
의 합의 또는 법원에 의하여 결정된다.

채권 · 채무조정은 다음과 같이 구분될 수 있으나, 각 방법이 결합되어 사용
될 수도 있다.

① 채무를 일부 또는 전부 변제하기 위하여 채무자가 제3자에 대한 채권, 부
　동산 또는 기타의 자산을 채권자에게 이전

② 채무를 일부 또는 전부 변제하기 위하여 채무자가 채권자에게 지분증권
　을 발행(원래 조건에 따라 채무를 지분증권으로 전환하기로 한 경우를 제외)

③ 다음의 각 방법에 의하거나 각 방법을 결합한 조건의 변경

　 i) 이자율의 인하

　 ii) 유사한 위험을 가진 새로운 부채보다 낮은 이자율로 만기일을 연장

　 iii) 원금의 감면

　 iv) 발생이자의 감면

참조조문 일반기준 6장 4절 6.82~6.102

채권자가 불분명한 차입금이자(債權者가 不分明한 借入金利子; interest for borrowing on uncertain creditor)

채권자가 불분명한 차입금이라 함은 다음의 어느 하나에 해당하는 차입금을 말한다.

① 채권자의 주소 및 성명을 확인할 수 없는 차입금

② 채권자의 능력 및 자산상태로 보아 금전을 대여한 것으로 인정할 수 없는 차입금

③ 채권자와의 금전거래사실 및 거래내용이 불분명한 차입금

다만, 거래일 현재 주민등록표에 의하여 그 거주사실 등이 확인된 채권자가 차입금을 변제받은 후 소재불명이 된 경우에는 그러하지 아니한다. 세법에서는 채권자가 불분명한 차입금의 이자에 대해 각사업연도소득 또는 소득금액 계산시 손금 또는 필요경비로 인정하지 않고 있다.

참조조문 법법 28, 법령 51

채권자대위권(債權者代位權; subrogation right of obligee)

채권자가 자기의 채권을 보전하기 위하여 필요한 경우에 채무자가 행사(行事)를 태만히 하고 있는 권리를 자기의 이름으로 대신하여 행사하는 권리를 채권자대위권이라고 한다. 채무자의 일반재산은 총채권자의 공동담보가 되는 것이므로 민법은 채무자의 일반재산은 유지·보전함으로써 채권자를 보호하려는 뜻에서 이 제도를 인정하고 있다. 채권자대위권은 실체법상의 권리로서 재판상에서나 재판 외에서도 행사할 수 있으나, 채무자의 일신전속권(一身專屬權) 이외의 권리에 한한다. 또한 이 권리는 채무자의 권리를 채권자 자신의 명의로 행사하기 때문에 대리권(代理權)은 아니며, 채권의 효력으로서 직접 법률의 규정에 기하여 발생하는 것이므로 본래의 채권에 대하여는 종속적인 지위에 있는 권리이며 본래의 채권과 분리하여 독립적으로 존재할 수 없다.

참조조문 민법 404

채무(債務; debt)

채무자가 채권자에 대하여 일정한 급부를 하여야 할 의무를 말하며 '주는 채무'와 '하는 채무'로 구분할 수 있다. 즉 물건의 인도를 목적으로 하는 채무를 '주는 채무'라고 하며, 물건의 인도 이외의 채무자의 행위를 목적으로 하는 채무를 '하는 채무'라고 한다. '하는 채무'는 일정한 적극적인 행위를 내용으로 하는 작위의무(作爲義務)와 소극적으로 일정행위를 하지 않을 것을 내용으로 하는 부작위의무(不作爲義務)도 포함한다. 또한 채무는 가분급부(可分給付)와 불가분급부(不可分給付)로 나눌 수 있는데, 분할하여 급부할 것을 허용하고 있는 것이 전자이고, 계약의 내용 또는 채무의 성질에 따라서 불가분급부로 되는 것이 후자이다.

채무면제이익(債務免除利益; gain on exemption of debt)

채무의 면제 또는 소멸로 인하여 생기는 부채의 감소액을 채무면제이익이라고 한다. 세법에서는 이월결손금의 보전에 충당된 채무면제이익을 제외하고는 각사업연도소득금액 계산상 익금에 산입한다.

참조조문 법법 18, 소법 26

채무불이행(債務不履行; default on an obligation)

넓은 의미로는 채무자가 채무의 내용에 따른 이행(履行)을 하지 않는 것을 말한다. 채무자의 채무의 내용에 따른 이행인가 아닌가의 여부는 당사자가 의도하는 목적 및 거래의 관습 그리고 신의성실의 원칙 등을 고려하여 판단한다. 채무불이행에는 이행지체·이행불능·불완전이행의 3가지가 있다. 이행지체(履行遲滯)란 이행이 가능한 데도 불구하고 채무자가 이행기까지 이행을 하지 않는 경우이며, 이행불능(履行不能)이란 매매의 목적물이 불타버린 경우와 같이 이행을 하고 싶어도 이행할 수 없는 경우이다. 또한 불완전이행(不完全履行)이란 채무자가 일단 이행은 했지만 그 이행이 채무의 내용을 좇은 완전한 것이 아닌 경우이다. 채무자가 임의로 채무를 이행하지 않을 때에는(이행불능이 아니면) 채권자는 그 강제집행을 법원에 청구할 수 있다. 세법에서는 채무자가 채무의 변제를 담보하기 위하여 자산을 양도하는 계약을 체결한 경우에 요건을 갖춘 계약서의 사본을 과세표준확정신고서에 첨부하여 신고하는 때에는 이를 양도로 보지 아니하나, 위의 계약서상 요건의 위배 또는 채무불이행으로 인하여 당해 자산을 변제에 충당하는 경우에는 이를 양도한 것으로 본다.

참조조문 민법 389 · 390, 소령 151

채석권(採石權; right of quarrying)

타인소유의 토지에서 암석을 채굴할 수 있는 권리로서 지상권(地上權)에 관한 규정이 준용된다. 국내에서 취득한 채석권의 양도 · 임대 · 기타 운영으로 인하여 발생하는 소득은 비거주자의 국내원천소득이 된다.

✍ 지상권 참조

책임벌(責任罰; punishment on a position of trust)

양벌규정주의(兩罰規定主義) 또는 쌍벌규정주의(雙罰規定主義)라고도 한다. 조세범의 양벌규정(兩罰規定)은 형사범에 있어서 범죄행위자와 처벌을 받는 자가 일치할 것을 요구하는 형벌개별화의 원칙 내지 행위자처벌의 원칙에 대한 중대한 예외이다. 그럼에도 조세범처벌법은 양벌규정을 명문화하여 "법인의 대표자, 법인 또는 개인의 대리인, 사용인, 그 밖의 종업원이 그 법인 또는 개인의 업무에 관하여 이 법에서 규정하는 범칙행위를 하면 그 행위자를 벌할 뿐만 아니라 그 법인 또는 개인에게도 해당 조의 벌금형을 과한다. 법인 또는 개인이 그 위반행위를 방지하기 위하여 해당 업무에 관하여 상당한 주의와 감독을 게을리하지 아니한 경우에는 그러하지 아니하다."고 규정한 것이다. 이때에 법인 또는 사업주가 처벌되는 책임을 책임벌(責任罰)이라고 한다.

참조조문 처법 18

천연과실(天然果實; natural fruit)

물건으로부터 생기는 수익(收益)을 과실(果實)이라 하고, 과실을 생기게 하는 물건을 원물(元物)이라고 한다. 천연과실이란 물건의 용법에 의하여 수취하는 산출물을 말하는데, '물건의 용법에 의하여'라 함은 원물의 경제적 용도에 따라 수취되는 것이며, '산출물'이라 함은 유기적으로 생산되는 물건(果樹의 열매, 우유, 家畜의 새끼 등)에 한하지 않으며 무기적으로 수취되는 물건(石材·土砂 등)도 포함된다. 천연과실은 그 원물(元物)로부터 분리하는 때에 이를 수취할 권리자에게 귀속한다.

세법상 압류의 효력은 압류재산으로부터 생기는 천연과실 또는 법정과실에 미치며 천연과실 중 성숙한 것은 토지 또는 입목과 분리하여 동산으로 볼 수 있다.

참조조문 국징법 36, 국징령 40, 민법 101 ①

철회(撤回; revocation)

의사표시를 한 후에 그 의사표시의 종국적인 효력이 발생하기 전에 그대로 저지하여 장래 그 효력이 발생되지 아니하도록 하거나, 일단 발생한 의사표시의 효력을 장래적으로 소멸시키는 표의적인 일방적 의사표시이다.

참조조문 국징법 16

청구(請求; appeal)

공법·사법상 일정한 행위를 요구하는 것을 말한다. 사법상 특히 민법·상법·민사소송법에 있어서는 각별한 의미를 가지고 있어서 상대방에게 일정한 행위를 할 것을 요구하는 의사의 통지, 예컨대 손해배상의 청구 등이 있다. 공법상 특히 세법상의 예를 들면 위법 또는 부당함을 정정할 것을 요구하는 불복심사제도에 있어서의 심사의 청구 등을 들 수 있다. 국세의 과징에 이의가 있는 자는 이의신청, 심사청구, 심판청구를 제기할 수 있다.

이러한 청구를 하더라도 그 처분의 집행에는 효력을 미치지 아니한다. 다만,

필요하다고 인정할 때에는 그 처분의 집행을 중지할 수 있다.

참조조문 국기법 5 ① · 55~81

청구권(請求權; right of appeal)

어떤 사람이 다른 사람에 대하여 일정한 작위(作爲) 또는 부작위(不作爲)를 요구할 수 있는 권리를 말하는데, 그 전형적인 것은 채권(債權)이다. 그러나 채권은 청구권을 본체로 하지만, 그 외에도 급부를 수령하여 보유할 수 있는 효력 등이 있으므로 청구권과 동일한 것은 아니다. 따라서 청구권은 채권뿐 아니라 모든 권리에 기하여서도 발생할 수 있는데, 점유권에 기하여 점유보호청구권, 물권에 기하여 물권적 청구권, 친권(親權)에 기하여 회복·방해제거청구권, 기타 가족권에 기하여 부양청구권, 부부권에 기하여 동거청구권, 상속권에 기하여 상속회복청구권 등이 발생한다.

청산(淸算; liquidation)

일반적으로 청산이라고 하면 해산(解散)한 법인의 재산관계를 정리하는 법인의 소멸시까지의 절차를 말하지만, 세법상 청산이라 함은 압류재산의 매각대금 등 체납처분절차로 획득한 금전에 대하여 조세 기타 채권에의 배분금액을 확정시키는 처분을 뜻한다. 따라서 청산은 체납처분절차의 최종단계이다. 배분할 금액이 조세 기타 채권총액보다 많아서 배분 후 잔여가 있으면 이를 체납자에게 교부하고, 만약 배분할 금액이 조세 기타 채권총액에 부족한 경우에는 조세와 기타 채권간에 그리고 기타 채권상호간의 우선열후(優先劣後)의 순위에 따라 배분하게 되는 것이다.

참조조문 국징법 80~84

청산배당(淸算配當; liquidating dividends)

투자회사가 주식을 보유하는 동안 피투자회사로부터 받은 누적현금배당금이 누적순이익에 대한 투자회사의 피투자회사에 대한 지분상당액을 초과하는 경우 그 초과분은 투자액을 회수하는 것이므로 투자주식의 취득원가에서 차감하여야 하는데, 이는 투자금액의 일부를 환급받는다는 의미에서 청산배당이라고 한다.

청산소득(淸算所得; liquidation income)

법인이 해산하거나 합병(분할) 등을 하는 경우 그 법인의 잔여재산가액이 해산할 당시 자기자본의 총액을 초과할 때 또는 합병(분할)대가의 총합계액이 합병(분할)등기일 현재의 자기자본의 총액을 초과할 때 그 초과하는 부분의 소득금액을 청산소득이라 한다.

참조조문 법법 77~90

청산인(淸算人; liquidator)

정관(定款)의 규정, 주주총회의 결의 또는 법원에 의하여 선임(法定淸算人)되어 다음과 같은 해산법인의 청산사무를 집행하는 자를 말한다. ① 현존사무의 종결, ② 채권의 추심과 채무의 변제, ③ 재산의 환가처분, ④ 잔여재산의 분배 등이다. 세법상 법인이 해산한 경우에 국세·가산금·체납처분비를 납부하지 아니하고 잔여재산을 분배·인도한 때에 그 법인에 대하여 체납처분을 집행하여도 징수할 금액에 부족한 경우에는 청산인은 그 부족액에 대하여 제2차납세의무를 진다.

참조조문 민법 82, 국기법 38, 지기법 45

체납(滯納; arrear of taxes)

납세자가 확정된 조세채무를 그의 이행기한인 납부기한까지 완납하지 아니할 때 이를 조세의 체납이라고 한다. 즉 국세의 납세자와 관세의 납세자 및 지방세의 납세자가 각각 그 납세자에게 부과된 세금을 지정된 납부기한까지 납부하지 아니한 사실이 체납이다.

참조조문 국징법 3

체납처분(滯納處分; disposition for arrears of taxes)
조세 및 기타 공법상의 채권이 납부기한까지 이행되지 아니한 경우 행정상의 강제력에 의하여 납세자의 재산을 압류하거나 교부청구를 하고, 교부받은 금전으로 국세채권이나 공법상의 채권 등에 충당하는 일련의 강제징수절차를 체납처분이라 한다. 체납처분절차는 체납자의 재산압류, 압류재산의 매각, 매각대금의 청산(배분), 결손처분의 과정으로 이루어진다.

참조조문 국징법 24~87

체납처분비(滯納處分費; disposition fee for arrears of taxes)
국세징수법 중 체납처분에 관한 규정에 따른 재산의 압류 보관, 운반과 매각에 든 비용(매각대행시 수수료 포함)을 말한다.

참조조문 국기법 2 6호

체납처분유예(滯納處分猶豫; reprieve of disposition for arrears of taxes)
세무서장은 체납자가 국세청장이 성실납세자로 인정하는 기준에 해당하는 때 또는 재산의 압류나 압류재산의 매각을 유예함으로써 사업을 정상적으로 운영할 수 있게 되어 체납액의 징수가 가능하다고 인정되는 때에는 그 체납액에 대하여 체납처분에 의한 재산의 압류나 압류재산의 매각을 유예할 수 있는데 이를 체납처분의 유예라 한다. 이 경우 체납처분의 유예기간은 그 유예한 날의 다음날로부터 1년 이내에서 결정되며, 세무서장은 유예된 체납액을 유예기간 내에 분할징수할 수 있다. 세무서장은 체납처분을 유예하는 경우에는 이미 압류한 재산의 압류를 해제할 수 있다. 그리고 재산의 압류를 유예하거나 압류한 재산의 압류를 해제하는 경우에는 그에 상당하는 납세담보의 제공을 요구할 수 있다.

참조조문 국징법 85의 2

체납처분의 중지(滯納處分의 中止; discontinuance of disposition for arrears of taxes)

체납처분의 목적물인 체납자의 총재산의 추산가액이 체납처분비에 충당하고 잔여가 생길 여지가 없을 때에 체납처분의 집행을 중지하는 것이다. 이 제도는 무익한 체납처분의 집행으로 무용의 노력과 시간의 낭비를 방지한다는 취지와 함께 무익한 체납처분에 의하여 납세자에게 쓸데없는 권리침해 내지 고통을 주는 것을 방지하기 위하여 도입된 제도이다.

참조조문 국징법 85

체비지(替費地; area of land secured by the authorities in recompense of deve-lopment outlay)

도시개발법이나 그 밖의 법률에 따른 사업시행자가 사업구역 내의 토지소유자 또는 관계인에게 그 구역 내의 토지로 사업비용을 부담하게 하는 경우의 당해 토지와 도시개발법에 규정하는 유보지를 체비지라 한다.

참조조문 소령 152 ②, 법령 92의 2 ④

체선료(滯船料; demurrage)

용선계약에 있어서 선적(船積) 또는 양륙(揚陸)을 위하여 약정된 정박기간 경과 후의 선박의 정박에 대하여 선박소유자가 용선자에 대하여 청구하는 법정보수를 체선료라 한다. 이러한 체선료는 선주가 지연선적으로 인하여 화주로부터 받는 것으로서 운송용역에 대한 대가의 일부로서 부가가치세가 과세된다.

초과누진세율(超過累進稅率; progressive tax rate)

과세표준의 금액을 여러 단계로 구분하고, 높은 단계로 올라감에 따라 점차적으로 각 초과단계마다 보다 높은 세율을 적용하는 누진세율을 말한다. 초과누진세율은 단순누진세율(單純累進稅率)의 경우 각 과세단계의 경계부근에 위치하는 한계소득자(限界所得者)의 세부담이 불리해지는 문제점을 해소하기 위하여 고안된 세율구조이고, 과세에 있어서 개인적 사정을 고려하는 인세(人稅)에서 많이 채택하고 있다.

초과수익력(超過收益力; excess earning power)

입지조건, 생산기술, 조직의 우수성, 상호·상표, 상품에 대한 신용, 고도화된 판매조직, 우수한 인적자원, 제조·판매면에서의 법적·경제적 독점성, 고객·공급자 등 이해관계자 집단의 호의, 기업의 역사 등이 결합되어 동종산업의 다른 기업보다 평균 이상의 수익을 가득(稼得)하는 능력을 말한다. 영업권의 측정방법 중 하나인 초과이익환원법은 영업권을 초과수익력의 현재가치로 보는 견해로서 특정기업이 동종의 다른 기업보다 초과이익을 창출할 수 있는 능력이 있으면 그 초과이익의 현재가치를 영업권으로 본다.

초과수익률(超過收益率; excess earning rate)

기업에는 규모·업종 등에 따라서 다르지만 보통 전형적인 이익률이 존재하는데 이를 정상이익(正常利益)이라 한다. 초과수익이란 정상이익을 초과하는 이익을 말하며, 초과이익을 창출할 수 있는 능력을 초과수익률이라 한다.

초과압류금지(超過押留禁止; prohibition of excessive seizure)

채권과 그 집행비용의 변상에 필요한 한도를 넘는 범위의 재산을 압류할 수 없도록 규정한 것이다. 이러한 규정은 민사집행법 제188조 제2항에서 동산에 대한 초과압류금지에 대하여 국세징수법 제43조에서 채권압류의 범위, 동법 제24조 제2항에서 보전압류의 한도, 국세기본법 제18조의 세법해석의 기준에 관한 규정들에 내포한 취지라 할 수 있다.

> **참조조문** 국징법 33의 2

초과이윤세(超過利潤稅; excess-profit tax)

일정한 기준 이상의 이익을 득한 법인 또는 자연인에 대하여 그 초과분에 보통소득세 외에 특별한 소득세를 과세하는 세를 초과이윤세라 한다.

참조조문 법령 94 ①

초과청구공사(超過請求工事; over claimed construction)

초과청구공사 총액은 진행청구액이 누적발생원가에 인식한 이익을 가산(인식한 손실을 차감)한 금액을 초과하는 모든 진행 중인 계약에 대해 다음 (2)에서 (1)을 차감한 금액으로 계산한다.

(1) 누적발생원가와 인식한 이익의 합계금액

(2) 인식한 손실과 진행청구액의 합계금액

초과청구공사 총액은 부채로 표시한다.

참조조문 K-IFRS 1011호 42 · 44 · 부록 적용사례

촉탁(囑託; commission, part-time employee)

남에게 일을 부탁하여 맡기는 것 또는 일을 부탁받아 맡은 사람으로도 쓰이고, 관청이나 회사 등에서 정규직원 이외의 임시직에 있는 사람 또는 그 임시직 자체를 뜻하기도 한다.

참조조문 국기령 14 ⑥

총괄주의(總括主義; entire principle)

국가간의 이중과세를 방지하기 위한 조세협정에 있어 과세방법의 기본이 되는 2가지 원칙을 말한다. 즉 본점을 외국에 두고 있는 국내 외국법인의 지점 · 출장소 · 대리점 등의 과세에 있어 주재국 정부가 주재국에서 발생한 모든 소득을 종합과세하는 것을 총괄주의라 하고, 반대로 주재국에서 발생한 소득 중 주재국에 있는 지점 등의 영구시설의 활동에 귀속되는 부분에 한하여 과세할 수 있는 것을 귀속주의라 한다.

예를 들어 총괄주의에 의하면 외국인 상사가 우리나라에서 하는 상행위는 모두 우리나라에 설치된 지점의 상행위에 포함시키게 되며, 귀속주의에 의하면 외국인의 본사가 직접 계약을 체결한 부분은 본사의 상행위로 간주되어 과세대상에서 제외된다. 국제조세협정의 관례에 있어서는 총괄주의가 보

통이다. 해외에 진출한 우리기업보다 국내에 진출한 해외기업이 더 많은 우리나라와 같은 경우에는 특히 총괄주의가 바람직하다.

총수입금액(總收入金額; gross income)

소득발생의 원천이 되는 사업활동·소비대차·자본에의 출자·근로의 제공·부동산의 대여 등으로부터 유입되는 대가의 합계액을 말한다. 소득세는 순소득과세의 원칙에 따라 순소득에 대하여 과세한다. 순소득, 즉 소득금액은 총수입금액에서 필요경비를 공제하여 계산하므로 총수입금액은 필요경비와 함께 소득금액을 산출하는 기본요소를 이루고 있다.

참조조문 소법 24~26

총액주의(總額主義; gross amount principle)

재무제표의 표시에 즈음하여 기재형식 또는 서식이 아닌 기재방법에 관한 것으로서 비용수익을 총액으로 기재하고, 비용항목과 수익항목을 직접 상계하여 그 일부 또는 전부를 손익계산서에서 제거해서는 안되는 것, 즉 관련되는 상대항목을 상계하지 않고 총액 그대로 표시하는 것을 말한다.

참조조문 일반기준 2장 2.57

총평균법(總平均法; weighted average method)

법인 또는 개인사업자가 각 사업연도의 소득 또는 사업소득금액을 계산함에 있어서 적용할 재고자산 및 유가증권의 평가방법으로, 해당 자산을 품목별로 당해 사업연도개시일 현재의 자산에 대한 취득가액의 합계액과 해당 사업연도 중에 취득한 자산의 취득가액의 합계액의 총액을 그 자산의 총수량으로 나눈 평균단가에 따라 산출한 취득가액을 그 자산의 평가액으로 하는 방법이다.

참조조문 법령 74·75, 소령 91~93·95

최고(催告; notification)

일정한 행위를 할 것을 타인에게 요구하는 통지를 총칭하여 최고라 하나, 조세채권에 대한 최고는 본래 납세의무자에 대한 독촉에 갈음하는 제도로 제2차 납세의무자 또는 납세보증인이 납부통지서에 지정한 납부기한까지 완납하지 아니한 때에 임의납부를 촉구하는 체납처분의 전제절차이다.

참조조문 국징법 23

최소리스료(最少리스料; minimum lease payment)

리스기간에 리스이용자가 리스제공자에게 지급해야 하는 금액을 말하며 추가적으로 다음의 금액을 포함한다. 다만, 조정리스료와 리스제공자가 지급하고 리스이용자에게 청구할 수 있는 용역에 대한 비용 및 세금 등은 제외한다.
① 리스이용자의 경우 리스이용자 또는 리스이용자의 특수관계자가 보증한 잔존가치
② 리스제공자의 경우 리스이용자·리스이용자의 특수관계자 또는 리스제공자와 특수관계가 없고 재무적으로 이행능력이 있는 제3자가 보증한 잔존가치

그러나 리스실행일 현재 행사될 것이 확실시되는 염가매수선택권을 리스이용자가 가지고 있는 경우 최소리스료는 염가매수선택권의 기대행사일까지 리스기간 동안 지급될 최소한의 지급액과 그 염가매수선택권의 행사가격으로 구성된다.

참조조문 일반기준 13장 13.3

최저한세(最低限稅; minimum tax)

현행 세법은 여러 가지 사회·경제적 정책목적상 개별세법과 조세특례제한법에서 각종 준비금의 손금산입, 소득공제, 비과세, 세액공제 및 세액감면 등을 해주고 있으며, 이에 따라 세금을 전혀 납부하지 않는 사업자도 발생할 수 있다. 하지만 이는 세부담의 형평성에 어긋나는 것이므로 세법에서는 세

금을 전혀 내지 않는 경우를 방지하기 위하여 사업소득자에 대한 최저한세 제도를 두고 있다. 최저한세란 사업소득이 있는 납세자(개인·법인)가 아무리 많은 공제나 감면을 받더라도 납부해야 하는 최소한의 세금이다.

종전에는 조세지원의 종합한도에 대한 규정이 있어 법인이 조세감면을 받을 수 있는 한도를 제한하였었는데, 1991년 이후부터는 새로이 최저한세제도가 도입되어 이를 대체하게 되었다.

참조조문 조특법 132

추가공제(追加控除; additional exemption)

기본공제대상자로서 다음 중 하나의 사유에 해당하는 경우에는 거주자의 해당 과세기간 종합소득금액에서 기본공제 외에 각 공제별로 정해진 금액을 추가로 공제한다.

① 70세 이상인 사람의 경우 1명당 연 100만원

② 장애인인 경우 1명당 200만원

③ 해당 과세기간 종합소득금액이 3천만원 이하인 거주자 중 배우자가 없는 여성으로서 부양가족이 있는 세대주이거나 배우자가 있는 여성인 경우 연 50만원

④ 해당 거주자가 배우자가 없는 사람으로서 기본공제대상자인 직계비속 또는 입양자가 있는 경우 연 100만원

여기에서 장애인이란 장애인복지법에 따른 장애인 및 장애아동복지지원법 제21조 제1항에 따른 발달재활서비스를 지원받고 있는 사람, 국가유공자등 예우및지원에관한법률에 의한 상이자 및 이와 유사한 사람으로서 근로능력 이 없는 자, 항시 치료를 요하는 중증환자를 말한다.

참조조문 소법 51, 소령 107

추계결정(推計決定; determination by estimation)

법인세 및 소득세의 과세표준과 세액을 결정 또는 경정하는 경우에는 과세

표준신고서 및 그 첨부서류에 의하거나 비치·기장된 장부 기타 증빙서류에 의한 실지조사(실액결정방법)에 의하여야 한다. 그러나 사업자가 과세표준을 계산함에 있어서 필요한 장부와 증빙서류가 없거나 중요한 부분이 미비 또는 허위인 때, 기장의 내용이 시설규모·종업원수·원자재·상품·제품시가·각종 요금 등에 비추어 허위임이 명백한 때와 기장의 내용이 원자재사용량·전력사용량 기타 조업상황에 비추어 허위임이 명백한 때에는 실지조사결정의 원칙에 불구하고 추계에 의하여 과세표준과 세액을 조사결정하는 것이다. 현재 법인세법 및 소득세법은 각각 추계방법에 대하여 규정하고 있으며 기준경비율 및 단순경비율에 의한 과세표준의 추계결정·경정방법 등이 적용된다.

> **참조조문** 법법 66, 법령 103, 소법 80, 소령 143

추정상속인(推定相續人; presumptive heir)

현상태로 상속이 개시된다고 가정하는 경우에 상속인이 될 자를 말한다. 예로 어떤 사람에게 처와 두 자녀, 부모와 형제가 있는 경우에는 그 추정상속인은 두 자녀와 처가 되는 것이다.

추징세(追徵稅; penalty tax)

일반적으로 조세 기타 공과금을 납부하지 않았거나 적게 납부한 경우에 그 부족액에 대하여 추가로 징수하는 금액을 말하며, 형법 또는 행정형벌법규에 의한 몰수에 해당하는 물건을 몰수할 수 없는 경우에 그 물건의 가액에 상당하는 금액을 강제적으로 징수하는 금액을 의미하기도 한다.

출고간주(出庫看做; deemed delivery of goods from a warehouse)

주세는 주류를 제조장에서 출고할 때 과세하는데, 주류가 실제적으로는 제조장에서 출고되지 아니하였으나 다음의 일정한 요건에 해당되는 사실이 발생한 때에는 이를 세법상 출고한 것으로 보며, 이를 출고간주라 한다.

① 제조장에서 마신 경우

② 주류 제조면허가 취소된 경우로서 주류가 제조장에 남아 있는 경우. 다만, 대통령령으로 정하는 경우는 제외한다.

③ 제조장에 있는 주류가 공매(公賣) 또는 경매되거나 파산절차에 의하여 환가(換價)된 경우

④ 제조장에 있는 주류가 부가가치세법에 따라 재화의 공급으로 보는 경우에 해당하는 경우

참조조문 주법 29

출연(出捐; contribution)

어떤 자가 그 의사에 의하여 재산상의 손실을 일으킴으로써 타인의 재산을 증가시키는, 즉 원조를 하는 것을 말하며, 재산상의 손실은 현실의 출비(出費)이든 의무의 부담이든 묻지 않는다. 세법상 출연이란 기부 및 증여를 포함하는 것으로 규정하고 있다. 상속재산 또는 증여재산을 공익법인에 출연하는 경우 그 재산가액을 과세가액불산입하는 규정을 두고 있다.

참조조문 상증법 16 · 48

출자(出資; investment)

사원 또는 조합원의 자격에서 법인 또는 조합에 대하여 사업을 영위하기 위한 자본으로서 재산, 노무 또는 신용을 제공하는 행위 또는 그 급부의 목적물을 말한다.

출자전환(出資轉換; financing conversion)

기업의 재무구조 개선방법의 하나로서 기업부채를 주식으로 전환하는 것을 말한다. 일반적으로 금융기관이 기업에 대출하거나 보증한 돈을 회수하지 않고 기업 주식과 맞교환 하는 방식으로 이뤄지며, 대출금을 주식으로 전환하면 은행은 채권자에서 주주로 위상이 바뀌는데 부실채권이 발생하는 것을 막고 기업을 정상화한 뒤 다른 곳에 매각할 수 있고 기업은 부채축소로 경영정상화를 도모할 수 있다는 장점이 있다. 반면, 기업은 경영진의 교체가능

성이 커지고 은행은 수익이 불안정해지는 위험부담이 있다.

참조조문 법령 72 ② 4호의 2

출자지분(出資持分; shares)

사업을 경영하기 위한 자본으로서 금전 기타 재산·노무 또는 신용을 법인 또는 조합에 제공하는 것을 출자라 하고, 전체 출자액에 대한 1출자자의 소유 또는 출자비율을 출자지분이라 한다.

충당(充當; appropriation)

✎ 환급금의 충당 참조

충당금(充當金; provisions)

기간손익계산에 있어서 아직 지출되지 아니한 비용이지만, 발생주의에 의한 비용배분과 수익·비용대응의 원칙에 따른 적정한 손익계산을 하기 위한 것으로서, 장래에 확실히 발생될 비용으로 인식·측정하여 그 수익계상연도에 귀속시키는 비용으로 경리하기 위한 계정을 말한다.

충당부채(充當負債; provisions, estimated liabilities)

과거의 사건이나 거래결과에 의한 현재의무로서 지출시기나 금액이 불확실하지만 그 의무를 이행하기 위하여 자원이 유출될 가능성이 매우 높고 또한 당해 금액을 신뢰성 있게 추정할 수 있는 의무를 말한다.

먼저 충당부채로 인식하기 위해서는 현재의무가 존재하여야 할 뿐만 아니라 그 의무의 이행을 위한 자원의 유출가능성이 매우 높아야 하는데, 제품의 보증판매와 같이 다수의 유사한 의무가 있는 경우 그 의무의 이행에 필요한 자원의 유출가능성을 판단할 때에는 그 유사한 의무 전체에 대하여 판단하여야 한다. 비록 개별항목의 의무이행에 필요한 자원의 유출가능성이 매우 높지가 않더라도 전체적인 의무이행에 대하여 판단하면 자원의 유출가능성이 매우 높을 수 있다. 또한 재무제표를 작성할 때에는 추정치를 사용하게 되는데 그러한 추정치의 사용이 재무제표의 신뢰성을 훼손하는 것은 아니다. 대부분의 경우에는 현재의무를 이행하기 위하여 필요한 금액을 신뢰성 있게 추정할 수 있으므로 충당부채로 인식한다. 신뢰성 있는 금액의 추정이 불가능한, 아주 드문 경우에는 부채로 인식하지 아니하고 우발부채로서 주석에 기재한다.

참조조문 K-IFRS 1037호, 일반기준 14장 14.3~14.6

취득세(取得稅; acquisition tax)
부동산, 차량, 기계장비, 입목, 항공기, 선박, 광업권, 어업권, 골프회원권, 승마회원권, 콘도미니엄회원권 또는 종합체육시설이용회원권의 취득에 대해 과세하는 지방세를 취득세라 하며, 경제적 유통과정에서 나타나는 담세력을 포착하여 과세하는 유통세로서 특별시·광역시·도의 보통세이다.

참조조문 지법 6~22

취득시기(取得時期; time of acquiring)
취득세과세대상인 자산을 매매·교환·상속·기부·건축 등의 원인에 의하여 유·무상 여부에 관계없이 법률상 또는 사실상 자기의 소유로 한 때를 말한다.

참조조문 지령 20

취득원가(取得原價; acquisition cost)
자산은 취득의 대가로 취득당시에 지급한 현금 또는 현금성자산이나 그 밖의 대가의 공정가치로 기록하고, 부채는 부담하는 의무의 대가로 수취한 금액으로 기록하는 것을 말한다.

참조조문 일반기준 10장 10.8~10.21, K-IFRS 1016호 6

취소소송(取消訴訟; revocation suit)
세무공무원은 체납처분을 집행함에 있어서 체납자가 국세의 징수를 면탈하려고 재산권을 목적으로 한 법률행위를 한 경우에는 민법 제406조 및 제407조의 규정을 준용하여 사해행위(詐害行爲)의 취소를 법원에 청구할 수 있다. 이러한 사해행위취소소송의 법률적 성질은 체납자의 재산양도행위를 취소하고, 그 재산을 양도자인 체납자의 것으로 회복시킬 것을 청구하는 소(訴)이므로 급부(給付)의 소와 형성(形成)의 소가 합친 것으로 된다는 것이 통설이다.

참조조문 국징법 30

측정기간(測定其間 : measurement period)

측정기간은 사업결합에서 인식한 잠정 금액을 사업결합 후 조정할 수 있는 기간이다. 측정기간은 취득일 현재 다음 사항을 식별하고 측정하기 위하여 필요한 정보를 획득하는데 소요되는 합리적인 시간을 제공한다.

(1) 식별가능한 취득 자산, 인수 부채 및 피취득자에 대한 비지배지분

(2) 피취득자에 대한 이전대가(또는 영업권 측정에 사용된 그 밖의 금액)

(3) 단계적으로 이루어지는 사업결합에서 취득자가 이전에 보유하고 있던 피취득자에 대한 지분

(4) 결과적으로 발생한 영업권 또는 염가매수차익

참조조문 K-IFRS 1103호 45~50, 일반기준 12장 12.34

친족(親族; kinfolk)

혼인과 혈연을 기초로 한 사람과 사람과의 관계를 친족관계라 하고, 그 사람을 서로 친족이라 한다. 민법은 획일적인 친족범위를 ① 8촌 이내의 혈족, ② 4촌 이내의 인척, ③ 배우자로 정하고, 친족관계로 인한 법률상 효력은 민법 또는 다른 법률에 특별한 규정이 없는 한 이에 미치는 것으로 하고 있다.

참조조문 민법 767~979

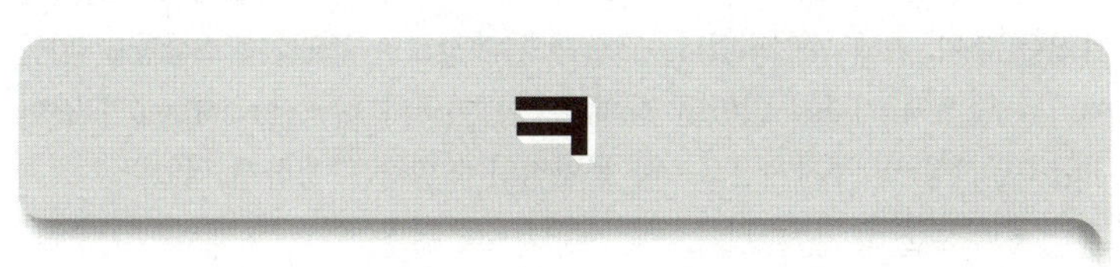

코넥스 시장(코넥스 市場; Korea New Exchanged Market; KONEXM)
코넥스 시장은 초기 중소, 벤처기업의 성장지원 및 모험자본 선순환 체계 구축을 위해 개설된 초기 중소기업에 특화된 주식시장이다. 전문투자자 등으로 시장참여자를 제한하나 벤처캐피탈 및 엔젤투자자 등의 시장참여를 허용하여 모험자본의 선순환을 지원하고, 중소기업의 M&A 등 구조조정을 지원한다.

코넥스 시장에 상장되기 위해서는 기본적으로 ① 자기자본 5억원 이상, ② 매출액 10억원 이상, ③ 순이익 3억원 이상의 세 가지 조건 중 적어도 한 가지를 충족해야 한다.

주식 또는 출자지분을 양도함으로써 발생하는 양도차익에 대한 법인세 비과세 및 중소기업창업투자회사·조합, 신기술사업금융업자·조합, 농식품투자조합, 한국벤처투자조합, 창업기획자가 코넥스상장기업(상장 후 2년 이내의 중소기업에 한함)에 직접 출자함으로써 취득한 주권 또는 지분을 양도하는 경우에는 증권거래세를 면제한다.

참조조문 조특법 13·117, 조특령 93, 소득령 165

코스닥 시장(코스닥 市場; Korea Securities Dealers Automated Quotation; KOSDAQ)
컴퓨터와 통신망을 이용한 전자거래시스템으로 운영되는 한국의 장외 주식거래시장으로 미국의 나스닥(NASDAQ)을 한국식으로 영문 합성한 명칭으로, 1996년 7월 1일 증권업협회와 증권사들이 설립한 코스닥증권㈜에 의하여 기존 증권시장의 까다로운 상장요건을 구비하지 못한 중소기업에게 자금조달 기회를 주기 위해 개설되었다. 코스닥의 개장으로 증권거래소상장을 위한 예비적 단계에 지나지 않았던 장외시장이 미국의 나스닥(NASDAQ)과 같이 자금조달시장 및 투자시장으로서 독립적인 역할을 수행하게 되었다.

참조조문 조특법 10, 법령 161, 소득령 165, 상증령 53

콘도미니엄 회원권(콘도미니엄 會員券; condominium membership)

콘도미니엄 회원권이란 「관광진흥법」에 따른 콘도미니엄과 이와 유사한 휴양시설로서 「관광진흥법 시행령」 제23조 제1항에 따라 휴양·피서·위락·관광 등의 용도로 사용되는 것으로서 회원제로 운영하는 시설을 말한다. 콘도미니엄 회원권을 취득한 자에게는 취득세가 부과되며, 콘도미니엄 소재지를 납세지로 한다.

취득자가 신고한 취득당시의 가액에 1천분의 20을 적용하여 계산한 금액을 취득세로 한다.

참조조문 지법 6 16호·7 ①·8 ① 9호·12 ①7호, 지령 8

탄력세율(彈力稅率; an elasticity tax rates)

정부가 법률로 정한 기본세율을 탄력적으로 변경하여 운용하는 세율을 말한다. 이러한 세율은 국민경제의 효율적 운용을 위한 조세의 경기조절기능을 수행하기 위한 목적에서 마련된 제도로서 현행 조세법상에는 개별소비세법, 지방세법, 교통·에너지·환경세법, 증권거래세법상에서 일정범위 내에서 조정할 수 있다고 규정하고 있다.

참조조문 개소법 1 ⑦, 개소령 2의 2, 지법 136 ②, 교통법 2 ③, 교통령 3의 2, 증법 8 ②, 증령 5 ①

탈세(脫稅; tax evasion)

납세의무자가 세법에 정한 각종 의무를 이행하지 않아 재정권을 침해하여 조세수입의 감소를 가져온 일체의 행위를 탈세라고 한다.

탈세범(脫稅犯; criminal of tax evasion)

국가의 과징권(課徵權)을 직접 침해하여 조세수입의 감손을 결과하거나 이를 기도하는 내용의 행위를 하는 자이다. 탈세범은 다시 조세수입의 감손을 실현한 결과가 발생하는 실질적인 탈세범과, 조세과징권을 직접 침해하여 조세수입의 감손을 기도하는데 그치고 조세수입의 감손이라는 결과 발생까지에는 이르지 않은 형식적인 탈세범으로 분류된다.

토지(土地; land)

지적법에 따라 지적공부에 등록하여야 할 지목에 해당하는 것으로, 지적공부상 지목에 관계없이 사실상의 지목이다. 토지에는 전·답·과수원·목장용지·임야·광천지·염전·대(垈)·공장용지·학교용지·잡종지 등이 모두 포함된다. 세법상으로는 토지의 취득에 관하여 지방세법상 취·등록세가 부과되며 토지의 보유에 관하여는 재산세와 종합부동산세가 부과된다. 또한 토지의 양도로 인하여 발생하는 소득은 양도소득세가 과세된다.

참조조문 소법 94 ① 1호, 지법 7·24·105, 종부법 12

토지대장(土地臺帳; cadaster)

토지의 현황을 명백하게 하기 위하여 토지의 소재, 지번, 지목, 지적, 소유자의 주소·성명 또는 명칭, 지상권의 목적인 토지에 관하여는 지상권자의 주소·성명 또는 명칭 등을 등록하는 공부(公簿)이다.

토지등양도소득에 대한 법인세(土地등讓渡所得에 대한 法人稅; corporation income tax on capital gains from the transfer of land etc.)

내국법인이 일정한 부동산을 양도한 경우에 토지 등 양도소득에 대한 법인세를 각 사업연도 소득에 대한 법인세에 추가하여 납부하여야 하는데 이를 토지등양도소득에 대한 법인세라 한다. 이는 부동산 시장이 과열되었을 때 투기를 방지하기 위해 도입된 중과제도로서 현행 법인세법에 의하면 법인이 국내에 소재하는 주택(부수토지 포함)이나 비사업용 토지를 양도하는 경우 10%(미등기토지 등은 40%)의 세율로 토지등양도소득에 대한 법인세를 부담하여야 한다.

참조조문 법법 55의 2

토지수용(土地收用; land expropriation)

특정한 공익사업을 위하여 법률이 정하는 바에 의하여 국가나 지방자치단체 또는 공공단체가 강제적으로 토지소유권 등을 취득하는 것이다. 각 법률에 특별한 규정이 있는 경우 이외에는 일반적으로 공익사업을위한토지등의취득및보상에관한법률에 의한다. 토지수용을 할 수 있는 사업은 공익사업으로서 일정한 것에 한한다.

참조조문 지법 9

토지초과이득세법(土地超過利得稅法; excessively increased valuable land tax law)

각종 개발사업 기타 사회·경제적 요인으로 유휴토지 등의 지가(地價)가 상승함으로 인하여 그 소유자가 얻는 토지초과이득을 조세로 환수함으로써 조세부담의 형평과 지가의 안정 및 토지의 효율적 이용을 기하고 나아가 국민경제의 건전한 발전에 이바지함을 목적으로 제정된 법률이다. 현재는 헌법불합치결정에 따라 폐지되었다.

통고처분(通告處分; noticed disposition)

범칙사건의 조사를 완료하여 범칙(犯則)의 심증(心證)을 얻었을 경우 세무서 등이 범칙자에게 벌금 등을 납부할 것을 통지하는 행위이다. 즉 공무원이 범칙사건의 조사를 완료한 때에는 국세청장·지방국세청장 또는 세무서장에게 보고하고, 국세청장·지방국세청장 또는 세무서장은 범칙사건의 조사에 의하여 범칙(犯則)의 심증을 얻었을 때에는 그 이유를 명시하여 벌금 또는 과료에 상당하는 금액, 몰수 또는 몰취(沒取)에 해당하는 물품, 추징금에 상당하는 금액과 서류송달, 압수물건의 운반·보관에 요하는 비용을 지정한 장소에 납부할 것을 통고하여야 하는데, 이것이 통고처분이다.

참조조문 절법 15

통칙(通則; executive rulings)

법령의 해석·운영방침 등에 관한 시달사항을 내용으로 한 것을 통칙이라 하고 법원(法源)에는 포함되지 않는다. 통칙은 지휘감독권을 가진 상급행정기관이 하급행정기관에 대한 명령시달의 내용이기 때문에 그 자체로서는 국민의 납세의무에 영향을 주는 법규의 성질을 가질 수 없다. 그러므로 통칙은 행정조직 내부의 구속력만 가질 뿐 국민이나 재판의 구속력을 갖지 못한다.

통화관련 파생상품(通貨관련 派生商品; currency swap contract)

통화선도와 통화스왑, 그리고 환변동보험으로서 통화선도란 원화와 외국통화 또는 서로 다른 외국통화의 매매계약을 체결함에 있어 장래의 약정기일에 약정환율에 따라 인수·도 하기로 하는 거래를 말하고, 통화스왑이란 약정된 시기에 약정된 환율로 서로 다른 표시통화간의 채권채무를 상호 교환하기로 하는 거래를 말한다. 환변동보험은 한국무역보험공사가 운영하는 환변동위험을 회피하기 위한 선물환 방식의 보험계약을 말한다.

참조조문 법칙 37의 2

퇴직금(退職金; retirement grants)

✎ 퇴직급여 참조

퇴직급여(退職給與; severance payment)

계속적인 고용의 종료를 사유로 하여 기업 또는 특정조직이 퇴직자에게 지급하는 급부로서, 퇴직시에 전액을 일괄하여 지급하거나 퇴직 후 일정기간까지 매년 일정액을 연금으로 지급하는 급부를 총칭하여 퇴직급여라 한다. 우리나라의 근로자퇴직급여보장법에 의하면 사용자는 퇴직하는 근로자에게 급여를 지급하기 위하여 퇴직급여제도(퇴직금, 퇴직연금 등) 중 하나 이상의 제도를 설정하여야 하며, 다만 1년 미만인 근로자, 4주간을 평균하여 1주간의 소정근로시간이 15시간 미만인 근로자에 대하여는 예외로 규정하고 있다. 소득세법에서는 퇴직급여를 퇴직소득으로 보아 분류과세하고 있다.

참조조문 근로자퇴직급여보장법 4, 소법 22

퇴직급여충당금(退職給與充當金; appropriation for retirement)

장래에 종업원이 퇴직할 때 지급하게 될 퇴직금을 미리 충당금의 형태로서 계상해 놓은 것이다. 일반적으로 근로자(종업원)를 고용하고 있는 기업에서는 ① 미래의 어느 시점에서 종업원에게 퇴직금을 지급할 것이 확실하고, ② 그 원인(종업원의 계속고용)이 되는 사실도 현재 이미 존재하고 있으며, ③ 그 지출액을 합리적으로 추정할 수 있기 때문에 매 결산기말 시점에서 예상퇴직금을 비용 및 부채(퇴직급여충당금)로 계상하여야 한다.

참조조문 법법 33, 소법 29

퇴직소득(退職所得; retirement income)

거주자·비거주자 또는 법인의 사용인이 현실적으로 퇴직함으로 인하여 지급받는 퇴직급여를 말한다. 퇴직소득은 공적연금 관련법에 따라 받는 일시금, 사용자 부담금을 기초로 하여 현실적인 퇴직을 원인으로 지급받는 소득, 그리고 각종 퇴직 소득을 의미한다.

참조조문 소법 22

퇴직소득공제(退職所得控除; retirement income deduction)

퇴직소득이 있는 자에 대하여 퇴직급여액(원천징수되는 퇴직급여의 경우 명예퇴직수당과 단체퇴직보험금 포함)에서 다음의 금액을 순차로 공제하는데, 그 공제되는 일정액을 퇴직소득공제라 한다.
① 근속연수에 따라 정한 금액
② 퇴직소득 환산급여에 따른 환산급여공제

참조조문 소법 48

퇴직연금(退職年金; retirement pension)

매월 일정액의 퇴직적립금을 외부의 금융기관에 위탁하여 관리·운용하여 퇴직시 연금으로 받는 제도이다. 기업이 도산하더라도 근로자의 퇴직급여가 보장될 수 있도록 2005년 12월 근로자퇴직급여보장법의 시행과 함께 퇴직연금제도가 마련되었다. 각 회사는 노사합의에 따라 확정급여형퇴직연금(DB)과 확정기여형퇴직연금(DC) 중 택일할 수 있다. 확정급여형(DB)은 근로자가 받을 연금액이 사전에 확정되며 적립금의 일부는 사외에, 일부는 사내에 적립되어 운용되며, 확정기여형(DC)은 근로자가 받을 퇴직급여가 적립금운용 실적에 따라 변동되는 것으로 근로자개인별 계좌의 적립금을 근로자가 직접 운용하게 되므로 운용수익에 따라 연금급여액이 달라질 수 있다.

(참조조문) 법령 44의 2, 소법 51의 3, 소령 42의 2

퇴직위로금(退職慰勞金; retirement bonus)

과거 근로제공에 대한 수고의 위로조로 지급하는 금품을 말하는데, 소득세법에서는 근로대가의 명칭여하에 관계없이 현실적인 퇴직을 원인으로 지급받은 대가는 원칙적으로 퇴직소득으로 인정하므로 불특정다수의 퇴직자에게 적용되는 퇴직급여지급규정, 취업규칙 또는 노사합의에 의하여 지급받는 퇴직위로금 등은 퇴직소득으로 인정된다.

(참조조문) 법령 43 ⑤ · 44 ④

투자부동산(投資不動; investments in real estate)

임대수익이나 시세차익 또는 두 가지 모두를 얻기 위하여 소유자나 금융리스의 이용자가 보유하고 있는 부동산[토지, 건물(또는 건물의 일부분) 또는 두 가지 모두]. 다만, 다음의 목적으로 보유하는 부동산은 제외한다.

(개) 재화의 생산이나 용역의 제공 또는 관리목적에 사용

(내) 정상적인 영업과정에서의 판매

(참조조문) K - IFRS 1040호 5

투자신탁(投資信託; securities investment trust)

투자자로부터 자산에 운용할 목적으로 자금 등을 모은 위탁자가 그 재산을 수탁자로 하여금 당해 위탁자의 지시에 따라 투자·운용하게 하고, 그에 따른 수익권을 분할하여 당해 투자자에게 취득시키는 것을 목적으로 하며, 소득세법상 배당소득으로 과세된다. 단, 투자신탁이 직접 취득한 ① 증권시장에 상장된 증권, ② 벤처기업의 주식 또는 수익증권, ③ 장내파생상품으로 인한 손익은 과세제외된다.

(참조조문) 소법 17, 소령 26의 2

투자차액(投資差額; differentials)

피투자회사의 식별 가능한 순자산의 공정가액 중 투자회사가 취득한 지분율에 해당하는 금액과 취득대가의 차이금액을 말하며, 지분법적용투자주식의 취득시점에 발생한다. 연결회계에서의 투자차액이란 지배회사의 투자계정과 이에 대응하는 종속회사의 자본계정을 지배권획득일을 기준으로 상계제거할 때 발생하는 차액을 말하는데, 기업결합일 현재 종속회사의 순자산장부가액이 공정가액을 적절하게 반영하고 있다면 투자차액은 모두 영업권에 해당하며, 장부가액과 공정가액이 서로 다를 경우 투자차액은 그 차이로 인한 자산·부채의 평가차액 부분과 영업권 부분으로 나누어진다. 기업회계기준서에서도 투자차액을 영업권 등으로 보아 기업인수 및 합병 등 기업결합에 관한 기업회계기준에서 정하는 바에 따라 회계처리하도록 하고 있다.

참조조문) K-IFRS 1103호, 일반기준 12장 12.32

특별공제(特別控除; special deduction)

소득세법상 특별공제는 특별소득공제와 특별세액공제가 있다. 특별소득공제는 근로소득이 있는 거주자(일용근로자를 제외)가 해당 과세기간에 일정한 법에 따라 부담하는 보험료와 주택자금의 일정액을 해당 과세기간의 근로소득금액에서 공제한다. 또한, 특별세액공제는 해당 과세기간에 만기에 환급되는 금액이 납입보험료를 초과하지 아니하는 보험의 보험계약에 따라 지급하는 보험료 및 의료비·교육비·기부금에 대하여는 일정액을 해당 과세기간의 종합소득 산출세액에서 공제한다. 특별소득공제와 특별세액공제를 적용받고자 하는 근로소득자는 원천징수의무자 등에게 공제신청을 하여야 한다. 특별세액공제의 경우에는 실제 지급한 특별공제대상액을 세법에서 정하는 한도 내에서 실액대로 공제받을 수 있는데 이를 실액공제 또는 항목별 공제라고 한다. 그러나 공제신청을 하지 아니한 근로소득자는 연 13만원, 소득세법 제160조의 5 제3항에 따른 성실사업자는 연 12만원(성실사업자를 제외한 근로소득이 없는 거주자로서 종합소득이 있는 사람에 대해서는 연 7만원)만을 종합소득

산출세액에서 공제하는데, 이를 표준세액공제라고 한다.

참조조문 소법 52 · 59의 4

특별법인(特別法人; special corporation)

특별법에 근거하여 설립된 법인을 말하는데, 일반적으로 공공의 복지 또는 공익을 위하거나 국가 중요시책 및 범국가적으로 일률적이고 광범위하게 운영되어야 하는 특별한 사업 등을 영위하기 위하여 별도의 법률을 제정하여 동 법률의 규정에 의거 설립되며 운영되고 있는 법인을 말한다.

특별징수(特別徵收; special levy)

지방세의 징수에 있어서 징수의 편의가 있는 자를 특별징수의무자로 지정하고 그 지정된 특별징수의무자가 납세의무자로부터 지방세를 징수하여 이를 지방자치단체에 납입하는 것을 특별징수라 한다. 이에 해당하는 대표적 세목으로는 등록면허세(특허권 등), 지방소득세 등이 있다.

참조조문 지법 31

특별징수의무자(特別徵收義務者; special levy obligor)

지방세법상 특별징수의무자는 국세의 원천징수의무자와 같은 개념으로 볼 수 있는데, 납세의무자로부터 지방세를 징수하여 이를 지방자치단체에 납입하여야 한다. 등록면허세(특허권 등), 자동차세는 특별징수의무가 있다.

참조조문 지법 31 · 137 ②

특수관계인(特殊關係人; person with a special relationship)

조세법상의 규정에 의하여 일방과 타방이 특수한 관계에 있는 경우 그 사실상의 거래 또는 소득금액 계산에 불구하고 법이 정하는 바에 의하여 소득금액의 계산, 과세표준의 계산 또는 증여가액의 계산을 한다. 현행 세법에서는 각 세법별로 특수관계인의 범위를 제한적으로 열거하고 있어 이에 속하지 아니하는 관계는 특수관계에 해당하지 아니한다.

참조조문 법법 2 12호, 소령 98, 국기령 1의 2, 국조법 2

ㅍ

파산선고(破産宣告; declaration of bankruptcy)

채무자가 그 채무를 완제할 수 없는 상태에 빠졌을 경우에 그 채무자의 총 재산을 모든 채권자에게 공평하게 변제할 것을 목적으로 하는 재판상의 제도가 파산(破産)이다. 채무자가 채무를 완제하지 못하게 된 때에는 채권자는 법원에 파산신청을 하고 신청을 받은 법원이 채무자의 파산원인을 인정하면 그에게 파산의 결정을 내리게 되는데, 이것을 파산선고라 한다. 파산선고에 의한 처분으로 인하여 발생하는 소득에 대하여 양도소득세 및 토지등양도소득에 대한 법인세를 과세하지 아니한다.

참조조문 소법 89 ① 1호, 법법 55의 2 ④ 1호

파생금융상품(派生金融商品; derivative financial instruments)

기초항목인 본원적 금융상품에 내재되어 있는 하나 이상의 금융위험을 거래상대방에게 이전하는 효과가 있는 권리와 의무를 발생시키는 금융상품으로서, 예로는 금융변수를 기초변수로 하는 옵션, 선물 및 선도와 이자율스왑 및 통화스왑을 들 수 있다. 최초의 거래시점에 파생금융상품은 거래당사자 일방에게 잠재적으로 유리한 조건에 따라 금융자산이나 금융부채를 교환할 수 있는 계약상 권리를 부여하거나 잠재적으로 불리한 조건에 따라 금융자산이나 금융부채를 교환하는 계약상 의무를 부여한다. 다만, 파생금융상품은 일반적으로 계약시점에 기초항목인 본원적 금융상품 자체를 이전하지 아니하고, 계약의 만기시점에도 기초항목인 본원적 금융상품을 반드시 이전하는

것은 아니다. 이러한 사항은 대부분의 파생상품에는 해당되지만 모든 파생상품에 해당하는 것은 아니다. 예를 들면 일부 이종통화표시 이자율스왑의 경우 원금을 최초 계약시점에 교환하고, 만기시점에 다시 교환한다. 금융상품 중에는 교환할 권리와 의무를 모두 발생시키는 금융상품이 있는데 파생금융상품의 최초 계약시점에 교환의 조건이 결정되기 때문에 금융시장의 가격변동에 따라 계약조건은 유리해질 수도 있고 불리해질 수도 있다.

참조조문 K-IFRS 1032호 AG15~19

파생상품(派生商品; financial derivatives)

원자재, 통화, 증권 등의 기초자산에 근거하여 파생된 상품으로 광의로는 기초자산 이외의 모든 상품으로 보기도 하고 협의로는 장래 가격변동에 따른 위험을 소액의 투자로 사전에 방지, 위험을 최소화하는 목적으로 도입된 선도계약, 선물계약, 스왑계약, 옵션계약 등만을 일컫기도 한다. 파생상품거래의 확대는 경제주체의 의사결정에 있어서 불확실성을 줄임으로써 경제활동을 촉진시키는 긍정적인 측면을 갖는다. 파생상품은 다음 요건을 모두 충족하는 금융상품 또는 이와 유사한 계약이다.

① 기초변수 및 계약단위의 수량(또는 지급규정)이 있어야 한다.

② 최초 계약시 순투자금액을 필요로 하지 않거나 시장가격변동에 유사한 영향을 받는 다른 유형의 거래보다 적은 순투자금액을 필요로 해야 한다.

③ 차액결제가 가능해야 한다.

참조조문 일반기준 6장 6.36~6.40

판례(判例; precedents)

재판의 선례(先例), 즉 법원의 판결의 집적(集積)을 말한다. 법원의 판결은 본래 판결의 대상이 된 특정의 구체적인 분쟁사건을 해결함에 그치고 당해 사건에 한해서만 기속력(羈束力)이 발생하는 것이지만, 그 판결에서 표시한 합리적 기준은 다른 유사한 사건의 해결에 기준을 제시한다. 더구나 한 나라의 최고법원이 같은 내용의 판결을 여러 번 되풀이하는 경우에는 그 판결례가 제시한 해석기준이나 합리성은 사실상 다른 유사사건을 해결하는 준거를 이루게 되고, 나아가 판례법(判例法)이 성립하여 그 한도 내에서 법원(法源)이 되는 것이다. 다만, 법원조직법은 "상급법원의 재판에 있어서의 판단은 당해 사건에 관하여 하급심을 기속한다."(법원조직법 8)고 규정하지만 이는 '당해사건'에 한정되는 것이며 일반적으로 하급심을 구속한다는 뜻은 아닌 것이다. 그러나 실제로 하급법원은 대법원에서 파기될 가능성 때문에 종전의 대법원의 판결례에 따르게 마련이며, 따라서 판례는 법적 확신(法的 確信)을 구유하는 관습법(慣習法)으로 인정되어도 무방할 것이다.

판매비와관리비(販賣費와管理費; selling and administrative expenses)
상품과 용역의 판매활동 또는 기업의 관리와 유지에서 발생하는 비용으로 급여(임원급여, 급료, 임금 및 제 수당을 포함), 퇴직급여, 명예퇴직금(조기퇴직의 대가로 지급하는 인센티브 등을 포함), 복리후생비, 임차료, 접대비, 감가상각비, 무형자산상각비, 세금과공과, 광고선전비, 연구비, 경상개발비, 대손상각비 등 매출원가에 속하지 아니하는 모든 영업비용을 포함한다. 기업의 종류와 규모에 따라 당해 비용을 표시하는 적절한 과목으로 구분하여 기재한다.

참조조문 일반기준 2장 2.49~2.50

판매장려금(販賣奬勵金; sales subsidy)
사업자가 자기 재화의 판매촉진을 위하여 일정기간 내에 일정금액 또는 수량 이상을 거래하는 거래상대방에 대하여 매출대금의 일부를 환급해주거나 매출액을 감액하는 것을 말한다.
기업회계에서는 일정기간의 거래수량이나 거래금액에 따라 매출액에서 감액하는 것은 매출에누리에 포함시켜 매출액에서 차감하도록 규정하고 있으나, 법인세법과 소득세법에서는 손비항목에 판매부대비용에 판매장려금도 포함되는 것으로 하되, 사전약정 없이 지급하는 경우에도 판매장려금에 포함되는 것으로 보고 있다.

반면, 부가가치세법에서는 거래상대방에 지급하는 판매장려금으로서 금전으로 지급하는 경우에는 과세표준에서 공제하지 아니하며 재화로 지급하는 경우에는 사업상 증여에 해당하여 별개의 재화의 공급으로 과세된다. 다만, 이 경우에 있어서 세금계산서교부의무는 면제된다.

참조조문) 법령 19, 소령 55, 부법 29 ⑥

판매후리스(販賣後리스; sales & leaseback)

판매후리스거래란 리스이용자가 리스제공자에게 자산을 판매하고 다시 그 자산을 리스하여 사용하는 거래를 말한다. 판매후리스거래가 금융리스에 해당하는 경우에는 판매에 따른 손익을 리스실행일에 인식하지 않고 해당 리스자산의 감가상각기간동안 이연하여 상각 또는 환입한다

참조조문) 일반기준 13장 13.35~13.38, k-IFRS 1116호 98~103

폐업시의 잔존재화(廢業時의 殘存財貨; remaining goods at the close‑down of business)

사업자가 폐업할 때 자기의 과세사업과 관련하여 생산하거나 취득한 재화로서 매입세액이 공제된 재화이거나 재화의 공급으로 보지 않는 사업양도로 취득한 재화로서 사업양도자가 매입세액을 공제받은 재화(자기생산·취득재화) 중 남아 있는 재화를 자기에게 공급하는 것으로 보는 것을 폐업시 잔존재화의 공급의제라 한다. 이는 사업 개시일 이전에 사업자등록을 신청한 자가 사실상 사업을 시작하지 않게 되는 경우에도 사업의 폐지로 보므로 이 경우의 잔존재화도 자기에게 공급하는 것으로 본다.

참조조문) 부법 10 ⑥

포괄손익(包括損益; comprehensive income)

일정기간 동안 주주와의 자본거래를 제외한 모든 거래나 사건에서 인식한 자본의 변동을 말한다. 포괄손익에는 주주의 투자 및 주주에 대한 분배 등

자본거래를 제외한 모든 원천에서 인식된 자본의 변동이 포함된다.

참조조문 일반기준 2장 2.56, K-IFRS 1001호 BC49~54J

포괄손익계산서(包括損益計算書; statement of comprehensive income)
포괄손익계산서는 일정기간 동안 기업의 경영성과에 대한 정보를 제공하는
기본재무제표이다. **K-IFRS**에 의하면 포괄손익계산서를 표시할 때 당기손
익 부분과 기타포괄손익 부분에 추가하여 당기순손익, 총기타포괄손익, 당기
손익과 기타포괄손익을 합한 당기포괄손익을 표시하고, 별개의 손익계산서
를 표시하는 경우 포괄손익을 표시하는 보고서에는 당기손익 부분을 표시하
지 않으며 당기손익 부분과 기타포괄손익 부분에는 추가적으로 비지배지분,
지배기업의 소유주에 귀속되는 당기순손익과 당기포괄손익을 당기손익과
당기기타포괄손익의 배분 항목으로서 표시한다. 포괄손익계산서에서 비용에
대한 분석을 표시할 때에는 비용의 성격별 또는 기능별 분류방법 중에서 신
뢰성 있고 더욱 목적 적합한 정보를 제공할 수 있는 방법을 적용하여 당기
손익으로 인식한 비용의 분석내용을 표시하지만, 비용의 성격에 대한 정보
가 미래현금흐름을 예측하는데 유용하기 때문에, 비용을 기능별로 분류하는
경우에는 추가 공시가 필요하다.

참조조문 K-IFRS 1001호 81A~105

포상금(褒賞金; prize money)
세법에서는 조세관련불법행위에 대한 고발이 보다 활성화되어 성실한 납세
풍토가 조성될 수 있도록 국세 및 지방세 관련하여 포상금 제도를 마련하고
있다. 국세관련 포상금은 탈루세액이나 부당하게 환급·감면받은 세액을 산
정하는데 중요한 자료를 제공한 자에게는 40억원 범위에서 포상금을 지급할
수 있고, 체납자의 은닉재산을 신고한 자, 또는 부정한 신용카드가맹점 또는
현금영수증가맹점을 신고한 자, 또는 기타 부정행위를 저지를 자를 신고한
자에게는 20억원 범위에서 포상금을 지급할 수 있다. 그러나 그 금액이 일정

금액 미만이거나 공무원이 관련된 자료를 제공한 경우에는 지급하지 않을 수 있다. 지방세 관련 포상금은 지방자치단체의 장이 지방세에 대한 탈루세액이나 부당하게 환급·감면받은 세액을 산정하는데 중요한 자료를 제공한 자, 체납자의 은닉재산을 신고한 자, 버려지거나 숨은 세원을 찾아내어 부과하게 한 자, 또는 체납액 징수에 기여한 자에게는 예산의 범위에서 최대 1억원까지 포상금을 지급할 수 있다.

참조조문 국기법 84의 2, 국기령 65의 4, 지기법 146, 지기령 82

표시통화(標示通貨; presentation currency)

✎ 기능통화 참조

표준세액공제(標準稅額控除; standard tax credit)

근로소득이 있는 거주자로서 공제신청을 하지 아니한 경우는 연 13만원, 성실사업자는(성실사업자를 제외한 근로소득이 없는 거주자로서 종합소득이 있는 사람에 대하여는 연 7만원) 항목별 세액공제(실액세액공제) 대신 획일적으로 연 12만원을 공제하여 종합소득결정세액을 계산하는데 이를 표준세액공제라 한다. 다만, 해당 과세기간의 종합소득산출세액이 공제액에 미달한 경우에는 그 종합소득산출세액을 공제액으로 한다. 근로소득 외의 종합소득이 있는 자에 대하여 실액세액공제를 하지 않고 표준세액공제만 허용하는 것은 근로소득보다 상대적으로 총수입금액의 노출도가 매우 낮다고 보기 때문이다.

참조조문 소법 59의 4 ⑨

표준세율(標準稅率; standard tax rate)

지방자치단체가 지방세를 부과하는 경우에 통상 적용하여야 할 세율로서 재정상 기타 특별한 사유가 있는 경우에는 이를 따르지 아니할 수 있는 세율을 말한다.

즉 지방자치단체는 지방세법상에서 규정하는 범위 내에서 표준세율을 조례가 정하는 바에 의하여 가감조정할 수 있다.

참조조문 지기법 2 ① 6호, 지법 11·12·28·34·52·78·81·84의 3·92·103의 3·103의 20·103의 42·103의 48·111·136·146

피보험자(被保險者; insured)

손해보험에서는 피보험이익의 주체로서 보험사고가 발생함으로써 손해를 입는 자, 즉 손해배상의 보험금을 받을 입장에 있는 자를 말하며, 인보험(人保險)에서는 사람의 생명 또는 신체에 관하여 보험이 붙여진 자를 말한다. 이 경우 피보험자는 보험의 목적에 불과하여 보험계약에 의하여 아무런 권리도 취득하는 것이 아니다.

참조조문 소법 59의 4

피상속인(被相續人; decedent)

상속의 목적이 되는 재산(권리·의무)의 원래의 주체를 피상속인이라 하고, 상속에 의하여 재산을 승계받는 자를 상속인이라 한다. 현행 민법에서는 재산상속개시의 원인은 사람, 즉 자연인의 사망에 한하고 있으므로 피상속인은 사망(死亡)한 자이다.

참조조문 상증법 2

피성년후견인(被成年後見人; adult wards)

질병, 장애, 노령, 그 밖의 사유로 인한 정신적 제약으로 사무를 처리할 능력이 지속적으로 결여되어 있는 자로서 본인·배우자·4촌 이내의 친족·후견인·후견감독인·검사 또는 지방자치단체의 장의 청구에 의하여 가정법원으로부터 성년후견개시의 심판을 받은 자를 말한다(민법 9). 피성년후견인의 법률행위는 언제나 취소할 수 있고, 후견인의 동의를 얻고서 한 행위일지라도 취소할 수 있다. 또한 의사표시(意思表示)를 수령할 능력도 없고, 보증인·후견인, 유언의 증인·유언집행자가 되지 못한다. 다만, 피성년후견인이라도 대리인(代理人)은 될 수 있다. 혼인·이혼·입양·파양 등 이른바 신분행위(身分行爲)는 후견인의 동의를 얻어 할 수 있으며 의사능력이 회복된 때에는 유언능력도 있다.

피합병법인(被合倂法人; corporation amalgamated)

법인이 합병하는 경우에 합병당사회사 중 합병으로 인하여 소멸하는 법인을 피합병법인이라 한다. 피합병법인이 합병에 의한 청산소득이 있는 경우에는 청산소득에 대한 법인세를 부과하고, 합병 후 존속하는 법인 또는 합병으로 인하여 설립한 법인은 피합병법인의 과세표준에 대한 법인세를 납부할 의무를 진다.

참조조문 법법 16 ① 5호 · 44

필요경비(必要經費; necessary expenses)

해당 과세기간의 소득금액 계산에 있어서 총수입금액에 대응하는 비용의 합계액을 말하며, 소득세법에서는 사업소득, 기타소득 및 양도소득에 대하여만 필요경비를 인정하고 있다. 대체로 필요경비는 사업소득을 중심으로 하여 기업회계와 세무회계의 차이를 조정하는데 필요한 개별적인 사항을 규정하고 있다.

참조조문 소법 27~37

필요경비개산공제(必要經費槪算控除; deduction of estimated expenses)

소득금액 계산상 수입금액에서 공제하는 필요경비는 실제금액에 의하는 것을 원칙으로 하고 있으나, 계산의 간편화라는 견지에서 수입금액의 일정비율을 필요경비로서 공제하는 제도가 마련되어 있다. 우리나라에서 적용되는 필요경비개산공제의 예로는 양도소득금액을 기준시가로 계산할 때 취득당시의 기준시가에 일정비율을 곱하여 계산한 금액을 합계한 금액을 필요경비로 인정해준다.

참조조문 소법 97, 소령 163 ⑥

ㅎ

하도급(下都給; subcontracting)

당사자의 일방(수급인)이 어느 일을 완성할 것을 약정하고, 상대방(도급인)이 그 일의 결과에 대하여 보수를 지급할 것을 약정함으로써 성립하는 계약을 도급(都給)이라 하는데, 수급인이 자기가 인수한 일의 완성을 다시 제3자에게 도급시키는 것을 하도급이라 한다. 주로 건설업종에서 하도급공사형태로 수행된다.

참조조문 국징령 4 ① 3호

하자보증금(瑕疵保證金; defective guaranty money)

도급계약에 있어서 완성된 목적물이나 완성 전에 성취된 부분에 대하여 하자가 있을 때에는 수급인이 그 도급인에 대하여 하자를 보수할 의무가 있다. 이와 같이 수급인이 공사 후에 발견될지도 모르는 하자의 보수를 보증하기 위하여 도급인에게 예치하는 금전이 하자보증금 또는 하자보수보증금이다. 이러한 하자보증금 등은 공사종료 후에 하자보수의무가 있는 경우에는 합리적이고 객관적인 기준에 따라 추정된 금액을 하자보수비로 하여 그 전액을 공사가 종료되는 회계연도의 공사원가에 포함하고, 동액을 하자보수충당부채로 계상한다.

참조조문 일반기준 16장 16.59~16.60

하치장(荷置場; shed)

물품을 보관·관리하는 장소를 하치장이라 하는데, 수산업자·광산업자·제조업자 등이 자기의 생산품 또는 제품 등의 보관·관리시설만을 갖추어 보관하고 있는 장소이다. 부가가치세법상 직매장은 사업장으로 보나 하치장은 사업장으로 보지 아니한다.

참조조문 부법 6 ⑤, 부령 9

하향판매거래(下向販賣去來; downstream sale)

🖉 상향판매거래 참조

학교법인(學校法人; educational foundation)

사립학교만을 설치·경영함을 목적으로 사립학교법에 의해 설립되는 법인을 말하며, 그 법률적 성격은 비영리공익법인으로서 일종의 재단법인에 속한다. 학교법인은 일정한 재산을 출연하고 일정한 사항을 기재한 정관을 작성하여 교육과학기술부장관의 허가를 받아야 하며 설립등기를 함으로써 성립한다.

참조조문 사립학교법 2 2호, 조특법 74

한국자산관리공사(韓國資産管理公社; Korea Asset Management Corporation; KAMCO)

금융회사부실자산등의효율적처리및한국자산관리공사의설립에관한법률 제6조의 규정에 의하여 설립된 공사로서 주로 재산처분을 하는 전문업체이다. 한국자산관리공사의 설립목적은 금융회사등이 보유하는 부실자산의 효율적인 정리촉진과 부실징후기업의 경영정상화 노력을 지원하여 금융기관자산의 유동성과 건전성을 제고하기 위함이다. 세무서장은 압류한 재산의 공매에 전문지식이 필요하거나 기타 특수한 사정이 있어 직접 공매하기에 적당하지 아니하다고 인정되는 때에는 한국자산관리공사로 하여금 대행하게 할 수 있다.

참조조문 국징법 61 ⑤

한국채택국제회계기준(韓國採擇國際會計基準; Korean International Financial Reporting Standards)

한국회계기준원 회계기준위원회가 국제회계기준에 따라 제정한 회계기준이다. 국제회계기준(IFRS)은 자본시장의 개방 등으로 국제적으로 통일된 회계기준의 필요성이 증가함에 따라 국제회계기준위원회(IASB)가 제정한 회계처리 기준을 의미하는데, 단일 법조문 형식의 기준이 아니라 개별 계정과목 또는 주제별로 설명형식의 기준서 및 해석서로 제정되어 있다. 회계기준 단일화 추세에 따라 우리나라도 2007년 3월 발표된 국제회계기준도입 로드맵 및 주식회사의 외부감사에 관한 법률에 따라 국제회계기준을 원문 그대로 번역하여 채택한 한국채택국제회계기준(K-IFRS)을 희망기업은 2009년부터, 상장회사는 2011년부터 의무적용하고 있다. 이러한 한국채택 국제회계기준은 기업회계기준서와 기업회계기준해석서로 구성된다.

한국표준산업분류(韓國標準產業分類; Korean standard industrial classification)
각 생산단위가 계속적으로 수행하는 생산적인 경제활동의 유형을 결정하는데 사용하기 위하여 모든 생산적인 경제활동을 일정한 기준과 원칙에 따라 체계적으로 유형화한 것이 산업분류이며, 각 생산주체의 산업활동에 관련된 통계자료의 수집, 제표, 분석 등 각종 통계목적에 모든 통계작성기관이 통일적으로 사용할 수 있도록 표준화한 것이 표준산업분류이다. 따라서 한국표준산업분류란 "국내경제활동의 구조분석에 필요한 통계자료의 생산과 그 생산된 자료간의 국내·외 비교분석 목적에 모든 기관이 통일적으로 사용하도록 국내의 산업구조 및 실태하에서 각 생산단위가 수행하고 있는 모든 산업활동을 일정한 분류기준과 원칙에 따라 일반적인 형태로 유형화한 것"이라 할 수 있다.
한국표준산업분류의 주요 목적은 산업활동에 관련된 각종 통계자료를 산업활동의 유사성에 따라 분류하고자 할 때 이용될 수 있는 일련의 산업활동유형을 제공하기 위한 것이다. 이러한 목적에 따라 설정된 표준산업분류에 의하여 산업 관련 통계를 작성하여 이를 분석함으로써 경제 및 산업구조, 산업 간의 유기적 구성 및 상관성 등을 파악, 분석함은 물론 작성된 국내·외 통계자료간의 비교도 가능토록 한 것이다. 세법에서는 사업의 범위 및 업종의 분류에 대하여 특별한 규정이 있는 것을 제외하고는 한국표준산업분류를 기준으로 하고 있다.

참조조문 법법 4, 부령 4, 조특법 2 ③

한시법(限時法; law with expiration date)

일정한 유효기간을 정하여 제정된 법률을 말한다. 그 유효기간이 법제정 당시에 정하여지든지 제정 후에 정하여지든지 관계없으며, 넓은 의미로는 일시적 사정에 대처하기 위한 임시적인 법률도 포함한다.

할부판매(割賦販賣; installment sales)

상품 등의 판매대금을 비교적 장기에 걸쳐 회수하는 것을 계약내용으로 하는 판매형태이다. 통상 월부·연부(年賦)판매 등이 이에 속한다. 할부판매가격에 이자요소가 포함되어 있는 경우 기간의 장단을 묻지 아니하고 이자요소를 분리하여 회계처리해야 하며 할부매출에 대한 수익인식방법은 인도기준이다. 다만, 비상장중소기업의 장기할부매출의 경우 할부금회수기일이 도래한 날에 실현되는 것으로 할 수 있다.

장기할부판매란 월부·연부 또는 그 밖의 할부의 방법에 따라 2회 이상으로 분할하여 대가를 받고, 해당 재화의 인도일의 다음 날부터 최종 할부금 지급기일까지의 기간이 1년 이상인 것이다.

참조조문 소칙 19·78, 법령 68 ④, 부칙 17

합계잔액시산표(合計殘額試算表; compound trial balance)

합계시산표와 잔액시산표를 복합시킨 시산표의 일종으로서 총계정원장의 정·부를 검사해야 될 때 각 계정의 금액을 한 표에 대조·집계하여 차변금액과 대변금액이 일치되고, 대차가 균형이 되면 총계정원장의 각 계정이 정확한 것으로 된다. 이와 같이 대차평균원리에 따라 원장기록의 정·부를 자동적으로 검증하기 위한 표이다.

합명회사(合名會社; partnership)

무한책임사원만으로 구성되는 회사이다. 즉 사원 전원이 회사채무에 직접·연대·무한책임을 지고 이에 대응하여 각 사원이 업무집행의 권리 및 대표권을 가진다. 따라서 합명회사는 형식상 사단법인으로 되어 있으나, 사원 상호간의 계약적 결합의 면을 무시할 수 없는 조합적(組合的) 성질을 가지고 있다. 합명회사는 사원의 개성이 중시되므로 지분의 양도는 총사원의 동의를 요하고, 입사·퇴사는 다른 사원의 동의, 제명처분은 과반수의 동의를 요하며, 회사의 대외적 신용은 인적신용에 치중하는 결과 물적신용의 기초인 출자(出資)에 관하여는 자유로워 금전·노무·신용출자가 허용되며 출자의 이행책임도 자유롭다.

참조조문 상법 178~267

합법성의 원칙(合法性의 原則; the principle of legitimacy)

조세의 양면적 성격에 의하여 조세채권은 사법상의 채권과는 달리 그 성립과 행사가 반드시 법률에 의하여서만 이루어져야 하고 조세에 관한 법률에 의하지 아니한 사법상의 의사표시에 의하여 실현될 수는 없다. 이를 합법성의 원칙이라고 하는바, 과세요건이 충족되어 납세의무자에게 납세의무가 발생하면 과세당국은 합법적인 절차에 따라 이를 부과징수하지 않으면 안 될 의무와 권한을 가진다는 원칙이다. 합법성의 원칙은 조세법률주의를 절차적인 측면에서 표현한 것이다. 과세요건법정주의와 과세요건명확주의에 의하여 결정된 합법적인 조세채권은 합법적 절차에 의하여 반드시 부과징수되어야 한다. 이렇게 함으로써 국가의 재정수입은 안정적으로 확보할 수 있고, 조세부담의 공평을 기하고, 부정을 방지하며, 국민생활의 획일적인 법적 안정성을 기할 수 있다.

합병(合併; merger)

2개 이상의 회사가 상법상의 특별규정에 의하여 하나의 회사가 되어 청산절차를 거치지 않고 1개 회사 이상의 소멸과 권리의무의 포괄적 이전을 생기게 하는 일단의 행위로서 이루어지는 법률요건이다. 여기서 중요부분이 합병계약(合併契約)이므로 합병을 계약(契約)으로 봄이 보통이나, 엄격한 의미에서 합병과 합병계약은 구별되어야 할 개념이다. 또한 합병은 상법의 특별규정에 의하여서 하기 때문에 해산·영업양도·사원수용에 의하여 사실상 합병한 것과 같은 효과를 거두는 사실상의 합병과는 구별된다. 합병에는 1회사가 존속하고 다른 회사가 소멸하는 흡수합병(吸收合併)과 당사회사 전부가 소멸되어 신회사를 설립하는 신설합병(新設合併)이 있다.

참조조문 상법 174

합병교부금(合併交付金; money delivered due to amalgamation)

합병시에는 소멸회사의 주주에 대하여 존속하는 회사가 일정액의 현금을 교부하는 경우가 있는데, 이를 합병교부금이라 하고 합병계약서에 반드시 기재하여야 한다.

합병등기(合併登記; registration of merger)

부동산등기법상의 합병등기는 1필의 토지의 일부를 분할하여 다른 필(筆)로 하거나 수개의 건물을 병합하여 1개의 건물로 하는 경우의 등기를 말하나, 여기서의 합병등기는 회사합병의 마지막 절차인 등기를 말한다. 즉 회사가 합병을 하는 때에는 합병실행 후 본점소재지에서는 2주간 내, 지점소재지에서는 3주간 내에, 존속회사는 변경등기, 소멸회사는 해산등기, 신설회사는 설립등기를 하여야 한다. 이 등기는 단순한 대항요건이 아니라 합병의 효력을 생기게 한다.

참조조문 상법 528

합병재무제표(合倂財務諸表; combined financial statements)

자회사(自會社)가 타회사(他會社)를 흡수하는 경우(吸收合倂) 또는 자회사와 타회사가 하나의 새로운 회사를 신설 발족하는 경우(新設合倂)에 두 회사의 재무제표를 (단일회사의 재무제표로) 통합한 것이다. 이는 연결재무제표나 본·지점합병재무제표와 유사한 면은 있지만, 본질적으로 다른 점은 매 결산시점에서 작성되는 것이 아니고 실제 합병이 있는 시점에서만 작성된다는 점이다.

합병차익(合倂差益; gain from merger)

회사 합병의 경우에 소멸된 회사로부터 승계한 재산의 가액이 그 회사로부터 승계한 채무액, 그 회사의 주주에게 지급한 금액과 합병 후 존속하는 회사의 자본증가액 또는 합병으로 인하여 설립된 회사의 자본액을 초과한 때에는 그 초과금액을 합병차익이라고 하며 영업권과 반대되는 개념이다. 기업회계기준에서는 합병차익을 자본거래에서 생긴 차익으로 보지 아니하고 염가매수차익이라 한다.

참조조문 기업인수·합병등에관한회계처리준칙, 일반기준 12장 12.32, 법법 17 ① 5호

합산과세(合算課稅; summing up taxation)

별개의 과세단위를 서로 합하여 과세하는 것으로서 소득세법과 상속세및증여세법에서 예외적으로 인정한 경우에 실시하고 있으며, 본 합산과세제도는 초과누진세율로 되어 있는 소득세, 재산세, 상속세, 종합부동산세 등의 과세제도에 있어서 소득 또는 과세가액을 특수관계인 등에 분산하여 누진세율의 적용을 회피함으로써 조세의 부담을 부당하게 줄이는 경우에 대처하여 능력에 따른 공평과세를 실현하기 위하여 채택하는 제도이다.

참조조문 상증법 13·47, 소법 43 ③, 종부법 11

합자회사(合資會社; limited partnership)

무한책임사원과 유한책임사원으로 조직하며 무한책임사원과 유한책임사원

이 각각 1명 이상으로 구성되는 회사이다. 무한책임사원은 합명회사의 사원과 같이 회사채무에 대하여 직접·연대·무한책임을 지지만, 유한책임사원은 그 출자가액에서 이미 이행한 부분을 공제한 가액을 한도로 하여 회사채무를 변제할 책임이 있다. 회사에 이익이 없음에도 불구하고 배당을 받은 금액은 변제책임을 정함에 있어서 이를 가산한다. 합자회사의 유한책임사원은 신용 또는 노무를 출자의 목적으로 하지 못한다. 합자회사도 사단법인이지만 합명회사와 같이 실질적으로 조합적 성질을 가지고 있다.

참조조문 상법 268~287

항고소송(抗告訴訟; complaint)

일반적으로 이미 행하여진 처분에 의하여 권익을 침해당한 자가 그 위법을 이유로 당해 처분의 취소 또는 변경을 구하는 소송을 말하는바, 행정소송법상 항고소송에는 ① 처분의 취소소송, ② 무효 등 확인소송, ③ 부작위위법확인소송 등 세 가지가 있다. 항고소송의 가장 대표적 형태로서의 취소소송은 행정청의 위법한 처분이나 재결의 취소 또는 변경을 구하는 소송을 가리키고, 무효 등 확인소송이란 처분 또는 재결의 효력의 유무 또는 존재 여부의 확인을 구하는 소송이며, 부작위위법확인소송은 행정청의 부작위(不作爲)가 위법하다는 확인을 구하는 소송이다.

참조조문 행소법 4

항목별공제(項目別控除; itemized deduction)

✎ 특별공제 참조

해산(解散; winding up, dissolution)

회사의 법인격, 즉 권리능력을 소멸시키는 원인이 되는 사실을 말한다. 즉 해산은 법인격(法人格)소멸의 원인은 되지만 법인격이 소멸하는 것은 아니며, 영업능력은 잃게 되나 청산목적의 범위 내에서는 권리능력이 있는 것으로 하고, 청산절차가 종료됨으로써 비로소 법인격이 소멸되는 것이다.

회사의 해산사유는 ① 존립기간의 만료 기타 정관으로 정한 사유의 발생, ② 총사원의 동의, ③ 사원이 1인으로 된 때, ④ 합병, ⑤ 파산, ⑥ 법원의 명령 또는 판결이며, 주식회사의 해산사유는 ① 존립기간의 만료 기타 정관으로 정한 사유의 발생, ② 합병, ③ 파산, ④ 법원의 명령 또는 판결, ⑤ 회사의 분할 또는 분할합병, ⑥ 주주총회의 결의이다. 또한 유한회사의 해산사유로 는 ① 존립기간의 만료 기타 정관으로 정한 사유의 발생, ② 합병, ③ 파산, ④ 법원의 명령 또는 판결, ⑤ 사원총회의 결의가 있다.

참조조문 상법 227∼244 · 517∼521의 2 · 609

해산명령(解散命令; dissolution order)
법원은 다음의 사유가 있는 경우에는 이해관계인이나 검사의 청구에 의하 여 또는 회사의 직권으로 회사의 해산을 명할 수 있는데 이를 해산명령이라 한다.
① 회사의 설립목적이 불법한 것인 때
② 회사가 정당한 사유없이 설립 후 1년 내에 영업을 개시하지 아니하거나 1년 이상 영업을 휴지하는 때
③ 이사 또는 회사의 업무를 집행하는 사원이 법령 또는 정관에 위반하여 회사의 존속을 허용할 수 없는 행위를 한 때
해산명령에는 협동조합 등의 법인에 대하여 직접 행정청이 해산을 명하는 경우와 회사의 해산명령과 같이 검사 또는 이해관계인의 신청에 의하여 법 원이 행하는 해산명령의 경우가 있다.
이에 비하여 해산판결은 회사의 업무가 현저한 침체상태를 계속하여 회복할 수 없는 손해가 생긴 때 또는 생길 염려가 있는 때, 회사재산의 관리 또는 처 분에 상당한 부실이 발생하여 회사의 존립을 위태롭게 한 때, 발행주식총수 의 100분의 10 이상에 해당하는 주식을 가진 주주는 회사의 해산을 법원에 청구할 수 있는데, 이때의 법원의 판결을 회사에 대한 해산판결이라 한다.

참조조문 상법 176 · 520

해외사업환산손익(海外事業換算損益; gain or loss on overseas operations tran-slation)

해외지점, 해외사업소 또는 해외소재 지분법적용대상회사의 외화표시 자산·부채를 원화로 환산하는 경우에는 원칙적으로 화폐성·비화폐성법을 적용하지만, 영업·재무활동이 본점과 독립적으로 운영되는 해외지점, 해외사업소 또는 해외소재 지분법적용대상회사의 경우에는 예외적으로 현행환율법에 의해 원화로 환산할 수 있는데 이때 발생하는 환산손익은 해외사업환산손익의 과목으로 자본항목 중 기타포괄손익누계액에 포함하며 그 내용을 주석으로 기재한다.

참조조문 K-IFRS 1021호 44~47, 일반기준 23장 23.15~16

해외접대비(海外接待費; overseas entertainment expense)

외국에 물품을 판매하는 사업이나 외국에서 물품을 판매하거나 용역을 제공하는 사업을 영위하는 자가 국내외를 막론하고 해외고객을 위하여 지출한 접대비 및 이와 유사한 비용이다.

해지불능리스(解止不能리스; non-cancellable lease)

해지할 수 없는 리스를 말하며 다음 각각의 경우에는 제외한다.

① 발생할 가능성이 희박한 우발상황이 나타나는 경우
② 리스제공자가 허락하는 경우
③ 리스이용자가 동일한 리스제공자와 동일한 자산 또는 유사한 자산에 대하여 새로운 리스를 체결하는 경우
④ 리스약정일에 판단하였을 때, 당해 리스가 계속될 것이 거의 확실할 정도의 추가적인 금액을 리스이용자가 지급하는 경우

참조조문 일반기준 용어의 정의

행정소송(行政訴訟; administrative litigation)

행정법상의 법률관계에 관한 분쟁에 대하여 법원이 정식의 소송절차에 의하

여 행하는 재판이다. 여기서 행정법상의 법률관계라 함은 행정상의 법률관계인 공법관계(행정법관계)에 속하는 분쟁만이 행정소송의 대상이 됨을 말하고, 법원이 행하는 재판이란 구체적 분쟁에 대한 판단작용인 법원의 재판으로 행정기관이 행하는 재판인 행정심판과 구별되며, 정식의 소송절차에 의한 재판이란 원고와 피고의 대심절차(對審節次)를 취하여 당사자에게 구두변론(口頭辯論)의 기회를 주며 지위가 독립한 법관에 의해 재판을 받는 정식재판을 의미한다.

과세처분에 대한 행정소송은 행정심판절차를 거친 후 행정법원(미설치지역 : 지방법원 본원합의부)에 제기할 수 있도록 하고 있다.

참조조문 국기법 56, 행소법 3

행정심판전치주의(行政審判前置主義; transposition system of administrative decision before the litigation)

법령에 의하여 위법·부당한 행정행위에 대한 행정심판이 인정되고 있는 경우에는 그 행정심판의 재결을 거칠 것을 행정소송(行政訴訟)의 제기요건(提起要件)으로 하는 제도이다. 이 경우 행정심판이란 이의신청·심사청구·심판청구 등 명칭 여하를 불문하고 일체의 불복신청을 말하나, 행정소송을 제기함에 있어서 행정심판을 먼저 거치도록 하는 것은 행정관청으로 하여금 그 행정처분을 다시 검토하게 하여 시정할 수 있는 기회를 줌으로써 행정권의 자주성을 존중하고 아울러 소송사건의 폭주를 피함으로써 법원의 부담을 줄이고, 납세자의 권리를 신속하게 구제하고자 하는 데 그 취지가 있다고 하겠다.

참조조문 국기법 56 ②

허위계약(虛僞契約; falsehood contract)

당사자간에 계약행위가 없음에도 진실한 계약이 있는 것같이 꾸미거나, 진실한 계약에 반하는 것을 진실한 계약이 성립한 것같이 꾸미는 것을 허위계약이라 한다. 일반적으로 재산을 타인에게 적법하게 양여한 것같이 가장함으로써 법률상의 강제집행 등을 면하기 위한 수단으로 행하여진다.

헤지회계(헤지會計; hedge accounting)

✎ 위험회피회계 참조

현금결제선택권(現金決濟選擇權; option by cash payment)

기업이 재화나 용역을 제공받은 대가로 기업이나 거래상대방이 현금(또는 그 밖의 자산) 지급이나 지분상품 발행을 선택할 수 있는 권리이다. 선택권이 거래상대방에게 있는지 또는 기업에게 있는지에 따라 주식기준보상거래의 회계처리가 달라진다.

참조조문 K - IFRS 1102호 34~43

현금성자산(現金性資産; cashable assets)

현금성자산은 투자나 다른 목적이 아닌 단기의 현금수요를 충족하기 위한 목적으로 보유된다. 투자자산이 현금성자산으로 분류되기 위해서는 확정된 금액의 현금으로 전환이 용이하고, 가치변동의 위험이 경미해야 한다. 따라서 투자자산은 일반적으로 만기일이 단기에 도래하는 경우(예를 들어, 취득일로부터 만기일이 3개월 이내)에만 현금성자산으로 분류된다. 지분상품은 현금성자산에서 제외한다. 다만, 상환일이 정해져 있고 취득일부터 상환일까지의 기간이 단기인 우선주와 같이 실질적인 현금성자산인 경우에는 예외로 한다.

참조조문 K - IFRS 1007호 7

현금영수증(現金領收證; cash receipt)

현금영수증제도는 B2C(Business to Customer; 기업과 소비자간의 거래)거래의 투명성 및 자영사업자 등의 현금거래 파악, 납세의식 제고 등을 위하여 도입된 제도이다.

현금영수증가맹점은 재화 또는 용역을 공급하고 현금을 받는 경우 현금영수증발급장치에 의하여 현금영수증을 발급한다. 이때 카드이용자는 현금영수증카드(또는 신용카드, 주민등록번호, 휴대폰번호 등)를 이용하며, 현금거래내역이 가맹점단말기를 통해 국세청에 통보된다. 2005년 1월 1일 이후 시행이 개시되었으며, 현재 현금영수증 이용자 및 현금영수증 가맹자 모두 일정한 소득공제혜택을 부여하고 있다.

참조조문 조특법 126의 2 · 126의 3

현금주의(現金主義; cash basis)

회수기준 또는 지급기준이라고도 하며 발생주의와 대비되는 개념으로써, 손익의 계상이 현금의 수입 및 지출에 의거하여 산정되는 손익계산에 관한 하나의 원칙이다.

한편, 법인세법상 기부금의 손금귀속사업연도도 현금주의에 의한다. 즉 기부금을 실제로 지출한 사업연도의 손금으로 인정한다. 따라서 법인이 기부금을 가지급금 등으로 이연계상한 경우에는 이를 그 지출한 사업연도의 기부금으로 하고, 그 후의 사업연도에 있어서는 이를 기부금으로 보지 아니한다. 또한 법인이 기부금을 미지급금으로 계상한 경우에는 실제로 이를 지출할 때까지 소득금액 계산에 있어서 기부금으로 보지 아니한다.

참조조문 법령 36 ② · ③

현금주의과세(現金主義課稅; taxation on cash basis)

실제 현금의 지출 및 수입내용에 의거 과세표준을 계산하여 과세하는 것이다. 부가가치세법상 금전등록기를 설치한 자가 금전등록기에 의하여 계산서를 발급하고 감사테이프를 보관한 때에는 현금수입을 기준으로 하여 부가가치세를 부과할 수 있다.

참조조문 부법 36 ④

현금창출단위(現金創出單位; cash generating unit)

다른 자산이나 자산집단에서의 현금유입과는 거의 독립적인 현금유입을 창출하는 식별가능한 최소자산집단을 말한다.

참조조문 K-IFRS 1036호 6

현금흐름위험회피회계(現金흐름危險回避會計; cash flow hedge account)
특정위험에 기인하고 당기손익에 영향을 줄 수 있는 것으로서 인식된 자산
이나 부채 또는 발생가능성이 매우 높은 예상거래의 현금흐름 변동에 대한
위험회피에 대한 회계처리이다. 현금흐름위험회피가 회계기간에 위험회피회
계의 적용요건을 충족하면 다음과 같이 회계처리한다.
1. 위험회피수단의 손익 중 위험회피에 효과적인 부분은 기타포괄손익으로
   인식한다.
2. 위험회피수단의 손익 중 비효과적인 부분은 당기손익으로 인식한다.

참조조문 K-IFRS 1039호 86, 95~101

현금흐름표(現金흐름表; statement of cash flow)
일정기간 동안의 기업의 현금흐름을 나타내는 표이다. 즉 현금의 변동내용
을 명확하게 보고하기 위하여 당해 회계기간에 속하는 현금의 유입과 유출
내용을 적정하게 표시하며, 현금이 어떻게 창출되어 어디에 얼마만큼 쓰였
는가를 보여준다. 현금흐름표는 재무상태표, 포괄손익계산서, 자본변동표와
함께 주요 재무제표의 하나이며 현재 주식회사의외부감사에관한법률에서는
직전 사업연도말 자산총액이 500억원 이상인 주식회사는 반드시 현금흐름표
를 작성하여 공인회계사의 감사를 받도록 하고 있다. 그러나 법인세신고서
류에는 포함되어 있지 않으며, 상법에서도 기본재무제표의 범위에 포함시키
지 않고 있다. 일정기간 동안의 현금흐름을 나타내는 보고서이므로 유량
(flow)개념이고 동적 재무제표로서 재무상태표가 기초에서 기말로 변천해 간
과정을 현금흐름의 측면에서 관찰한 것이 현금흐름표라고 할 수 있다.

참조조문 K-IFRS 1007호

현물출자(現物出資; investment in kind)

금전 이외의 재산을 목적으로 하는 출자를 말하며, 회사가 사업을 경영하기 위하여 특정한 재산을 필요로 하는 경우에 금전출자에 대한 예외로서 인정된다. 목적이 될 수 있는 재산은 양도가능한 자산으로서 동산·부동산·무체재산권·고객관계·영업상의 비밀 등 재산적 가치가 있는 사실관계도 된다.

참조조문 상증법 39의 3

현물출자설(現物出資說; theory of investment in kind)

합병(合併)에 대한 회계처리의 내용은 합병의 본질을 어떻게 이해하느냐에 따라 달라지는데, 합병의 본질에 관한 대표적 학설 중의 하나인 현물출자설(일명 買收說)은 합병을 합병회사가 피합병회사의 자산과 부채를 구입하는 대가로 현금을 지급하거나 주식을 교부하는 자산양수도와 같은 개념으로 본다는 견해이다. 즉 현물출자설은 합병 자체를 합병회사가 피합병회사의 자산을 시장가치로 평가하여 이로부터 피합병회사의 부채가액을 차감한 순자산액을 합병회사가 매입하는 것이라 파악하는 입장이다.

현재의무(現在義務; present obligation)

충당부채의 인식을 위한 충족요건의 하나로서 보고기간말 현재의무의 이행을 회피할 수 없는 법적의무 또는 의제의무를 말하며, 의무발생사건은 이러한 현재의무를 발생시킨 과거사건이다. 대부분의 경우 과거사건이 현재의무를 발생시켰는지의 여부는 분명하지만 소송사건과 같이 어떤 사건이 실제로 발생하였는지 혹은 그 사건으로 현재의무가 발생하였는지의 여부가 분명하지 아니한 경우가 있다. 이러한 경우에는 보고기간 후에 발생한 사건이 제공하는 추가적인 증거를 포함한 이용가능한 모든 증거를 고려하여 보고기간말 현재 의무가 존재하는지의 여부를 결정하여 다음과 같이 처리한다.

① 보고기간 말에 현재의무가 존재할 가능성이 존재하지 않을 가능성보다 높고 인식기준을 충족하는 경우에는 충당부채를 인식한다.

② 보고기간 말에 현재의무가 존재하지 않을 가능성이 높더라도 경제적 효익이 있는 자원을 유출할 가능성이 희박하지(remote)않다면 우발부채를 공시한다

참조조문 K-IFRS 1037호 15~16, 일반기준 14장 14.3

✎ 충당부채 참조

현행대체원가(現行對替原價; present alternative cost)

현행원가의 일종으로서 자산은 동일하거나 동등한 자산을 현재시점에서 취득할 경우에 그 대가로 지불하여야 할 현금이나 현금성자산의 금액으로 평가하고, 부채는 현재시점에서 그 의무를 이행하는 데 필요한 현금이나 현금성자산의 할인하지 아니한 금액으로 평가하는 것이다.

참조조문 K-IFRS 개념체계 4.55

현행환율법(現行換率法; current rate method)

기업회계기준은 외화환산방법에 있어서 원칙적으로 화폐성·비화폐성법을 채택하고, 해외지점에 대하여는 해외 실체의 독립성이 인정되는 경우에 한하여 화폐성·비화폐성법과 현행환율법을 선택할 수 있도록 하고 있다. 화폐성·비화폐성법이란 계정과목을 화폐성항목·비화폐성항목으로 분류함에 따라 환산할 환율을 결정하는 방법이다. 화폐성항목은 마감환율을 사용하여 기능통화로 환산하며 역사적원가 기준으로 측정한 비화폐성항목은 그 항목을 인식한 거래일의 환율을 사용하여 환산한다. 매 보고기간말 외화환산방법은 다음과 같다.

1. 화폐성 외화항목은 마감환율로 평가한다.
2. 역사적 원가로 측정하는 비화폐성외화항목은 거래일의 환율로 환산한다.
3. 공정가치로 측정하는 비화폐성외화항목은 공정가치가 결정된 날의 환율로 평가한다.

(1) 현물환율

① 마감환율

보고기간말 현재 환율로서 결산일의 환율이다. 단기차입금과 같은 화폐성외화항목을 마감환율로 평가한다.

② 역사적 환율

거래가 발생한 날의 환율이다. 예를 들어 유형자산이 각각 다른 날짜에 취득되면 각 날짜에 따라 상이한 역사적 환율을 적용하여 계산한다.

⑵ 평균환율

평균환율은 일정기간의 환율을 평균할 것이다. 사채의 이자비용 등을 환산하는 경우 평균환율로 평가한다.

참조조문 K-IFRS 1021호 20~34

협정세율(協定稅率; conventional tariff)

1국이 타국과 협상해서 체결한 통상조약 또는 관세계약에 의하여 정한 세율이며, 조약의 유효기간 내에서는 임의로 이를 변경할 수 없다. 그리고 협정세율에 있어서의 특전은 조약에서 정하지 않는 한, 원칙적으로 최혜국약관(最惠國約款)을 가지는 각국에 똑같이 주어지는 것이며, 국제적으로 대등한 관계에 있는 한, 쌍무적(雙務的)으로 적용된다.

화폐대용증권(貨幣代用證券; substitute security for money)

일정기간 또는 수시로 일정액의 화폐와 확실하게 교환할 수 있는 청구권으로서, 일반적인 거래에 있어서 화폐와 동일하게 사용되는 유가증권 · 환어음 · 약속어음 · 수표 등이 이에 속한다.

화폐성 · 비화폐성법(貨幣性 · 非貨幣性法; monetary · non-monetary method)

✎ 현행환율법 참조

화폐성자산 · 부채(貨幣性資産 · 負債; monetary assets and liabilities)

현금및현금성자산 · 매출채권 · 장기대여금 · 매입채무 · 사채 · 장기차입금 등과 같이 화폐가치의 변동과 상관없이 자산 및 부채의 금액이 계약 기타에 의하여 일정액의 화폐액으로 고정되어 있는 경우의 당해 자산 및 부채를 말한다. 법인세법에서는 외화예금, 외화표시매출채권과 매입채무 및 외화차입금, 외화로 지급받거나 지급할 외화보증금 등 화폐성외화자산·부채에 대해 사업연도종료일 현재의 외국환거래법에 의한 기준환율 또는 재정환율에 의하여 평가할 수 있다.

참조조문 법령 76

확정구매계약(確定購買契約; firm purchase commitment)

모든 당사자에 대한 구속력이 있으며 일반적으로 법적인 권한이 있는 독립적인 당사자와의 계약으로서 ① 가격과 거래시기를 포함하여 모든 중요한 조건이 정해져 있고 ② 계약을 이행할 가능성을 매우 높이기 위해 계약불이행시 부담할 불이익조건이 충분히 큰 계약이다.

참조조문 K-IFRS 1105호 부록A

확정급여제도(確定給與制度; defined benefit plans)

확정급여제도는 약정한 퇴직급여를 전·현직 종업원에게 지급하는 의무를 가진 퇴직급여제도이다. 따라서 보험수리적위험(실제 퇴직급여액이 기대급여액을 초과할 위험)과 투자위험을 실질적으로 기업이 부담하는 제도로써 확정기여제도를 제외한 모든 퇴직급여제도가 확정급여제도이다.

참조조문 K-IFRS 1019호 8, 1026호 8

확정기여제도(確定寄與制度; defined contribution plans)

기업이 별개의 기금에 고정된 기여금을 납부하여야 하고, 그 기금이 당기와 그 이전에 제공된 종업원 근무용역과 관련된 모든 종업원급여를 지급할 수 있을 정도로 충분한 자산을 보유하고 있지 못하더라도 기업에게는 추가로 기여금을 납부해야 하는 법적의무나 의제의무가 없는 퇴직급여제도이다. 즉 종업원에게 지급할 퇴직급여금액이 기금에 출연하는 기여금과 그 투자수익에 의해 결정되는 퇴직급여제도이다.

참조조문 K-IFRS 1019호 8, 1026호 8

확정신고(確定申告; final tax return)

사업자는 각 과세기간에 대한 과세표준과 납부세액 또는 환급세액을 그 과세기간이 끝난 후 일정기간에 정부에 신고하여야 한다. 예를 들어 부가가치세의 경우 과세기간이 끝난 후 25일 이내에 부가가치세과세표준과 납부세액 또는 환급세액을 사업장관할세무서장에게 신고하여야 하며, 외국법인의 경우에는 50일 이내에 신고하여야 한다. 사업자는 확정신고와 함께 그 과세기간에 대한 납부세액을 사업장관할세무서장에게 납부하여야 한다. 이것이 사업자의 확정신고이다.

확정신고의 대상은 각 과세기간에 대한 과세표준과 납부세액 또는 환급세액이며, 예정신고 및 영세율 등 조기환급신고에서 이미 신고한 내용은 제외된다. 확정신고는 납세의무자인 사업자가 자신의 조세채무를 확인·검증하여 확정시키는 행위이므로 확정신고에 오류·탈루가 있는 경우에는 수정신고 또는 경정(更正)에 의하여서만 그것이 보정적으로 변경된다. 사업자가 확정신고를 하는 때에 신고한 납부세액에 미달하게 납부한 경우에는 정부가 그 미달한 세액을 국세징수의 예에 의하여 징수할 수 있고, 매출세액이 매입세액보다 적은 경우 사업자에게는 그 차액에 대한 환급을 받을 권리가 발생한다.

참조조문 부법 49, 소법 70~71·110

확정신고납부(確定申告納付; payment of final tax return)

거주자는 해당 과세기간의 과세표준에 대한 종합소득·퇴직소득의 산출세액에서 감면세액과 세액공제액을 공제한 금액을 과세표준확정신고기한까지 정부에 납부하여야 하며, 이를 확정신고납부라 한다. 다음 각호의 세액이 있는 때에는 확정신고납부에 있어서 이를 공제하여 납부한다.

① 중간예납세액

② 토지 등 매매차익예정신고 산출세액 또는 그 결정·경정한 세액

③ 수시부과세액

④ 원천징수세액

⑤ 납세조합의 징수세액과 그 공제액

참조조문 소법 76

확정전보전압류(確定前保全押留; preservative seizure before determination)

✎ 보전압류 참조

환가유예(換價猶豫; stay of realization)

체납액을 징수하기 위하여 체납자의 재산을 압류한 뒤에 일정한 사유가 발생함으로써 그 압류재산의 매각을 보류하는 것이다.

참조조문 국징령 2

환가처분(換價處分; disposition of realization)

내국법인이 해산하는 경우에 법인이 소유하고 있는 잔여재산가액을 확정하는 과정에서 토지·건물·기계 등의 자산을 현금화하는 행위이다.

참조조문 법령 121·124

환급(還給; refund)

납세의무자가 납부해야 할 금액을 초과하여 납부했거나(過納) 착오에 의해 납부의무 없는 금액을 납부한 경우(誤納), 그리고 세법에 의해 환급해야 할 세액이 있는 경우(부가가치세에 있어서 零稅率이 적용되는 매입세액 등)에 조세채권자(국가·지방자치단체)는 이를 납세자에게 반환하여야 하는데, 이 행위를 환급이라 하고 반환하는 금액을 국세환급금이라 칭한다. 과납과 오납으로 인한 환급금은 법률상 조세로서 납부해야 할 원인이 없음에도 납부한 금전이므로 이는 일종의 부당이득이라 할 수 있고 납세의무자는 당연히 환급청구권을 가지게 되며 조세채권자는 이를 반환할 채무를 부담하게 되는 것이

다. 여기서 국세환급금의 청구권자는 과납 또는 오납한 납세자와 세법에 의하여 환급받을 납세자이고, 국세환급금에 대하여 환급의무를 지는 자는 국가 또는 지방자치단체이다. 또한 국세환급금청구권은 금전채권으로서의 재산권이므로 양도성이 있으며, 이 국세환급금과 그 가산금의 청구권은 이를 행사할 수 있는 때로부터 5년간 행사하지 아니하면 소멸시효가 완성한다.

참조조문 국기법 51~54, 법법 71, 소법 85, 부법 59

환급금의 충당(還給金의 充當; appropriation of refund)

납세자의 납부할 조세와 과세관청이 환급할 국세환급금이 서로 대립하고 있는 경우에 그 대등액에 있어서 이를 서로 동시에 소멸시키는 것을 말한다. 이러한 충당은 필요적 충당과 임의적 충당으로 구분할 수 있는데 필요적 충당은 체납된 국세 및 체납처분비 등의 경우로서 납세자의 의사에 관계없이 세무서장에 의해 충당되며, 임의적 충당은 납세고지에 의하여 납부하는 국세, 세법에 의해 자진납부하는 국세 등의 경우로서 그 충당에 납세자의 동의가 있는 때에 한한다.

참조조문 국기법 51

환매(還買; repurchase)

일단 매도한 물건을 원래의 매도인에게로 다시 파는 계약을 말한다. 그러나 민법에서 정하고 있는 환매의 규정은 실제의 거래와는 부합되지 않는 경우가 많으므로 보통 매매의 예약의 규정(민법 564)을 적용하는 경우가 많다. 첫째, 환매를 할 수 있는 것은 동산이나 부동산을 가리지 않는다. 부동산의 경우에는 환매특약을 등기하여 보존할 수 있다. 둘째, 환매의 대금은 최초의 대금에 계약비용을 합산한 것이어야 하는데, 재매매의 예약에서는 이러한 한정은 없다. 셋째, 환매는 매매계약과 함께 이루어지는 계약으로 일종의 해제권 유보있는 매매이다. 따라서 일단 매매행위가 끝나면 환매를 한다는 특약을 할 수 없다. 그것은 재매매의 예약에 의해서 행하여진다.

참조조문 민법 590~595

환매조건부매매(還買條件附賣買; margin from covering in bonds and securities)
🖉 채권·증권의 환매조건부매매차익 참조

환수효과(還收效果; redemption effect)
영세율제도는 적용단계의 부가가치에 대하여 과세하지 않음은 물론 전단계의 부가가치에 대하여 이미 과세한 부가가치세까지도 모두 환급함으로써 완전면세를 실현하기 위한 제도이다. 그러나 중간거래단계에 영세율이 적용되고 최종거래단계에 다시 부가가치세가 과세되는 경우에는 영세율로 인한 면세액이 최종거래단계에 모두 환수되어 종전의 영세율 효과를 취소하게 되는데, 이를 환수효과(또는 취소효과)라 한다.

환어음(換어음; bill of exchange)
어음의 작성자(발행인)가 제3자(지급인)에 대하여 어음에 기재된 금액을 일정한 기한 내에 어음상의 권리자(수취인 또는 지시인)에게 지급할 것을 위탁하는 유가증권이다.

참조조문 어음법 1~10

환율(換率; rate of exchange)
자국통화와 타국통화 사이의 교환비율을 의미하며, 일국화폐(一國貨幣)의 대외가치를 나타낸다. 이는 형식적으로는 외환의 매매가격이며, 상대국에 대한 일종의 청구권을 의미하므로 외환의 매매는 자국통화의 외국통화와의 교환으로 볼 수 있다.

참조조문 외국환거래법 5

환지처분(換地處分; the disposal of replotting)
도시개발법에 의한 도시개발사업, 농어촌정비법에 의한 농업생산기반정비사업 기타 법률에 의하여 사업시행자가 사업 완료 후에 사업구역 내의 토지소유자 또는 관계인에게 종전의 토지 대신에 그 구역 내의 다른 토지로 바꾸어주는 처분을 환지처분이라 한다. 이에는 사업시행으로 인한 분할·합병·교환의 경우를 포함한다. 소득세법에서는 환지처분으로 지목 또는 지번이 변경되거나 체비지로 충당하는 경우 이를 양도로 보지 아니한다.

참조조문 소법 88 1호, 소령 152 ①

회계공준(會計公準; accounting postulates)

일반적 의미의 공준이란 어떤 이론을 형성하고 전개하는 과정에서 최초로 전제가 되는 명제 또는 가정(假定)을 말하며, 기본적 가정 또는 단순히 전제라고도 한다. 따라서 회계공준이란 회계가 이루어지는 경제적·사회적·정치적인 환경을 귀납적으로 고찰하여 도출이 되는 환경공준(環境公準)으로서 회계이론을 연역적(演繹的)으로 형성하고 전개하기 위하여 불가피하게 요구되는 기본명제 또는 전제조건이다. 다만, 공준의 일반개념으로부터 별도 고려할 필요가 있는 유의점은 순수 선험적인 명제는 회계공준으로 설정하는 것이 적절하지 못하며, 또한 회계공준 그 자체의 성격이나 가치는 환경의 변화에 따라 계속적으로 재평가될 필요가 있다는 사실이다.

회계기간(會計期間; accounting period)

기업실체의 경제적 사상을 측정하여 보고하는 것은 인위적으로 정한 시간적 단위로 행하여야 한다는 기본명제가 기간별 보고의 가정, 즉 회계기간의 가정(공준)이다. 이때 정해진 시간단위를 회계기간 또는 회계연도라고 부르며, 따라서 기업실체의 재무제표는 회계기간단위로 작성되어야 함을 알 수 있다. 그 기간은 경험적으로 1년을 보편적으로 사용하여 왔으나, 회계환경의 급변과 더불어 오늘날에는 그 기간이 점점 짧아지는 경향이 있다. 그것은 회계목적에 부합되는 정보로서 의사결정에 보다 적시성(適時性)이 있는 정보를 제공해 주기 위해서이다.

회계기준(會計基準; accounting standards)

회계행위를 할 때 준수하지 않으면 안될 행위의 지침으로서 사회에 있어서 기업의 회계실무를 이끌어가는 지도원리이다. 다시 말하면 회계기준(會計基準)이란 회계실무를 이끌어가는 일반적·광범위한 지도원리로서 연역적인 회계이론의 시스템 속에서 논리적으로 유도되는 결론이며, 따라서 규범적인 성격을 지녀야 하는 것이라 할 수 있다.

회계변경(會計變更; accounting change)

회계정책의 변경과 회계추정의 변경을 말하는데 회계정책의 변경은 재무제표의 작성과 보고에 적용하던 회계정책을 다른 회계정책으로 바꾸는 것이며, 회계추정의 변경은 기업환경의 변화, 새로운 정보의 획득 또는 경험의 축적에 따라 지금까지 사용해 오던 회계추정치의 근거와 방법 등을 바꾸는 것이다.

기업회계기준서에서는 회계정책의 변경의 경우 변경된 새로운 회계정책은 소급적용하여 그 누적효과를 전기이월이익잉여금에 반영하도록 하고 있다. 전기 또는 그 이전의 재무제표를 비교목적으로 공시할 경우에는 소급적용에 따른 수정사항을 반영하여 재작성해야 하며 비교재무제표상의 최초 회계기간 이전의 회계기간에 대한 수정사항은 비교재무제표상 최초회계기간의 전기이월이익잉여금을 수정하는 방법으로 표시하도록 하고 있다. 그러나 재고자산의 평가방법을 선입선출법에서 후입선출법으로 변경하는 경우와 같이 그 누적효과를 합리적으로 결정하는 것이 불가능할 경우에는 회계변경을 전진적으로 처리하여 그 효과가 당기와 당기 이후의 기간에 반영될 수 있도록 규정하고 있다. 한편, 회계추정의 변경은 전진적으로 처리하여 그 효과를 당기와 당기 이후의 기간에 반영해야 하며, 회계정책의 변경과 회계추정의 변경이 동시에 이루어지는 경우에는 회계정책의 변경에 의한 누적효과를 먼저 계산하여 소급적용한 후 회계추정의 변경효과를 전진적으로 적용한다. 또한 회계변경의 속성상 그 효과를 회계정책의 변경효과와 회계추정의 변경효과로 구분하기가 불가능한 경우에는 이를 회계추정의 변경으로 본다.

참조조문 K-IFRS 1008호 5, 일반기준 5장 5.1~5.20

회계연도 독립의 원칙(會計年度 獨立의 原則; principle of one-year budget)
국가 또는 지방자치단체의 세입·세출을 구분·경리하고, 그 수지현황을 명백히 하기 위하여 회계연도를 설치하고, 각 회계연도의 경비는 그 연도의 세입으로 지불하며, 각 회계연도의 세출은 원칙적으로는 익년도에 사용할 수 없도록 하는 것을 회계연도 독립의 원칙이라 한다.

회계추정(會計推定; accounting estimate)
자산과 부채의 현재 상태를 평가하거나 관련 자산·부채의 예상되는 미래효익과 의무를 평가한 결과에 따라 자산이나 부채의 장부금액 또는 기간별 자산의 소비액을 추정하는 것을 말한다.

참조조문 K-IFRS 1008호 5

회수가능액(回收可能額; recoverable amount)
자산의 순공정가치와 사용가치 중 큰 금액이다. 자산의 장부가액이 회수가능액에 초과하는 경우에 손상차손을 인식한다.

참조조문 K-IFRS 1016호 6

후입선출법(後入先出法; last-in first-out method)
재고자산의 단가를 산정하는 방법으로서 실제물량의 흐름과는 관계없이 가장 최근에 매입한 상품이 먼저 판매된 것으로 가정하여 매출원가와 기말재고로 구분하는 방법이다. 후입선출법을 적용하는 주된 목적은 인플레이션(물가상승)시 가공이익을 배제함으로써 절세효과를 얻음과 동시에 자본유지를 도모하기 위함이다.

참조조문 법령 74 ① 1호 다목, 소령 92 ② 3호

훈령(訓令; instructions)

상급관청이 하급관청의 권한행사를 지휘하기 위해 발하는 명령이다. 예방적 감독의 중추적 수단이며 특별한 법적 근거를 요하지 않고 감독권의 당연한 작용으로서 행할 수 있다. 훈령은 원칙적으로 관보를 통해 공시하지만 공시하지 않는 것을 내훈(내규)이라고 하며 상급관청의 하급관청에 대한 명령인 점에서 상관의 부하공무원에 대한 직무상의 명령인 직무명령과 구별된다.

휴업(休業; closing)

사업을 얼마 동안 쉬는 것을 휴업이라 하며 그 사업을 실질적으로 휴업하는 날을 휴업일이라 한다. 계절적인 사업에 있어서는 그 계절이 아닌 기간을 휴업기간으로 본다.

(참조조문) 부령 13

희석주당이익(稀釋株當利益; diluted earnings per share)

모든 희석효과가 있는 잠재적보통주의 영향을 고려하여 지배기업의 보통주에 귀속되는 당기 순손익 및 가중평균보통유통주식수를 조정하여 계산한 주당이익을 말한다. 희석주당이익의 목적은 기본주당이익과 같다. 경영성과에 대한 보통주 1주당 지분의 측정치를 제공하는 것이다. 희석주당이익은 특정 회계기간에 유통된 모든 희석성 잠재적보통주의 영향을 고려하여 다음과 같이 계산한다.

① 지배기업의 보통주에 귀속되는 당기순손익에 희석성 잠재적보통주와 관련하여 그 회계기간에 인식된 배당과 이자비용에서 법인세효과를 차감한 금액을 가산하고, 그 밖의 희석성 잠재적보통주가 보통주로 전환되었다면 변동되었을 수익 또는 비용을 조정한다.

② 가중평균유통보통주식수에 모든 희석성 잠재적보통주가 보통주로 전환되었다고 가정할 경우 추가적으로 유통되었을 가중평균유통보통주식수를 가산한다.

(참조조문) K-IFRS 1033호 31~32

찾아보기

· ㄱ ·

가결산　9
가계정　9
가공이익　9
가등기　10
가사관련비　10
가산법　10
가산세　10
가설재　11
가속상각　11
가수금　11
가압류　11
가업상속　12
가중처벌　13
가중평균법　13
가중평균차입이자율　13
가지급금　14
가지급금인정이자　14
가처분　15
가처분소득　15
각 사업연도의 소득　15
각하　16

간이과세　16
간이세액표　17
간이세율　17
간접상각　17
간접세　18
간접소비세　18
간접외국납부세액　18
간주　19
간주공급　19
간주원가　19
간주임대료　19
간편장부대상자　20
감가상각　20
감가상각누계액　21
감가상각방법　21
감가상각범위액　22
감가상각부인액　22
감가상각시부인　22
감가상각시인부족액　22
감가상각의 요소　23
감가상각의 의제　23
감가상각한도초과액　23
감면　23

감모상각 24
감모자산 24
감사 24
감사원 25
감사테이프 25
감자 25
감자차손 26
감자차익 26
감정가격 26
감정기관 26
감정평가수수료 27
감채기금 27
강제적립금 27
강제집행 27
강제징수 28
강제환가 28
강행규정 28
개량비 29
개발부담금 29
개발비 29
개별법 30
개별상각 31
개별소비세 31
개업비 31
개업일 32
개인적공급 32
개인종합자산관리계좌 33
개체 33
갱신 33
거래과세 33
거래단계 34
거래명세서 34

거래세 34
거래시기 34
거래장소 35
거래징수 35
거소 35
거주자 36
거주지주의 36
거증책임 36
건설계약 36
건설업 37
건설자금이자 37
건설중인자산 37
건설형 공사계약 37
결산 38
결산재무제표 38
결산조정 38
결산확정일 38
결손금 38
결손금의 소급공제 39
결손금의 이월공제 39
결손금처리계산서 39
결손금통산 40
결손보전 41
결손처분 41
결정 41
결정세액 42
결정소득금액 42
결정통지 42
결제옵션 42
결합재무제표 42
경감세율 43
경과규정 43

경락 43
경로우대공제 43
경매 44
경업금지의무 44
경영성과 45
경정 45
경정청구권 45
경조금 46
계산서 46
계속기록법 46
계속기업 47
계속성 47
계약수익 47
계약원가 48
고가매입 48
고가주택 48
고급오락장 49
고발 49
고소 49
고시 50
고시가격 50
고용계약 50
고용창출투자세액공제 50
고유목적사업 51
고유목적사업준비금 51
고유번호 51
고정비 52
고정사업장 52
고지세액 52
골프회원권 52
공고 53
공공단체 53

공공법인 53
공공보조금 54
공공사업비 54
공공요금 54
공공재 54
공과금 54
공급가액 55
공급대가 55
공급시기 55
공급장소 55
공동경비의 손금불산입 55
공동면허 56
공동사업 56
공동사업자의 소득세부과 56
공동사업합산과세 57
공동상속 57
공동소유 57
공동약정 58
공동자산 58
공동지배 58
공동지배기업 58
공동지배사업 59
공동지배자산 59
공매 59
공매보증금 60
공매참가의 제한 60
공사부담금 60
공사수익 61
공사완성기준 61
공사원가 62
공사진행기준 62
공사채 62

공소 62
공소시효 63
공시 63
공시송달 63
공시지가 64
공업소유권 64
공유 64
공유물 65
공유지분 65
공익사업용 토지 65
공익성기부금 66
공익신탁 66
공인회계사 66
공인회계사법 67
공장입지기준면적 67
공장재단 67
공정가치 68
공정가치위험회피회계 68
공제대상배우자 68
공제법 69
공제사업 69
공증 69
공채 69
공채이자 69
공탁 70
공통매입세액 70
공통손금 70
공통손익 70
공통익금 71
공통필요경비 71
공포 71
공항시설관리권 71

과거근무원가 72
과대평가 72
과료 72, 73
과밀억제권역 73
과세가격 73
과세가액 73
과세객체 74
과세거래 74
과세권 74
과세권자 75
과세기간 75
과세기준일 75
과세단위 75
과세대상 75
과세문서 76
과세물건 76
과세물품 76
과세사업 76
과세소득 76
과세연도 77
과세요건 77
과세요건명확주의 77
과세요건법정주의 78
과세유형 78
과세유형전환 78
과세유흥장소 78
과세의 공평 79
과세자료 79
과세장소 79
과세전적부심사 79
과세주체 80
과세처분 80

과세처분의 무효 80
과세처분의 취소 80
과세처분의 하자 81
과세최저한 81
과세표준 81
과세표준신고기한 81
과세표준신장률 82
과세표준안분계산 82
과세표준확정신고 82
과소신고가산세 83
과소자본세제 83
과실 84
과오납 85
과오납금 85
과점주주 85
과징금 85
과태료 86
관계기업 86
관리회계 86
관보 87
관세 87
관세법 87
관세사 87
관세율 87
관세율표 88
관세환급제도 88
관습법 88
관할 89
관할세무서 89
관허사업 89
광고선전비 89
광구 90

광업 90
광업권 90
광업재단 91
교부금 91
교부송달 91
교부청구 91
교육비공제 92
교육세 92
교육용역 93
교제비 93
교통·에너지·환경세 93
교환계약 93
교환사채 94
구매확인서 94
구분경리 95
구상권 95
구상무역 95
구상채권상각충당금 96
구조조정 96
국가공동상속설 96
국경세조정 97
국고보조금 97
국내원천소득 97
국민주택 98
국민주택건설용지 98
국방헌금 98
국세 99
국세기본법 99
국세부과원칙 99
국세심사위원회 100
국세심사청구제도 100
국세우선징수권 100

국세징수권소멸시효 101
국세징수법 101
국세징수의 예 101
국세청 102
국세청장 102
국세체납정리위원회 102
국세체납처분 103
국세체납처분기관 103
국세환급가산금 103
국세환급금 103
국세환급금통지서 104
국외사업장 104
국외원천소득 104
국제관습법 105
국제법 105
국제이중과세 105
국제입찰하도급납품업 106
국제조세조정에관한법률 106
국채 106
군납면제 107
권리구제제도 107
권리금 107
권리능력 108
권리의무확정주의 108
권리주체 109
권리증 109
권리취득 109
귀속 110
귀속소득 110
귀속시기 110
귀속주의 111
귀착 111

균등분 111
균등상각법 112
균형예산 112
근거과세 112
근로소득 112
근로소득간이세액표 113
근로소득공제 113
근로소득세액공제 114
근로소득지급명세서 115
근로소득지급시기의제 115
근로장려금 116
근로장려세제 116
근속연수 117
근저당 117
금반언의 원칙 117
금융리스 118
금융부채 119
금융상품 119
금융소득종합과세 120
금융실명거래및비밀보장에관한
　　법률 120
금융자산 120
금융자산소득 121
금융재산상속공제 121
금융지주회사 121
금전등록기 122
금지금 122
급료·임금 123
급여채권의 압류제한 123
기각 123
기간 124
기간세 124

기간손익계산 125
기계장치 125
기관투자자 125
기능통화 126
기대가치 126
기말재고자산 126
기본공제 127
기본주당이익 127
기본통칙 127
기부금 128
기부금세액공제 129
기부금영수증불성실발급가산세 128
기부금의 범위 128
기부채납 129
기소 130
기속력 130
기수시기 131
기술연구단체 132
기업결합 132
기업구조조정 133
기업인수합병 133
기업합병 133
기업회계기준 134
기여분 135
기장 135
기장세액공제 135
기준경비율 136
기준내용연수 136
기준시가 137
기준조사 137
기준환율 138
기증자 138

기초가액 138
기초공제 138
기타소득 139
기타포괄손익누계액 139
기한 139
기한내신고 140
기한후신고 140

ㄴ

낙찰 141
납기 141
납기전징수 141
납기전징수의 고지 142
납부 142
납부기한 142
납부기한의 연장 143
납부불이행 143
납부서 143
납부세액 144
납부세액·환급세액의 재계산 144
납부지연가산세 144
납부최고서 145
납부통지 145
납세고지 145
납세고지서 146
납세관리인 146
납세담보 146
납세병마개 147
납세보전 147
납세보전제도 147

납세보증보험 147
납세보증서 148
납세보증인 148
납세의무 149
납세의무(납부의무)의 소멸 149
납세의무의 성립 149
납세의무의 승계 149
납세의무의 확정 150
납세의무자 150
납세자 150
납세자권리헌장 151
납세자보호관 151
납세조합 152
납세조합불납가산세 152
납세증명서 153
납세증지 153
납세지 153
납세지도교부금 154
납세지변경신고 154
납액조서 154
납입관리자 155
납품서 155
내국법인 155
내국세 156
내국신용장 156
내국인 156
내부감사 157
내부거래 157
내부미실현손익 158
내부적으로 창출한 무형자산 158
내부적으로 창출한 영업권 159
내용연수 159

내재이자율 159
내재파생상품 159
노무출자사원 160
농가부업적인 축산의 범위 160
농어가부업소득 160
농어촌소득원개발사업 161
농어촌특별세 161
농지 162
농지교환·분합 162
누적기간 163
누적유급휴가 163
누적효과 163
누진세율 164

· ㄷ ·

다가구주택 165
다국적기업 165
다단계거래세 166
다단계매출세 166
단기금융상품 166
단기매매증권 166
단기손해보험 167
단기재상속에 대한 세액공제 167
단기종업원급여 167
단수처리 168
단순가공식료품 168
단순경비율 168
단순정액세율 168
담배소비세 169
담보 169

담보가등기 169
담보보전 170
담보부어음 170
담보재산의 평가 171
담세력 171
담세자 172
담합행위 172
당사자소송 172
당좌대출이자율 172
대고객환율 173
대금업 173
대도시 173
대리납부 174
대물변제 174
대변계정 174
대손금 175
대손세액공제 175
대손충당금 175
대습상속 176
대여 176
대여금 177
대여금 및 수취채권 177
대위변제 177
대체거래시스템 178
대표공동사업자 178
대행수출 179
덕대 179
도급 179
도매업 180
도선업 181
도세, 시·군·구세, 특별시세,
　광역시세 181

도정업 181
독립채산제 182
독점과세 182
독점규제및공정거래에관한법률 182
독촉 183
독촉장 183
동산 184
동시조사 184
동업자권형 185
등기 185
등록 185
등록말소 186
등록면허세 187
등록정정 187
디자인권 188

• ㄹ •

레저세 189
로열티수익 189
리스 190
리스기간 190

• ㅁ •

만기보유금융자산 191
만기보유증권 191
매각 191
매각예정가격 192
매도가능금융자산 192

매도가능증권 192
매도담보 193
매도옵션 193
매수법 193
매입세액 194
매입세액불공제 194
매입세액안분계산 194
매입에누리 195
매입채무 196
매입처별세금계산서합계표 196
매입할인 196
매출 196
매출가격환원법 197
매출세 197
매출세액 197
매출에누리 198
매출원가 198
매출채권 198
매출처별세금계산서합계표 199
매출총손익 199
매출할인 199
면세 199
면세물품 200
면세반출 200
면세사업 201
면세소득 201
면세용역 202
면세재화 202
면세점 202
면세주류 203
면세포기 203
면제 203

면제대상자 204
면제사업 204
멸실 204
명목회사 205
명예퇴직수당 205
명의개서 205
명의신탁 206
목적세 206
무권대리 206
무능력자 206
무담보배서 207
무면허주류제조범 207
무보증잔존가치 208
무상주 208
무상증자 208
무제한납세의무자 208
무조건면세 209
무체재산권 209
무한책임사원 209
무형자산 210
문리해석 211
문예창작소득 211
물가변동회계 212
물가지수 212
물납 212
물적납세의무 213
물적분할 213
미가공식료품 214
미결산계정 214
미납부가산세 214
미납세반출 214
미달납부세액 또는 미달세액 215

미등기양도자산 215
미등록가산세 216
미등록사업자 217
미래경제적효익 217
미래현금흐름 217
미상각잔액 218
미성공사 218
미성년자공제 218
미수수익 218
미실현보유손익 219
미실현이익 219
미지급금과 미지급비용 220
미지급기부금 220
미지급배당금 221
미착품 221
미처분이익잉여금 222
미환류소득 222

ㆍ ㅂ ㆍ

반입신고 223
반입증명 223
반제품 224
반출 225
반출의제 225
받을어음 226
발기인 226
발생기준 227
발생주의 227
배당가산액 228
배당금 또는 분배금의 의제 228
배당금수익 230
배당락 230
배당세액공제 230
배당소득 231
배당소득지급시기의 의제 232
배분계산서 232
배우자 등에게 양도한 재산의 증여
　　추정 233
배우자공제 232
배우자상속공제 234
법규명령 234
법무서비스업 235
법인 235
법인사무처리규정 235
법인설립신고 236
법인세 236
법인세비용(법인세수익) 237
법인세비용차감전계속사업손익 237
법인세비용차감전순손익 237
법인세의 기간배분 238
법인세확정신고서의 제출 238
법인실재설 238
법인으로 보는 단체 239
법인전환 240
법정과실 240
법정관리인 241
법정납부기한 241
법정내용연수 242
법정상속분 242
법정적립금 243
법정준비금 243
벽지수당 244

변동비 244
별도재무제표 245
별도적립금 245
보고기간후사건 245
보고불성실가산세 246
보복관세 247
보세가공업 248
보세공장 248
보세구역 249
보세임가공업 249
보세창고 249
보유손익 250
보전압류 250
보정요구 251
보조원장 252
보존등기 252
보증금 253
보증보험 253
보통징수 253
보험료공제 254
보험수리적 가정 254
보험수리적 손익 255
보험증권 255
보험차익 255
복구원가 256
복권당첨소득 256
복리후생비 256
복식부기 257
복식부기의무자 257
복합금융상품 257
본등기 258
본세 258

본점 258
봉사료수입금액 259
부가가치세 259
부가세 260
부과결정 260
부과과세제도 261
부과철회 261
부과취소 262
부녀자공제 262
부담금 263
부담부증여 263
부당한 처분 264
부당행위계산부인 264
부대비용 265
부도수표 265
부도어음 266
부동산매매업자 266
부동산에 관한 권리 267
부동산을 취득할 수 있는 권리 268
부동산투자회사 268
부분품 268
부불금 269
부산물 269
부속명세서 270
부수재화, 부수용역 270
부외부채 271
분개장 271
분납 272
분류과세 272
분리과세 273
분식결산 273
분할 274

분할합병 274
불가피한 사고 274
불가항력 275
불고불리의 원칙 275
불명자료 275
불복청구 276
불이익변경금지의 원칙 277
비거주자 277
비과세소득 278
비망가액 278
비밀적립금 279
비사업용 토지 279
비상위험준비금 279
비상장주식의 평가 280
비업무용 자산 280
비영리법인 281
비영업대금의 이익 281
비영업용 승용자동차 282
비용 282

● ㅅ ●

사내근로복지기금 283
사내유보 284
사단법인 284
사업결합 285
사업서비스업 285
사업소득 285
사업연도 286
사업연도의 변경신고 286
사업용계좌 287
사업의 양도·양수 287
사업자단위 과세 287
사업자등록 288
사업장 289
사업장현황신고 289
사외유출 289
사외적립자산 290
사용가치 290
사용대차 290
사용수익권 291
사용수익기부자산 291
사인증여 291
사전과세 292
사전약정 292
사채 292
사채발행비 293
사채발행차금 293
사해행위의 취소 294
사행행위 294
산업재산권 294
상각자산 294
상각후원가 295
상속개시일 295
상속세 296
상속재산 296
상속재산관리인 296
상업적 실질 297
상장법인 297
상표권 297
상품권 298
상향판매거래 298
상환주식 299

생물자산 299
서류의 송달 299
선급금 300
선급비용 300
선물거래 301
선수금 301
선수수익 302
선일자수표 302
선입선출법 302
세관 303
세금계산서 303
세금계산서합계표 304
세무공무원 304
세무사 305
세무사법 305
세무조사 305
세무조정 306
세무조정계산서 306
세무회계 307
세법 307
세법의 목적 307
세법적용의 원칙 308
세법해석 308
세액감면 309
세액공제 309
세율 309
세입징수관 310
소급과세금지 310
소급재작성 311
소득 311
소득공제 312
소득세 312

소득원천설 313
소득처분 313
소매업 314
소멸시효 314
소비대차 314
소비성서비스업 315
소비세 315
소액부징수 316
소액심판 316
소액주주 317
소유권보존 317
소유권이전 317
소인 318
소전 318
속인주의 318
속지주의 319
손금 319
손금불산입 319
손비 320
손상차손 320
손실 320
손실보상 320
손실부담계약 321
손익계산서 321
손익법 322
손익분기점 322
손익의 귀속사업연도 322
손해배상금 323
송달 323
송장 324
수권자본 324
수시부과 324

수의계약 325

수익 326

수익·비용대응의 원칙 326

수익사업 326

수익자부담금 327

수익적지출 327

수입세금계산서 328

수입재화 328

수정세금계산서 328

수정신고 329

수출대행 330

수탁판매 330

수표 331

순공정가치 331

순매입액 331

순손실 331

순실현가능가치 331

순액주의 332

순자산 332

순자산증가설 332

스톡옵션 333

시가법 333

시가표준액 333

시가표준액조정월수 334

시용판매 334

시장위험 334

시장이자율 335

시장조건 335

시행규칙 335

시행령 335

시행일 336

시효 336

시효의 정지 337

시효의 중단 337

식별가능성 338

신고 338

신고·납부 339

신고·납부불성실가산세 339

신고기한 338

신고납세제도 340

신고의무 340

신설합병 340

신용위험 340

신용장 340

신용카드 341

신의성실의 원칙 341

신주발행비 342

신주인수권 342

신주인수권부사채 342

신탁 343

신탁의 이익 343

실명거래 343

실비변상적 성질의 급여 344

실사법 344

실용신안권 344

실지조사 345

실지조사결정 345

실질과세의 원칙 345

실체법 346

실현보유손익 346

실현이익 346

실현주의 347

실효세율 347

심사청구 347

찾아
보기

심판청구 348

• ○ •

IFRS 349
압류 349
압류금지재산 350
압류대상재산 350
압류선착수주의 351
압류의 요건 351
압류의 해제 353
압류재산의 환가 353
압류조서 353
압류통지서 354
압축기장충당금 354
액면가액 355
액면주식 355
약정이자 355
양도 356
양도가액 356
양도담보 357
양도비용 357
양도소득과세표준 358
양도소득과세표준예정신고 358
양도소득금액 358
양도소득기본공제 359
양도차익 359
양벌규정 359
어업권 360
업무무관비용 360
업무무관자산 360

업무용승용차 361
업무총괄장소 362
업종별고정자산 362
역진세율 362
역취득 363
연결실체 363
연결재무제표 363
연구인력개발비세액공제 364
연금계좌세액공제 364
연금소득 364
연금소득공제 365
연대납세의무 365
연대보증 366
연말정산 366
연부연납 367
연불매매 367
연서 368
연지급수입 368
연차재무제표 369
연체료·연체이자 369
열람청구권 369
염가갱신선택권 369
염가매수 370
염가매수선택권 370
영구적 시설 370
영구적 주소 371
영구적 차이 371
영리법인 371
영세율 372
영세율 등 조기환급 373
영세율과세표준신고불성실
  가산세 373

영세율첨부서류 374
영수증 374
영수증수취명세서미제출가산세 375
영업권 375
영업권상각 375
영업권평가 376
영업비용 376
영업손익 377
영업수익 377
영업양도 377
영업외비용 377
영업외손익 378
영업외수익 378
영업이익 378
영업이익률 378
영치 378
예규 379
예납기간 379
예납세액 380
예상거래 380
예상손실 380
예술창작품 380
예약판매 380
예정신고 381
옵션부사채 381
완성도기준지급 381
외교관면세 382
외국납부세액의 공제한도액 382
외국납부세액의 손금산입제도 383
외국법인 383
외국법인세액 384
외국법인의 국내사업장 384

외국법인의 납세의무 384
외국소득세액 385
외국인 385
외국인투자촉진법 386
외국항행사업 386
외부감사 386
외상매출금 387
외주가공비 387
외화매입증명서 387
외화수입금액 388
외화입금증명서 388
외화자산·부채 388
외화획득명세서 389
외환차이 389
용선 389
용역 389
용역공급 390
우리사주조합 391
우발부채 391
우발자산 392
우선주 392
우편송달 393
운수 393
운용리스 393
운전자본 394
원가 394
원가계산 395
원가모형 395
원가법 395
원가보상계약 396
원가차이 396
원단위투입량 397

찾아
보기

원장 397
원천과세 398
원천징수납부불성실가산세 398
원천징수불이행범 398
원천징수영수증 399
원천징수의무자 399
원천징수제도 400
월세세액공제 400
월할경비 401
위법소득 401
위약금 401
위임 402
위임장 402
위자료 403
위장거래 403
위조 404
위탁판매 404
위험회피관계 404
위험회피대상항목 405
위험회피수단 405
위험회피회계 405
유가증권 406
유가증권의 취득가액 406
유가증권의 평가 406
유권해석 407
유동부채 407
유동자산 408
유보 408
유산 409
유산과세방식 409
유산분할 409
유산취득과세방식 410

유상사급 410
유상증자 410
유언 411
유의적인 영향력 411
유족연금 412
유족일시금 412
유증 412
유지관리비 413
유추해석 413
유치권 413
유한책임사원 414
유한회사 414
유형자산 415
유효이자율 415
유휴설비 416
유휴자산 416
은닉된 이익처분 416
응능부담의 원칙 416
응익부담의 원칙 417
의견진술권 417
의료비공제 417
의무발생사건 418
의제매입세액 418
의제반출 420
의제배당 420
의제사업연도 420
의제상속재산 421
의제외국납부세액 421
의제의무 421
이동평균법 422
이사 422
이사회 422

이연법인세 423
이연법인세부채 423
이연법인세자산 423
이월결손금 424
이월공제 424
이월상품계정 425
이월손익 425
이월이익잉여금 425
이월익금 426
이월징수 426
이의신청 426
이의신청기간 427
이익 427
이익배당금 427
이익잉여금 428
이익잉여금처분계산서 428
이익준비금 429
이익처분 429
이익처분에 의한 상여 429
이자소득 429
이전가격 430
이전가격과세 430
이전대가 431
이전등기 431
이중과세 432
익금 432
익금불산입 432
익금산입 433
익명조합 433
인격승계설 434
인도기준 434
인용 434

인적공제 435
인적과세 435
인적납세의무 435
인적용역 436
인정과세 436
인정상여 436
인정이자 437
인지 437
인지붙임 437
인지붙임에 갈음한 표시 437
인지세 438
일괄공제 438
일람출급 438
일람출급어음 439
일반소비세 439
일반적으로 인정된 회계원칙 439
일반회계 440
일변 440
일사부재리 440
1세대1주택 441
일시상각충당금 442
일시적차이 442
일시퇴거자동거가족상황표 443
일용근로자 443
임가공 444
임대차 444
임시사업장 444
임시수입부가세 445
임원 445
임원상여 445
임원퇴직금 446
임의규정 446

임의법규 447
임의상각 447
임의적 기재사항 447
임의적립금 447
임의조사 448
임의조합 448
임의평가 448
임차권 449
임차료 449
임치 450
입목 450
입증책임 450
입찰 450
입회인 451
입회조사 451
잉여금 451
잉여금처분 452

ㅈ

자가공급 453
자금출처조사 453
자기부과과세제도 454
자기자본 454
자기주식 455
자기지분상품 455
자동차세 456
자력집행권 456
자료제출의무 457
자본 457
자본거래 457

자본금 458
자본금과적립금조정명세서 458
자본변동표 458
자본의 원입 459
자본잉여금 459
자본적지출 459
자본전입 460
자본조정 461
자본준비금 461
자산소득 461
자산수증이익 461
자산유동화전문회사 462
자치단체조합 462
자회사 463
작업진행률 463
작업폐물 463
잔여재산 464
잔여재산가액 464
잔존가액 464
잔존가치 465
잔존내용연수 465
잠재적 보통주 465
잠재적 의결권 465
잠정세율 466
장기도급계약 466
장기보유특별공제 467
장기차입금 467
장기할부판매 467
장닉 467
장려금 468
장례비용 468
장부가액 469

장부소각·파기·은닉범 469
장애인 469
장애인공제 470
재경정 470
재고납부세액 471
재고매입세액 471
재고자산 471
재고자산감모손실 472
재고자산의 평가 472
재고자산평가손실 473
재고자산회전율 473
재공매 474
재공품 474
재단법인 474
재단저당 475
재량 475
재량행위 475
재매매의 예약 476
재무보고를 위한 개념체계 476
재무상태 477
재무상태표 477
재무제표 478
재산권 478
재산목록 479
재산법 479
재산세 479
재산의 소재지 480
재산취득자금 등의 증여추정 480
재정환율 480
재차증여 481
재평가모형 481
재할인 481

재해손실공제 482
재해손실세액공제 482
재화 482
재화의 간주공급 483
재화의 공급 483
재화의 의제공급 485
재활용폐자원 등에 대한 매입세액
  공제 485
쟁점주의 485
저가법 485
저가양도 486
저당권 486
저작권 487
저작권사용료 487
저작권의 평가 487
저장품 487
저축성보험차익 488
적격자산 488
적격증빙 489
적립금 489
적송품 490
적정임대료 490
전가 490
전기가스공급시설이용권 490
전기오류수정손익 491
전단계세액공제방식 492
전대리스 492
전부명령 492
전신전화전용시설이용권 493
전용측선이용권 493
전자세금계산서 493
전자신고 494

전자출판물 494
전표 495
전환권 495
전환사채 495
전환원가 496
전환주식 496
절세 496
절차법 496
점유 497
접대비 497
정관 497
정률법 498
정상가격 498
정상가액 498
정액과세 499
정액법 499
제2차납세의무 500
제세공과금 499
제조간접비 500
제조원가 500
제조원가명세서 500
제척기간 501
제품 501
제한납세의무자 501
제한세율 502
조건부 대가 502
조건부압류금지재산 502
조광권 503
조기환급 503
조례 503
조리 504
조세 504

조세감면 504
조세감면의 사후관리 505
조세객체 505
조세공과 505
조세벌 505
조세범 506
조세범처벌법 506
조세범처벌절차법 506
조세범칙행위 506
조세법 507
조세법률관계 507
조세법률주의 507
조세법의 기본원칙 507
조세부과원칙 508
조세부담률 508
조세수입 508
조세심판관 508
조세심판원 509
조세의 전가 509
조세의 중립성 510
조세의 징수 510
조세의 환급 511
조세정책 511
조세조약 511
조세주체 511
조세질서범 512
조세특례제한법 512
조세평등의 원칙 512
조세포탈범 513
조세피난처 513
조세회피행위 513
조인트벤처 513

조정계산서 514
조정리스료 514
조합원입주권 514
종가세 515
종량세 515
종속기업 515
종업원 516
종합과세 516
종합부동산세 516
종합상각 517
종합소득공제 517
종합소득세 518
주권 518
주권상장법인 518
주류 519
주민세 519
주민세의 가산세 519
주민세의 납세의무자 519
주사업장총괄납부 520
주석 521
주세 521
주세법 521
주소 521
주식기준보상거래 522
주식등변동상황명세서 522
주식매수선택권 522
주식매입권 523
주식명의개서 523
주식발행초과금 523
주식배당 524
주식병합 524
주식분할 524

주식상장 524
주식의 소각 525
주식의 평가 525
주식인수 525
주식청약금 525
주식할인발행차금 526
주식회사 526
주주 526
주주총회 527
준비금 527
중간신고 528
중간예납 528
중간재무보고서 528
중단영업 529
중소기업 529
증권 529
증권거래세 530
증분차입이자율 530
증여세 530
증여재산 531
증자 531
지급명세서 532
지급이자 531
지목 533
지방공공단체 533
지방교육세 533
지방세 533
지방세법 534
지방세심의위원회 534
지방소득세 534
지배주주 535
지배회사 535

찾아
보기

지분 535
지분법 535
지분법피투자회사 536
지분상품 536
지분통합법 536
지상권 536
지역권 537
지역자원시설세 537
지적 538
지점세 538
지정상속분 539
지주회사 539
지체상금 540
지출세 540
지출증빙 540
직계존비속 541
직권등록 541
직장공제회초과반환금 541
직접상각 541
직접세 542
질권 542
질문·검사권 542
집합투자기구로부터의 이익 543
징수권 543
징수권의 소멸시효 543
징수순위 543
징수유예 544
징수의무자 544
징수촉탁 544

• ㅊ •

차감징수세액 545
차감환급세액 545
차변계정 546
차입금 546
차입원가 546
참가압류 546
채권 547
채권·증권의 환매조건부매매차익 547
채권·채무조정 548
채권자가 불분명한 차입금이자 549
채권자대위권 549
채무 550
채무면제이익 550
채무불이행 550
채석권 551
책임벌 551
천연과실 552
철회 552
청구 552
청구권 553
청산 553
청산배당 553
청산소득 554
청산인 554
체납 554
체납처분 555
체납처분비 555
체납처분유예 555
체납처분의 중지 556

체비지 556
체선료 556
초과누진세율 556
초과수익력 557
초과수익률 557
초과압류금지 557
초과이윤세 557
초과청구공사 558
촉탁 558
총괄주의 558
총수입금액 559
총액주의 559
총평균법 559
최고 560
최소리스료 560
최저한세 560
추가공제 561
추계결정 561
추정상속인 562
추징세 562
출고간주 562
출연 563
출자 563
출자전환 563
출자지분 564
충당 564
충당금 564
충당부채 564
취득세 565
취득시기 565
취득원가 565
취소소송 565

측정기간 566
친족 566

• ㅋ •

코넥스 시장 567
코스닥 시장 567
콘도미니엄 회원권 568

• ㅌ •

탄력세율 569
탈세 569
탈세범 569
토지 569
토지대장 570
토지등양도소득에 대한 법인세 570
토지수용 570
토지초과이득세법 571
통고처분 571
통칙 571
통화관련 파생상품 572
퇴직금 572
퇴직급여 572
퇴직급여충당금 572
퇴직소득 573
퇴직소득공제 573
퇴직연금 573
퇴직위로금 574
투자부동산 574

투자신탁 574
투자차액 575
특별공제 575
특별법인 576
특별징수 576
특별징수의무자 576
특수관계자 576

• ㅍ •

파산선고 577
파생금융상품 577
파생상품 578
판례 578
판매비와관리비 579
판매장려금 579
판매후리스 580
폐업시의 잔존재화 580
포괄손익 580
포괄손익계산서 581
포상금 581
표시통화 582
표준세액공제 582
표준세율 582
피보험자 583
피상속인 583
피합병법인 584
필요경비 584
필요경비개산공제 584

• ㅎ •

하도급 585
하자보증금 585
하치장 585
하향판매거래 586
학교법인 586
한국자산관리공사 586
한국채택국제회계기준 587
한국표준산업분류 587
한시법 588
할부판매 588
합계잔액시산표 588
합명회사 589
합법성의 원칙 589
합병 590
합병교부금 590
합병등기 590
합병재무제표 591
합병차익 591
합산과세 591
합자회사 591
항고소송 592
항목별공제 592
해산 592
해산명령 593
해외사업환산손익 594
해외접대비 594
해지불능리스 594
행정소송 594
행정심판전치주의 595
허위계약 595

헤지회계 596
현금결제선택권 596
현금성자산 596
현금영수증 596
현금주의 597
현금주의과세 597
현금창출단위 597
현금흐름위험회피회계 598
현금흐름표 598
현물출자 599
현물출자설 599
현재의무 599
현행대체원가 600
현행환율법 600
협정세율 601
화폐대용증권 601
화폐성·비화폐성법 601
화폐성자산·부채 601
확정구매계약 602
확정급여제도 602
확정기여제도 602
확정신고 603
확정신고납부 603

확정전보전압류 604
환가유예 604
환가처분 604
환급 604
환급금의 충당 605
환매 605
환매조건부매매 606
환수효과 606
환어음 606
환율 606
환지처분 606
회계공준 607
회계기간 607
회계기준 608
회계변경 608
회계연도 독립의 원칙 609
회계추정 609
회수가능액 609
후입선출법 609
훈령 610
휴업 610
희석주당이익 610

찾아
보기

최신 세무 · 회계 용어사전

정가 25,000원

편   저   ㈜영화조세통람 편집부
발행인   서 동 혁

발행처   ㈜영화조세통람

펴낸날   1992년 10월 23일 초판 발행
         1996년 10월 25일 개정증보판 발행
         1999년 9월 20일 전정판 발행
         2001년 8월 20일 개정3판 발행
         2004년 2월 13일 개정4판 발행
         2006년 8월 10일 개정5판 발행
         2008년 8월 14일 개정6판 발행
         2011년 9월 22일 개정7판 발행
         2014년 9월 2일 개정8판 발행
         2016년 8월 24일 개정9판 발행
         2019년 10월 17일 개정10판 발행

인지 생략

주 소   서울특별시 중구 동호로 14길 5-6 (신당동)
등 록   1976. 11. 5. 제9-81호
전 화   대   표   02) 2231-7027   Fax 02) 2234-1754
         출 판 팀   02) 2231-7141   Fax 02) 2231-7994

구입문의   (02) 2231-7027~9   ISBN   979-11-6064-145-5   13320

㈜영화조세통람은 좋은 책을 만들기 위해 독자 여러분의 의견을 기다립니다.
E·mail(josetop@inaus.co.kr)과 홈페이지(www.taxnet.co.kr)의 고객지원센터 "고객의 소리" 코너

㈜영화조세통람 발행도서는 정확하고 권위 있는 해설 및 정보의 제공을 목적으로 하고 있습니다. 그러나 항상 그 완전성이 보장되는 것은 아니기 때문에 적용결과에 대하여 당사가 책임지지 아니합니다. 따라서 실제 적용할 경우에는 충분히 검토하시고 저자 또는 전문가와 상의하시기 바랍니다.